חכמה לשלמה

מאמרים לכבוד הרב ד״ר שלמה ריסקין

מאת עמיתיו ותלמידיו הנכבדים

Ḥokhma LiShlomo

Essays in Honor of Rabbi Dr. Shlomo Riskin

by His Distinguished Colleagues and Students

אור תורה סטון OHR TORAH STONE

מגיד MAGGID

חכמה לשלמה

מאמרים לכבוד

הרב ד"ר שלמה ריסקין

מאת עמיתיו ותלמידיו הנכבדים

ḤOKHMA LISHLOMO

ESSAYS IN HONOR OF

RABBI DR. SHLOMO RISKIN

BY HIS DISTINGUISHED COLLEAGUES AND STUDENTS

עורכים: ברוך סטרמן וג'ודי טאובס סטרמן

אור תורה סטון OHR TORAH STONE

מגיד MAGGID

חכמה לשלמה
מאמרים לכבוד הרב ד״ר שלמה ריסקין
מאת עמיתיו ותלמידיו הנכבדים

Ḥokhma LiShlomo
Essays in Honor of Rabbi Dr. Shlomo Riskin
by His Distinguished Colleagues and Students

עורך אחראי: ראובן ציגלר
עורכות משנה: קרן מלץ ואפרת גרוס
עריכה: אביחי גמדני
הגהה: בנימין פרנקל
עיצוב ועימוד: תמי מגר
עיצוב העטיפה: תני בייער

ספרי מגיד, הוצאת קורן
ת״ד 4044 ירושלים 9104001
טל׳: 02-6330530 פקס: 02-6330534
www.maggidbooks.com

מסת״ב ISBN 978-965-526-318-3

נדפס בישראל Printed in Israel 2021

הֲרֵינִי מְקַבֵּל עָלַי מִצְוַת עֲשֵׂה שֶׁל וְאָהַבְתָּ לְרֵעֲךָ כָּמוֹךָ

We are honored to dedicate this beautiful *sefer,* a tribute to Rabbi Shlomo Riskin, in the memory of our beloved father, Natan Meir Schulsinger, z"l, and in honor of our newborn grandson, Natan Meir Ross, his namesake.

Natan Meir Schulsinger was a hero of the Jewish people who, as a member of the "Breicha," smuggled displaced Jews from Europe to Palestine from 1945–1948. He led these Jews by foot across the Austrian-Italian Alps towards their new home. He settled in Israel after the declaration of the State and joined the Israeli navy as he continued to serve his people and build the land. Natan Meir truly loved the Land of Israel and the Jewish people, and passed this love on to his children and grandchildren. This love inspired them to make aliya and enabled Natan Meir Ross to be born a sabra, in Israel. May Natan Meir Ross continue this legacy of people like his great grandfather and Rabbi Shlomo Riskin, both of whom have done so much to bring Jews to the Land of Israel, and help complete the process of *veshavu vanim legevulam.*

Helene and Robbie Rothenberg

תוכן עניינים

Contents

תודות

וַיְהִי בְּרֶדֶת מֹשֶׁה מֵהַר סִינַי וּשְׁנֵי לֻחֹת הָעֵדֻת בְּיַד מֹשֶׁה בְּרִדְתּוֹ מִן הָהָר וּמֹשֶׁה לֹא יָדַע כִּי קָרַן עוֹר פָּנָיו בְּדַבְּרוֹ אִתּוֹ. (שמות לה, כט)

כשמשה ירד מהר סיני נושא את לוחות הברית, התורה מספרת לנו שקרן אור פניו. פסוקים אלו מעוררים שאלה: כבר כמה וכמה פעמים קודם לכן הִתראה משה רבנו עם ה׳ פנים אל פנים, כביכול, ברם לאחר המפגשים הקודמים עם הא־להי, לא השתנה מראהו החיצוני של משה. מדוע אפוא החלו פניו של משה לקרון דווקא עכשיו, בפעם זו?

שאלה זו העלה הרב שלמה ריסקין באחת מהרצאות ערב יום רביעי המפורסמות שלו, בבית הכנסת של לינקולן סקוור בניו יורק, לפני כארבעים שנה. החדר היה עמוס, אפילו יותר מהרגיל בשיעורים הפופולריים הללו, שהיו ידועים כפסגת החינוך היהודי למבוגרים במנהטן. באותו ערב התמודד הרב ריסקין עם נושא רגיש במיוחד, שבו עמדת הממסד ההלכתי התנגשה בחריפות עם עמדת החברה הליברלית המתקדמת בכללותה, ועם קהלים משמעותיים בקהילה היהודית ב״אפר ווסט סייד״ בפרט. הוא עמד לתמוך במה שאפשר לכנות העמדה

המחמירה ולהגן על הדעה ההלכתית המסורתית, אף שרבים סברו כי עמדה זו תגבה מחיר לא מבוטל. דבר זה היה בעל משמעות בפני עצמו, כיון שהוא הדגים עיקרון שיהיה נכון לכל אורך דרכו של הרב ריסקין כרב ופוסק, והוא היותו קשה לסיווג מראש: יש נושאים שבהם הוא נחשב למקל, אך לעיתים קרובות הוא ינקוט דווקא עמדה מחמירה יותר, וזאת משום שהרב מכריע בכל מקרה לגופו – לפי ההלכה, אך מתוך רגישות להקשר ולנסיבות.

יש לזכור את מצבו של משה, הסביר אז הרב ריסקין לשומעיו. אחרי הכול, זיו פניו של משה הופיע בשעה שירד מהר סיני כשהוא נושא את הלוחות השניים – אלה שה' ציווה עליו לכתוב בעצמו (פְּסָל לְךָ!) – אחרי ששבר את הלוחות הראשונים. כמה ניסים ליוו את הלוחות האלו! עשרת הדיברות היו חקוקים בהם לכל עומקם, מצד לצד, ובכל זאת ניתן היה לקרוא את הכתב כרגיל משני עברי הלוחות, נס שבו הושהה חוק הטבע לפיו כתב מן העבר האחד מופיע כתמונת ראי בעבר האחר; נוסף על כך, חלק מהאותיות החקוקות בסלע, כמו מ"ם וסמ"ך, נותרו מרחפות באוויר שלא כדרך הטבע. לכן אפשר לשער שכאשר שמע משה את הוראותיו של הקב"ה כי עליו לכתוב מחדש את הלוחות בעצמו, בוודאי קרא: "אבל אני בן אנוש בלבד, ומבחינתי לשחזר את נפלאות הלוחות הראשונים זו משימה בלתי אפשרית!", ובכל זאת, ארבעים יום וארבעים לילה לאחר מכן ירד משה מהר סיני כשהוא מחזיק בידיו את הלוחות השניים שכתב במו ידיו.

"כשאתה משיג את מה שחשבת שהוא בלתי אפשרי", הסביר הרב ריסקין לקהל הקשוב, "הפנים שלך מאירות".

לאורך חייו לקח הרב ריסקין על עצמו משימות, פרויקטים ומטרות שאחרים ראו אותם כבלתי אפשריים. כך, למשל, רבים היו בטוחים שרב צעיר כל כך לא יצליח להפוך את בית הכנסת לינקולן סקוור, בית כנסת שהוקם בלב אחת הקהילות היהודיות המתקדמות ביותר, למקום אורתודוקסי מסורתי, ובכל זאת, לינקולן סקוור אכן הפך לאחד מבתי הכנסת האורתודוקסים היוקרתיים ביותר באמריקה.

בשיא הצלחתם החליטו הרב ריסקין ואשתו האהובה ושותפתו

הקבועה ויקי להשאיר את כל זה מאחוריהם ולעלות לארץ. רבו הנערץ ייעץ לו נגד המהלך. נאמר לו שוב ושוב כי לעולם לא יתקבל בחברה הישראלית בכלל ובקרב הקהילה הדתית בפרט, וודאי שלעולם לא תהיינה לו סמכות או השפעה אמיתיות. ובכל זאת, הישגיו של הרב ריסקין ברבנות העיר אפרת, העיר שייסד, ברשת בתי הספר החשובה שהקים ובראשה עמד, בקידום סוגיות הנשים בחברה הדתית בישראל ואפילו בפוליטיקה הישראלית – גדולים ומשמעותיים מאוד, הן ברמה האישית, הן ברמה המקומית והן ברמה הלאומית.

אנחנו זוכרים איך לפני עשרים וחמש שנים, בימי הסכמי אוסלו, שמענו שיחה על ראש גבעת הדגן בין אלוף בצה"ל לרב ריסקין. הקצין ניסה להסביר לרב מדוע אין טעם בהפגנות נגד מסירת שטח הגבעה ובעד הכללתה בתחומי העיר אפרת. "הרב", אמר הקצין הבכיר, "זה לא יעזור. המפות כבר צוירו ואושררו". הרב ריסקין לא נתן לדברים להפריע לו והמשיך במאבק למען גבעת הדגן, שאז הייתה פיסת אדמה שוממה בפאתי אפרת – וכיום היא קהילה משגשגת המאכלסת מאות משפחות צעירות. שוב השיג הרב ריסקין את מה שאחרים היו בטוחים שאינו בר השגה.

בראש ובראשונה, ספר זה לא יכול היה לצאת לאור ללא ההיענות המופלאה וההלהיטות לתרום מצד רשימת הכותבים המכובדת, שפינו זמן בלוחות הזמנים העמוסים שלהם כדי לכתוב ולהגיש את מאמריהם. התמיכה בפרויקט, הכבוד והאהבה האמיתיים לרב ריסקין ניכרים בכל מאמר ומאמר. החלק העברי עבר תחת ידיו האמונות והמיומנות של העורך אביחי גמדני, ואנו מודים לו על שהעלה משמעותית את רמת המאמרים שערך. תודה כמובן גם לכל הצוות של "אור תורה סטון", ד"ר רוי שטרן, אביחי פווה, הרב יהודה שטאובר, דוד כץ וינון אחימן. לתודה מיוחדת זוכה נשיא מוסדות "אור תורה סטון", הרב ד"ר כתריאל (קנת') ברנדר, על תרומתו לעבודה זו ועל הכוונתו ותמיכתו בפרויקט מתחילתו ועד סופו. כמו כן, ברצוננו להודות לאנשי הוצאת מגיד, לעורך האחראי הרב ראובן ציגלר, ולעורכות המשנה קרן מלץ ואפרת גרוס, לעורך הלשון אביחי גמדני ולמגיה בנימין פרנקל.

לסיום, ברצוננו להודות לרב ריסקין על כל השנים שזכינו לחלוק עמו. הוא היה ועודנו המורה שלנו, הפוסק שלנו, היועץ שלנו, השכן והחבר שלנו. בפרט אנו מודים לרב ריסקין על היותו מודל לחיקוי לנו ולמשפחותינו.

יהי רצון שהרב ריסקין יתברך במילים מברכת הכהנים שהוא עצמו בירך במהלך חייו פעמים רבות מספור – "יאר ה' פניו אליך". נאחל לו עוד שנים רבות בבריאות טובה ואיתנה שבהן ימשיך לעורר את כולנו לשאוף להשיג את הבלתי אפשרי.

ברוך סטרמן וג'ודי טאובס סטרמן
אפרת, ה'תשפ"א

"ועתה כתבו לכם את השירה הזאת" – שירת התורה של הרב ריסקין

מנכ"ל "אור תורה סטון"
ינון אחימן

לכאורה, הרב ריסקין ושירה הם שני מושגים שלא בדיוק תואמים.

מבחינת סגנון הדיבור והכתיבה שלו, הרב נוטה לכיוון עיוני־רעיוני ולעיתים אף סיפורי, וכמי שמכיר אותו שנים רבות, גם יכולותיו הווקאליות אינן מפוארות...

בכל זאת, במובן העמוק, הן שיטתו בלימוד תורה הן מסכת חייו – שתיהן בגדר שירה.

עניינו של כל יופי הוא בסוד הקצב שבין תנועות מתחלפות, בהתאמה שבין יסודות מתחלפים, יפיה של המנגינה הוא בקצב

> תנועות הקול המתחלפות, מן העוז אל הרוך, מן הרפיון אל הקושי.[1]

כזו היא שירת התורה של הרב ריסקין. יש בה קצב – יסוד קבוע ושורשי העומד בבסיס הגותו, ויש בה תנועות מתחלפות, דינמיות, חיות, פתוחות ומפולשות לעולם. קשובות למתרחש ומתאימות עצמן למציאות, לחברה, לאדם. כל זה מתרחש בהקשבה ובהתאמה הן לצרכים המשתנים כולם הן לקצב הבסיסי המתמיד.

זו שירת תורה שיש בה רוך ועוז, רפיון וקושי. רוך כלפי חלשים ונזקקים. אנשים כואבים ופגועים מרעידים את מיתרי ליבו הרך של הרב, אך ההכרח לתת מענה למצוקות מוליד בו עוז רוח ועוצמות לחשוב מחדש על המציאות, לנסות לחלץ מרפא לכאב ולעמוד בקשיחות מול מתנגדים ובעלי מחלוקת.

> ...וכל מחלוקת התנאים והאמוראים הגאונים והפוסקים, באמת, למבין דבר לאשורו, דברי א־להים חיים המה ולכולם יש פנים בהלכה. ואדרבה, זאת היא תפארת תורתנו הקדושה והטהורה. וכל התורה כולה נקראת שירה, ותפארת השיר היא כשהקולות משונים זה מזה, וזהו עיקר הנעימות. ומי שמשוטט בים התלמוד יראה נעימות משונות בכל הקולות המשונות זה מזה.[2]

כך מתייחס הרב ריסקין לבעלי המחלוקת שלו. דבריהם הם פן בתורה, אך גם שיטתו שלו היא פן שיש להיאבק עליו.

לא רק מול דעות אחרות שר הרב את תורתו הייחודית, גם בתוך שירת התורה שלו הוא יוצר פנים שונות ומגוונות, מהרוך לקושי, מהקושי לרוך וחוזר חלילה. בהתאם לצרכים, למציאות ולאדם שמולו.

היטיב להגדיר את הדברים השופט מנחם אלון:

1 **פחד יצחק**, חנוכה, עמ' לח.

2 רבי יחיאל מיכל אפשטיין בהקדמתו לספרו **ערוך השולחן**.

מערכת ההלכה היא סימפוניה אדירה ובה צלילים רבים ושונים, ובכך גדולתה ויפיה. זקוקה היא בכל דור ודור לאותו מנצח גדול בעל השראה וחזון שיגלה בסימפוניה מרובת צלילים זו, אותה אינטרפטציה שדורו ובעיותיו שומעים אותה, וצריכים לה.[3]

הרב ריסקין, בעיניי, הוא אותו מנצח.

מצד אחד, הוא מתאמץ לשמור על המלודיה היסודית ועל הקצב הבסיסי, מתוך מחויבות להלכה ולפסיקה, שנוצרו בעבר, הניצבות לפניו במלוא הדרן ותובעות את היניקה מהן. מצד שני הוא יוצק בתורתו את אותה תנועה ודינמיות החיוניות כל כך לעיצוב השירה. הוא קשוב לבעיות הדור ומנסה לתת פתרונות יצירתיים וחדשניים לאתגרי תקופתנו התובעים מענה.

הוא נאחז בבסיס וביסוד וצומח מהם למרחבי ההווה, הזמן והתקופה.

גדולה שירה, שיש בה עכשיו, ויש בה לשעבר, ויש בה לעתיד לבוא, ויש בה בעולם הזה ויש בה לעולם הבא.[4]

הסמיכות של השירה למצוות הקהל, אף היא מבטאת מאפיין מרכזי בשירתו של הרב ריסקין.

הַקְהֵל אֶת הָעָם הָאֲנָשִׁים וְהַנָּשִׁים וְהַטַּף וְגֵרְךָ אֲשֶׁר בִּשְׁעָרֶיךָ לְמַעַן יִשְׁמְעוּ וּלְמַעַן יִלְמְדוּ וְיָרְאוּ אֶת ה׳ אֱ־לֹהֵיכֶם וְשָׁמְרוּ לַעֲשׂוֹת אֶת כָּל דִּבְרֵי הַתּוֹרָה הַזֹּאת.[5]

3 "ועתה כתבו לכם את השירה הזאת: על פלורליזם בעולמה של הלכה", **גיליון פרשת השבוע של המחלקה למשפט עברי**, פרשת וזאת הברכה, תשס"ב.

4 ספרי דברים, פרשת האזינו.

5 דברים לא, יב.

רבים הם העוסקים בהנחלת התורה לאנשים. רבים עוסקים בהנחלתה לטף.

הרב ריסקין היה בין הראשונים ובין פורצי הדרך בהנחלת התורה לנשים, והוא גם בין המעטים המקבלים את הגרים, ואף מרחיק נדוד עד מאוד כדי לקרבם.

הוא אולי מהיחידים בדורנו שהקים מערכת המקיימת את מצוות הקהל כפשוטו בכל ימות השנה, גם לאנשים, גם לנשים, גם לטף וגם לגר.

זוהי תפיסת עולמו של הרב ריסקין, תפיסה שהצליח גם להגשימה בהיקף הרחב ביותר, באופן המבטא את התורה כשירה רבת תנועה, רבת כיוונים ורבת קולות.

הרב שלמה ריסקין – חיים של סלילת דרכים חדשות

ח"כ יולי אדלשטיין

אני שמח ונרגש להשתתף בספר היובל לכבודו של הרב שלמה ריסקין, שחייו הם מופת לאהבת האדם והארץ, שתורתו היא מים חיים לאלפי תלמידיו ותלמידותיו, ושממפעליו החינוכיים מתברכים מדינת ישראל ויהודי העולם כולו כבר עשרות שנים.

אחד הזיכרונות הראשונים שלי לאחר שעליתי לארץ כרוך ברב ריסקין. באחד הערבים התבוננתי מחלון ביתי באלון שבות, וראיתי קבוצת בתים המנמרת את הגבעה הסמוכה ליישוב. כששאלתי את שכני מי אלה, ענו לי שזו אפרת – יישוב שהקים רב אמריקאי צעיר ואמיץ, שהפנה עורף לשפע שהציע לו ה"גאלדענע מדינה" והוביל את קהילתו להרי יהודה כדי להשתתף בהגשמת חלום שיבת ציון. אני זוכר את הרושם העז שהדבר עשה עלי; אמרתי אז בליבי, הרי לאנשים כמו אלו התכוון ישעיהו הנביא כאשר ניבא מעל ההרים האלו את נבואת הנחמה: "שְׂאִי סָבִיב עֵינַיִךְ וּרְאִי כֻּלָּם נִקְבְּצוּ בָאוּ לָךְ בָּנַיִךְ מֵרָחוֹק יָבֹאוּ וּבְנֹתַיִךְ עַל צַד תֵּאָמַנָה" (ישעיהו ס, ד).

מאז למדתי להכיר את הרב ריסקין דרך מפעליו התורניים והחינוכיים, וככל ששמעתי יותר כך גיליתי ששתי תכונות אופייניות לו. הראשונה היא שהרב ריסקין הוא מסוללי הדרכים: מעולם הוא לא חיכה בצד עד שמישהו אחר יעשה את הצעד הראשון, יקח על עצמו את העבודה הקשה או יספוג את האש. הוא בעצמו נשא בעול הקשה השמור לחלוצים: בין אם זה בבניין הארץ, בין אם זה במציאת מסילות חדשות בלימוד התורה ובהוראת ההלכה ובין אם זה במציאת פתרונות חדשניים לבעיות לאומיות כגון הגיור ויחסי ישראל והתפוצות – הרב ריסקין תמיד פרץ בעצמו את הדרך, באמונה, בעוז רוח ובלב בוטח.

פעמים רבות הרב ריסקין צעד בתחילה לבדו או יחד עם שותפים בודדים – אך בעקבותיו הגיעו רבבות. זו התכונה השנייה שכל כך מאפיינת אותו: זרע שהרב ריסקין טמן באדמה, חזקה עליו שיהפוך לאילן פורח, עם גזע איתן וצמרת לתפארת. כך היה באפרת, שמקבוצת הבתים שראיתי מהחלון הפכה לעיר ואם בישראל, הנפרשת מאופק עד אופק ושמה הולך לפניה כקהילה מאירת פנים, תוססת ומגובשת. כך היה גם במקרה של מוסדות "אור תורה סטון": לישיבה התיכונית נווה שמואל, שהייתה הסנונית הראשונה, הצטרפו לאורך השנים עוד ישיבות, אולפנות, מדרשות ומרכזים דתיים שונים. הרי לנו עוד פסוק נחמה שקיים הרב ריסקין בגופו, אף הוא מאותו הפרק בספר ישעיהו – "הַקָּטֹן יִהְיֶה לָאֶלֶף וְהַצָּעִיר לְגוֹי עָצוּם אֲנִי ה' בְּעִתָּהּ אֲחִישֶׁנָּה" (ס, כב).

זכה הרב ריסקין להיות שליח מצווה לאורך כל כך הרבה שנים, וזכה עם ישראל שנהנה משליחותו. מה נוכל לאחל לך לכבוד הגיעך לגבורות? שכל נטיעות שנוטעין ממך – יהיו כמותך. אין כוונתי שתלמידיך יעשו בדיוק מה שעשית, אלא שיהיו פורצי דרכים כמוך; שרגליהם יהיו נטועות במסורת הדורות ופניהם יהיו נשואות אל העתיד – כפניך שלך; ושימצאו בעצמם נתיבים חדשים ללב האדם, ללב הארץ וללב התורה – ממש כפי שעשית אתה.

ריבונות יהודית – אתגרי משמעות, זהות ואחריות

פרופ׳ בנימין איש שלום

באוקטובר 1944, חודשיים אחרי שחרור פריז, פרסם ז׳אן פול סארטר מאמר שכותרתו ״הרהורים בשאלה היהודית״, ובו הוא דן בשאלה – מי הוא בעצם היהודי. ״היהודי״, כותב סארטר, ״הוא אדם שהאנשים האחרים רואים אותו כיהודי... האנטישמי עושה את היהודי״. קביעה קשה זו, המתעלמת מהיבטים חיוביים בהגדרה העצמית של יהודים, ככל שאיננה נעימה לאוזננו, משקפת היבט מסוים של קיום היהודים בגלות: היעדר החירות בהתמודדות עם שאלות הזהות של היהודים ועם משמעותה של היהדות. גם היסטוריונים יהודים טענו כי רק עם הקמתה של מדינה יהודית עצמאית ניתן יהיה לחקור את ההיסטוריה היהודית בדרך המשוחררת מעכבות הקשורות ביחסי יהודים ושאינם יהודים בתנאי גלות.

ואכן, הקמת מדינת ישראל מהווה מפנה דרמטי בתולדות העם היהודי ובדמותה של היהדות. חשיבותו ההיסטורית של שינוי זה אינה נופלת מהשינוי שהתרחש בעקבות חורבן בית המקדש השני והתהוות

היהדות הרבנית אשר עיצבה את היהדות הבתר־מקדשית. היהדות שלפני החורבן הייתה ממוקדת במקדש ובעבודת הקרבנות. היא נוהלה על ידי מעמד הכהנים וחיי היום־יום של העם התנהלו במידה רבה במנותק מן הפעילות הדתית במקדש. אחרי החורבן התפתח והתעצם מעמד החכמים, לימוד התורה היה לאתוס מרכזי והכריזמה הדתית הועתקה מן המקדש אל הספר ואל לימוד התורה. החיים היהודיים התעשרו בגילויי יצירה מגוונים ואופיינו בהתפתחותן של מסורות משפחתיות וקהילתיות, התפתחות מוסדות הקהילה והתגבשות מעמדם של הרבנים ואחר כך גם של ראשי הישיבות. היצירה ההלכתית התמקדה בעיקר בנושאים של רשות היחיד, יחסים בין אישיים וקהילתיים. גם היהדות בת זמננו, על כל זרמיה, אינה שונה עקרונית מאפיונים אלה. למרות התרחקות רוב היהודים מאורח חיים של שמירת מצוות, עדיין רואים יהודים, גם מהזרמים הליברליים, את הביטוי של יהדותם בקיום זיקה לקהילה, לבית הכנסת ולרב הקהילה. לאורח חיים שאינו מקיים זיקה כלשהי לקהילה יהודית, לטקסטים קלאסיים, לסמלים דתיים או למנהגים יהודיים – חסרים מקורות הלגיטימציה והעיצוב של זהות יהודית. הקמתה של מדינת ישראל משנה לכאורה את מאפייני הקיום היהודי ואת תוכנה של הזהות היהודית עצמה.

לראשונה מזה אלפיים שנה מהווים היהודים רוב במדינה ואינם צריכים לחשוב ולנהוג כקבוצת מיעוט נרדפת. קיומה של מדינת ישראל יוצר מלאות חיים, כוליות יהודית העוטפת את היחידים בהוויה שהיא יהודית ברבים ממאפייניה: שפת המדינה, העברית, היא שפה יהודית; יום המנוחה הרשמי הוא שבת; לוח השנה הרשמי נקבע על פי המסורת היהודית – ביום כיפור הכול מושבת ותשעה באב הוא יום אבל לאומי על חורבן המקדש; חוק השבות מכיר בזכות מלידה של כל יהודי להתאזרח ללא תנאים מוקדמים; מערכת החינוך הממלכתית מקיימת חינוך יהודי אינטנסיבי; הצבא מקפיד על כשרות המזון לפי ההלכה ונמנע מאימונים ופעילות שאינה מבצעית בשבתות, חגים ותעניות; הסמל, ההמנון והדגל מעוצבים בהשראת מקורות הדת והתרבות היהודית. בתוך הוויה יהודית טוטלית כזאת, יכולים היחידים,

לכאורה, להיות בעלי זהות יהודית סבילה מבלי שיצטרכו לעשות מאמץ מיוחד למימושה ולעיצובה של זהותם היהודית. מבחינה זו יש משמעות חדשה למאמר התלמודי: "שכל הדר בארץ ישראל דומה [=נחשב] כמי שיש לו א־לוה" (כתובות קי ע"ב).

ואולם מציאות זו, שנתעצבה מאז הקמת המדינה, אין בה כדי להבטיח את התמדת הקיום של מאפיינים אלה, אם לא תיתמך בממד עומק תיאורטי או תיאולוגי ובחינוך איכותי, במיוחד לאור העובדה שכמה מן המאפיינים הללו שנויים במחלוקת ציבורית נוקבת.

השיח בחברה הישראלית בדבר אופייה היהודי ומשמעותה של המדינה, מתרחש בכמה זירות חשובות ובכל אחת מהן הוא נושא אופי שונה: בזירה הפוליטית מתנהל דיון בעל אופי הסדרי המבקש להסדיר מערכות יחסים ("סטטוס קוו") תוך התחשבות ביחסי כוחות פוליטיים. בזירה האקדמית והמשפטית מתקיים דיון עקרוני על מקומו של המשפט העברי בחקיקה ובמשפט הישראלי. בתחום זה בולט ההבדל העקרוני בין הגישות כפי שביטאו אותן שלושה שופטים בבית המשפט העליון: נשיא בית המשפט העליון אהרן ברק העדיף העדפה ברורה את הגישה הליברלית ואת ההסתמכות על ערכיה. לעומתו, השופט מנחם אלון ז"ל ניסה בכל מפעל חייו להטמיע את המשפט העברי בתוך משפט המדינה. השופט אלון, שהיה אדם דתי, ראה ערך תרבותי ולאומי בכך שרשות הרבים הישראלית תעוצב על ידי עקרונות המשפט העברי וערכיו, גם אם לא ייעשה הדבר מתוך מניע דתי. שופט אחר, יצחק אנגלרד, חלק עליו וטען כי שימוש במשפט העברי במסגרת שהיא חילונית במהותה, שכן הריבון הוא האדם, הרי הוא חילול הקודש.

בזירה החברתית האזרחית מתרחשים תהליכים מרתקים של תנועה מעמדות קיצוניות חילוניות או דתיות אל עבר מרכז ישראלי־יהודי המחפש רוחניות יהודית והשראה בחיבורים הקלאסיים של היהדות כדי לעצב זהות ישראלית־יהודית אותנטית. המרכז הישראלי הזה הולך ומתפתח בקרב הדור הצעיר ומצטרפים אליו מכל המגזרים בחברה היהודית בישראל, בעלי גישות ורקע מגוונים. מציאות חדשה

זו – איזו אחריות היא מטילה? אילו אתגרים היא מצמיחה? האם מוכנה ההגות הדתית וההלכה להתמודד עם אחד האתגרים הגדולים שידע העם היהודי משחר קיומו? הייתכן שקריאה גדולה זו של המציאות תיוותר ללא מענה?

דומה שהשינוי הנדרש הוא בראש ובראשונה שינוי תודעתי. הוא אמור להשפיע על הגישה הרעיונית וההלכתית מבחינות עקרוניות רבות. ההבדל בין הגישה ההלכתית בעידן של טרום ריבונות, המתמקדת בדרך כלל במקומי ובעכשווי, ברשות היחיד, ובין גישה הלכתית הנדרשת בעידן של ריבונות, גישה העוסקת בממדים העקרוניים של קיום הקולקטיב הלאומי הריבוני, הוא כהבדל שבין תרופה משככת כאבים לתרופה שנועדה לרפא את המחלה לחלוטין או למנעה מלכתחילה. זהו ההבדל בין פוליטיקה מקומית למדינאות, בין טקטיקה לאסטרטגיה רבתי. זהו ההבדל בין המצוות בחינת ״הציבי לך ציונים״ ובין ״תורת ארץ ישראל״.

שורה שלמה של סוגיות דורשות התייחסות עקרונית מתוך קשב רגיש לתודעה ולערכים של האנושות הנאורה בזמננו ומתוך חתירה למצוא את שורשיהם ואת ההשראה לתיקון הנדרש בחיינו, במקורותינו העתיקים ובתורה הכתובה והמסורה באמצעות פרשנות יוצרת. לדוגמה, שאלת מעמדה של האישה במסורת היהודית לנוכח מעמדה בחברה המודרנית, תובעת פתרון יסודי ומכבד ולא בדרך של רטייה למכה. שאלת היחס לנוכרי דורשת ניסוח משנה סדורה לכתחילה על יסוד האמונה כי האדם, כל אדם, נברא בצלם א־להים, ולא על יסוד פתרונות המאפיינים טקטיקה של הישרדות (״משום איבה״, ״דרכי שלום״ וכיוצא בזה) שהתגבשה בתנאים של תלות ולא בתנאים של ריבונות. שאלת יחסה של ההלכה למוסדות השלטון ולרשויות המשטר הדמוקרטי דורשת התמודדות יסודית: הייתכן כי במדינה ריבונית של העם היהודי ייחשבו בתי המשפט בעיני ההלכה ל״ערכאות של גויים״ שאינם לגיטימיים?

פתרונות טכניים מקומיים המתירים להיזקק לבתי משפט אינם עונים על אתגר עקרוני זה. יתר על כן, ״הלכה של ריבונות״ כמו גם

"תיאולוגיה של ריבונות" צריכות לעסוק באתגרים המאפיינים תחומי אחריות של מדינה ריבונית; פיתוח עקרונות אתיים לעיצוב כלכלה לאומית, אתיקה של יחסי חוץ דיפלומטיים, עיצוב מדיניות עקרונית כלפי מיעוטים לאומיים וכלפי דתות אחרות, ופיתוח כללים ועקרונות אתיים להפעלת כוחות הביטחון. תחומים אלה כמעט אינם נידונים בספרות ההלכתית ובהגות הדתית לאורך כאלפיים שנות גלות, ואולם יש בהן כדי להציע מקורות השראה ליצירה מתחדשת אשר תידרש לשאלות הגדולות.

אתגר זה, וכן המציאות האקטואלית של יחסי הדת והמדינה בישראל המודרנית, מחדדים שורה של דילמות הכרוכות בעיצובה של ישראל כמדינה יהודית.

הקמת מדינה יהודית ריבונית מעמידה אתגר של התמודדות מחודשת עם שאלת טיבה של היהדות; האם היהדות היא דת בלבד או שמא היא תרבות לאומית הכוללת ממד דתי, מרכזי וחשוב, אך לא כזה המתנה ומגדיר באופן בלעדי את מהותה. קיומה של המדינה מעמיד אתגרים חדשים ועקרוניים בפני ההלכה היהודית הן בתחומי זהות היחיד ומעמדו הן בשאלות ציבור, חברה ומדינה, מקומם של נוכרים בתוך הריבונות היהודית, קטגוריות הקשורות באיסור והיתר במישור הלאומי בשונה מהמישור הפרטי, ועוד.

קיומה של מדינה יהודית ריבונית מאתגר את יחסי ההלכה היהודית עם מוסדות המדינה בשאלת תוקפם של מקורות הסמכות עצמם: מי משקף מעתה את רצונו של הריבון – האם חכמי התורה שבעל־פה, פוסקי ההלכה, או הכנסת, המחוקקים והממשלה? מה היא תורה שבעל־פה בעידן הריבונות? כיצד יעצבו התורה והמדינה את אורחות חייו של עם יהודי ריבוני?

ואולם מעבר לכל הנאמר לעיל, עובדת קיומה של ריבונות יהודית מעניקה לעם היהודי עוצמה מסדר גודל חדש, עוצמה שאין ליהודים כיחידים ואף לא לקהילות יהודיות גדולות, עשירות או בעלות השפעה ככל שתהיינה. עוצמה חדשה זו גם מטילה על העם היהודי ועל יחידיו סוג חדש של אחריות, אחריות שלא הכיר במצב של גלות.

פרופ׳ בנימין איש שלום

כיצד יבואו לידי ביטוי במדינה יהודית ריבונית ערכיה וריבוי ממדיה של היהדות? היהדות כחוקת מדינה, כציוויליזציה, כדת וכמערכת רוחנית הפונה אל היחיד ביחידותו ואל הקהילה, כמערכת מוסרית ומקור השראה הקורא להתעלות האדם, לתיקון החברה ולתיקון עולם? עם שאלות אלה נדרש הדור שלנו להתמודד על יסודו של חזון גדול חדש. ״בְּשׁוּב ה׳ אֶת שִׁיבַת צִיּוֹן הָיִינוּ כְּחֹלְמִים״ (תהילים קכו, א).

ומרדכי ידע ויוסף נשבע: סוד מלחמת עמלק מדור דור

הרב יצחק צבי (השי) בילט

א. ידיעתו של מרדכי

מגילת אסתר מתארת את מרדכי כ׳יודע׳. כך למשל, לאחר פרסום תוכניתו של המן להרוג את היהודים, נאמר:

> **וּמָרְדֳּכַי יָדַע אֶת כָּל אֲשֶׁר נַעֲשָׂה** וַיִּקְרַע מָרְדֳּכַי אֶת בְּגָדָיו וַיִּלְבַּשׁ שַׂק וָאֵפֶר וַיֵּצֵא בְּתוֹךְ הָעִיר וַיִּזְעַק זְעָקָה גְדֹלָה וּמָרָה.[1]

אמנם בתחילת המגילה קרו אירועים שמרדכי לא ידע את תכליתם, אך הוא בכל זאת ביקש לדעת. מרדכי לא הבין מדוע נבחרה אסתר לבית מלכותו של אחשוורוש, מדוע דווקא נערה יהודייה שלא רצתה להיבחר – דווקא היא נבחרה. וכאשר מרדכי אינו יודע, הוא מבקש לדעת:

1 אסתר ד, א.

> וּבְכָל יוֹם וָיוֹם מָרְדֳּכַי מִתְהַלֵּךְ לִפְנֵי חֲצַר בֵּית הַנָּשִׁים **לָדַעַת** אֶת שְׁלוֹם אֶסְתֵּר וּמַה יֵּעָשֶׂה בָּהּ.[2]

מרדכי גם ידע על תוכניתם של בגתן ותרש:

> וַיִּוָּדַע הַדָּבָר לְמָרְדֳּכַי וַיַּגֵּד לְאֶסְתֵּר הַמַּלְכָּה וַתֹּאמֶר אֶסְתֵּר לַמֶּלֶךְ בְּשֵׁם מָרְדֳּכָי.[3]

מרדכי לא הבין בתחילה את השתלשלות האירועים. הוא לא הבין כאמור מדוע נבחרה אסתר, ולא הבין גם מדוע נודעה תוכניתם של בגתן ותרש דווקא לו. רק אחרי גזירתו של המן הוא הבין "את כל אשר נעשה", ולכן יכול היה לומר לאסתר:

> כִּי אִם הַחֲרֵשׁ תַּחֲרִישִׁי בָּעֵת הַזֹּאת רֶוַח וְהַצָּלָה יַעֲמוֹד לַיְּהוּדִים מִמָּקוֹם אַחֵר וְאַתְּ וּבֵית אָבִיךְ תֹּאבֵדוּ וּמִי יוֹדֵעַ אִם לְעֵת כָּזֹאת הִגַּעַתְּ לַמַּלְכוּת.[4]

אכן, מרדכי ידע הרבה. אך המגילה מדגישה את ידיעתו של מרדכי – "וּמָרְדֳּכַי יָדַע אֶת כָּל אֲשֶׁר נַעֲשָׂה". מהו 'כל'? מהם הדברים הנוספים שמרדכי ידע?

פירושים רבים נכתבו על מגילת אסתר. אני רוצה להציע בהקשר זה שמרדכי ידע שני נושאים חשובים הנחוצים לצורך ביטולה של גזירת המן והצלת עם ישראל:

א. בני רחל הם הראויים להילחם בעמלק והם הנשק הרוחני המתאים לכך.
ב. הסוד הכמוס בסיפורו של יוסף, השייך גם להם.

2 שם ב, א.
3 שם כב.
4 שם ד, יד.

ג. מלחמתם של בני רחל בעשו ובעמלק

על תפקידם של בני רחל להילחם בעשו נאמר בתלמוד הבבלי:

> בעא מיניה ר׳ חלבו מר׳ שמואל בר נחמני, כתיב ויהי כאשר ילדה רחל את יוסף וגו׳, מאי שנא כי אתיליד יוסף? אמר ליה: ראה יעקב אבינו שאין זרעו של עשו נמסר אלא ביד זרעו של יוסף, שנאמר: והיה בית יעקב אש ובית יוסף להבה ובית עשו לקש וגו׳.[5]

לאחר שברח יעקב לחרן מפני עשו, לא יכול היה לחזור לארץ כנען ללא פתרון למאבק בעשו, ולכן השתהה בחרן. רק לאחר שילדה רחל את יוסף, הרגיש יעקב בטוח לחזור לארץ. בני רחל הם "הנשק הסודי" של יעקב נגד עשו.

כך גם אחרי יציאת מצרים. כאשר בא עמלק להילחם בישראל ברפידים, שלח משה את יהושע להילחם בעמלק – "וַיֹּאמֶר מֹשֶׁה אֶל יְהוֹשֻׁעַ בְּחַר לָנוּ אֲנָשִׁים וְצֵא הִלָּחֵם בַּעֲמָלֵק".[6] מדוע דווקא יהושע? יהושע הוא משבט אפרים בן יוסף, ולכן לו מיועד התפקיד להילחם בעמלק. וכך מדגיש המדרש:

> הלחם בעמלק. וקבלה היתה ביד משה שאין עמלק נופל אלא ביד בני יוסף, שנאמר, ובית יוסף להבה ובית עשו לקש, לפיכך זירז את יהושע להלחם בעמלק.[7]

בעקבות מלחמה זו הצטוו ישראל להכרית את זרעו של עמלק:

5 בבא בתרא קכג ע"ב.

6 שמות יז, ט.

7 שכל טוב (בובר) שמות פרק יז סימן ט.

> וכן היה ר׳ יהודה אומר שלש מצוות נצטוו ישראל בביאתן לארץ: נצטוו למנות להן מלך ולבנות להן בית הבחירה ולהכרית זרעו של עמלק.[8]

אמנם החיוב להכרית את זרעו של עמלק מוטל על המלך, והמלכות ניתנה לשבט יהודה, אך המלך הראשון שעמד לבני ישראל היה שאול משבט בנימין, מבני רחל – ושמא כדי שיוכל להכרית את זרעו של עמלק ורק לאחר מכן תעבור המלכות לשבט יהודה. וכך מפרש האלשיך:

> עוד הקדמה שנית... והוא כי הנה המלכות ליהודה היתה מאת ה׳, כי אם למה שעל שמצוה ראשונה המוטלת על המלך הראשון הוא להכרית את עמלק, וידוע כי נתייחדו לנפול על ידי בניה של רחל (תנחומא תצא י) כדבר שנאמר (ירמיהו מט, כ): ׳אם לא יסחבום צעירי הצאן׳, על כן הוצרך כי טרם יבא דוד למלוך על ישראל, ימלוך ביני וביני איש ימיני, להכרית זכר עמלק, שהוא מצעירי הצאן.[9]

מרדכי ואסתר, כידוע, היו מבני רחל:

> אִישׁ יְהוּדִי הָיָה בְּשׁוּשַׁן הַבִּירָה וּשְׁמוֹ מָרְדֳּכַי בֶּן יָאִיר בֶּן שִׁמְעִי בֶּן קִישׁ **אִישׁ יְמִינִי**... וַיְהִי אֹמֵן אֶת הֲדַסָּה הִיא אֶסְתֵּר **בַּת דֹּדוֹ**.[10]

מרדכי **ידע** את סודם של בני רחל. הוא ידע שעליו ועל אסתר לצאת למלחמה בהמן, וידע שלעת כזאת הגיעה אסתר למלכות.

אפשר להוסיף שמרדכי ואסתר **ידעו** על פרטים חשובים נוספים שהם חלק מהמלחמה בעמלק.

8 תוספתא סנהדרין (צוקרמנדל) פרק ד.

9 אלשיך, שמואל א טו, ב.

10 אסתר ב, ה–ז.

ומרדכי ידע ויוסף נשבע

תפילה

לפני שניגשה אסתר לאחשוורוש, היא דרשה ממרדכי לאסוף את היהודים לתפילה:

וַתֹּאמֶר אֶסְתֵּר לְהָשִׁיב אֶל מָרְדֳּכָי. לֵךְ כְּנוֹס אֶת כָּל הַיְּהוּדִים הַנִּמְצְאִים בְּשׁוּשָׁן וְצוּמוּ עָלַי וְאַל תֹּאכְלוּ וְאַל תִּשְׁתּוּ שְׁלֹשֶׁת יָמִים לַיְלָה וָיוֹם גַּם אֲנִי וְנַעֲרֹתַי אָצוּם כֵּן.[11]

כך היה במלחמה בעמלק ברפידים:

וְהָיָה כַּאֲשֶׁר יָרִים מֹשֶׁה יָדוֹ וְגָבַר יִשְׂרָאֵל וְכַאֲשֶׁר יָנִיחַ יָדוֹ וְגָבַר עֲמָלֵק.[12]

וכפי שמסבירה המשנה:

והיה כאשר ירים משה ידו וגבר ישראל וגו' – וכי ידיו של משה עושות מלחמה או שוברות מלחמה? אלא לומר לך כל זמן שהיו ישראל מסתכלים כלפי מעלה ומשעבדין את לבם לאביהם שבשמים היו מתגברים, ואם לאו היו נופלין.[13]

עמידה מעל האויב

משה ידע שחלק חשוב מהתפילה במלחמה בעמלק הוא עמידה במקום גבוה מהם, גם פיזית, ולכן לא נשאר לתפילה במחנה אלא עלה לראש הגבעה:

11 שם ד, טו–טז.

12 שמות יז, יא.

13 ראש השנה ג, ח.

> וַיֹּאמֶר מֹשֶׁה אֶל יְהוֹשֻׁעַ בְּחַר לָנוּ אֲנָשִׁים וְצֵא הִלָּחֵם בַּעֲמָלֵק מָחָר **אָנֹכִי נִצָּב עַל רֹאשׁ הַגִּבְעָה** וּמַטֵּה הָאֱ־לֹהִים בְּיָדִי. וַיַּעַשׂ יְהוֹשֻׁעַ כַּאֲשֶׁר אָמַר לוֹ מֹשֶׁה לְהִלָּחֵם בַּעֲמָלֵק וּמֹשֶׁה אַהֲרֹן וְחוּר **עָלוּ רֹאשׁ הַגִּבְעָה.**[14]

מרדכי ואסתר ידעו זאת ולכן חיפשו סימן שיסמל את עליית היהודים מעל האויב. אבן עזרא מסביר שזו הייתה הסיבה להמתנתה של אסתר עם בקשתה מאחשוורוש למשתה השני:

> ומחר אעשה – שאומַר שאלתי. ולפי דעתי שאיחרה אסתר לדבר ביום הראשון במשתה היין בעבור שלא ראתה שום אות שחידש השם בעבור תענית ישראל, וכאשר עשה ביום השני דבר גדולת מרדכי חזק לבה.

הרכבתו של מרדכי על הסוס על ידי המן הייתה הסימן שאסתר חיפשה. רק לאחר שמרדכי עמד במקום גבוה פיזית מהמן, ידעה אסתר שניצחונה מובטח לה וחשה בטוחה לבקש מהמלך על עמה.

אי שליחת יד בביזה על עמלק

חטאו של שאול שבעקבותיו נקרעה ממנו המלכות היה לקיחתו מהשלל במלחמת עמלק. שאול הצטווה להחרים את עמלק:

> עַתָּה לֵךְ וְהִכִּיתָה אֶת עֲמָלֵק וְהַחֲרַמְתֶּם אֶת כָּל אֲשֶׁר לוֹ וְלֹא תַחְמֹל עָלָיו וְהֵמַתָּה מֵאִישׁ עַד אִשָּׁה מֵעֹלֵל וְעַד יוֹנֵק מִשּׁוֹר וְעַד שֶׂה מִגָּמָל וְעַד חֲמוֹר.[15]

אך שאול נכשל בזה:

14 שמות יז, ט–י.
15 שמואל א טו, ג.

וַיַּחְמֹל שָׁאוּל וְהָעָם עַל אֲגָג וְעַל מֵיטַב הַצֹּאן וְהַבָּקָר וְהַמִּשְׁנִים וְעַל הַכָּרִים וְעַל כָּל הַטּוֹב וְלֹא אָבוּ הַחֲרִימָם וְכָל הַמְּלָאכָה נְמִבְזָה וְנָמֵס אֹתָהּ הֶחֱרִימוּ. וַיְהִי דְּבַר ה׳ אֶל שְׁמוּאֵל לֵאמֹר. נִחַמְתִּי כִּי הִמְלַכְתִּי אֶת שָׁאוּל לְמֶלֶךְ כִּי שָׁב מֵאַחֲרַי וְאֶת דְּבָרַי לֹא הֵקִים...[16]

מרדכי ואסתר נזהרו מאוד לא לחזור על חטאו של שאול, ואכן המגילה חוזרת שלוש פעמים: "וּבַבִּזָּה לֹא שָׁלְחוּ אֶת יָדָם".[17] וכן פירש שם רבנו בחיי:

על דרך הפשט: "כי יד על כס יה", יאמר כי הש"י משביע לכל מלך ישראל שישב על כסא מלכות שיעשה "מלחמה לה׳ בעמלק", באר כי המלחמה והשלל הכל יהיה אסור בהנאה, ויהיה הכל לה׳ לא לבני אדם, ומפני זה בא העונש לשאול ומדורו של שאול עד דורו של מרדכי, וידע מרדכי כי שאול זקנו נענש בעונש גדול והיה עונשו מדה כנגד מדה, כי תלה הכתוב שלמות הכסא בנקמת עמלק, והוא לא נזהר בנקמתו, ועל כן נענש שאבד השם והכסא, כי לא נשאר לו שם אחריו אלא נהרג הוא ויהונתן בנו עמו, ונפל כסא מלכותו, ומפני זה נזהר מרדכי בדבר שלא ליהנות משלל המן שהיה מזרע עמלק כענין שכתוב בפורענות המן: "ובבזה לא שלחו את ידם", לפי שהתורה הזהירה בכך "תמחה את זכר עמלק", וכן מצינו לעתיד המלחמה והשלל הכל לה׳, שנאמר: "והחרמתי לה׳ בצעם וחילם לאדון כל הארץ".

הסתרת הקב"ה בזמן מלחמת עמלק

בזמן מלחמת עמלק יש הסתרה של הקב"ה. במלחמה בעמלק ברפידים נאמר:

16 שם ט–יא.

17 אסתר ט, י; טו; טז.

וַיֹּאמֶר כִּי יָד עַל כֵּס יָהּ מִלְחָמָה לַה' בַּעֲמָלֵק מִדֹּר דֹּר.[18]

רש"י מסביר:

> כי יד על כס יה – ידו של הקדוש ברוך היא הורמה לישבע בכסאו להיות לו מלחמה ואיבה בעמלק עולמית, ומהו כס, ולא נאמר כסא, ואף השם נחלק לחציו, נשבע הקדוש ברוך הוא שאין שמו שלם ואין כסאו שלם עד שימחה שמו של עמלק כולו, וכשימחה שמו יהיה השם שלם והכסא שלם.

לדעתי, 'כס' מלשון כיסוי. כאשר אין השם שלם, הוא מכוסה, הוא אינו מופיע בצורה גלויה, בניגוד לדוגמה להופעתו במלחמה בפרעה ובמצרים.

רמז לכך בדברי התלמוד: "אסתר מן התורה מניין? ואנכי הסתר אסתיר".[19] התלמוד דורש הסתר פנים במגילת אסתר: "וְאָנֹכִי הַסְתֵּר אַסְתִּיר פָּנַי בַּיּוֹם הַהוּא עַל כָּל הָרָעָה אֲשֶׁר עָשָׂה כִּי פָנָה אֶל אֱלֹהִים אֲחֵרִים".[20] גם שמו של הקב"ה אינו מופיע במפורש במגילה אלא ברמז בלבד. המהר"ל בספרו אור חדש כותב:

> יבא המלך והמן היום (אסתר ה, ד) וגו' ולכך קאמר היום כי ראש התיבות הוא השם המיוחד, ורמז בו כי השם המיוחד גם כן יבא, והשם המיוחד הוא ילחם כנגד המן שהוא זרע עמלק ואין השם שלם עד שימחה זכר עמלק.[21]

מחר

גם משה וגם אסתר נלחמו בעמלק "מחר":

18 שמות יז, טז.

19 חולין קלט ע"ב.

20 דברים לא, יח.

21 **אור חדש** ה, ד.

> וַיֹּאמֶר מֹשֶׁה אֶל יְהוֹשֻׁעַ בְּחַר לָנוּ אֲנָשִׁים וְצֵא הִלָּחֵם בַּעֲמָלֵק **מָחָר** אָנֹכִי נִצָּב עַל רֹאשׁ הַגִּבְעָה וּמַטֵּה הָאֱ־לֹהִים בְּיָדִי.[22]
> אִם מָצָאתִי חֵן בְּעֵינֵי הַמֶּלֶךְ וְאִם עַל הַמֶּלֶךְ טוֹב לָתֵת אֶת שְׁאֵלָתִי וְלַעֲשׂוֹת אֶת בַּקָּשָׁתִי יָבוֹא הַמֶּלֶךְ וְהָמָן אֶל הַמִּשְׁתֶּה אֲשֶׁר אֶעֱשֶׂה לָהֶם **וּמָחָר** אֶעֱשֶׂה כִּדְבַר הַמֶּלֶךְ.[23]

וכך מסביר המדרש:

> ומחר אעשה כדבר המלך, מה ראתה לומר מחר, אלא שכל זרעה של עמלק למדים ליפול למחר, וכן הוא אומר מחר אנכי נצב על ראש הגבעה.[24]

הסכמת אחשוורוש לאבד את היהודים

הפרק האחרון של מגילת אסתר פותח בפסוק: "וַיָּשֶׂם הַמֶּלֶךְ אֲחַשְׁוֵרוֹשׁ מַס עַל הָאָרֶץ וְאִיֵּי הַיָּם".[25] לפסוק זה אין קשר לכאורה לעלילת המגילה. מדוע אפוא הוא נוסף לה? למה עלינו כקוראי המגילה לדעת על תוכנית המיסים של אחשוורוש? נראה שיש לתוכנית מיסים זו משמעות לכל מה שאירע בתשעת הפרקים הקודמים.

יש מקום להציע שזה דבר נוסף שמרדכי **ידע**. באותו פרק מסופר שמרדכי היה משנה למלך אחשוורוש, יועץ חשוב, והוא שיעץ למלך להטיל מס על כל הארצות. מרדכי ידע על הבעיה של המלך. מדוע הסכים אחשוורוש להצעתו של המן להשמיד את כל היהודים, הרי הוא לא היה עמלקי או אנטישמי?

נראה שאחשוורוש לא ידע כיצד לנהל את הכלכלה במדינתו. הוא פיזר כסף ללא גבול – משתה של מאה ושמונים יום, משתה נוסף של שבעה ימים ועוד משתה לכבוד אסתר המלכה החדשה. אוצרות

22 שמות יז, ט.
23 אסתר ה, ח.
24 ילקוט שמעוני, אסתר רמז תתרנו.
25 אסתר י, א.

המלוכה התרוקנו כנראה. לא מן הנמנע שזו הייתה הסיבה לרצונם של בגתן ותרש לפגוע בו, הם ראו כיצד כלכלת הממלכה נהרסת. ייתכן גם שאחשוורוש גידל את המן בדיוק אחרי זה, כדי שהוא ימצא פתרון לבעיה הכלכלית.

המן היה חכם. על הצעתו להשמיד את היהודים הוא הוסיף:

וַעֲשֶׂרֶת אֲלָפִים כִּכַּר כֶּסֶף אֶשְׁקוֹל עַל יְדֵי עֹשֵׂי הַמְּלָאכָה לְהָבִיא אֶל גִּנְזֵי הַמֶּלֶךְ.[26]

עם רכושם של היהודים הנרצחים הציע המן לפתור את בעייתו הכלכלית של המלך. ואכן, אחשוורוש התלהב ומינה את המן לשר הכלכלה ולניהול כספם של היהודים.

מרדכי ידע והבין, ולכן כשגולל בפני התך את שלשלת האירועים מודגש:

וַיַּגֶּד לוֹ מָרְדֳּכַי אֵת כָּל אֲשֶׁר קָרָהוּ **וְאֵת פָּרָשַׁת הַכֶּסֶף אֲשֶׁר אָמַר הָמָן לִשְׁקוֹל עַל גִּנְזֵי הַמֶּלֶךְ** בַּיְּהוּדִים לְאַבְּדָם.[27]

מדוע 'פרשת הכסף' חשובה כל כך? נראה לומר שזה היה עיקר ההסבר לאסתר איך קיבלה הגזירה הנוראה את אישורו של המלך. ואמנם, אסתר עצמה רומזת לכך כשסיפרה לאחשוורוש על הגזירה הנוראה שנגזרה על עמה:

כִּי **נִמְכַּרְנוּ** אֲנִי וְעַמִּי לְהַשְׁמִיד לַהֲרוֹג וּלְאַבֵּד וְאִלּוּ לַעֲבָדִים וְלִשְׁפָחוֹת **נִמְכַּרְנוּ** הֶחֱרַשְׁתִּי כִּי אֵין הַצָּר שֹׁוֶה בְּנֵזֶק הַמֶּלֶךְ.[28]

26 אסתר ג, ט.
27 שם ד, ז.
28 שם ז, ד.

משום כך המגילה איננה יכולה להסתיים בסיפור הניצחון על המן ועוזריו. יש לטפל במוטיבציה של אחשוורוש לפעול כך פעם נוספת ולשפר את המצב הכלכלי. אם הבעיה הכלכלית של ממלכת פרס ומדי לא תיפתר, גזירה מעין זו עלולה להיגזר שוב. לכן המגילה מסתיימת בהודעת על הפתרון שהציע מרדכי היהודי המשנה למלך – מס חדש ייגבה מתושבי כל הממלכה, מכל מאה עשרים ושבע המדינות, וכך לא יצטרך המלך לחפש מקורות מימון מפוקפקים ומסוכנים.

ד. סוד מעמדם המיוחד של בני רחל

חז"ל ופרשנים רבים, ראשונים ואחרונים, כתבו על הדמיון בין סיפור המגילה ובין סיפורו של יוסף. כבר בסגנון הכתיבה ישנן רמיזות רבות לקשר בין הסיפורים. אתן כמה דוגמאות:

	סיפור יוסף בבראשית	סיפור המגילה
חיפוש אדם מתאים	וְעַתָּה יֵרֶא פַרְעֹה אִישׁ נָבוֹן וְחָכָם וִישִׁיתֵהוּ עַל אֶרֶץ מִצְרָיִם. יַעֲשֶׂה פַרְעֹה **וְיַפְקֵד פְּקִדִים** עַל הָאָרֶץ... **וְיִקְבְּצוּ אֶת** כָּל אֹכֶל הַשָּׁנִים הַטֹּבוֹת הַבָּאֹת הָאֵלֶּה... **וַיִּיטַב הַדָּבָר בְּעֵינֵי פַרְעֹה** וּבְעֵינֵי כָּל עֲבָדָיו (מא, לג–לז).	וַיֹּאמְרוּ נַעֲרֵי הַמֶּלֶךְ מְשָׁרְתָיו יְבַקְשׁוּ לַמֶּלֶךְ נְעָרוֹת בְּתוּלוֹת טוֹבוֹת מַרְאֶה. **וְיַפְקֵד** הַמֶּלֶךְ **פְּקִידִים** בְּכָל מְדִינוֹת מַלְכוּתוֹ **וְיִקְבְּצוּ אֶת** כָּל נַעֲרָה בְתוּלָה טוֹבַת מַרְאֶה... **וַיִּיטַב הַדָּבָר בְּעֵינֵי הַמֶּלֶךְ** וַיַּעַשׂ כֵּן (ב, ב–ד).

דיבור יום יום	וַיְהִי כְּדַבְּרָהּ אֶל יוֹסֵף יוֹם יוֹם וְלֹא שָׁמַע אֵלֶיהָ לִשְׁכַּב אֶצְלָהּ לִהְיוֹת עִמָּהּ (לט, י).	וַיְהִי כְּאָמְרָם אֵלָיו יוֹם וָיוֹם וְלֹא שָׁמַע אֲלֵיהֶם וַיַּגִּידוּ לְהָמָן לִרְאוֹת הֲיַעַמְדוּ דִּבְרֵי מָרְדֳּכַי כִּי הִגִּיד לָהֶם אֲשֶׁר הוּא יְהוּדִי (ג, ד).
אובדן כפול	וְאֵל שַׁדַּי יִתֵּן לָכֶם רַחֲמִים לִפְנֵי הָאִישׁ וְשִׁלַּח לָכֶם אֶת אֲחִיכֶם אַחֵר וְאֶת בִּנְיָמִין וַאֲנִי כַּאֲשֶׁר שָׁכֹלְתִּי שָׁכָלְתִּי (מג, יד).	לֵךְ כְּנוֹס אֶת כָּל הַיְּהוּדִים... וּבְכֵן אָבוֹא אֶל הַמֶּלֶךְ אֲשֶׁר לֹא כַדָּת וְכַאֲשֶׁר אָבַדְתִּי אָבָדְתִּי (ה, טז).
מסירת טבעת	וַיָּסַר פַּרְעֹה אֶת טַבַּעְתּוֹ מֵעַל יָדוֹ וַיִּתֵּן אֹתָהּ עַל יַד יוֹסֵף (מא, מב).	וַיָּסַר הַמֶּלֶךְ אֶת טַבַּעְתּוֹ אֲשֶׁר הֶעֱבִיר מֵהָמָן וַיִּתְּנָהּ לְמָרְדֳּכָי וַתָּשֶׂם אֶסְתֵּר אֶת מָרְדֳּכַי עַל בֵּית הָמָן (ח, ב).
מינוי למשנה למלך	וַיַּלְבֵּשׁ אֹתוֹ בִּגְדֵי שֵׁשׁ וַיָּשֶׂם רְבִד הַזָּהָב עַל צַוָּארוֹ. וַיַּרְכֵּב אֹתוֹ בְּמִרְכֶּבֶת הַמִּשְׁנֶה אֲשֶׁר לוֹ וַיִּקְרְאוּ לְפָנָיו אַבְרֵךְ וְנָתוֹן אֹתוֹ עַל כָּל אֶרֶץ מִצְרָיִם... וַיֵּצֵא יוֹסֵף מִלִּפְנֵי פַרְעֹה וַיַּעֲבֹר בְּכָל אֶרֶץ מִצְרָיִם (מא, מב-מג).	וַיִּקַּח הָמָן אֶת הַלְּבוּשׁ וְאֶת הַסּוּס וַיַּלְבֵּשׁ אֶת מָרְדֳּכָי וַיַּרְכִּיבֵהוּ בִּרְחוֹב הָעִיר וַיִּקְרָא לְפָנָיו כָּכָה יֵעָשֶׂה לָאִישׁ אֲשֶׁר הַמֶּלֶךְ חָפֵץ בִּיקָרוֹ (ו, יא). וּמָרְדֳּכַי יָצָא מִלִּפְנֵי הַמֶּלֶךְ בִּלְבוּשׁ מַלְכוּת תְּכֵלֶת וָחוּר וַעֲטֶרֶת זָהָב גְּדוֹלָה וְתַכְרִיךְ בּוּץ וְאַרְגָּמָן וְהָעִיר שׁוּשָׁן צָהֲלָה וְשָׂמֵחָה (ח, טו).

ישנן עוד דוגמאות רבות וארצה להציע פשר לסוד הזה.

בתחילת פרשת ויחי ביקש יעקב אבינו מיוסף שלא יקבור אותו במצרים, ויוסף הסכים לכך. אך יעקב לא הסתפק בהבטחתו של יוסף אלא ביקש שיישבע לו. מדוע היה צריך לחזק את הסכמתו של יוסף בשבועה? בפעם הקודמת שיעקב ביקש ממישהו שיישבע לו היה זה עשו שהסכים למכור את בכורתו ליעקב. שם היה ברור הצורך בשבועה, הלא עשו היה המתחרה שלו על הבכורה. אך למה כאן נדרשת שבועה?

הרמב"ן מציע שיעקב חשש מתגובתו של פרעה. בפירושו השני כותב הרמב"ן:

> לא היה יעקב חושד בבנו הצדיק האהוב לו שימרה על מצות אביו ועל הדבר אשר הבטיחו ואמר אנכי אעשה כדבריך, אבל עשה כן לחזק הענין בעיני פרעה... שיחפוץ פרעה שיקבר הנביא בארצו לכבוד להם ולזכות, ולכן השביעו, כי לא יהיה נכון להעבירו על שבועתו.[29]

יעקב חשש שפרעה יאמר שאם ארץ מצרים הייתה טובה דיה בעבורו, שהרי חי בה שבע עשרה שנה ומשפחתו פרתה ורבתה בה, הרי שהיא טובה גם כדי להיקבר בה. לכן השביע יעקב את יוסף, ועל כך לא יוכל פרעה לטעון טענות. ואכן כך היה:

> וַיַּעַבְרוּ יְמֵי בְכִיתוֹ וַיְדַבֵּר יוֹסֵף אֶל בֵּית פַּרְעֹה לֵאמֹר אִם נָא מָצָאתִי חֵן בְּעֵינֵיכֶם דַּבְּרוּ נָא בְּאָזְנֵי פַרְעֹה לֵאמֹר. אָבִי הִשְׁבִּיעַנִי לֵאמֹר הִנֵּה אָנֹכִי מֵת בְּקִבְרִי אֲשֶׁר כָּרִיתִי לִי בְּאֶרֶץ כְּנַעַן שָׁמָּה תִּקְבְּרֵנִי וְעַתָּה אֶעֱלֶה נָּא וְאֶקְבְּרָה אֶת אָבִי וְאָשׁוּבָה. וַיֹּאמֶר פַּרְעֹה עֲלֵה וּקְבֹר אֶת אָבִיךָ **כַּאֲשֶׁר הִשְׁבִּיעֶךָ**.[30]

29 רמב"ן בראשית מז, לא.
30 בראשית נ, ד-ו.

אך הרמב"ן הציע אפשרות נוספת:

אבל עשה כן לחזק הענין בעיני פרעה, אולי לא יתן לו רשות להפרד ממנו ויאמר לו שלח את אחיך ואת עבדיך ויעלוהו שם.

באפשרות זו יעקב חשש שפרעה יסרב שדווקא יוסף יחזור לארץ כנען לקבורה. פרעה בקלות יוכל לטעון שאת הקבורה יכולים לעשות גם אחיו של יוסף, ואילו יוסף עצמו, המשנה למלך מצרים, יוכל להישאר במצרים. אך מדוע רצה יעקב שדווקא יוסף הוא שיקבור אותו בארץ כנען?

נראה לומר שיעקב דאג מאוד לצאצאיו וליחס שלהם לארץ ישראל לאחר מותו. יעקב ידע שיוסף הוא שיעמוד בראש המשפחה אחריו, שהרי כל המשפחה הייתה תלויה בו. מאז שנמכר יוסף למצרים בגיל שבע עשרה, הוא לא היה בארץ כנען. כבר שלושים ותשע שנה חי יוסף במצרים וחווה הצלחה אדירה. אמנם הוא ובני ביתו היו יהודים מאמינים שהקפידו על קלה כחמורה, אך יוסף היה דוגמה לכל בית אביו להצלחה שאפשר להצליח בגלות. יעקב חשש שהצלחתו זו של יוסף תשפיע על שאר בני המשפחה ועל רצונם להישאר במצרים ולא לחזור לארץ כנען.

הפתרון של יעקב היה לגרום ליוסף לבקר בארץ כנען פעם נוספת. הוא ידע שאם יוסף יחזור פעם אחת לארץ, הוא יושפע לצפות לישועה ולגאולה. דרישתו של יעקב מיוסף להישבע לו הייתה שיישבע **שהוא עצמו** יחזור לארץ כנען כדי לקבור אותו.

ואכן, בביקור נוסף של יוסף אצל אביו נושא יעקב נאום ארוך:

וַיֹּאמֶר יַעֲקֹב אֶל יוֹסֵף אֵל שַׁדַּי נִרְאָה אֵלַי בְּלוּז בְּאֶרֶץ כְּנָעַן וַיְבָרֶךְ אֹתִי. וַיֹּאמֶר אֵלַי הִנְנִי מַפְרְךָ וְהִרְבִּיתִךָ וּנְתַתִּיךָ לִקְהַל עַמִּים וְנָתַתִּי אֶת הָאָרֶץ הַזֹּאת לְזַרְעֲךָ אַחֲרֶיךָ אֲחֻזַּת עוֹלָם. וְעַתָּה שְׁנֵי בָנֶיךָ הַנּוֹלָדִים לְךָ בְּאֶרֶץ מִצְרַיִם עַד בֹּאִי אֵלֶיךָ מִצְרַיְמָה לִי הֵם אֶפְרַיִם וּמְנַשֶּׁה כִּרְאוּבֵן וְשִׁמְעוֹן יִהְיוּ לִי. וּמוֹלַדְתְּךָ אֲשֶׁר הוֹלַדְתָּ אַחֲרֵיהֶם

לְךָ יִהְיוּ עַל שֵׁם אֲחֵיהֶם יִקָּרְאוּ בְּנַחֲלָתָם. וַאֲנִי בְּבֹאִי מִפַּדָּן מֵתָה עָלַי רָחֵל בְּאֶרֶץ כְּנַעַן בַּדֶּרֶךְ בְּעוֹד כִּבְרַת אֶרֶץ לָבֹא אֶפְרָתָה וָאֶקְבְּרֶהָ שָּׁם בְּדֶרֶךְ אֶפְרָת הִוא בֵּית לָחֶם.
וַיַּרְא יִשְׂרָאֵל אֶת בְּנֵי יוֹסֵף וַיֹּאמֶר מִי אֵלֶּה. וַיֹּאמֶר יוֹסֵף אֶל אָבִיו בָּנַי הֵם אֲשֶׁר נָתַן לִי אֱ־לֹהִים בָּזֶה וַיֹּאמַר קָחֶם נָא אֵלַי וַאֲבָרְכֵם... וַיֹּאמֶר יִשְׂרָאֵל אֶל יוֹסֵף הִנֵּה אָנֹכִי מֵת וְהָיָה אֱ־לֹהִים עִמָּכֶם וְהֵשִׁיב אֶתְכֶם אֶל אֶרֶץ אֲבֹתֵיכֶם. וַאֲנִי נָתַתִּי לְךָ שְׁכֶם אַחַד עַל אַחֶיךָ אֲשֶׁר לָקַחְתִּי מִיַּד הָאֱמֹרִי בְּחַרְבִּי וּבְקַשְׁתִּי.[31]

יעקב מזכיר ליוסף את הבטחת הארץ לאבות. הוא מזכיר את מיתתה ומקום קבורתה של רחל, אמו של יוסף, וכאילו דוחף אותו לפקוד את קבר אמו בארץ כנען.

יעקב שואל על בני יוסף "מי אלה?", כאילו אינו מכיר אותו אחרי שבע עשרה שנה במצרים. אך יעקב רומז ליוסף שהוא אכן מכיר את בניו ויודע שהם יהודים שומרי מסורת, אך הם נולדו במצרים ושקועים בתרבות המצרית. בעוד כמה דורות יש לחשוש להתבוללות, אם יוסף לא יעשה מעשה כדי לגרום להם לחזור לארץ כנען. על כן יעקב מעודד את יוסף ונותן לו פי שניים בירושת הארץ, בכך שפיצל את שבט יוסף לשבטים מנשה ואפרים. הוא מוסיף שראוי להילחם על הארץ כפי שהוא נלחם באמורי "בחרבי ובקשתי".

וכך אכן קרה. יוסף נסע לשבוע ימים לארץ כנען לקבור את אביו וחזר למצרים אדם אחר. בסופו של דבר, יוסף היה המשפיע הגדול שדאג לעתידה של משפחת ישראל. הוא היה שומר החלום של שיבת ציון:

וַיָּשָׁב יוֹסֵף מִצְרַיְמָה הוּא וְאֶחָיו וְכָל הָעֹלִים אִתּוֹ לִקְבֹּר אֶת אָבִיו אַחֲרֵי קָבְרוֹ אֶת אָבִיו... וַיֹּאמֶר יוֹסֵף אֶל אֶחָיו אָנֹכִי מֵת **וֵא־לֹהִים פָּקֹד יִפְקֹד אֶתְכֶם** וְהֶעֱלָה אֶתְכֶם מִן הָאָרֶץ הַזֹּאת אֶל הָאָרֶץ אֲשֶׁר

31 שם מח, ג–כב.

נִשְׁבַּע לְאַבְרָהָם לְיִצְחָק וּלְיַעֲקֹב. וַיַּשְׁבַּע יוֹסֵף אֶת בְּנֵי יִשְׂרָאֵל לֵאמֹר **פָּקֹד יִפְקֹד אֱ־לֹהִים אֶתְכֶם וְהַעֲלִתֶם אֶת עַצְמֹתַי מִזֶּה.**[32]

וכך אמרו במדרש:

ויאמר יוסף אל אחיו אנכי מת וא־להים פקד יפקוד אתכם. אמר להם סימן זה יהא מסור לכם, כל מי שיבא להוציא אתכם ממצרים, אם יאמר לכם בלשון הזה האמינו לו, וכן הוא אומר פקוד פקדתי אתכם ואת העשוי לכם במצרים (שמות ג, טז), מיד ויאמן העם, לפי שכל אותיות הכפולות סימני גאולה הם.[33]

יוסף מסר לעם ישראל את הסיסמה של הגאולה.

תפקידו של יוסף בפרט, ושל בני רחל בכלל, הוא לשמור על עם ישראל בגלות ולדאוג להחזירם לארץ. לא בכדי רחל היא המבכה על בניה היוצאים לגלות:

כֹּה אָמַר ה׳ קוֹל בְּרָמָה נִשְׁמָע נְהִי בְּכִי תַמְרוּרִים רָחֵל מְבַכָּה עַל בָּנֶיהָ מֵאֲנָה לְהִנָּחֵם עַל בָּנֶיהָ כִּי אֵינֶנּוּ. כֹּה אָמַר ה׳ מִנְעִי קוֹלֵךְ מִבֶּכִי וְעֵינַיִךְ מִדִּמְעָה כִּי יֵשׁ שָׂכָר לִפְעֻלָּתֵךְ נְאֻם ה׳ וְשָׁבוּ מֵאֶרֶץ אוֹיֵב. וְיֵשׁ תִּקְוָה לְאַחֲרִיתֵךְ נְאֻם ה׳ וְשָׁבוּ בָנִים לִגְבוּלָם.[34]

מרדכי ואסתר בני בנימין בן רחל קיימו וקיבלו את האתגר הזה כמו שעשה זאת יוסף בן רחל בזמנו – זו אחת הסיבות לכתיבת מגילת אסתר בסגנון סיפורו של יוסף.

*

32 שם נ, יד–כה.

33 פסיקתא זוטרתא על אתר.

34 ירמיהו לא, יד–טז.

סיפורם של מרדכי ואסתר ויוסף הוא הסיפור של הרב ריסקין ורעייתו ויקי. הם הנהיגו במסירות נפש את קהילתם ואת כלל ישראל בגולה, כמו מרדכי ואסתר. אך הם הצליחו יותר מיוסף, מרדכי ואסתר. הרב ריסקין ורעייתו ויקי זכו לעלות לארץ ישראל והמשיכו להנהיג, להשפיע ולבנות גם בארץ. יברכם ה׳ בבריאות ובחיים ארוכים יחד עד מאה ועשרים.

חידוש הרבנות והקהילות במדינת ישראל המתחדשת

הרב אליהו בירנבוים

המאמר נכתב בהשראת תורתו, חזונו ודמותו
של מורנו הרב שלמה ריסקין

אין אנו יכולים להתעלם מהמשבר בעולם היהודי, מהמשבר בעולם הרבני ומהמשבר באופי הזיקה או בחוסר הזיקה בין העולם הרבני לעולם היהודי. המשבר האמיתי העומד לפתחנו, הן במדינת ישראל הן בקהילות היהודיות בתפוצות, איננו פוליטי, אלא רוחני בעיקרו. הקיום היהודי והמשך היהדות עומדים בסכנה לא רק מפני האנטישמיות, אלא בראש ובראשונה מפני שהיהדות חדלה להיות הכוח הרוחני הרלוונטי של ציבור גדול שאיננו שומר מצוות.

אך טבעי הוא שמשבר היהדות גורם במישרין למשבר ולהתפוררות בתפקיד הרבנות. הבעיה האמיתית איננה בעיית הרבנות, אלא בעיית היהדות, ובלשונו של אחד העם: "הבעיה איננה בעיית היהודים, אלא בעיית היהדות". מכל מקום, יש להכיר בכך שהתדמית של הרבנים בקרב הציבור הישראלי איננה חיובית והיא דורשת תיקון ושיפור.

א. רבנות קהילתית בעולם משתנה

הרבנות ה"קלאסית" הלכה ונחלשה ככל שהיהודי הפך "מודרני" יותר. השילוב, הדילמה ולעיתים הקונפליקטים בין עולמו המסורתי של האדם היהודי ובין חייו המודרניים והפוסטמודרניים, מחייבים התחדשות של תפקיד הרבנות, מתוך חשיבה כוללת ומציאת הדרך הראויה לחידוש הזיקה בין האדם לעולמו היהודי, באמצעות הרבנות.

אין זה סוד שאנו נמצאים כיום במאבק מתמשך על עיצוב זהותו של היהודי היחיד ושל החברה היהודית במדינת ישראל ובתפוצות. לא הכול תלוי בנו – ישנם גורמים רבים המשפיעים על תהליכים אלו, אולם אין אנו רשאים להיבטל מהמלאכה. ברצוני לנסות להציע חשיבה כוללת על מושג הרבנות ועל תפקידה המחודש, מתוך ניתוח והבנה של מושג ה"קהילה". ביסודו, מושג זה הוא עתיק יומין, אולם כיום הוא דורש מחשבה מחודשת, שכן מקורה של הקהילה בהיות עם ישראל בגלות.

שינוי העיתים בעולם כולו וביהדות התפוצות מצריך עיון ומחשבה בדבר אופייה של הקהילה היהודית ותפקידה של המנהיגות המתבקשים מתהליכים ושינויים אלה. יש לבנות ולעצב תפיסה בדבר המנהיגות הרוחנית העתידית, הרצויה והאפשרית בקהילות ישראל. בשעת משבר יש ציפייה למנהיגות אשר תוביל את המחנה ולכן יש להידרש לסוגיה זו. שינוי הזמנים מוליד גם תיאוריות חדשות בדבר אופי הרבנות והמנהיגות הרוחנית. הלכך עלינו לבחון את המנהיגות הרוחנית הרצויה בקהילות היהודיות.

בכוחו של מנהיג לכוון תהליכים ולהשפיע עליהם. אולם לצורך כך לא מספיק להיות מנהל טוב או דרשן טוב; יש לספק לציבור פרספקטיבה חדשה, לתת לו השראה ולהרחיב את הראייה שלו. הרב כמנהיג רוחני צריך לספק חזון. מנהיגות אמיתית חייבת לתת לבני אדם חזון לטווח ארוך אשר ימלא את חייהם במשמעות.

כדי להגיע למסקנות בדבר אופיים של הרבנים ותוכן עבודתם, אין לדון בשאלה מהי רבנות. עלינו לשאול מהו מצבו של העם היהודי, מהם הקשיים והאתגרים העומדים בפני העם היושב בציון ובתפוצות,

מה מקומה ותפקידה של הקהילה היהודית במדינת ישראל ולמי היא מיועדת. מתוך שאלות אלו תיגזר דמותו של הרב ותפקידו.

תפקיד הרבנות איננו סטטי. תפקיד הרבנות תלוי במקום ובזמן, בבחינת רבנות שהזמן גרמה. הגדרת רבנות כמתייחסת לציבור דורשת שינוי מתמיד בהגדרות ובמטרות. על הפסוק "וּבָאתָ... וְאֶל הַשֹּׁפֵט אֲשֶׁר יִהְיֶה בַּיָּמִים הָהֵם",[1] דרשו חז"ל: "וכי תעלה על דעתך שאדם הולך אצל הדיין שלא היה בימיו? אלא אין לילך אלא אצל שופט שבימיך".[2] את דרשתם זו יש להבין כקביעה ערכית: שופט, רב או מנהיג, המעורב בדורו, בימיו שלו, ולא רק בעקרונות של דורות קודמים.

שאלת אופייה ותפקידה של הרבנות נגזרת משאלת הקהילה. התשובה על תוכן הקהילה וצרכיה תכתיב גם את התשובה לשאלה מהי הרבנות ומה הן דרכי פעילותה. הרבנות לאורך ההיסטוריה של עם ישראל איננה קבועה ובלתי משתנה. הרבנות תמיד הגיבה לצורכי הדור והתקופה ובכך גדולתה. אין להתאים את הקהילה לסגנון הרבנות אלא את סגנון הרבנות לאופי הקהילה. זו הדרך הנכונה המסורתית מדורי דורות להנהגת עם ישראל.[3]

ב. מהי קהילה

הנחת היסוד ביהדות היא שקהילה וציבור הם חלק אינטגרלי מאורח החיים היהודי. אמנם הקב"ה יצר את האדם יחיד: "וַיִּיצֶר ה' אֱ-לֹהִים אֶת הָאָדָם עָפָר מִן הָאֲדָמָה",[4] אולם מיד לאחר מכן יצר את הקהילתיות: "לֹא טוֹב הֱיוֹת הָאָדָם לְבַדּוֹ – אֶעֱשֶׂה לּוֹ עֵזֶר...".[5]

בכך התורה מלמדת שעל האדם היחיד לחלוק את חייו עם אחרים. ואמנם התורה היא ספר העוסק באנשים וביחסים ובזיקות

1 דברים יז, ט.
2 ראש השנה כה ע"ב.
3 אין כוונתי להביע עמדה בסוגיות בפסיקת הלכה אלא בהנהגת קהילה.
4 בראשית ב, ז.
5 שם יח.

ביניהם; היא מספרת על זוגות, משפחות, שבטים, אומה ועם. היהדות איננה מכוונת לאדם הבודד, לאיש האמונה הבודד. דרכה של תורה היא הברית המזמינה את האדם לחיות בתוך קהילת אמונה. ברית זו שנכרתה בהר סיני, לא הייתה ברית אמונית ליחידים בבדידותם האמונית, אלא לקולקטיב כולו, ל'קהילת האמונה היהודית'. כאשר ירד משה מהר סיני עם הלוחות השניים נאמר: "וַיַּקְהֵל מֹשֶׁה אֶת כָּל עֲדַת בְּנֵי יִשְׂרָאֵל וַיֹּאמֶר אֲלֵהֶם, אֵלֶּה הַדְּבָרִים אֲשֶׁר צִוָּה ה' לַעֲשֹׂת אֹתָם".[6]

אך מהי קהילה? כדי להבין זאת יש להתבונן בשלושה מונחים שונים של קיבוץ אנושי: **עדה, ציבור** ו**קהילה**.

המונח **עדה** מקורו במילה "עד". אנשים המשתייכים לעדה הם בעלי מודעות עמוקה להיותם חלק מקבוצה. הם מאמינים בעקרונות דומים, חיים על פי ערכים מקובלים ועדים לאמונות ודעות משותפות. קהילה בעלת "ייעוד" משותף הופכת באופן טבעי ל"עדה" ללא מאמצים מרובים. "דַּבְּרוּ אֶל כָּל עֲדַת יִשְׂרָאֵל לֵאמֹר בֶּעָשֹׂר לַחֹדֶשׁ הַזֶּה וְיִקְחוּ לָהֶם אִישׁ שֶׂה לְבֵית אָבֹת שֶׂה לַבָּיִת".[7] ה"לקיחה" המשותפת, המעידה על משיכת ידם מעבודה זרה, הופכת את הפרטים לעדה ללא צורך בהגדרות נוספות. הרעיון המשותף של חברי העדה יוצר את הקבוצה מתוך זהות משותפת, גם ללא הגדרות ומבנים ארגוניים מורכבים.

ציבור שונה במהותו מקהילה. המונח ציבור איננו מופיע בתורה, אלא רק במשנה ובדברי חז"ל. הוא אינו מבטא אחדות רעיונית, אלא אחדות פיזית, ריכוז של אנשים יחדיו גם ללא עקרונות־על מוסכמים. קבוצת אנשים שאינה בעלת אמונות ודעות משותפות מוגדרת ציבור. יצירת ציבור אינה דורשת היכרות אישית, וייתכן שאנשים המרכיבים ציבור אינם מכירים זה את זה. דוגמה טובה לציבור היא אנשים הבאים להתפלל בכותל המערבי: כל אחד בא מעולמו הפרטי וחוזר אל ביתו, ללא היכרות עם המתפללים האחרים וללא יצירת תשתית רעיונית

6 שמות לה, א.
7 שם יב, ג.

עימם. אולם כאשר נמצאים בכותל יחדיו באותו מקום ובאותו זמן, הם יוצרים ציבור לצורך תפילה במניין. לשון אחר, ציבור הוא קבוצה בעלת בסיס וחיבור מינימליים, קבוצה שאינה מורכבת בהכרח מזהות או ערכים משותפים.

קהילה היא מונח שונה משני המונחים הקודמים של עדה וציבור. מחד גיסא, ייתכן שיש הבדל בין חברי הקהילה ואין האחד דומה לחברו, ובכך דומה הקהילה לציבור. מאידך גיסא, המאפיין את הקהילה הוא שכל אחד מבני הקהילה תורם לקהילה, והם יוצרים יחדיו את העקרונות המנחים את הקהילה המשותפת. קהילה איננה נולדת כקהילה, אלא יש צורך בהקמתה, בחשיבה ויצירה של העקרונות שעל פיהם תושתת הקהילה החדשה. הקהילה מחברת בין הציבור לעדה – שילוב של השוני של הציבור עם האחדות והמטרות של העדה.

במה מתבטאת הקהילה? בניגוד למה שאפשר לחשוב, קהילה איננה מושג פונקציונלי בלבד; מטרתה איננה להעניק שירותים לחבריה וזהו אינו ייעודה המרכזי. לאורך הדורות, בגלות, התאפיינה הקהילה היהודית במוסדות השונים שקמו בה – מוסדות לימוד, צדקה והנהגה – שלכולם מטרה אחת: סיוע לחבריה ושמירת היהדות והצביון היהודי. אך הבסיס של הקהילה הוא רעיון, חזון. קהילה נגזרת מהמושג הכללי והקולקטיבי של כנסת ישראל, שבה כל פרט מהווה חלק ומשלים את רעהו. הלכך, סודה וקסמה של הקהילה הם הקשר והזיקה בין הפרטים, היחס בדיבור ובמעשה הבא לידי ביטוי בחיי הקהילה.

האדם נולד לתוך קהילה, העם היהודי. אנו נולדים יהודים לא מתוך הצהרת אמונים לתורה ולמצוות, אלא מתוך שייכות לקולקטיב היהודי. הזיקה לקולקטיב היהודי בכלל ולכל קהילה בפרט, אפשרית בשתי דרכים: **שייכות ומשמעות**. לעיתים אדם יוצר זיקה עם חברו או קהילתו מתוך הצורך בשייכות. שייכות היא צורך טבעי הקיים באדם מטבע ברייתו. פעמים שאדם מחפש קשר עם קהילה או קבוצה מתוך רצון לחפש **משמעות**, מתוך הבנה שעליו למלא את חייו במשמעות. כך או כך, הקשר והזיקה לקהילה הם הכרח.

לדעתי, מושגי **השייכות** ו**המשמעות** הם המסוגלים ליצור חיבור בין איש לרעהו במסגרת קהילה, גם כאשר כל אחד שונה מחברו.

ג. קהילה מודרנית, הרחבת קהילות והקמת קהילות

קהילה, כאמור, איננה מושג חדש בקיום היהודי, אולם יש צורך לחדשו ולהעמיק בו.

בעולם הפוסטמודרני ישנה תופעה מעניינת – חזרה לקהילה, חיפוש זיקה ושייכות קהילתית. לצד הליברליזם, הפלורליזם, התקשורת הגלובלית והשוק המשותף, אנו עדים לחזרה אל ה'אני', אל הקהילה, ל'שטיבל' ולבתי הכנסת הקטנים. יש כאן תהליך דיאלקטי, אבל בעל משמעות רבה למנהיגי הקהילות והדור.

בעבר הייתה הקהילה היהודית מעין משפחה. כשם שאדם נולד לתוך משפחתו, ללא בחירה – הורים אינם בוחרים את ילדיהם והילדים אינם בוחרים את אבותיהם, והם חיים יחד לאורך ימים ושנים – כך בעבר נולד אדם לתוך קהילה, מתוקף היותו תושב מקום מסוים או מתוקף לידתו לחברה מוגדרת, ולא הייתה לו אפשרות לעבור למקום אחר. אדם נעשה חסיד בחסידות מסוימת או חבר קהילה מסוימת ללא אפשרות שינוי כמעט. לא כך המצב בימינו. תנאי הניידות בעולם ובארץ השתנו, ולעיתים קרובות אדם בוחר את מקום מגוריו על פי רצונו להשתייך לקהילה זו או אחרת.

ללא ספק, יש הבדלים בין קהילה מסורתית לקהילה מודרנית. מנחם פרידמן היטיב לתאר הבדלים אלו במאמרים רבים.[8] אולם היסוד הבסיסי המרכיב את הקהילה – הצורך במשמעות ובשייכות – ממשיך להיות רלוונטי גם כיום. באופן מפתיע, גם בעולם פוסטמודרני יש צורך בקהילה, ובעיקר בקהילתיות.

במדינת ישראל יצרנו קהילות נפרדות של דתיים וחילוניים.

8 ראו לדוגמה: "מרא דאתרא, סקירה היסטורית", **אחריו**, הוצאת משרד הביטחון, עמ' 85.

סיבות שונות שאין כאן המקום לפרטן הביאו להתבדלות הציבור הדתי מהציבור שאיננו דתי, ובתי הכנסת הפכו למעין קהילות סגורות. אך מאחר שכאמור היסוד הבסיסי של קהילה רלוונטי גם היום, נראה שהשעה כשרה להרחבת הקהילות של הציבור הדתי ולהקמת **קהילות חדשות ופתוחות**. קהילות אלו תהווינה בַית ובית מדרש ליהודים שונים, חלקם שומרי מצוות וחלקם לא, מתוך חברות ויצירת דו־שיח משותף ואמיתי. קהילה מסוג זה איננה יכולה להיות בעלת מבנה הירכי, אלא ביסודה צריכה להיות קהילה שוויונית.

בהיות הקהילה מעין בית ומשפחה, לא הנושאים האידיאולוגיים צריכים לעמוד במרכז השיח, אלא הממד החברתי והחווייתי הוא שיקשור איש לרעהו בהקמת הקהילות. כפי שבצבא אנו חיים ומתאמנים כתף אל כתף גם עם חברים השונים מאיתנו, נוכל לעשות זאת בקהילות החדשות. קהילות אלו צריכות להיבנות מתוך **מודעות** לשוני בתוכן; לא מתוך מצב של דיעבד בלבד אלא מתוך אמונה שזו דרכה של תורה. הקהילות צריכות להזמין לתוכן את מגוון הציבור במדינת ישראל, מתוך רצון לשותפות אמיתית וללא תנאים מוקדמים.

בעתיד, גם בתי הכנסת יכולים להפוך לבתי כנסת פתוחים לכול. אולם בית כנסת לקהל מגוון והטרוגני (דתיים וחילוניים יחדיו) דורש היערכות ותכנון מיוחד, הן ברמת המודעות של הציבור הן ברמה המעשית. בתי כנסת רבים בתפוצות פועלים בסגנון זה. התפילה המתקיימת בהם היא "תפילה דידקטית", כך שגם אדם שאינו בקי ואמון על התפילה יוכל להרגיש בה בנוח, ולא יתבייש בכל פעם שצריך לעמוד ולשבת והוא אינו יודע על כך. בית כנסת מסוג זה דורש הסבר והדרכה מתמדת של המתפללים על ידי הרב או אחד הגבאים, קבלת כל הבאים לשעריו בסבר פנים יפות, הכרזה על מספרי עמודים בסידור, ובעיקר יצירת אווירה נוחה בבית הכנסת גם לאדם שאינו יודע להתפלל. ללא תנאים אלו, האדם החילוני לא ידרוך שוב על מפתן בית הכנסת.

לדעתנו, בית הכנסת הקהילתי צריך לחזור ולשמש בקהילות ישראל בתפוצות ובמדינת ישראל כמרכז החיים היהודיים. בית

כנסת יוצר ומקיים קהילה אנושית, חברתית ויהודית הזקוקה ל"רעיון", לתשתית רעיונית שתוכל להעשיר ולפתח את החיים היהודיים.

"וַיִּקְרָא אֶל מֹשֶׁה... דַּבֵּר אֶל בְּנֵי יִשְׂרָאֵל וְאָמַרְתָּ אֲלֵהֶם".[9] הנצי"ב מסביר: "דבר אל בני ישראל שיתאספו אליך, ואחר כך ואמרת אליהם". בניית קהילה צריכה להיות בשני מעגלים: תחילה, שלב "ויקרא" – אסוף אותם וצור השתתפות. רק אחריו אפשר לעבור לשלב השני "ואמרת", דו־שיח, לימוד ויציקת משמעות לקהילה. לעיתים אנו הופכים את היוצרות ובונים קהילה על אדני "ואמרת" ולא על עקרונות "ויקרא". יש לבנות קהילות שבהן יקראו לכל יהודי, לכלל ישראל, ואז נוכל להתחיל במלאכת "ואמרת".

המושג המקובל ביהדות התפוצות ובציבור החרדי הוא "קירוב", outreach, אשר משמעותו לקרב את השונה, להרחיב את הקהילה, לא מתוכנו, אלא מבחוץ. לדאוג לא רק למי שנמצא בתוך בית הכנסת, אלא גם למי שנמצא מחוצה לו.

ד. קהילות במדינת ישראל ובתפוצות

הדגם של קהילות פתוחות לכל יהודי איננו חדש. הוא קיים ברוב הקהילות היהודיות בתפוצות אשר הן אורתודוקסיות בהגדרתן, אף שחבריהן אינם דתיים. השייכות לקהילות יהודיות בתפוצות הצילה ומצילה רבבות יהודים מאובדן הזהות היהודית ומהתבוללות.

במובן מסוים, הקהילות היהודיות בחוץ לארץ נעשו רשות הרבים של היהדות. כל דבר שאדם זקוק לו מבחינה רוחנית ומעשית מוצא את פתרונו במסגרת הקהילה, משיעור בתרבות יהודית ויידישקייט ועד אבלות וקבורה אחרי מאה ועשרים. כך הפכה הקהילה בתפוצות לגורם מרכזי בחיי היהודים, גם אם אינם שומרים מצוות או באים לבית הכנסת הקהילתי להתפלל.

9 ויקרא א, א.

קשה לערוך השוואה או מחקר מלומד על ההבדלים בין קהילות בארץ ישראל לקהילות בחוץ לארץ, שכן במדינת ישראל קשה להצביע על קיומן של קהילות במובן הקלאסי, וקשה עוד יותר לציין את התחושה של קהילתיות. יש הדורשים זאת לשבח ומעלים על נס את הממד הלאומי והממלכתי הכובש כל חלקה טובה, ויש הדורשים לגנאי ומצטערים על כך שלא השכלנו לבנות קהילות שיענו על הצורך של היחיד בשייכות ומשמעות.

דחיקת הקהילתיות מפני הממלכתיות מובנת. בעוד שבעבר אחריותה של הקהילה כללה עזרה ותמיכה הדדית, רבנות ושירותי דת, מערכות חינוך, שירותי כשרות, מערכת שיפוט או פשרה קהילתית, קבורה וחברה קדישא, הקמה והחזקה של בתי כנסת ומקוואות, ובכלל דאגה לקיום הפיזי והרוחני של היהודים במשך דורות רבים, הרי שכיום המדינה, על משרדיה השונים, אמורה לתת מענה לכלל הנושאים האלו. הקהילה הוחלפה במדינה.

אולם לאחריות כוללת זו של המדינה על הצרכים הרוחניים, החברתיים, התרבותיים, החינוכיים והערכיים של כלל אזרחיה, יש חיסרון משמעותי מאוד: היא אינה יכולה לספק את הצורך של האדם הפרטי ב**שייכות** וב**משמעות**. אפשר למלא את הצרכים הפונקציונליים, אבל בכך אין די. לא בכדי אנו עדים כיום לקריסה או לירידה משמעותית של המערכות הממסדיות, והדבר יכול לשמש גורם מניע להקמת קהילות אשר יענו על צרכים אלו.

ה. בין בית כנסת לקהילה

נדמה שבלי משים אנו יוצרים בלבול בין מוסד בית הכנסת למוסד הקהילה. בציבור הדתי בארץ אנו רגילים לשייך את בית הכנסת למושג קהילה ולראות בו תחליף לה. בכך יש סכנה רבה, כיון שאנו הופכים את בית הכנסת לקהילה ובכך מרוקנים את תוכנה ואופייה של הקהילה. לאמיתו של דבר, לא בית הכנסת העיקר, אלא הקהילות, ובית הכנסת משמש כאחד מיסודות הקהילה.

האם קהילה יכולה להתקיים ללא בית הכנסת? אין בליבי רצון לדחות את חשיבותו ומעמדו של בית הכנסת כאחד מעמודי התווך של הקהילה, אלא ליצור אפשרות ודגם שבית הכנסת כמקום תפילה לא יהיה האלטרנטיבה היחידה ליהודי שאיננו מתפלל ולמרות זאת מבקש להיות חלק מהקהילה ולהתחבר אליה. השמירה על בית הכנסת כמרכז הקהילה או הפיכתו של בית הכנסת לקהילה, יוצרות פיצול חברתי בין באי בית הכנסת לאלו שאינם מבקרים בו, ואינו מאפשר יצירת קהילות מאוחדות. יהודים רבים שאינם שומרי מצוות עשויים להיות חלק מקהילות בארץ, להיות שותפים בלימוד, בעשייה ובחיזוק הזהות היהודית מתוך דיאלוג – אם בית הכנסת והכניסה אליו לא יהוו תנאי לחברותם בקהילה.

אני מבקש להציע שינוי מושגי. המושג של קהילה מקבל היום ממד חדש, ממד שהיה בעבר למסגרות אחרות בקהילה היהודית, לבתי כנסת ולבתי מדרש. על דבריו של בלעם "מַה טֹּבוּ אֹהָלֶיךָ יַעֲקֹב מִשְׁכְּנֹתֶיךָ יִשְׂרָאֵל",[10] חז"ל אומרים חידוש גדול: "אהליך אלו בתי מדרשות, משכנותיך אלו בתי כנסיות". חז"ל הבינו שבלעם מדבר על מה שיכול לקיים את עם ישראל, בית הכנסת ובית המדרש הם עמודי התווך של העם היהודי. בבתי המדרש לא רק לומדים תורה אלא גם מקבלים **משמעות** – מקום של חיבור, מקום שבו היהודי מקבל משמעות ליהדותו. בדומה לכך, בית הכנסת איננו רק מקום תפילה אלא מקום של **שייכות**, של חיבור. ללא ספק אנחנו באים לבית הכנסת להתפלל, אבל יהודים אחרים שאינם באים לבית הכנסת להתפלל כדי לקיים מצוות תפילה, באים לבית הכנסת גם כדי למצוא שייכות וחיבור. כל אדם זקוק בחייו למשמעות ושייכות, בין יהודי בין שאיננו יהודי. אבל בעם ישראל, כשאנחנו רוצים לחבר יהודי למסורת ישראל סבא, כשאנחנו רוצים לחזק את זהותו, גם אם הוא רחוק מאוד מקיום תורה ומצוות, שתי הדרכים שדרכן אנחנו יכולים לחבר אותו הן דרך

10 במדבר כד, ה.

המשמעות של היהדות או דרך **השייכות**, החיבור החברתי, הקהילתי, שיכול אדם למצוא דרך יהדותו.

בימינו, בעולם היהודי בארץ ובתפוצות, נראה לי שהחלופה של בית הכנסת ובית המדרש לכלל הציבור היא הקהילה. הקהילה היהודית, במיוחד בחוץ לארץ ואולי גם במדינת ישראל, היא המסגרת שגם יהודים שאינם מבקרים בבית המדרש ואינם מתפללים בבית הכנסת, מגיעים אליה, מחפשים בקהילה את המשמעות היהודית ואת השייכות היהודית. אני מבקש להציע שכיום הקהילה היא המוקד שדרכו אפשר להביא אנשים לבית המדרש ולבית הכנסת. הקהילה היא בעצם החלון והצוהר לבתי מדרש ולבתי כנסת. הקהילה היא המקום שבו אדם יכול היום למצוא משמעות ושייכות גם אם הוא איננו אדם דתי, גם אם הוא אינו מרגיש חובה הלכתית או אחרת להגיע לבית הכנסת ולבית המדרש.

אולם כדי שהקהילה תוכל למלא את התפקיד הזה, כדי שהקהילה אכן תוכל להיות אבן שואבת שדרכה יוכל יהודי למצוא את משמעותו ואת זיקתו ליהדות ולעם ישראל, צריך לבנות את הקהילה באופן כזה שיהיו בה לא רק מסגרות, לא רק גג וקירות, אלא תוכן וצורה. הקהילה היהודית תהפוך להיות מוקד: לא רק בית עם, אלא במובן מסוים גם בית ספר. לא רק מסגרת לכינוס, אלא גם מסגרת שבה אפשר יהיה לדון, לשוחח ולחשוב על יהדות גם מחוץ לבית הכנסת ולבית המדרש.

דבריו של הרב סולובייצ׳יק על הגמרא במסכת שבת (לב ע״א) מהווים הסבר נפלא לנושא זה. בגמרא נאמר:

> רבי ישמעאל בן אלעזר אומר: בעוון שני דברים עמי ארצות מתים, על שקוראים לארון הקודש ארנא ועל שקוראים לבית הכנסת בית העם.

הרב סולובייצ׳יק מסביר שאין מדובר כאן על כך שאדם נקרא רשע אלא יש כאן עוון חמור ביותר. בשל מה בעצם עמי ארצות מתים? אפשרות אחת היא שהם קוראים לארון הקודש ״ארנא״. אם לארון הקודש בבית הכנסת קוראים פשוט ״ארון״, יש בכך ביזוי הקודש,

שהרי יש בו משמעות מעבר לכך, יש בו ספר תורה. אבל הסיפא של הגמרא הזאת אומרת דרשני. העוון השני הוא שקוראים לבית הכנסת "בית העם". מה חמור כל כך באמירה כזאת? בית הכנסת הוא מקום תפילה. לקרוא לבית הכנסת בית העם, מקום שיהודים מתכנסים בו, זה לכאורה דבר טוב. כינוס שהוא לשם שמיים, סופו להתקיים. אלא, מסביר הרב סולובייצ'יק, חז"ל הבינו כאן את המשמעות של בית הכנסת, לא כבית עם במובן של כינוס אנשים. בית הכנסת אינו מקום דמוגרפי. הוא אינו מקום שבו יהודים מתכנסים אחד ועוד אחד והופכים להיות עם. עם הוא דבר חשוב, אבל עדיין זה מושג שיש בו יותר מממד דמוגרפי. בית הכנסת הוא מקום כינוס של רעיונות, של היסטוריה יהודית, של עתיד יהודי. בית הכנסת רחב הרבה מעבר לקירות של בית הכנסת עצמו.

לדעתי, גם קהילה יהודית איננה בית העם. בית העם איננו יכול לשמור על הקיום היהודי; לכך יש צורך בבית כנסת, בבית מדרש או בקהילה, אשר ישמשו מקום שדרכו כל יהודי יוכל להתחבר ליהדות ולא רק להתכנס בתוך גג וקירות.

ו. בין הרב לקהילה: תפקידו של הרב בקהילה החדשה

הרב מהווה יסוד ועמוד תמך בקהילה, הן בקהילה המסורתית הן בקהילה הפתוחה המוצעת להלן.

תפקידו של הרב בקהילה הדתית החדשה איננו כפי שהיה בעבר – מלמד, מורה הוראה וסמכות דתית בלעדית. אמנם ביסודה הקהילה הדתית מחויבת להלכה, אבל פעמים רבות אנו עדים לכך שבני הקהילה מתייעצים עם רבנים אחרים בטלפון, באופן אישי, או באינטרנט. המרא דאתרא איננו ההיררכיה ההלכתית הבלעדית, אלא מעין "יועץ רבני הלכתי". בכך הפך רב הקהילה **מפוסק ליועץ**. מקומו וסמכותו אינם מקובלים באופן טבעי, אלא עליו לקנותם ולבנות את המעמד הרבני.

הדרך לבנות את מעמדו של הרב ולהרחיב את פעילותו לכלל

הציבור, היא כאשר ישרת הרב את הציבור ההטרוגני ואת צרכיה השונים של הקהילה. קהילה איננה מסגרת חד־ממדית. בהיות הקהילה בנויה מפרטים רבים, הצרכים שונים ומגוונים ויש להתייחס לכולם – חולים, מבוגרים, בעיות אישיות וזוגיות, צעירים, אבלות, חסד. צרכים אלו לא בהכרח דורשים עיסוק תמידי בלימוד תורה, אבל הם חלק מ"תורת האדם" ומבניית הקהילה ועיצוב מעמדו של הרב.

הטיפול בקהילה, הן הקולקטיב הן הפרטים, הוא כיום הכרח המציאות כדי שאנשים יוכלו לבנות את הקשר האישי והמשפחתי שלהם לרב הקהילה.

לימוד תורה יכול לאפשר זיקה רוחנית־אינטלקטואלית בין בני הקהילה לרב, אולם גברים רבים ונשים רבות אינם מגיעים לשיעורים אלו ויש צורך להגיע לליבם. על רבני הקהילות להיות רגישים וערים לצורכי הקהילה עצמה ולא להעמיד לפניה רק דלת אחת כדי להגיע אל הרב – שיעורי תורה. ככל שנשכיל יותר לפתוח ולפתח דרכים לזיקה עם בני הקהילה, כך נצליח יותר במלאכת הקודש של בניית הקהילה, חיזוק מעמדו של הרב בקהילה ויצירת זיקה אישית אמיתית של הרב עם בני הקהילה.

הרבנות ה'קלאסית' הייתה רבנות של עולם מסורתי, של ציבור המחויב לקיום מצוות. הרבנות בימינו, לעומת זאת, היא רבנות מזן אחר. היא דורשת מרב אורתודוקסי לנהל קהילה שאינה אורתודוקסית על פי כללי ההלכה. הדברים אמורים כמובן בהנהגת קהילות בתפוצות – שבהן פעמים רבות הקהילות קרויות אורתודוקסיות משום שהרבנים העומדים בראשן הם בעלי השקפה זו, אבל חברי הקהילה אינם חיים אורח חיים דתי. ברם הדברים נוגעים אף לקהילות בארץ ישראל, שבה על הרבנות הראשית ועל רבני ערים ושכונות לנהל חיי מדינה שלמה על פי עקרונות ההלכה, גם כאשר אזרחיה אינם רואים את הצורך והחשיבות שבכך.

השאלות והדילמות האמיתיות העומדות לפתחנו בקהילות מעורבות הן לא כיצד לשמור שבת ומצוות בקהילות דתיות סגורות, אלא כיצד לנהל בית כנסת לציבור שאינו יודע להתפלל, כיצד לנהל

מערכת יחסים בעולם שאיננו מאמין ואינו חי על פי ערכי המשפחה, ובמילים אחרות – כיצד לקיים הלכה בחברה לא הלכתית.

למעשה, המסגרת החברתית האידיאולוגית והערכית שבה הרבנים פועלים כיום איננה תואמת את העולם ההלכתי. זהו האתגר העומד בפני רבני דורנו!

בקהילה פתוחה, שבה חיים בצוותא יהודים בעלי דעות שונות, תפקידו של הרב הוא להיות מעין סוכן מכירות של היהדות הנאמנה, כיון שהרב צריך למשוך את הציבור הוולונטרי. הגדרתו של הרב כרב קהילה מעבירה את נקודת הכובד של עבודת הרב מהיותו פוסק ואיש הלכה להיותו מנהיג הציבור.

אינני מציע לשנות את שמו של התפקיד מרב ליועץ רוחני, אלא ליצור מודעות לשינוי שחל בתפקיד, במטרותיו ובדרך להשגת המטרות, בעקבות השינויים הקהילתיים והחברתיים המתרחשים. בחברה המסורתית היה הרב המנהיג הרוחני של הקהילה היהודית. תפקיד זה הקנה לו סמכות שהייתה מקובלת על כל בני עדתו. לעומת זאת, בקהילות היהודיות המודרניות בתפוצות ובחברה הישראלית במדינת ישראל לא קיימת סמכות רבנית.

סמכות רבנית יכולה להתקבל בעולם החי מתוך מחויבות לעקרונות ההלכה, ואילו הקהילות המנחות את צעדיהן מתוך עקרונות אחרים של העולם המודרני אינן יכולות להעמיד בראש מעייניהן את הסמכות הרבנית. זו מציאות שיש להכיר בה כאשר אנו עוסקים בקהילות פתוחות לכלל הציבור. הלכך, רבנים המנסים לפעול בקהילותיהם מתוך סמכות בלבד, מגלים בכך אי הבנה בסיסית של המציאות.

מצב זה מחייב מציאת סמכות רבנית אשר איננה נובעת מהתפקיד אלא מהמשימה, מהרעיון, משליחות, מחיבור אמיתי ואישי בין הרבנות לציבור.

בעוד שבעבר תדמיתו והגדרתו של תפקיד הרב היו בעיקר עיסוק בפסיקת הלכה, כיום חשוב שהרב יראה את עצמו 'מורה רוחני' ולא 'מורה הוראה' גרידא. הדברים אמורים כלפי הציבור הדתי והציבור

שאיננו שומר מצוות כאחד. ההוראה הרוחנית תיצור אווירה ומסגרת של דו־שיח ולימוד וחשיבה משותפים, אשר לדעתי ייצרו יותר פניות אל הרב, מתוך תחושה של קרבה וידידות ולא מתוך מורא וסמכותיות.

בעולם היהודי היום רב איננו יכול להיות מנהיג דתי בלבד אלא עליו להיות מנהיג רוחני. השאלות אינן שאלות הלכתיות גרידא, והציבור שאיננו שומר מצוות איננו יודע להבחין בין שאלה הלכתית לשאלה מוסרית.

הרב המתאים לצורכי החברה היהודית המודרנית אינו יכול לעסוק רק בשאלות היסוד של הדת, מבחינה תיאולוגית או הלכתית. עליו לעסוק בצרכים הרוחניים והפסיכולוגיים של צאן מרעיתו, להיות קשוב לצרכים הרוחניים המתחדשים, להבין את הנהירה לתורות המזרח והניו־אייג׳ ועוד, ומתוך כך למצוא את השפה ללימוד ולהבנת היהדות של בני קהילתו.

קשה ובלתי אפשרי יהיה לצפות כיום להחזרת עטרה ליושנה ולחזרה של הגאון והתלמיד־חכם של קהילות פולין, רוסיה או מרוקו, כדגם הראוי להנהגה רבנית כיום. המצב החדש בעולם המודרני מצריך רבנים חדשים אשר יהיו נטועים בעולם התורה ובעולם המודרני, וכך יהיו מסוגלים להבין היכן יהודים אחרים עומדים, בבחינת ״דע לפני מי אתה עומד״.

התאמתו של הרב לקהילה המודרנית והפתוחה המזמינה כל יהודי באשר הוא, דורשת מהרב לא רק לשמש ככהן הנותן שירותי דת ועוסק בפעילות דתית – בית כנסת, מועצה דתית, חתונות ולוויות – אלא לשמש גם **כחכם**, המתמודד באופן אינטלקטואלי עם צורכי הקהילה, המלמד תורה משמעותית ורלוונטית גם לאדם שאינו שומר מצוות. על הרב להיות גם **נביא**, חוזה ובעל חזון הרואה את הנולד של קהילתו ודואג לעתידה. על הרב להיות לא רק כהן אלא גם **חכם** ו**נביא**.

לדברי הרב אליעזר ברקוביץ, ״הרב הוא יורשו של הנביא״.[11] ״משה קיבל תורה מסיני ומסרה ליהושע ויהושע לזקנים וזקנים

11 בספרו **לקראת מנהיגות רבנית מחודשת**, עמ׳ 265.

לנביאים ונביאים מסרוה לאנשי הכנסת הגדולה".[12] שלשלת המסורת של העברת התורה מלמדת על מסירת התורה מבחינה היסטורית מהנביאים לרבנים, אך נדמה שרצף זה איננו היסטורי בלבד, אלא גם רעיוני ופונקציונלי. הרבנים קיבלו על עצמם, במודע או שלא במודע, את תפקידם של הנביאים: דאגה לקיומו של העם היהודי. דאגה זו מחייבת דאגה לכל יהודי ויהודי ללא אבחנה בין היותו דתי או חילוני. זה הבסיס של הקהילה היהודית החדשה במדינת ישראל ובעולם כולו.

12 אבות א, א.

ברוך אתה בעיר – בין ערים בתורה לעירו של הרב ריסקין

הרבנית רננה בירנבוים

העולם המודרני הוא עולם אורבני, חלק גדול מאוכלוסיית העולם מתגוררת כיום בערים. אולם בתנ"ך בכלל ובספר בראשית בפרט, אין אנו עדים למודל של עיר, אלא רק לצעדים הראשונים הנעשים בהיסטוריה לבניית ערים וליצירת המאפיינים והמטרות של מסגרת חיים זו. נעיין בסיפורים שונים בתורה המלמדים אותנו מהי משמעותה של עיר וכיצד היא תורמת ללכידות החברה, אף שהערים הראשונות מוארות בספר בראשית באור שלילי.

א. עירו של קין

ראשיתו של ספר בראשית ושל ההיסטוריה האנושית במודל ההפוך למושג עיר. לאחר הרצח הראשון של איש באחיו, "וַיְהִי בִּהְיוֹתָם בַּשָּׂדֶה

<u>וַיָּקָם</u> <u>קַיִן</u> אֶל הֶבֶל אָחִיו <u>וַיַּהַרְגֵהוּ</u>",[1] נענש קין בקללה א-להית "<u>נָע</u> <u>וָנָד</u> <u>תִּהְיֶה</u> <u>בָאָרֶץ</u>",[2] ורש"י מפרש: "אין לך רשות לדור במקום אחד". ואמנם, אחד המאפיינים הבולטים בתולדות האבות כולם הוא הנדודים והעובדה שלא ניסו להשתקע ולבנות בתים וערים. הם התגוררו באוהלים בלבד, והמשיכו לנדוד ממקום למקום.

אף שקין החל את דרכו כנע ונד, התורה מספרת שעונשו לא התקיים בו אלא הוא עצמו בנה עיר והפסיק את נדודיו בעולם: "<u>וַיֵּדַע</u> <u>קַיִן</u> אֶת אִשְׁתּוֹ <u>וַתַּהַר</u> <u>וַתֵּלֶד</u> אֶת <u>חֲנוֹךְ</u> <u>וַיְהִי</u> בֹּנֶה עִיר <u>וַיִּקְרָא</u> שֵׁם הָעִיר כְּשֵׁם בְּנוֹ <u>חֲנוֹךְ</u>".[3] ללמדנו שמודל החיים הרצוי בתורה הוא דווקא העיר ולא המעברים וחוסר היציבות. העיר הראשונה בהיסטוריה האנושית נבנתה אפוא בידי הרוצח הראשון במקרא.

הרב שמשון רפאל הירש מסביר כדרכו מדוע דווקא קין היה הראשון שבנה עיר, ומה ההבדל בין העיר לכפר:

> עם קין החלה שאיפה חדשה, העיר. קין היה תלוש מן הקרקע מנושל מן השדה, עזוב מאת ה' ומנודה מחברת בני אדם. הוא נותר לעצמו, נותרו כוחותיו הרוחניים והכישרונות הטמונים באישיותו. התוצאה הטבעית הייתה להיות בונה עיר. העיר בניגוד לכפר תלושה מן הקרקע ומן החקלאות. יושביה מתפרנסים מכוחות האדם... הכפר שקוד על תרבות הקרקע והעיר על תרבות האדם... לפיכך אופייני הדבר שהעיר הראשונה נוסדה על ידי קין שהיה תלוש מן הקרקע ותלוי רק בעצמו.

דווקא קין שהפך מעובד אדמה לנע ונד, היה מתאים לבנות את העיר הראשונה, כיון שקיומה ופיתוחה של העיר תלויים בכוחות האדם ולא בכוחות הטבע.

1 בראשית ד, ח.
2 שם יב.
3 שם יז.

פירושו של המלבי"ם על הפסוק פותח בפנינו צוהר לראיית העיר כמודל חברתי מתוך רצון ליצירת חברה מתוקנת. כך הוא כותב:

> ויהיה בונה עיר, שאחר שהוא היה הרוצח הראשון שהרס את הדת הטבעי, שבזה יהיו בני אדם כדגי הים איש את רעהו חיים יבלע, רצה לתקן זאת במה שיבנה עיר שבה יתחברו האנשים לקבוץ מדיני ויעשו ביניהם חוקים ונימוסים ובאופן שיעזרו זה לזה נגד המתקוממים עליהם... ובנין העיר הזאת היה התחלה לקבוץ המדיני, והוא יסוד הנהגת העיר שזה יסוד לחכמה הנהגת המדינה...

קין הבין את גודל נפילתו המוסרית. יתרה מזאת, הוא הבין שבמעשהו הוא פגע ב"דת הטבעי" – באותו קול מוסרי שלוחש בליבו של כל אדם נורמטיבי ואומר לו מהו המעשה הנכון ומהו המעשה הפסול, ושלא יעלה על הדעת לרצוח נפש. קין הסיק מנפילתו שקיימת אפשרות שגם אחרים ייפלו כמוהו, במיוחד לאחר שהעניק להם "דוגמה אישית". לכן הפתרון המתבקש הוא בניית עיר, מודל חברתי חדש שבו "יתחברו אנשים לקיבוץ מדיני ויעשו ביניהם חוקים ונימוסים ובאופן שיעזרו זה לזה נגד המתקוממים עליהם".

מתוך כישלונו האישי ראה קין בהישענות על הרצון הטוב ועל מוסרו האישי של היחיד נקודת חולשה שאינה מספקת לבניית חברה מתוקנת, ולכן הפתרון צריך להתבסס על קיבוץ עירוני, על ביצור מעמדו של הטוב בעקרונות חברתיים משותפים שיהיו מעוגנים בחוק ובמחויבות של הכלל. קין הגה מודל חברתי חדש למען בנו, הוא חונך עיר. התורה מציינת שקין קרא לעיר בשם בנו חנוך, ולא על שם בנו חנוך. כלומר, השם שהעניק לבנו ובניין העיר תואמים זה את זה. לא מדובר ב"מפעל הנצחה" של בנו חנוך, אלא במימוש היעד שחבוי בשם חנוך עצמו. קין קיווה שהעיר על מוסדותיה החברתיים, על הנורמות הנוהגות בה והחוק השורר בה, על הדוגמה האישית הטובה שמנהיגיה ותושביה יעניקו איש לרעהו, תסייע לכבוש ולדכא את הנטיות הלא מוסריות והפראיות שבאדם – לחנך אותו.

ב. מגדל בבל

הפעם השנייה שהעיר מופיעה בתורה היא בסיפור מגדל בבל: "וַיֹּאמְרוּ הָבָה נִבְנֶה לָּנוּ עִיר וּמִגְדָּל וְרֹאשׁוֹ בַשָּׁמַיִם וְנַעֲשֶׂה לָּנוּ שֵׁם פֶּן נָפוּץ עַל פְּנֵי כָל הָאָרֶץ".[4]

ה' ירד לראות מקרוב את הפרויקט האנושי של בניית העיר והמגדל והגיע למסקנות: "וַיֹּאמֶר ה' הֵן עַם אֶחָד וְשָׂפָה אַחַת לְכֻלָּם וְזֶה הַחִלָּם לַעֲשׂוֹת וְעַתָּה לֹא יִבָּצֵר מֵהֶם כֹּל אֲשֶׁר יָזְמוּ לַעֲשׂוֹת. הָבָה נֵרְדָה וְנָבְלָה שָׁם שְׂפָתָם אֲשֶׁר לֹא יִשְׁמְעוּ אִישׁ שְׂפַת רֵעֵהוּ". התוצאה הייתה: "וַיָּפֶץ ה' אֹתָם מִשָּׁם עַל פְּנֵי כָל הָאָרֶץ וַיַּחְדְּלוּ לִבְנֹת הָעִיר. עַל כֵּן קָרָא שְׁמָהּ בָּבֶל כִּי שָׁם בָּלַל ה' שְׂפַת כָּל הָאָרֶץ וּמִשָּׁם הֱפִיצָם ה' עַל פְּנֵי כָּל הָאָרֶץ".[5]

סיפור בניית העיר והמגדל וחורבנם אינו חד־משמעי בתוכנו ובמשמעותו. החטא אינו ברור וגם התגובה הא־להית אינה ברורה – האם מדובר בעונש ישיר על חטא או בצעדי מנע הכרחיים?

הרבי מלובביץ' זצ"ל מסביר: "כשאנו בוחנים את מטרת הקמת העיר והמגדל, אנו רואים כי בוני המגדל היו מעוניינים במטרה אחת בלבד – פרסום ושימור שמם, האדרה עצמית בלבד. הם היו מאוחדים למטרה אחת, אך לא הייתה זו מטרה נעלית ומרוממת, אלא מטרה חומרנית שהייתה ממוקדת בעצמם בלבד; אחדות שכזו סופה להתרסק. אם אין לבני האדם אידאל נעלה ורוחני, אם האנשים פועלים מסיבות אנוכיות בלבד, לא רק שהדבר לא יאחד אותם, אלא בסופו של דבר אף יגרום לפירוד גדול יותר מכפי שארע במגדל בבל".

אחדות אנוכית או חומרית גרידא – סופה להתפרק, והיא אף עלולה להביא אסון בכנפיה. לכן הקדים הקב"ה תרופה למכה מבעוד מועד והוא בלל את שפתם והפיצם על פני תבל. רק כאשר קיימת אחדות שהיא גם רעיונית ואידיאולוגית, יש סיכוי לקיום העיר ולחיזוק החברה. הקיבוץ החברתי חיובי רק כאשר הוא מושתת על יסודות

4 שם יא, ד.

5 שם ו–ט.

נכונים. העיר חייבת להיות מבוססת על מוסר וצדק, על רצון ה׳, ולא על צרכים אנושיים בלבד.

הנצי״ב מוולוז׳ין בפירושו ״העמק דבר״ מפרש את חטאם באופן שונה:

> יש להבין מה חששו אם יצאו כמה לארץ אחרת, ומובן שזה היה שייך ל׳דברים אחדים׳ שהיה ביניהם, ובאשר אין דעות בני אדם שוות חששו שלא יצאו בני אדם מדעה זו ויהיו במחשבה אחרת, על כן היו משגיחים שלא יצא איש מישוב שלהם, ומי שסר ׳מדברים אחדים׳ שביניהם היה משפטו לשריפה, כאשר עשו לאברהם אבינו, החליטו להרוג את מי שלא חושב כדעתם.

הנצי״ב רואה סכנה גדולה בשלום ובאחדות המתגבשים מתוך מחיקת הגוונים וריבוי הדעות שבחברה, גם כאשר האחדות נוצרת על בסיס אידיאל רוחני נעלה. כאשר האחדות מופיעה בעיקר על ידי מניעת חופש הדעות ופסילת האחר, סופה להביא לרצח. סכנה גדולה טמונה גם באידיאל רוחני עליון וצודק ובמחיקת זכותו של הזולת לחשוב אחרת ואף להתנהג באופן שונה.

ג. סדום

סדר הדברים בחומש בראשית מביא אותנו להמשך עיון בסיפורה של העיר סדום: ״זַעֲקַת סְדֹם וַעֲמֹרָה כִּי רָבָּה וְחַטָּאתָם כִּי כָבְדָה מְאֹד. אֵרְדָה נָּא וְאֶרְאֶה הַכְּצַעֲקָתָהּ הַבָּאָה אֵלַי עָשׂוּ״.[6]

העיון בסיפורה של העיר סדום מתחבר ומסכם את עיונינו הקודמים בסיפור עירו של קין ובסיפורם של בוני מגדל בבל. על העיר של קין אנו יודעים מעט מאוד; אנו יודעים בעיקר על היסודות שהנחו את קין ביסודה ועל תקוותיו בבנייתה, אך על תוצאות בנייתה בפועל

6 שם יח, כ-כא.

איננו יודעים דבר. על חזונם של בוני מגדל בבל אנו יודעים מעט יותר, אך כוונתם סוכלה על ידי הקב"ה. סיפורה של סדום ואחריתה, לעומת זאת, מהווים מעין צוהר שדרכו ביכולתנו לראות באופן מוחשי ובמעין מעבדה היסטורית את הכישלון המוסרי והסוף הצפוי שנמנע מבוני מגדל בבל על ידי הפרת עצתם בידי ה'. המקרא עצמו איננו מאריך בתיאור הרשעה והעוולות שהתחוללו בסדום טרם הגעת המלאכים שנשלחו להצלת לוט ולהשמדת העיר, אך חז"ל התעמקו להבין מהי אותה "צעקתה הבאה אלי" שגרמה לקב"ה לשלוח אותם למשימתם.

המדרש מדגיש את מעשי העוולה בעיר בתחום החברתי. כך מופיע בפרקי דרבי אליעזר פרק כה: "הכריזו בסדום ואמרו: כל מי שמחזיק ידי עני ואביון וגר בפת לחם, ישרף באש". וכפי שמסבירה נחמה ליבוביץ' ז"ל: "במה מתבטאת רשעת סדום? מהו בכלל מושג הרע במלוא עוזו, הרע אשר אין תקנה לו אלא בחורבן הגמור של כל העיר? הווה אומר: העוול הסוציאלי. ואפילו אינו בקום ועשה אלא בשב ואל תעשה לבד". כלומר, עוול אינו רק גרימת נזק לזולת באופן אקטיבי; גם מניעת טוב באופן פסיבי היא עוול. המשך התפתחותו של העוול הוא בהתבססותה של הרשעה כנורמה חברתית מחייבת, כדברי הנביא יחזקאל: "הִנֵּה זֶה הָיָה עֲוֹן סְדֹם אֲחוֹתֵךְ גָּאוֹן שִׂבְעַת לֶחֶם וְשַׁלְוַת הַשְׁקֵט הָיָה לָהּ וְלִבְנוֹתֶיהָ וְיַד עָנִי וְאֶבְיוֹן לֹא הֶחֱזִיקָה".[7]

ביסודו היה העוול אולי שבריר רעיון בליבם של יחידים שהגו בו רק בהיחבא. אך ככל שעבר הזמן הוא השתרש אט אט בלבבות ובחברה עד שבסופו של דבר יצא אל הפועל. האדם החריג, כמו לוט, שעדיין הקשיב לצו מצפונו, נחשב אז לפורע חוק והתחייב בנפשו.

הבן איש חי, בדרשה על פרשת וירא, מאיר את הנושא מזווית חדשה ומרתקת:

> אך נראה דאין עוון זה [=הסירוב לארח אורחים] קשה ומר מגופו ומפאת עצמו, אלא רעתו הקשה היא מפני שמניעת רגלי האורחים

7 יחזקאל טז, מט.

היתה הסיבה לביטול התוכחה על ריבוי עוונותיהם, שאין אורחים נכנסין לעירם ורואים רעתם ומוכיחין אותם עליהם. איך יסורו מהם? דאין אדם רואה חובה לעצמו אין לו תקנה לפרוש מן העברות, אלא רק על ידי מוכיחים שיוכיחו אותם על רעתם...

הבן איש חי הופך את הדברים על פיהם. הסירוב להכניס אורחים והיחס הנפשע לאורחים שכבר נכנסו אינם תוצאה של השחיתות והרשע. אדרבה – רשעותם היא תוצאה של מניעת האורחים להיכנס. כניסתו של אורח למרחב של המארח או החברה המארחת, מעניקה להם טובה גדולה. היא מעניקה להם את האפשרות להיחשף לביקורת ולבחינה מחודשת, שרק עין רעננה, מן החוץ, יכולה לקיים. הביקורת המתמדת של הפרט והכלל היא תנאי הכרחי למוסריות והתחדשות של כל חברה מתוקנת. לפי הבן איש חי, הסתגרותם של אנשי סדום בעירם היא שחוללה את החורבן המוסרי עד שכבר לא היה בר תיקון.

ד. סיכום

מתוך המקורות והפרשנים שציטטנו אנו לומדים על דמותה של העיר האידאלית והרצויה:

לפי דברי הרבי מלובביץ', האחדות והשלום כערכי יסוד של העיר המתוקנת יכולים להתקיים רק כאשר מונח בבסיסם אידיאל רוחני עליון ולא אינטרסים אנוכיים.

הנציב מוולוז'ין טוען שחופש הדעות והכבוד ההדדי לריבוי הדעות חיוני לבריאות החברה ולפיתוחה, גם כשהיא ערכית ואידיאליסטית ביסודה ומנהיגיה אנשי קודש.

נחמה ליבוביץ' סבורה שתיקון העוול הסוציאלי ועשיית חסד הם מיסודותיה של העיר.

הבן איש חי מחדש שהכנסת אורחים במובנה העמוק כוללת גם את פתיחות הלב וההכרה בחשיבות העליונה של הביקורות שמביא

עימו האורח. הביקורת וההקשבה לדעות אחרות הן תנאים הכרחיים למוסריות החברה.

כהמשך לאופיין של ערים בתורה, ברצוני להזכיר מעט מהמעשים והתכונות שליוו את הרב ריסקין בשנותיו כרב העיר אפרת ובכינונה כחברה ערכית ויוצרת. תפקידו של רב עיר הוא לבנות עיר על פי עקרונות התורה ולהיות מודל להנהגה המעורבת עם הבריות. במשך כמעט ארבעה עשורים זכינו שהרב ריסקין היה מנהיג ושותף להקמתה של העיר אפרת ברוח ייהודית. אפרת נבנתה מתוך חזון ואידיאלים, מתוך ערכים ואחריות. מראשית הדרך היה חשוב לרב ריסקין שבתוך העיר אפרת יהיו קהילות, מוסדות חינוך, ארגוני חסד, עזרה ותמיכה הדדית וקבלת האחר מתוך כבוד ואהבה. בדרכו החינוכית ובדרשותיו יצק הרב ריסקין יסודות למחשבה דתית לאומית, אורתודוקסית מודרנית, היודעת לחפש את משמעות המסורת לאדם המודרני, ולימד להפנים ולכבד את ריבוי וגיוון הדעות תוך שמירת המחויבות למצע יהודי משותף.

הרב ריסקין שימש מקור השראה לתושבי העיר. הוא הפיח בהם רוח של תורה ואמונה, רוח של תורה ועבודה. הוא הפך את התורה למצפן של העיר ודאג שהתורה תהיה במרחב הפרטי והציבורי.

ברוך שזכינו לכך שהרב ריסקין היה בין בוני העיר אפרת בחומר וברוח. ברוך אתה בעיר.

'אדם – תורה – חיים': קריאה דתית לדיאלוג במציאות פוסטמודרנית

הרב ד"ר רונן בן דוד

א. מבוא[1]

המילה 'דיאלוג' קנתה לה שביתה משמעותית בעולמנו. בשדה החינוך, במערכות יחסים בין הורים לילדים, במקומות עבודה ובכלל בכל הקשר אנושי, לרבות בשיח הרגשי שבין אדם לעצמו.[2] במאמר זה אציע הסבר לכך תוך התייחסות לדיאלוג כערך דתי מהמעלה הראשונה. אראה שיש מודלים שונים של דיאלוג, ואציג את יסוד משנתו הרעיונית של הרב

1 לחלק מהדברים שאציע להלן התייחסתי בהרחבה בעבודת הדוקטורט שלי – "התגבשות משנת הגאולה של הראי"ה קוק עד שנת תרס"ו (1906)", חיבור לשם קבלת תואר דוקטור בפילוסופיה, האוניברסיטה העברית, תשע"ט.

2 להרחבה בהקשר זה ראו סקירה מקיפה אצל ברוך כהנא, "גישות אנליטיות לדיאלוג – גשר על מים סוערים", באתר **חיים משותפים**.

אברהם יצחק הכהן קוק בקריאה לדיאלוג בעת החדשה, כחובה דתית.[3] בסוף דבריי אראה כיצד 'אדם תורה חיים' – שלוש המילים המלוות את הסמליל (לוגו) של "אור תורה סטון" – הן עצמן תמצית התפיסה הדיאלוגית הרלוונטית לימינו.

ב. 'מפת דרכים' תרבותית

כל בני האדם נולדים לתוך מציאות החיים ומנסים להבין אותה. תיאורטיקנים רבים ניסו להסביר כיצד מתפתחת צורת החשיבה של האדם בתרבות שהוא נולד אליה. קליפורד גירץ, אנתרופולוג אמריקני בן זמננו, עסק בהרחבה בשאלות אלה,[4] וקבע כי כל תרבות מציעה לבנותיה ולבניה מערך חשיבה והתנהגות המהווה מעין 'משקפת' להתבוננות בחיים ולהבנה איך נכון לתפקד בהם. מערך זה מכיל גם ערכי יסוד (אותם הוא כינה בשם 'אידיאות') וגם המלצה להתנהגויות מעשיות שנובעות מאותם ערכי יסוד (את אלה הוא כינה 'סמלים'). מארג תרבותי זה הוא 'מפת דרכים' שמציעה כל תרבות לבניה ובנותיה, על מנת להתנהל נכון במציאות החיים. גירץ עמד על כך שמתוך כלל הרעיונות והאפשרויות הקיימים בעולם, כל תרבות בוחרת להדגיש ערכים מסוימים כטובים ונעלים יותר, ולהציג אחרים כלא ראויים. זהו, אליבא דגירץ, המפתח להבנת ההבדלים בין תרבויות שונות, הן בעולם העתיק הן בימינו.

אם נעשה אנלוגיה פשטנית בין המושגים של גירץ ובין המכנים המשותפים לכל אגפי השיח היהודי דתי, הרי ש'תורה' תהיה בבחינת

3 הרב קוק לא השתמש במילה דיאלוג, כמו רוב ההוגים בני זמנו. עם זאת, התוכן המעשי של דבריו, כפי שנראה, הוא קריאה נועזת לדיאלוג בין עמדות שונות ואפילו בין קולות שונים בנפש האדם הפרטי.

4 ראו למשל אצל קליפורד גירץ: **פרשנות של תרבויות**, ירושלים 1990; "האדם כהומוסימבוליקוס", **מחשבות**, כתב העת של חברת IBM בישראל, טבת תש"מ, עמ' 15–27.

אידיאות ו׳מצוות׳ בבחינת סמלים.[5] המצוות הן מערך שלם של התנהגויות מעשיות, המבטאות את הרעיונות הערכיים של דבר ה׳ בעולם, שמקורם בתורה. בהקשר זה מקבל הביטוי ׳תורת חיים׳ משמעות שונה מעט מזו המקובלת. אתגרי החיים נחווים על ידי כל בני האדם בכל התרבויות באופן דומה, וההבדל הוא בפרשנות של החיים. התורה, בהקשר זה, מציעה פרשנות מסוימת לחיים, ופרשנות זו, על פי דברי הנביאים, אמורה להיות הפרשנות של כל בני האדם, ולא רק של עם ישראל. אם נבין שדבר ה׳ מוטבע בכל מחשבה ובכל תופעה המתגלה בעולם, הרי שהתורה אמורה להציג תפיסה שיש בה מקום לכלל האידיאות הקיימות, וזה שורש ייחודה כדבר ה׳ בעולם. בתקופות שונות ביקשו גדולי עמנו לנסח את ׳עיקרי האמונה׳ של היהדות, שהם בעצם עיקרי האידיאות שמציעה התורה. הרב קוק היה אחד מהם.

ג. עיקרי האמונה של הרב קוק

כמו רבים לפניו, גם הרב קוק הציע מבנה של עיקרי אמונה. אלא שבשונה מקודמיו התחיל הרב קוק את המבנה בהגדרה הבסיסית של מהי אמונה, ורק לאחר מכן הציג את הנגזרות של עיקרי האמונה הנובעים מהגדרה זו.[6] נתבונן בשני הסעיפים הראשונים מתוך החמישה:

> אלה המה סדרי הדברים שעליהם ראוי לסדר עיוניו להועיל לעצמו וזולתו.

5 אין כוונתי להיכנס כאן לפולמוס ביחס לשאלה אם למצוות משמעות סימבולית, אלא רק להבהיר את המושגים של גירץ בהקשר זה.

6 הרב קוק ניסח את הדברים בשנות העשרים של חייו, והם מופיעים ב**פנקסי הראי״ה** ג, פנקסים טו-טז. הרב צבי יהודה קוק, בנו של הרב קוק, ערך את הפנקסים המוקדמים של אביו לספר בשם ׳מוסר אביך׳. הוא הביא את עיקרי האמונה האלה בתחילת הספר, בקטע ׳במקום הקדמה׳.

א. אמתת גדר האמונה. צורתה כמו שהיא מיושבת בנפש, והכרחה וגודל אמתתה. שאין גבול ב"אמת" למעלה מזה, על פי דברים מבוררים ומאומתים בשכל ובחוש ובמפורסם.

ב. באמתת הבורא יתעלה, במציאותו יתברך ויתרומם, בגדלו, השגחתו, והמדות הקדושות המיוחסות לו, והעניינים האמוניים המתחייבים מזה. באימותים מבוררים ומחויבים, חתומים בחותם האמת והצדק היושר והנועם הטהור והאמיתי, המקובל קיבול טבעי אל הדעת, ומרנין ומרחיב ומשמח את הנפש.[7]

החלוקה בין מושג **האמונה** המופיע בסעיף א כתנועה בנפש האדם שקשורה בחושים האוניברסליים, ובין **האמונה בבורא** הקשורה יותר בשכל ובלימוד – אינה מובנת מאליה. היא קשורה לעמדתו היסודית של הרב קוק ביחס למושג האמונה, שהיא תנועה בנפש כל אדם הנוגעת במוטיבציה של כל בן אנוש להיות טוב. לא מדובר כאן על לימוד שלימדו אותנו הורינו או מורינו, אלא על תכונה המוטבעת בנו. למעשה, הסביר הרב קוק, האמונה היא טבע יסודי בכל אדם, והוא זיהה אותה בכמיהה של כולנו לטוב. זיהוי תנועה נפשית זו כאמונה הוא חידוש גדול של הרב קוק. הגדרה זו מאפשרת להתייחס לכלל המחשבות וההתנהגויות האנושיות באשר הן כביטוי לתשוקה עמוקה לטוב. תפיסה זו גם מאפשרת להתייחס למצבים לא טובים כשבירה (מבלי להצדיק אותם, כמובן), ולרצון המוטבע בנו לחפש את הטוב ככוח מניע לתיקון. כל זה כרוך אצל הרב קוק תחת הכותרת 'אמונה'. שנים בודדות לאחר כתיבת דברים אלה ניסח הרב קוק את הרעיון הזה ביתר דיוק:

> כאשר נבוא לכלל חשבון בטבע הטהור של האדם, בין הנטיה לאמונה או לכפירה, בכללות, נמצא ברור, שהאמונה היא לאדם טבע נטוע, טבע מחוייב בכלל. כל יסודי החיים בכללות בחיי החברה לא יוכלו כלל להתקיים אם לא יתחבר עמם כח האמונה,

7 **פנקסי הראי"ה** ג, פנקס טו, אות עב (עמ' קכא).

במה שראוי להאמין, ובמידה שראוי להאמין. החיים המוסריים לא ימצאו מעמד כל עיקר מבלעדי משען האמונה. אין החברה האנושית יכולה להעזר מעזר השיתוף בכל כשרון של חכמה ודעת, כי אם בעזר האמונה...

ויותר מכל אלה עומדת בחוזק עז טבע האדם – האמונה באלהות. זאת התכונה היא מגלה לנו את טבע האדם, בין בחייו הפרטיים בין בחיי הציבור. יחש לאלהות מרגיש האדם בעצם טבעו, על כן, לא נמצא שום קיבוץ אנושי שיהיה קיים ומסודר באיזה אופן, שיהיה בלא זיקוק לאמונה באלהות, יהיה באיזה סגנון שיהיה. וזה מראה לנו בגלוי את טהרת הטבע של הנפש האנושית.[8]

בעוד שבסעיף הראשון תיאר הרב קוק את האמונה כתנועה בנפש האדם,[9] הרי שבסעיף השני הוא עסק דווקא בהיבט של התרומה של מושג הבורא ביחס לאמונה.[10] במילים אחרות: אמונה יש לכל אדם, אמונה בה' היא המתווה הנכון לבטא אמונה זו במציאות. אם נשתמש במושגים הקבליים השזורים לכל אורך משנתו של הרב קוק, נאמר כי עיקר האמונה הראשון מדבר על אור אין-סוף המתגלה בעולם, בעוד עיקר האמונה השני מדבר על האתגר של הכלים במציאות לבטא את האור הזה.[11]

8 **לנבוכי הדור**, פרק מו, עמ' 222–223.

9 על הנגזרות של תפיסה זו אצל הרב קוק ראו בהרחבה: ב' כהנא, "מתחת להכרה ומעליה – נפש האדם ותיקונה במשנת הראי"ה", **אסיף** ד, תשע"ז.

10 כיוון שונה להבנת מושג ה'אמונה' אצל הרב קוק הציע אלישע נדב, אך הוא לא התייחס לדברים האלה של הרב קוק, שמהם עולה הגדרה ברורה ל'אמונה' לשיטתו. ראו א' נדב, "מקורות הראי"ה: עיון בשני מקורות לפסקאות של הרב קוק", **פתוחי חותם** ג (תשס"ח), עמ' 237–252.

11 התייחסות יוצאת דופן ליחס בין שתי אלה ניתן למצוא בדברים שכתב הרב קוק בבויסק:

"מה היא הזיה ומה היא אמונה ראויה אין למהר לקבע מסמרות. אמנם היסוד הכללי הוא רק שמי שמטביע בעצמו לתרץ את פליאותיו הפנימיות בהשקפתו על המציאות הכל על פי סיבות שאינן מבוררות לו, הוא קרוב להזיה, אבל מי שמחפש סיבות נכונות, אם יאמין גם כן שישנם דברים שהם למעלה משער פליאותיו,

בדברים האלה מגולמת בעצם הנחה נוספת: האמונה כערך כלל עולמי ולא רק נחלתו של עם ישראל. הואיל ובכל אדם, ובעצם בכל חלק מחלקי המציאות, קיים יסוד כלשהו של 'צלם א-להים', הרי שהוא המקור לרצון בטוב ולטוב. אלא שאנשים שונים רואים לנגד עיניהם את הטוב בצורה שונה. ואז מה? הייתכן שצלם א-להים באדם אחד לגמרי 'צודק' ואילו אצל רעהו הוא לגמרי 'טועה'? הרב קוק הציע אפשרות אחרת: לכולם אמור להיות מקום בגילוי האמת הא-להית הגדולה, אך אף אחד אינו מחזיק את כולה בידיו. זה הבסיס להבנת אחד העקרונות המרכזיים של שיטתו: הקריאה לדיאלוג בין בני האדם, מתוך הבנה שדיאלוג זה יאפשר לצלם הא-להים שבכל אחד להתגלות בצורה מאוזנת במציאות.[12]

ד. הקריאה לדיאלוג בין שלושה כוחות מרכזיים בעולם

שיטות רעיוניות עומדות, לא פעם, על נקודה ארכימדית אחת או כמה בודדות. ממילא כל שיטה יכולה להיות מנוסחת מלכתחילה באופן שנראה פשוט ואף פשטני. זה טיבה של הנקודה הארכימדית הרעיונית. אך כשם שהשלד הוא המבנה הראשוני שעליו בנוי גוף האדם כולו, כך גם בתחום הרעיוני – המפגש של 'מפת הדרכים' הראשונית עם

אינו בעל הזיה. ולהפך, מי שמתאמץ לגזור על ביטול כל מה שלא תשקיפהו השערתו, הוא הוזה גמור. על כן החושב שיש מציאות למזיקים, לסגולות, לחשים, קמיעות, גלגולים, רוחות וכיו"ב איננו בעל הזיה כלל. למופת הם אנשי השם שהחזיקו באלה האמונות... כהיש"ר מקאנדיאה... אבל מי שמתרץ לעצמו כל חזיונותיו הטבעיים על פי דרכים שאינו תופסם ואינו יודע להם הדרגה, זהו בעל הזיה גמור" (**פנקסי הראי"ה** א, פנקס ב, עמ' מב).
זה ביטוי נוסף לכך שאמונה צריכה להיות תנועה בנפש, ואז היא תיחשב לאמונה גם אם היא עלולה להיתפס כהזיה, אפילו אינה עומדת בהלימה לתפיסה רציונלית.

12 שלושת עיקרי האמונה הנוספים הם הביטוי של שני הראשונים: תורה שבכתב, תורה שבעל־פה ותורת הקבלה. העיסוק באלה חורג ממסגרת מאמר זה, אך במושגים של גירץ שהוזכרו לעיל, שני העיקרים הראשונים הם 'אידיאות' ושלושת האחרים הם 'סמלים'.

המציאות הקיומית יוצר הרחבת מושגים, התפתחות ופירוט. על מנת להיחשב לשיטה שיש בה ממש, רעיונות ראשוניים אלה צריכים להיות מבוארים, רלוונטיים ובעיקר לעמוד במבחן הביקורת האינטלקטואלית, הקיומית והחווייתית.

לדעתי, הנקודה הארכימדית ב׳מפת הדרכים׳ הרעיונית של הרב קוק, הנובעת מעיקרי האמונה שלו שתוארו לעיל, היא הטענה כי **בַּכֹּל אמת**, כלומר: בכל אומה או אדם, בכל טענה או אידיאה, ובעצם בכל פרט מפרטי המציאות, יש יסוד של אמת. זו טענה שיש להבחין הבחנה חדה בינה ובין ההנחה ׳הכול אמת׳. טיעון זה מתכתב עם החתירה לאמת המאפיינת את המחשבה האנושית, אך הטיעון הזה שונה הן מתפיסת האמת בשיח הפילוסופי המודרני מחד גיסא הן מזו של השיח הפוסטמודרני מאידך גיסא.

החתירה לאמת היא יסוד הפילוסופיה בכלל, כבר מהתקופה הפרה־סוקראטית, ובוודאי במשנתם של סוקרטס, אפלטון ואריסטו. קשה להפריז בחשיבותה של הגדרת האמת והדרך להשיג אותה על מנת לחיות חיים שיש בהם פשר ומשמעות. העולם המודרני כולו, מזמנם של דקארט ושפינוזה, התבסס על ניסיון לחדד ולדייק את האמת האחת המזוקקת. בחינת המציאות תוך שימוש במשקפיים כאלה, החותרת להגדרת האמת האחת, יצרה שיח שבנוי על פסילת רעיונות שאינם ׳אמיתיים׳. גם במשנה דיאלוגית יותר, כמו זו של היגל, אשר ביקש להציע מתווה של תזה – אנטי־תזה – סינתזה, הסינתזה הסופית מבטלת את מקומן של התזה ושל האנטי־תזה גם יחד. זו הסיבה לכך שמרדכי רוטנברג הציג את משנתו של היגל דווקא כמשנה דיאלקטית ולא דיאלוגית.[13]

המעבר לשיח המכונה כיום ׳פוסטמודרני׳ מוסבר, בין השאר,

13 ראו מ׳ רוטנברג, *שבעים פנים לחיים: רה־ביוגרפיה מדרשית כפסיכותרפיה אישית*, ירושלים תשע״ב, עמ׳ 60–66. אלחנן שילה ואביעד בילר זיהו את עקרונות היסוד במשנתו של הרב קוק עם אלה של היגל, אך אני מציע דווקא כיוון אחר, המתאים יותר להצעתו של רוטנברג. ראו: א׳ שילה, ״רבדים קבליים בהגותו של הרב קוק, זיקתם לפילוסופיה של היגל ולרוח התקופה״, חיבור לשם

בחוסר היכולת להכריע בין המתוומים השונים של האמת שהציעו ההוגים של העולם המודרני.[14] העובדה שכל הוגה הציג מפתח משלו להבנת החיים בצורה שאי אפשר לסתור לגמרי, כך שקיימות אפשרויות שונות זו מזו להצגת מציאות זהה, יצרה מצב של הכלת התפיסות השונות ללא מוטיבציה להכריע. השיח הפילוסופי הקלאסי יורד מגדולתו (אך ממש לא נעלם), והשיח הנרטיבי עולה. אין יתרון לאמת האחת על פני האחרת, ואין בהכרח קוד תרבותי מחייב, לא לקבוצות וגם לא לאדם הבודד, להיות מחויבים לאמת כלשהי באופן עקיב. את המצב החדש שנוצר ניתן לכנות בשם "הכול אמת".

הרב קוק חי ופעל בשיאו של השיח המודרני, שבין מאפייניו החתירה לאמיתות גדולות ולחוויה של אידיאלים נשגבים.[15] עם זאת, בשל העובדה שהחזיק ב'מפת דרכים' שיש בה גם יסוד משמעותי של האדם הפרטי, הוא חזה את נפילתו הממשמשת ובאה של השיח המודרני. השיח הפוסטמודרני שם דגש על הנרטיב והחוויה האישית, מה שמוביל להבנה 'הכול אמת'. בניסוח של השקפת הרב קוק שהצעתי לעיל, 'בכול אמת', מקופלת התפיסה שניתן להציג מגוון של אפשרויות להבנת המציאות, ובה בעת לא לוותר על עצם קיומה של אמת אחת גדולה (המבקשת להתגלות במציאות). במילים אחרות: הרב קוק הציע מתווה משַלֵב למושג האמת, שאינו זהה לא עם האמת המודרנית ולא עם זו הפוסטמודרנית, אך בהחלט מבוסס על תפיסות יסוד שניתן לזהות הן בשיח המודרני הן בשיח הפוסטמודרני. הוא זיהה את הגעתו של השיח הפוסטמודרני והציע לו אלטרנטיבה מתוך הבנה של היסודות הנכונים שהוא מבטא.

קבלת תואר מוסמך, אוניברסיטת בר־אילן, תש"ס; א' בילר, "הרב קוק והיגל", **עלון שבות בוגרים** ז (תשנ"ה).

14 ראו למשל בהגדרותיו של ע' אופיר, "פוסטמודרניזם עמדה פילוסופית", **חינוך בעידן השיח הפוסטמודרני**, ירושלים תשנ"ז, עמ' 148–160.

15 אמנם ניתן לזהות גלי פילוסופיה ביקורתית על המודרניות במחצית השנייה של חייו של הרב קוק (הפוזיטיביזם הביקורתית, הדקדנטיות, הפרגמטיזם וההיסטוריציזם), אך למיטב הבנתי הרב קוק לא נחשף לגלים אלה.

בהנחה שכל אידיאה היא ביטוי מסוים בא־להות, ויש התנגשות בין אידיאות שונות, קיימות לכאורה שתי אפשרויות התנהלות עקרוניות: האחת היא לאפשר לכל אידיאה להתפתח בפני עצמה, תוך ממשקים מינימליים ככל האפשר עם האחרת, והשנייה היא לפתח דיאלוג בין האמיתות השונות. הרב קוק הציע את הדרך השנייה: דיאלוג הבנוי על ההנחה שכל אידיאה היא א־להית ביסודה, ולכן לא ניתן לוותר עליה, גם במרחב שמעבר לאלה המייצגים אותה. בהיותה א־להית, ניסיון להמעיט בערכה יוביל למצב של התפרצות שלה בצורה לא טובה בשלב מאוחר יותר. הרב קוק גם הציע מתווה מעשי לדיאלוג זה.

ה. משמעות דתית וחינוכית של תפיסת הדיאלוג

הרב קוק טען שכל בני האדם באשר הם, עם כל ההבדלים שבין תרבויות ובין אדם אחד למשנהו – כולם חפצים ב'טוב'. יתרה מזאת, כל המציאות חפצה בטוב. זה יסוד הוודאות שיאפשר לנו להגיע לעולם טוב, מרובד ומאוזן. בה בעת, זה גם היסוד שיוביל כל פורענות, שהיא – לפי הבנתו של הרב קוק – ביטוי לא מאוזן, ולכן מקולקל, של אידיאה טובה. מכאן גם העוצמה האדירה שיש למושג התשובה במשנתו של הרב קוק.

הרב קוק בחר לנסח תפיסות אלה בשפה הגותית המבוססת עמוקות בשיח הקבלי כבר מהשלבים הראשונים של כתיבתו. מסיבה זו ניתן לדעתי לכנותו 'מקובל שלא כמקובל'. השפה הקבלית מאפשרת המשגה מעמיקה של חוויית מציאות החיים, הן מהאדם החוצה הן בתוך האדם פנימה. הרב קוק טען כי החתירה לאמת אחת המבקשת למחוק ניסיונות אחרים לתיאור האמת, היא ביטוי של מה שמכונה בקבלת האר"י 'אני אמלוך' – הרצון של כל אידיאה (מידה)[16] להבליט

16 הזיהוי של המידות הקבליות עם אידיאות הוא עצמו חידוש של הרב קוק, כפי שהראה יוסף אביב"י במאמרו "היסטוריה צורך גבוה", **ספר היובל לרב מרדכי**

את עצמה על פני חברותיה, תוך תפיסה שרק בה מתבטאת הא־להות, וממילא רק היא נכונה. זה מצב של חוסר איזון. ממילא, השלב הבא, הנובע מתפיסת 'אני אמלוך', הוא – למרבה הצער – 'מיתת המלכים'. זאת משום שאותה אידיאה אמנם מביאה גוון ייחודי שאי אפשר בלעדיו, אבל היא איננה בלעדית. לצידה מתקיימות גם אידיאות אחרות (נקודות מבט שונות לניסוח האמת), שגם בלעדיהן אי אפשר. מה שיאפשר לאידיאות להתקיים הוא מצב דיאלוגי – שאינו פוסל שום אידיאה באופן גורף, אלא מנסה להתחקות אחר יסודותיה הטובים ולהעלות אותם (זו הפרשנות המרכזית של הרב קוק למושג 'העלאת הניצוצות'). במילים אחרות: להביא לידי ביטוי את היסוד של האמת הנמצא באידיאה הזאת, במארג הרחב של המציאות. המשמעות של העיקרון הזה בשדה החינוך היא לא פחות מדרמטית.

אימוץ מושגי היסוד לפיהם המציאות היא גילוי א־להי של מערך כוחות סותרים שכולם רוצים להתגלות, ושלכן לא ניתן לוותר על אף לא אחד מהם, מאפשר פן נוסף ועמוק של התבוננות על התפתחות המחשבה האנושית. הרב קוק זיהה עיקרון מכונן אחד ביחס למציאות ושלושה צירים שבהם העיקרון בא לידי ביטוי (הניסוח ברמה העקרונית הופך את הדברים ל'מפת דרכים', כפי שהסברתי לעיל). אלה יסודות מכוננים הן בחייו של האדם הפרטי, הן בחברה הן בהוויה כולה. באשר לעקרונות אלה הניסוח הפילוסופי המודרני הקלאסי לקה בחסר, משום שהוא לא הצליח לעמוד על עומקה של החוויה האנושית (שיש בה הרבה מעבר להיבטים רציונליים); דווקא הפיתוח של השפה הקבלית מאפשר יצירת 'מפת דרכים' רלוונטית יותר.

ברויאר, ירושלים תשנ"ב, עמ' 709–771; וכן בספריו: **קבלת הראי"ה**, כרכים א–ד, ירושלים תשע"ח.

ו. עקרונות היסוד לדיאלוג

העיקרון המכונן של המציאות נקרא בפי הרב קוק ׳הקודש העליון׳, והוא כולל את האין־סוף ברוך הוא ואת תפיסת הא־להות על ידי האדם. זהו עיקרון־על במשנת הרב קוק, משום שרוח א־להים שורה, לשיטתו, על כל חלקי המציאות, ורוצה להתגלות דרכם. המציאות עצמה, על כל רבדיה, מתנהלת לפי דבריו בשלושה מישורים שונים שיש ביניהם קשר עמוק:

א. הכמיהה לא־להים, אל מה שיש מעבר למציאות (בלשונו של הרב קוק: ׳הקודש׳).
ב. היחס בין האדם לזולתו (בלשונו של הרב קוק: ׳הלאום׳).
ג. מערכת היחסים בין האדם לעצמו (בלשונו של הרב קוק: ׳האנושיות׳).

מערך היחסים בין שלושת הכוחות מהווה, לפי הסברו של הרב קוק, את המפתח להבנת המציאות כולה, למה שעומד מאחורי התופעות המתגלות וכן את המתווה שבו יש לפסוע על מנת להגיע לחיים טובים ומאוזנים יותר. מדובר על תפיסה נועזת של דיאלוג בין התפיסות השונות.[17]

17 לרעיון של דיאלוג בין הכוחות השונים ניתן למצוא הטרמה בשיר שכתב הרב קוק עוד בהיותו רבה של בויסק. השיר עוסק במלחמת הדעות בתוך עם ישראל, ובקריאה נרגשת של הרב קוק לקבוצות השונות לעסוק בנקודות החיבור ביניהן ולא במוקדי החיכוך. מוזכרים שם אנשי הקודש (שומרי תורה ומצווה), הלאומיים (חובבי שפת קודש), המשכילים ואוהבי המלאכה. הרב קוק הפציר בנציגי כל קבוצה למצוא את היתרונות שבאחרות: ״אל היתרונות פנו, שימו לב, לקנות כל יתרון בכל צד ופינה, להסיר כל חסרון, כל צרה וכאב, למען נהיה לתפארת, לא לשנינה״ (ראו ׳אחרון בבויסק׳, עמ׳ לג-לד). מוזכרת כאן גם ספירת התפארת, המכונה גם ו׳ קצוות, שהיא ספירה המחברת את שבע הספירות התחתונות. הרב קוק קרא לחיבור אמפתי כזה כבר אז, על בסיס עקרונות שניסח בפנקסים שכתב שנים קודם לכן בהיותו רבה של זוימל, כמו למשל במאמר ׳שלום בשם׳, ראו **אורות הראי״ה**, עמ׳ טז-יט.

ז. דיאלוג – הלכה למעשה

בשתי פסקאות ארוכות ניתח הרב קוק את אופיו של דיאלוג זה (שאני מכנה בשם 'מפת הדרכים' של הרב קוק). להלן אציג ציטוטים נרחבים מפסקאות אלה, ואתאר דרכם את עיקרי הדברים:[18]

> שלשה כחות מתאבקים כעת במחננו. המלחמה ניכרת היא ביותר בארץ ישראל, אבל פעולתם היא פעולה נמשכת מחיי האומה בכלל, ושרשיהם מחופשים מצד ההכרה החודרת במרחבי רוח האדם.[19]

הנחת היסוד: ניתן לזהות מאבק פנימי בין שלושה כוחות ביישוב העברי בארץ ישראל, אך מאבק זה מבטא תפיסה אידיאית רחבה בהרבה, ומאבק מטפיזי בין שלושה כוחות במציאות האנושית בכללה.

וכך בהמשך אותה פסקה:

> אומללים נהיה אם נניח לשלשת הכחות הללו, שהם מוכרחים להאחד אצלנו, לסייע כל אחד מהם את חבירו ולשכללו, ולבצר כל אחד מהם את הקיצוניות שחבירו יוכל להביא בצורה מקולקלת, כשלא יסוייג דרכו בפיזורם, במרידתם זה על זה, ובהחלקם כל אחד למחנה מיוחדת, העומדת כצר למחנה השניה.

אי אפשר לוותר על אף לא אחד מהכוחות האלה, בהיותם שלושתם אידאיים. כמו כן, יש צורך בשלושתם, כי כל אחד מהם בפני עצמו, גם אם הוא חושב שהוא מייצג את כל האמת, יוכל בקיצוניותו ליצור חורבן. קיומם של שלושת הכוחות יחד מאפשר איזון. בהמשך נראה כי איזון זה מתאפשר על ידי דיאלוג פנימי בין הכוחות:

18 **שמונה קבצים**, קובץ ג, א–ב. מדובר במושגים וברעיונות שנמצאים כבר בכתיבה המוקדמת של הרב קוק, וזכו כאן להמשגה מדויקת יותר.

19 שם, פסקה א–ב. כל הציטוטים שיובאו מהרב קוק מכאן ואילך הם ממקור זה, אלא אם כן יצוין אחרת.

> הקודש, האומה, האנושיות, אלה הם שלשת התביעות העקריות, שהחיים כולם, שלנו ושל כל אדם, של איזה צורה שהיא, מורכבים הם מהם. יהיו המניות של ההרכבה הזאת איך שיהיו, יהיה חלק אחד תופס מקום יותר עקרי, אצל איזה יחיד או אצל איזה ציבור, אבל לא נמצא ולא נוכל למצא שום צורה של חיים שלא תהיה מורכבת משלשתם. ההתמזגות המוכרחת של שלשת התביעות הגדולות הללו מוכרחת היא לבא בכל קבוצה, שיש לה תקוה של חיים עתידים, ובכל עת שאנו סוקרים בחיינו ורואים אנו איך שהכחות הללו, תחת תעודת התמזגותם, הולכים הם ונפרדים, הננו נקראים לבא להצלה.

מהם שלושת הכוחות? הרב קוק קרא להם כאן בשמות 'קודש', 'אומה' ו'אנושיות'. בהמשך המאמר אשתמש בביטויים 'קודש', 'לאום' ו'אדם'. אלה שלושה קצוות שיש ביניהם מחלוקת פנימית, אך חייבים לתת מקום לשלושתם מפני שאחרת החברה תגיע למקומות בעייתיים מאוד. קבוצה שרוצה לתפקד בצורה טובה ומלאת חיים, חייבת את המיזוג הפנימי. אנשים שונים נמצאים במקומות שונים במשולש הכוחות הזה, אך כולם חייבים להיות חלק מהחיים המשותפים של בני הקבוצה. הרב קוק רמז לכך שמי שמבין את 'מפת הדרכים' הזאת בעומקה, נקרא לסייע ביישומה במציאות ("הננו נקראים לבא להצלה").

ח. הקושי המרכזי ביצירת דיאלוג

לכאורה, אם כל אחד מהכוחות רוצה לבטא את אותה אמת עליונה, כיצד מתגלגלים הדברים לכדי ויכוח המחייב את הדיאלוג הפנימי ביניהם? ממה נובעת המחלוקת הקשה בין הצדדים ("הפירוד" בלשונו)? המשיך הרב קוק והסביר:

> הפירוד יסודתו הוא בצדדים השליליים שכל כח רואה בחבירו, והצדדים השליליים אינם מצד עצמם אינם ראויים לשמם. בכל

> כח בודה, ביחוד נפשי, מוכרחים צדדים שליליים להיות, בפרט בהתפשטותו היתרה על חשבונם של כחות אחרים. בזה אין להפליא בין הקודש ובין החול. הכל נכנס תחת קו המדה והכל צריך משקל, אפילו רוח הקודש ששורה על הנביאים במשקל הוא שורה. אבל הפרוד במקום שצריכים לאחד מביא שמעט מעט מתרוקן הרוח... ובאופן חיים כאלה המצב נורא, הרוח מתבוקק, עמדת האמת, הכרתה הפנימית ביחד עם אהבתה מתמוטטת והיא הולכת ונעדרת, על ידי מה שנעשית עדרים עדרים.

כאן ניתח הרב קוק את הסיבה לחשדנות ולעוינות בין בעלי הגישות השונות: כל צד רואה את הקיצוניות האפשרית בצדדים האחרים, וממילא מתבצר בעמדתו. התבצרות זו יוצרת התמוטטות, כי אי אפשר לחברה להתקיים בלי שלושת הכוחות. הרמיזה הברורה כאן היא למושג האמת – בצורה מתוקנת היא מכילה את החלקים הטובים של כל עמדה, ואילו בצורה מקולקלת היא מייצגת עמדה אחת או שתיים מהשלוש ומתעלמת מהאחרות.

> שלשת הסיעות היותר רשמיות באומה הם: האחת האורתודוכסית, כמו שרגילים לקראתה... השניה היא הלאומית החדשה, הלוחמת בעד כל דבר שהנטיה הלאומית שואפת אליה, שכוללת בקרבה הרבה מהטבעיות הטהורה של נטית אומה, החפצה לחדש את החיים הלאומיים שלה... השלישית היא הליברלית, שהיתה נושאת את דגל ההשכלה בעבר לא רחוק ועדיין ידה תקיפה בחוגים רחבים, היא אינה מתכנסת בחטיבה הלאומית ודורשת את התוכן האנושי של ההשכלה, התרבות, המוסר, ועוד.

מהם שלושת הכוחות בפועל? הקודש הוא האורתודוקסיה, הלאום הוא הציונות והאדם הוא התפיסה הליברלית המייצגת עמדה אוניברסלית ולא לאומית גרידא. כל אחת מהתפיסות, עוד לפני הדיאלוג, מתבוננת כביכול על האחרות ומזהה את הקיצוניות

שבהן. הלאומיות נתפסת כלאומנות, הקודש כפנאטיות והתפיסה ההומניסטית[20] כאנרכיה.

כבר כעת ניתן לשים לב לתעוזה שבטיעון: הרב קוק האורתודוקסי רואה את התפיסה האורתודוקסית רק כחלק מאמת גדולה, ולא כמייצגת את כל האמת. הוא עצמו הסביר זאת בהמשך, כפי שנראה להלן.

> הדבר מובן, שבמצב בריא יש צורך בשלשת הכחות יחד, ותמיד צריכים אנו לשאוף לבוא לידי המצב הבריא הזה, באופן ששלשת הכחות הללו יחד יהיו שולטים בנו בכל מילואם וטובם, במצב הרמוני מתוקן, שאין בו לא חסר ולא יתר, ואז יתדבקו יחד באהבה אצילית ומעשית, הקודש, האומה והאדם, ויחד יתועדו היחידים וגם הסיעות, שכל אחד מהם מצא את כשרונותיו יותר מסוגלים לחלק אחד משלשת החלקים הללו, בידידות הראויה, להכיר בעין יפה כל אחד את התפקיד החיובי של חבירו.

הרב קוק הציע כאן כלי מעשי של שיח בין הקצוות: **דיאלוג**.[21] דיאלוג שבו שום צד אינו מוותר על עמדתו, אך מבין שלא כל האמת נמצאת אצלו. אכנה דיאלוג זה בשם 'דיאלוג אמפתי'.[22] התיאור אוטופי: כל

20 הרב קוק לא השתמש במושג הומניזם, אך הממשק בין מה שקרא לו 'ליברליזם' ובין התפיסות ההומניסטיות בנות זמננו גדול מאוד.

21 כיוון דומה לזה שהציע הרב קוק ביחס למושג הדיאלוג, ניתן למצוא אצל ד' בוהם, **על דיאלוג**, תל אביב 2018.

22 ניתן למצוא נקודות השקה בין תפיסת הדיאלוג של הרב קוק ובין זו של מרטין בובר. עם זאת, השוני מהותי מכמה בחינות. ראשית, העוגן של הרב קוק הוא ב'אני' (העצמי, בלשונו) ורק ממנו מגיעים למערכת יחסים בין ה'אני' ל'אתה'. אצל בובר ההבנה הפוכה, ה'אני' מקבל משמעות במפגש מול 'אתה'. שנית, ההנחה שכל אחד הוא ביטוי לאור א-להי שחייב להתגלות בעולם, מובילה לדיאלוג שאין בו יעד של מחיקת ה'אני', ואילו אצל בובר הציר של 'אני-אתה' במיטבו מתבסס על ביטול ה'אני' בתוך הציר החדש. שלישית, אצל הרב קוק נראה שהדיאלוג צריך להיות בשלושת המעגלים במקביל: אני מול עצמי, אני מול האחר ואני מול הא-להות (ובהקבלה: האדם, הלאום והקודש). אצל בובר, נראה שמדובר בתהליך שיש בו שלבים והדיאלוג איננו אמור להתרחש סימולטנית. על מתווה

צד יזהה את החלקים הטובים שיש בחברו ולא אצלו, ויחד יתחברו כל הצדדים הטובים לכדי מתווה הרמוני של חיים דיאלוגיים.

אלא שלדיאלוג זה יש שלב נוסף, נועז לא פחות מקודמו:

> וההכרה הזאת תהיה הולכת ומשתלמת, עד שלא די שיכיר כל אחד את הצד החיובי שיש בכל כח, לדבר הגון ומקובל וראוי להשתמש בו להטבה הכללית של מיזוג הרוח וגם להטבה הפרטית של ביסומו של הכח המיוחד ההוא שהוא מוצא את עצמו שרוי תחת דגלו, אלא שעוד הלאה ילך, עד שגם את התוכן החיובי שיש בהצד השלילי שבכל כח וכח, על פי המדה הנכונה, גם כן יכיר לטוב, וידע שלטובתו של הכח המיוחד, שהוא יותר נוטה אליו, צריך הוא להיות מושפע גם כן באיזה מדה מהכח השולל, שהכח האחר שולל את הכח הזה החביב שלו, מפני שבשלילתו הוא מעמידו על מדתו הראויה לו ומצילו מהגרעון המסוכן של התוספת וההפרזה, וזאת היא העבודה המיוחדת מעבודות הקשות שבמקדש, הקמיצה, שלא יחסר ושלא יותיר.

במסגרת הבנה כללית זו, אפשר להבין את תפיסת הרוע בעולם שהרב קוק עסק בה רבות כבר בשלבים מוקדמים של כתיבתו. הוא הציע מודל של רע במציאות שיש לו שורש טוב. כאן הדבר בא לידי ביטוי בהנחה רדיקלית: לאחר שנוצר שלב ראשון של דיאלוג בין נציגי הכוחות והטוב שבכל אחד מהם התחבר יחד, צריך להגיע שלב שני. בשלב זה, החלק 'הטוב שברע' שקיים בכל כוח, אמור גם הוא להגיע לשיח ההרמוני החדש של בני הקבוצה. יש כאן רמיזה למושגי 'השלמות וההשתלמות' שהרב קוק הרבה להשתמש בהם ("וההכרה הזאת תהיה

הדיאלוג של בובר ראו מ"מ בובר, **בסוד שיח: על האדם ועמידתו נוכח ההוויה**, ירושלים תשי"ט, עמ' 3–103. על דיוק גבולות הגזרה של הדיאלוג שהציע בובר ראו ד' אבנון, **מרטין בובר – הדיאלוג הנסתר**, תל אביב 2011, עמ' 13 ואילך, וכן הדוגמאות שהציג בהמשך הספר.

הולכת ומשתלמת").[23] כמו כן, יש כאן רמז למקומו של הרב קוק עצמו בתהליך: "וזאת היא העבודה המיוחדת מעבודות הקשות שבמקדש, הקמיצה...". הקמיצה נעשתה בידי הכהן המקטיר את המנחה. הוא היה מודד במדויק, תוך שימוש בשלוש אצבעות (רמז לשלושת הכוחות), את הקומץ הנדרש להקטרה. הרב קוק עצמו היה כהן ואחד מכינוייו הוא "הכהן הגדול מאחיו".

כשנסתכל בשכל טוב בתסיסות, שאנו סובלים מהן כל כך בדורנו, נדע שאך דרך אחד יש לפנינו: שכל אחד, בין יחיד בין קיבוץ, ישים אל לבו את המוסר הזה, ויחד עם ההגנה, שכל אחד קרוא להגן על אותו הכח המיוחד שהוא מקושר אליו, על פי טבע נפשו ועל פי הרגלו וחינוכו, ידע איך להשתמש בהכחות שהם מוצאים להם מקלטם באנשים אחרים ובסיעות אחרות, שהם זרים לרוחו, למען ישלים את עצמו ואת סיעתו, בין בהצד החיובי של הכחות האחרים ובין בהחלק הטוב של הצדדים השליליים שלהם, שהם יהיו המאמצים באמת את כחו המיוחד במה שישמרו אותו מהקלקלה של הפרזה, הגורמת חלישות כח וטשטוש צורה. ורק באופן זה נוכל לקוות למצב של חיים הראויים לגוי אחד בארץ.

ט. מקומה של האורתודוקסיה בדיאלוג העולמי

לכל צד בדיאלוג יש יסוד של אמת שאסור לו לוותר עליו, ובמקביל אסור לו לחשוב שכל האמת אצלו. זהו הביטוי הברור של תפיסת 'בכול אמת'. ההקרבה של כל צד אינה פשוטה, ועדיין האלטרנטיבה לדיאלוג זה היא התפוררות החברה. האמת האחת, שהיא שורש לשלוש התפיסות, תתגלה רק כשכל צד יוכל להביא את עצמו לידי ביטוי בשיח.

23 בשיחה עם הרב דוד כהן, 'הרב הנזיר', אמר הרב קוק כי עיקר משנתו עומד על תפיסת 'שלמות והשתלמות' (מובא אצל ב' איש שלום, **הרב קוק – בין רציונליזם למיסטיקה**, תל אביב 1990, עמ' 25). הדיאלוג הוא הרכיב המשמעותי המאפשר את תהליך ההשתלמות.

מובן הדבר, שמה שהכנסנו את הקודש בשדרה של שלשת הכחות, שכל אחד צריך לצמצם את עצמו לפעמים כדי להניח מקום לחבירו, איננו מובן כי אם בצד הטכני והמעשי של הקודש ובצדדים המחשביים והרגשיים המתיחסים לו. אבל עצם הקודש העליון הרי הוא הנושא הכללי, שהצמצום הזה עצמו הרי הוא עבודתו כמו כל העבודות הבאות לשכלול העולם והחיים בכל המובנים, שכלם ברכתם מקודש הם נושאים. על כן המחשבה האידיאלית הרוממה, המחשבה הא־להית באמת, חפשית היא מכל צמצומים, והקרבה הא־להית היא ממולאה תמיד הרחבה עליונה למעלה מכל גבולים...

ניתן לשאול כמובן, מה מקומה של האורתודוקסיה ב'מפת דרכים' זו. הרב קוק השיב על השאלה במפורש: יש לחלק בין 'הקודש' האורתודוקסי, שביסודו בנוי על מבנים ברורים של תורה ומצוות, ובין 'הקודש העליון' (שהוא הייצוג של אין־סוף ברוך הוא), המחיה את כל המציאות ומתגלה בכל חלקיה, ולא רק בקודש האורתודוקסי. האמת האחת גם נותנת חיים לכל אחת מהתפיסות (ולכן אי אפשר לוותר על אף לא אחת מהן) וגם עתידה להתגלות כשכל אחד מהקצוות יביא את עצמו לידי ביטוי בצורה מתוקנת.

י. אדם – תורה – חיים

מי שמכיר את דמותו ופועלו של הרב ריסקין יזהה על נקלה את הקשר בין תפיסת הדיאלוג שתוארה כאן ובין תפיסותיו הרוחניות והתנהלותו המעשית. במשך עשרות רבות של שנות פעילותו הציבורית הביא איתו הרב ריסקין תפיסות דיאלוגיות בכל תחומי החיים. דתיים וחילונים, יהודים ושאינם, גברים ונשים, קולות שונים בכל קבוצה ואפילו נתן ונותן מקום להבנה הפסיכולוגית של קולות שונים בנפש האדם.

הסמליל (לוגו) של "אור תורה סטון" כולל היום את שלוש המילים אדם־תורה־חיים. יש בהן משום ניסוח מודרני למתווה הדיאלוגי הנועז

שהציע בזמנו הרב קוק. התורה מציעה לאדם משקפיים להתבונן על החיים, והיסוד המכונן של המשקפיים האלה הוא שאף לא אחד איננו מחזיק את כל האמת אצלו. מצד שני, אף לא אחד גם איננו צריך לוותר על עמדתו בבואו לדיאלוג. דווקא השילוב ייצור דיאלוג מלא ועשיר יותר, וממילא מציאות טובה ויציבה יותר, שבה לכל הצדדים יש מקום. בצד ביקורתו על צורות מחשבה שונות משלו, הרב ריסקין איננו חושש להעביר ביקורת גם על היבטים מסוימים בשיח האורתודוקסי שמחמיצים את ערכי היסוד של תורה המתגלה במצוות, ולעיתים אף מביאים לחילול השם. גם זה, מתוך כבוד והערכה עצומים, ובאופן דיאלוגי מאוד.

הרעיונות האלה אינם זרים לאלפי בוגרי הרשת בעשורים האחרונים. אחד המרבה ואחד הממעיט, המוסדות השונים מציעים את המתווה הזה לתלמידותיהם ותלמידיהם. אישית, זהו אחד הלקחים הגדולים שאני לוקח מהשראתו החינוכית של הרב ריסקין. נאחל לו שימשיך להביא בשורה זו לאורך ימים ושנים, בבריאות טובה ובחדוות עשייה לשם ובשם ה'.

קוגל, דג מלוח ועבודת ה' – על הממד החומרי של הרוחניות היהודית

הרב פרופ' יהודה ברנדס

א. כהן ונביא

לפני למעלה מארבעים שנה, בסמינריון 'גשר', הופיע מרצה אורח, רב צעיר וכריזמטי מארצות הברית, שלא היה ידוע אז כלל בארץ. הרצאתו זכורה לי היטב עד היום, היא הייתה מבוססת על מאמרו של אחד העם, "כהן ונביא".[1] הרב האורח דיבר על המתח בין גישת הכהנים השמרנית שיש בה אחריות על העברת המסורת, המופקדת על המקדש והקדושה, ובין הגישה המהפכנית והרדיקלית של הנביאים, האחראית על המוסר ועל רוחה הפועמת והחיה של האומה. כפי שמבואר במאמרו של אחד העם, הצביע הרב האורח מאמריקה על האיזון המתבקש בין שני הקטבים הללו.

1 שנת תרנ"ג. נדפס פעמים רבות במהדורות כתביו, כגון ב**על פרשת דרכים**. נגיש באתר **בן יהודה** באינטרנט.

שנים אחדות לאחר מכן זכינו והרב האורח עלה מארצות הברית כדי להקים את העיר אפרת. זכיתי אף אני להכירו מקרוב ולגלות שהוא עצמו מגלם באישיותו צירוף מופלא של כהן ונביא. כהן ממש, מבני אהרן, וכהן במובן של רב לקהילתו ולעירו, ובד בבד, גם נביא: איש חזון, מהפכן של ממש, כפי שכבר ידוע היום לכולם.

לכבודו של הרב שלמה ריסקין, הכהן והנביא, מוקדש המאמר הבא, העוסק בדגם דומה ושונה של דיאלקטיקה.

ב. בית הכנסת של הפועל המזרחי[2]

ר׳ אלתר הרשקוביץ ז״ל היה מן המתפללים הקבועים בבית הכנסת שבו גדלתי כילד, בשנות השישים של המאה העשרים בתל אביב. הילכו סביבו אגדות שהוא בקי בש״ס בעל־פה, ב״מבחן סיכה״, כלומר: אם תיטול גמרא סגורה, ותסמן בסיכה נקודה על הכריכה, הוא ידע לומר לך את המילה המצויה במקום זה במדויק, בכל דף של המסכת.

עוד אגדה סיפרו עליו: אדון הרשקוביץ היה חשמלאי. מעשה שעמד על הסולם הגבוה בבית הכנסת הגדול ברחוב אלנבי ותיקן את מערכת החשמל. למטה, בבית המדרש, העביר הרב יצחק ידידיה פרנקל זצ״ל, רבה של תל אביב, שיעור גמרא, והתקשו הרב והלומדים בדיבור תוספות אחד. מראש הסולם קרא הרשקוביץ למגיד השיעור ותלמידיו: ״עיינו במהרש״א על התוספות הזה, שמיישב את קושייתכם״. סביר להניח, שמי שהיה בקי בש״ס סיכה, היה בקי גם בתוספות ובמהרש״א, שכן זו הייתה דרך הלימוד המקובלת בישיבות הונגריה בימי בחרותו.

היו אחרים בבית הכנסת, מגידי שיעורים ולומדיהם, שהיו נוהגים להשגיח על סדרי התפילה, להעיר על חובת שמירת השקט, ועל כך ששליח הציבור לא יסטה מן המנהג המקובל עליהם. כיון שבבית הכנסת התפללו בעלי מנהגים שונים, מכל רחבי אירופה, חסידים

2 לזכרם של מתפללי בית הכנסת של שיכון הפועל המזרחי ברחוב אבן גבירול 195 בתל אביב.

ומתנגדים, גליצאים ופולנים, חסידי חב״ד ויקים, היו מתעוררות גם מלחמות דת קטנות מדי פעם, על נוסח של פיוט שלא נאמר כיאות, או תפילת ״אב הרחמים״ שנאמרה שלא במקומה.

אדון הרשקוביץ לא נטל חלק במערכות האלה. הוא לא אִפשר לנו להתייחס אליו כאל תלמיד חכם כלל, ולא היה מעורב בפולמוסים הללו. בעיני הילדים, אדון הרשקוביץ היה קשיש חביב. יהודי שמח, שהיה נוהג להתרועע עם ילדי בית הכנסת ולהתייחס אליהם בחיבה וחמימות. הוא היה גמלאי של חברת החשמל, וככזה, היה זכאי לחשמל חינם. לפיכך היה בביתו תנור גדול, ואת הקוגל לקידושי השבת היו מטמינים בתנורו. בעלי השמחה היו מביאים לגברת הרשקוביץ מבעוד מועד חבילות של אטריות, סוכר, ביצים ושמן, והיא הייתה מכינה את הקוגלים ומעמידתם בתנור מערב שבת. לקראת סוף התפילה היה מגיע מדירתם, ששכנה שתי קומות מעל המרתף שבו שכן בית הכנסת, סיר הקוגל המהביל.

עוד מעלה הייתה לאדון הרשקוביץ, ששובב היה. ממנו למדנו לקשור את ציציות הטליתות של הרוקדים במעגלי שמחת תורה זה לזה, כך שהיו נתפסים איש בטליתו של חברו, וככל שכמות המקושרים גדלה – כן רבתה השמחה. לפני סוכות היה אבא ז״ל הולך לאדון הרשקוביץ עם האתרוג שקנה, כדי שיחווה דעתו אם הוא כשר וראוי. מעולם לא אירע שר׳ אלתר פסל את האתרוג חלילה. אף לא התאמץ במיוחד בבדיקתו בזכוכית מגדלת. נתן בו עינו ממרחק סביר, סובבו סיבוב אחד, והחמיא לאבא על בחירת האתרוג ועל צורתו הנאה. מן הסתם, סבר כבית הלל בסוגיית ״כיצד מרקדין לפני הכלה״: שרים ״כלה נאה וחסודה״, מפני שאם אדם קנה מקח מן השוק – ראוי לשבחנו בעיניו; ולא כשיטת בית שמאי, המקפידים דווקא על האמת הקשוחה, ולכן מזמרים ״כלה כמות שהיא״. הרי זו עוד סיבה שבשלה לא יכולתי לחשוב עליו כעל תלמיד חכם חמור סבר.

כדאי להזכיר כאן, שרב לא היה בבית הכנסת, וגם לא התפלל בו שום אדם שכונה בתואר רב. חלק מן המתפללים הוסמכו לרבנות, וחלקם כאמור היו תלמידי חכמים של ממש, מחברי ספרים, כותבי

מאמרים ומגידי שיעורים; אולם התואר רב היה שמור לבעל תפקיד רבני, וכזה היה בסביבתנו רק אחד, רב ששימש את כל האזור כולו, ואליו היו נזקקים לעיתים רחוקות מאוד, בעיקר לביקור השנתי לצורך מכירת חמץ.[3] לשאלות הלכה ומנהג יומיומיות, אם התעוררו בכלל, היה ניתן למצוא מענה בין המתפללים, שכולם גדלו בבתים שומרי מצוות וידעו וזכרו את המנהגים והמסורות מן הבית, בבחינת "אל תיטוש תורת אמך".

היכרותי עם הצד הנסתר באישיותו של אדון הרשקוביץ עברה מפנה משמעותי כשהגעתי לישיבה התיכונית. בני גילי היו הראשונים בחבורת ילדי בית הכנסת שנסעו ללמוד מחוץ לבית, בישיבה תיכונית. קודמינו למדו בדרך כלל ב"צייטלין", התיכון הדתי של תל אביב. כשחזרנו לראשונה מן הישיבה הביתה לשבת, הוא פנה אלינו כאל בחורי ישיבה, והתעניין מה לומדים ואיך לומדים. מאז ואילך שם עינו עלינו, והיה מדבר עימנו בדברי תורה ובענייני לימוד.

מדי פעם ביטא את הפתעתו מכך שלומדים בישיבה מעט כל כך. בנערותו למד בישיבה הונגרית־חסידית, אצל הרבי מספינקא. אצלנו בישיבה, אמר, אסרו על הבחורים להיכנס למניין של האדמו"ר, כי זה נחשב לביטול תורה – בזבוז זמן לימודים יקר. התפללנו חמש עשרה דקות שחרית ביום חול, ועשרים וחמש דקות בשני וחמישי, ימי התחנונים וקריאת התורה. הפער בין הישיבה של פעם לישיבה של ימינו לא נמדד רק בזמן הלימוד או ביחס המקודש לכל רגע של לימוד, אלא גם בהיקף. אצלם למדו ש"ס ופוסקים כדי לדעת אותם, אצלנו למדו "בעיון" מעט דפים בשנה.

בסוף אותה שנה, בתשעה באב, חזיתי במופת במו עיני. בין מנחה למעריב, בציפייה לסוף הצום, יושבים ומעבירים את הזמן, שהרי ללמוד אסור. ישב לו אדון הרשקוביץ כדרכו עם הנערים, באחורי בית הכנסת, ודן איתנו בין היתר באותה סוגיה מטרידה – מדוע לומדים

3 דמותו של יהודי זה, הרב חיים חייקל גרינברג, זוקקת תיאור בפני עצמו. לעת עתה עיינו בערך על אודותיו בוויקיפדיה.

כיום מעט כל כך. כדי להדגים לנו מה משמע לימוד של פעם, ביקש שנגיש לו שולחן ערוך, כרך יורה דעה. הורה לפתוח בעמוד אקראי, והחל לגרוס על־פה את דברי הש״ך מראש העמוד והלאה...

בשלב מסוים החל ללמד שיעור הלכה בשבת בבוקר אחרי התפילה. שלא כמקובל, ספר הלימוד היה משנה תורה לרמב״ם. הוא ראה צורך להסביר לנו, בני הישיבה, מדוע ללמוד דווקא רמב״ם, שהרי אין זה ספר הלכה שמשתמשים בו לפסיקה. לדבריו הרמב״ם הוא ספר סדור ושיטתי, והעובדה שאין פוסקים כמותו אינה צריכה להטרידנו; לשם כך נועד השיעור. ואכן, הרמב״ם שימש רק כנקודת המוצא, והוא גלגל את הדברים מן הגמרא ועד לפסקי האחרונים הלכה למעשה, מנהג והגות. דומני שאני חייב ליהודי ״פשוט״ זה הרבה מכל מה שקושר אותי לתורה עד עצם היום הזה.

הבלילה המורכבת הזאת שנתכנסה כולה באדון הרשקוביץ, זכרו לברכה, היא בעיניי מימוש של רוחניות יהודית. הקוגלים והעבודה בחברת חשמל, קשירת הציציות וההתרועעות עם הילדים, מאור הפנים וההתרחקות מהמחלוקת, הבקיאות המופלגת בש״ס ופוסקים והצניעות המופלגת לא פחות, ה׳גארטל׳ החסידי והמעשיות הציונית, הבעל־ביתיות.

אדון הרשקוביץ הוא משל לבית כנסת שלם של ׳הפועל המזרחי׳ בתל אביב. זר לא יבין היכן הייתה שם רוחניות. במידה מרובה הם היו משוקעים לגמרי בגשמיות; כולם אנשי עבודה ועמל, בימות החול זמנם קצר ותפילתם בהולה במידה. את חגיהם ושמחותיהם היו מציינים לא בדברי תורה מפוארים אלא בקידושים עתירי קלוריות. שיעור הקידוש הגדיר את גודל האירוע. קידוש קטן שהורכב מעוגת לקך וכוסית יי״ש – הספיק ל״יארצייט״, יום זיכרון. קידוש בינוני שהכיל גם מציות, דג מלוח וקוגל – התאים להולדת נכד או נכדה. קידוש גדול התקיים בשבת של בר מצווה או חתונה. קידוש גדול הכיל גם מנה בשרית: רגל קרושה ומנת טשולנט, ובהידור מיוחד – טשולנט עם קישקע.

איך מייצרים רוחניות על בסיס קוגל ודג מלוח? זו היא השאלה

העומדת ביסודו של מאמר זה. אפשר לטפל בשאלה זו ברבדים שונים, דרך מקורות היסטוריים בני תקופות שונות. אנו נתמקד בקריאה בספרות חז״ל, בדברי אגדה המבארים ומבססים את התפיסה הזאת באופן סיפורי, מעשי וחווייתי.

ג. ברכת ״מפליא לעשות״

> וַיִּיצֶר ה׳ אֱ־לֹהִים אֶת הָאָדָם עָפָר מִן הָאֲדָמָה וַיִּפַּח בְּאַפָּיו נִשְׁמַת חַיִּים וַיְהִי הָאָדָם לְנֶפֶשׁ חַיָּה.[4]

מאז ברא אותו הא־להים, נושא האדם בעול הצירוף הלא־פשוט בין שני מרכיביו – מרכיב העפר החומרי, ומרכיב הנשמה הרוחני. זהו צירוף מופלא, בלתי סביר, בין שתי מהויות שאינן מצויות כלל במישור אחד. חז״ל קבעו על כך ברכה מיוחדת:[5]

> ברוך אתה ה׳ א־להינו מלך העולם, אשר יצר את האדם וברא בו נקבים נקבים חלולים חלולים. גלוי וידוע לפני כסא כבודך שאם יפתח אחד מהם או ייסתם אחד מהם אי אפשר להתקיים ולעמוד לפניך אפילו שעה אחת. ברוך אתה ה׳, רופא כל בשר ומפליא לעשות.

ברכה זו נאמרת בעת היציאה מבית הכיסא, לאחר מפגשו של האדם עם חלקו החומרי. מן האדם המורכב נפרד חומר נטול נשמה המעיד כאלף עדים על החומריות הגסה המרכיבה אותו. באמצעות תקנת הברכה מצאו חכמים הזדמנות להסב את תשומת ליבו של האדם לפלא הגנוז בקיומו המורכב.

4 בראשית ב, ז.
5 על תפקידן של התפילות והברכות כמשנת ההגות של חז״ל עיינו במאמרי ״התפילה כהגות״, **לוח קהילת ״איחוד שיבת ציון״**, תל אביב תשס״ז, ובאתר **דעת**.

הברכה כפשוטה אינה מתייחסת לרוחניות האדם במובן של הנשמה הגנוזה בו, אלא ל"נקבים" ול"חללים" שבגופו. אולם אין זה אלא ניסוח סמלי, מוחשי, לרעיון של הנשמה הגנוזה באפיו של האדם.

> כתיב: "כי גדול אתה ועושה נפלאות אתה א־להים לבדך". הנאד הזה, אם יש בו נקב כחדידה של מחט, כל רוחו יוצא ממנו, והקדוש ברוך הוא ברא בו באדם נקבים נקבים הרבה, ורוחו משתמרת בקרבו. הוֵי: "עושה נפלאות" (בראשית רבה). ועל שם כך קבעו רבותינו ב"אשר יצר את האדם בחכמה" – "רופא כל בשר ומפליא לעשות", על שם "ועושה נפלאות". כך שמעתי מפי מורי רבי עזריאל.[6]

בתמצית, סיכם זאת הרמ"א כך:

> ועוד יש לפרש שמפליא לעשות במה ששומר רוח האדם בקרבו, וקושר דבר רוחני בדבר גשמי...[7]

החיבור הזה אינו ניתן להפרדה והוא מגדיר את מהותו של האדם עלי אדמות. רק באחרית ימיו מתפרדת החבילה:

> וְיָשֹׁב הֶעָפָר עַל הָאָרֶץ כְּשֶׁהָיָה וְהָרוּחַ תָּשׁוּב אֶל הָאֱ־לֹהִים אֲשֶׁר נְתָנָהּ.[8]

מידה חלקית של חוויית הפירוד הכרוך במוות נחווית גם בעת השינה, כאשר נעלמת תודעת האדם הערה לנשמתו. בלשונם של חז"ל, האדם

6 **ספר האורה** חלק ב, סד, וכך פירשוה שאר חכמי אשכנז. חכמי ספרד פירשוה בדרך אחרת. שתי הגישות הוצעו זו בצד זו בבית יוסף, אורח חיים ו.

7 שולחן ערוך, אורח חיים ו, א.

8 קהלת יב, ז.

מפקיד את נשמתו בידי הבורא בעת השינה, ולפיכך תיקנו גם ברכה ותפילה אחרי השינה:

> א־להי, נשמה שנתת בי טהורה. אתה יצרתה בי, אתה נפחתה בי, ואתה משמרה בקרבי, ואתה עתיד ליטלה ממני ולהחזירה בי לעתיד לבא, כל זמן שהנשמה בקרבי מודה אני לפניך ה׳ א־להי וא־להי אבותי ריבון כל העולמים אדון כל הנשמות, ברוך אתה ה׳ המחזיר נשמות לפגרים מתים.[9]

אין ביכולתו של אדם חי להפריד את נשמתו מגופו. שאיפתם המתמדת של אנשי המעלה לחזק את הפן הרוחני, את כוח הנשמה, על פני הפן הגשמי והחומרי, יכולה להצליח רק באופן חלקי.[10]

במובן מסוים אפשר לתאר את תולדות עולם הרוח, הפילוסופיה והאומנות, המוסר והדת, כמאמץ סיזיפי של האדם להשתחרר מכבלי הגופניות ולהעצים את כוח הנשמה שבו. כך באומות העולם, וכך בישראל. חוגים שונים ניסו להגיע לכך, על ידי נזירות או התבודדות, סיגופים או התמסרות מוחלטת לתורה ולתפילה, או צירוף כל אלו יחדיו. אולם נראה שככל שהמאמץ הזה גדול, כך פירותיו מוגבלים.

על פניו, דרך המלך של מסורת היהדות היא דרך של כניעה לעובדה זו, והיא מקבלת את מורכבות האדם כתנאי בסיסי לקיומו. רוחניות אינה בריחה מחיי החומר, אלא מיצוי היכולת לשלב את שני המישורים הבלתי־מתחברים הללו באופן המופלא שבו יצר אותם

9 ברכות ס ע״ב.

10 יש אומרים שרעיון החלוקה בין גוף לנפש אינו מקורי במחשבה היהודית וחדר אליה בהשפעת היוונים. אולם אי אפשר לקבל דברים אלו בהכללה, שכן כבר סיפור הבריאה כפשוטו מעיד על תפיסה של הרכבת רוח על גבי חומר. לדיון יסודי בנושא עיינו נ׳ רובין, ״ממוניזם לדואליזם: היחס גוף־נפש בתפיסת חכמים״, **דעת** 23 (תשמ״ט), עמ׳ 33–63.

הבורא. המשימה אינה להתנגד למעשה הבריאה, אלא ״לפעול עם אל״[11] ולמצות את היכולת הזאת עד תומה.

במקומות רבים נתנו חז״ל ביטוי לעדיפותה של דרך ההרכבה בין הגשמי לרוחני. דוגמה לכך ראינו לעיל בנוסחי הברכות של האדם המתעורר משנתו או היוצא מבית הכיסא. בהמשך נבחן מקורות מן האגדה המבטאים מגמה זו. שניים מהם תיאוריים ומעידים על המציאות וההשלמה איתה; השלישי הוא ״אגדה למעשה״, הדרכה כיצד יש לחיות על פי האמונה הזאת.

ד. אגדת משה והמלאכים

בתלמוד הבבלי[12] מסופר על משה רבנו שעלה למרום לקבל את התורה. המלאכים התנגדו למתן התורה הא־להית לבשר ודם וטענו: מה ליילוד אישה בינינו? משה רבנו, בעידודו של הקדוש ברוך הוא, השיב להם כך:

> אמר לפניו: רבונו של עולם, תורה שאתה נותן לי מה כתוב בה? ״אנכי ה׳ א־להיך אשר הוצאתיך מארץ מצרים״.
> אמר להן: למצרים ירדתם, לפרעה השתעבדתם, תורה למה תהא לכם?
> שוב מה כתוב בה? ״לא יהיה לך אלהים אחרים״ – בין הגויים אתם שרויין שעובדין עבודה זרה?
> שוב מה כתוב בה? ״זכור את יום השבת לקדשו״ – כלום אתם עושים מלאכה שאתם צריכין שבות?
> שוב מה כתוב בה? ״לא תשא״ – משא ומתן יש ביניכם?
> שוב מה כתוב בה? ״כבד את אביך ואת אמך״ – אב ואם יש לכם?
> שוב, מה כתוב בה? ״לא תרצח״, ״לא תנאף״, ״לא תגנב״ – קנאה יש ביניכם? יצר הרע יש ביניכם?

11 על פי ירושלמי שבת פ״ו ה״ט.

12 שבת פח ע״ב – פט ע״א.

והגמרא מסכמת:

> מיד הודו לו להקדוש ברוך הוא... מיד כל אחד ואחד נעשה לו אוהב.

האגדה שמה בפיהם של המלאכים את התביעה לרוחניות מופשטת מכל ממשות גשמית, אולם היא מציגה זאת כדרישה אבסורדית. אכן, בעולמם של מלאכים אין גוף, אין עבודה זרה, אין יצר רע, אבל אם כך – אין גם משמעות לתורה. מי שרוצה להיות "מלאכי", פועל למעשה כנגד המגמה של תורת משה המיועדת דווקא לבני אדם, החיים ופועלים בעולם שיש בו גשמיות, יצריות, יחסי אנוש מורכבים, תאוות ומידות מגונות. התורה מממשת את הרוחניות באנושיות הפשוטה, ולא בבריחה ממנה אל מרומי הר סיני או בניסיונות לחרוג מן הגבולות הארציים אל השמיים.[13]

ה. אגדת טורנוסרופוס ורבי עקיבא

האגדה על אודות טורנוסרופוס, הנציב הרומי האכזר, ורבי עקיבא, גדול התנאים, מופיעה במדרש על מצוות ברית המילה בחומש ויקרא.[14]

אגדה זו מציגה היבט הפוך מן ההיבט של אגדת משה והמלאכים. בעוד משה רבנו מתעמת עם העולם הרוחני העליון, המיוצג על ידי המלאכים, רבי עקיבא מתעמת עם נציגו של עולם החומריות, עולם הלניסטי־רומי, הסוגד לגוף האדם, ליופי ולמיצוי הגשמיות.

טורנוסרופוס שואל את רבי עקיבא מדוע היהודים משחיתים

13 יעוין בפירושיהם של ר׳ יצחק עראמה לאגדה זו, **עקדת יצחק**, פרשת וזאת הברכה, שער קד; ר׳ אליעזר אשכנזי **במעשי ה׳**, בראשית פרק טז; ומהר"ל, **תפארת ישראל** פרק כד.

14 תנחומא תזריע סימן ז, ומקבילות.

את יצירתו הנאה של הקב"ה – גוף האדם, ומטילים בה מום, במעשה המילה. טענתו של הרומי מובאת במדרש בניסוח ערכי, כמעט דתי:

> שאל טורנוסרופוס הרשע את ר' עקיבא: איזה מעשים נאים, של הקב"ה או של בשר ודם?

חז"ל מציבים בפי הרומאי טענה תיאולוגית כנגד ברית המילה, שיש בה השחתת מעשה הבורא.[15]

תשובתו של רבי עקיבא היא שאכן מעשה האדם עדיף. הוא מוכיח זאת מתחומי המזון, הלבוש וכלי הבית. אין אוכלים חיטים בשיבוליהן אלא גלוסקאות, שלצורך הכנתם עברה החיטה הטבעית דרך ארוכה של עיבוד ומעורבות אנושית. אין לובשים אניצי פשתן, אלא בגדים שלצורך הכנתם עברה הפשתה הטבעית טיפול מורחב, וכך הדבר לגבי ייצור כלי עבודה וכלי בית. בכולם עדיף השימוש במוצר האנושי המשוכלל על פני החומרים הטבעיים הפשוטים.[16]

או אז שבה ומתעוררת השאלה כלפי הבורא:

> הואיל הוא חפץ במילה, למה אינו יוצא מהול ממעי אמו?

15 דרכה של אגדת חז"ל שהיא מציעה פולמוס וביקורת נגד העמדה היהודית על ידי השמת הטיעונים בפיהם של אישים נוכריים. כדוגמת חכמי אתונה המייצגים מחשבה יוונית, אנטונינוס וטורנוסרופוס המייצגים את הרומאים, וכן ה"מטרוניתא", "ההוא מינא" וכדומה. עיינו לדוגמה בעבודתה של חיותה דויטש על המטרוניתא בספרות חז"ל: "המטרונה רבת הפנים: דגמים קבועים ומשתנים של מפגשים בין חכמים ונשים נכריות במדרשים ובתלמודים", חיבור לשם קבלת התואר דוקטור בפילוסופיה, אוניברסיטת בר־אילן, תשע"א.

16 הפולמוס כנגד האלהת הטבע הרומית חוזר וניעור בימינו בפולמוס עם מקדשי הטבעונות והקיימות בגרסותיהן הקיצוניות.

כעת עולה השאלה – אם הקב"ה חפץ במוצר המוגמר, באדם הנימול, בפת האפויה, בבגד הארוג, בכלים הנאים, מדוע לא נברא העולם שלם ומתוקן? לשאלה זו משיב רבי עקיבא:

לפי שלא נתן הקב"ה לישראל את המצוות אלא כדי לצרף בהן.

האדם נברא בעולם כדי לתקן. הערך המוסף האנושי על פני החומר של הבריאה הוא תכלית יצירת האדם.

במפגש בין רבי עקיבא וטורנוסרופוס מתברר שתפקידו של האדם היוצר בעולם הוא לקדם את העולם הגולמי, הטבעי והחומרי, על ידי שיפורו והשבחתו, כמעשה הצורף בכסף ובזהב. כשם שהאדם עצמו נוצר מחומר גולמי שנפחו בו נשמת חיים, כך הוא ממשיך ויוצר בחומרי העולם על ידי כך שהוא נופח בהם כביכול מרוחו, דהיינו, משקע "ערך מוסף" אנושי, תבוני, בעולם החומר.

שתי האגדות שפתחנו בהן מציגות שני היבטים של שילוב החומר ברוח על ידי האדם. בקטבים הקיצוניים ניצבים המלאכים, שהם בבחינת רוח בלבד, וכנגדם טורנוסרופוס הרומי, שהוא בבחינת חומר בלבד. וביניהם תביעת התורה לשלב את שני ממדי הקיום האנושי זה בזה.

עם זאת, בכל הדורות היו יחידים וחוגים בעם ישראל שנטו להדגיש פן אחד יתר מזולתו. יש שנמשכו אל הפן הרוחני, הלימוד והתפילה, ההגות והעיון, והתקרבו לקוטב של נזירות ופרישות מכל חיי העולם הזה, ויש שנטו אל פן המצוות המעשי, ונטו לזלזל ולבטל את ערכם של ניסיונות החסידים והפרושים להתרחק מן המעשיות והארציות.

מי שפרצו את הגדר לכאן או לכאן, נדחו על ידי עדת ישראל. אולם בתוך הגבולות המקובלים עדיין יש מרחב גדול להדגשים שונים ואף מנוגדים זה לזה. יש הנוטים, אם מפני טבעם אם מפני חינוכם, לקוטב זה או לאחר, במידה רבה או מועטת.

את האגדה שלהלן נבקש לפיכך לקרוא כסוגיה המבהירה את

אופייה של ה״רוחניות הגשמית״ של ״הצדיק הכפרי״, המנוגדת לאופי הדתיות של בני בית המדרש.

ו. אגדת אבא חלקיה

כך נוסח האגדה בתרגום לעברית:[17]

אבא חלקיה
בן בתו של חוני המעגל היה
וכאשר נצרך העולם לגשם
היו משלחים חכמים אליו
ומבקש רחמים ובא הגשם
פעם אחת נצרך העולם לגשם
שלחו חכמים זוג חכמים אליו
לבקש רחמים שיבוא גשם
הלכו לביתו ולא מצאוהו
הלכו לשדה ומצאוהו שהיה חורש
נתנו לו שלום ולא הסביר להם פניו
בערב כאשר היה נושא עצים
נשא עצים ומעדר בכתפו האחת
וגלימה בכתפו השנייה
כל הדרך לא נעל מנעלים
כאשר הגיע למים נעל נעליו
כאשר הגיע לקוצים וברקנים
הגביה את בגדיו
כאשר הגיע לעיר
יצאה אשתו לקראתו
כשהיא מקושטת

17 תענית כג ע״א-ב.

הרב פרופ׳ יהודה ברנדס

כאשר הגיע לביתו
נכנסה אשתו ראשונה
ואחריה נכנס הוא
ואחריהם נכנסו החכמים
ישב וכרך פיתו
ולא אמר להם לחכמים: בואו וכרכו
חלק פת לילדים
לגדול – אחת
ולקטן – שתיים
אמר לה לאשתו:
יודע אני שחכמים מפני הגשם באו
נעלה לגג ונבקש רחמים
אפשר יתרצה הקדוש ברוך הוא
ויבוא גשם ולא נחזיק טובה לעצמנו
עלו לגג
עמד הוא בזווית אחת והיא בזווית אחת
הקדימו ועלו העננים מאותה זווית של אשתו
כאשר ירד אמר להם: מדוע באו החכמים?
אמרו לו: שלחו אותנו החכמים אצל אדוני
שיבקש רחמים על גשם
אמר להם:
ברוך המקום שלא הצריך אתכם לאבא חלקיה
אמרו לו:
ידענו שהגשם מפני אדוני הוא בא
אלא יאמר לנו אדוני
דברים אלו שתמוהים לנו
מה הטעם
שכאשר נתנו לאדוני שלום
לא הסביר לנו אדוני פנים?
אמר להם: הייתי שכיר יום, ואמרתי לא אתבטל

ומה טעם
נשא אדוני עצים על כתפו אחת וגלימה על כתף אחת?
אמר להם: טלית שאולה היתה, לכך שאלתיה ולכך לא שאלתיה
מה טעם
כל הדרך לא נעל אדוני נעליו
וכאשר הגיע למים נעל נעליו?
אמר להם: כל הדרך אני רואה, במים – אינני רואה
מה טעם
כאשר הגיע אדוני לקוצים, הגביה בגדיו?
אמר להם: זה מעלה ארוכה וזה אינו מעלה ארוכה
מה טעם
כאשר הגיע אדוני לעיר,
יצאה אשתו של אדוני מקושטת?
אמר להם: כדי שלא אתן עיני באשה אחרת
מה טעם
נכנסה היא בראש ואחר נכנס אדוני אחריה, ואחר נכנסנו אנחנו?
אמר להם: מפני שאינכם בדוקים לי
מה טעם
כאשר כרך אדוני פיתו
לא אמר לנו: בואו כרכו?
אמר להם: משום שלא רבה הפת,
ואמרתי, לא אחזיק בהם בחכמים טובה בחינם
מה טעם
נתן מר לילד הגדול פת אחת ולקטן שתיים?
אמר להם: זה נמצא בבית וזה יושב בבית הכנסת
מה טעם
הקדימו העננים לעלות מן הזווית שעמדה בה אשתו של אדוני, לעננים שלו?

משום שאשה שכיחה בבית ונותנת פת לעני וקרובה הנאתה
ואני נותן מעות ולא קרובה הנאתי.[18]

מבנה הסיפור פשוט וברור: בחלק א, החכמים מגיעים אל אבא חלקיה ורואים את מעשיו המופלאים. בחלק ב, אבא חלקיה ואשתו פועלים להורדת הגשם ונפתח השיח עם החכמים. חלק ג מקביל לחלק א – אבא חלקיה מסביר לחכמים את הנהגותיו.[19]

כבר במבט ראשון ברור שהסיפור מציג התנגשות בין שתי תרבויות, בין שני סגנונות של אורח חיים – יושבי בית המדרש ואנשי השדה. הסיפור הוא פרדוקסלי: בני בית המדרש, האמונים על התורה, הקרובים כביכול לקדוש ברוך הוא יותר מכול, נזקקים לסיועו של האיש מן הכפר להורדת גשם. אפשר לשער שכאשר נשלחים חכמים מבית המדרש אל הכפר לפגוש אדם שמסוגל להוריד גשמים בתפילתו, אדם שהוא נכדו של חוני המעגל איש הפלאות, הם מצפים לפגוש גדול בתורה בן דמותו של חוני. מיסטיקן מופלא, חכם נסתר מל"ו הצדיקים, המתבודד באוהלו ועוסק בסתרי תורה. הפגישה מתעדת סדרה של מעשים תמוהים, שאין להם ולא כלום עם הנהגתו של תלמיד חכם. המבוכה שאליה נקלעו שני החכמים ברורה. המספר האגדי אינו מקל עליהם את המבוכה, אלא הולך ומחריף אותה, כדי לחדד את הפער בין הרקע שלהם ובין המציאות המוזרה שבה נתקלו.

בחלקו הראשון של הסיפור אין שום תקשורת בין אבא חלקיה ובין החכמים. הם מתבוננים במעשיו בפליאה, והוא אינו מדבר עימם

18 אגדה זו פרנסה פירושים ומאמרים רבים. קרובים לדברינו: מ' הירשמן, "מוקדי קדושה משתנים: חוני ובניו", **טורא** 1 (תשמ"ט), עמ' 109–118; ש' ולר, "סיפור אבא חלקיה בתלמוד הבבלי, מסמך היסטורי או יצירה ספרותית?", בתוך: **לאוריאל: מחקרים בתולדות ישראל בעת העתיקה, מוגשים לאוריאל רפפורט**, ירושלים תשס"ו, עמ' 279–300; מ' רוזנברג, "מוסר ואירוניה בסיפור אבא חלקיה", **מפגשים מתוחים בין חכמי בית המדרש לבין חכמי הלב בספרות חז"ל**, רעננה תשע"ז, עמ' 89–142. ראו אצלה גם הפניות למקורות קודמים רבים.

19 יש לסיפור גם מקבילה בירושלמי, שהעיצוב שלה שונה וגם מגמותיה שונות בהתאם. חלק מן המאמרים הנ"ל עוסקים בהקבלה בין שתי הסוגיות.

כלל. החל מן המפגש הראשוני שבו לא החזיר להם שלום, וכלה בבית, שבו הוא אינו מזמין אותם להיכנס ומשאיר אותם מאחוריו, אינו מציע להם להצטרף לסעודה, ואינו מברר כלל מה רצונם ולשם מה באו. הרושם הנוצר הוא שהחכמים אינם בטוחים כלל שהגיעו לכתובת הנכונה. ככל שמעשיו והנהגותיו תמוהים יותר בעיניהם, כך מן הסתם קטנה הערכתם לאיש.

נקודת המפנה של הסיפור מתרחשת אחרי שבעל הבית עולה עם אשתו אל הגג ומצליח במשימה להוריד גשם. אז מתברר לאורחים שאכן הגיעו לכתובת הנכונה. כלומר, לא זו בלבד שזיהו נכונה את האדם שאליו נשלחו, אלא שאכן ביכולתו הפלאית להתפלל על הגשמים ולהורידם. בשלב זה הוא פונה אליהם לברר מה רצונם; הם מבינים שהתנהגותו המוזרה היא חלק מהותי ממעלתו של צדיק זה, ומבקשים ללמוד מדרכיו המוזרות וממעשיו. מכאן מתפתח הדיאלוג.

מעבר לנקודת המפנה בסיפור יש חזרה סימטרית על כל האירועים המוזרים שהתרחשו במחציתו הראשונה, וכל אחד מהם זוכה לנימוק מנקודת מבטו של הצדיק.

כדי להיטיב להבין את עומק הניגוד שבין אבא חלקיה ובין החכמים, ואת גודל המוזרות של מעשיו בעיניהם, יש להצביע על כך שכנגד כל אחד מהם אפשר להציע מאמר חכמים הסותר אותו לגמרי. נמנה אותם בזה אחר זה:

1. השבת שלום

הימנעותו להשיב להם שלום היא פגיעה כפולה. ראשית, המשנה במסכת אבות דורשת לא רק להשיב שלום, אלא להקדים שלום לכל אדם: "והוי מקבל את כל האדם בסבר פנים יפות".[20] החובה להשיב שלום גדולה אף יותר, הגמרא קובעת שאפילו רוצח ונואף וחייבי

20 אבות א, טו.

מיתות וחייבי כריתות שהקדימו לך שלום, הנך מחויב להשיב להם שלום.[21]

החכמים מופתעים מן הזלזול הנרמז מכך שלא השיב לברכתם, והוא מעמיד כנגד ערכה הנימוסי והחברי של ברכת השלום את ערכם של המלאכה ושל איסור הבטלה ממנה אף לרגע, ודאי כאשר הפועל הוא שכירו של אחר וזמנו אינו ברשותו.

2. נשיאת העצים

רב חנא בר חנילאי ראה את רב הונא נושא מעדר על כתפו וביקש לכבדו וליטול ממנו את המשא. רב הונא סירב והסביר שרק אם רב חנא רגיל בכך בעירו יאפשר לו לעשות זאת. אם לאו – הרי זו זילות, ואין הוא מוכן שיתבזה לכבודו.[22] נשיאת משא על כתף חשופה היא ביזיון גדול יותר, שכן ״חליצת כתף״ היא ביטוי אבלות בדרגה שמעבר לקריעת הבגד.[23]

דרכם של תלמידי חכמים שהם נזהרים מאוד בלבושם: ״תלמיד חכם שנמצא רבב על בגדו חייב מיתה״.[24] ואילו אבא חלקיה נוהג ביזיון בעצמו ובלבושו. נימוקו, שהגלימה אינה שלו ולכן אין הוא רוצה לפגוע בה, מנוגד לאנינותם האסתטית של החכמים מצד החומר והרוח: מצד החומר הוא מציג את עוניו שאינו מאפשר לו את דרך חייהם של חכמים, ומצד הרוח הוא מדגיש את הזהירות וההקפדה הגדולות בממונו של הזולת.

21 כלה רבתי ג, א.
22 מגילה כח ע״א.
23 בבא קמא יז ע״א.
24 שבת קיד ע״א.

3. הנעליים

חכמים אינם הולכים יחפים. הסרת הנעליים היא ביטוי של אבלות,[25] או סבל וייסורים מגוונים.[26] רבי יוחנן אומר ש"גנאי הוא לתלמיד חכם שיצא במנעלים מטולאים לשוק".[27] רבי עקיבא הזהיר את רבי יהושע בנו: "אל תמנע מנעלים מרגליך".[28] על מי שהולך בלא נעליים נאמר במקום אחר שהמת טוב ממנו.[29] גם מי שנצרך ללכת יחף, מסיבות של אבלות או כחלק מעינויי יום הכיפורים, התירו לו לנעול נעליו בדרך מחוץ לעיר.[30] על אף האמור, כאשר מגיעים למים מסירים את הנעליים כדי שלא יושחתו.[31] על רקע זה מעשיו של אבא חלקיה תמוהים כפליים. ראשית, הוא מתהלך יחף שלא כדרכם של חכמים אף שיש לו מנעלים. שנית, הוא נועל את המנעלים דווקא בהגיעו למים.

נימוקו של אבא חלקיה מורכב משני ההיבטים המזינים את דמותו כפי שהיא מצטיירת בסיפור. האחד, ההיבט של העוני. הוא נמנע מלבלות את זוג הנעליים היחיד שלו, ולכן הולך יחף בדרך. ההיבט השני הוא הדיוק בשימוש ברכוש – אבא חלקיה נועל את הנעליים רק כאשר הוא נכנס למים ואינו יכול לראות היכן הוא דורך. אמנם זו הנהגה הפוכה למקובלת, אבל זו המקובלת מיועדת לחכמים שמצבם הכלכלי טוב והם משתמשים בממונם גם כדי לכבד את גופם ועצמם. כבוד חכמים אינו מידה פסולה; אדרבה, מן הראוי לנהוג כך. אולם אבא חלקיה אינו מכיר כלל בערך הכבוד הזה, ומתמקד כל כולו בדייקנות ובזהירות בממונו.

25 שמואל ב טו, ל.
26 ישעיהו כ, ב.
27 שבת קיד ע"א.
28 פסחים קיב ע"א.
29 שבת קנב ע"א.
30 תוספתא תענית א, ו.
31 יומא עח ע"א.

4. בשדה הקוצים

גם האירוע בשדה הקוצים מעצים את הניגוד. החכמים נזהרים מלחבול בגופם, ככתוב: ״אין אדם רשאי לחבל בעצמו״.[32] ברם אבא חלקיה מעדיף לחבול בגופו ולהישרט מן הקוצים, ובלבד שלא יפגע בבגד. הנימוק כאן אינו רק הדאגה לממון הזולת, לגלימה השאולה, אלא גם נימוק מעשי הנכון למי שלובש בגד שלו – רגליים שרוטות מעלות ארוכה, ואילו הבגד שמסתבך בקוצים ונקרע אינו ניתן לתיקון.

5. אשתו יוצאת

עד כאן הוסברו כל המוזרויות בהתנהגותו של אבא חלקיה בשיקולים של חיסכון ודיוק בשימוש ברכוש ובממון. הפרט הנוכחי מוכיח שעניין הממון אינו המוטיב המרכזי של הסיפור. ההפתעה הבאה מזומנת לחכמים בראותם את אשתו של אבא חלקיה יוצאת לקראתו מקושטת לפתח העיר. יציאת אישה בתכשיטיה לרשות הרבים משמשת במקומות אחרים בדברי חכמים כביטוי של הנהגה פרוצה.[33] תמיהת החכמים והצטדקותו של אבא חלקיה כאן אינן שייכות לתחום דיני הממונות אלא להלכות אישות. בעוד שהחכמים ראו בהנהגה החריגה טעם לפגם וחוסר צניעות, אבא חלקיה ואשתו נוהגים כך דווקא מן הטעם ההפוך, שכן זו דרכם להבטיח את בריאותו ותקינותו של הקשר ביניהם: האישה ממתינה לבעלה מיד בהגיעו העירה ומונעת ממנו לזון את עיניו באחרת.[34] בעוד שחכמים מתבוננים באישה המקושטת ורואים בהנהגתה פריצת גדר, אבא חלקיה רואה באשתו את משמרת גדרי הצניעות והקדושה בבית.

32 בבא קמא צא ע״ב.

33 תנחומא (בובר), וישלח סימן יב.

34 המעשה הזה מעורר אסוציאציה למשל הסיני על אודות החכם ותלמידו שפגשו אישה בנהר. החכם נשא את האישה על כתפיו והעבירה את הנהר, כששאל אותו התלמיד לאחר זמן כיצד הרשה לעצמו לעשות זאת, השיבו החכם, שהוא אמנם נשא את האישה אך הניחה מיד אחרי שחצו את הנחל, ואילו התלמיד עדיין נושא אותה.

6. סדר הכניסה לבית

סדר הכניסה לבית מהופך לסדר הנהוג בעולמם של חכמים. דרך הנימוס המקובלת היא לכבד בכניסה תחילה את האדם החשוב, ולכן ראוי היה להקדים את האורחים. האישה אמורה להיכנס אחרונה, שהרי אין ראוי להלך אחרי אישה.[35] הסברו של אבא חלקיה הופך לראשונה את היחס שבין האורחים לבינו; עד כה ייצגו האורחים בשאלותיהם את העמדה הראויה, עמדת החכמים, ואילו אבא חלקיה השיב ממקום נחות כביכול, מקומו של העני, הפועל והאיש הפשוט, החשוף כביכול לפיתוי וזקוק להגנת אשתו. בתשובה הנוכחית מבהיר אבא חלקיה באופן בוטה למדי לאורחיו שהוא אינו מתרשם מהם וממעמדם, ומבחינתו הם "אינם בדוקים" לו. אין הוא סומך עליהם ועל צניעותם.

מובן שהסיטואציה מביאה את הביקורת שלו עד אבסורד, שהרי הוא חושש להניח להם להתייחד עם אשתו אפילו לפרק הזמן הקצרצר שבו היא והם ייכנסו הביתה ועד כניסתו הוא, או לפרק הזמן שהוא ייכנס והם יישארו בחוץ בחברת אשתו.

אפשר לפרש שחששו אינו משום איסור ייחוד אלא זהירות שמא ייתנו הם את עיניהם באשתו. בין כך ובין כך ברור שאין הוא מתבטל בפני האורחים החשובים מבית המדרש.

7. האורחים בסעודה

במהלך הסעודה עדים החכמים שוב להנהגה הנובעת מעוניו ומיושרו הקיצוניים של אבא חלקיה. החכמים מצפים להזמנה מנומסת להצטרף לסעודה. מפורש במסכת דרך ארץ (פ"ד ה"ט): "כל תלמיד חכם שמזלזל בנטילת ידיים הרי זה מגונה, מגונה ממנו האוכל מלפני אורח". מובן שהם מופתעים מכך שהמארח אוכל לעיניהם ואינו מזמין אותם להצטרף. ברם אבא חלקיה לא הזמינם מפני שאין באפשרותו לארח אותם, ואין הוא יכול לגזול פת מבני ביתו. הוא גם אינו רוצה להתהדר בפניהם במה שאין לו, ומוכן שידעו על עוניו ועל מזונותיו המצומצמים.

35 ברכות סא ע"א.

8. חלוקת הפת לבנים

גם התמיהה האחרונה המתייחסת לקיצוב הפת הניתנת לבנים, נובעת מבעיית העוני. אולם תמיהתם של החכמים מתמקדת באפליה בין הבנים. הגמרא מזהירה: ״לעולם אל ישנה אדם בנו בין הבנים, שבשביל משקל שני סלעים מילת שנתן יעקב ליוסף יותר משאר בניו – נתקנאו בו אחיו, ונתגלגל הדבר וירדו אבותינו למצרים״.[36] הניסיון המר של יוסף ואחיו אמור היה ללמד שאין להפלות אחד מן הבנים. תשובתו של אבא חלקיה מורה שוב על יושרתו הבסיסית. ההבחנה בין הבנים אינה נובעת מהעדפת הבן האחד על פני אחיו אלא מנסיבות חייהם; הצרכים שונים – ולכן הנתינה שונה, כל אחד לפי צרכיו.

9. הרוחניות האחרת

ההפתעה האחרונה שמורה לחכמים בהבנת היחסים בין האיש שאותו נשלחו לחפש ובין אשתו. אחרי שנוכחו לדעת שלפניהם איש המעלה, צדיק מיוחד במינו, שכל הנהגותיו מדודות ומחושבות על פי הדין והיושר והמוסר, הם מביעים את תמיהתם על כך שבסופו של דבר נענתה תפילת אשתו לפני תפילתו.

הפעם מציג בפניהם אבא חלקיה תפיסת עולם חדשה. לא מידותיו ולא חסידותו הן שהועילו לתפילה, אלא קיום מצוות הצדקה באופן היעיל והזמין ביותר. אין כוונתו לומר שהדרך היחידה הראויה למצוות הצדקה היא במתן פת לעני. ודאי שיש צורך לתת לעניים גם כסף, אולם בהקשר של היענות מיידית לצרכים נוהגת מידה כנגד מידה. כשם שאשתו מספקת את צורכי העניים מיד, כך תפילתה נענית תכף ומיד, עוד קודם לתפילתו. בדרך אגב נודע לנו שעל אף עוניים המרוד נהגו אבא חלקיה ואשתו לחלק צדקה לעניים, הוא נתן ממּמונם והיא מפתם.

מן המפגש עם אשתו של אבא חלקיה ניכר היבט נוסף באשר לשוני התרבותי בין עולמם של חכמים ובין עולמם של אבא חלקיה ומשפחתו. אבא חלקיה מעמת את החכמים עם יחס שונה של כבוד

36 שבת י ע״ב.

לאישה. בבית המדרש אין כמעט מקום לנשים. הן אינן באות בקהל החכמים, אינן שותפות ללימוד וממילא אין להן מעמד בקרבם. חריגות דוגמת ברוריה אשת רבי מאיר הן יוצא מן הכלל המעיד על הכלל, שאינן בתורת חכמים ובבית מדרשם. לא כך הדבר בעולמו של אבא חלקיה. המשפחה, בכלל זה האם והבנים, הם חלק בלתי נפרד מעולמו, גם הרוחני. היא מקבלת את פניו כשהוא מגיע מן השדה, הם סועדים את סעודת הערב בצוותא ובחברת בניהם, הם חולקים במתן צדקה, והם מתפללים זו לצד זה על צורכי הכלל. זהו תיאור של זוגיות ומשפחתיות שאינו שכיח בסיפורים על חכמי בית המדרש.

המעשה באבא חלקיה וחכמים בא ללמד על עוצמתה של היהודיות הפשוטה־כביכול. הוא מראה שיש קדושה, מוסריות, נקיון כפיים, יושרה וטהרה, בחייהם של אנשי השדה שאינם עסוקים כל ימיהם בלימוד ובתפילה, ובוודאי לא בהגות ומיסטיקה. מעלתם הרוחנית של יהודים אלה היא בכך שהם טוענים את חיי היום־יום שלהם ברוחניות. הם משלבים את הקדוש ברוך הוא בחיי היום־יום, בעבודת השדה, בהליכה בדרך, בחיי המשפחה ובדאגה לזולת. יהודים אלה אינם נחותים מחכמי בית המדרש; הם אחרים והם פועלים בדרך שונה. כפי שמתברר מן הסיפור, חכמי בית המדרש נזקקים להם כדי שיתפללו על הגשמים כי דרכם לשמיים פתוחה ורצויה.

בזכותם של אבא חלקיה ובני דמותו המודרניים מבית הכנסת בתל אביב, הבנתי שאין להתפעל יתר על המידה מאלו המחפשים להם רוחניות צרופה, נקייה מבשר ודם, מרוחקת מהוויות העולם הגשמיות, מן הפוליטיקה ומן הכלכלה. לפעמים אין זו אלא דרך קלה להימלט מן המשימה הכבדה לאין ערוך, שגם מלאכים אינם מסוגלים לעמוד בה, ולכן לא זכו לקבל תורה: השילוב של הא־להי בגשמי, שמיים בארץ, נשמת חיים באדם שאינו אלא גוש עפר מן האדמה.[37]

37 לעיון נוסף ראו המאמר על האיזונים ב**על פי דרכו**, על פי ספר **הפרישות השלמה** של ר׳ סעדיה גאון.

השפעת גורמים חוץ־הלכתיים על פסיקת ההלכה

הרב שמעון גולן

א. במקום הקדמה

במהלך שנת תשמ"ג (1983) נוצר קשר בין הרב ריסקין לביני, במטרה לפתוח את המוסד החינוכי הראשון ברשת מוסדות "אור תורה סטון", שלימים נקרא "ישיבת נוה שמואל". תוך כדי מגעים אלו התחברתי לתפיסה **החינוכית** של הרב ריסקין, ואכן עמדתי בראשות הישיבה בחמש השנים הראשונות לקיומה.

במקביל, נבחר הרב ריסקין לרב העיר אפרת, וכתושב ושותף זכיתי להכיר גם את התפיסה **הרבנית** של הרב, שאודה שלא תמיד התחברתי אליה. באופן מוזר משהו, דווקא השותפות החינוכית בינינו נפסקה, ואילו השותפות ה"רבנית" נמשכה לאורך השנים, בשלום ובמישור.

לכבוד הרב שליט"א בהגיעו לגבורות, וגם "לכבוד" חילוקי הדעות בינינו, מוקדש מאמר זה.

במאמרי אשתמש בהיגדים שונים המופיעים במקורותינו,

המלמדים שבפסיקת הלכה יש להתחשב לא רק בהלכה הפורמלית אלא גם בגורמים נוספים.

ב. הלכה ואין מורין כן

משפט זה הוא, לכאורה, בגדר אוקסימורון, שכן כבר למשה רבנו נאמר: "וְהִזְהַרְתָּה אֶתְהֶם אֶת הַחֻקִּים וְאֶת הַתּוֹרֹת וְהוֹדַעְתָּ לָהֶם אֶת הַדֶּרֶךְ יֵלְכוּ בָהּ וְאֶת הַמַּעֲשֶׂה אֲשֶׁר יַעֲשׂוּן" (שמות יח, ה). לכן נקרא הרב הפוסק "מורה הוראה", וכל תעודת סמיכה לרבנות כוללת בתוכה את הביטוי "יורה יורה". כיצד מתיישבת אפוא ה"הלכה" עם ההנחיה ש"אין מורין כן"?

אחד המקרים המוכרים שבהם משתמשים בכלל זה, הוא המשנה במסכת סנהדרין:[1] "והבועל ארמית קנאים פוגעים בו". המקור ההלכתי לכך הוא פנחס שהרג את זמרי. על כך נאמר בגמרא:[2]

> אמר רב חסדא: הבא לימלך – אין מורין לו. איתמר נמי, אמר רבה בר בר חנה אמר רבי יוחנן: הבא לימלך – אין מורין לו. ולא עוד אלא, שאם פירש זמרי והרגו פנחס – נהרג עליו. נהפך זמרי והרגו לפנחס – אין נהרג עליו, שהרי רודף הוא.

כך פסק להלכה הרמב"ם:[3]

> כל הבועל כותית בין דרך חתנות בין דרך זנות – אם בעלה בפרהסיא והוא שיבעול לעיני עשרה מישראל או יותר, אם פגעו בו קנאין והרגוהו הרי אלו משובחין וזריזין. ודבר זה הלכה למשה מסיני הוא. ראיה לדבר זה מעשה פנחס בזמרי.

1 סנהדרין ט, ו.
2 סנהדרין פב ע"א.
3 הלכות איסורי ביאה יב, ד-ה.

ואין הקנאי רשאי לפגוע בהן אלא בשעת מעשה כזמרי, שנאמר: ואת האשה אל קבתה. אבל אם פירש אין הורגין אותו, ואם הרגו נהרג עליו, **ואם בא הקנאי ליטול רשות מבית דין להרגו אין מורין לו**, ואף על פי שהוא בשעת מעשה. ולא עוד אלא אם בא הקנאי להרוג את הבועל ונשמט הבועל והרג הקנאי כדי להציל עצמו מידו אין הבועל נהרג עליו.

המשמעות של "אין מורין כן" בנידון זה איננה במניעת הוראה פומבית לכתחילה לא לעשות כן, אלא שאם בא השואל ("הקנאי") ליטול רשות מבית דין להורגו, אין מורין לו לעשות כן.

אפשר לפרש הנהגה זו כמתן לגיטימציה לפרץ רגשות של אדם הנתקל במעשה של חילול השם, לפעול לסיכול התופעה, אולם ברגע שאדם בא להימלך בבית דין, הוא כבר אינו נתון בסערת רגשות, ולכן אין לגיטימציה לפעולה שהיא מחוץ לסדרי המשפט הנוהגים.

אמנם, מצינו גם שימוש שונה בהיגד זה. במשנה נאמר: "אין משחיזין את הסכין ביום טוב, אבל משיאה על גבי חברתה".[4] על כך נאמר בגמרא:[5]

אמר רב הונא: לא שנו אלא במשחזת של אבן, אבל במשחזת של עץ – מותר. אמר רב יהודה אמר שמואל: הא דאמרת של אבן אסור – לא אמרן אלא לחדדה, אבל להעביר שמנוניתה – מותר... ואמר אביי: הוה קאימנא קמיה דמר, והוה קא מעבר סכינא אשפתא דרחיא, ואמרי ליה: לחדדה קא בעי מר או להעביר שמנוניתה? ואמר לי: להעביר שמנוניתה. וחזיתי לדעתיה דלחדדה קא עביד, וקסבר: הלכה ואין מורין כן.

4 ביצה ג, ז.

5 ביצה כח ע"א–ע"ב.

אביי ראה את רבו "מעביר סכין" על שפת הריחיים, ואף על פי שהרב עשה כן על מנת לחדדה, הוא לא הודה בכך אלא טען שהוא עושה כן "להעביר שמנוניתה", כיון שההיתר לחדד הוא בגדר הלכה ואין מורין כן.

כך גם פוסק הרמב"ם:[6]

> אין משחיזין את הסכין במשחזת שלה אבל מחדדה על גבי העץ או על גבי חרש או אבן **ואין מורים דבר זה לרבים** כדי שלא יבאו לחדדה במשחזת.[7]

נמצא אפוא שלעיתים, אף על פי שפעולה מסוימת מותרת מעיקר הדין, אין להורות כך לרבים, או אפילו לנהוג כך בפניהם, שמא יטעו ויתירו גם פעולות האסורות על פי ההלכה.

ג. בי דינא שריא

במסכת עבודה זרה[8] מסופר:

> מיסתמיך ואזיל ר' יהודה נשיאה אכתפיה דרבי שמלאי שמעיה, אמר ליה: שמלאי, לא היית אמש בבית המדרש כשהתרנו את השמן, אמר לו: בימינו תתיר אף את הפת. אמר לו: אם כן, קרו לן בית דינא שריא, דתנן: העיד רבי יוסי בן יועזר איש צרידה על אייל קמצא דכן, ועל משקה בית מטבחיא דכן, ועל דיקרב למיתא מסאב, וקרו ליה יוסף שריא. אמר ליה: התם שרא תלת,

6 הלכות יום טוב ד, ט.

7 כך נפסק גם בשולחן ערוך, אורח חיים תקט, ב, ונחלקו האחרונים בעניין. לדעת המגן אברהם (ס"ק ו) "הוא הדין שאין עושין כן בפני רבים", ואילו יד מלאכי (כללי התלמוד כלל קצא) כותב: "יכול לעשות כן בפני רבים היכא דמצי לאשתמוטי ולומר דמטעם אחר הוא עושה כן".

8 לז ע"א.

ומר שרא חדא, ואי שרי מר חדא אחריתי, אכתי תרתין הוא דהויין! אמר ליה: אנא שראי אחריתי...

רבי שמלאי, שמשו של רבי יהודה נשיאה, ביקש מרבו להתיר פת של נוכרים, לאחר שהתיר שמן של נוכרים, אולם רבי יהודה נשיאה סירב, כיון שזה יהיה היתר שלישי, ויכנו אותו "בי דינא שריא".

כך נפסק ברמב"ם:[9]

וכל בית דין שהתיר שני דברים אל ימהר להתיר דבר שלישי.

בעוניי, לא מצאתי בפוסקים או בפרשנים הסבר רעיוני להנהגה זו. נראה להציע שדימוי של פוסק שהוא מתיר קבוע, עלול לפגוע בהתקבלות ההלכה על ידי הציבור.[10]

ד. בני בשכר אינם בני תורה

בכמה מקורות הלכתיים אנו מוצאים התייחסות לאנשי העיר "בשכר" כאנשים שאינם בני תורה. כך מופיע במסכת שבת:[11]

שלחו ליה בני בשכר ללוי: כילה מהו [=האם מותר לפרוס אותה בשבת]? כשותא בכרמא מהו [=לזרוע ירק בכרם האם אסור משום כלאיים]? מת ביום טוב מהו [=לקבור אותו]? אדאזיל,

9 הלכות ממרים ב, ח.

10 בחידושי הרמב"ן במסכת עבודה זרה נאמר: "וכן נמצא בתשובות הגאונים ז"ל: מאן דאכיל פת של גויים אין מלקין אותו, אבל מוכיחין אותו, ואסור לומר דבר שמועה מפיו בבית המדרש. והיינו דאמרינן בירושלמי דפסחים (פ"ב ה"ב): אבל מקום שנהגו לאכול פת של גוים. אלמא איכא דוכתי דנהוג". ניתן ללמוד מכאן שאף שמשיקולים "תדמיתיים" לא התירו פת נוכרי, בכל אופן האיסור אינו מוחלט.

11 קלט ע"א-ע"ב.

נח נפשיה דלוי. אמר שמואל לרב מנשיא: אי חכימת – שלח להו.

ואכן רב מנשיא השיב להם על כל שאלותיהם, שאסור להם לעשות כן.

כילה – חזרנו על כל צידי כילה ולא מצינו לה צד היתר. ולישלח להו כדרמי בר יחזקאל [=הסובר שמותר, אם כרך עליה חוט]? לפי שאינן בני תורה.
כשותא בכרמא – עירבובא. ולישלח להו כדרבי טרפון? דתניא: כישות, רבי טרפון אומר: אין כלאים בכרם... לפי שאינן בני תורה.
מת – שלח להו: מת לא יתעסקו ביה לא יהודאין ולא ארמאין, לא ביום טוב ראשון ולא ביום טוב שני. איני? והאמר רבי יהודה בר שילת אמר רבי אסי: עובדא הוה בבי כנישתא דמעון ביום טוב הסמוך לשבת... ואתו לקמיה דרבי יוחנן. ואמר להו: יתעסקו ביה עממין. ואמר רבא: מת ביום טוב ראשון – יתעסקו בו עממין, ביום טוב שני – יתעסקו בו ישראל, ואפילו ביום טוב שני של ראש השנה... – לפי שאינן בני תורה.

בתשובות הגאונים[12] נפסק כדברי רבא לעיל "וכן הלכה ואין לזוז ממנה", בשונה ממה שנאמר לבני בשכר:

ואי קשיא לדבני בשכר כבר מפורש טעמו של דבר שהן אינן בני תורה ואתם ברחמי שמים בני תורה וחכמים בתורה אתם חס וחלילה לפשוט לכם כבני בשכר ששלחו לו ללוי, **אלא אתם חשובים לפנינו כמותנו.**

12 שערי תשובה סימן קפד.

נמצינו למדים שפסיקת הלכה משתנית בהתאם לציבור שאליו מופנים הדברים, ומכאן מקום לדון בכל דור ודור ובכל אתר ואתר לגופו. כך כותב המאירי[13] בעניין קבורת מת ביום טוב:

> ויש מחמירין עוד בזמן הזה שלא להתיר כלל ממה שאסרו דבר זה במסכת שבת לבני בשכר מצד שאינן בני תורה ועושין את כולנו עמי ארץ מקל וחומר של בני בשכר. כלומר, אם בני בשכר אינן בני תורה היאך נחזיק אנו את עצמנו כבני תורה? ואף אחרוני הרבנים כתבוה כן.
>
> וזו אינה אלא ענווה שלפנים משורת הדין. וכי אם בני בשכר אינן בני תורה אנו מה לנו? ועוד שבאותו הזמן לא היו הדורות נשמעים להוראה והיו מוציאין היתר מתוך היתר ומתוך כך היו מחמירין להם, וכעין מה שאמרו בקעה מצא וגדר בה גדר. אבל דורות הללו כולנו נשמעים לגדולים שבנו לענין איסור והיתר ואין לנו לאסור על עצמנו את המותר מטעם שלהם.

בשאלה כיצד נתייחס אנו לאנשי דורנו, עסקו רבים מהפוסקים שהתמודדו עם הרפורמים. כך בשו"ת נודע ביהודה,[14] בעניין נשיאת מטרייה בשבת:

> חפשנו על כל צדדי הפעראסאל ולא מצאנו צד היתר. ועד כאן דברנו מאיסור תיקונו בשבת אבל אם העמידו מערב שבת אם רשאי בשבת לישא אותו ולהאהיל בו על ראשו להגן מפני החמה או מפני הגשם והא ודאי שמצד מראית העין שיחשדוהו שתיקנו היום ראוי לאסור...

13 בית הבחירה למאירי מסכת ביצה ו ע"א.
14 מהדורא תניינא, אורח חיים סימן ל.

דרך כלל כשהוא מוערך מערב שבת יש בו לדון לאיסור ולהיתר, אבל על כל פנים מפני מראית עין יש לאסרו כי מי יודע אם ערכו מאתמול. ובפרט בדור יתום הזה **שנפישי אינן בני תורה יותר מבני בשכר**. והנלע"ד כתבתי.

דברים דומים נמצאים גם בשו"ת חתם סופר,[15] שנשאל לגבי סידור גט לאישה שבעלה חולה מאוד, ביום טוב שני של גלויות, כדי לפוטרה מחליצה (היבם היה רחוק מאוד, בעיר רומי, והאישה ענייה ואין בהישג ידה להגיע לשם). בסופו של משא ומתן הלכתי הוא אוסר:

בנידון שלפנינו האי דשוהה יבמתו בלא יבום וחליצה בודאי זוטא הוא ואונסא לגבי חלול יום טוב שני בידים במלאכה דאורייתא, כי הרבה חשו חכמים להך מנהגא כי רב הוא, וכמה גדול כח המנהג הזה שאומרים בקידוש יום טוב העצרת הזה וכן בתפלה, ודובר שקרים כלפי מעלה, לולי בטחו חז"ל בלא־ל גומר עלי לא היו מניחים לנהוג כן, והכל משום דלא ליתי לזלזולי למיעבד עבידתא ראה כמה חומר דבר זה... והארכתי בזה קצת כי בעוונותינו הרבים **רבו פריצי עמינו כעת העמידו חזון שקר ושוחקים על יום טוב שני כי מנהג בעלמא הוא** ולא אבו להלוך בעקבי חכמי ישראל, בנפשם דברו לא ידעו ולא יבינו בחשכה יתהלכו.
ומטעם זה לבד נמי אינו ראוי להתיר חדשות בענין זה ביום טוב שני כדי שלא יפרוצו, הרי אמרו חז"ל פרק קמא דביצה, האידנא דאיכא חברי [=אומה רשעה] חיישינן, וכתב רבנו תם: האידנא עמי הארץ, אין להתיר לקבור מת ביום טוב כמו בני בשכר... ואם כן האידנא דאיכא פריצי עמנו כידוע, יש להוסיף גדר ולא לפרוץ... ואם כן הכא איך יבקש הוא ברצונו לחלל יום טוב שני עבורו להצילו מעונש קצת שיהוי אשתו בלא חליצה ויבום, זה דבר שאין הדעת סובלו.

15 חלק א (אורח חיים) סימן קמה.

וכן מובאת בשו"ת ציץ אליעזר[16] תשובתו של הרב יחזקאל אברמסקי בעניין שימוש בג'לטין המופק מעורות ועצמות של בעלי חיים (לא כשרים):

אמנם כן להלכה לא נראה בזה איסור, אבל למעשה יש להתיישב אם לא ייכשלו על ידי הוראת היתר בדבר זה, אלא התועים והמתעים את אחרים באמרם שדיני התורה מקבלים שינוי כפי חפץ הרבנים ומורי הוראה בישראל.
הלא הג'לטין בגלל שלא עמדו על מהותו ומחסרון ידיעה את אופן עשייתו, היה מקובל עד עתה בפי כל כדבר האסור, יען וביען שהדבר היה גלוי וידוע, שבעיקרו הוא בא מעצמות נבלה וטרפה, ומחסרון ידיעה יש שהוסיפו עוד ואמרו שעצם החומר של הג'לטין הוא בשר המח שבעצמות. ואין זה פחד שוא אם נחשוש שהוראת היתר בג'לטין **תחזק את הדעה המשובשת הנפוצה כל כך בדורנו בזדון ובשגגה שהאיסור וההיתר הוא בידי הרבנים כחומר ביד היוצר**. ועל כגון זה נאמר ביומא (דף מ' ע"א) "אל תתנו מקום לצדוקים לרדות" "שיאמרו לפי רצונם הם עושים הכל" (רש"י שם), וזה לשון רבינו חננאל במסכת שבת (דף קל"ט ע"א) "ומהא שמעינן שאפילו דברים המותרים כגון אלו וכדומה להן המסורין לעם הארץ אין אדם רשאי להורות להן להיתר אלא יחמיר עליהן לאיסור".

ברוח דומה כותב מהר"ץ חיות,[17] בחיבורו "מנחת קנאות",[18] על ניסיונו של החכם צבי לבטל את איסור הקטניות שנהגו בו בני אשכנז:

16 חלק ד הקדמה.

17 הרב צבי הירש חיות, נולד בשנת תקס"ו (1806) נפטר בתרט"ז (1857). שימש ברבנות בכמה קהילות. למד באוניברסיטת לבוב מדעי הרוח ופילוסופיה. בחוגים מסוימים הייתה ביקורת על "התקרבותו" למשכילים.

18 "נכבדות מדובר במאמר זה נגד... המכנים עצמם רבנים לדון בדבר החדש ולהורות היתר בדברים אשר אבותינו ואבות אבותינו נהגו בהם איסור".

ועל זה כוון הגאון חכם צבי ז"ל דהותנה דאם ימנו עמו חכמי דורו היה מתיר, והיינו גם כן רק לשעה ולצורך שעה בזמן היוקר דווקא. וכל זאת יתכן בימיו דלא עלה על לבו שיזידו איזה דרשנים לבטל עניני תורה, וכן זה שלושים שנה שהתירו קטניות במדינת ווסטפליה... לא הזידו אז גם כן איזהו מהחדשים לאסוף אסיפות ולקבץ קיבוצים להתיר איסורים, והמון העם עדיין האמינו בדברי החכמים ולא היה אפשרות לתקלה ומכשול...
אבל עתה חלילה וחס לשתף עמהם בזה להיות בית דינא שריא, ואנו צריכים להיזהר בנפשנו שלא לתת מקום להמון העם לאמר כי גם רבנים הכשרים ידם עם החדשים ולפינה אחת מכוונים להתיר קטניות בפסח כפי השתדלות בעלי אסופות וימהרו ויחליטו כי התורה מסורה ביד החכמים דהעם אינם יודעים להבחין ולחלק בין הענינים ויגררו אחריהם... הנה הראיתי לו כי אין אפשרות עתה לפי מצב הדור להתיר ענין הקטניות אף לצורך שעה.

ה. דברים המותרים ואחרים נהגו בהם איסור

במסכת נדרים[19] נאמר:

מאן תנא הא דתניא: דברים המותרים ואחרים נהגו בהן איסור – אי אתה רשאי לנהוג בהם היתר כדי לבטלן? משום שנאמר: לא יחל דברו.

הפסוק המקורי מופיע בהקשר של נדרים: "אִישׁ כִּי יִדֹּר נֶדֶר לַה' אוֹ הִשָּׁבַע שְׁבֻעָה לֶאְסֹר אִסָּר עַל נַפְשׁוֹ לֹא יַחֵל דְּבָרוֹ כְּכָל הַיֹּצֵא מִפִּיו יַעֲשֶׂה" (במדבר ל, ג). על פי זה כותב רבנו המאירי:[20]

19 פא ע"ב.
20 בית הבחירה, נדרים, שם.

דברים המותרים ואחרים נהגו בהם איסור אין אדם רשאי לנהוג בהם היתר לפניהם כדי לבטלם ממנהגם, שמאחר שידעו בהיתר והם נוהגים בהם איסור, הרי הם כעין מי שקבלה בנדר וכתיב לא יחל דברו.

העולה מזה, שגם דברים המותרים מצד ההלכה, אם הציבור נוהג להחמיר, אין "להעמיד אותם על טעותם", אלא להניח להם להמשיך ולהחמיר.

אחת הדוגמאות לכך היא רכיבה על אופניים בשבת. הרב וינברג[21] מתייחס בתשובתו לשאלת הנסיעה בחשמלית בשבת, אולם אגב כך מזכיר גם את הרכיבה על אופניים:

דעת הגאון הראשון לציון הרב ב"צ עוזיאל ז"ל להתיר הנסיעה בתוך העיר לצורך מצוה אם כל התושבים אינם יהודים וגם המנהיג והפקידים אינם יהודים, בתנאי שיקנה כרטיס הנסיעה קודם השבת וימסור אותו לפקיד התחנה קודם השבת, כדי שלא יצטרך לטלטל בשבת לא את הכסף ולא את הכרטיס, שזה וודאי איסור גמור.

וכן לנסוע באופניים או בעגלה גם כן אסור, ולא התיר אלא בחשמלית על פי התנאים הנ"ל. ואיני רוצה להכניס את עצמי במחלוקת זו ולהכריע בדבר, כי רוב הרבנים ככולם באמריקה וכן באירופה אסרו. ולכן אין להתיר הנסיעה בחשמלית, דלא גרע מדברים המותרים ואחרים נהגו בהם איסור, שאי אתה רשאי להתיר, ומכל שכן זה, שרוב הרבנים אסרו מכמה טעמים שאין כאן המקום לפורטם.

21 שו"ת **שרידי אש** חלק א סימן לח.

הוא אוסר נסיעה בחשמלית שהיא לדעתו מדברים המותרים ואחרים נהגו בהם איסור, ואף רכיבה על אופניים אסורה, לדעתו, אולם אין הוא מציין במפורש שזה הנימוק.

הרב בן ציון אבא שאול[22] מציין נימוק זה במפורש:

> מעיקר הדין היה מקום להתיר רכיבה על אופניים רגילות בשבת, שהרי אינו עושה בזה שום איסור, וגזירות חדשות שלא גזרו חז"ל אין לנו לגזור, וכמו שכתב הרא"ש (בפרק ב משבת סימן טו) שאין לחדש גזירות אחר חתימת הש"ס... וכן כתב להתיר רכיבה על אופניים בשו"ת רב פעלים ח"א סימן כ"ה ובהשמטות שבראש הספר. ומכל מקום, למעשה אין לרכב על אופניים בשבת, שכבר נהגו שלא לרכב עליהם, וכן כתב בכף החיים בסימן תד אות ח שהמנהג שלא לרכב בהם לא בשבת ולא ביום טוב, ולכן הווי כדברים המותרים ואחרים נהגו בהם איסור, שאין אתה רשאי להתירם בפניהם.[23]

אבקש להוסיף, שאמנם הנימוק למגבלה זו הוא כיון שהנוהגים להחמיר קיבלו עליהם את החומרה "כעין מי שקבלה בנדר", אך דומה שיש כאן נקודה נוספת: ערעור הלכה נוהגת עלול לפגוע בקיום ההלכה.

ו. עת לעשות לה' הפרו תורתך

בפרקים הקודמים העלינו הצעות להחמיר (לאסור) בדברים שבאופן עקרוני מותרים, משיקולים שונים. בפרק זה נדון במצב הפוך: להתיר דברים מסוימים שבאופן עקרוני אסורים על פי הדין, וזאת בהתבסס

22 **שו"ת אור לציון** חלק ב, הערות פרק מב, דיני משחקים בשבת.

23 איני מרחיב את היריעה בשאלת הרכיבה על אופניים, אלא רק בשימוש שעושים חלק מהפוסקים במוטיב של דברים המותרים ואחרים נהגו בהם איסור, שאין אתה רשאי להתיר בפניהם.

על הפסוק: "עֵת לַעֲשׂוֹת לַה' הֵפֵרוּ תּוֹרָתֶךָ" (תהילים קיט, קכו), כפי שדורשים אותו חז"ל.

בהבנת הפשט של הפסוק אפשר להציע שני פירושים. רד"ק מפרש:

> עת ומועד לה' שיעשה נקמה, כאשר הפרו הורתך.

לעומת זאת, רש"י (בפירוש ראשון) מציע פירוש הפוך:

> מוסב על מקרא שלפניו, "הֲבִינֵנִי וְאֵדְעָה עֵדֹתֶיךָ" (שם קכה) – להבין עת לעשות לשמך איך יעשו אותם שהפרו תורתך למצוא רצון וסליחה ותמצא להם, ואעשה כן על כל עבירה שבידי.

לפי רד"ק, "עֵת לַעֲשׂוֹת לַה'" – פירושו להעניש את החוטאים, ולפי רש"י – עת למצוא רצון וסליחה.

בהמשך פירושו, רש"י מביא את דרשת חז"ל:

> ורבותינו דרשו ממנו שעוברין על דברי תורה כדי לעשות סייג וגדר לישראל, כגון גדעון, ואליהו בהר הכרמל, שהקריבו בבמה.

היינו: כשיש צורך (עֵת לַעֲשׂוֹת לַה'), עוברים (מפירים) על דברי תורה. ואכן, כך מצאנו במסכת תמורה:[24]

> דרש ר' יהודה בר נחמני מתורגמניה דריש לקיש: כתוב אחד אומר: **כתוב** לך את הדברים האלה, וכתוב אחד אומר כי **על פי** הדברים האלה, לומר לך דברים שעל־פה – אי אתה רשאי לאומרן בכתב, ושבכתב – אי אתה רשאי לאומרן על־פה. ותנא דבי רבי

24 יד ע"ב.

> ישמעאל: כתוב לך את הדברים האלה – אלה אתה כותב, אבל אין אתה כותב הלכות!
> אמרי: דלמא מילתא חדתא שאני; דהא רבי יוחנן וריש לקיש מעייני בסיפרא דאגדתא בשבתא,[25] ודרשי הכי: "עֵת לַעֲשׂוֹת לַה' הֵפֵרוּ תּוֹרָתֶךָ", אמרי: מוטב תיעקר תורה, ואל תשתכח תורה מישראל.

ובמסכת יומא,[26] בעניין פגישתו של שמעון הצדיק עם אלכסנדר מוקדון כשכבש את ארץ ישראל:

> מה עשה? לבש בגדי כהונה, ונתעטף בבגדי כהונה, ומיקירי ישראל עמו, ואבוקות של אור בידיהן, וכל הלילה הללו הולכים מצד זה והללו הולכים מצד זה עד שעלה עמוד השחר. כיון שעלה עמוד השחר אמר להם: מי הללו? אמרו לו: יהודים שמרדו בך. כיון שהגיע לאנטיפטרס זרחה חמה, ופגעו זה בזה. כיון שראה לשמעון הצדיק, ירד ממרכבתו והשתחווה לפניו. אמרו לו: מלך גדול כמותך ישתחוה ליהודי זה? אמר להם: דמות דיוקנו של זה מנצחת לפני בבית מלחמתי.

ועל השאלה איך יצא שמעון הצדיק לאנטיפטרס לבוש בבגדי הכהונה, מציעה הגמרא שתי אפשרויות:

> אי בעית אימא ראויין לבגדי כהונה, ואי בעית אימא **עת לעשות לה' הפרו תורתך.**

על פסוק זה מסתמך הרמב"ם[27] במקרה מפורסם של "בחור", שקנה שפחה יפת תואר והיא אצלו בחצרו, וגיירה והוא מתייחד עמה. ותשובתו:

25 היינו: היו לפניהם ספרי אגדה **כתובים**.

26 סט ע"א.

27 **שו"ת הרמב"ם** סימן ריא.

התשובה אין לה דין יפת תואר... וצריכים בית דין אחר זאת השמועה אשר לא טובה לכפותו להוציאה או **ישחררה ויישאנה לאשה.** אף על פי שיש בזה כעין עברה, לפי שהנטען על השפחה ונשתחררה אסור לו לישאנה לכתחילה, לפי שכבר פסקנו פעמים אחדות בכגון אלו המקרים, שישחררה ויישאנה. ועשינו זאת מפני תקנת השבים ואמרנו מוטב שיאכל רוטב ולא שומן עצמו וסמכנו על דבריהם ז"ל "עֵת לַעֲשׂוֹת לַה' הֵפֵרוּ תּוֹרָתֶךָ". ומסייעין לו לישאנה בעדינות וברוך, ויקבעו לו מועד לישאנה או להוציאה, כמו שעשה עזרא ע"ה.

הרב עוזיאל[28] משתמש בעיקרון שהציג הרמב"ם, בצורה כללית יותר:

ודבריו היקרים אלה הם לנו לעיניים בכל דבר שאין בו איסור גמור כגון הנטען או הנשוי עם הגויה ונתגיירה שאם לא נתיר נשואיה עמה אחרי גרותה יישארו נשואים כל ימיהם בגויותה ובניהם יהיו תערובות נעקרים מאדמת ישראל, וה' בחסדו ישיבנו למוטב ויקוים בנו "ואצרוף כבר סיגיך ואסירה כל בדיליך ואשיבה שופטיך כבראשונה ויועציך כבתחילה".

הרב יחיאל יעקב ויינברג[29] משתמש ביסוד של "עֵת לַעֲשׂוֹת לַה' הֵפֵרוּ תּוֹרָתֶךָ" בהקשר נוסף. הוא דן בדרך החינוך של ארגון "ישורון" שנוסד בצרפת, ושקמו נגדו עוררים מצד חוג חרדים, שלפי דעתם אין הדרך הזאת לפי רוח היהדות. ערעור ראשון היה נגד התנהלות הארגון, המשתף בנים ובנות בעבודה ומאגדם לאגודה אחת, וערעור שני היה נגד המנהג שהבנים והבנות מזמרים יחד זמירות של סעודות שבת או זמירות קודש אחרות. בתשובתו הוא מנתח את הבעיות ההלכתיות, ומסכם:

28 **שו"ת משפטי עוזיאל**, חלק א, יורה דעה סימן יד.

29 **שו"ת שרידי אש**, אבן העזר סימן עז.

מכל מקום, כשנשאלתי על זה ממנהלי "ישורון" הוריתי להם שימשיכו את פעולתם על פי הדרך שהתוו להם גדולי אשכנז, שהיו צדיקים גדולים וכל כוונתם היתה לשם שמים, להציל את הנוער מסכנת הטמיעה שהתפשטה באשכנז בימיהם ועל ידי כך הצילו כמה נפשות מישראל והצליחו לקרבם לתורה וליראת שמים. וגדולי אשכנז היו בקיאים ומומחים בחכמת החינוך ולכן הצליחו במעשיהם להקים דורות שלמים של בעלי יראת שמים והשכלה חילונית כאחת, מה שלא עלה בידי גאוני גדולי ליטא ופולין, לפי שלא ידעו לכונן את החינוך על פי תנאי הזמן.

וידוע מה שסיפר הגאון מהר"י סלנטר זצ"ל בשובו מאשכנז ושם נזדמן עם הגאון הצדיק ר' עזריאל הילדסהיימר זצ"ל וראה אותו מרצה שיעורים בתנ"ך ושולחן ערוך לפני נשים צעירות ובתולות. וכה אמר: אם יבוא מי מרבני ליטא להנהיג כן בעדתו, וודאי שיעבירו אותו מכהונתו, וכן הדין. מכל מקום הלוואי שיהיה חלקי בגן עדן עם הגאון הצדיק ר' עזריאל הילדסהיימר. והטעם הוא משום **עת לעשות לה' הפרו תורתך**, כמו שנבאר להלן...

ידוע כמה חזק שטף ההתבוללות בארץ צרפת וכמה גדול מספרם של נשואי התערובת במדינה זו. בניגוד לארצות אחרות ששם היהדות הולכת ומתגברת ומתנערת משפלותה, הנה בצרפת הטמיעה הולכת וגדלה. תנאי הסביבה הצרפתית המיוחדת, המצטיינת בקלות דעת ובדלות של עיון רציני מעמיק, רוח החירות והחופש והרדיפה אחרי נוחיות נעימה וזוהר חיצוני מקסים, גורמים להתפשטות מחלת ההתבוללות בארץ זו ורבים הם חלליה בקרב יוצאי רוסיה ופולין ר"ל, ואם לא יתאזרו ויתעודדו לאחוז בדרכי הצלה ולהקים פנת מגן לשרידים יחידים אשר יוכלו אחרי חינוכם ולימודם בקודש להכין דור חדש נאמן לה' ולתורתו, אם יזניחו את המעשה הבדוק והמנוסה של החינוך החרדי לפי שיטת גדולי אשכנז – סופה של יהדות צרפת גוויעה וכליה גמורה ח"ו. עת לעשות לה' הפרו תורתך. עצם ההתאגדות של בנים ובנות תחת דגל התורה והמסורה מהוה כח גדול של חיזוק

ועידוד לרוח הנוער שהוא נתון תחת השפעה בלתי פוסקת של בית הספר הנכרי והסביבה הגויית.

גישה זו אינה נראית לרב מנשה קליין.[30] הוא דן בשאלה אם דין קול באישה ערווה שייך גם לעניין זמירות של שבת, והוא מביע את הסתייגותו משיטת חכמי אשכנז:

> **המכשלה הזאת** תחת יד מנהג אשכנז שהיו בעוונותינו הרבים תחת הלחץ של ההשכלה ואז מחמת שחששו שח"ו יפלו ברשת ההשכלה כולם עשו מה שעשו להתיר כמה דברים לשם שמים ומשום עת לעשות לה' הפרו תורתך, והעלימו עין מזה כמה מחכמינו ז"ל לפי צורך הענין ולא צווחו ככרוכיא, אבל עלובה עיסה אשר בעלה מעיד עליה. ועיין שרידי אש...
> ובאות ד' שם כתב ומה שנוהגים לשיר ולזמר זמירות קודש בנים ובנות יחד... והשבתי להם כי בבואי לברלין ראיתי בבתי החרדים מזמרים אנשים ונשים יחד זמירות קודש בשבת והשתוממתי למנהג זה שהוא נגד דין מפורש באורח חיים סימן ע"ה סעיף ג, ומטעם זה ערערתי נגד מנהג זה שנהגו חרדי אשכנז. ושוב כתב דחקר ודרש שהגאון הצדיק הרב הילדסהיימר התיר להם בזמירות קודש לומר יחד. והטעם משום דתרי קלא לא משתמעי וכיון שמזמרין יחד אין חשש איסור ושוב פלפל גם בזה. ולבסוף גם בזה תמך מנהגו שאם ידחפו הבנות לחוץ באיסור שאוסרים עליהם להשתתף בזמירות קודש ומשום עת לעשות לה', אינו מהרהב לאסור מה שהתירו הם ועיין שם מה שדחק משום צו השעה שהיתה שם.
> ולפי עניות דעתי איני רוצה ללעוז ח"ו על אלו שעשו כן, **אבל להלכה ודאי אין לו שום מקור להיתר** ואדרבה הרי מבואר בחתם סופר ז"ל שלא התיר לנגן בחורים ובתולות אפילו לקבל

30 שו"ת משנה הלכות חלק יד סימן כו.

פני המלך, והתם נמי יחד הזמרה ולמה לא כתב דתרי קלא לא משתמעי? אלא וודאי שזה טעות גמור.

ז. סיכום

טעות היא לחשוב שההלכה למעשה נקבעת על פי האות הכתובה בלבד. ניסיתי להראות שפוסקי ההלכה לוקחים בחשבון עניינים נוספים, בין לקולא ("עֵת לַעֲשׂוֹת לַה' הֵפֵרוּ תּוֹרָתֶךָ") בין לחומרא (בי דינא שריא וכדומה). על כתפי הפוסק מוטלת אפוא אחריות כבדה למצוא את האיזון בין הכוחות השונים, בבחינת "פֶּלֶס וּמֹאזְנֵי מִשְׁפָּט לַה'" (משלי טז, יא). באופן אבסורדי, ייתכן שדווקא הצורך באיזון ובשקלול היבטים שונים עלול לעורר מחלוקות, או אי הסכמות, שכן אנשים שונים שוקלים את ההיבטים השונים באופנים שונים.

האמנם חכם דוד כמלאך א-להים?
עיון במשל האישה התקועית

פרופ׳ יונתן גרוסמן

לאורך שנות לימודנו בישיבה התיכונית נווה שמואל שבאפרת, מדי שבת בשבתו, היה הרב ריסקין דורש בפנינו על ענייני הפרשה וענייני חינוך, מוסר ועבודת ה׳. ברוב המוחלט של הדרשות שילב הרב ריסקין גם סיפור שנוגע בחיים עצמם, ולצידו מוסר השכל. חומרי העלילה של הסיפורים נלקחו מחייו של הרב, ממפגשיו עם אנשים מגוונים, מקונפליקטים שונים שהיה עליו להכריע בהם, אך מהר מאוד הובן לשומעי לקחו, שיותר ממה שסיפורים אלו עוסקים בחייו, הם משקפים את חיינו שלנו לא פחות. אני מבקש להקדיש את הדיון הבא – אשר עוסק בסיפור המשל השיפוטי שסיפרה האישה התקועית לדוד – למורי האמיץ הרב ריסקין, שעומד גם נגד מלכים ולא בוש להציג את האמת, לשם שמיים.

*

בשלושה סיפורים מקראיים משולב ׳משל שיפוטי׳,[1] שהוא "סיפור בדוי, שעלילתו ריאליסטית ושנושאו הוא מעשה של הפרת חוק, המושמע באוזני מי שחטא חטא דומה או שיש לו נגיעה קרובה לעניין, על מנת שהלה יחרוץ בבלי דעת את דין עצמו".[2] המשל השיפוטי צריך להיות קרוב מספיק לעלילה העיקרית שאותה הוא מדמה, אך לצד זאת, אם הוא יהיה קרוב בפרטי פרטים לנמשל, המלך־השופט יבין מהר מדי שמדובר בו עצמו ולא יפסוק באובייקטיביות הנדרשת, ועל כן בכל המשלים השיפוטיים יש מתח עדין בין הרצון לספר סיפור קרוב למצבו של השומע, ובין הרצון לשמור גם על פער בין המשל לנמשל.

ההנחה הניצבת בבסיס שילוב משל שיפוטי היא שכולנו חדורי מוסר כשאנו נתקלים בסיטואציה שאיננה נוגעת לנו, אך כשאנו מעורבים בדבר, שיקול הדעת מוטעה והמצפון מושפע גם מקולות רקע נוספים. במשל השיפוטי, רגע לפני הצבת המראה נוכח עיני החוטא, הוא סבור שהוא מתבונן דרך חלון פתוח על דמות אחרת, ודווקא כך הוא מכריע כראוי. לפתע, כשהחלון הופך למראה, מתברר למלך כיצד הוא עצמו היה מכריע במצבו לולא היה נוגע בדבר.

מאחר שהקורא מציץ בסצנה זו כשהוא מצויד במידע שהמלך־השופט איננו מודע לה, האירוניה מונחת בבסיס קריאת סצנות מעין אלו. כל דבר שיאמר המלך, יוחל מיד על ראשו, והקורא – כמו גם הדמות שמשחקת ומספרת למלך על אודות הבעיה המשפטית שהיא, כביכול, ניצבת לפניה – יודע זאת עוד לפני המלך עצמו. פער מידע זה

1 משל כבשת הרש (שמ״ב יב, א–יד); משל האישה התקועית (שמ״ב יד, א–כג); משל אחד מבני הנביאים לאחאב (מל״א כ, לה–מג). בספרות הנבואה מופיעים שניים נוספים: ישעיהו ה, א–ז; ירמיהו ג, א–ה.

2 א׳ סימון, **קריאה ספרותית במקרא: סיפורי נביאים**, ירושלים ורמת גן תשנ״ז, עמ׳ 132. הוא מעיר שמעין משל שיפוטי מצוי גם בתלמוד: "רב גידל הוה מהפיך בההיא ארעא, אזל רבי אבא זבנה [=רב גידל התעניין בקניית קרקע ובינתיים בא רבי אבא וקנה אותה]. אזל רב גידל קבליה לרבי זירא, אזל רבי זירא וקבליה לרב יצחק נפחא, אמר ליה המתן עד שיעלה אצלנו לרגל. כי סליק אשכחיה אמר ליה: עני מהפך בחררה ובא אחר ונטלה הימנו מאי? אמר ליה: נקרא רשע. ואלא מר מאי טעמא עבד הכי?!" (קידושין נט ע״א; סימון, עמ׳ 133, הערה 36).

הופך כל סצנה של משל שיפוטי לסצנה אירונית, ולא פעם משולבים בהם מבעים אירוניים נוספים שמחזקים תודעת קריאה זו. כך למשל בתיאור נתן הנביא את מערכת היחסים שבין האיש הרש לכבשה שלו בדימוי "וַתְּהִי לוֹ כְּבַת" (שמ"ב יב, ג), מוזמן הקורא לשמוע את שמה של זו שמדומה דרך כבשה זו – בַּת שֶׁבַע.[3] כך גם לאחר שאחד מבני הנביאים סיפר לאחאב שהוא התחייב לשמור על העבד של הלוחם שיצא לקרב, ואם לא – יהרגוהו, נאמר: "וַיֹּאמֶר אֵלָיו מֶלֶךְ יִשְׂרָאֵל כֵּן מִשְׁפָּטֶךָ אַתָּה חָרָצְתָּ" (מל"א כ, מ). גם בדברי מלך ישראל אלו יש מבע אירוני חד, שהרי בעוד המלך סבור שהאיש שפשע בשמירתו חרץ את דינו בעצמו, למעשה, ברגע זה ממש, חרץ המלך עצמו את דינו שלו.

על רקע זה, אני מבקש בדברים הבאים להצביע על דיאלוג סמוי שמתנהל בין דברי האישה התקועית לדוד ובין סיפור מקראי אחר, ובהצבת סיפור זה כרקע לדבריה עולים מבעים אירוניים שמשתלבים בעצם האירוניה שמלווה משל שיפוטי באשר הוא.

תחילה יש להעיר שבשני המשלים השיפוטיים האחרים נדרש המלך לשפוט **נגד** הדמות (ואכן הוא עושה זאת בחומרה יתרה וגוזר עליה מיתה), ואילו במשל האישה התקועית המלך נדרש דווקא לחון את החוטא, שעל פי המשל הוא בנה של העומדת לפני המלך. האם בשל כך נבחרה להצגת משל זה דווקא אישה, בעוד שני המשלים האחרים יצאו מפי נביא? קשה להכריע בדבר, ועוד נשוב לכך להלן, אך בשל כך רוח הסיפור שלנו שונה מהאווירה שמלווה את שני המשלים השיפוטיים האחרים.

זה מכבר עמדו פרשנים על תרומת האנלוגיה הספרותית לשילוב מבע אירוני בסיפור.[4] בקריאת סיפור אחד על רקע סיפור אחר, הוא מקבל צבעים שונים, שלעיתים שונים מצבעי היסוד של הסיפור

3 מ' גרסיאל, **מדרשי שמות במקרא**, רמת גן תשמ"ח, עמ' 86.

4 דבר זה נכון הן בספרות המקרא (ראו למשל: R. Fidler, "Qoheleth in 'The House of God': Text and Intertext in Qoh 4:17-5:6", *Hebrew Studies* 47 [2006], pp. 7-21) הן בספרות בכלל (ראו למשל: V. Liapis, "Intertextuality as Irony: Heracles in Epic and in Sophocles", *Greece & Rome* 53 [2006], pp. 48-59).

ולעיתים מעודדים קריאה אחרת, מפתיעה, שמולבשת לפתע על הסיפור ומשנה את האווירה שמלווה את קריאתו כשלעצמו. כך למשל, הצגת ההכנות הממושכות שעשו הנערות הבתולות לפני כניסתן אל המלך אחשוורוש: ״כִּי כֵּן יִמְלְאוּ יְמֵי מְרוּקֵיהֶן״ (אסתר ב, יב), מזכירה את תיאור חניטת גופות המתים במצרים, כמתואר בפטירת יעקב: ״כִּי כֵּן יִמְלְאוּ יְמֵי הַחֲנֻטִים״ (בראשית נ, ג). בעצם השוואה זו מושחזת סכין הביקורת על המלך אחשוורוש ועל יחסו לנערות שבאו אליו. הוא ׳חונט׳ את גופתן באמבטיות שמן, כאילו היו גופות.[5]

בדברים הבאים ברצוני לעקוב אחר אלוזיה עיקרית המשוקעת בדברי האישה התקועית החכמה לדוד ומאירה באור חדש ושונה את דבריה שלה ואת הסצנה כולה. מאחר שעיקר תפקידה של האישה להגיש את המשל השיפוטי להכרעת המלך, נפגשים במקרה זה שתי הדרכים של הטמעת האירוניה הנזכרות: הקריאה האינטרטקסטואלית תעורר אירוניה לסצנה של משל שיפוטי הצבועה בצבעי אירוניה ממילא.

אבשלום – הורג אמנון אחיו – ברח לגשור, ויואב, המבין לליבו של המלך, ראה שהוא מתגעגע לבנו הגולה, וכך נפתח סיפורנו: ״וַיֵּדַע יוֹאָב בֶּן צְרֻיָה כִּי לֵב הַמֶּלֶךְ עַל אַבְשָׁלוֹם״ (שמ״ב יד, א).[6] יש הטוענים שיש משמעות מיוחדת לאופן שבו נפתח כל סיפור. גם אם אין להגזים בדבר זה, בהקשר שלנו, אכן יש לשים לב במיוחד לפועל שבו נפתח הסיפור: ׳לדעת׳. סיפור המשל ולקחו עומד להסתיים שוב

5 השוואה זו משתלבת בהשוואות נוספות שכולן יוצרות קריאה אירונית שמובילה לשיפוט ביקורתי על המלך. ראו על כך עוד: ד׳ הנשקה, ״מגילת אסתר – תחפושת ספרותית״, **הדסה היא אסתר**, אלון שבות תשנ״ז, עמ׳ 93–106.

6 בפירושו על אתר מסביר אברבנאל להפך – יואב ראה שנותרה האיבה והשנאה בליבו של דוד ורצה להינקם מאבשלום, ולפיכך נאלץ יואב להפעיל את האישה התקועית כדי לשנות את תחושת המלך כלפי בנו. גם אם המונח ׳על׳ הוא דו־משמעי, ויכול להתפרש גם בהוראת ׳נגד׳ (R. Alter, *The David Story*, New York 1999, p.275), הקשר הסיפור מתאים יותר לפירוש המקובל ש׳לב המלך על אבשלום׳ מביע געגועים ואהבה (כפירוש רד״ק למשל), במיוחד נוכח סוף הפרק הקודם שמדווח שהמלך ניחם על מות אמנון.

בהיגד לשוני דומה: "וַיֹּאמֶר יוֹאָב הַיּוֹם יָדַע עַבְדְּךָ כִּי מָצָאתִי חֵן בְּעֵינֶיךָ אֲדֹנִי הַמֶּלֶךְ" (יד, כב). הסיפור אפוא נפתח בידיעת יואב שלב המלך על אבשלום, ומסתיים בידיעת יואב שלב המלך גם עליו עצמו ושהוא מצא חן בעיניו. העלאת שאלת הידיעה במסגרת הסיפור איננה צריכה להפתיענו, שהרי בסופו של דבר, לפנינו סיפור שנשען על תמה יסודית זו: מי יודע, מה הוא יודע, וכיצד גורמים לו לפעול על פי מה שהוא יודע בנסתרות לבו. עם זאת, עוד נראה להלן שגם האישה התקועית משבחת את המלך על כך שהוא 'יודע' כל אשר בארץ, ושם נשוב למשמעות הדרמטית של הדגשת הפועל 'לדעת' בסיפורנו.

בזהירות אני מבקש להצביע על נתון נוסף שעולה במסגרת הסיפור, שייתכן שיש בו רמז לנושא רמוז שמלווה את הסיפור. משום מה, מציג הכתוב בפתח הסיפור את יואב עם ייחוסו: "וַיֵּדַע יוֹאָב בֶּן צְרֻיָה" (א). יואב נזכר בספר שמואל עד לסיפורנו כבר למעלה משלושים פעם, ומאחר שהוא דמות דומיננטית למדי בסיפורי דוד, הכתוב אינו נוהג לייחס אותו בכל פעם מחדש אלא מתייחס אליו כאל דמות ידועה. מדוע כאן יש חשיבות לייחס את יואב לאמו צרויה? קשה לקבוע מסמרות בדבר, אך ייתכן שיש ערך בהזכרת הקשר המשפחתי בין יואב לדוד כבר בפתח הסיפור. צרויה היא אחות דוד (דה"א ב, טז), כך שיואב בנה הוא אחיינו של דוד. התערבות יואב בחייו המשפחתיים של המלך איננה דבר מובן מאליו וקשה ליואב להעריך בתחילה כיצד יגיב המלך. אנחת הרווחה של יואב ניכרת בתגובתו (המוגזמת) להכרעת המלך לעשות כעצתו: "וַיִּפֹּל יוֹאָב אֶל פָּנָיו אַרְצָה וַיִּשְׁתַּחוּ וַיְבָרֶךְ אֶת הַמֶּלֶךְ וַיֹּאמֶר יוֹאָב הַיּוֹם יָדַע עַבְדְּךָ כִּי מָצָאתִי חֵן בְּעֵינֶיךָ אֲדֹנִי הַמֶּלֶךְ אֲשֶׁר עָשָׂה הַמֶּלֶךְ אֶת דְּבַר עבדו [קרי: עַבְדֶּךָ]" (כב). יואב נופל על פניו ומשתחווה, מברך את המלך ומכנה את עצמו פעמיים 'עבדך'. הגוזמה שבתגובת יואב הביאה פרשנים לראות בה "מחווה פאתטית" שכבר מעוררת גיחוך,[7] אולם נראה יותר שהתנהגותו מלמדת "על התרגשותו

7 א' סימון, "סיפור מקראי בתפיסה אירונית – על האינטרפרטציה של סיפור דוד ובת שבע", **הספרות** ב (1970), עמ' 602.

הרבה ועל ההקלה שחש אחרי רגעים ארוכים של מתח קשה ואולי אף פחד, שמא יחליט דוד להעניש את מי שהתערב בצורה כל כך בוטה בחייו האישיים״.[8] נדמה כי כינוי יואב עם ייחוסו לאחות דוד, מרמז שיואב מקווה שדוד יראה זאת כהתערבות של בן משפחה ולא של שר צבא. ברור שגם שיקולי הממלכה עומדים על הפרק – והאישה התקועית לא מסתירה זאת בדבריה – אך תוספת הנופך המשפחתי לסיפור יכולה להועיל ליואב בצעדיו. דבר זה נוגע בשאלת עיצוב דמותו של יואב באופן כללי, החורגת מגבולות יריעה זו.

שני בני האישה וקין והבל

כשניצב אדם לפני המלך ומבקש ממנו התערבות משפטית, מדובר במקרה מיוחד שיש בו סיבוך לא רגיל, ועל כן הוא נזקק לסעד המלך.[9] כך האישה פותחת את פיה: ״וַתִּפֹּל עַל אַפֶּיהָ אַרְצָה וַתִּשְׁתָּחוּ וַתֹּאמֶר הוֹשִׁעָה הַמֶּלֶךְ״ (ד; והשוו: מל״ב ו, כו),[10] ולאחר שמקבלת רשות מהמלך היא פורשת בפניו את המצוקה המשפטית שהיא (כביכול) נקלעה אליה:

> אֲבָל אִשָּׁה אַלְמָנָה אָנִי וַיָּמָת אִישִׁי. וּלְשִׁפְחָתְךָ שְׁנֵי בָנִים וַיִּנָּצוּ שְׁנֵיהֶם בַּשָּׂדֶה וְאֵין מַצִּיל בֵּינֵיהֶם וַיַּכּוֹ הָאֶחָד אֶת הָאֶחָד וַיָּמֶת אֹתוֹ. וְהִנֵּה קָמָה כָל הַמִּשְׁפָּחָה עַל שִׁפְחָתֶךָ וַיֹּאמְרוּ תְּנִי אֶת מַכֵּה אָחִיו וּנְמִתֵהוּ בְּנֶפֶשׁ אָחִיו אֲשֶׁר הָרָג וְנַשְׁמִידָה גַּם אֶת הַיּוֹרֵשׁ וְכִבּוּ אֶת גַּחַלְתִּי אֲשֶׁר נִשְׁאָרָה לְבִלְתִּי שום [קרי: שִׂים] לְאִישִׁי שֵׁם וּשְׁאֵרִית עַל פְּנֵי הָאֲדָמָה (ה–ז).

8 ד׳ רביד, **יואב בן צרויה: גיבור שנוי במחלוקת**, בני ברק תש״ע, עמ׳ 52.

9 ראו למשל בדרשות הר״ן, דרוש יא; משנה תורה, הלכות מלכים ג, י.

10 בנפילת האפיים ארצה ובהשתחויה שלה, דומה האישה התקועית ליואב שמגיב בסוף הסיפור, כאמור לעיל, באופן דומה. גם בכך ניכר שיואב והאישה פועלים כצמד מול המלך, ובעוד הם המשתחווים לו, הם גם מובילים אותו לפעול כרצונם.

משפחת האישה מייצגת במקרה זה את החוק היבש. על פי דין, יש להוציא להורג מי שהרג את אחיו במזיד, וזאת דרישת המשפחה: "תְּנִי אֶת מַכֵּה אָחִיו וּנְמִתֵהוּ בְּנֶפֶשׁ אָחִיו אֲשֶׁר הָרָג". עם זאת, בעדינות רומזת האישה התקועית שיש למשפחה מוטיבציה נוספת. רוממות החוק והסדר בפיהם, אך למעשה הם מעוניינים שגם הבן השני של האישה יומת, ובכך נחלת אבי המשפחה תעבור לידיהם. כך עולה מציטוט המשך דבריהם: "וְנַשְׁמִידָה גַּם אֶת הַיּוֹרֵשׁ". כינויו של הבן הרוצח "יורש", כמו גם הפועל "נשמידה" (ולא 'נמית' או 'נהרוג'), מלמד שהמשפחה מצאה הזדמנות להרחיב את ירושתם שלהם. האישה מבקשת מהמלך שיחון את האח הרוצח כדי שיישאר שם ושארית לבעל שכבר מת ולא נותר לו כעת אלא בן זה.

כאמור לעיל, בכל משל שיפוטי יש צורך בזיקה בין המשל לאירוע שבו מצוי המלך עצמו, אך יש גם פערים שתפקידם להקשות על המלך לזהות שמדובר בו עצמו. הנקודה הנזכרת לעיל מבדילה כמובן בין המשל למצבו של דוד. בהנחה שדוד – אשר מונע מאבשלום לשוב לארצו ואל משפחתו – מיוצג במשל על ידי המשפחה, הוא איננו פועל בדומה להם כלל. הסיפור הרי נפתח באמירה שדוד מתגעגע לבנו אלא שבעל כורחו אין זה ראוי שאבשלום שהרג את אחיו יחזור לירושלים. שלא כמו בני המשפחה שבתוך תוכם מעוניינים שהבן הרוצח ייעלם ויותיר להם את רכוש האב, דוד היה מעדיף שהבן הגולה ישוב למקומו. אולם הרחבת המשל תוך העברת המשפחה תחת שבט הביקורת, מאפשרת לאישה התקועית לספר את הסיפור של דוד עצמו מחדש. ההגזמות המצויות בסיפור מסמנות למלך את המשמעויות הרחבות של החלטתו לדבוק בחוק היבש ובנוהל הקבוע שעל פיהם לא יכול המלך להתפייס עם אבשלום רוצח אחיו. אכן, אבשלום לא נידון למוות אלא רק גולה ממקומו, אך האישה בכוונה מציירת זאת כמוות של ממש, ואכן, דוד לא פועל ממניעים אנוכיים כלל, אך צביעת הכרעותיו בדומה להכרעת המשפחה הרוצה להרוג את בן האישה, הופכת אותן לפסולות.

הדבר החשוב לצורך דיוננו הוא סיפור הרקע שהאישה תקועית

רומזת אליו בסיפור המעשה של המשל. האישה מציגה סיפור על שני אחים שרבו זה עם זה והאחד הרג את אחיו. כבר בכך יכול הקורא (והמלך עצמו) להיזכר בסיפור הקלאסי של רצח אח – קין והבל. אך היא איננה מסתפקת בכך ומוסיפה את מקום ההתרחשות של הרצח: "וַיִּנָּצוּ שְׁנֵיהֶם בַּשָּׂדֶה וְאֵין מַצִּיל בֵּינֵיהֶם". אכן, השדה הוא המקום שבו מתרחשים מקרי אלימות בעולם המקראי, באשר לא מסתובבים שם אנשים נוספים, כך שגם צעקתו של הקרבן איננה נשמעת שם (דברים כב, כד-כז), אך במקרה שלפנינו נדמה שבשילוב מקום הרצח האישה מעוניינת להזכיר למלך את רצח הבל על ידי אחיו שגם הוא התבצע בשדה: "וַיְהִי בִּהְיוֹתָם בַּשָּׂדֶה וַיָּקָם קַיִן אֶל הֶבֶל אָחִיו וַיַּהַרְגֵהוּ" (בראשית ד, ח).

יש בתזכורת זו שתי תרומות לטענת האישה. האחת, עוד רגע, כשתמשיך האישה ותתאר את רצון המשפחה להרוג את הבן הרוצח, היא תתאר את המשפחה כמי שקמה עליה: "וְהִנֵּה קָמָה כָל הַמִּשְׁפָּחָה עַל שִׁפְחָתֶךָ". אם רצח קין את הבל עומד ברקע דבריה, נוצרת זיקה בין מעשי המשפחה למעשי קין: "וַיָּקָם קַיִן אֶל הֶבֶל אָחִיו". בכך, צובעת האישה את המשפחה כממשיכה את מסע ההרג. כשם שבנה הרג את אחיו (ודומה בכך לקין), כך כל המשפחה מבקשת כעת להרוג את בנה (וגם היא דומה בכך לקין, הורג בני משפחתו).

התרומה הנוספת בתזכורת בסיפור קין הוא כמובן בגזר הדין שבו מעוניינת האישה. משום מה, קין לא נענש בעונש המוות הקבוע בחוק המקראי לרוצחים, וה׳ פדה אותו ממוות ("וַיָּשֶׂם ה׳ לְקַיִן אוֹת לְבִלְתִּי הַכּוֹת אֹתוֹ כָּל מֹצְאוֹ" – בראשית ד, טו).[11] אם גם המלך ייזכר בסיפור

11 אי הענשתו של קין במוות הטרידה פרשנים לאורך כל הדורות. בין מדרשי חז״ל יש שראו בו רוצח בשגגה, ובמשך הדורות הוצעו הצעות נוספות. ייתכן שכל עוד לאדם ולחווה אין ילדים נוספים, ה׳ נמנע מלקיים את עונש המוות בקין ובכך לגדוע את המשפחה כולה (כך הציע רד״ק בפירושו לבראשית ד. להרחבה ברעיון זה ראו: י׳ גרוסמן, **בראשית: סיפורן של התחלות**, ראשון לציון ואלון שבות תשע״ז, עמ׳ 128-131). לפי זה, מקרה קין והבל קרוב עוד יותר לסיפור

זה, יקל עליו לפדות את בן האישה הרוצח מעונש המוות המבוקש על ידי בני המשפחה, בהתאם לתקדים הנרמז בדברי האישה.[12]

בתחילה הבטיח המלך לאישה שהוא ישמור עליה וידאג לכך שאיש לא יפגע בה, אך הוא נמנע מלחון את הבן הרוצח. רק כעבור הפצרות נוספות הוציא המלך מפיו את מה שרצתה האישה לשמוע: "וַיֹּאמֶר חַי ה' אִם יִפֹּל מִשַּׂעֲרַת בְּנֵךְ אָרְצָה" (יא). אזכור שערות הבן כביטוי לשמירתו נזכר גם בסיפור פדיית העם את יונתן בן שאול מעונש המוות שאביו גזר עליו ("חַי ה' אִם יִפֹּל מִשַּׂעֲרַת רֹאשׁוֹ אַרְצָה... וַיִּפְדּוּ הָעָם אֶת יוֹנָתָן וְלֹא מֵת" – שמ"א יד, מה). גם כאן, הנמשל עוסק בפדיון הבן מכעס אביו. אולם בהקשר שלנו יש לאזכור השיער רושם מיוחד. אמנם דוד אינו מודע בשלב זה – כשהוא נשבע ששערות ראשו של הבן שהרג את אחיו לא ייפלו ארצה – שהוא למעשה מדבר על אבשלום שהרג את אחיו. מאחר שאבשלום ניכר במיוחד בשערות ראשו (יד, כו), אנו הקוראים יודעים עד כמה מתאימה לשון שבועה זו לבן שבו הסיפור עוסק באמת. יותר מכך, אנו מוזמנים לשמוע בדבריו גם נבואת איום מטרידה. אכן, שערותיו לא ייפלו ארצה; הוא ימות כששערותיו תלויות מעלה (שמ"ב יח, ט).

האם אכל דוד מעץ הדעת טוב ורע?

לאחר שהאישה הבהירה למלך שלא היה זה אלא משל, היא מדמה את המלך למשפחה שקמה עליה וביקשה להרוג את הבן הרוצח: "וְלָמָּה חָשַׁבְתָּה כָּזֹאת עַל עַם אֱ־לֹהִים... לְבִלְתִּי הָשִׁיב הַמֶּלֶךְ אֶת נִדְּחוֹ" (יג). המלך זיהה שיואב הוא זה ששלח אותה, וכתגובה הרעיפה האישה

שהתקועית מספרת למלך, שהרי בשם עיקרון זה עצמו היא מבקשת לפדות את בנה ממוות.

12 גבריהו הציע שמאחר שאבשלום הרג את אמנון כנקמה על אונס אחותו, אין מדובר במעשה רצח מזיד רגיל, ויכול המלך לפדות אותו ממוות מתוך תפיסה שלפנינו מקרה של "מזיד הקרוב לשוגג". ראו: חמ"י גבריהו, "שיבת הנידח לנחלת א־להים במשל האשה החכמה מתקוע", **בית מקרא** יד (תשכ"ט), עמ' 10–33.

שבחים על חכמתו היתרה של המלך שזיהה נכונה. על מחמאות אלו כתב בצדק אורי אלטר: "זוהי כמובן האישה שהפגינה חכמה".[13] אישה חכמה זו מדברת על חכמת המלך, אך כזכור, כבר בפתח הסיפור דואג הכתוב להבהיר שזהו האפיון המרכזי של דמותה: "וַיִּשְׁלַח יוֹאָב תְּקוֹעָה וַיִּקַּח מִשָּׁם אִשָּׁה חֲכָמָה" (ב), ונדמה ששבחי החכמה מופנים כלפיה בסיפורנו עוד יותר ממה שהם מופנים אל המלך.[14]

ברצוני להתמקד בשבחים שאומרת האישה החכמה על חכמת המלך, בעיקר מתוך קריאתם על רקע סיפור מקראי אחר. כאמור לעיל, משל האישה התקועית נשען על סיפור קין והבל (בראשית ד). מאחר שקורות משפחת אדם וחווה עומדים ברקע סיפורנו, יש מקום לבחון סצנה נוספת בקורות אדם וחווה, אשר דומה כי סיפורנו מנהל דיאלוג סמוי גם איתה.

פעמיים משווה האישה החכמה מתקוע את דוד למלאך הא־להים. בתחילה היא עושה זאת בתום נאומה שבו היא חושפת את הנמשל שבדבריה: "כִּי כְּמַלְאַךְ הָאֱ־לֹהִים כֵּן אֲדֹנִי הַמֶּלֶךְ לִשְׁמֹעַ הַטּוֹב וְהָרָע" (יז), ומיד לאחר שאלת דוד אם יואב שותף במעשה, היא מאשרת את הדבר ומשווה את דוד למלאך הא־להים בשנית: "וַאדֹנִי חָכָם כְּחָכְמַת מַלְאַךְ הָאֱ־לֹהִים לָדַעַת אֶת כָּל אֲשֶׁר בָּאָרֶץ" (כ). האישה משווה את דוד אם כן פעמיים למלאך הא־להים, בכך שהוא בקי "לִשְׁמֹעַ הַטּוֹב וְהָרָע", ו"לָדַעַת אֶת כָּל אֲשֶׁר בָּאָרֶץ". יש מקום לבחון בהרחבה את עצם הדימוי של אדם למלאך א־להים. דיון זה חורג מגבולות יריעה זו ואסתפק בהערה אחת הנוגעת לייחודיות הדימוי אצלנו. גם במקומות האחרים במקרא שמשולב דימוי זה הוא מופנה כלפי דוד. אכיש אמר זאת לדוד כשרצה להביע את האמון הגדול שהוא רוחש לו: "יָדַעְתִּי כִּי טוֹב אַתָּה בְּעֵינַי כְּמַלְאַךְ אֱ־לֹהִים" (שמ"א כט, ט), וכשמפיבושת ירד לקראת דוד

13 אלטר, **סיפור דוד** (לעיל), עמ' 279.

14 על חכמתה של האישה התקועית כפי שעולה מתוך הרטוריקה שלה ומשחקי הלשון שבנאומיה, ראו: גבריהו, **שיבת הנידח** (לעיל). עם זאת, הוא נוטה לראות בתואר 'חכמה' כינוי למקוננת, ולאור זאת ביקש לבאר כמה מהביטויים הקשים שבנאומיה למלך.

לאחר מרד אבשלום, הוא אמר זאת כביטוי לסמכות שנתונה בידי המלך להכריע בעניינו: "וַאדֹנִי הַמֶּלֶךְ כְּמַלְאַךְ הָאֱ־לֹהִים וַעֲשֵׂה הַטּוֹב בְּעֵינֶיךָ" (שמ"ב יט, כח). בסיפורנו, האישה התקועית מדמה את דוד למלאך הא־להים אשר יודע להבחין בין טוב לרע (בדומה לדברי מפיבושת), אך גם כביטוי לחכמתו הרבה. ההנחה שמלאכים הם חכמים היודעים להבין ולהבחין בין טוב לרע,[15] אינה רווחת בספרות המקרא. תפיסה זו פורצת בגלוי בסוף סיפור גן עדן, כנימוק לגירוש האדם מהגן: "וַיֹּאמֶר ה' אֱ־לֹהִים הֵן הָאָדָם הָיָה כְּאַחַד מִמֶּנּוּ לָדַעַת טוֹב וָרָע" (בראשית ג, כב). לשון הרבים שבפסוק – "ממנו" – מלמדת שכוונת הפסוק להורות על פמליא של מעלה באופן כללי (כפירוש ראב"ע ורד"ק במקום). האדם שאכל מעץ הדעת טוב ורע הפך להיות כאחד מיושבי מרום הבקיאים בחכמה זו. יהודה קיל העיר שלשון האישה התקועית דומה עוד יותר להבטחת הנחש כשפיתה את האישה לאכול מעץ הדעת טוב ורע: "וְנִפְקְחוּ עֵינֵיכֶם וִהְיִיתֶם כֵּא־לֹהִים יֹדְעֵי טוֹב וָרָע" (ג, ה), אלא "שהאישה בחכמתה שינתה את הלשון ולא אמרה 'כא־להים', שזה בלתי אפשרי לפי אמונת ישראל, אלא 'כמלאך א־להים'".[16]

הזיקה לסיפור גן עדן בולטת עוד יותר בצירוף שתי ההשוואות למלאך ששילבה האישה בדבריה. בקריאתם זה לצד זה עולה זכרו של עץ הדעת טוב ורע, שהרי דוד הוא כמלאך "לדעת" כל מה שבארץ, ולשמוע "טוב ורע". כאמור לעיל, גם במסגרת הסיפור משולב הפועל 'לדעת' – בתחילתו ובסופו, ושם 'היודע' הוא יואב. לאורך הסיפור מביאה האישה גם את דוד 'לדעת', ובזה שבחו – הוא יודע כל אשר קורה בארץ.

מאחר שהאישה התקועית היא שהביאה את דוד לפקוח את עיניו

15 כפי שביאר כאן למשל רד"ק. רש"י במקום פירש באופן אחר: "כי כמלאך ה' אדני המלך, ולא יחזירנו כעס ושנאה מדברו הטוב".

16 י' קיל, שמואל ב, **דעת מקרא**, ירושלים תשמ"א, עמ' תמג. ראו גם אצל ש' בר אפרת, שמואל ב, **מקרא לישראל**, ירושלים ותל אביב תשנ"ו, עמ' 152. אלכסנדר רופא ראה בשילוב 'מלאך א־להים' דחייה מכוונת של אמונת האלים בישראל והמרתה במלאכים (א' רופא, **מלאכים במקרא**, ירושלים תשע"ב, עמ' 61).

ולראות את אשר סביבו, האנלוגיה לסיפור גן עדן מתאימה לגמרי – גם שם הייתה זו האישה שנתנה לאיש לאכול מפרי עץ הדעת טוב ורע שפקח את עיניו להבחין בין טוב לרע.[17] כאמור לעיל, שני בניהם של אדם וחווה רבו בשדה והאחד קם על רעהו והרגו נפש, ומאחר שהמשל השיפוטי נשען על אפיזודה זו, סביר להניח שאין מדובר בזיקה לשונית מקרית ושהאנלוגיה לסיפור גן עדן מכוונת.

אם אכן מדובר באנלוגיה מכוונת, אפשר לעמוד לאורה גם על התרומה הספרותית שבבחירת אישה דווקא לתפקיד מסירת המשל השיפוטי. בשני המשלים האחרים נבחר נביא כדי להגיש את המשל השיפוטי אל המלך, ובמיוחד יש להזכיר בהקשר זה את משל כבשת הרש שנאמר על ידי נתן בסיפור הקודם. גם כאן, יכול היה יואב לספר למלך על שני בנים שרבו בשדה והמלך נדרש לפסוק בעניין האח הרוצח.

היו שהסיקו משילוב האישה התקועית שלנשים היה תפקיד פוליטי מרכזי יותר ממה שמקובל לחשוב.[18] אינני משוכנע שדווקא סיפור זה מצביע על כך, ובכל מקרה, יש מקום לברר מדוע דווקא כאן נבחרה אישה בשונה מסיפורי המשל האחרים. סביר יותר שהבאת המשל למלך מפי אישה קשור בייחודיות משל זה, כפי שהוזכר לעיל: אצלנו המשל השיפוטי מבקש להציל חיים מפני פגיעה בהם, וכמו שילובי ׳נשים חכמות׳ אחרות בספר שמואל, גם כאן אישה היא שנבחרה לשם הצלה וקיום חיים.[19] לצד זאת, ולצד התרומה

17 וכשם שהאישה נתנה לאיש את פרי העץ לאחר שהנחש פיתה אותה לעשות כן, כך גם האישה התקועית נשלחה אל המלך בעצת יואב. רכיבים ספרותיים נוספים קושרים בין הסיפורים, אך קשה להכריע אם הם נוטלים תפקיד במערך ההשוואה הנידון. כך למשל בקשת יואב מהאישה האלמנה ללבוש בגדי אבל, וכידוע, הלבוש הוא מהמוטיבים הבולטים בסיפור גן עדן.

18 C. V. Camp, "The Wise Woman of 2 Samuel: A Role Model for Women in Early Israel", *CBQ* 43 (1981), pp. 14-29. היא גם מזכירה במאמרה את הסמל הספרותי שנלווה לאישה, כאם, החפצה באחדות ובשלום, ואשר מותאם לתוכן דבריה של האישה החכמה מתקוע.

19 ראו במיוחד: ג׳ שטראוס, "שלוש נשים חכמות בספר שמואל", **מגדים** כא

הברורה ברושם שנוצר אצל המלך משמיעת המקרה מהאם השכולה עצמה, ייתכן שבמקרה זה יש לבחירה באישה חכמה גם תרומה לחיזוק ההשוואה לסיפור גן עדן, אשר בו כאמור הייתה זו אישה שפקחה את עיני האיש.

מה תרומת הדהוד עץ הדעת טוב ורע בדברי האישה החכמה למלך? דומה, כי לאנלוגיה זו שני שלבים של פענוח. ראשית, המחמאות שנותנת האישה התקועית לדוד מקבלות בכך אישור נוסף: דוד הוא כאדם שאכל מעץ הדעת ונפקחו עיניו, כעת הוא 'חכם כחכמת מלאך הא־להים' ויודע להבחין בין טוב לרע. מאחר שחכמה בכלל וחכמה משפטית היודעת להכריע בין טוב לרע בפרט, היא תכונה יסודית של המלכות בישראל, מחמיאה האישה התקועית למלך בנקודה מהותית שיש בכוחה לכונן מלכות. בתוך כל הסערות שעוברות על משפחת המלוכה, מביאה האישה בכנפיה מחמאות של יציבות שלטונית ושל משפט צדק שעושה המלך.

אולם, מחשבה נוספת על קריאת הסצנה על רקע סיפור גן עדן, הופכת את הקערה על פיה. האווירה שמלווה את פקיחת עיניו של האדם בגן עדן היא אווירה שיש עמה ביקורת, היא מלווה בהפרת צו ה'. שם, לא ראוי היה שישמע האיש בקול אשתו ויאכל מן העץ שפקח את עיניו. שם, האישה פועלת כהצעת הנחש, ובעקבותיה נופל גם האיש בפח. קורא סיפור האישה התקועית צריך לשאול עצמו, האם – ללא ידיעתם – מתפקדים בסיפורנו יואב והאישה החכמה כנחש והאישה בגן עדן? לשון אחר, הקורא נדרש לתהות אם באמת טוב שדוד הולך בסיפורנו אחר דברי האישה החכמה, שפוקחת את עיניו לראות את סבל בנו אבשלום וסבל עצמו. בהקשר זה, האנלוגיה המוצעת בין שני הסיפורים מציעה גם הטרמה להמשך הסיפור: באימוץ עמדת האישה כרה דוד לעצמו בור, וסלל את הדרך לפני בנו למרוד בו.

ואכן, בפרק הבא, בתיאור בריחת דוד מירושלים מפני אבשלום

(תשנ"ד), עמ' 55–60.

הוא אומר לעבדיו: "קוּמוּ וְנִבְרָחָה כִּי לֹא תִהְיֶה לָּנוּ פְלֵיטָה מִפְּנֵי אַבְשָׁלֹם מַהֲרוּ לָלֶכֶת פֶּן יְמַהֵר וְהִשִּׂגֻנוּ **וְהִדִּיחַ עָלֵינוּ אֶת הָרָעָה** וְהִכָּה הָעִיר לְפִי חָרֶב" (שמ"ב טו, יד). השימוש בפועל 'להדיח' רעה הוא חריג והצעות שונות הועלו בביאורו. כפי שקורה לעיתים קרובות, פעלים חריגים שמשולבים בסיפור רומזים לסיפור אחר, אשר בו הפועל מתאים יותר. נדמה שבדברי דוד יש הדהוד מכוון של דברי האישה התקועית, כשהפצירה במלך להשיב את אבשלום לירושלים: "לְבִלְתִּי הָשִׁיב הַמֶּלֶךְ אֶת נִדְּחוֹ... לְבִלְתִּי יִדַּח מִמֶּנּוּ נִדָּח" (יד, יג-יד). שלוש פעמים ברציפות חוזרת שם האישה על המונח 'נדח' כאפיון של אבשלום הגולה, הדחוי, שיש להשיבו. היפוך המצב אירוני, המלך שישב בירושלים השיב את נדחו כהצעת האישה, אך כעת הוא עצמו בורח מפני בן זה שעלול 'להדיח עליו את הרעה'.

קריאה אירונית זו מעניקה פשר גם לפער יסודי שקיים בין המשל השיפוטי לסיפור גן עדן: בעקבות האכילה מעץ הדעת טוב ורע גורשו האדם ואשתו מהגן שבעדן, ואילו בעקבות המשל השיפוטי שפקח את עיני המלך, הוא השיב את אבשלום מגלותו. לכאורה, בכך נעוץ הבדל של ממש בין הסיפורים. אולם, אם הקורא יתאזר בסבלנות, הוא עתיד לפגוש גם את הגירוש שהביא דוד על עצמו במרד אבשלום. כשם שקניית האדם דעת טוב ורע הביאה אותו לגירוש מגן עדן (מזרחה), כך עתיד גם דוד, בשל 'חכמתו' ואימוץ עמדת יואב והאישה התקועית (השבת אבשלום), לנטוש את ירושלים ולגלות (מזרחה).

קשה להכריע אם הסיפור שלפנינו הוא סיפור 'אנטי-חכמתי' המציב את מחמאות האישה התקועית על חכמת המלך באור אירוני גרידא, ורומז שטוב היה לו דוד לא היה אוכל מעץ הדעת טוב ורע, לו לא היה נעתר לבקשת יואב והאישה התקועית, ולו לא השיב את אבשלום. המשך האירועים מוכיח כמאה עדים שאכן טוב היה למשפחת המלוכה לו השלים אבשלום את שנות גלותו בגשור. אולם האם מוצדק מתוך כך להסיק מסקנות הנוגעות לקניית חכמה בכלל? האם

יש בסיפור הצהרה על גבולותיו הראויים של האדם, ושאל לו להיות דומה למלאכים, כי הא־להים בשמיים והוא על הארץ?

אינני סבור שזוהי מסקנה גורפת של הסיפור. בסופו של דבר, חכמת המלך לשפוט את בני עמו נתפסת במקרא כמעלה וכאחד התפקידים המרכזיים של המלך. נדמה כי זה בדיוק כוחו של הארמז המשובץ בדברי האישה אשר שולח את הקוראים לסיפור גן עדן. מן העבר האחד משבחת האישה את המלך על חכמתו, אך באותה עת ממש היא גם רומזת לגבולות החכמה האנושית. אין לנו אלא לאחוז במסקנה המורכבת, שגם אם על המלך (ועל כל אדם) לשפוט את המציאות לפי ראות עיניו, עליו גם להודות בהכנעה שהוא אינו יכול לדעת את השלכות פעולותיו ואיננו יכול להקיף את המציאות על כל צדדיה. ייתכן שבסופו של דבר יתברר שפסיקתו מקלקלת את השורה, אך הוא לא יכול בשל חשש זה להימנע מלנסות ולתקן את העולם במלכות שדי – כראות עיניו וכפי שחכמתו מורה לו. האדם שואף להיות חכם כא־להים או כמלאכיו, וכך עליו לפעול ולפסוק, גם אם בסופו של דבר יש גבול לחכמתו, והגירוש מהגן שבעדן מונח כאיום מתמיד לפועלים במציאות ומכריעים את הדין.

על אופי החובה של האיש כלפי אשתו בספרות חז"ל: בין המשנה לגמרא

הרבנית חנה גודינגר (דרייפוס)

הנושא המרכזי של משניות מסכת כתובות הוא הסדרת החובות, הזכויות ומערכת היחסים הנגזרות מכינון ברית הקידושין והנישואין בין איש לאשתו. קביעה זו, הנשמעת לכאורה טריוויאלית וגם תואמת את שמה של המסכת, נתקלת בקושי כאשר אנחנו פותחים ולומדים את סדר המשניות עצמן: לאחר מספר משניות המזכירות את הכתובה, אך בעיקר בהקשר של "טענת בתולים", עוברת המסכת לעסוק בדיני מוציא שם רע, אונס ומפתה: שלושה מקרים הנזכרים בפסוקי התורה, אך עוסקים בברית מפוקפקת – כזאת שאיננה נעשית מתוך "אהבה ואחווה ושלום ורעות", ושהדינים הרגילים שמשנת כתובות מבקשת לבסס אינם מתקיימים בהם כפשוטם. מי שלא יתייאש ויצלח את לימוד המשניות בפרקים הראשונים, יגיע באמצע הפרק הרביעי, ובצורה ברורה יותר

החל מהפרק החמישי, אל הכתובה השגרתית, בסדר הרגיל של אירוסין שאחריהם נישואין וחיים משותפים.

תימה זו על סידור הפרקים שבחר רבי יהודה הנשיא, יכולה לקבל מענה ואולי אף להוות חיזוק לאחת משיטות הראשונים בדבר מקורה של הכתובה: כידוע, המילה "כתובה" עצמה לא נזכרה במפורש בתורה וגם קיומה איננו מופיע בפסוקים העוסקים בבניית קשר הנישואין הנורמטיבי בין איש לאישה. ובכל זאת, בפסוקים בספר שמות הדנים במקרה של "מפתה" קובעת התורה:

> וְכִי יְפַתֶּה אִישׁ בְּתוּלָה אֲשֶׁר לֹא אֹרָשָׂה וְשָׁכַב עִמָּהּ מָהֹר יִמְהָרֶנָּה לּוֹ לְאִשָּׁה. אִם מָאֵן יְמָאֵן אָבִיהָ לְתִתָּהּ לוֹ כֶּסֶף יִשְׁקֹל כְּמֹהַר הַבְּתוּלֹת.[1]

כלומר במקרה שאיש מפתה נערה בתולה פנויה, אזי אם הנערה ואביה מעוניינים, חייב המפתה להינשא לנערה שפיתה. אם הם אינם מעוניינים בכך, על המפתה לשלם לאבי הנערה סכום שמוגדר בפסוקים "מוהר הבתולות".

רש"י ורשב"ם על התורה קושרים בין הביטוי המופיע בפסוק הראשון "מהר ימהרנה לו לאישה" לביטוי "מהר בתולות", ומגדירים שהכסף שנותן המפתה לאבי הנערה במקרה שהוא נושא אותה לאישה הוא מוהר הבתולות הנזכר בפסוק שלאחר מכן; למעשה סכום זה הוא מה שיכונה בהמשך בשם "כתובה", הניתנת בכל ברית נישואין. כך ברש"י: "יפסוק לה מוהר כמשפט איש לאשתו, שכותב לה כתובה וישאנה". הכתובה עצמה נזכרת אפוא בפרשיית המפתה, וסכום הכסף של הכתובה, המכונה בפסוקים "מוהר בתולות", נלמד לדידם של ראשונים אלו מפרשיית אונס הנזכרת בפרשת כי תצא בספר דברים, שם משלם האנס חמישים כסף לאבי הנערה.

לעומתם, הרמב"ן בפירושו לתורה כותב שהביטויים הנזכרים בפרשייה זו אינם עוסקים כלל בכתובה אלא בסבלונות שהיו נוהגים

1 שמות כב, טו–טז.

לשלוח לכלה, ואותם נדרש המפתה לשלוח לאישה אם הוסכם שיינשאו. אך אם האב ממאן לתת אותה לו לאישה, נדרש המפתה לשלם כסף כפיצוי על כך שמעתה יתקשה האב להשיאה לאחר. תורף פירושו של הרמב"ן נעוץ בכך שלשיטתו אין לכתובה עיקר מהתורה כלל, וכל קיומה הוא מדברי סופרים. הכספים וחובות התשלומים שהתורה מסדירה קשורים למקרי קצה ואין בהם ללמד על חובה נורמטיבית כל שהיא.

שאלה זו בדבר מקורה של הכתובה נתונה במחלוקת התנאים רשב"ג וחכמים, כפי שמציעה הסוגיה במסכת כתובות דף י ע"א, אך פירוש הראשונים לתורה מוסיף את מה שנמצא רק ברמז גם בסוגיה שם – היכן נזכרה הכתובה בתורה לשיטה שכתובה מדאורייתא.

לאור דברים אלו, נראה להציע שהבחירה של רבי יהודה הנשיא לבנות את מסכת כתובות כך שהפרקים הראשונים יעסקו בדיני מפתה, אונס ומוציא שם רע, קשורה להבנה שבפרשיות אלו מצוי דין הדאורייתא של הכתובה. לשון אחר: אמנם המסכת תעסוק בהמשכה בכתובה ובחובות וזכויות האיש בקשר הנישואין הנורמטיבי, אך פרקיה הראשונים עוסקים במקרים הנוטעים את יסודות החיובים הללו מהתורה.

נדמה שמציאת מקור חיוב הכתובה בפסוקים אלו איננה מסתכמת רק בעצם החיוב אלא גם מלמדת משהו על טיב הכתובה ואופייה. הפסוקים בפרשיות אונס ומפתה מכנים את הכתובה "מוהר בתולות", ומתוך התפיסה המעצימה את עניין הבתולים רואים בה תשלום על הבתולים, או מעין מה שכותב הרמב"ם במורה נבוכים[2] בחטיבה שבה הוא עוסק בטעמי המצוות: "ונתינת השכר המותנה עליו ל'קדשה' אז, כנתינת 'כתובת אישה' לה עתה בעת הגרושין".

עם תובנות אלו ברצוני לגשת לסוגיית הפתיחה של מסכת כתובות ולבחון את המתרחש בה. המשנה הראשונה במסכת עוסקת ביום הנישואין וקובעת כך:

2 ג, מט.

> בתולה נשאת ליום הרביעי ואלמנה ליום החמישי, שפעמיים בשבת בתי דינין יושבין בעיירות ביום השני וביום החמישי, שאם היה לו טענת בתולים היה משכים לבית דין.

המשנה מגדירה יום נישואין קבוע לאלמנה ולבתולה, ולפחות ביחס לבתולה היא מטעימה את הקביעה באפשרות לבוא ולטעון שלא נמצאו לאישה בתולים.[3] פתיחת המסכת בעצם קביעת יום הנישואין והמשניות לאורך הפרק הראשון העוסקות בקביעת גובה סכום הכתובה, מעניקות משקל משמעותי לבתולי האישה כמכוננים את יסודות הקשר והחיוב של הבעל כלפיה.

ומן הפשוט אל הפשוט פחות – כפי שעולה בסוגיה ובראשונים, משנה זו מלאה קשיים כרימון: ראשית, מדוע המשנה קובעת יום נישואין לבתולה ולאלמנה אך מנמקת רק את יום הנישואין של הבתולה? שנית, הטעם שהמשנה נותנת ליום הנישואין של הבתולה איננו קשור ליום הנישואין אלא ליום הבעילה. נוסף על כך, מבחינה משפטית מה המשמעות של טענת בתולים שהמשנה מתייחסת אליה ברצינות רבה כל כך, בעוד שלגבי רוב הנשים נגדיר את הטענה הזאת כ"ספק ספיקא"?

לענייננו, השאלה שנרצה לעסוק בה לעומק היא החסר הקיים במשנה בטעם יום נישואי הבתולה. המשנה טורחת לציין שבתי הדין יושבים בימי שני וחמישי, ואם כך עולה השאלה מתוך גוף המשנה עצמה: אם סיבת התקנה ליום הנישואין היא מה שהמשנה מכנה "טענת בתולים", דהיינו האפשרות של הבעל להשכים לבית הדין למחרת חתונתו אם לא מצא לאשתו בתולים, מדוע הנישואין מוגבלים ליום רביעי ואינם יכולים להתקיים גם ביום ראשון?

על פניו, סוגיית הפתיחה של מסכת כתובות בגמרא עוסקת בדיוק בשאלה זו:

3 בסוגיות ובראשונים עולה הדיון אם הטענה היא בעלת נגזרות ממוניות או איסוריות, ואכמ"ל.

אמר רב יוסף אמר רב יהודה אמר שמואל מפני מה אמרו בתולה נשאת ליום הרביעי? לפי ששנינו הגיע זמן ולא נישאו אוכלות משלו ואוכלות בתרומה, יכול הגיע זמן באחד בשבת יהא מעלה לה מזונות? לכך שנינו בתולה נשאת ליום הרביעי.

המימרא של שמואל, זו הפותחת את מסכת כתובות, שולחת אותנו אל משנה בראשית הפרק החמישי, העוסקת בשאלת חיוב מזונות אם הבעל לא עמד בחובתו להינשא לארוסתו לאחר שנים עשר חודשים מיום הקידושין. ההזדקקות התוכנית של שמואל למשנה זו באה כאן כמענה לשאלה "מפני מה אמרו בתולה נישאת ליום הרביעי". אך מהלך הדברים אינו מובן כלל ועיקר, שכן שאלת "מפני מה?" מחפשת טעם לדין ואילו במשנה מפרק חמישי ששמואל מצטט אין לכאורה הסבר לדין המשנה. על פניו יש בה תשובה דווקא לשאלה שהיה נכון יותר לנסח במילים "מאי נפקא מינה?" לדין שהזכירה המשנה.[4] על כך יש להוסיף שהשאלה עצמה איננה מובנת, הרי המשנה שלנו עצמה כבר מכילה בתוכה טעם והסבר לקביעת יום הנישואין ביום רביעי דווקא.

רב יוסף עמד על קושי זה, תיקן את דבריו של שמואל והביאם בצורתם המלאה:

אלא אי איתמר הכי איתמר: אמר רב יהודה אמר שמואל מפני מה אמרו בתולה נשאת ליום הרביעי? שאם היה לו טענת בתולים היה משכים לב"ה. ותינשא באחד בשבת שאם היה לו טענת בתולים היה משכים לבית דין? שקדו חכמים על תקנת בנות ישראל שיהא טורח בסעודה שלשה ימים אחד בשבת ושני בשבת ושלישי בשבת וברביעי כונסה. ועכשיו ששנינו שקדו, אותה ששנינו הגיע זמן ולא נישאו אוכלות משלו ואוכלות בתרומה הגיע זמן באחד בשבת, מתוך שאינו יכול לכנוס אינו מעלה לה מזונות.

4 תוספות על אתר ד"ה מפני מה, עומדים על בעיה זו ומציעים שהמונח "מפני מה" יכול להכיל בתוכו את שני הפירושים: חיפוש אחר טעם וחיפוש אחר נפקותא.

הניסוח המלא והמתוקן של דברי שמואל מציג את טיעונו בשלושה שלבים: ראשית, השאלה "מפני מה?" מקבלת את משמעותה הרגילה כשאלה המחפשת אחר טעם, וכתשובה מצוטטת המשנה הראשונה במסכת כתובות: טענת בתולים והיכולת להגיע למחרת לבית הדין במקרה הצורך. על גבי זה מקשה שמואל מדוע אפוא לא תינשא האישה ביום ראשון, שגם למחרתו בית הדין פועל? שמואל משיב בהוספת טעם חדש לקביעת יום הנישואין, טעם שטרם שמענו על קיומו, והוא תקנת "שקדו" התובעת מהבעל לטרוח ולהתכונן ליום החתונה והסעודה. כתוספת משלימה מחפש שמואל אחר נפקא מינה לכך שתקנת "שקדו" איננה מאפשרת נישואין ביום ראשון, ומוצא אותה במשנת פרק חמישי הדוחה את חיוב מזונות הבעל במקרה של עיכוב מיום ראשון ליום רביעי.

אם נבקש לסכם מה עשה שמואל במהלך הפתיחה של מסכת כתובות, נצטרך לומר שני דברים: ברמה הפשוטה, וכך כבר במימרא הראשונית של שמואל, זו שעוד לא הייתה מובנת כל צורכה – שלח אותנו שמואל ללמוד משנה אחרת, הנמצאת בפרק החמישי של המסכת. ברמת התוכן, וכך בהשלמת הדברים על ידי רב יוסף, קיבלנו טעם מחודש לתקנת יום הנישואין שאיננו קשור בטענת בתולים אלא בתקנת "שקדו". הטעם החדש עונה על השאלה הזועקת מתוך המשנה עצמה: אם הטעם לקביעת יום הנישואין הוא טענת בתולים, מדוע לא יכולה בתולה להינשא ביום ראשון.

נדמה להציע שמהלך זה, שבו נפתחת מסכת כתובות, מבקש לשרטט את אופי החובות והקשר של הבעל כלפי אשתו בשדה אחר מזה שהמשנה הניחה בתוכה. הצעד הראשון במהלך זה מתרחש כבר במימרא הראשונה של שמואל בשליחתו אותנו לפרק החמישי במסכת כתובות, וכמו מבקש לומר: יסודה של הכתובה איננו בפרשיות אונס, מפתה ומוציא שם רע, שבהן בחר רבי יהודה הנשיא לפתוח את המסכת. הכתובה אין עניין לה במוהר בתולים, בחשדנות, בחוסר אמון ובמבט המצביע כל העת על האפשרות לפנות לבית הדין ולפרק את הקשר שנבנה, אלא עניינה בחובות ההדדיות ובמערכת של טרחה והשקעה,

כזאת שיוצרת קשר של חיים והתנהלות לאורך חיי הנישואין בין האיש לאשתו. כתובה במובן זה מצויה במסכת, החל מפרק חמישי: שם אין תשתיתה בפרשיות האונס והמפתה, ושם אין עניינה הבתולים דווקא.

שמואל בדבריו כמו מבקש לומר: רוצה אני לפתוח את המסכת בפרק חמישי ולזהות את מקורה ואופייה של הכתובה במרחב ובצבע אחרים מאלו שפרקים א-ד נותנים לה. הפיתוח של המהלך המבני הזה מצוי בצורה גלויה של תוכן ממשי בהשלמת דברי שמואל כפי שמביא אותם רב יוסף, כאשר מעתה הטעם העיקרי לקביעת יום הנישואין ביום רביעי דווקא איננו מצוי בעולם הטענות והבתולים וההזדקקות האפשרית לבית הדין, אלא בעולם הטרחה, ההכנה והסעודה של שמחת החתונה שנתקנה לטובת בנות ישראל.

מהלכה של הסוגיה יכול להתחוור עוד על דרך ההנגדה, בקריאתו הפרשנית של רבנו יונתן מלוניל את הסוגיה. כך הוא כותב בראשית פירושו למסכת:

> ובגמ׳ פריך ותנשא באחד בשבת שהרי ימצא ב״ד בהשכמה מזומנים, ומשני שקדו חכמים על תקנת בנות ישראל שיהא טורח בסעודה שלשה ימים אחד בשבת ושני בשבת ושלישי בשבת וברביעי כונסה כדי שתהא חביבה עליו יותר ושלא יוציא עליה שם רע, דחזקה אין אדם טורח בסעודה ומפסידה.

לדידו של הר״י מלוניל כל טיבה ותפקידה של תקנת ״שקדו״ אינם ניסיון להסיט את כובד המשקל מטענת הבתולים לעבר הקשר בין בני הזוג, אלא להוות את התשתית לחזקה ״אין אדם טורח בסעודה ומפסידה״, שהיא הנותנת את הנאמנות לטענת בתולים גם כאשר זו איננה מגובה בעדים ובראיות. לשון אחר: מגמתה של סוגיית הפתיחה בקריאתו של רבנו יונתן מלוניל היא חיזוק, ביסוס והעצמה של הטעם שנתנה המשנה לקביעת יום הנישואין ביום רביעי: היכולת להשכים לבית הדין ולטעון שלא נמצאו בתולים.

כאמור, הקריאה שהצענו שונה מהותית, ורואה במהלך הסוגיה

ובהוספת הטעם החדש של תקנת "שקדו" לא חיזוק לטעם שניתן במשנה ואפילו לא השלמה צדדית כהסבר לכך שאין נישאים ביום ראשון, אלא שינוי והצעה חדשה לשאלה למה נישאים דווקא ביום רביעי, ויותר מכך: הזמנה לתשתית אחרת ומבט אחר שעל גביו נבנות הכתובה ומערכת החובות של הבעל כלפי אשתו.

חיזוק ואולי הד נוסף לקריאה זו בסוגיה ניתן למצוא במהלך דומה המצוי במקום הבא במסכת שבו נידונה תקנת "שקדו", בדף ג ע"ב. כאשר הגמרא שם שואלת "מאי שקדו?", מצוטטת כתשובה תוספתא הקרובה מאוד לדברי שמואל המתוקנים. כהשלמה לדיון בטעם קביעת יום הנישואין ביום רביעי דנה התוספתא באפשרות לשנות את יום הנישואין הקבוע ומתייחסת לשני מצבים: סכנה ואונס; כך היא אומרת:

> ומסכנה ואילך נהגו העם לכנוס בשלישי ולא מיחו בידם חכמים, ובשני לא יכנוס ואם מחמת האונס מותר.

על פי העולה מהברייתא, סכנה היא מצב מסוכן פחות; אפשר בעטיו להקדים את הנישואין רק ביום אחד ויוזמת השינוי לא הגיעה מחכמים אלא הם רק לא מיחו ביד המקדימים. אונס נשמע מצב מסוכן יותר: אפשר בעטיו לשנות את יום הנישואין לכל יום שנרצה, והדבר נשמע כהוראה כיצד נכון לנהוג ולא רק כחוסר מחאה של חכמים על הנעשה.

הגמרא מנסה לברר מהי הסכנה, ומבינה שהסכנה שבעטיה נהגו העם להקדים את יום הנישואין היא גזירת ההגמון לאנוס את בנות ישראל הבתולות ערב חתונתן: "בתולה הנשאת ליום רביעי תיבעל להגמון תחילה".[5] מעבר לעובדה שהמונח "סכנה" מוסבר בסוגיה דווקא כ"אונס", תוכן הגזירה מספר על מאבק גדול שבמרכזו הבתולים: הגזירה שמה את הבתולים כעניין שאותו מחפש ההגמון

5 בניסוח הגזירה לא ברור אם הכוונה היא נגד התקנה של יום רביעי או רצון לבעול את הבתולות. השיטה מקובצת על אתר מציע את שתי האפשרויות ותולה בשאלת גרסה אם הגזירה הייתה "בתולה הנישאת ליום רביעי" או "בתולה נישאת ליום רביעי".

ושבעטיה החליטו חתני עם ישראל לעבור על תקנת חכמים ולשנות את יום הנישואין. אחרי שהגמרא מבינה שזו הסכנה וזה הדיון, היא מקשה מדוע אונס כזה יכול להוות סיבה טובה לשינוי יום הנישואין.

הפני יהושע על אתר מערער את הנחת היסוד של הקושיה: אם כל הקביעה של יום הנישואין הייתה בגלל טענת בתולים, הרי שהתעקשות של חכמים על יום הנישואין במחיר בעילת ההגמון את הבתולות מבטלת את המשמעות שניתנה ליום הרביעי, שהרי האישה כבר לא תהיה בתולה. שאלתו החדה של הפני יהושע מניחה שמהלכה של הסוגיה מוציא את הרוח מהמפרשים המקשרים בין יום הנישואין לבין טענת בתולים. האפשרות לאיבוד הבתולים אינה סיבה לתקנת יום הנישואין ואינה גם סיבה לשינויו, ובכלל בתולים הם עניין החשוב למי שניצב בתפקיד "האחר" בסוגיה: ההגמון הרשע ולא חכמי ישראל.

מהלך זה, המחליש ואולי מבטל את מקומם של הבתולים כמכוננים את מערכת החובות והקשר של האיש כלפי אשתו, מקבל השלמה בהמשכה של הסוגיה, כאשר הגמרא מחפשת מה הוא האונס המהווה על פי הברייתא סיבה טובה לשינוי יום הנישואין על ידי חכמים לכל יום שהוא. רבא עונה: "דאמרי שר צבא בא לעיר", ורש"י מסביר שיחטוף את צורכי הסעודה. על פי הסוגיה, בעילת ההגמון את בנות ישראל איננה סיבה טובה לשנות את יום הנישואין, אך הגעת שר צבא שיבוא וייטול את מה שהוכן לסעודת החתונה, היא כבר סיבה טובה דיה.

מסקנה זו נשמעת משונה עד מאוד ואכן הראשונים תוהים עליה.[6] על פי דברינו, ניתן להבינה על רקע הקשר שבין תקנת "שקדו" לבין הסעודה שחוטף שר הצבא, ועל רקע ההבנה שהגמרא מנסה להרחיק אותנו מטענת בתולים ומהיותה המרכיב המכונן את מערכת החובות של הבעל כלפי אשתו, ובמקום זאת לחבר אותנו לחשיבותה של תקנת "שקדו" ולמרחב שהיא נוטעת כתשתית לחובות אלו. תנועה זו מתרחשת גם בפרשנות השנייה של הגמרא למציאות

6 ראו תוספות וריטב"א על אתר.

ה"אונס" שמבינה אונס כמוות של אחד מהורי החתן והכלה, ועל פי הבנת הגמרא מגדירה את לב העניין לא בשאלת האבלות אלא בשאלה אם יהיה מי שידאג בהמשך לצורכי סעודת החתונה.

סוף דבר

רבי יהודה הנשיא סימן את המרחב שבו מתקיימת החובה של האיש כלפי אשתו כקשור ותלוי בקיומם של הבתולים. הכתובה היא פועל יוצא של מוהר הבתולים המקראי ולכן סדר המשניות במסכת נפתח בפרשיות אונס ומפתה. הטעם המובא במשנה לקביעת יום הנישואין של בתולה ביום רביעי הוא האפשרות של טענת בתולים והיכולת של הבעל להשכים לבית הדין באופן מיידי. סוגיית הגמרא הסיטה את הכיוון וביקשה לטעת את החובה של האיש כלפי אשתו במרחב אחר; כזה הקשור לאמון, לנתינה, להשקעה ולטרחה.

כך ביארנו בדברי שמואל שאינם ברורים כשלעצמם ואולי עיקר כוונתם מצויה בהפניית עיניו של הלומד אל משניות הפרק החמישי העוסקות כבר בכתובה המסדירה את החיים הזוגיים, ולא לאלו המושתתים על מוהר הבתולים של האונס והמפתה; כך בהשלמת דברי רב יוסף לשמואל שמוסיפים טעם חדש בקביעת יום הנישואין, והוא תקנת חכמים לשקוד ולטרוח לקראת החתונה; וכך גם בסוגיה בדף ג ההופכת את פשט לשון הברייתא ומבינה שהעילה המאפשרת לשנות את יום הנישואין איננה קשורה לחשש איבוד הבתולים על ידי ההגמון אלא קשורה לחשש איבוד הסעודה וביטולה של תקנת "שקדו" במקרה זה.

מנהיג מן התורה – מניין?

פרופ׳ אביעד הכהן

מנחת כהן לכהן
לרב שלמה ריסקין
מנהיג מדאורייתא ומדרבנן

א. אקדמות מילין

אומרים מנהיג יש בעולם, מה זה מנהיג? ומנהיגות רוחנית מהי? האם קיים הבדל בין מנהיג רוחני למנהיג פוליטי, או, להבדיל, בין מנהיג רוחני ובין מנהיג של קבוצת כדורגל או חבורת עבריינים? האמנם הבדל יש ביניהם? ומהו מותר המנהיג הרוחני בכלל, ורב בפרט, ממנהיגים אלה?

על מנת למצוא מענה לשאלה זו, פנינו לחפש בספרים, או ליתר דיוק, באנציקלופדיה העברית. הגענו לאות מ״ם. מ״ם-מ״ם. מ״ם-נו״ן. שם, בין ״מנדלסון משה״, ״מנדלסון בַּרְתוֹלְדִי אלברכט״ ובין ״מנדרינה״; בין ״אדוארד מאנה״ הצייר ו״מנהג״ ובין ״קרל מנהיים״, ״מאנה כץ״ ו״מנהל עסקים״, ממש לפני ה״מנהרה״, מצאתי אותו, את ה״מנהיג״, מסתתר, נחבא אל הכלים.

מנהיג בקצה המנהרה. קצת חושש, מפוחד. תוהה. מתבונן. אנה ילך? לאן יפנה?

הניסיון להגדיר "מנהיג" בכלל ו"מנהיגות רוחנית" בפרט, משול לחיפוש מחט בערמת שחת. כמספר המחפשים והמבקשים, כך מספר ההגדרות והדגמים שהוצעו, וטרם נאמרה המילה האחרונה בנושא זה. דור דור ודורשיו, דור דור ומנהיגיו, דור דור והגדרותיו. וכל דור מעצב את דמות מנהיגו בדמותו־שלו.

ב. מנהיגות בתנ"ך ובמשנת חכמים

ניסיון – כמנהג גוברין יהודאין – לחפשו במקורותינו העתיקים, בתנ"ך, לא יצלח. המילה "מנהיג" איננה מופיעה בו. עד כדי כך שייתכן שיהיה מי שיאמר: "מנהיג מן התורה – מניין? מנהיג מן התורה – אַיִן!".

ולא כן הוא. אכן, השורש נה"ג מופיע במקרא בהקשרים שונים, אך רק כ**פועל** המתאר **מעשה** מסוים, ולא כ**שם תואר**.[1] כך למשל נאמר במשה רבנו, אדון הנביאים, שקודם שהיה למנהיגם של ישראל הוא "נָהַג" – כלומר הוליך והוביל – את צאנו של יתרו: "וּמֹשֶׁה הָיָה רֹעֶה אֶת צֹאן יִתְרוֹ... **וַיִּנְהַג** אֶת הַצֹּאן אַחַר הַמִּדְבָּר" (שמות ג, א). במשמעות זהה משמש גם הפועל נִהֵג (בבניין פיעל). כך, למשל, בתיאור מסע ישראל במדבר במזמור תהילים: "וַיַּסַּע כַּצֹּאן עַמּוֹ **וַיְנַהֲגֵם** כַּעֵדֶר בַּמִּדְבָּר" (עח, נב). פעלים אלו משמשים בתנ"ך גם להובלת כלי רכב, כגון "וַיַּרְכִּבוּ אֶת אֲרוֹן הָאֱ־לֹהִים אֶל עֲגָלָה חֲדָשָׁה... וְעֻזָּא וְאַחְיוֹ בְּנֵי אֲבִינָדָב **נֹהֲגִים** אֶת הָעֲגָלָה חֲדָשָׁה" (שמואל ב ו, ג). כך בתיאור פעיל, וכך גם בתיאור סביל, כנאמר במגילת איכה: "אוֹתִי נָהַג וַיֹּלַךְ חֹשֶׁךְ וְלֹא אוֹר" (ג, ב).

אכן, למרות היעדרו של "השם המפורש" מנהיג, התנ"ך רצוף מנהיגים ומעשי מנהיגות.

1 ראו מאמרן של ר׳ גדיש ות׳ כ"ץ, "על מנהיגים ומנהלים", באתר **האקדמיה ללשון העברית**.

אבות האומה, נביאים, מלכים, שרים ורוזנים. עשרות ומאות דמויות המאכלסות את "ספר הספרים", קטנות וגדולות. מנהיגים פוליטיים ומנהיגים רוחניים, מנהיגים חברתיים ומנהיגים כלכליים, מנהיגי ממלכה ומנהיגים מקומיים.

ועם זאת, דווקא בשל ריבוי הדמויות, וכמו בסוגיות אחרות, המבקש לצייר את "תפיסת העולם המקראית" ביחס למנהיגות ומנהיגים ייתקל באותה בעיה – "עושר השמור לבעליו לרעתו": מרוב העצים אין רואים את היער, ומרוב דגמי המנהיגות וגיוונם קשה לצייר דגם אידיאלי אחד ואחיד של מנהיג.[2]

התנ"ך מורכב מאבני פסיפס רבות, שכל אחת מהן עשויה לצייר לנו דמות אחרת של מנהיגות. לא הרי מנהיגותו של אברהם אבינו כהרי מנהיגותו של משה רבנו, ולא זו וזו כמנהיגותם של הנביאים, השופטים או של המלכים. וטרם דיברנו על הפער בין דמות המנהיג **האידיאלי** (שמופיעה בכמה מקומות בולטים במקרא, הן בפרשת המלך שבספרים דברים ושמואל, הן בפרשת מינוי השופטים)[3] לדמות המנהיג **הריאלי**.

המילה "מנהיג" צומחת ועולה לראשונה במשנת תנאים המדברת במי שהיה "רכוב ומנהיג", עגלון היושב על חמורו ומנסה לכוונו לדרך הישר. אך גם כפועל ולא כשם תואר. רק בלשון חכמים המאוחרת יותר מופיעה המילה כשם תואר.

בלשון חכמים גם קיבל הפועל **נָהַג** משמעות חדשה: 'היה רגיל לעשות', ונוסף לו הפועל הגורם **הִנְהִיג** – 'קבע מנהג'. מהמשמעות הזאת

2 בנושא המנהיגות נכתבו מאות ספרים ואלפי מאמרים, בארץ ובעולם. לדוגמה בעלמא, ראו: **אחריו – על מנהיגות ומנהיגים**, תל אביב 2003; על מנהיגים ומנהיגות בישראל, **מחניים** קכח-קל (תשל"ב); **דמות המנהיג הריאלי והאידיאלי**, בית הנשיא, ירושלים תשמ"ה.

3 על דמות מנהיגותו של שופט ודיין היושב על מדין הרחבתי דברים במאמרי: "'להציל עשוק מיד עושקו': לדמותו של דיין בישראל – על פועלו ההלכתי והשיפוטי של הרב שלמה דיכובסקי", **משפחה במשפט** ו-ז (תשע"ד-תשע"ה), עמ' 9-84.

צמחו הִתְנַהֵג, מִנְהָג ונֹהַג, ובהמשך גם הִתְנַהֲגוּת. את מקומם של **נָהַג ונִהֵג** המקראיים ממלא בלשון חכמים **הִנְהִיג** בבניין הפעיל, כגון "ואין **מנהיגין** את הבהמה במקל ביום טוב" (משנה ביצה ד, ה). ומן 'הורה את הדרך' במשמעות המוחשית התפתחה המשמעות המושאלת: "כל פרנס המנַהג את הצבור בנחת בעולם הזה זוכה **ומנהיגן** לעולם הבא שנאמר 'כי מרחמם **יְנַהֲגֵם** ועל מבועי מים ינהלם'" (סנהדרין צב ע"א). כך נולד **המנהיג** – מי שעומד בראש קבוצה, ציבור, מדינה וכדומה.[4]

אם תרצה, כלך לך אצל אגדת חכמים, הממררים בבכי על "עולם שאבד **מנהיגו**", שאוי לו (ב"ב צא ע"א), ועל אברהם אבינו שיצא לעולם, ואמר: "תאמר שבירה זו בלא **מנהיג**?" (בראשית רבה לט).

ובכן, כך אומרים, מנהיג יש בעולם, מה זה מנהיג?

מנהיג, בהגדרה, הריהו ראש וראשון, המוביל אחרים אחריו. ואין מנהיג בלא מונהגים, כשם שאין מלך בלא עם.

מנהיג, כל מנהיג, ומנהיג רוחני בכלל זה, שאין מאחוריו ציבור, תנועה, אינו מנהיג. אך גדולתו של מנהיג – כל מנהיג, ומנהיג רוחני בכלל זה – אינה נקבעת או נמדדת רק בגודלה של הקהילה, במספר האנשים ההולכים אחריו. גדולתו נקבעת, בראש ובראשונה, מתוך אישיותו והתנהגותו.

מהן התכונות הנדרשות ממנהיג, מהם הכישורים הנחוצים לו, ומה מבדיל בין מנהיג למנהיג? הרבה בתי ספר למנהיגות יש, אך מנהיגים – יש מתי מעט. ושאלה גדולה היא, המנסרת בחלל העולם מימות קדם, האם מנהיגות היא תכונה מולדת או נרכשת?

האמנם ניתן ללמוד "מנהיגות" בבית ספר כשם שלומדים מתמטיקה או ספרות, או שמא מנהיגות – ברכת שמיים מעל היא, ואין אדם יכול לרוכשה באמצעות לימוד?

כבסוגיות רבות אחרות, גם כאן התשובה מורכבת.

אין ספק שיש אנשים שניחנו בחוש מנהיגות טבעי, "מנהיגים

4 גדיש וכ"ץ (לעיל, הערה 1), שם.

מלידה", והדבר ניכר כבר בשחר ימיהם. "בוצין, בוצין – מקטפיה ידע". דלעת – בראשית גידולה היא ניכרת, אמרו חכמינו.

מנהיגים 'מולדים' אלה עומדים תמיד בראש החבורה, בגן הילדים ובבית הספר, בתנועת הנוער ובצבא, סוחבים וסוחפים אחריהם את חבריהם, לטוב או למוטב.

אכן, לטעמנו, כל אדם, ומנהיג בכלל זה, יכול – וחייב – ללמוד כל ימיו. ללמוד משגיאות העבר, ללמוד מחיי ההווה.

מנהיג שאינו לומד כל ימיו – לאו מנהיג הוא.

ג. להציל עשוק מיד עושקו

בבואו לצייר דמות של מנהיג רוחני, חכם תורה, דיין היושב על מדין, מנה הרמב"ם, בעקבות התנ"ך וספרות חז"ל, שורה של תכונות:

> אין מעמידין בסנהדרין בין בגדולה בין בקטנה אלא אנשים חכמים ונבונים, מופלגין בחכמת התורה, בעלי דעה מרובה, יודעים קצת משאר חכמות,[5] כגון רפואות וחשבון ותקופות ומזלות ואיצטגנינות ודרכי המעוננים והקוסמים והמכשפים והבלי עבודה זרה וכיוצא באלו, כדי שיהיו יודעים לדון אותם.[6]

כך בסנהדרין גדולה, וכך בכל בית דין של ישראל:

5 יושם אל לב שהרמב"ם דייק וכתב "יודעין **קצת** משאר החכמות". לשון המעטה זו, אפשר שהיא באה "להזהיר" את הדיין שלא יעסוק כל ימיו בלימוד "הרבה" משאר החכמות ויהא זה ביטול תורה ובריחה מתפקידו העיקרי, להגות בחכמת התורה, ואפשר שאף חבוי כאן לקח גדול: כיון ש"שאר חכמות" – אינן מעיקר חכמת הדיין, עליו לדעת שאין יודע אלא "מקצתן", ולא ידמה בליבו שאף בהן עולה מעלתו על מעלת שאר מומחים, וצריך שידע "קצת" כדי ש"ידע לשאול" ולהציב בפני המומחים ב"שאר חכמות" שאלות ראויות, שבהיעדר כל ידיעה בתחום עיסוקם, תימנע ממנו האפשרות לשאול.

6 משנה תורה, הלכות סנהדרין ב, א.

> בית דין של שלושה, אף על פי שאין מדקדקין בהן בכל אלו הדברים, צריך שיהיה **בכל אחד מהן** שבעה דברים. ואלו הן: חכמה, ויראה, וענווה, ושנאת ממון, ואהבת האמת, ואהבת הבריות להן, ובעלי שם טוב.
>
> וכל אלו הדברים מפורשין הן בתורה: הרי הוא אומר "אנשים חכמים ונבונים", הרי בעלי חכמה אמור; "וידועים לשבטיכם", אלו שרוח הבריות נוחה מהם; ובמה יהיו אהובים לבריות, בזמן שיהיו בעלי עין טובה, ונפש שפלה, וחברתן טובה, ומשאן ודיבורן בנחת עם הבריות.
>
> ולהלן הוא אומר "אנשי חיל", אלו שהן גיבורים במצוות ומדקדקים על עצמן וכובשין את יצרן, עד שלא יהיה להן שם גנאי ולא שם רע, ויהיה פרקן נאה.
>
> ובכלל "אנשי חיל" שיהיה להן **לב אמיץ להציל עשוק מיד גוזל**, כעניין שנאמר "ויקם משה ויושיען".[7]

במסגרת דברים קצרה זו אין מקום לדון בכל אחד מסממני המנהיגות שמנה הרמב"ם. נדגיש רק פרט אחד שיפה לנושא שאנו עומדים בו: חובת המנהיג "להציל עשוק מיד עושקו".

הבאת הראיה ממשה רבנו מעניינת כשלעצמה, שהרי על דרך הכלל הרמב"ם נמנע מציון מקורותיו, ועל כך אף זכה לביקורת חריפה מצד מבקריו ומשיגיו.[8] אכן, במחשבה נוספת אין זה מפליא כלל ועיקר; הרי משה רבנו הוא אחד הדגמים הבולטים למנהיגות בעולמן של תורת ישראל ומורשת ישראל. ולא עוד, אלא שבמקומות הרבה מביא הרמב"ם ראיה דווקא ממשה רבנו, אדון הנביאים, ששמו כשמו, ועליו המליצו "ממשה עד משה לא קם למשה".

אכן, אם כבר חרג ממנהגו שלא להביא ראיות לדבריו, והביא

7 שם הלכות ז-י.

8 ראו לדוגמה: י' טברסקי, **מבוא למשנה תורה לרמב"ם**, ירושלים תשנ"א, עמ' 30 ו־38; מ' אלון, **המשפט העברי**, ירושלים תשמ"ח, עמ' 1005-1018.

סמך לדבריו ממשה רבנו, מה טעם הביא הרמב"ם דווקא פסוק זה של הצלת בנות יתרו, כהן מדיין לעבודה זרה, כראיה?

והלא יכול היה להביא ראיה משני מעשים דומים שבהם הציל משה רבנו את **אָחיו**: בפעם הראשונה (שמות ב, יא-יב) הציל איש עברי מיד מכהו ומענהו, איש מצרי, כמו שנאמר: "וַיִּפֶן כֹּה וָכֹה וַיַּרְא כִּי אֵין אִישׁ וַיַּךְ אֶת הַמִּצְרִי וַיִּטְמְנֵהוּ בַּחוֹל". מעשה זה ודאי ראוי להערכת יתר (לפחות, בעיני המתבונן בפשט הכתובים על רקע מקומו וזמנו של המעשה, והיות משה רבנו נתון בעקבותיו לסכנת חיים). בפעם השנייה, למחרת היום, ראה משה "שְׁנֵי אֲנָשִׁים עִבְרִים נִצִּים". אף כאן אין הוא נותר אדיש, נזעק לעזרת העשוק־המוכה, ואמר לאותו רשע "לָמָּה תַכֶּה רֵעֶךָ?" (שם, יג). בעקבות מעשה זה היה נתון משה רבנו לסכנת הלשנה ולסכנת מוות והוכרח לברוח מפני פרעה לארץ מדיין (שם, יד-טו).

מה טעם מכל שלושת המעשים בחר הרמב"ם להביא ראיה דווקא ממעשה הצלתו של משה את בנות יתרו? מעשה שבזמן התרחשותו עדיין לא היה משה – "משה רבנו", מנהיג ומורה דרך, אלא איש מן השורה, ונסיבות המקרה ודאי לא נוגעות לדיין בבית הדין. על אחת כמה וכמה, שה"עשוקות" במקרה זה לא היו בנות ברית אלא בנותיו של יתרו, כהן לעבודה זרה!

שמא ביקש הרמב"ם ללמדנו את חובת הלב הטבעית והמוסרית של כל אדם – ומקל וחומר חובה המוטלת על המנהיג – להציל עשוק מיד עושקו, ויהא זה כל "עשוק", אפילו מי שאינו יהודי, ואולי דווקא להציל "עשוק" מעין זה שאינו אלא "עשוקה", אישה מושפלת, שמלכתחילה מעמדה היה נחות באותן נסיבות, המגורשת בבוז מן הבאר על ידי ה"רועים" אדירי הכוח ורבי האימה?

ד. תורת ישראל – מה היא אומרת?

בשלושה דברים מנהיג ניכר: באישיותו, באנושיותו, ובחזונו.

באישיותו כיצד?

תשובה לשאלה זו ניתן למצוא בכמה פסוקים בספר במדבר, עזי מבע ויוצאי דופן בעליל (במדבר כז, טז). בפרשה זו מוצאים אנו את משה רבנו מצווה כביכול את הקב"ה (ולא על דרך הכלל, שבו הקב"ה מצווה את משה):

וַיְדַבֵּר מֹשֶׁה אֶל ה' לֵאמֹר:
יִפְקֹד ה' אֱ־לֹהֵי הָרוּחֹת לְכָל בָּשָׂר
אִישׁ עַל הָעֵדָה,
אֲשֶׁר יֵצֵא לִפְנֵיהֶם
וַאֲשֶׁר יָבֹא לִפְנֵיהֶם,
וַאֲשֶׁר יוֹצִיאֵם
וַאֲשֶׁר יְבִיאֵם.

"וידבר משה אל ה' לאמר: יפקד ה' א־להי הרוחות לכל בשר"
מנהיג רוחני אמיתי אינו מסתפק בקבלת פקודות מסמכות רוחנית גבוהה יותר ובציות להן. מנהיג רוחני אמיתי אינו רק מציית לקול ההמון, אפילו לא לקול ש־די. מנהיג אמיתי מוביל.

"וידבר **משה** אל ה' לאמר: יפקד ה' א־להי הרוחות לכל בשר איש **על** העדה".

בניגוד לכלל, שבו הקב"ה פונה למשה ומצווהו, כאן מתחלפים התפקידים.

"וידבר **משה** אל ה' לאמר".

משה רבנו "מדבר" – לשון קשה! – אל הקב"ה, וכביכול "מצווה" עליו למצוא לו מנהיג:

"יפקוד ה' א־להי הרוחות לכל בשר... איש על העדה"!

אכן, בה בעת הוא יודע שיש "גבוה" מעליו. "ה' א־להי הרוחות לכל בשר" ניצב עליו.

לא כאותם מנהיגים שגבה ליבם ורמה רוחם, וסבורים שהם־הם הא־להים.

באמת אמרו, מה בין מנהיג לבין הקב"ה?

שהקב"ה אינו חושב שהוא מנהיג.

"יפקוד ה'... **איש** על העדה"!

לאחר ניסיון בן ארבעים שנה ויותר בהנהגת "עם קשה עורף" במדבר הגדול והנורא, אין עוד כמשה רבנו, אדון הנביאים, המסוגל לתאר את תכונותיו של המנהיג האידיאלי.

ראש לכול, "איש".

לעולם יהא אדם. מענטש.

איש – ולא מלאך, איש – ולא שרף, לא אלוף במיל' ולא "קוסם" פוליטי או רב־מג של מילים.

רק "איש", בן אדם החי בתוך עמו וקהילתו, ואוזנו כרויה למצוקותיו, לצרכיו ולחלומותיו, ראוי להנהגה.

איש – ולא מלאך המרחף בשחקים.

מנהיג החי **בתוך** עמו, מכיר את בני קהילתו.

מנהיג רוחני החי בערי יהודה (ושמא באפרת) ומסתובב בחוצות ירושלים, גר בשכונה ובקיבוץ, ולא במרומי האולימפוס, בווילה מנקרת עיניים או במרומי פנטהאוז מפואר.

איש על העדה

"יפקוד ה'... איש **על העדה**"!

מנהיג רוחני אמיתי אינו "עושה רק לביתו", דואג למשפחתו ולעסקיו הפרטיים, אפילו לא רק לעולמו הרוחני הפרטי.

מנהיג אמיתי הוא "איש על **העדה**", דואג ל"עדה" כולה, לעמו, לקהילתו.

כפי שמפרשים חכמים על אתר, ורש"י בעקבותיהם, מנהיג שיכול להלוך עם כל אחד ואחד ו"כנגד" כל אחד ואחד. דיוק בלשון מביא לתובנה עמוקה עוד יותר:

״יפקוד ה׳ א־להי הרוחות״ – למה נאמר? אמר משה לקב״ה: גלוי וידוע לפניך דעתו של כל אחד ואחד, ואינן דומין זה לזה. מנה עליהם מנהיג שיהא סובל כל אחד ואחד לפי דעתו.

מנהיג שיהא ״סובל״ – סבלן וסובלני, מנהיג שיכבד את בני קהילתו־עדתו ולא יתנשא עליהם מתוך גאווה, יהירות וזחיחות דעת. מנהיג שיהא לא רק ״סובל״ אלא גם ״נסבל״ – מכובד, גם אם לא מתוך הסכמה, לא רק על ידי ״אנשי שלומו״ אלא גם על ידי בני ״רוחות״ ודעות שונות משלו.

מנהיג שלא יחשוב כי כ״א־להים״ הוא, שידע כל העת שמינויו לא בא לו רק בזכות כישוריו או סקרים בני חלוף, אלא משמיים הוא: ״יפקוד ה׳ איש על העדה״.

איש על העדה. העדה כולה.

מנהיג רוחני שמסוגל להתמודד רק עם בני שבטו־שלו, רק עם הדומים לו, אינו מנהיג אמיתי.

מנהיג רוחני אמיתי צריך להיות פלורליסט, מסוגל לשמוע ולהכיל את ריבוי הדעות, להכיר ולדעת שיש דעות אחרות, שיש השקפות עולם שונות משלו.

כמובן, אין הוא חייב להסכים עמן. לעיתים עליו להיאבק בהן בתוקף ובנחישות. אך עליו להיות מסוגל לשמוע – ולא רק לדבר. להאזין ולהקשיב – ולא רק לצוות.

מנהיג רוחני צריך לתת מענה ל״עדה״ כולה, לקהילה כולה. לא רק לאנ״ש – אנשי שלומנו, לא רק ליושבי בתי כנסיות ובתי מדרשות, אלא לעדה כולה, על כל גווניה, מגזריה, בניה ובנותיה.

על העדה

״יפקוד ה׳... איש **על** העדה״!

״איש״ זה צריך להיות ״ **על** העדה״.

מנהיג שיודע להתעלות מעל שיקולים קטנוניים, אינטרסים אישיים, מגזריים או מפלגתיים צרים, ולהציב בפני ״כל העדה״, בני הציבור כולו, מטרות ויעדים לדורות.

אשר יצא לפניהם ואשר יבוא לפניהם,

ואשר יוציאם ואשר יביאם

"אשר יצא לפניהם" – מנהיג שיהיה מסוגל ללכת בראש המחנה, לסלול את הדרך ולקרוא "אחריי!", לא מנהיג שנגרר אחרי סקרי דעת קהל וכותרות עיתוני יום האתמול.

"אשר יוציאם ואשר יביאם" – לא רק מי שיודע להצהיר על מהפכות רוחניות, על תוכניות חומש ועשור מרחיקות לכת, אלא גם מנהיג "אשר יביאם", שמגשים בפועל תוכניות אלה ויודע להפוך מחשבה למעשה וחזון למציאות.

איש אשר רוח בו

בא אף סופה של פרשה ולימד על תחילתה:

קַח לְךָ אֶת יְהוֹשֻׁעַ בִּן נוּן, **אִישׁ אֲשֶׁר רוּחַ בּוֹ.**

משה רבנו בוודאי שמח שיורשו, מלווהו הנאמן מזה שנים, הוא הנבחר. והריהו "איש", ולא סתם עסקן, ומי "אשר רוח בו", שהחזון מפעים אותו ומכוון את דרכיו. אך בעוד הקב"ה מצווהו "וְסָמַכְתָּ אֶת יָדְךָ עָלָיו" – יד אחת, משה סומך כך: "וַיִּסְמֹךְ אֶת **יָדָיו** עָלָיו" – שתי ידיו.

ללמדך, שמנהיג אמיתי אינו מזלזל בעמיתיו, מתעלם מהם או חותר תחתיהם מאחורי גבם מחשש שמא יירשו אותו.

מנהיג אמיתי כמשה רבנו סומך את ידיו – את שתי ידיו – על עמיתו ותלמידו, מסייע לו ותומך בו, שהרי לא המנהיג עיקר – אלא ה"עדה".

ה. בשלושה דברים מנהיג ניכר

קיצורם של דברים, מנהיג, כשמו כן הוא, חייב להנהיג. לא להיגרר.

לא כאותו כלב המכשכש בזנבו, רץ לפני אדוניו אך מביט כל פעם לאחור לראות לאן אדוניו רוצה ללכת, אלא מנהיג היודע מאין

הוא בא ולהיכן הוא הולך, בעל חזון ומטרה, היודע למשוך את העם אחריו, לעבר היעד והייעוד, ואינו נגרר אחר תאוות ליבם וגחמות הרגע.

אחד המנהיגים האנגליים הגדולים בהיסטוריה, ראש ממשלה בעל חוש הומור נפלא, אמר פעם בחיוך על חברי מפלגתו:

> "I must follow them. I am their leader". אני חייב לצעוד בעקבותיהם. הרי אני מנהיגם![9]

לא, זה אינו מנהיג אלא מונהג.

מן הכלל, מסתם 'מנהיג', נשוב לעניין שפתחנו בו, למנהיג **רוחני**.

האם קיים הבדל בין מנהיג רוחני למנהיג פוליטי, או, להבדיל, בין מנהיג רוחני ובין מנהיג של קבוצת כדורגל או חבורת עבריינים? האמנם הבדל יש ביניהם?

ומהו מותר המנהיג הרוחני בכלל, ורב בפרט, ממנהיגים אלה?

רבים מדברים בימינו על זילות מוסד הרבנות. ראש וראשון להם היה לא אחר מאשר הראי"ה קוק, מייסד הרבנות הראשית לישראל. לפני מאה שנה(!), במאמרו "כבוד הרבנות"[10] כתב הרב קוק כדברים האלה:

> הדיינות נעשתה בזמן האחרון למין פקידות שחצייה חילונית; ההוראה ירדה מכבודה ונעשתה לכלי שימוש ארעי לנצרכים ולנזקקים לה... הרבנים נסחבו על פי רוב בזרם של איזו סיעה ומפלגה, ובמקום שהיה ראוי להרבנות להתרומם מעל לכל המפלגות ולהראות גלוי לכל כי הרבנים בתור נושאי דגל הקודש מורים דרך ה', הם כטל מאת ה' – משתדלים להשפיע על הכל

9 מיוחס לאנדרו בונאר לאו, ראש ממשלה שמרן, 1922.

10 הראי"ה קוק, "כבוד הרבנות", **מאמרי הראי"ה**, ירושלים תשד"ם, עמ' 52 (במקור: **התור**, שנה א, גיליון ב, תרפ"א).

ולהחזיק במעוז האחדות הכללית של האומה – תחת זאת נעשו גם הם עצמם מוסגרים בתוך מסגרת צרה של סיעה פלונית או מפלגה אלמונית, ומכונסים בתוך הקטנות המפלגתית עם כל חסרונותיה ומגרעותיה...

במאה השנים שעברו מאז נכתבו הדברים, ירד, למרבה הצער ולמגינת לב, מעמד הרבנות – לפחות זו הממוסדת, עד שהגיע לשאול תחתיות, לדיוטה התחתונה ממש, והסקרים המדרגים את מידת אמון הציבור במוסדות השלטון יוכיחו.

אכן, לא תמיד זה היה כך. כשייסד הרב קוק את הרבנות הראשית, מוסד שכמעט לא היה קיים דוגמתו בהיסטוריה היהודית, הוא כיוון למשהו אחר לחלוטין.

בעיני רוחו ראה הרב קוק את הרבנות כ"מרכז רוחני", כמגדלור. אכן, לעיתים נדמית היא יותר לתחנת כוח, רוויית יצרים פוליטיים, שררה, קנאה, תאווה וכבוד, המוציאים את האדם מן העולם.

ביטוי סמלי לכך ניתן למצוא במשכן שקבעה לעצמה. כאשר עברה למשכנה החדש, לפני כשלושים שנה, התנוסס מעל בית הרבנות הראשית בירושלים במשך שנים רבות שלט גדול: "בנק יהב לעובדי המדינה". וזהו, בעצם, הסיפור כולו: למגינת לב הפכה הרבנות מ"היכל שלמה – מרכז רוחני עולמי" ל"בנק", שהרבה מענייניו מושפעים מעסקאות כספיות שונות (דוגמת תחום הכשרות), ולמחלקה של "עובדי מדינה". בשנים האחרונות נדד משכן הרבנות פעם נוספת לבית משרדים רגיל, בקריית המוסכים(!) ואזור התעשייה של שכונת רוממה בירושלים. למרבה הצער, סימל המעבר בצורה טרגית את ירידת קרנה של הרבנות הראשית לישראל, בארץ ובעולם.

אך לא רק הרבנות הראשית לישראל. הרבנות בכלל מצויה במשבר עמוק.

באמת אמרו: יש רבנים גדולים ומגבעותיהם קטנות; ויש רבנים קטנים ומגבעותיהם גדולות; יש רב גדול בתורה ובמצוות, עניו עולם

המקפיד להוסיף לחתימת שמו את התואר "הקטן"; ויש רב קטן, שלא תמיד שנה וודאי שלא שילש, אך מקפיד להקדים לשמו, מעשה גאווה ויהירות, את התואר "הגאון הגדול".

יש רב אוהב שלום ורודף שלום, אוהב את הבריות ומקרבן לתורה; ויש רב תככים, רב חובל ורב מדנים.

יש רב המכהן כמנהיג רוחני, רב פעלים, המנווט את אורחות חייה של קהילתו ומדריכה בדרך הישר; ויש רב שפועל כרב־מכר, התר אחרי כותרות העיתון של יום המחר ומנווט את אורחותיו לפיהן.

יש רב מְטַעַם, ויש רב עִם טַעַם. הראשון, קשריו – ולא כישוריו – הם אומנותו, ואילו השני, פיו מפיק מרגליות וכל דבריו "תפוחי זהב במשכיות כסף, דבר דבור על אופניו".

יש רב ששמו הטוב הולך לפניו, ומפיץ ניחוחו, ויוצא מוניטין שלו בעולם, והכול משחרים לפתחו, ויש מן הרבנים שדלותם וריקנותם אומנותם, השוכרים להם דוברים, ויחצ"נים ויועצי תקשורת, שיפארו את שמם בעולם.

יש רב שמדבר מעט ועושה הרבה, בעל יושר ויושרה, תם לב ותוכו כברו; ויש רב שמדבר הרבה ועושה מעט, ואף הוא, תוכו חלול כברו.

יש רב שקורא "אחריי", מנהיג בחסד, הקובע יעדים, מציב אתגרים ויכול להם, ואף שלא תמיד שובים הם את לב ההמון צריך להם ולשכמותם; ויש רב שאומר "אחריי המבול". הראשון, מנהיג בעל עוצמה, ואילו השני, רכרוכי וחסר חוט שדרה, המביט לאחור כדי לראות מה רוצה עדתו, ועל פיה הוא נוהג, או בעצם, מונהג.

יש רב המקדש שם שמיים, בהליכותיו ובהלכותיו; ויש רב המחלל שם שמיים, נושא אותו לשווא, ומבזה את התורה ואת לומדיה.

יש רב שכותב ספר קטן, עם חידושים גדולים, ומותיר אחריו מורשת גדולה גם לשעה גם לדורות; ויש רב העושה ספרים הרבה, מרובי כמות ומעוטי איכות.

יש רב המכיר בו זמנית הן את בית המדרש הן את "שוק החיים", מעורה היטב בחיי קהילתו, יוצא ובא בבתי בניה, שמח בשמחתם, כואב

את כאבם ומכיר בצערם; ויש רב שראשו ורובו בספרים, מנותק מחיי העולם הזה, וקיים נתק גמור בינו ובין בני הקהילה שאותה אמור הוא להנהיג. שפתם אינה שפתו, שמחותיהם אינן שמחותיו, וכאבם אינו כאבו.

יש רב שדמעת העשוקים ניצבת לנגד עיניו, דורש משפט, עושה חסד, מאזין לקולם של העני והמך, היתום והאלמנה, ויש רב שמחבר הון ושלטון, ששררתו אומנותו. הראשון, עושה לו א־להים ובועט באלילי הכסף, והשני מוכן למכור את א־להיו עבור עגל הזהב.

על הראשונים נאמר: "הנה מה טוב ומה נעים", ועל האחרונים נאמר: "גם תבן גם מספוא – רב עמנו". ויש מוסיפים: "וסלחת לעווננו – כי רב הוא".

פעם כינו את הרב "חכם", ויש שנמנעו כליל מלעטרו בתוארי כבוד ואמרו "גדול מרבן – שמו", ששמו הטוב הלך לפניו והפיץ ניחוחו ויצא מוניטין שלו בעולם, ואילו היום כמעט נשתכח שם "חכם" מתוארי הרבנים. ויש מן הרבנים שסוברים כי הכול "בעזרת השם", ומעטרים עצמם בשמות מפוצצים אך חלולים וריקים מתוכן, דוגמת "רבן של כל בני הגולה", "הגאון העצום" וכיוצא בזה.

מיהו "רב"? ומהי "רבנות"? עיון באוצרות הלשון העברית מלמדים שלמן המאה הי"ב ואילך היה זה שם נרדף למורה הוראה בישראל, חכם תורה, איש רוח. מנהג יפה עשו להם אבותינו, "שלא כל הרוצה ליטול את השם – יבוא וייטול", והמבקש להתעטר בתואר "רב" יתכבד תחילה וישב בבית המדרש כך וכך שנים, וימלא כרסו בש"ס ופוסקים, ספרי הלכה והגות, ואחר יעמוד למבחן עד שיהא ראוי ל"סמיכה" – זו סמיכת חכמים, חכמי תורה מוכרים שיסמכו ידיו עליו ויעטרוהו בכתר הרבנות.

משנידלדלו הדורות ונתמעטו חכמי תורה, החל כל אדם, בין ראוי בין שאינו ראוי, לעטר עצמו בתואר "רב", ואין פוצה פה ומצפצף.

לצד ה"רב" המסורתי קמו תארים חדשים המייצגים את רוח הזמן, התקופה והמקום. וכך נולדו ה"רבנית" וה"רַבָּה", ה"רבי", הראביי וה"רעבע", ה"מורה" וה"מורי", ה"חכם" וה"גאון", "אדמו"ר", "מרן"

ו"ראש הישיבה", ה"ראשון לציון" ו"ראש הרבנים", "רב ראשי אשכנזי" ו"רב ראשי ספרדי".

האינפלציה במחזיקי התואר בימינו הביאה לזילותו של המונח ולזלזול בתוכן שהוא מייצג. עד כדי כך שבחוגים מסוימים כל איש ציבור ואפילו סתם בעל זקן זוכה מיד לתואר "רב", בין אם צורבא מדרבנן הוא, בין אם עם הארץ מדאורייתא הוא.

סוף דבר הכול נשמע: הגיעה העת להשיב עטרת הרבנות ליושנה, ולהימנע מהענקת התואר למי שאינו ראוי לו. וכל הנושאו שלא לשווא, יכיר וידע כי לא שררה הוא נוטל לעצמו, אלא עבדות.

נחתום דברינו בדברים שאמרו רבנים עתירי ניסיון על רבנים ועל מנהיגות רבנית:

"פעמיים, בשני מועדים, ממתינה הקהילה לרבה. פעם, בסיום קריאת שמע, ופעם בסיומה של תפילת העמידה. בסיום קריאת שמע ממתין הקהל שרבו יאמר 'ה' א־להיכם, **אמת**'. בסיום תפילת העמידה ממתין הקהל שיאמר הרב 'עושה **שלום** במרומיו' ויפסע לאחוריו".

ללמדנו, אמר דודי עליו השלום, רבי שמואל אבידור, איש ירושלים, שקהילה מצפה ממנהיגה הרוחני, מרבה וממורה דרכה, לשני עיקרים: שיאמר **אמת** ויעשה **שלום**.

והאמת והשלום – אהבו.

ולא עוד אלא שאמירת "עושה שלום" מלווה בפסיעה לאחור והותרת מרווח גם לאחרים. וכמאמרו היפה של רבי נחמן מברסלב על משנת אבות (א, יז): "כל ימי **גדלתי** בין החכמים". למה נקט לשון "גדלתי" ולא "למדתי" או "עמדתי"? ומה טעם "**בין** החכמים" ולא "**עִם** החכמים"? ללמדנו, אמר רבי נחמן, שחכמים אמיתיים אינם חוסמים את הדרך בפני עמיתיהם הצעירים, רומסים אותם ומקטינים את קומתם, אלא מותירים להם מרווח "בין החכמים", וכך יכולים עמיתיהם "לגדול", לצמוח ולפרוח.

מוספים עליהם דברי אחד מגדולי חכמי התורה בדורות האחרונים, רבי חיים סולובייצ'יק מבריסק, בדברים שהובאו מפי

נכדו, הרב יוסף דב סולובייצ'יק, "הרב", מורה ומנהיג לאלפי רבנים, "איש ההלכה":

> סיפר לי דודי, הרב מאיר ברלין, כי פעם שאל את ר' חיים, איש בריסק, מה היא תעודת הרב.
> ענה ר' חיים ואמר: "לתבוע עלבונם של גלמודים ועזובים, להגן על כבוד עניים ולהציל עשוק מיד עושקו".
> לא ההוראה, לא ההנהגה הפוליטית, אלא התגשמות אידיאלי הצדק הינה עמוד האש של רב ומורה הוראה בישראל. התגשמות אידיאלי הצדק היא מילוי תעודת יצירה שהוטלה על האדם, תיקון העולם במלכות ההלכה וחידוש פני הבריאה. אין פולחן דתי מועיל כלום אם דיני הצדק ועקרונותיו מתחללים ונדרסים ברגל גאווה. "מצווה הבאה בעבירה" – אינה כלום. "אני ה'... שונא גזל בעולה". עושק מעכב תפילותיו של אדם מלהתקבל במרומים. צער עניים וחלישות דעתם של אביונים, שפלי רוח, שקולים כנגד כמה מצוות.
> לתבוע עלבונם של גלמודים ועזובים, להציל עשוק מיד עושקו – זו תורת הרב, זו תורת המנהיג הרוחני, כולה, ואידך – אך פירושא הוא.[11]

נצא – ונלמד.

ו. מן הכלל אל הפרט: הרב שלמה ריסקין - רב פעלים

בנוף הרבנות, בארץ ובעולם, שבו יש רבנים הרבה, מאות, אלפים ורבבות, הרב שלמה ריסקין הוא רב מסוג מיוחד. אחד, יחיד ומיוחד. Unicum. או בלשון המשפטנים: Sui generis. באופיו, בלשונו, בסגנונו.

11 "איש ההלכה", **איש ההלכה – גלוי ונסתר**, ירושלים תשנ"ב, עמ' 80.

היה זה לפני שנות דור, אולי יובל שנים, שבגני הילדים וגם בבתי הספר בישראל נהגו לחלק לילדים דפי עבודה ועליהם צמדי מילים או תמונות של אנשים, פרחים ובעלי חיים שונים. רב, שופט, רופא, מורה, שושנה, עץ תפוזים, סוס, כבשה, כלב, דג. לצידם הוצבו סוגים שונים של איורי ״בתים״ או מילים תואמות: בית כנסת, בית משפט, בית חולים, בית ספר, שדה, פרדס, אורווה, דיר, מלונה, אקווריום.

הילדים נדרשו למתוח, באמצעות סרגל, קווים צבעוניים ישרים, ו״לשייך״ כל אדם או בעל חיים למקומו ה״נכון״: הרב שויך בקו שחור לבית הכנסת; השופט שויך בקו אפור – לבית המשפט; המורה שויך בקו צהוב – לבית הספר; הרופא שויך בקו לבן – לבית החולים; השושנה חוברה לאגרטל, עץ התפוזים – לפרדס, הסוס – לאורווה, הכבשה – לדיר, הכלב – למלונה, והדג – לאקווריום. בסופו של דבר היה מתקבל דף ובו קווים ישרים ששייכו כל גורם בתמונה למקומו ה״נכון״.

הרב ריסקין מערבב את כל הקווים ושוזר אותם זה בזה. הוא אינו נכנס לתבנית מסורתית אחת אלא משייט בין עולמות שונים. בן ארצות הברית הטובל כולו בהווייתן של ארץ ישראל ומדינת ישראל; רב עיר בישראל אך נטול זקן (היחיד מבין רבני הערים בישראל); מנהיג קהילה המרתק בשיחותיו מאות ואלפים, אך יודע לבוא גם, ובצורה מופלאה, בסוד שיחו של היחיד, בשיחה אישית, אינטימית, בדברים היוצאים מן הלב ונכנסים אליו; ראש מוסדות ״אור תורה סטון״, אימפריה של חינוך, המקפיד בכל בוקר, תמידין כסדרן ומוספין כהלכתן, לקיים באדיקות גם את מצוות לימוד הדַּף היומי, גם את מצוות ה־״deep״ היומי, קיום של ״ונשמרתם מאד לנפשותיכם״ באמצעות שחיית בוקר בבריכה שבגוש עציון; תלמידו של ״הרב״, הגרי״ד סולובייצ׳יק, איש בית המדרש הבריסקאי המחמיר והקפדן, אך בד בבד פורץ דרך בנקיטת ״כוחא דהתירא״ בענייני גיור והתרת עגונות; ״יהודי של שבת״ המתעטף מדי שבת בקפוטה שחורה ארוכה, אך תומך נלהב של לימוד תורה לנשים והסמכתן כר״מיות, משגיחות כשרות, יועצות הלכה וטוענות בית דין.

במילים פשוטות: הוא לא רק רב, אלא רב אנפין, רב פנים, רב גוונים ורב פעלים, המשייט בעולמות שונים ומגוונים, בעל בית בתרבויות וספרויות שונות.

כמנהיג אמיתי, פעל כל ימיו להצלת "עשוק מיד עושקו". אוזנו הייתה כראויה לשמוע צעקת דלים, וליבו – לב שומע היה.

דומה שאחת התכונות המבדילות את הרב ריסקין מרוב עמיתיו היא אומץ הלב. קיום מצוות "לא תגורו מפני איש" בהידור רב. בעיניי ראיתי: גם כשאמירה שלו (דוגמת התייחסותו לרבנות הראשית) או מעשה (דוגמת עריכת גיור 'פרטי' או התרת מסורבת גט) היו עשויים לעלות לו במחיר אישי כבד, באובדן משרתו ומעמדו כרב עיר, או בפגיעה בכבודו, לא נרתע מלהשמיע את קולו ברמה. קול אמיץ, צלול וברור. ללא מורא, ללא משוא פנים. מתנגדיו בשלהם – והוא בשלו.

במובן זה הלך בדרכי אבות, שמעשיהם, כידוע, סימן לבנים הם. את הפסוק "וְיַעֲקֹב הָלַךְ **לְדַרְכּוֹ** וַיִּפְגְּעוּ בוֹ מַלְאֲכֵי אֱ־לֹהִים" (בראשית לב, ב) פירש הרי"ד סולובייצ'יק כך: יעקב לא הסתפק בהליכה בדרך שכבשו אחרים. יעקב הלך **לדרכו**, קרי: בדרך המקורית והמיוחדת לו. וכיון שהיה משוכנע בצדקת דרכו לא נטה ימינה או שמאלה. כיון שהלך **לדרכו** – "וַיִּפְגְּעוּ בוֹ מַלְאֲכֵי אֱ־לֹהִים", זכה להשראת שכינה.

ואפשר שלא מקרה הוא, שה"דרך" נזכרת גם במשנה ממסכת אבות (ג, ט) שנאמרה בשם התנא **יעקב** (!), דמות נדירה בעולמם של חז"ל, שאמר: "המהלך **בדרך** ושונה **ומפסיק ממשנתו** ואומר: מה נאה אילן זה! מה נאה ניר זה! מעלה עליו הכתוב כאילו מתחייב בנפשו".

וכאן הבן שואל: ניתן להבין שהמפסיק ממשנתו ייתפס בעיני חכמים כדמות שלילית, אך מכאן ועד "התחייבות בנפשו"? וכי חטא כה גדול הוא זה עד שחייב הוא מיתה?

עיון במסכת חייו של "בעל השמועה" מלמד שאפשר ודיבר כאן מנהמת לבו: סבו של התנא, אבי אמו, היה לא אחר מאשר 'אַחֵר', אלישע בן אבויה, שפסק ממשנתו ו"אילן" שנתלה בו הביא להדרתו מעולמם של חכמים.

הראי"ה קוק זצ"ל תלה את החומרה שבמשנה זו בעצם ה"הפסקה", בחיץ שהיא משקפת בין התורה לטבע. מי שסבור כי קיים ניגוד בין היופי שבטבע ובין העיסוק בתורה – מתחייב בנפשו.

אבי, הרב מנחם הכהן יצ"ו, הסביר את הדברים בדרך הדרש ותוך דיוק בדברי המשנה: ההולך **בדרך** – דרכו שלו – ו'שונה' בה, חוזר עליה, ו'שונה' אותה, לומד אותה ומלמדה לאחרים, מייסד לו שיטה עצמאית משלו ואינו נגרר אחר ההמון, אך לפתע מפסיק הוא מ"משנתו" (ודוק: לא נאמר סתם 'ומפסיק' או 'ומפסיק ללמוד' אלא מ'משנתו' דווקא!), מפני שמבקש לעצמו את המנוחה והנחלה, להיות בחיקו החמים של הקונצנזוס וליהנות מה"אילן הנאה" וה"ניר נאה" שכרוכים בו, הריהו "מתחייב בנפשו".

אין אדם רשאי להפסיק מפעל חיים של ערכים ואידאלים רק מפני שעייף מן המאבקים שבצידם.

במובן זה משמש הרב ריסקין דוגמה לרבים. גם בהגיעו לגיל עצה, שיבה וגבורות, אין הוא נח ממשנתו. באותו מרץ, באותה מסירות, מתוך אותה נאמנות, "שונה" הוא את "משנתו", משנה של אהבת אדם, כל אדם; משנה של רגישות לזולת; משנה של ערבות הדדית; משנה של חינוך לתורה ויראת שמיים, משנה של "ומקרבן לתורה".

רבים דורשים אותו לשבח, אך יש גם כאלה שדורשים אותו לגנאי. וזו, כשלעצמה, סימן לרבנות של אמת היא. כמאמר המיוחס לר' ישראל סלנטר: "רב שהרבה קנאה עושה, הרבה צרות עין עושה. ואילו הוא, לא ירא ולא חת מפניהם. קיים בעצמו מצוות 'לא תגורו מפני איש', והחמיר בה. כמהדרין מן המהדרין".

אלמלא ראיתי בעיניי ובאוזניי שמעתי, לא הייתי מאמין. היה זה בימים שבהם הגיע הרב לגיל עצה. לפי הדין, בהגיעו של רב עיר לגיל זה עליו לפרוש מכהונתו לגמלאות אלא אם מועצת הרבנות הראשית מאריכה אותה למשך חמש שנים נוספות. בשל מאבקיו של הרב בנושא הגיור, ואמירותיו הנחרצות כלפי מעילתם של כמה מאנשי הרבנות

הראשית לישראל בתפקידם, כך לדעתו, ביקשו כמה מחברי המועצה למנוע את הארכת כהונתו.

הרב ריסקין לא היה זקוק למשרה הרשמית כדי לכלכל בה את בני ביתו. לו רק רצה, היה יכול להרוויח פי כמה אילו היה נוטש את הכהונה הרשמית על המגבלות שהיא מטילה על הנושאים בה.

אבל העיקרון היה חשוב בעיניו. אין מעבירים רב מכהונתו רק בשל כך שהעז לעמוד על דעתו, להשמיע דעה חולקת. כמו במקרים אחרים, נלחם על שלו, שָׂרָה עימם, ויכול היה להם. באותם ימים ייצגתי אותו, לפני הקלעים ומאחוריהם. לא אחת הייתי מקבל טלפון בשעות הקטנות של הלילה, ממספר חסוי. דרך כלל הייתי נמנע מלהשיב למספר שאינו מזוהה, אך הפעם, לא אדע מאיזו סיבה, חרגתי ממנהגי. "כאן שלמה ריסקין. ממלבורן שבאוסטרליה", נשמע הקול המוכר מעברו השני של קו הטלפון. עברו־חלפו להן כמה שעות. ושוב הטלפון מצלצל. גם הפעם המספר חסוי. "כאן שלמה ריסקין, ממדריד". וכך, בכל כמה שעות, קיבלתי "קריאות השכמה", בכל שעות היום והלילה, מכל פינות הגלובוס, מ"הרב המעופף", "אבינו שבשמיים". דבֵקות במטרה שאין שנייה לה, חתירה אלי יעד עד השגתו. למותר לומר שבעקבות הנחישות שהפגין זכה הרב גם הפעם בהארכת הכהונה.

כך בנושא הרבנות, וכך בנושא הגיור. "איני מבין כיצד ניתן לאטום את הלב אל מול כל אותם אנשים המבקשים להצטרף לעם היהודי באמת ובתמים, גרי צדק אמיתיים". אמר – ועשה. על אף שהמאבק היה עשוי לעלות לו בכיסא רבנותו באפרת, ואף שחרב הפסקת מתן ההרשאה לרישום נישואין התנוססה כל העת מעל שמיו, לא נרתע הרב.

הרב ריסקין, קטן בקומתו, אך גדול בעוצמת קולו. קול, שלא אחת הלך "מסוף העולם ועד סופו".

היה זה קול 'אחר', שונה, לטוב או למוטב, תלוי בעיני השומע והמתבונן. בדומה לנביאי ישראל, שהתריעו בשער על עוולות וקראו לתקן את המעוות, לא אחת תוך סיכון עצמי, מצא עצמו גם הרב

ריסקין לא אחת כ״קול קורא במדבר״, זועק חמס על עוולות הממסד הרבני, חושף את פגמיו ומומיו, וקורא בעוז: ״המלך (ומאן מלכי? רבנן[12]) הוא עירום!״.

במקרים מסוימים, נדמה הרב ריסקין, בטובתו או שלא בטובתו, ה־״enfant terrible״, הרב השובב, הילד השובבני של העולם הרבני, שובר המוסכמות ומציב האתגרים. עולם שאין בו ולו ״ילד שובב״ אחד כזה הוא עולם משעמם, קר ומנוכר, נטול לחלוחית (אך עולם שיש בו יותר מ״ילד שובב״ אחד עשוי למצוא עצמו בבעיה, מאותגר כל העת, ונגרר למחלוקות אין קץ...).

לא נותר לנו אלא לאחל לרב שלמה ריסקין ולנוות ביתו ויקי עוד הרבה שנים של עשייה פורייה, מתוך בריות גופא, נהורא מעליא ושלוות הנפש.

12 ראו גיטין סב ע״א, והשוו לנדרים כ ע״ב: ״מאן מלאכי השרת? רבנן״.

חכמת העמים בגיליונות ובעיונים של נחמה ליבוביץ

ד"ר שמואל ויגודה

לרב שלמה ריסקין, תלמיד ותיק של נחמה, בהוקרה רבה
על שעות – לא שגרתיות – של שיח בתורה, לומדיה
ומלמדיה שהכיר, וזיכני להכיר ולו במעט.
"עוד ינובון בשיבה, דשנים ורעננים יהיו"

במשך מאות בשנים נדחק לימוד התנ"ך לקרן זווית של בית המדרש. אין בקביעה זו כדי לומר שיהודים לא למדו חומש עם רש"י ולעיתים פרשנים נוספים, אלא שהתנ"ך חדל להיות תחום שרוב מניינו ורוב בניינו של עם ישראל ראה בו ביטוי למצוינות האינטלקטואלית היהודית. את מקומו של התנ"ך כטקסט יסוד ללימוד, לעיון ולשאיפה לחדש בו, תפס התלמוד הבבלי, דף הגמרא. כבר רבנו תם, נכדו של רש"י ואחד ממנהיגי הדור המרכזיים בתקופת הזוהר של יהדות אשכנז בימי הביניים, קבע:

> פירש הקונטרס ב' ימים מקרא ב' ימים משנה וב' ימים תלמוד, ולשון ליומי דחקו לפרש כן. מיהו אכתי איכא לאקשויי מי ידע

כמה חי, לכך נראה ליומי בכל יום, ולכך תקנו פסוקי התמיד ומשנת איזהו מקומן ובריתא דרבי ישמעאל. ונראה לר"ת דאנו שעוסקין **בתלמוד בבלי** דיינו כי הוא **בלול במקרא במשנה ובתלמוד** כדאמרינן בסנהדרין (דף כה.) בבל בלולה במקרא בלולה במשנה בלולה בתלמוד.[1]

רבנו תם רואה בעיסוק הלמדני בתלמוד הבבלי מענה לדרישת חז"ל של לימוד יומיומי של מקרא, משנה ותלמוד, והוא אכן מצוטט בדברי הרא"ש[2] וראשונים אחרים. מרתקת במיוחד לענייננו התייחסותו של רבנו ירוחם המסתמך תחילה על דברי רבנו תם, ומוסיף:

> חייב אדם לשלש כל ימיו שליש במקרא שליש במשנה שליש בתלמוד כך פשוט בקדושין ופירש רש"י לשלש ימי השבת (השבוע) ויש מפרשים כל היום, ורבנו תם כתב דאנו סומכין אהא דקאמרינן בסנהדרין תלמוד בבלי בלול במקרא ובמשנה ובתלמוד ובו אנו יוצאין ידי חובתינו. יש מהמפרשים שכתבו דהא דאמרינן שליש במקרא דוקא לתינוק שעדין לא קרא מקרא כל צרכו **אבל אדם שקרא מקרא אינו רשאי לעסוק בה שליש ימיו ויבטל מן המשנה ומן התלמוד**.[3]

1 תוספות, עבודה זרה יט ע"ב ד"ה ישלש אדם שנותיו וכו' אלא ליומי.

2 ראו רא"ש, קידושין פרק א סימן מג: "אמר ריב"ל לעולם ישלש אדם שנותיו שליש במקרא שליש במשנה שליש בגמרא ומי יודע כמה חיי כי קאמר ליומי. פירש רש"י ימי השבת. ויש מפרשים ישלש בכל יום ועל כן סדר רב עמרם לומר בכל יום קודם פסוקי דזמרה מקרא משנה וגמרא. ור"ת ז"ל מפרש דאנן סומכין אהא דאמרינן בסנהדרין (דף כד א) גמרת בבלי בלול במקרא במשנה בגמרא ובו אנו יוצאין ידי חובותינו".

3 ראו: רבנו ירוחם – תולדות אדם נתיב ב חלק א דף טז טור ד. הדגש ששם רבנו ירוחם על מרכזיותו של התלמוד, קיבל ברבות העיתים ביטוי מעשי של דחיקת לימוד התנ"ך למקום משני.

עמדה זו, הדוחקת בעליל את העיסוק במקרא לטובת עיסוק מעמיק ומקיף בתלמוד הבבלי, קנתה לה מקום של כבוד בראש ובראשונה בקהילות אשכנז,[4] אך גם – אם כי במידה פחותה – בקהילות נוספות כגון פרובנס, ספרד וצפון אפריקה. למותר לציין שלימוד המקרא לא נעלם כליל מבאי בית המדרש; חלק ניכר מהדמויות שעיצבו את תולדות הפרשנות של התנ"ך, החל ברשב"ם (אחיו של רבנו תם וממפרשי המקרא החשובים) והרמב"ן וכלה בנצי"ב מוולוז'ין ור' מאיר שמחה מדווינסק, עסקו גם במקרא וכתבו פירושים ראשונים במעלה בחשיבותם. אולם יש לזכור שעיקר עיסוקם היה בתלמוד ובהלכה, בחינת "לאסוקי שמעתתא אליבא דהלכתא";[5] עיסוק זה הוא אשר הקנה להם בדרך כלל את מעמדם בעולם ההלכה בחייהם ולדורות.

זאת ועוד, במרוצת הדורות ביקשו עולמות נוספים "בעלות" על ספר הספרים, ובראשם העולם הנוצרי־קתולי אשר ביקש לשמור עליו תוך שהוא רואה בו "ברית ישנה" לצד "ברית חדשה" מחייבת יותר, אולם בפועל הקפיד מאוד על כך שכתבי הקודש יהיו נגישים בשלוש שפות בלבד: עברית, יוונית ולטינית. בכך נמנעה בפועל הגישה לכתבי הקודש מהמון העם שדיבר והכיר בדרך כלל רק את השפה המקומית. החל בהמצאת הדפוס בשלהי המאה החמש עשרה,

4 סוגיית מקומו של לימוד המקרא באשכנז נחקרה באורח שיטתי מהמאה התשע עשרה ועד לשנים האחרונות. לאחדים ממחקרים אלו, ראו: ש' פוזננסקי, **מבוא על חכמי צרפת מפרשי המקרא**, ברלין תקע"ג, עמ' 53–54; מ' ברויאר, "מנעו בניכם מן ההגיון", **מכתם לדוד – ספר זכרון לרב דוד אוקס**, רמת גן תשל"ח, עמ' 242–261; א' קנרפוגל, **החינוך והחברה היהודית באירופה הצפונית בימי הביניים**, תל אביב 2003, עמ' 143–158 (במאמר זה מפנה המחבר לספרות משנה ענפה).

5 הביטוי מופיע בווריאציות שונות בתלמוד הבבלי ובעיקר במדרש ילקוט שמעוני. במסכת סוטה כא ע"א דנה הגמרא בנסיבות שבהן מגינה התורה על לומדיה, ואומרת: "מר זוטרא אמר: זה תלמיד חכם דסלקא ליה שמעתתא אליבא דהלכתא", כלומר, מדובר על תלמיד חכם החותר בלימודו להבין את הסוגיה על פי ההלכה. ראו גם ילקוט שמעוני, וזאת הברכה, רמז תתקנה, ד"ה יורו משפטיך ליעקב. ברבות השנים הפך ביטוי זה לאחת ממתודות הלימוד של העולם הישיבתי לסוגיו ולגווניו.

ברפורמציה ובמהפכה הלותרנית שהציעה בפעם הראשונה תרגום נגיש יותר לגרמנית,[6] החל העולם הנוצרי בכלל והפרוטסטנטי בפרט לעסוק בקדחתנות במקרא, ואגב עיסוק זה גם בתיאוריה של פרשנות או בהרמנויטיקה כקטגוריה פילוסופית. דרישתו של לותר "Sola Scriptura"[7] וכן התזות הפילוסופיות של שפינוזה ופילוסופים נוספים, הביאו לידי התפתחותה של ביקורת המקרא הקלאסית – תחילה בעולם

6 בניגוד לדעה המקובלת, לותר לא היה הראשון אשר תרגם את כתבי הקודש. ניסיונות ראשוניים בכיוון זה נעשו עוד במאה השלוש עשרה על ידי המלומד Jean Le Bon מאוניברסיטת פריס, בתרגום לצרפתית, אלא שהוא לא סיים בעצמו את המלאכה, וזו הושלמה במאה הארבע עשרה על ידי Jean de Sy וצוות נזירים דומיניקאנים. במאה החמש עשרה אפשר למצוא תרגומים לאיטלקית (1471), לצרפתית (1474), להולנדית (הביבליה של דלפת 1477) ולצ'כית (1488). ברם, רוב התרגומים הללו לא היו נגישים עבור המון העם משתי סיבות עיקריות: ראשית בשל עלותם היקרה, ושנית מפני שהללו נעשו לפני המצאת הדפוס או לכל הפחות ממש בראשיתו, שעה שאמצעי זה טרם שימש את הרבים. תרגומו של לותר ב־1522 זכה לתפוצה רבה בשל הפופולריות הרבה של האיש ודעותיו בחוגים נרחבים בנסיכויות הגרמניות דאז, בשילוב עם המצאת הדפוס והפעלתו באותה תקופה.

7 לאחר השלב הראשון של המחאה וההתנגדות הגלויה כלפי הנהגת הממסד הקתולי, החל לותר ב־1521 בקביעת העקרונות התיאולוגיים שיגדירו את הדת החדשה. עקרונות אלו ידועים כחמשת ה"סולז": 1) Sola Scriptura – רק כתבי הקודש ולא התובנות הפרשניות של האפיפיור; 2) Sola Fide – רק האמונה ולא כל התוספות הפולחניות שהממסד הקתולי הוסיף במהלך הדורות, בדרך כלל במטרה להשיג כספים שיממנו את פעילותו ותוכניותיו (כמו מכירת אינדולגנציות); 3) Sola Gratia – רק חסד האל מאפשר קיום וגאולה לאדם ולא טקסים ופולחן לסוגיו; 4) Soli Deo gloria – רק חיים המוקדשים לפאר את האל ולא חלוקה בין חיי קודש וחיי חולין כפי שהכנסייה הקתולית קיבלה; 5) Solo Christo – רק ישו כגואל הוא המתווך בין האדם לאל ולא הממסד המורכב והמפותל של הכנסייה הרומית-קתולית. הדרישה ל־Sola Scriptura הביאה עד מהרה לעיסוק מחודש ונמרץ בכתבי הקודש עצמם אך גם בעקרונות של מה היא פרשנות ומתי היא לגיטימית. בעניין זה ראו: David T. King and William Webster, *Battle for the Ground, Volume II*, Washington, USA. יצוין כי סוגיה זו הסעירה – ובהרבה מובנים ממשיכה להסעיר – את העולם הנוצרי ומהווה סלע מחלוקת בין קתולים לפרוטסטנטים, בעיקר בנוגע לעמדתם של אבות הכנסייה בסוגיה זו וכן בנוגע לאפשרות הממשית להבין את כתבי הקודש מתוך עצמם.

הנוצרי אך עד מהרה בעקבות ההשכלה גם בעולם היהודי, דבר שרק הרחיק עוד יותר את העיסוק בתנ"ך משלומי אמוני ישראל בכלל ומבאי בית המדרש בפרט.

העיסוק המחודש בתנ"ך ובתכניו על ידי בני – ולימים בנות – תורה, הוא אפוא בבחינת תופעה חדשה יחסית. ניתן להצביע על כמה דמויות שהביאו לתפנית חשובה זו, שבמסגרתה עוסקים לעומק בתנ"ך, בפרשנותו, בהתמודדות עם האתגרים האמוניים והאינטלקטואליים שהציבו הקבוצות האחרות שעסקו בתנ"ך, וכן בצדדים מחודשים של עיסוק בתנ"ך כגון הריאליה, הגיאוגרפיה, ההיסטוריוגרפיה וכיו"ב. בין הדמויות הללו דומה שמקום מיוחד, ויש לומר חלוצי, שמור למפעלה החינוכי הכביר של נחמה ליבוביץ ז"ל. עוד בימים שלפני קום המדינה וביתר שאת בימיה הראשונים של המדינה, שעה שלימוד התנ"ך עדיין היה רחוק ממצבו כיום, החלה מורה "אלמונית" בסמינר "המזרחי" למורות בירושלים לפנות אל הציבור הרחב דרך גיליונות ללימוד פרשת שבוע,[8] והללו זכו עד מהרה לתפוצה רבה בכל שכבות הציבור בארץ ובקהילות יהודיות רבות בעולם, דבר שהביא לידי מהפכה של ממש בכל מה שקשור ללימוד פרשת שבוע ותנ"ך בכלל.

במאמר זה אני מבקש להתמקד בפן ייחודי של מהפכה זו. בדרך כלל כאשר מתחוללת מהפכה, בתחום המדיני למשל, סמלי השלטון הקודם מושלכים ארצה, ורק אלו של השלטון החדש מוצגים בראש כל חוצות. כך הדבר גם בתחום האידיאולוגי־רוחני. ניתן היה אפוא

8 הגיליונות הראשונים החלו להופיע בשנת 1942 כאשר הציבור הרחב היה מוזמן מדי שבוע לבחון סוגיה מסוימת מתוך פרשת השבוע ולענות על סדרת שאלות, לשלוח תשובות בדואר לנחמה והיא הייתה בודקת אותן ושולחת אותן בחזרה עם הערות ותיקונים. מפעל מעין זה מהווה ניסיון יחיד במינו כמעט בעולם הלימוד בכלל ובעולם לימוד התורה והיהדות בפרט. לאחר כשתים עשרה שנה החלה נחמה לפרסם את "העיונים" בספרים על כל חומש מחמשת חומשי תורה, המבוססים על שיטה זו, ובהם גם התשובות לשאלות העיון. פרסום העיונים השתרע על פני שנים רבות: בראשית תשכ"ו; שמות תש"ל; ויקרא תשמ"ג; במדבר תשנ"ו; ודברים תשנ"ד.

לצפות כי בהחזרתו של התנ"ך לחיק בית המדרש, יימחק כל זכר של תרבות זרה, ובעיקר של אותה תרבות מערבית אשר טענה לבעלות על הספר. הטיעון הנוצרי התבסס על כך שהנצרות מייצגת את "ישראל האמיתי"[9] – Israel Verus – ולכן היא הבעלים על התנ"ך, והיא הפכה אותו ל"ברית ישנה" שאינו אלא בסיס לברית החדשה והמחייבת. ואמנם, כך קרה ובמידה רבה קורה עד היום בחוגים ההולכים ורבים של לומדי תנ"ך בבית המדרש. מכנה משותף לכולם, או לרובם המוחלט, הוא ניסיון לגשת אל ספר הספרים מתוך זווית יהודית צרופה, בראש ובראשונה בכל מה שקשור לתכנים, אולם גם בענייני מתודה. אפשר להזכיר שיטות חינוכיות שלמות כגון שיטת "ברקאי"[10] ושיטת "זילברמן"[11] אשר מהוות ניסיון יהודי שורשי המותאם לעם ישראל

9 המושג Israel Verus או "ישראל האמיתי" מופיע לראשונה אצל יוסטיניאנוס, מאבות הכנסייה, בחיבורו Dialogue with Trypho, שבו הוא מגן על הנצרות בוויכוח ספרותי עם בר שיח יהודי נאמן. תקופה זו היא תקופה של המחלוקת הסוערת בין יהודים לנוצרים, ואחד מן התיאולוגים הנוצרים הראשונים, מרקיאון, Marcion of Sinope, הציע לבטל כליל כל השפעה של הנצרות על היהדות. הטענה שהנצרות היא "ישראל האמיתי" חזרה בכתביהם של טורטוליאנוס, Tertullian, ותיאולוגים נוצרים עד המאה השישית. טענה זו כונתה "תיאולוגית ההחלפה" (replacement theology or supersessionism) והפכה לציר מרכזי בתיאולוגיה הנוצרית עד המחצית השנייה של המאה העשרים – באנציקליקה שפרסם האפיפיור פיוס ה־12 בעיצומה של השואה ב־29 ביוני 1943 הוא חוזר על טיעון זה. רק האפיפיור יוחנן ה־23 בוועידת וטיקן השנייה ביטל את העיקרון הזה, ומאז התבטא גם האפיפיור יוחנן פאולוס השני ברוח דומה.

10 המשנה בפרקי אבות קובעת "בן חמש שנים למקרא, בן עשר למשנה...", ועל בסיסה הגה לפני קרוב לשלושים שנה הרב דן בארי שיטת לימוד ייחודית, החותרת להקנות בכיתות א'-ד' את מרבית ספרי המקרא בידיעה מקיפה ומעמיקה, תוך תשומת לב ללשון המקראית, הכרת אורח החיים בעולם המקרא, ותחומי ידע כלליים המשיקים ונוגעים למקרא ולהבנתו. השיטה זכתה ועודנה זוכה לפופולריות רבה בחלקים רבים של הציבור הדתי־לאומי והחרדי־לאומי. אולם רבים מבקרים את השיטה הן מבחינה תוכנית הן באשר לשיטת ההוראה שהיא מציעה.

11 שיטת זילברמן היא כינוי לשיטה לימודית המבוססת על שיטתו של הגאון מווילנא אולם בפועל עוצבה לכדי שיטה פדגוגית על ידי הרב יצחק שלמה זילברמן (1929–2001). השיטה מבוססת על שינון רב מאוד ודחיית לימוד הגמרא

השב לארצו ולרוחו. חשוב להבהיר כי אין בכוונתי לטעון ששיטות אלו מייצגות זווית אידיאולוגית־חינוכית אחת ויחידה. למעשה, הבא לבחון שיטות אלו לעומקן ואת אופני יישומן בשטח, ייווכח עד מהרה כי רבים הגוונים בכל שיטה ושיטה, ולעיתים אף שונים זה מזה באורח קיצוני. אני מבקש לטעון כי לחלק גדול מהגישות החדשות, כמו גם לפנייה לפרשנות הקלאסית לתנ"ך, משותפת התעלמות מכוונת וכמעט טוטלית מנכסי רוח של חכמות הגויים, אשר יכלו לתרום תרומה נכבדה להבנת הנלמד בלי לסכן ולו במשהו את תמימות אמונתם של המורה או של התלמידים. כאמור, התעלמות זו מכוונת ומשקפת עמדה אידיאולוגית ברורה וחד משמעית. מבחינה זו, מפעלה העצום של נחמה אינו רק החלוץ לפני המחנה, אלא גם צליל ייחודי בתוך אותו מחנה. צליל זה חותר לשלב בתוכו בראש ובראשונה נתח עיקרי של פרשנות המקרא הקלאסית על פי הדרך המקובלת מדורי דורות, ובד בבד ובאופן עקבי גם תכנים והבנות הלקוחים מחכמת העמים. במושג חכמת העמים כוונתי הן לכל הקשור לענייני מתודה, כולל התייחסות לשיטות פרשניות, הן לתכנים ספציפיים מהתרבות המערבית, שנחמה שילבה תדיר בטבעיות גמורה גם בהוראתה בעל־פה וגם בגיליונות ובעיונים.

א. התכנים הפרשניים

במהלך השיעורים הרבים שהעבירה נהגה נחמה להתמקד בעיקר בפרשנים הקלאסיים על התנ"ך. כאן המקום לציין את מספר המקורות העצום מתוך כל מגוון הפרשנות היהודית לדורותיה שאליהם נזקקה

וההעמקה לגיל מבוגר יותר. על פי השיטה, הילדים מתחילים בכיתה א' בלימוד התנ"ך עם טעמי המקרא; לאחר שמסיימים את כולו לומדים ששה סדרי משנה, ורק לאחר מכן, קרוב לגיל חמש עשרה, מתחילים ללמוד את הגמרא. גם שיטה זו מבוססת על הנאמר במשנה במסכת אבות: "בן חמש למקרא, בן עשר למשנה, בן חמש עשרה לתלמוד". אף ששיטה זו מזוהה עם העולם החרדי, היא מקובלת פחות בציבור זה והפכה פופולרית למדי בציבור החרדי־לאומי.

נחמה בשיעוריה, בגיליונות ובעיונים. אולם היא לא נמנעה מלהיזקק גם לפרשנים יהודיים לא אורתודוקסיים, וכן לפרשנים הוגים וסופרים שאינם בני ברית. לאורך הגיליונות והעיונים מתגלות הפניות מרתקות מבחינת פתיחותן.

אחלק את ההפניות הללו לכמה קבוצות, הכוללות תרגומים נוצריים, פירושים נוצריים, ומובאות בתחומים שונים מתרבות העמים.

א. **תרגומים נוצריים של המקרא:** לעיתים מזומנות ניתן למצוא בגיליונות הפניות לתרגומים שונים של המקרא. נזכיר את התרגומים הנוצריים הקתולים ובראשם התרגום הלטיני הקלאסי – הוולגטה (Vulgata) – שהיה מעין גרסה רשמית ובלעדית כמעט של הכנסייה הקתולית במשך למעלה מאלף שנה ומשמש מלומדים עד היום, וכן תרגומים נוצרים פרוטסטנטים או אנגליקנים כגון תרגום המלך ג'יימס או תרגומו של מרטין לותר לגרמנית, וכן התרגום לצרפתית המכונה Version d'Osterwald, התרגום לאנגלית Revised Version, Version Synodale, New English Bible ותרגומים נוצריים נוספים.

ב. **פרשנות לא יהודית למקרא:** פעמים רבות הביאה נחמה הצעות פרשניות של חוקרי מקרא ומבקרי מקרא. כך לדוגמה: Volz, Wellhausen, Gunkel, Dilmann.

ג. **התייחסות לדמויות פוליטיות עולמיות:** נחמה מזכירה בגיליונותיה את חמורבי וחוקיו לשם השוואה עם מצוות התורה, את אלכסנדר מוקדון, את מהאטמה גנדי, ודמויות היסטוריות נוספות רבות, מן ההיסטוריה הקדומה ועד לתקופתה. אני זוכר שבאחד השיעורים הקבועים שהיו לנו בביתה, כדי להדגים את דברי פרעה "נרפים אתם נרפים", הביאה נחמה את הדיון שנערך בפרלמנט האנגלי לגבי עבודתם של ילדים בעיצומה של המהפכה התעשייתית, כאשר חברי מפלגת ה'לייבור' הציעו להפחית את מספר שעות העבודה של הילדים שמתחת לגיל 12

מ־14 שעות ביום ל־10 שעות ביום, וחברי המפלגה השמרנית השיבו שהילדים הללו עלולים "לנצל" את הזמן הזה ללימוד הקריאה, ואז יקראו ספרים והדבר עלול למוטט את כל הישגי המהפכה. זו דוגמה אחת מני רבות החקוקה בזיכרוני מאז שמעתיה מפיה של נחמה.

ד. **יצירות מופת מן הספרות העולמית:** נחמה שילבה בגיליונות ובעיונים גם הוגים וסופרים שאינם בני ברית, ויצירותיהם מקיימות מעין דו־שיח עם הצעות פרשניות של גדולי ישראל לדורותיהם. כמו כן היא מצטטת פעמים אחדות מחזות של שייקספיר, סופרים כמו ג'ון סטיינבק ודוסטוייבסקי, ושורה ארוכה של אנשי רוח לאורך ההיסטוריה האנושית.

ה. **פילוסופים מאומות העולם:** נחמה הביאה בגיליונות ובעיונים גם הוגים ופילוסופים, אמנם במידה פחותה יחסית. פעמים אחדות היא מזכירה שיטות פילוסופיות גדולות, החל בעולם היווני הקלאסי כגון אפלטון ואריסטו, דרך הפילוסופים של המודרנה כמו דקארט ולייבניץ, וכלה בהוגים בני זמננו.

ו. **פרשנים יהודיים לא אורתודוקסים:** בהקשר זה ראוי להזכיר כי נחמה לא נמנעה מהזכרת פרשנים יהודים לא אורתודוקסים, ובכלל זה מרטין בובר (אותו הכירה היטב), הרמן כהן (נחמה בעצמה למדה במוסד שהקים כהן בברלין, 'בית הספר הגבוה למדעי היהדות'), הביאור בעריכתו של משה מנדלסון (שאמנם היה יהודי שומר תורה ומצוות, אולם נתפס לעיתים קרובות בציבור[12] כמי ש'שנה ופירש' ומכאן לתעוזה של נחמה בהבאתה את פירושיו), יחזקאל קויפמן, וכמובן פירושו של בנו יעקב שאותו היא מביאה פעמים רבות חרף עובדת היותו רב רפורמי. זאת ועוד, נחמה כתבה על בנו יעקב: "למדתי

12 לא כאן המקום להתפלמס עם עמדה זו, ברם חשוב לציין שהן באמונתו הן בהקפדתו על שמירת המצוות היה משה מנדלסון ירא ושלם. להרחבה בסוגיה זו ראו את ספרו המעולה של אלי שיינפלד: **האפולוגיה של מנדלסון – הולדת הפילוסופיה היהודית המודרנית**, ירושלים 2019.

> מספריו יותר מאשר מהרבה ספרים שנכתבו על ידי יראים... טענותיו של יעקב נגד ביקורת המקרא והוכחותיו על פחזותם ושגיאותיהם – לא כתב איש דברים טובים מהם".[13]

ראוי לציין כי כל האזכורים הללו נעשו בדרך כלל לשם פולמוס, כלומר מתוך מגמה להתווכח עם דעות שנחמה התנגדה אליהן, אולם בלא מעט מקרים הם נעשו גם מתוך תחושה כי ראוי ללמוד מאומות העולם, בבחינת "חכמה בגויים תאמין".[14] כך למשל בסוף גיליון פרשת וישב בשנת תש"ח, הדן בסיפור של יהודה ותמר, הוסיפה נחמה הערה:

> עצה טובה: לשם חדירה עמוקה לכוונות פרקנו, קרא מתוך: Thomas Mann: Joseph der Ernaehrer .pp: 311–357 או בתרגומו האנגלי: Joseph the Provider עמודים 289–335.

ב. השיטה הפרשנית של נחמה

בבואה להציע שיטת לימוד והוראה שתתאים לתקופתה לא הסתפקה נחמה רק בציטוטים רבים ממקורות מגוונים שבתרבות העמים. המעיין בגיליונות ובעיונים נוכח להבחין שגם בעניינים הקשורים למתודה פרשנית נזקקה נחמה לא אחת למקורות אלו. הפרשנות היהודית לתנ"ך מאופיינת על ידי עצם חידושה. הפרשן נתקל בקושי מסוים ומבקש בפירושו ליישב את הקושי הזה. כך נהגו רבותינו הראשונים: רש"י, רשב"ם, רבי יוסף בכור שור, החזקוני, רבי אברהם אבן עזרא, רמב"ן ועוד רבים גדולים אחרים, כל אחד לפי דרכו ולפי הדגשים שלו. כך פעלו גם פרשני תקופת הרנסנס: דון יצחק אברבנאל, רבי עובדיה ספורנו, וכך גם הפרשנות על רש"י שהתפתחה מאוד בתקופה זו, כגון זו של רבי אליהו מזרחי והמהר"ל מפראג. גם הפרשנות בעידן המודרני ממשיכה לעבוד

13 ראו רבקה הורוביץ, **דף לתרבות יהודית**, משרד החינוך, אדר תשס"ב.
14 איכה רבה, פרשה ב.

באופן דומה, כך למשל בפירושיהם של המלבי"ם, הנצי"ב מוולוז'ין ורש"ר הירש, וכך גם פרשנות תמתית־פולמוסית יותר, כגון זו של רבי דוד צבי הופמן, או ליברלית יותר, כגון זו של בנו יעקב.

גם נחמה ליבוביץ, שעה שניגשה להורות את פרשנות המקרא, וביתר שאת בגיליונות ובעיונים שפרסמה לאורך השנים, התמקדה כל פעם בקושי או נושא מסוים. אולם דומני שחידושה המתודי הגדול של נחמה היה **באי הצעתה פרשנות משלה**. במקום זה היא העדיפה להפגיש בגיליון את הצעותיהם הפרשניות של גדולי ישראל לדורותיהם וכן, כפי שהראיתי, גם הצעות פרשניות אחרות שבאו הן מפרשנים הן מסופרים והוגים בני ברית ושאינם בני ברית. שיטה זו הביאה עד מהרה את הלומדים להכרה בכך שפתרונות שונים אפשריים בכדי להתייחס לקושי טקסטואלי נתון. אכנה את המתודה הזאת **מתודולוגיה פוליפונית** או **מתודולוגיה דיאלוגית**. **פוליפונית** על שום שהיא מפגישה יחדיו קולות שונים **היוצרים יחד** מערכת משמעותית לגבי העניין הנדון, **ודיאלוגית** על שום הרב־שיח המתנהל בין ההצעות הפרשניות הללו, כמו גם בין הלומד בן זמננו ובין רבותינו הפרשנים שלאורך הדורות, וכן עם פרשנים שאינם בני ברית שהציעו בפירושיהם הצעות, ככל שיש בהן כדי להאיר את הסוגיה הנדונה באור חדש שיש בו תוספת קוגניטיבית משמעותית. כל אלו שזכו ללמוד אצל נחמה אינם יכולים לשכוח כיצד לעיתים קרובות במהלך השיעור היא ביקשה מתלמידיה לכתוב ב"לא יותר משתי מילים" מה ההבדל בין אבן עזרא לרמב"ן. באותה טבעיות וכמעט באותה נשימה המשיכה ושאלה איזה תרגום נוצרי הולם פירוש של פרשן מסורתי מסוים.

ראוי להדגיש, מתודולוגיה פוליפונית־דיאלוגית אינה שגורה לכאורה בקרב לומדי התנ"ך המזוהים עם עולם בית המדרש. מה אם כן הרקע לגישה זו אצל נחמה? יהיו אשר יאמרו שמדובר בגישה דידקטית של מורה דגולה הבוחרת עבור תלמידיה את הקטעים הרלוונטיים בפרשנות כדי להרגילם לעיין באותם פרשנים. אין ספק כי באלפי הגיליונות והעיונים באה לידי ביטוי גישתה החינוכית הגאונית, בעצם היכולת לבחור תדיר את הקטע הרלוונטי לנושא הנדון. אלא שאין

בתשובה זו לבדה כדי לענות על מקור השיטה שבה בחרה נחמה ללמד פרשת שבוע ותנ"ך בכלל; שכן השאלה היא מה ראתה נחמה לשנות מן הגישה המקובלת של לימוד פרשנות על הסדר ובאופן שיטתי, לעיתים כל אחד לעצמו ולעיתים תוך השוואת המתודה הפרשנית של פרשנים שונים. כאמור, נחמה נמנעה מהצעת פרשנות משלה לקשיים ולנושאים שחשפה בטקסטים של התנ"ך, אולם בכך שבגיליונות ובעיונים היא בחרה לדון בנושא מסוים באמצעות השוואה בין פרשנים שונים, היא יצרה מעין שיטה פרשנית משלה.

אני מבקש לטעון שנחמה יצרה למעשה בכוונת מכוון בית מדרש תוסס, וזאת על יסוד שני מקורות יניקה שונים.

האחד הוא העתקת הפוליפוניה התלמודית: בגמרא מובאות זו לצד זו הן דעות שנתקבלו להלכה הן דעות שנדחו על הסף. אין בגמרא צנזורה, ולאורכה ולרוחבה של הגמרא ניתן למצוא מגוון דעות בהלכה או בהגות, השונות זו מזו לעיתים באורח קיצוני, והיוצרות יחדיו את מה שכיניתי לעיל מתודולוגיה פוליפונית או דיאלוגית. לשם הדגמה אני מבקש להביא שתי אסמכתאות רחוקות זו מזו בקשר לעניין הזה: ראשית, דברי הגמרא עצמה במסכת עירובין יג ע"ב:

> אמר רבי אבא אמר שמואל: שלש שנים נחלקו בית שמאי ובית הלל, הללו אומרים הלכה כמותנו והללו אומרים הלכה כמותנו. יצאה בת קול ואמרה: אלו ואלו דברי א-להים חיים הן.

שנית, דבריו של הפילוסוף וחובב התלמוד עמנואל לוינס על דבריו של רבי הילל במסכת סנהדרין "אין להם משיח לישראל שכבר אכלוהו בימי חזקיה". על דעה זו מגיב מיד רב יוסף ואומר: "שריה ליה מריה", כלומר שה' יסלח לו על דבריו. לוינס תוהה מדוע אם כן ראתה הגמרא לנכון להביא דברים תמוהים כל כך, ועונה:

> והנה למרות הכול, דעתו של רבי הילל – דעה שנדחתה על הסף – מופיעה בפרוטוקול של הדיון התלמודי. דעתו של רבי

הילל לא נמחקה כליל. כל מי שמכיר את מבנה החשיבה של התלמוד יוכל לאמוד נכוחה את חשיבות עמדתו של רבי הילל, שכן עמדה בעלת ערך לעולם אינה נמחקת, היא נשארת כמעין קוטב של מחשבה המתנועעת בינו לבין הקוטב הנגדי.[15]

הווה אומר, הגמרא שומרת בכוונת מכוון גם את הדעות שאין הלכה כמותן, או – אם לא מדובר בעניין הלכתי נורמטיבי אלא בעניין אמוני תיאולוגי – גם את השיטות אשר נדחו בעליל על ידי רוב המסורת הרבנית לדורותיה. אולי הסיבה לכך היא שחז"ל סברו שהאמת מורכבת מכדי להימצא כל כולה רק בתוך דעה אחת. ושמא אין הלימוד אלא גילוי הפן של אותה אמת הן בדעה שנתקבלה בסופו של דבר בהלכה ובענייני אמונות ודעות, הן בדעות שלא נתקבלו אך מהוות חלק מאותה אמת גדולה.

במידה מסוימת ניתן למצוא המשך למגמה זו גם בתקופת בעלי התוספות. במחקריהם המקיפים על תקופה זו הצביעו ישראל תא־שמע ז"ל[16] ויבדל"א אברהם גרוסמן על כך שבספרי המנהגים של אותה תקופה, בספרות כגון זו של מחזור ויטרי, ובמידה מסוימת גם בפירושיהם של בעלי התוספות עצמם לתלמוד, דרים בכפיפה אחת מנהגים ופירושים של קהילות שונות. זאת ועוד, התלמוד אינו מהסס להביא, כאשר הדבר נחוץ מבחינה עניינית, גם דעות הלקוחות מחכמי אומות העולם. בעיוניה ובגיליונותיה המשיכה אפוא נחמה מסורת ששורשיה מצויים כבר בתלמוד. אזכיר בעניין זה כי גם פרשנים לאורך הדורות לא היססו לצטט ואף להסתמך על חכמי העמים כאשר ביקשו להוכיח טיעון זה או אחר. כך נהג הרמב"ם בימי הביניים, וכך נהג למשל בעל פירוש "תפארת ישראל" על המשנה. אולם לדעתי מצב זה שונה ממה שמופיע בתלמוד הנותן לגיטימציה א־פריורי רחבה הרבה

15 ראו: ע' לוינס, **חירות קשה – מסות על היהדות**, תל אביב 2007, עמ' 145.

16 ראו: י"מ תא שמע, **מנהג אשכנז הקדמון**, ירושלים תשנ"ד, עמ' 88–98.

יותר. אין כאן המקום להרחיב בסוגיה זו שיש בה כאמור מן המשותף עם עולם התלמוד אך משקפת פתיחות מסיבות שונות.

המקור השני שהשפיע על נחמה בגישתה הוא הבית שגדלה בו. בית יהודי שורשי מצד אחד, אולם פתוח ומשכיל מאוד מצד שני. דומה שהמתודולוגיה הפוליפונית הייתה בבחינת "תורת חיים" בבית שבו גדלה, שבו ככל הנראה דרו בכפיפה אחת ובטבעיות רבה בראש ובראשונה מקורות ישראל, התנ"ך, הפרשנות הקלאסית, התלמוד והספרות הרבנית לדורותיה, ולצידם גם מקורות ספרותיים ומדעיים, הן כאלו שנגעו למקורות ישראל הן כאלו ללא כל זיקה אולם נחשבו לנכסי צאן ברזל של התרבות המערבית במובן הרחב ביותר של המושג הזה. זכורני כיצד במהלך לימודינו בביתה סיפרה נחמה סיפורים רבים על אמרות פז ששמעה בצעירותה ובעיקר דברים ששמעה מאביה. בהקשר שלנו אני זוכר שסיפרה שבהיותה נערה צעירה נדון עניין מסוים בשולחן השבת. במהלך הדברים אביה תמה עליה ואמר לה: "נחמה, את לא יודעת את זה? הרי זה גרץ מפורש!". מבחינתו, היה ברור מאליו שילדה כבת שלוש עשרה צריכה הייתה לקרוא ולזכור את אחד עשר הכרכים של "דברי ימי עם ישראל" של ההיסטוריון החשוב צבי הירש גרץ.[17]

גם דודה, שלימים נחמה נישאה לו, היה אדם תורני מאוד, כפי שמכנים זאת כיום, אבל בד בבד גם משכיל מאוד ומוקיר דעת, כל דעת במשמע.

פתיחות זו שספגה בבית הביאה את נחמה ללמוד בלא פחות מארבע אוניברסיטאות, מן המצוינות שהיו באותם ימים, ובכללן אלו

17 צבי הירש (היינריך) גרץ (1891-1817), ממעצבי חכמת ישראל במאה התשע עשרה. גרץ למד תחילה אצל הרש"ר הירש ולאחר מכן פנה לעסוק בעיקר בהיסטוריה יהודית. יצירתו המרכזית "דברי ימי עם ישראל" מונה אחד עשר כרכים על כל ההיסטוריה היהודית תוך דגש מיוחד על תקופת הגלות והניסיון העיקש של עם ישראל לשמור על ייחודו הלאומי והדתי חרף הגזרות השונות שנגזרו עליו בגלויות השונות ששהה בהן ותוך נכונות לקדש שם שמיים. גרץ התנגד מאוד לתנועת ההשכלה וגם הסתייג מעולם החסידות שבמזרח אירופה.

של ברלין ומרבורג. באוניברסיטה זו כתבה נחמה עבודת דוקטור על היבטים לשוניים של התרגומים ללטינית של ספר תהילים, למדה אצל גדולי המומחים לביקורת המקרא שהיו בגרמניה, והכירה אפוא היטב את השיטות השונות. גם בהוראתה הענפה וגם בגיליונות ובעיונים היא בחרה במודע שלא להיזקק לאותן שיטות, וזאת מתוך מחלוקת פרשנית עקרונית. למרות זאת, היא לא נמנעה מלהביא מדברי הפרשנים והמבקרים הללו כל אימת שסברה כי יש בדבריהם לחדד נושא מסוים, או כאשר סברה כי הגישה הפרשנית הביקורתית קולעת יותר.

ראוי להדגיש כי בתקופת הרפובליקה של ויימר, האוניברסיטאות בגרמניה היו שונות זו מזו. אוניברסיטת ברלין משכה אליה רבים וטובים מיהודי מזרח אירופה שביקשו להרוות בה את צימאונם האינטלקטואלי. בתקופה מסוימת למדו בה אישים צעירים שלימים עלו לגדולה איש איש בתחומו, ובהם ליאו שטראוס, מנחם מנדל שניאורסון, יוסף דב סולובייצ׳יק, אברהם יהושע השל, ישעיהו ליבוביץ, יצחק הוטנר ונחמה ליבוביץ.

ניתן להוכיח – ולא אעשה זאת במסגרת המאמר הנוכחי – שכל אחת מן הדמויות הנ״ל מבטאת בדרכה ובתחומה פתיחות אינטלקטואלית משמעותית כלפי התרבות המערבית, בעיקר לעומת העולם הרוחני שממנו באו ולעיתים אליו חזרו.

אווירה זו השפיעה על נחמה ליבוביץ השפעה ניכרת, וכך יכלה נחמה לשלב יחדיו תכנים מסורתיים עם פרשנות ביקורתית, ספרים של הוגים ומלומדים נוצריים, כאשר באופן טבעי לגמרי כל הצעה פרשנית השתלבה במגמה להבין את הפסוק או את העניין הנדון. שילוב זה אינו מצוי תדיר בקרב לומדי התורה ומלמדיה. לשם דוגמה בלבד, ניתן למצוא לו תקדים מעניין אצל רבי אליהו בן אמוזג בספרו ״אם למקרא״.

ג. אחרית דבר

לקראת סיום ברצוני להתמקד בעניין חשוב ומרכזי. כאמור, יש הרואים בגישה הפוליפונית של נחמה רק מתודה חינוכית. אני מבקש להדגיש

שלדעתי מדובר בפרשנות של ממש ולמעשה מדובר ביצירת בית מדרש וירטואלי ותוסס, שבו הלומד נדרש להתחקות אחר היתרון והחיסרון שבכל הצעה פרשנית. זכתה נחמה אפוא לא רק להחזיר את התנ"ך לחיק בית המדרש, אלא לבנות קומה נוספת, ייחודית ומקורית. בית המדרש הזה אכן נתקבל בקרב רוב עם ישראל, עד שמורים רבים מאוד נזקקים לו כיום בעבודתם החינוכית, גם אם אינם מודעים לכך שהשיטה "הומצאה" בידי נחמה ליבוביץ. אלא שדווקא כיום, שעה שלימוד התנ"ך יודע פריחה שאולי לא הייתה במשך מאות בשנים, חסרה אותה פתיחות שמאפיינת את בית המדרש של נחמה ליבוביץ. בית מדרש זה הביא את אפרים אלימלך אורבך ז"ל לפנות אל נחמה ליבוביץ ולבקש ממנה לכתוב את פירוש הדור לתורה. באופן גלוי סירבה נחמה להצעה. ברם, לעיתים אני תוהה ביני לבין עצמי אם הפירוש לא נכתב בגיליונות ובעיונים ועלינו רק לקרוא אותו בתור שכזה.

סבורני שהאופן שבו שילבה נחמה בטבעיות גם מקורות מחכמת העמים, הוא מרכיב הכרחי וחשוב דווקא בהוראת תנ"ך כיום, הן במסגרת החינוך הממלכתי הן במסגרות דתיות לסוגיהן. אין זה סוד כי בחינוך הממלכתי דעך לימוד התנ"ך עד למאוד בשנים האחרונות, ושמא גישה כמו זו של נחמה המשלבת מקורות ישראל עם מקורות מתרבות העמים עשויה לרענן לימוד זה, ובעיקר – כפי שנחמה שבה והדגישה תדיר – לגרום לכך שבני נוער יאהבו את התנ"ך ויראו בו ספר משמעותי שירצו להמשיך וללמוד בעצמם. דווקא גישה מעין זו מצליחה להצביע על חיוניותו של התנ"ך גם עבור האדם המודרני, המתלבט בשאלות שלכאורה אין להן כמעט כל קשר עם התנ"ך, גיבוריו ותכניו, אך עיון מעין זה של נחמה יש בו – אולי מתוך הגישה הביקורתית (ההיסטורית פילולוגית) שאומצה בדרך כלל בחינוך הממלכתי – כדי להעביר סוגיות "עתיקות יומין" אלו למציאות של היום, תוך דיאלוג עם נכסי רוח כלל אנושיים.

מאידך גיסא, דומני שגם בחינוך הדתי, שבשנים האחרונות התאפיין לא אחת בהסתגרות הדרגתית כלפי תרבות העמים תוך הדגשת הייחוד הלאומי של עם ישראל השב לארצו, שיטתה של נחמה

עשויה להיות חשובה בכך שהיא מדגישה באופן טבעי ומתון שחכמת התורה מצויה בשיח עם חכמת העמים. שיג ושיח שאינו אפולוגטי ואינו מתנשא, כי אם פורה ומפרה, ועשוי לדעתי לאפשר גם בציבור הדתי התמודדות עם בעיות שהאדם המודרני מתחבט בהן. זאת ועוד, דווקא הפנייה הטבעית למגוון מקורות הכוללים גם מחכמת העמים, עשויה לחזק בני נוער שאינם מוצאים תשובות להתחבטויותיהם ולעיתים מפנים עורף לעולם שנדמה להם מתגונן ומסתגר.

מילה אחרונה לסיום. כשם שבגיליונות ובעיונים לא נמנעה נחמה מלהביא דברי חכמים, בני ברית ושאינם בני ברית, כך בהוראתה רבת השנים היא הרבתה להביא מחכמתם של פשוטי עם ונהגי מוניות בראשם, ותרומתם המשמעותית להבנת התורה. על כך ראוי לדעתי להקדיש לא רק גיליון כי אם "עיון" מיוחד.

לקום מחר בבוקר – ביאור לליקוטי מוהר"ן תורה נד

הרב שלמה וילק

וַיְהִי מִקֵּץ שְׁנָתַיִם יָמִים וּפַרְעֹה חֹלֵם וְהִנֵּה עֹמֵד עַל הַיְאֹר וְהִנֵּה מִן הַיְאֹר עֹלֹת שֶׁבַע פָּרוֹת... (בראשית מא)

ה' אֱ-לֹהַי גָּדַלְתָּ מְּאֹד הוֹד וְהָדָר לָבָשְׁתָּ עֹטֶה אוֹר כַּשַּׂלְמָה נוֹטֶה שָׁמַיִם כַּיְרִיעָה. (תהילים קד)

[א] כי צריכין לשמר מאוד את הזכרון, שלא ייפול לשכחה, בחינת מיתת הלב. ועיקר הזכרון הוא לזכר תמיד בעלמא דאתי, שלא יהיה בדעתו, חס ושלום, שאין עולם אלא אחד. ועל ידי מה שמדבק מחשבתו בעלמא דאתי, על ידי זה נעשה יחוד ה' א-להי הנ"ל: (כי ה' א-להים הוא בחינת שם מלא, שהוא בחינת עלמא דאתי כמובא. וכן מבאר בסבא משפטים דף צ"ח על פסוק זה. ה' א-להי, דא שרותא דמהמנותא, סליקו דמחשבה דעלמא דאתי).

הפסוק הראשון המקדים את תורה נד מחבר את חלום פרעה אל מצבו של יוסף. בסוף הפרשה הקודמת ביקש יוסף משר המשקים שיזכור

אותו, אולם זה שכח לחלוטין. חלום פרעה מתחיל שנתיים לאחר מכן, והזיכרון מתעורר כתוצאה מחלום פרעה.

"צריכים לשמור את הזיכרון" – לא זיכרון מסוים של אירוע, אלא את הזיכרון עצמו. בשיחות הר"ן יד כבר דיבר רבי נחמן על חשיבות השכחה כגורם תיקון והתחדשות, וכאן הוא אינו חוזר בו. מי שנופל לשכחה אינו מי ששכח, אלא מי שנעלם ממנו הזיכרון. השכחה היא איבוד המשמעות; אין עבר ואין עתיד, רק הווה ורק קיום בהווה. ליפול לשכחה פירושו לאבד משמעות, לא לחשוב מניין באת ולאן אתה הולך. רבי נחמן מזהיר אותנו מפני האקזיסטנציאליזם שעתיד לצמוח כמאה שנה לאחר זמנו על ידי קירקגור וניטשה, בקט וקאמי. מי שמאבד את הזיכרון ליבו מת, ממש כמו שני גיבוריו של בקט ב'מחכים לגודו', המשוחחים על המוות כאופציה יחידה אפשרית וטובה. חוסר האמונה נובע מחוסר זיכרון, מן התאווה לעכשיוויות. ולעומת הזיכרון ההיסטורי מעמיד רבי נחמן את זיכרון העתיד. יהודי זוכר מניין בא רק כדי לדעת לאן הוא הולך ולפני מי הוא עתיד ליתן דין וחשבון.

אדם ללא זיכרון עלול לחשוב כי העולם המונח לפניו הוא העולם היחיד. אדם בעל זיכרון היסטורי נופל באותו הבור של עולם אחד, של אבולוציה ותהליך, של מבט אחיד על המציאות כאילו היא שרשרת של סיבות ותוצאות שאין למעלה מהן. רק מי שזוכר את העתיד – אבל לא העתיד האפשרי בעולם, אלא זה האסכטולוגי, שמחוץ למציאות – רק הוא מסוגל לזכור באמת ולהחיות את ליבו. הזיכרון של העולם שיבוא, שהוא מחוץ לרצף האירועים ואינו פרי תהליך, הוא היחיד המסוגל להחיות אותנו. אז, מתוך הזיכרון הזה, העולם מקבל משמעות והא־להים הופך לאחד. רק אז, מתוך ההבנה שהעולם אינו קשור רק בקשרים סיבתיים הנובעים מן הזיכרון ההיסטורי או מן התקוות הריאליות, רק אז הדברים מקבלים משמעות. העולם הבא אינו ממאיס את העולם הזה, אלא מחבר אותו אל מה שמעבר לו. דווקא ההיאחזות בעולם גורמת למיתת הלב, בעוד הזיכרון של מה שמעבר לו מעניק משמעות. אין זו משמעות של המתנה, כאילו כל מה שמעניין יהודי הוא העולם הבא, אלא דווקא משמעות של תקווה שמתחילה בעולם הזה ועוברת

לעולם שאחרי הזה. ואין המדובר בעולם שיבוא אחרי המוות, אלא בזה שנמצא תמיד אחר כותלנו, הגאולה שבתוך העולם.

[ב] ובחינה זו, לזכור תמיד בעולם הבא, דהיינו לאדבקא מחשבתה בעלמא דאתי, הוא בכלליות ובפרטיות. בכלליות כך ראוי להיות מנהג יראי השם, תכף בבוקר בהקיצו, קודם שיתחיל שום דבר, יזכור מיד בעלמא דאתי. ואחר כך יעשה זאת בפרטיות, כי כל העולם הזה, הוא התלבשות מדרגות התחתונות של הקדושה, היינו בחינת רגלין של הקדושה, בבחינת "והארץ הדם רגלי". אף שגם מדרגות העליונות של הקדושה, יש מהם גם כן התגלות בעולם הזה. אך שאין ההתגלות מתלבש בעצם בזה העולם, כי אם הארה שמאיר בבחינת רגלין. אבל בחינת רגלין, מתגלין בעצם בזה העולם.

שתי בחינות יש לזיכרון ההתדבקות בעולם הבא – הכללית והפרטית. הבחינה הכללית היא לזכור את הזמניות של העולם, לקום בבוקר בקריצת עין אל מול היום המתחדש. הזיכרון של העתיד משחרר מן ההווה ומפרק את מתחיו; לא עליך המלאכה לגמור, אבל דע לאן אתה הולך ולכן אינך בן חורין ליבטל ממנה. הבחינה הפרטית היא 'בכל דרכיך דעהו' – את העולם שיבוא, כדי שכל העולם הזה יהיה רגלים לעולם ההולך ובא. העולם הזה הוא המדרגות לעולם שיבוא, ומי שזוכר את העולם שיבוא ימצא את סימני הדרך של העולם הזה, בפרטי הפרטים, כהדום רגליו של הבורא. הזיכרון הוא המודעות לעולם כיסוד כיסא ה', ההבנה כי כל האירועים וכל המעשים מהווים את רגלי השכינה. לכל מדרגות הקדושה שבעולמות העליונים יש רגליים בעולם הזה, והזיכרון מחבר בין אירועי העולם הזה להתגלות העולם שיבוא. אחרת – הרגליים חסרות משמעות.

הרגליים אינן הדבר עצמו וגם לא הד קלוש ממנו; המציאות אינה שיקוף דל של העולם שיבוא, ואין בה אור עצמי ולו במעט. המציאות היא הארה מבחינת רגליים, רק רמזור המודיע מתי לנסוע

והיכן לעצור, ואין לו אלא הארה אל הדברים שמובילים אל הדברים עצמם, בעולם שיבוא. ולמרות הכול, אף שאלו רק רגלי הדום השכינה ורק בחינת הארת הרגליים, עדיין יש מן הקדושה בעולם, הכלים של הכלים, האותיות שמהן מורכב הכול. פרדיננד דה־סוסיר, הבלשן בן המאה התשע עשרה, לימד על מסמנים ומסומנים. השפה היא סמן מקרי למסומן טבעי, ורק לעיתים רחוקות יש קשר בין סמן למסומן. לפי רבי נחמן המציאות היא סמן חלקי לעולם העליון – כלומר: המילה ציפור היא סמן למסומן שהוא הציפור עצמה. הציפור היא סמן למושג 'תעופה' שאין לו כלל רפרנט בעולם, והוא מושג מופשט. המושג תעופה עצמו משמש סמן לעולם רעיוני עליון, והוא מושג שלא קיים במציאות, ונושא על גביו כרגליים את העולם שיבוא, עולם שבו 'תעופה' היא ביטוי רוחני שקיים במציאות של עולם רוחני.

רולאן בארת, בלשן צרפתי בן המאה העשרים, המשיך את דה־סוסיר בספרו על המיתולוגיות. המיתולוגיה היא הפיכת מציאות לסמן, בעוד המסומן הוא המיתולוגיה. אולם המיתולוגיה אינה הדבר האמיתי, אלא נושאת על גביה הפשטה של המציאות והפיכתה לסיפור מיתי המהווה רגליים לדבר עצמו. רבי נחמן איננו טוען שהעולם איננו אמיתי והחומר אינו אלא דימוי. העולם אמיתי בחלל הפנוי, ועצים נופלים באמת ביער ומשמיעים באמת קולות, אבל הקולות הללו והעצים הללו, וכל המציאות כולה, אינם אלא מראה המתגלה בעולם ומאפשר להגיע אל השורש והמהות. המציאות אינה משל לנמשל, אלא רמז וחידה לדברים שהם כשלעצמם.

וכל יום יש בו מחשבה דיבור ומעשה, והקדוש ברוך הוא מצמצם א־להותו מאין סוף עד אין תכלית, עד נקודת המרכז של עולם הגשמי שעומד עליו, ומזמין לו לכל אדם מחשבה דיבור ומעשה, לפי היום ולפי האדם ולפי המקום. ומלביש לו בזאת המחשבה דיבור ומעשה שמזמין לו רמזים כדי לקרבו לעבודתו. בכן צריך להעמיק מחשבתו בזה, ולהגדיל בינתו, ולהבין מהו הרמיזות בפרטיות, שמלבש בזאת המחשבה דיבור ומעשה של זה היום,

שהזמין לו השם יתברך. הן מלאכה או משא ומתן, וכל מה שמזמין לו השם יתברך בכל יום, צריך להעמיק ולהגדיל מחשבתו בזה, כדי להבין רמיזותיו של השם יתברך.

המחשבה הדיבור והמעשה הם לבושי הנפש, בעוד הנפש עצמה מורכבת ממרכיבי היסוד של השפה הרוחנית – החכמה, הבינה, החסד, הדין ושאר הספירות. לבושי הנפש הם הכלים שבעזרתם באה הנפש לידי ביטוי, והם יכולים להשתנות, להתחפש ולקבל פנים חדשות בכל יום. בכל יום המחשבות והדיבורים והמעשים משתנים לפי מידת ההתגלות של הא־להות בעולם לאותו היום. א־להים מזמין את הלבושים, נוטע בנו בכל יום מחדש את הרמזים המתאימים לאותו היום. בכל יום יש התגלות חדשה וכלים המתאימים לתפוס את אותה התגלות בתוך העולם ולפענח את רמזיה. לכל יום יש תכלית, המתחילה בעולם שיבוא, ועוברת לעולם שבא על ידי דיבור. מי שזוכר את העולם שבא יכול לחבר בינו ובין עולם המעשה על ידי הדיבור ההפוך – ממציאות למחשבה. האדם קולט מחשבה ודיבור ומעשה בעולם, וכולם הם רמזים־תמרורים שהם עצמם מאומה, אך הם יודעים להדריך אותך אל האמת. צריך לדעת לקרוא תמרורים, לפענח את הרמיזות ששולח הקב"ה אליך, וככל שהשפה תהיה שגורה והחכמה רבה, נהפוך מציאות למיתולוגיה, ומיתולוגיה – לשכל מופשט. כל המציאות אינה אלא ספר, והסיפור שבו אינו הסיפור הנקרא לעיניים. רק מי שיודע להבין רמזים יודע לקרוא בספר החיים, ורק בעזרת הזיכרון של העולם שיבוא, כי העולם שיבוא הוא מפתח הסימנים. ראית שבית המקדש נחרב ואינך זוכר? – סופך להתייאש ולהיאבד. ואם תזכור את נבואת אחרית הימים, תבין כי החורבן אינו אלא רמז לצמיחה חדשה, לגאולה קרובה. גם משא ומתן וכל אירוע אחר, הכול הוא רמז, תוכל לתת לו משמעות ולהבינו בתוך ההקשר הכללי.

אך ההגדלות השכל בזה, צריך להיות במידה, שלא יצא מגבול הקדושה. רק לפי שכל אנושי שלו, כן יגדיל המחשבה בזה. וכן

לא יסתכל בזה למעלה ממדרגתו, כי 'במופלא ממך אל תדרש' (חגיגה יג):

וזה גדלת מאד, הוד והדר לבשת. היינו כשרוצה ליקח דבר מזה העולם, שהוא בחינת: "הוד והדר לבשת", שהם בחינת רגלין המלובשין בזה העולם, יהיה בבחינת גדלת מאד. היינו שההגדלת השכל, יהיה במידה ובצמצום. וזה מאד, שהוא סטרא דשמאלא שממנו הצמצום. [כמו שכתוב בסבא שם. מאד, דא הוא סטרא דשמאלא].

הקשיים בעולם הרמז הם שניים, לשני כיוונים מנוגדים. אפשר שאדם יגלה רמזים שליליים; הרי המציאות יכולה להציב הזדמנות – לגנוב, לרמות, לבזבז זמן, לבקש סימנים לאישור, ואנו מפרשים זאת כרמז. כאשר המידות רעות והנפש שלילית, הרמז מסוכן מאוד ועשוי לצאת מגבול הקדושה ('כשאת אומרת לא, למה את מתכוונת?'). מאידך גיסא, עשוי אדם לבקש רמזים למעלה משכלו, להפוך את המציאות למיתולוגיה בלתי מובנת כלל, לאוסף סמלים גבוהים למעלה מן ההיגיון והשכל, למיסטיקה זולה ורעה של חוטים אדומים ונרות וקברים. המיתולוגיה שאינה מגובה בשכל הופכת לדבר עצמו. הרמז חייב להישאר במסגרת השכל, ואין מדובר בשכל הרגיל, אך לא רחוק ממנו.

רבי נחמן מציע לקחת מן העולם בבחינת 'גדלת מאוד' – 'גדלת' הוא מבחינת החסד, 'כי הגדלת חסדך עלי', ו'מאוד' הוא מידת הדין משום שהוא שם גבול ומצמצם, 'ויירא יעקב מאוד'. רבי נחמן מתבסס על הזוהר בפרשת יתרו, המסביר כי 'טוב' בא מקו הימין, ו'מאוד' מקו השמאל, משום שמאוד פירושו מאמץ והתגברות, הבאים מן השטן. כדי לגדול לא צריך מאמץ, אולם כדי לגדול מאוד צריך התגברות. ההתגברות היא השטן, המפרה את החיים – 'וירא א-להים והנה טוב מאוד' – זה מלאך המוות. צריך להגדיל את השכל שיוכל לראות חסד, אך להגביל למדרגת מאוד, עד כמה שיוכל להתרחב. זו הסכנה בעולם הרמזים, ולכן יש המעדיפים להימנע ממנו ולראות במציאות

רק סיפור ולא מיתולוגיה, ואחרים שאינם רואים אלא מיתולוגיה בכל דבר, ומעמיסים על המציאות הרבה יותר ממה שיש בה.

אל העולם יורדים מחשבות ודיבורים ומעשים וכל אחד מוצא אותם בתוכו לפי מידתו. יש מילים בעולם שנועדו רק לפיזיקאים, ויש מילים שנועדו לילדים בלבד. מי שינסה לתפוס מילים או מחשבות ומעשים שאינם שלו, ייפול. הוא ייפול לשני כיוונים אפשריים – הוא יעשה מעשים שבשביל אחרים הם חיוביים אולם בשבילו שליליים, או שיעלה גבוה מדי במילים שיהפכו לסיסמאות ולדוגמות חסרות רוח אמיתית, שיהיו לנבואות שקר.

ואפילו מי שיודע ומבין בזה, היינו שזוכה להבין הרמזים שמרמז לו השם יתברך בכל דבר. ואם כן ירצה לעסוק רק בזה, היינו שיעסוק רק בעסקי העולם הזה, מאחר שהוא מבין הרמזים שהשם יתברך מרמז בהם. אך באמת אינו כן, כי צריך האדם שיהיה לו הסתפקות, להסתפק מזה העולם, רק במה שצריך לו בהכרחיות מזה העולם. וזה מחמת שני טעמים. א. מחמת שזאת הקדושה המלובשת בעסקי העולם הזה, הוא בחינת רגלין. והיא קדושה נמוכה, בבחינת "עֲוֹן עֲקֵבַי יְסֻבֵּנִי". שהקליפות מסבבין אותה תמיד, ורוצין לינק מהם, על כן הוא מקום מסוכן. בכן צריך להסתפק רק בהכרחיות. ועוד, מחמת שיש עבודה גבוהה מזו, שהוא קדושה גבוהה ממנה, וצריך לעבוד השם יתברך באותן העבודות והקדושות הגבוהות מזה:

[היינו, שאפילו הצדיק והחכם שיש לו מוח גדול, עד שיכול להבין את הרמזים שהשם יתברך מרמז לו בכל דבר בכל יום, אפילו בעסקי חול. ועל ידי זה הוא יכול לעבוד את השם יתברך בכל הדברים שבעולם, אפילו בעסקי חול. ואם כן ירצה, חס ושלום, לעסוק רק בזה, דהיינו בעסקי חול. מאחר שהוא יודע הרמזים שיש בהם, ויכול להתקרב לעבודת השם יתברך על ידם. אבל באמת אינו כן, כי אסור להרבות בעסקי העולם הזה, אפילו למי שיודע ומבין הרמזים הנ"ל. מחמת שני הטעמים הנ"ל: א. מחמת

שזאת העבודה בעסקי העולם הזה הוא מקום מסוכן מאוד וכו' כנ"ל; והב', מחמת שיש קדושה ועבודה גבוהה מזה, דהיינו קדושת התורה והמצוות. ועל כן אפילו מי שיודע הרמזים הנ"ל, הוא צריך הסתפקות, להסתפק מזה העולם בהכרחיות לבד כנ"ל].

הסכנה השלישית חמורה מכולן – אדם שממלא תשבצים כל חייו, שעסוק בפענוח רמזים, דומה הוא לתייר המטייל בעולם ורואה אותו רק מבעד לעדשת המצלמה, או להורה המצלם את מסיבת הסידור של בתו וחווה אותה דרך מסך בלבד. העולם מלא סודות ורמזים ואפשר לעסוק כל חיינו במציאת המהות מבעד למסך העשן, או להימלט ממנו אל עולם הרעיונות המהותיים, בלי לבושי הנפש. לימוד תורה מעביר את עולם המחשבות אל מעבר לרציונל הרגיל, תוך הקשבה למהות ולא ללבושים, וקיום מצוות מעביר את המעשים מעולם רמזי הטבע אל עולם הכוונות של האדם בעולם, מעשים המכוונים למקום גבוה בבחירה ובמשמעות. אסור לשבוע מן העולם הזה, גם למי שיכול לקרוא את העולם, ללמוד את רמזיו ולהעלות את מחשבתו, דיבוריו ומעשיו לקדושה. העולם מסוכן מאוד ורמזיו עשויים להטעות ולבלבל, אולם יש בידינו כלים גבוהים יותר מאשר הרמזים כדי להגיע אל המהויות.

רבי נחמן מתעלם מן הכשל בטיעון שלו. אם יש בעולם מקומות שהמהויות מתגלות בהם בלא רמזים דקים כל כך, מדוע לנו כל העולם הזה? האם לא עדיף לפרוש ממנו ולגלות עולם רעיוני פנימי, לא חיצוני ומרומז, שיכוון אותנו אל העולם שיבוא? התשובה היא ההתחדשות. התורה והמצוות הן מהויות שאינן מתחדשות מעצמן, דווקא מפני שאינן לבושים. בבית מדרש המנותק מן הרמזים שבחיי החולין, המצוות נשארות דומות, הדיבורים דומים והמחשבות נשארות כמו אתמול. המהויות הן העיקר, אולם הן מתגלות בחיים בכל יום מחדש בצורה אחרת, ומי שלא מתחדשים לו מחשבה ודיבור ומעשה בעולם הרמזים-הלבושים, הא-להות נותרת קפואה בזמן; אין תשובה ואין חזון מציאותי, רק אסכטלוגי.

וההסתפקות הוא בחינת עוטה אור כשלמה, היינו בחינת אור מלא. כי הרשעים שאין להם הסתפקות, בבחינת "וּבֶטֶן רְשָׁעִים תֶּחְסָר", אצלם מארת חסר. בבחינת "מְאֵרַת ה' בְּבֵית רָשָׁע". אבל בצדיקים שיש להם ההסתפקות, בבחינת: "צַדִּיק אֹכֵל לְשֹׂבַע נַפְשׁוֹ", אצלם הוא אור מלא. בבחינת "וַיַּרְא אֱ־לֹהִים אֶת הָאוֹר כִּי טוֹב", אין טוב אלא צדיק, שנאמר: "אִמְרוּ צַדִּיק כִּי טוֹב" (יומא לח ע"ב): ואפילו מזה ההסתפקות גופה, צריך להפריש ממנו לצדקה. וזה בחינת: נוטה שמים כיריעה. כי ארון הברית, שהוא בחינת עני, היא תחת היריעה, והיריעה משפיע לארון הברית, וזה בחינת צדקה: [פירוש, כי על ידי צדקה שמשפיע הנותן להמקבל, על ידי זה נעשה ייחוד צדיק וכנסת ישראל, שבחינת צדיק משפיע לכנסת ישראל, שזה בחינת השפעת היריעה לארון הברית, בחינת: "נוֹטֶה שָׁמַיִם כַּיְרִיעָה" כנ"ל]:

התשוקה האנושית היא תמיד תשוקה לנשגב, רצון לצאת מגבולות החומר והאפשרי. בני אדם רוצים להיות מצוינים, להיות שונים ומיוחדים, כל אחד בתחומו. ובכל מקום הנשגב מתגלה, וגם הרשעים מבקשים להשיג חיי נצח ולהיות גדולים מהחיים. אלא שהרשעים עסוקים בעולם הרמזים, ושם בקלות רבה מאוד הדברים מיתרגמים לאידיאלים, וללא הסתפקות במועט יהפוך הרמז לעיקר, וההנאות – לעבודה זרה. ההנאות הופכות לעיקר והאידיאלים צועדים בעקבות ההנאות, ותמיד חסר קצת כדי להאיר את בית הרשע. הצדיק, לא זו בלבד שהוא מצמצם את עולם הרמזים שלו, הוא גם תורם ממנו לצדקה, כלומר מעלה את עולם החולין שלו על ידי חסד וחלוקה – נתינת צדקה מן העולם הזה והסתפקות בחלק ממנו. על ידי ההסתפקות וחלוקת העודף אדם הופך את העולם הזה למהות, לא כרמז אלא כדבר עצמו. כסף בכיס הוא קריאה לחיפוש משמעות בדבר עצמו, כרמז שיש בו ערך גדול, אולם אפשר להפוך חלק מהכסף לדבר עצמו, לא לרמז. ולא, אין זה על ידי מעשה הדאגה לעני, שגם הוא רמז, אלא על ידי המצווה, ההשפעה על כנסת ישראל.

[ג] והמון עם, שאין להם זה השכל להעמיק בכל זה, להבין הרמזים כנ"ל. נעשה אצלם כל זה ממילא, על ידי שנה, וציצית, ותפילין, ותורה, ותפילה, ומשא ומתן: כי השנה, היא בחינת לאדבקא מחשבתא בעלמא דאתי בכלליות כנ"ל, בחינת ה' א־להי הנ"ל. כי בשעת שנה, הנשמה עולה לעלמא דאתי: וציצית ותפילין, הם בחינת: "גָּדַלְתָּ מְאֹד". כי תפילין, הם בחינת הגדלת השכל הנ"ל. (כי תפילין, הם בחינת המחין כידוע, היינו בחינת הגדלת השכל להבין כל הרמזים שמרמז לו השם יתברך בכל יום כנ"ל). וציצית, הוא בחינת הצמצום הנ"ל, שהוא בחינת מאד הנ"ל. כי תכלת כרסיא דדינא (כמו שכתוב בזהר שלח לך דף קע"ה), שהוא בחינת צמצום. ועל כן ציצית קודם לתפילין, בבחינת: "שְׂמֹאלוֹ תַּחַת לְרֹאשִׁי", ואחר כך: "וִימִינוֹ תְּחַבְּקֵנִי" (כי שמאל הוא בחינת דין, בחינת צמצום, שהוא בחינת ציצית כנ"ל. וימין הוא בחינת מוחין, בחינת תפילין כנ"ל):

"המון העם" – איזה ביטוי קשה... מי תופס את עצמו כהמון העם? הרי בשביל כל אחד מאיתנו, כל האחרים הם המון העם, ואני הרי איני מן ההמון. המון כולל את כולם, וכמו שרבי נחמן כבר לימד בתורה רמה, יחידי הסגולה שאינם מן ההמון חייבים להיזהר מלחשוב שהגיעו להיכלי תורה והם נבדלים מן ההמון; ההמון הוא אנחנו כולנו, לא הם. לכל אחד מאיתנו יש רמזים שהוא מבין, אולם לגבי רוב הרמזים – כולנו ההמון.

ואיך מתחמק ההמון ממערת הרמזים, מן התמימות לחשוב שהרמז הוא הדבר עצמו, או מהתסכול בידיעה כי לעולם לא נבין את רוב הרמזים? אם השכל מוגבל, אפשר לעקוף אותו, ללכת למקום שבו השכל כבר איננו מגביל, אל מקום הסתלקות המוחין, אל השינה. כשחולמים יודעים שאלו רמזים, הרציונל כבר אינו מגביל את הנשמה לעלות למקום גבוה, שבו רואים את המציאות מלמעלה. הישן אינו מבין את העולם, אלא בורח ממנו אל עולם עליון, אל מחוץ למערת אפלטון. הישן מתדבק בעולם שיבוא, ואף שלא יחזיר ממנו דבר אל החיים בגלל מגבלת שכלו, עצם ההידבקות בשינה תשמור מפני

האחיזה בעולם. כמה קשה לנו לישון, להפסיק להיאחז בעולם ולבזבז את הזמן בשינה, כמה מנסים להאריך את היום כדי לנצלו. רבי נחמן מלמד כי האחיזה בעולם איננה מאפשרת לנו לראות את סודותיו, וההרפיה בשינה מגלה לנו רזים חשובים יותר. אולי זו הסיבה שעייפות גורמת לשכחה, כי הרי היא תוצאה של ההיאחזות בעולם הזה וחוסר יכולת לזכור את העולם שיבוא.

ציצית ותפילין מבטאים את 'גדלת מאוד'. התפילין הם הרחבת זיכרון למי ששכלו קצר מלהבין, הם הכונן החיצוני – המוחין שבחוץ, המאפשר למי שלא מבין בשכלו הרגיל, לחבר כונן חיצוני ולהבין מה שלמעלה משכלו. ארבע מחיצות יש לתפילין של ראש, וכל אחת היא מוחין אחרים, הארכה לתפקודים של המוח הביולוגי. הציצית היא ה'מאוד', הגבלת המידה לבל יפרוץ השכל אל מה שמעל השגתו. היא המצה שלפני ההתנפחות, הפשוטה מקושיות ושאלות. 'מאוד' קודם ל'גדלת', הצמצום קודם להתרחבות, משום שהוא דורש ענווה וחלל פנוי, שאליו אפשר להתרחב. כשאין צמצום, המוחין גדלים עד אין קץ והכלים נשברים. ההמון מתעטף בציצית ואחר כך מניח תפילין, קודם שמאלו תחת לראשי ורק אז ימינו תחבקני. השמאל, הדין, קודם לימין, להתפשטות החסד.

חכם בכבוד הבריות – על כוחה של חכמת החמלה

הרב אהד טהרלב

א. מבוא

מאמר זה נכתב לכבודו של מורנו ורבנו הרב שלמה ריסקין בהגיעו לגבורות. זכיתי להיות תלמידו ב'בית מורשה' בירושלים, ולאחר מכן לשמש תחתיו כראש מדרשת לינדנבאום ברשת "אור תורה סטון".

במאמר זה אנסה להראות כיצד בכוחה של החמלה לבטל גזרות ולשנות את המציאות, ואפילו לשנות את הפסיקה, וזאת מבלי לשנות את כללי ההלכה.

הרב שלמה ריסקין, "חכם בכבוד הבריות", ראה ורואה תמיד את האדם בפסיקתו. החמלה היא נר לרגליו ומפעל חייו כולו שירה לאדם ובמיוחד להעצמת האחר, השונה והחלש בחברה.

ב. סיפורו של רבי אלעזר בן שמוע

בקהלת רבה פרשה יא מובא סיפור על רבי אלעזר בן שמוע:

רבי אלעזר בן שמוע הוה מטייל על כיף ימא רבה

חמא אילפא דמיטרפא בימא כהריפת עין טבעת וטבע כל מה דהוה בה
חמא חד גבר דיתיב על קורשא דספינתא
מגלא לגלא סליק ליבשתא
כד הוא הוה ערטילאי והוה מיטמר בכיף ימא
ארעת ענתה דישראל סלקין לריגלא בירושלם
אמר להון מן בני עשו אחוכון אנא הבו לי זעיר כסות ואיכסי בה
תתאי דערעני ימא ולא אישתזב גבאי מידי
אמרין ליה כן יתערערן כל אומתך
תלה עיניה וחמא ית רבי אלעזר דהוה מטייל ביניהן
אמר מסתכל אנא דאת גבר סב ויקיר מאומתך
ואת חכים ביקרי דברייתא
אלא זכי בי והב לי תכסית דאכסי בה תתאי דערערן ימא
הוה על רבי אלעזר בן שמוע שבע איצטלוון
שלח חד ויהביה ליה
אובליה לביתיה ואכליה ואשקיה
ויהב ליה תרין מאוון דינרין
וארכביה ארבעה עשר פרסין
ועבד ליה יקרא סגי עד דאעליה לביתיה
לבתר יומין מת קיסר הרשע ואימנו ליה מלכא תחותיה
גזר על מדינתא ההיא כל גוברין לקטלא וכל נשיא לביזה
אמרו לר׳ אלעזר בן שמוע זיל ופייס עלינן
אמר לון אתון ידעיתון הדא מלכותא עבדא מידי על מגן?
אמרו ליה אית הכא ארבעה אלפין דינרין סב יתהון ואזיל ופייס עלינן
נסב יתהון וסלק וקם על תרע מלכותא
אמר לון איזלון אימרון למלכא חד גבר יהודאי קאים על תרעא בעי מישאל שלמא דמלכא
אמר אעלוניה
כד חמיניה מלכא שדא מעל כורסייה ונפל על אנפוהי

אמר ליה מאי עיסקיה דמרי הכא ולמה איצטער מרי להכא
אמר בגין דתתרחם על הדא מדינתא ותתבטל הדא גזירתא
אמר ליה אורייתא כלום כתיב בה שיקרא
אמר ליה לא
אמר ליה לא כתיב בתורתכם לא יבא עמוני ומואבי בקהל ה׳ למה על דבר אשר לא קדמו אתכם בלחם ובמים וכתיב לא תתעב אדומי כי אחיך הוא ואנא לא בר עשו אחוכון אנא?
ולא גמלון לי חסד?
ומאן דעבר אדאורייתא חייב לקטלא
א״ל רבי אלעזר בן שמוע אע״פ דהינון חייבין לך תישבוק ותרחם עליהון
אמר ליה ואת ידע הדא מלכותא עבדא מידי על מגן
אמר ליה אית עמי ארבעת אלפין דינרין סב יתהון ואיתרחם עליהון
אמר ליה ארבעה אלפין הללו יהון לך יהיבין חלף תרין מאוון דיהבת לי
ומדינתא כולה תהא משתזבא בגינך חלף מיכלא ומישתיא דאוכלת ואשקת יתי
ועול לבי געא וגנזי דידי וסב לך שבעין איצטלוון דלבושן חלף איצטלא דיהבת לי
וזיל בשלם על אומתך ואשביקין בגינך
וקרון עלוי שלח לחמך על פני המים

תרגום חופשי:
רבי אלעזר בן שמוע היה מטייל על חוף הים הגדול (הים התיכון)
ראה ספינה טובעת כהרף עין וכל מה שהיה בה טבע
ראה מרחוק גבר אחד מחזיק בקרש מהספינה
שוחה מגל לגל עד שהגיע ליבשה
כיון שהיה עירום הוא הסתתר בחוף הים
עברה לידו קבוצת אנשים שהייתה בדרכה לעלות לרגל לירושלים

אמר להם (הניצול): "מבני עשיו אחיכם אני, תנו לי כסות ואלביש את חלקי גופי התחתונים כיון שטרף אותי הים ולא נשאר לי כלום"

אמרו לו: "כן יטרפו כל בני עמך"

הרים את עיניו וראה את ר' אלעזר הולך ביניהם

אמר לו: "רואה אני שאתה אדם חשוב ומכובד מאומתך

ואתה חכם בכבוד הבריות

זכֵה אותי ותן לי לבוש לכסות את מערומי כיון שטרף אותי הים"

היו על רבי אלעזר בן שמוע שבע חליפות

פשט חליפה אחת ונתן לו

לקחו לביתו והאכילו והשקהו

ונתן לו מאתיים דינרים

והרכיב אותו ארבע עשרה פרסאות

ועשה לו כבוד גדול עד שהעלהו לביתו

לאחר ימים מת הקיסר הרשע ומינו אותו לקיסר חדש

גזר על אותה עיר (של היהודים): כל הגברים למיתה והנשים לביזה

אמרו לר' אלעזר בן שמוע: "לך ובקש רחמים עלינו"

אמר להם: "אתם יודעים שהמלכות אינה עושה שום דבר בחינם"

אמרו לו: "קח ארבעת אלפים דינרים ולך ובקש רחמים עלינו"

לקחם ונסע (לרומא) ונעמד בפתח שער ארמון המלכות

אמר (לשומרים): "לכו והגידו למלך שיש יהודי אחד בשער המלך שבא לשאול בשלומו"

אמר להם: "הכניסוהו"

כשראהו המלך ירד מעל כיסאו ונפל על פניו

אמר לו (המלך): "מה כבודו עושה כאן ולמה טרחת להגיע עד לכאן?"

אמר לו: "כדי שתרחם על אותה עיר ותבטל את הגזרה"

אמר לו: "האם בתורה כתוב דבר שקר?"

אמר לו: "לא"

אמר לו: "האם לא כתוב בתורתכם 'לא יבוא עמוני ומואבי בקהל ה' על דבר שלא קדמו אתכם בלחם ובמים', וכתיב 'לא תתעב אדומי כי אחיך הוא', וכי אינני בן עשיו אחיכם אני?

ולא גמלתם לי חסד,

ומי שעובר על התורה חייב מיתה?"

אמר לו ר' אלעזר: "אף על פי שהם חייבים מיתה עזבם ורחם עליהם"

אמר לו: "והרי אתה יודע שהמלכות אינה עושה דבר בחינם?"

אמר לו: "יש עימי ארבעת אלפים דינרים, קח אותם ורחם עליהם"

אמר לו: "ארבעת אלפים אלו יהיו שלך במקום מאתיים דינרים שנתת לי

העיר כולה תינצל במקום האוכל והשתייה שהאכלת והשקית אותי

ולך לבית גנזיי וקח לך שבעים חליפות במקום החליפה שנתת לי

ולך בשלום לאומתך ותינצל בגללך"

וקרא עליו – שלח לחמך על פני המים.

סיפור מקסים זה מובא במדרש על הפסוק "שַׁלַּח לַחְמְךָ עַל פְּנֵי הַמָּיִם כִּי בְרֹב הַיָּמִים תִּמְצָאֶנּוּ" (קהלת יא, א), ומלמד אותנו שכשם שאדם זורק אבן למים והאבן משפיעה על אדוות המים למרחקים, כך מעשיו של אדם יכולים להשפיע על עתידו ועתיד קהילתו.

בסיפורנו טבעה ספינה ונשאר ניצול אחד בלבד ללא רכוש, ואפילו ללא בגד על גופו. הוא נותר עירום כביום היוולדו. מתברר שאותו ניצול היה רומאי. באותה תקופה הרומאים שלטו בארץ והיהודים הרגישו נרדפים ונכבשים ושהכובש הרומאי מקשה על חיי היומיום שלהם.

כשהגיע הרומאי לחוף הים, בתחילה הוא פגש קבוצת יהודים בדרכה לעלות לרגל והתחנן שייתנו לו בגד לכסות את מערומיו. הוא הזכיר לקבוצה שהוא מבני עשיו אחיהם. הזכרת הייחוס שלו לוקחת אותנו למפגש של יעקב עם אחיו עשיו. באותו המפגש ירא יעקב מאוד מעשיו, שהגיע עם ארבע מאות איש והוא עמד מולו רק עם

בני משפחתו. למרות הכעס על גניבת הבכורה ורצונו העז של עשיו לפגוע ביעקב, חס עליו עשיו ולא פגע בו (יעקב החלש ועשיו החזק). הרומאי ביקש שיזכרו לו זכות אבות כיון שכרגע צאצאו של עשיו במצוקה – הוא החלש שזקוק לעזרה ובני יעקב הם הרבים והחזקים. אך אוזנם של אנשי הקבוצה העולים לירושלים אטומה, ובמקום לחוס עליו ולתת לו בגד ללבוש ולטעום דבר מאכל הם מקללים אותו ומאחלים לו שכשם שאירע לו – ספינתו נטרפה והוא נשאר חסר כול, כך יקרה לכל בני עמו שייטרפו ויאבדו בים.

הרומאי לא ויתר. הוא ראה את רבי אלעזר בן שמוע שהיה לבוש באופן מכובד וכינה אותו "חכם בכבוד הבריות". רבי אלעזר חמל על הרומאי, הסיר מעליו חליפה מחליפותיו, כיסהו, לקחו לביתו, האכילו והשקהו, נתן לו דמי כיס (סכום כסף מכובד לכל הדעות באותם ימים), לקח את "רכבו" – חמורו/סוסו – והרכיבו כברת דרך לבני עמו.

לא לחינם מציין לנו בעל האגדה שהמפגש של הקבוצה (הקהילה) עם הרומאי שהיה חסר כול התקיים כשהיו בדרכם לעלות לרגל לראות את פני ה'. רבי אלעזר בן שמוע כנראה החמיץ את העלייה לרגל באותו חג, אבל בעוד בני עמו עשו דרך ארוכה לראות את פני ה' (אם אכן הם ראוהו...), הוא זכה לראות את פניו של הקב"ה בכך שחס על הרומאי החלש והכניסו לביתו ודאג לצרכיו. כשראה רבי אלעזר את הרומאי העירום, הוא ראה אותו ב"מערומיו", ללא בגדים שמשייכים אותו לסטיגמה זו או אחרת, הוא ראה את האדם שברומאי, את צלם א-להים שבו, ובכך זכה למפגש ישיר עם הקב"ה על אף שהרומאי הוא מבני אויביו. נוסף על כך, נראה כי בעל האגדה מדגיש בפנינו את ההבחנה המתבקשת בין התנהגות לאומית של קבוצה כלפי אויביה ובין התנהגות חומלת כלפי היחיד, גם אם הוא שייך לעם אויב.

רבי אלעזר בן שמוע לא רק זכה לראות את פני ה' דרך פניו של האחר; בכוח חמלתו הוא אף הצליח לבטל את גזרת השמד שנגזרה על עמו.

אותו רומאי חסר כול נהפך ברבות הימים לקיסר הגדול, ואף על פי שבאותו אירוע רבי אלעזר חס עליו ועזר לו, הרומאי נשאר עם

זיכרון טראומתי מהתייחסותם הפוגענית של חברי הקבוצה שהיו עם רבי אלעזר, וגזר עליהם גזירת שמד. אך רבי אלעזר עלה אליו לרגל לארמונו ונפגש עימו בשנית. במפגש זה התהפך מאזן הכוחות ביניהם. הפעם רבי אלעזר בעמדת החלש, והרומאי – בעמדת החזק. בשלב הזה, יזם הקיסר הרומאי דיון תורני וניסה להוכיח לרבי אלעזר שלפי דיני התורה חייבים בני עמו של רבי אלעזר מיתה. בטענה השנייה בדיון דאג הרומאי לציין שהיות שהוא מבני עשיו, הם היו חייבים להצילו.

בסופו של התהליך, בזכות חמלתו של רבי אלעזר על הרומאי הוא הצליח לעורר בקרבו חמלה ולשנות את הגזירה, הוא גרם לכך שהקיסר (לשעבר הרומאי העירום) חס על עם ישראל, ורבי אלעזר זכה במתנות גדולות כפל כפליים ממה שהוא נתן לרומאי.

בהמשך לפרשנות זו על האגדה, יש מקום לברר ולדון בשאלה המתעוררת: מה יש בחמלה שבכוחה לשנות גזירה? מה יש בחמלה שבכוחה לשנות לא רק גזירה על אדם פרטי אלא אפילו להושיע מגזירה קולקטיב שלם?

ג. מהי חמלה?

הרב שג"ר בספרו "על כפות המנעול" (עמ' 68) כותב:

> מהי אם כן חמלה?
> ...החמלה מקורה דווקא בחוסר האונים של האדם. יושב אני ליד מטתו של חולה סרטן, ימיו ספורים, הוא גונח מכאבים, ואני מרחם עליו, אך ידי קצרה מהושיע, מה אני יכול לעשות למענו?! הנטייה של רובנו הינה הכחשה. העמדת פנים כאילו הוא יבריא, שהכאב יחלוף. אנו קוראים לרופא בדחיפות שיזריק לו מורפיום שישכך את כאביו. אך בכך אנו עלולים להחמיץ את העיקר... אדם זה הולך למות, ואף שחרב חדה מונחת בכל זאת אל לו לאדם למנוע עצמו מן הרחמים, סוף סוף אלו ימיו האחרונים ואולי שעותיו האחרונות. במקום להכחיש ולהתנגד – התנגדות

שרק מגבירה את יסוריו ופחדיו – עליו ללמוד לקבל, להרפות מאחיזתו ולהפקיר את עצמו לרצון ה' המתרחש כאן. לקבל את איבוד השליטה שלו, ובכך לתקן את החטא הבסיסי של "אני אמלוך".

ברגע שהוא מרפה, מוסר את עצמו וזונח את הבחירה, נולד דבר עמוק הרבה יותר. נולדת החמלה.

הרב שג"ר רואה את החמלה כנולדת מתוך מציאות של חוסר אונים. התנועה הנפשית הפנימית של חמלה היא תנועה של הרפיה וקבלה ולא תנועה של התנגדות. המפגש עם חוסר אונים יוצר אצל האדם אמפתיה. החמלה יוצרת אצל האדם הרפיה, והרפיה יוצרת רכות פנימית. ניתן לראות את הרחמים כמידה הפוכה ממידת הדין, המתאפיינת בתנועה הנפשית לעומתית, מתנגדת ומתנצחת, בבחינת "יקוב הדין את ההר". מצב של דין מתאפיין בהתנגדות שמביאה להגברת הכאב והייסורים.

בדוגמה שהובאה לעיל, כאשר האדם נמצא במחיצתו של אדם חולה בסרטן הנוטה למות, הרב שג"ר מציע לו לבחור להיות בעמדה נפשית של אמפתיה ושל קבלה והשלמה עם המצב, תוך ויתור על מאבק. מוטב להימנע מהכחשה מאחר שיש בה תנועה של התנגדות והיא סותרת ומפריעה לאדם להגיע לעמדה של ענווה וחמלה.

מכך אנו יכולים להסיק שאכן הדרך לשינוי מציאות קשה ואף חסרת סיכוי לכאורה (כמו גזירה), ברם אפשרית – לא על ידי ניסיון עיקש להילחם במציאות ולהתנגד לה, אלא דווקא מתוך תנועה הפוכה של ויתור והרפיה. מידת הדין מתאפיינת בנוקשות וקיפאון והיעדר יכולת להשתנות – כמו מוות. לעומתה החמלה היא רכה וענוגה, ובכל מקום שיש בו רוך יש גם גמישות וחיים וממילא גם יכולת לשינוי. דווקא תנועה נפשית של הרפיה וחמלה היא שיכולה להביא לידי שינוי וביטול גזירה.

ייתכן שזו המשמעות העמוקה של המשפט שאומרים בתפילה כמה פעמים: "מחיה מתים ברחמים רבים" – כיצד ניתן להחיות מתים?

ברחמים. המשמעות הפשוטה היא שמדובר על רחמיו של האל, ועם זאת, ניתן לטעון שמדובר גם על הרחמים בליבותיהם של בני האדם. רחמים רבים המתרבים בעולם ככל שיותר בני האדם יעוררו בליבם את מידת הרחמים. ככל שמתרבים הרחמים והחמלה בקרב הנבראים על יצירי הבריאה, כך יהיו פחות מוות ודינים בעולם.

המציאות שהרב שג"ר התייחס אליה היא מציאות של חוסר אונים, שבה לאדם לא נותר דבר אקטיבי לעשות כדי לשנות את רוע הגזירה. ברם ישנם מצבים רבים של מצוקה, סבל ועוול אנושי הניתנים לשינוי על ידי פעולה אקטיבית, אומץ להילחם כדי להשפיע ולשנות את המציאות.

אפשר שזו הסיבה שבעל האגדה מציג בפנינו תמונה של ספינה הנטרפת בים ושל אדם שניצל ממנה עירום כביום היוולדו. הספינה הנטרפת בים מסמלת תהליך של לידה חדשה מתוך איום של כיליון ומוות, הרומאי שניצל מן הים והגיע לחוף עירום מייצג אדם שנולד מחדש. יכולתו לשרוד בעולם ולחיות היא רק בזכות יחס של חמלה ורחמים. מי שחומל על האחר ורואה את מצוקותיו, מי שמגלה אמפתיה למצבו של החלש, הוא שיוכל לבטל את גזירותיו של הקיסר ואפילו של הקב"ה.

הרחמים שריחם רבי אלעזר על הרומאי הפרטי יצרו וחוללו רחמים גדולים בעולם על אומה שלמה. זה כוחה של חמלה אנושית.

וכאשר היה איום של גזירה בחר רבי אלעזר להילחם, להעז ולעמוד לפני הקיסר, להתווכח עימו ולנסות להשפיע עליו לבטל את הגזירה.

המדרש בחר להביא את האגדה הזאת בהקשר ללימוד הפסוק "שַׁלַּח לַחְמְךָ עַל פְּנֵי הַמָּיִם כִּי בְרֹב הַיָּמִים תִּמְצָאֶנּוּ". אותיות **לֶחֶם** הן אותיות **חמל**. ניתן להבין את משמעות הפסוק כך: שלח חמלתך בעולם כי ברבות הימים חמלה זו תהדהד גלים גדולים מאוד של חמלה בעולם שישנו את המציאות.

נוסף על אלו, הן גם אותיות **לָחַם**, הפעולה האקטיבית של הלוחם למען החמלה מחוללת ומשפיעה על אשר יקרה ברבות הימים.

ד. חמלה בהלכה

אם בכוחה של חמלה לשנות גזירה ולשנות את המציאות, בכוחה גם ליצור פתרונות הלכתיים לאתגרים וסוגיות חברתיות ואישיות ללא שינוי כללי ההלכה.

שונה מבטו של האדם החומל שבפנימיותו רכות וגמישות על האחר ועל המציאות, ממבטו של אדם שעולמו הפנימי קשה ונוקשה. החומל רואה בטקסטים הכתובים משמעויות שהנוקשה איננו מצליח לראות, וכאלה היו פוסקי ההלכה הגדולים.

כך למשל הרב עובדיה יוסף זצ"ל, שבפסקים רבים בלט ברגישותו למצוקת האחר, וגישתו החומלת באה לידי ביטוי בהכרעותיו ובנושאים שהתעמק בהם, ובין השאר עמלו הרב בניסיון להתיר עגונות. להלן דוגמה מפסיקתו המפורסמת בסוגיית כבוד הבריות:

> אודות אשה שבהיותה צעירה פנויה חיתה חיי אישות עם בחור אחד ונתעברה ממנו, וכשהוכר עוברה הלכה אצל רופא אחד ועשה לה הפלה מלאכותית, ואחר כך עברה משם לעיר אחרת, וחזרה בתשובה שלימה בשמירת תורה ומצות, ונישאת לבחור ישיבה החרד לדבר ה', וחיו יחדיו באהבה ואחוה שלום וריעות, ונתעברה ממנו וילדה לו בן זכר. והנה הביע רצונו לקיים מצות פדיון הבן כהלכת גוברין יהודאין, כי לא ידע שקודם נישואיו עם אשתו, נתעברה כבר מאיש אחר והפילה כשהוכר עוברה, והאשה באה אל הרב המקומי וסיפרה לו כל מה שאירע לה קודם נישואיה לאברך הנז', ושאל הרב האם חייב הוא להודיע לבעלה, כדי להצילו מעוון ברכות לבטלה של פדיון הבן, למרות שאם יודיע לו כל הקורות לאשתו קודם נישואיו, יופר שלום הבית, ועלול הדבר קרוב לודאי שתפרוץ ביניהם מריבה וקטטה, ואחריתה מי ישורנה, שאולי יבאו גם לידי גירושין, או שמא יש לומר גדול השלום שאפילו שם שמים שנכתב בקדושה נמחק מפני השלום... לכן טוב שלא לגלות לו ולא כלום, כדי שלא לגרום חשש גירושין בין הזוג, ועל כל פנים ודאי שיהיו מריבה וקטטה וביטול שלום

> הבית, וגם בזיון גדול לאשה ולמשפחה. וגם לילד הנולד יגרום הענין להוצאת שם רע, שיהיה שיחה בפי הבריות עד עולם וכו׳, הילכך יניחו לאבי הבן לעשות הפדיון עם שתי הברכות, שגדול כבוד הבריות שדוחה לא תעשה שבתורה, וכל שכן בנדון דידן דהוי איסור דרבנן בלבד, והרי אם יגלו הכל להאב יצמח מזה בזיון ופגם גדול, והתורה התירה למחוק שם שמים שנכתב בקדושה כדי לעשות שלום בין איש לאשתו, אלא יניחו את האב שהוא אנוס בדבר לעשות הפדיון בברכות, ויחיה עם אשתו בשלום ובמישור בהשקט ובטח...[1]

גם פסיקותיו ההלכתיות של מורנו ורבנו הרב שלמה ריסקין הי״ו מתאפיינות ברגישות לאחר ולחלש בחברה. הרב ריסקין חיפש ויצר פתרון לנשים עגונות שהיו שבויות בידי בעליהן, ובמיוחד לנשים הסולדות מבעליהן הטוענות טענת ״מאיס עלי״.

הרב ריסקין חיפש מקורות שמכריעים את הכף לטובת האישה בטענת ״מאיס עלי״, וכך הוא כותב במבוא לספרו ״יד לאישה״:

> התלמוד הירושלמי והכתובות הקדומות שנמצאו בגניזה הקהירית מוכיחים כנראה שבראשית תקופת האמוראים הוכרעה הכף לטובת רגשות האישה. אחד מתנאי הכתובה הבטיח שאם אחד מבני הזוג מואס בבן זוגו יכפה בית הדין גירושין... אני מבקש בכל תוקף ליישם נוסח של הסכם קדם נישואין שנועד להציל הרבה נשים מבעיית עיגון. בנוסף לזה אני מקווה שנוכיח על פי מקורות בתלמוד ובספרות השו״ת את הצורך להעמיד בית דין מיוחד בירושלים עם הכח להפקיע קידושין של מסרב גט אחרי שבית דין מוכר חייב אותו.[2]

1 **שו״ת יביע אומר**, חלק ח יורה דעה סימן לב.

2 **יד לאשה**: האשה והגירושין על פי ההלכה – פיתרון הלכתי לבעיית העגונה, ירושלים תשס״ד, עמ׳ יב.

באופן דומה בסוגיית היחס ללהט"בים, מתוך תפיסתו החומלת של הרב ריסקין הוא מצא פתרון יצירתי ונועז להגדירם בהגדרה הלכתית של 'אנוסים', ועל סמך זאת שינה את היחס כלפיהם ולימדנו לקבלם. כך הוא כותב:

> מובן שאין להתיר את המעשה ח"ו, אלא יש לקבל הלהט"בים בתוך קהילת ישראל באהבה בתורת "ישראל אף על פי שחטא, ישראל הוא", ואם באמת בלתי אפשרי להם למצוא אהבה בדרך המקובלת עם המין השני, אז יש לראות אותם כאנוסים, ואנוס רחמנא פטריה. כך כתוב בתוס' ד"ה החשוד על העריות כשר לעדות: **משום דיצרו תקפו** (תוס' סנהדרין כו ע"ב).
>
> ובנוגע לאשה שחציה שפחה כנענית וחציה בת חורין, שאסורה להתחתן והיא מחזרת אחרי נערי ישראל, כתוב בתוס' גטין מא ע"ב ד"ה כופין, שכופין את רבה לשחרר אותה ולא מענישים את הבחורים, וכתוב שם בתוס': "אע"ג שהם פושעים, כיון שהיתה מחזרת אחריהם ומשדלתן לזנות, חשיבי כאנוסים". והרי כתב הרב הראשי הראשון לישראל הרב אברהם יצחק הכהן קוק זצ"ל באגרות הראיה ח"א תשובה קל"ח, במכתבו לידידו הרב דובר מילשטיין, שרצה לנתק קשר עם בנו שיצא לתרבות הקומוניסטים, שאסור לו לעשות זאת, וציטט את שני ה"תוספותים" שציטטתי לעיל, שהקומוניזם בימיהם הוא כמו השפחה המשדלת. ובנו נחשב כאנוס, ואסור לראות אותו כחוטא במזיד אלא כאנוס, ועל כן יש לעשות כל דבר לקרב אותו בעבותות של אהבה.
>
> לבסוף, חשוב לראות את תוספתא אבות דרבי נתן טז, ד שמצטט את ר' שמעון בן יוחאי שרק ה' יוכל לשפוט אם עובר העבירה היה מסוגל להתגבר על היצר, ועליו יתברך לשפוט אחרי מאה ועשרים שנה, הקב"ה ולא אנחנו. ואם הוא לא היה מסוגל, ה' בכבודו ובעצמו יישא את עוונו, כמו שכתוב בי"ג מידות, שהרי ה' יצר את יצרו!

הסביר מורי ורבי הרב סולובייצ'יק את דברי הרמב"ם בהלכות ממרים פרק ג' הלכה ג': 'אבל בני התועים האלה ובני בניהם שהדיחו אותם אבותם ונולדו בין הקראים וגדלו אותם על דעתם, הרי הוא כתינוק שנשבה ביניהם וגדלוהו ואינו זריז לאחוז בדרכי המדות שהרי הוא כאנוס כו' לפיכך ראוי להחזירן בתשובה ולמשכם בדברי שלום עד שיחזרו לאיתן התורה'. עד כאן לשונו של הרמב"ם, והסביר הרב ז"ל (רשימות שיעורים מסכת יבמות ט ע"א): הרמב"ם פסק שתינוק שנשבה בין האפיקורסים **מכיון דאפיקורוס באונס הוא מעלים אותו ולא מורידין אותו.**
גבולות המעבר בין אונס להמרת הדת, קשורים לחינוך והתבוננות מעמיקה בהם ובדרכם ובכל יחיד ויחיד (חזון איש יורה דעה הלכות שחיטה א, ו). אין אני "מכשיר" את ההומואים ופעולתם, רוצה אני שהם יהיו חלק מהקהילה הדתית. זהותם המינית הפרטית אינה ענין כללי וציבורי, אדרבה יפה להם השתיקה, ככל מעשים פרטיים של אדם. שפיטתם המחמירה נובעת מהאיום שבעצם מעשיהם, ולדעתי יש להניח עליהם את הביטוי אנוס. מתוך כך קריאתי לקבל אותם ועוד רבים אחרים להיות חלק מקהילות ישראל שכן אהבה רבה ואהבת עולם בינינו לבין הבוחר בעמו ישראל באהבה.[3]

כל מפעל חייו של הרב ריסקין נובע ממקום של אהבה חמלה ורגישות לאחר, ומנכונותו ללחום למען דאגה לחלשים, תיקון עוולות חברתיות ותיקון עולם.

הרב ריסקין הוא חולם, לוחם וחומל, המהווה עבור כולנו מודל והשראה של חכם בכבוד הבריות.

3 את מכתבו זה של הרב ריסקין קיבלתי מהרב שוקי רייך, ידיד נפשו של הרב. תודתי נתונה לו.

כי היא חברתך ואשת בריתך – זוגיות ותכנון משפחה

הרב ד"ר בנימין לאו

הקדמה

הרב שלמה ריסקין הי"ו משמש כבר למעלה מחמישים שנה ברבנות. עבורנו, בני ארץ ישראל, הרב ריסקין מביא ניחוח של רבנות שלא הכרנו. איש שחי במלוא כוחותיו את החיים עצמם – מחובר לתורה, מחובר לאנשים ומחובר לארץ. את תורת "ישיבה אוניברסיטה" של הרב סולובייצ'יק קיבלנו דרך ראש הישיבה הרב אהרן ליכטנשטיין זצ"ל. את היישום של התורה הזאת בקהילה למדנו מהרב ריסקין, שייבדל לחיים ארוכים. המאמר הזה מוקדש לו ברגשי אהבה ותודה על שנות המסירות ועל ההדרכה האישית שנתן לי כרב צעיר שגישש דרכו בעולם הרבנות הקהילתית. אני מברך אותו בכל לב בברכת "עוד ינובון בשיבה דשנים ורעננים יהיו".[1]

1 גרסה מוקדמת וראשונית של מאמר זה כתבתי לפני קרוב לעשרים שנה בבית המדרש לנשים בבית מורשה. המאמר פורסם בכתב העת **גרנות** בשנת תשס"ג תחת הכותרת "כי היא חברתך ואשת בריתך – שתי תכליות למוסד הנישואין". מאז עבר העולם הזוגי והמשפחתי כברת דרך ארוכה, ואני איתו. המאמר כאן

הרב ד"ר בנימין לאו

מבוא: למה מתחתנים – בין מחויבות קהילתית למחויבות אישית

בפתיחת מאמרו על הנישואין,[2] הרב י"ד סולובייצ'יק מצביע על שתי תורות בסיסיות בדבר מוסד הנישואין. האחת מבטאת מחויבות קולקטיבית שבה שני בני הזוג מעמידים עצמם לשירותה של החברה. השנייה מבטאת את המחויבות הפנימית שבמוסד הנישואין. מחויבות זו נעוצה בחוויית היחד של שניים המשתוקקים לאהבה וידידות.

תוצאה מבדילה בין שתי תורות אלו היא מקומה של מצוות "פרו ורבו". לפי התורה הראשונה, מצוות "פרו ורבו" היא הקורה המרכזית שעליה מושתת הבניין כולו. טול מהנישואין את המחויבות הזאת ואיבדת את כל משמעותם. לפי התורה השנייה, אין פגיעה בנישואין, גם אם לא צמחו מהם חיים חדשים. עצם ההתקשרות של בני הזוג היא היא היצירה המתבקשת.

כדרכו של הרב סולובייצ'יק במקומות אחרים,[3] גם כאן הוא מבקש לגלות בתורה את שתי התפיסות גם יחד. הציווי "פרו ורבו" מבטא את מהותו ותכליתו של האדם הנברא בפרק א בחומש בראשית. חובת ההולדה של האדם המופיעה בפרק א מתבררת כחלק מהיות האדם שותף לקב"ה בהמשך מעשה בראשית. עצם המעשה המיני המוביל להמשכת הזרע אינו מקודש אלא טבעי והכרחי. בקריאה חלקית המסתפקת בפרק א, לא ניכר שוני בין צרכיו הגופניים של האדם לאלו של החיה והבהמה. האדם הטבעי מגיב ללחצי גופו ובהיותו חלק מברואי העולם הופך גם הוא להיות חלק מממשיכי הבריאה.

ישקף את התהליך האישי שעברתי אני בנושא. בין לבין פורסמו מאמרים חשובים בנושא ואזכיר שלושה מהם: י' שרלו, "דחיית לידה ראשונה בזוג צעיר", אתר ישיבת **אורות שאול**, אייר תשס"ז; מ' פיוטרקובסקי, "חשיבות תכנון ילודה מבחינה הלכתית", **מהלכת בדרכה**, 2014, עמ' 296-355; ד' וא' סתיו, "תכנון משפחה", **אבוא ביתך**, ירושלים 2017, עמ' 25-48.

2 הרב י"ד סולובייצ'יק, **אדם וביתו**, ירושלים תשס"ב, עמ' 47-78.

3 בעיקר מכוונים הדברים לטיפולו של הרב בשאלת הכפילות בסיפור הבריאה, ראו **באיש האמונה הבודד**.

פרק ב מתמקד ב"לא טוב היות האדם לבדו" ומבטא בכך את כמיהתו של האדם לחלוק את חייו בשותפות. אין בפרק זה מאומה מצורכי הגוף של האדם, אין כלל עיסוק בחובת ההולדה אלא בבדידות המעיקה של הנברא הראשון. לאיש ולאישה יש שמות, הם לא שייכים לכלל הטבע אלא הופכים להיות אנשים פרטיים, מיוחדים ומתייחדים. "בהקשר זה צריכים היו הנישואין לקנות להם משמעות חדשה, בבטאם לא רק את דרישותיו של הגזע אלא גם (ואולי בעיקר) את כיסופיו של האדם היחיד" (שם, עמ' 49).

כשהוא עובר לדבר על ההלכה, טוען הרב סולובייצ'יק שהיא מפרשת את הברכה "פרו ורבו" לא רק כיכולת ביולוגית המוענקת לאדם, אלא כמחויבות הלכתית רוחנית שבה המפגש בין האיש והאישה תובע חוויה נעלה יותר – יצירת קהילה: "מנקודת מבטה של ההלכה קהילת הנישואין אינה מתממשת אלא אם כן היא חובקת שלש דמויות. ברמה זו משחררים הנישואין את דחף ההולדה ממגמתו החייתית הטבעית והופכים אותו לכמיהה רוחנית טרגית של האדם אל מקורו ואל מוצאו" (שם, עמ' 50); "הפעילות המינית נגאלת משנוצק לתוכה הרעיון המטפיזי הטמיר – דהיינו, שאיפתו של האדם להעניק מאהבתו. על האדם לאהוב לא רק את הממשי, אלא גם את מה שאין בו עדיין ממש, כדי שזה ייעשה לממשי. הכלל האתי היהודי המרכזי ללכת בדרכי הקב"ה ולחקותו, מחייב את האדם להיות לבורא" (שם, עמ' 53). הנישואין מכילים בתוכם גם את השאיפה הסובייקטיבית להיגאל מהבדידות, וגם את המוסד האובייקטיבי של שני יחידים המבקשים להקים יחד קהילה, ולשם כך כורתים ברית ומקבלים על עצמם מחויבות הדדית זה לזה.

מטרת הנישואין: בין השולחן ערוך לרמ"א

את החלוקה בין שתי מגמות ההתקשרות הזוגית אפשר למצוא כבר בפתיחת חלק "אבן העזר" של שולחן ערוך (א, א), החלק העוסק בבניין הבית היהודי. בסעיף הפתיחה לספר קובע רבי יוסף קארו:

> חייב כל אדם לישא אשה כדי לפרות ולרבות. וכל מי שאינו עוסק בפריה ורביה כאלו שופך דמים, וממעט את הדמות, וגורם לשכינה שתסתלק מישראל.

התכלית היחידה להתקשרות הזוגית, לפי המחבר, היא התכלית המשפחתית, זו הנובעת מהמחויבות של איש ואישה להעמיד את עצמם כמשרתים את מגמת המשכיות הזרע האנושי בעולם. הסתלקות מהמחויבות הזאת היא פגיעה בכל תכלית הבריאה של האדם, וממילא "גורם לשכינה להסתלק מישראל".

רבי משה איסרליש, הרמ"א, בהגהתו להלכה זו, מוסיף על דברי המחבר את הדברים הבאים:

> וכל מי שאין לו אשה שרוי בלא ברכה, בלא תורה כו' ולא נקרא אדם. וכיון שנשא אשה עונותיו מתפקפקים, שנאמר: מצא אשה מצא טוב ויפק רצון מאת ה'.

אין זו רק הערת השלמה של בעל ה"מפה" על השולחן ערוך. זו קריאה שמחייבת שימת לב למוקד נוסף בתכלית הנישואין. לא מחויבות לדורות הבאים יש כאן אלא מימוש האדם את קיומו בעולם. ללא תא הנישואין הוא אינו אדם כלל. למען הדיוק ההיסטורי נאמר שדברי השולחן ערוך והרמ"א מקורם בדברי ר' יעקב בן אשר, בעל הטורים:

> יתברך שמו של הקב"ה שהוא חפץ בטוב בריותיו שידע שאין טוב לאדם להיות לבדו ועל כן עשה לו עזר כנגדו, ועוד כי כוונת הבריאה באדם כדי לפרות ולרבות וזה אי אפשר בלא העזר ועל כן צוהו לדבק בעזר שעשה לו.

הטור מבסס את חיוב הנישואין על שני אדנים: (1) הוצאת האדם מבדידותו; (2) מימוש כוונת הבריאה שלו, בהיות האדם שותף למעשה בראשית ובהמשכת העולם (פרו ורבו).

מעניינת מאוד הערת אחד מפרשני הטור, הרב יואל סירקיס (הב"ח), שמסביר את הצורך בשתי התכליות גם יחד:

ונראה דלפי שנמצאים מקצת בני אדם מעלים בדעתם המשובשת כיון שלטובתי עשה לי את העזר כמו שכתוב: 'לא טוב היות האדם לבדו, אעשה לו עזר כנגדו', הנה אין אני חפץ בטובה זו ואי איפשי בה, כי לדעתו יותר טובה היא לו כשישב בלא אשה וממציא לו עזר ברע ואח אשר נפשו קשורה בנפשו. ועל כן להוציא הטעות זה מן הלב אמר יתברך שמו וכו' כי הוא יתברך יודע מה שהוא לעזר לא כמחשבת לבו של אדם.

בתוך דברי הב"ח מונחת אחת התובנות הקדומות והמהותיות לשאלת החשיבות בזוגיות. אדם עשוי לפרש את מהות ההתקשרות הזוגית באופן חד צדדי, אינסטרומנטלי – "מה יוצא לי מזה". הקריאה של אותו איש בפסוקי התורה היא קריאה מניפולטיבית: האישה נבראה לשמש אותי, "עזר כנגדו". כמו כל "עזר" הוא חדל להיות בעל ערך ברגע שמילא את ייעודו. איש כזה מסוגל להתנכר לאשתו ברגע שהפיק ממנה את חשקיו ותאוותיו. החשש מפרשנות אלימה שכזאת ביחס לזוגיות הביאה את בעל הטורים לפתוח במשפט מכונן המסביר לאיש שללא אשתו לעולם לא יהיה אדם שלם.[4] מובן מאליו ששתי התכליות הללו, היציאה מן הבדידות והמשכת הזרע בעולם, קיימות אצל האישה כמו אצל האיש. כמו כן קיים גם אצל האישה אותו החשש של שימוש באיש כמקור להפריה ולא כמקור לשותפות וזוגיות. מבחינה זו אפשר לומר שהחשש אצל האישה גדול אפילו

4 לא אמנע עצמי מלהעיר שכותבי ההלכה פונים כאן לקהל הקוראים שלהם שהם גברים. ספרי הלמדנות ההלכתית היו בבחינת "כלי גבר". נשים לא נגעו בהם ולא הכירו את תוכנם. לכן כל הדיבורים בספרות הזאת מיועדים לשכלו וליבו של האיש. היום, כשאנו מנסים ללוות בני זוג ששניהם מעמיקים בלימוד ובתכנון מבנה הזוגיות שלהם – כדאי להשלים את החסר בפנייה אל האישה בשאלת התכלית.

יותר מהחשש אצל האיש. תביעת האישה למימוש הרחם גדול לאין ערוך מתביעת האיש. זה כמו זו רוצים לראות פרי בטן, אך רק על אישה נאמר שבהיעדר פרי בטן "מתה אנכי". עוד נעסוק בהמשך בשאלת ההורות ללא בן זוג, אך כבר כאן בפתיחה ראוי להעמיד את שתי התכליות במלוא תוקפן לשני בני הזוג.

חידושו של הטור, מסביר הב"ח, הוא ששני חלקי המצווה כרוכים זה בזה: מטרת הנישואין היא לדבוק באישה בקשר בלעדי על מנת לקיים את ייעודו של האדם בעולם. מימוש של ייעוד אחד מייעודי הנישואין אפשרי אך לעולם יהיה חלקי.

השפעת הרמב"ם על דגם הנישואין בשולחן ערוך

בחלק "אבן העזר" מתייצב רבי יוסף קארו בעמדה הרואה את תכלית הנישואין בפרייה ורבייה. נושא הזוגיות אינו מעסיק אותו כלל. יותר מזה – ההתקשרות של איש ואישה על בסיס השתוקקות גופנית נראית לו כחובה והכרח אך רק אם היא באה לתכלית ההולדה. השולחן ערוך מבטא לאורך כל הספר את העמדה הזאת. ייתכן שהוא הושפע מעמדתו של הרמב"ם ביחס למטרת הנישואין.

במשנה תורה מקדיש הרמב"ם פרק שלם לקיום מצוות פרייה ורבייה (פרק טו מהלכות אישות), ושם עולה באופן ברור שהקשר בין האיש והאישה מסתכם בקיום מצווה זו. אתן דוגמה אחת להבהרת העניין.

חז"ל דנו בשאלה אם מותר לאדם לחיות בפרישות, לאיש ללא אישה ולאישה ללא איש. המשנה במסכת יבמות (סוף פרק ו) קובעת: "לא יבטל אדם מפריה ורביה אלא אם יש לו בנים". התלמוד מעלה שתי אפשרויות להבין היתר זה.

אפשרות א: למי שיש בנים מותר להיבטל רק מפרייה ורבייה אך לא לפרוש מחיי אישות. סיוע לעמדה זו מוצאת הגמרא בדברי האמורא שמואל שאמר:

אע"פ שיש לו לאדם כמה בנים – אסור לעמוד בלא אשה, שנאמר: לא טוב היות האדם לבדו.

אפשרות ב: למי שקיים פרייה ורבייה מותר להיבטל גם מנישואין, כנגד דברי שמואל.

מסקנת הגמרא היא כאפשרות הראשונה, ומשמעותה שלמי שכבר יש בנים מותר לשאת אישה שאינה יכולה ללדת.

מסיימת הסוגיה במימרא המתארת את חשיבות הזוגיות לאדם:

כל אדם שאין לו אשה – שרוי בלא שמחה, בלא ברכה, בלא טובה; במערבא אמרי: בלא תורה, בלא חומה.

מהלך הסוגיה "מושך" באופן ברור לחיוב של שמירת התא המשפחתי, גם כשהתכלית של פרייה ורבייה אינה רלוונטית עוד.

במעבר מן הגמרא אל הרמב"ם מקבלים הדברים צליל אחר.

האשה שהרשת את בעלה אחר הנישואין שימנע עונתה הרי זה מותר. במה דברים אמורים בשהיו לו בנים שכבר קיים מצות פריה ורביה, אבל אם לא קיים חייב לבעול בכל עונה עד שיהיו לו בנים, מפני שהיא מצות עשה של תורה שנ' פרו ורבו.

אף על פי שקיים אדם מצות פריה ורביה הרי הוא מצווה מדברי סופרים שלא יבטל מלפרות ולרבות כל זמן שיש בו כח, שכל המוסיף נפש אחת בישראל כאילו בנה עולם, וכן מצות חכמים היא שלא ישב אדם בלא אשה שלא יבא לידי הרהור, ולא תשב אשה בלא איש שלא תחשד.

המילים האחרונות, המנמקות את ההלכה של הרמב"ם, הן עיבוד של דברי ר' תנחום בגמרא. הרמב"ם מביא את השורה התחתונה "לא ישב אדם בלא אישה" אך מנמק – "שלא יבוא לידי הרהור". כלומר האישה

משמשת עבורו לשתי תכליות: הראשונה לקיום הזרע; והשנייה לשמירה מפני הרהור. אין בדברי הרמב"ם כלום מנוסח הגמרא על השמחה, הברכה והטוב שבצוותא. בבדיקה בכל כתבי הרמב"ם לא נמצאה אפילו פעם אחת השורה הקובעת "השרוי בלא אישה שרוי בלא שמחה". התכלית של הנישואין כהשלמה למהות קיומו של האדם איננה נזכרת בעולמו של הרמב"ם.

סיום דבריו המחייב גם אישה לחיות במבנה זוגי ("ולא תשב אישה בלא איש שלא תחשד") מופיע במקור בספרות התנאים (תוספתא למסכת יבמות פרק ח), אך לא כלשונו של הרמב"ם:

> האיש אין רשאי לישב בלא אשה ואשה אינה רשאה לישב שלא באיש.[5]

השולחן ערוך מביא להלכה רק את החיוב של האיש לשאת אישה, גם אם כבר קיים פרייה ורבייה, אך לא מזכיר כלל את חיובה של האישה להינשא. הרמ"א, בסוף סימן א (סעיף יג), לאחר דברי השולחן ערוך שאישה איננה מצווה על פרייה ורבייה, מוסיף את דברי הרמב"ם הנ"ל:

> ומכל מקום יש אומרים דלא תעמוד בלא איש משום חשדא.

החיוב לשמור על מסגרת הנישואין גם ללא פרייה ורבייה יכול להתפרש רק על רקע מיני, כפי שביטא זאת הרמב"ם, ויכול להתפרש גם על רקע חברתי וקיומי.

הכיוון הראשון, המבקש לראות את התקשרות הזוג רק על רקע מיני, מופיע אצל כמה ראשונים, המבטאים בדבריהם את הצורך

5 כך היא הנוסחה בתוספתא כתב יד וינה, שאותה העמיד הר"ש ליברמן כנוסח הפנים. אולם בדפוסי התוספתא הנוסח הפוך: "ואשה רשאה לישב שלא באיש". על פי חילופי הנוסחאות (וההלכות) מבקש ליברמן ליישב בין הרמב"ן כאן ובין הרמב"ם בהלכות איסורי ביאה כא, כו, המתיר לאישה לא להינשא. עיינו **תוספתא כפשוטה** למסכת יבמות, עמ' 68.

להרחיק את האדם ממכשול העריות האסורות על ידי הנישואין. כך לדוגמה כותב ר' דוד הכוכבי, בעל ספר הבתים:[6]

> מאשר עיקר עניין הנישואין לקיום המין ומאשר גם כן אחת מכוונות הנישואין לנקיות הגוף להישמר מהרהור, אמרו רבותינו השרוי בלא אשה שרוי בלא טובה.

ר' דוד הכוכבי לקח את הציטוט המבטא את המסגרת החברתית שבמוסד הנישואין ואימץ אותו כגורם נוסף לחיזוק מעמדו המוסרי של הגבר, לשמירת נקיות הגוף ומיעוט הרהורי עבירה.

גם הלכות אחרות בפרק טו מהלכות אישות מביעות את עמדת הרמב"ם שהנישואין נועדו לצורך הקמת הזרע.

בהלכה ג מתמודד הרמב"ם עם בן עזאי כדמות לחיקוי וקובע שמי שחשקה נפשו בתורה ודבק בה ללא שום בעיה של התעוררות יצר המין, אין בידו עוון. אך אם יצרו תוקפו חייב לשאת אישה, ואפילו היו לו בנים. גם כאן נראה ברור שהסיבה לנישואין אינה קשורה לבדידותו של האדם ולצורך בחברה ובת ברית אלא להצילו מן החטא.

בהלכה ז מביא הרמב"ם את הדין המחייב אדם לגרש את אשתו אם לא ילדה לאחר עשר שנים. גירושין אלו הם חובה, ואם איננו רוצה להוציא – כופין אותו ומכין אותו בשוט עד שיוציא. גם הלכה זו מדגישה שסיבת הנישואין היא הקמת הזרע וקיום מצוות פרייה ורבייה. אין שום מקום להתקשרות ללא אפשרות של קיום מצווה זו.

בסוף הפרק מקדיש הרמב"ם שתי הלכות המנחות את האיש והאישה לנהוג בכבוד, באהבה ובנחת זה עם זו, אך כאמור ההתקשרות אינה לגיטימית אלא מתוך מגמה להעמדת הזרע במצוות פרייה ורבייה. אין בכתבי הרמב"ם שום מקום לקריאה הרואה את האדם כמי שזקוק

6 **מגדל דוד**, מצות עשה רטו, עמ' רסב. מקורות נוספים לעניין זה ראו במאמרו של הרב ד' לאו, "היתר איסורים לצורך פרו ורבו", **תחומין** כג (תשס"ג), עמ' 231–236.

לזוגיות כדי להשלים את בריאתו ומשמעות קיומו בעולם. אף שלרוב הרמב"ם נשען בהלכותיו על מקורות תלמודיים, יש בריכוז דבריו מגמה המעצבת ומכוננת השקפה שבוחרת להציג כיוון אחד מרכזי; את כל המימרות המדברות על בדידותו של האדם החי ללא אישה, על היעדר השמחה וכו' – בחר הרמב"ם להשמיט.[7]

דומני שההלכות שבשולחן ערוך מבוארות ומתבהרות על פי השוואה להלכות אישות ברמב"ם, כשברקע שלהן נמצאת עמדת המוצא: "כדי לפרות ולרבות".

השהיית מצוות פרייה ורבייה

בסעיפים הקודמים ראינו את שתי התכליות שמוזכרות בדברי חז"ל ובפוסקים בשאלת מטרת הנישואין. להבדל בין שתי התכליות יש נגזרות רבות ואחת מהן היא סוגיית תכנון המשפחה ועיכוב ההריון של זוג צעיר לאחר החתונה. זוהי אחת השאלות הנדרשות ביותר על ידי זוגות צעירים, לפחות מחוגי הציונות הדתית, שבהם האישה נמצאת במסלול חיים דומה למסלול של האיש – שניהם בתקופת לימודים, תחילת עבודה וראשית העצמאות.

בטבורה של השאלה הזאת עומדת ההנחיה ההלכתית של השולחן ערוך: "חייב אדם לשאת אישה כדי לפרות ולרבות" – זו התכלית וכל פגיעה בה איננה לגיטימית.

בשנותי הראשונות ברבנות (לפני כמעט שלושים שנה) פגשתי זוגות שבאו בבקשה לקבל היתר הלכתי לדחיית הריון ותמיד בפיהם מוכנה הייתה הסיבה. בדרך כלל היו אלה הלימודים של האישה שעשויים להיפגע כתוצאה מהריון ולידה בתקופת זמן זו, לעיתים היה זה הטיול המיוחל לחו"ל שעלול להיפגע בגלל הריון, ולעיתים הדאגה

7 להרחבת עמדת הרמב"ם ביחס למשפחה ותפקידה ראו: י' בן ששון, "יסודי תורת המוסר של חברה ומשפחה במשנתם של רמב"ם וריה"ל", **קובץ משפחות בית ישראל, ספר הכינוס למחשבת היהדות**, שנה יח, ירושלים תשל"ו, עמ' 77-131.

הכלכלית בהיעדר פרנסה ותמיכה. מעטים היו הזוגות שדיברו על כך שיש להם צורך "להתבשל" ביחד. איזו הדרכה קיבלתי בתור רב צעיר בראשית דרכו? מה הייתה ספרות העזר התורנית לזוגות שואלים? שני ספרים היו באותה תקופה בידינו. האחד של הרב אליקים אלינסון, והשני של הרב שלמה אבינר.

הרב אבינר פרסם בשנת תשמ"ד חוברת בשם "בניך כשתילי זיתים" (נכתבה בשנת תש"מ והופצה בהפצה פנימית לאנשים נשואים או לחתנים לפני חתונתם). חוברת זו (שנכרכה יחד עם חוברת נוספת בשם "עצם מעצמי") הייתה מהראשונות שפרסם הרב אבינר בהדרכותיו לזוגות בראשית דרכם. הרבה חכמה ועדינות מצאתי בה אך בשאלה הספציפית של תכנון משפחה בראשית הדרך נמצאה הדרך חסומה. הרב אבינר התייעץ בעניין זה עם הרב אברהם אוירבך, רבה של טבריה, שהשיב בשלילה גמורה. לטענתו של הרב אוירבך זוג המעכב באופן אקטיבי את ההריון (על ידי אמצעי מניעה) נחשב למבטל מצוות עשה ב"קום עשה וחס וחלילה להתיר זה".[8] רק לאחר לידה יש מקום להתיר השהיה בלידה הבאה במקום של צער גדול או קשיים רציניים.

שנים אחדות קודם לכן פרסם הרב אליקים אלינסון ז"ל חוברת המוקדשת לנושא תכנון המשפחה. בפתחה כתב מו"ר הרב אהרן ליכטנשטיין, ראש ישיבת הר עציון, על שכיחותה של הסוגיה הזאת: "כמעט כל מורה הוראה, אם רב ואם ראש ישיבה, המקיים מגע נרחב עם זוגות צעירים, על סף הנשואים או מעבר להם, יכול להעיד על ריבוי הפניות המגיעות בתחום זה".[9] בדבריו עומד הרב ליכטנשטיין על הרצינות וכובד הראש שיש להתייחס לשאלה, שכן היא לא מונעת מעצלנות נפשית והקלת ראש אלא דווקא מרצינות עצומה ומהתנגשות ערכית אמיתית. מול הערך הכללי הדורש לדאוג לאומה עומד הערך

8 הרב ש' אבינר, **עצם מעצמי ובניך כשתילי זיתים**, ירושלים תשמ"ד, עמ' 36-38.

9 הרב א' ליכטנשטיין, "בפתח השער", בתוך: הרב א' אלינסון, **תכנון המשפחה ומניעת הריון**, תל אביב תשל"ז, עמ' 3.

האישי הלגיטימי מבחינה אנושית ותורנית גם יחד: המשך תלמוד תורה, רכישת אומנות, התקדמות מקצועית, הבטחת שלווה נפשית, היערכות לחינוך מתאים לילדים ועוד.

במהלך השנים נפגשתי עם מאות זוגות צעירים מכל חלקי הציבור הדתי. ההתמודדות שלי עם הסוגיה עברה גם היא התפתחות ואנסה לשתף את הקוראים במהלך זה.

חשוב להדגיש, כבר בשלב זה, שההתמודדות המעשית עם השאלה הזאת חייבת להיעשות באופן אישי ופרטי, ולא כהנחיה כוללת וגורפת, אך עצם קיומו של דיון חשוב הן מבחינה הלכתית הן מבחינה חינוכית: מבחינה הלכתית, אם יש בהלכה כיוונים אפשריים המתירים לזוג להשהות את המצווה, הרי שיש להציע את הכיוון לכל מורי ההוראה הנתקלים בשאלות אלו. מבחינה חינוכית חשוב שזוגות דתיים רציניים המתחבטים בדילמה זו ישמעו על קיומו של הדיון ויעמיקו את קשר הדיבור והליבון עם עולם ההלכה ופוסקיה. התעלמות מן השאלה, או מִחזור של איסור גורף ללא כל דיון, יביאו חלילה לנתק בין זוגות אלו לבין עולמה של ההלכה. "כבושת גנב כי יימצא", כך יחיו חלק מהזוגות שיחליטו על דעת עצמם להשהות את המצווה, בחושבם שאין עם מי לדבר על כך.

אני מבקש לתרום לדיון הזה את החלוקה לעמדות השונות שהעלינו ביחס למהות הנישואין.

1. ההיתר לשיהוי מצוות פרייה ורבייה – הגישה המגיבה

הגישה הראשונה שאציג שימשה אותי במשך שנים רבות, ואקרא לה "הגישה המגיבה". היא אינה פועלת ביוזמה אלא בתגובה לזוגות הבאים ומבקשים את ההיתר ההלכתי במצוקתם.

ראשית יש לצמצם את הדיון על השהיית מצוות פרייה ורבייה ולהתמקד רק בשאלה העיקרית והיא דחיית מצוות עשה מפני סיבה שאינה במובהק פיקוח נפש. דיונים אחרים שהתעוררו בספרות השו"ת באשר לאמצעי מניעה אינם מיוחדים לענייננו והם נדרשים בכל מקרה

של דיון על אמצעי מניעה, גם לזוגות שכבר קיימו את המצווה.[10] כפי שהזכרתי למעלה, המגמה הרשמית בספרות הפסיקה הייתה לאסור שימוש באמצעי מניעה לפני הולדת ילד אחד לפחות. המקור הראשי שמצוטט לחיזוק איסור זה הוא הרמב"ם בהלכות אישות (הלכה א) הקובע מפורשות שכל עוד הבעל לא קיים פרייה ורבייה הרי הוא "חייב לבעול בכל עונה מפני שהיא מצות עשה של תורה".

הטור והשולחן ערוך מביאים את דברי הרמב"ם להלכה (אבן העזר עו, ו) וכך גם פוסקים רבים בני זמננו.[11] בחוברת שהזכרנו לעיל מתבטא הרב שלמה אבינר ביחס לשאלה אם מותר להרחיק בין לידות לזוג שטרם קיים פרייה ורבייה:[12]

> שאלה זו מסובכת מאד. כי מצד אחד אין להעלות על הדעת לדחות ולאחר את קיום המצוה, ואדרבה יש להשתדל בכל הכוחות לקיים אותה כמו שפוסק הרמב"ם... אמנם מזדמנים גם מצבים משפחתיים קשים מאוד. לפעמים יש רצף של הרבה בנים או הרבה בנות, והאם נמצאת במצב פיזי או נפשי קשה. לפעמים יש נשים שההריון, הלידה והטיפול בתינוק מאוד קשים להם, ולהתחיל מיד הריון חדש, מאד מכביד עליהן.

בהמשך דבריו מדגיש הרב אבינר שכל ההיתר להשתמש באמצעי מניעה לפני קיום פרייה ורבייה הוא רק במקרה של קשיים רציניים, אבל אם הבעיה היא כלכלית או כדי לסיים לימודים וכדומה, אזי:

10 הדיונים העיקריים הם איסור הוצאת זרע לבטלה ואיסור סירוס. לגבי הראשון, שימוש באמצעי מניעה שאינם מפריעים לקיום יחסים טבעיים מקובל על מרבית הפוסקים ככזה שאין בו איסור הוצאת זרע לבטלה, וראו על כך בחוברת של הרב אלינסון, הנ"ל, פרק ז: "האמצעים הנפוצים היום". לגבי איסור סירוס, מוסכם על הפוסקים שאין איסור סירוס אלא במעשה שתוצאתו היא לצמיתות ולא פעילות מניעה זמנית, ראו: **שו"ת אגרות משה**, אבן העזר ג, טו; **שו"ת ציץ אליעזר** ט, נא ועוד רבים.

11 **שו"ת מנחת יצחק** חלק ה סימן קיג; **שו"ת אגרות משה**, אבן העזר א, קב ועוד.

12 **בניך כשתילי זיתים** (לעיל), עמ' 36.

> בודאי שבאופן זה אין היתר כלל, שהרי מתחתנים למטרה זו של פריה ורביה, לכן אין שום אפשרות להיפטר ממנה, אלא אם כן יש מצב של סכנה, ואפילו אם רוצה לעשות זאת כדי ללמוד תורה אין בזה היתר.

דברי הרב אבינר מבליעים בתוכם את מה שאמרנו לעיל בנושא מטרת הנישואין. לפי הרמב"ם, ובעקבותיו השולחן ערוך, מטרת הנישואין היא "כדי לפרות ולרבות". כשזו המגמה אין שום אפשרות לדיון ערכי אחר, מסוג הדברים שעליהם דיבר הרב ליכטנשטיין לעיל.

ברם אם מכניסים לתוך ההלכה את העמדה השנייה המוזכרת בחז"ל, שכוללת בסיבת הנישואין גם את המניע "לא טוב היות האדם לבדו", מתחדש הדיון בשאלת עיכוב ההולדה לצורך של בני הזוג. כעת ניתן לשאול את השאלה באופן אחר. המוקד אינו רק מצוות פרו ורבו אלא גם הצורך להתאחד ולחיות בזוגיות. נוסח השאלה החדש יהיה כך: בחור ובחורה שנקשרו בנפשם ורוצים להתאחד בברית נישואין, אך מסיבות שאינן פיקוח נפש, אלא צורך אישי עמוק, הם מבקשים להמתין עם מימוש מצוות פרייה ורבייה, האם טוב שיתחתנו ויחיו יחד תוך השהיית המצווה, או שעדיף שידחו את החתונה כדי לא להיכנס לחיוב?

מבחינה הלכתית, כל עוד הזוג לא התחתן לא חלה על האישה מצוות פרייה ורבייה וממילא מבחינתה אין שום בעיה שתדחה את החתונה עד לסיום העיכובים (לימודים וכדו'). במקרה כזה נראה שגם לאיש מותר להשהות את החתונה אם הוא מבקש לשאת דווקא את האישה הזאת. כך מפורש בכמה תשובות.[13] הדבר מופיע במפורש בתשובת ר' יוסף מטראני, המהרי"ט. הוא דן בנושא זה במסגרת שאלה העוסקת בבחור מבוגר שהשתדך עם קטנה וממתין לה, אם בהמתנתו יש משום עבירה של ביטול המצווה. במהלך עיונו אומר המהרי"ט (שו"ת חלק ב יו"ד מז):

13 ראו בפתחי תשובה לאבן העזר א ס"ק ה, וכן בשו"ת מהר"ם שיק, אבן העזר סימן א.

אבל זה הואיל ולבסוף הוא נושא ומקיים מצות פריה ורביה לא מיקרי ביטול...

אם כן, בחור ובחורה הכרוכים זה בזו ומשהים ממילא את מצוות פרייה ורבייה כי הם מבקשים להינשא לאחר סיום העיכובים – אין בכך מניעה הלכתית לעיכוב. אך אנו נדרשים לשאלה אם במציאות שלנו, שבה ההתקשרות של בחור ובחורה עלולה להביא אותם לסיבוכים גדולים אם לא יינשאו, נכון לאסור עליהם את השהיית המצווה או שעדיף לאפשר להם להינשא ולהשהות כזוג נשוי את מצוות פרייה ורבייה על ידי אמצעי מניעה.

על שאלה זו שמעתי יותר מפעם אחת את הרב אבינר מגיב בהוראה שיש לעודד את הזוג להינשא גם אם ישהו את המצווה. פעם שאל אותו הרב רפי פוירשטיין איך ההוראה הזאת מתיישבת עם מה שכתב שאסור בשום אופן להשהות את המצווה? ענה הרב אבינר: "זה מקרה יוצא דופן". הרב פוירשטיין התעקש ושאל: "הרב הרי יודע שזה לא ממש יוצא דופן. יש כל כך הרבה זוגות שנמצאים במצב הזה". ענה הרב אבינר: "אז יש הרבה יוצאי דופן"... כך, הרב אבינר, בסגנונו המיוחד, ביקש להנחות את הרבנים הצעירים להקשיב בתשומת לב מרבית לצורך המיוחד של הזוגות הפונים אליהם. התשובה שבספר היא אידיאל; יוצא דופן אינו אידיאל ויש לעשות כל מה שניתן כדי לעזור לצעירים בבניית בתיהם. ההכרה שהנישואין הם ערך עצמי, בבחינת "לא טוב היות האדם לבדו", ולא רק מכשיר להעמדת הזרע, מחייבת את פוסקי ההלכה להתאמץ ולעזור לצעירים להגיע לבניין ביתם. אם הקלה על ידי השהיית מצוות פרייה ורבייה עשויה להכריע לטובת החתונה, יש לשקול זאת במלוא הרצינות והמעורבות. מול הסיבות האוסרות על האיש הנשוי (להבדיל מהרווק) להשהות את מצוות פרייה ורבייה,[14] קיימות ועומדות הסיבות המבקשות להתיר לזוג זה להשהות

14 ראו במכתבו של הרב אוירבך בתוך מאמרו של הרב אבינר (לעיל, עמ' 38, הקובע שההיתר להשהות את המצווה אינו חל על הנשוי כמו על הרווק, כי הדר עם

לזמן מוגבל את קיום המצווה, ובלבד שיתרגמו את ההתקשרות הנפשית שלהם לברית נישואין. כנימוקים לעידוד הנישואין יש להעצים את דברי חז"ל על כך שהאדם הרווק אינו שלם, הנשוי ניצול מהרהורי עבירה, השרוי בלא אישה שרוי בלא שמחה וכדומה. למי שמחפש משענת פסיקתית ראויה להישען עליה, אני מפנה לתשובתו של הרב משה פיינשטיין (אבן העזר ד, לב) שבה הוא עודד להינשא גם אם הזוג החליט להמתין עם מימוש מצוות פרייה ורבייה. התשובה נכתבה כתגובה לפנייתו של הרב אליקים אלינסון (מחבר החוברת הנ"ל על תכנון המשפחה) וזה לשונה:

> ובמה שנסתפק כתר"ה כשרוצים מתחלה לעשות הנישואין ורוצים לבקש עצות שלא תתעבר, ואם לא יתירו להם ידחו את הנישואין שנה ושנתים, שאולי יש להתיר כיון דפו"ר לא יקיימו בכל אופן יש להתיר כדי שלא יעברו על הא דאר"נ אמר שמואל אסור לעמוד בלא אשה ביבמות ס"א ע"ב, הנה צדק כתר"ה שיותר טוב להם להתיר להם לעשות הנישואין.[15]

מאידך גיסא, היתר גורף לדחיית מצוות פרייה ורבייה מעמיד את כל משקל הנישואין על הזוגיות והסיפוק שביציאה מהבדידות. תפיסה זו מערערת לגמרי את מחויבות האדם להיות שותף לקב"ה במעשה הבריאה דרך יצירת קהילת המשפחה. חובתו של מורה ההוראה לחדד לזוג המתלבט בשאלה זו את הפן של המחויבות לבניית הבית והמשפחה, שבבסיסה עומדת חובת ההולדה. רק פריסה נכונה של שתי מגמות הנישואין והפנמתן על ידי בני הזוג יכולה לתת מצע נכון לדיון תכליתי ובונה בשאלת תכנון המשפחה. אני סבור שספרי ההדרכה

אשתו כדרך כל הארץ הרי הוא עוסק בפועל במעשה המצווה של פרייה ורבייה. גם כאן מתייחס הרב אוירבך לחיי האישות רק על פי ההיבט של פרייה ורבייה ולא מצד "לא טוב היות האדם לבדו".

15 אמנם יש להעיר שהרב פיינשטיין לא מאפשר שם להשתמש באמצעי מניעה אלא רק בשיטת ה"ימים הבטוחים".

לחתנים וכלות צריכים לתת דעתם על תדירותה של השאלה הזאת, ולהעלות בפני הזוגות המתכוננים לחתונתם את הלגיטימיות שבעצם הדיון. את ההכרעה למעשה יעשה הזוג מתוך התייעצות אישית עם הרב, אך כדי שהזוג יגיע אל הרב הוא צריך לחוש שיש לו אוזן קשבת.

במשך שנים נהגתי להגיב לפונים אלי בדרך זו של הצגת האיזונים בין שתי תכליות הנישואין. הקפדתי להדגים לזוג את המשמעות של המצווה המוטלת על פתח דלתם ונוקשת בכל חודש בדלת בבקשה להיכנס. הצגת הדילמה באופן הזה ביקשה מצד אחד להעצים את תודעת המצווה הרובצת על פתחם ונמצאת באחריותם, ומצד שני להכיר בצורך להשתהות עם רגע "פתיחת הדלת" למצווה.

במהלך השנים צברתי חוויות רבות של תגובות לשפה הזאת, חלקן חיוביות וחלקן פחות. בשעתו חשתי שזה מהלך נכון וחינוכי שעוזר לזוג שחפץ בחיים של עבודת ה' להעמיק את הקשר האישי שלא על חשבון הקשר האינטימי עם עולם התורה והמצווה. בדרך זו ביקשתי לעורר את ההכרה של השואלים לציות לדבר ה' – זו הלכה. דוגמה לכיוון זה נמצאת בספרו של הרב אלישיב קנוהל זצ"ל, "איש ואשה" – פרקי הדרכה לחתן וכלה.[16] הספר כולו מבוסס על הקשבה מאומצת של המחבר לקולות רבים ששמע מחתנים שהדריך ומזוגות שליווה. אין בספר מהפכות הלכתיות אך יש בו לגיטימציה לשאלת שאלות. לנושא שאנו דנים בו הקדיש הרב קנוהל פרק שלם, ובו הוא מעלה את חשיבותה של ההולדה ובניית המשפחה, אך אינו נרתע מלדון גם בפניותיהם של זוגות המבקשים לעכב את הלידה עד שיתגברו על כמה קשיים בדרכם החדשה. כפתיחה לדיון כותב הרב קנוהל (עמ' 241):

> רבים הרבנים הרגישים לכך, והם ינסו בכל כוחם להשתמש בכוח ההיתר כדי לסייע לזוג למצוא את מבוקשו במסגרת ההלכה.

16 בהוצאת מכון שילובים, ישיבת הקיבוץ הדתי עין צורים, תשס"ג.

במהלך דבריו בפרק זה משרטט הרב קנוהל את המנעד הרחב של הסיבות המאפשרות לזוג להשהות את המצווה, ובסיום מזמין שוב את הזוג למצוא את הרב הקרוב אליהם, שהם סומכים על שיקול דעתו התורנית, ויחד ללבן את הנושא ולקבל הדרכה הלכתית. קול כזה מעודד את הזוגות הנמצאים בהתלבטות בין ערך שמירת ההלכה כפשוטה ובין ערך פיתוח אישיותם הפרטית והזוגית בקצב אחר, להיות קשורים לעולמה של ההלכה ולבנות את ביתם על אדניה.

2. תכנון משפחה – הגישה היוזמת

ככל שעברו השנים ורבו הפונים בשאלת תכנון המשפחה והשהיית מצוות פרייה ורבייה, העמקתי יותר בניסיון להבין את היחס בין המצווה להשהייתה. הגישה שהצגתי למעלה שימשה אותי במשך שנים רבות כתגובה לפונים וכמנגנון המאפשר ללוות זוגות באופן שאינו מנכר אותם מעולמה של תורה.

בשנים האחרונות מצאתי עצמי מאמץ גישה אקטיבית יותר, הרואה את כל הסוגיה באור אחר. לא שאלה של "השהיית מצווה" לפנינו אלא שאלה של דרכים ליישומה של המצווה. איני עוסק כאן ב"מכבסת מילים" ואיני מבקש "להתיר את השרץ" בק"נ טעמים. הניסיון מלמד אותי שכל מי שבא בבקשה לעכב את ההריון בראשית תקופת הנישואין אינו מבקש לעכב את המצווה. הכול, ללא יוצא מן הכלל, רואים עצמם מחויבים לקיום המצווה בהידור. הם אינם מעלים על דעתם להתנכר לחיוב הקורא להם לפרות ולרבות. כל מה שמבקשים הוא זמן להתרגל זה לזו, להעמיק את הקשר הנפשי והפיזי ואז לעבור למדרגה החדשה של ההריון, הלידה וההורות. ממש כיישומו של הפסוק "על כן יעזוב איש את אביו ואת אמו ודבק באשתו והיו לבשר אחד". החוויה הראשונה היא עזיבת הבית, החוויה השנייה היא ההתקשרות הזוגית והחוויה השלישית היא ההריון הלידה וההורות. אי אפשר לדלג על שלבים ואי אפשר לזרז תהליכי הבשלה. כשמעמיקים בהבנת הצורך של שלושת השלבים הללו, אפשר גם לכוון למימושם.

חז"ל הרבו להשוות את מעשה הזיווג לפעולה החקלאית של

זריעה. כך לדוגמה מתארת הגמרא בפתיחת מסכת מועד קטן את פשר השם "בית בעל":

ומאי משמע דהאי בית הבעל לישנא דמייתבותא היא – דכתיב כי יבעל בחור בתולה, ומתרגמינן: ארי כמה דמיתותב עולם עם בתולתא יתייתבון בגויך בנייך.
[תרגום: מהיכן משמע ש"בית בעל" הוא לשון יישוב? מהכתוב: "כי יבעל בחור בתולה יבעלוך בניך", ומתרגמים אותו: כפי שמתיישב העלם עם הבתולה, כך יתיישבו בתוכך בנייך.]

מעשה הזריעה בשדה מושווה להזרעה באישה על ידי האיש. דומני שההשוואה הזאת יכולה להאיר פנים חדשות בהבנת המצווה הגדולה "פרו ורבו". כל מי שהתנסה אי פעם בזריעת שדה מכיר את שרשרת המלאכות הקודמות לה. מלאכת החריש כוללת בתוכה עבודה אין קץ. הגמרא במועד קטן, העוסקת במלאכות האסורות במועד, מתארת את מלאכת החריש בפירוט רב. המלאכה הזאת כוללת את ניקוי השטח מפסולת, סיקול האבנים, קילטור (פתיחת האדמה החסומה), תיחוח הרגבים, היפוך, זיבול, דישון והחלקה. היחס בין משך הזמן הנדרש זריעה ובין משך הזמן הנדרש לחרישה הוא אחת למאה. רק מי שטרח בכל רצף המלאכות הכוללות את החריש יכול לקוות לראות את הנביטה של הזרע. ללא הטרחה הזאת יש חשש גדול שהזרע ילך לו עם הרוח.

הנמשל מובן מאליו כמעט. שלושת השלבים שמתוארים בספר בראשית הם המהלך כולו. ראשית הדרך במהלך ההתבגרות של "יעזוב איש את אביו ואת אמו". המהלך הזה מחייב יציאה הדרגתית מן הבית, גם מבחינה פיזית וגם מבחינה מנטלית. כל עוד חבל הטבור מהודק יש חשש שהדבקות החדשה לא תצלח. השחרור הזה קורה עוד קודם להתדבקות החדשה של האיש והאישה. השלב השני הוא שלב "ודבק באשתו". זהו החריש העמוק שבני זוג צריכים לעבור יחד. רק לאחר מכן הם יכולים לעמוד, מוכנים לברכת שמיים של הזרע הנקלט באישה: "והיו לבשר אחד".

המהלך הזה אינו מדבר על השהיית מצוות פרייה ורבייה אלא על הכשר המצווה. כשבני זוג מבקשים זמן להתרגל ולהסתגל, הם אינם עסוקים בסילוק המצווה אלא להפך, הם מכשירים את עצמם לקבלה. כפי שהחקלאי החורש משקיע את כל כוחותיו בעבודת התשתית למען הזרע, כך בני הזוג הללו משקיעים את כל כוחות הנפש שלהם בבניית הקן המשותף כדי לזכות למלא אותו בחיים חדשים. מבחינה זו יכולים הם לומר בכל חודש וחודש שבו הם מעכבים את ההפריה: "הנני מוכן ומזומן לקיים מצוות עשה של פרייה ורבייה". כל עיסוקם אינו אלא חלק ממהלך כולל של המצווה.

היום אני יודע שכדאי לספר לזוגות על ההכנה הראויה לקליטת הילדים בבית. יותר מדי משברים של צעירים דתיים לא בשלים הביאו אותי להבנה הזאת. ודאי שיש זוגות רבים הנכנסים לברית הנישואין בשלים ומוכנים להולדה. אי אפשר לקבוע מדיניות קטגורית, לכאן או לכאן. יש חשיבות עצומה בדיבור ובהסבר, בלימוד ובהקשבה. המהלך שאני מציע כאן הוא מהלך שמבקש לעודד את הזוגות לשוחח עם עצמם על המשימה הנכבדה של בניית הבית ולבדוק עם עצמם את המועד הנכון למעבר משלב לשלב בקיום המצווה.

השיח המתחדש של בני זוג עם ההלכה ונושאי דברה מצמיח פרשנות ומגלה פנים חדשות בתורה. השיח הזה שבו הזוגיות האיתנה, הביטחון ההדדי והבשלות להורות הם תנאי מקדים להבאת ילדים לעולם, מושפע מאוד מהעולמות הסובבים אותנו, בחברה המערבית שעסוקה רבות ביציאה מהבדידות ובחיפוש אחר זוגיות. ההשפעה הזאת טובה לנו והיא מאירה את התורה באור טוב של עץ חיים למחזיקים בה.

מינוי דיינים:
מן ההלכה אל המעשה

טוענת רבנית ד"ר רחל לבמור

ב'מפגש הפסגה בנושא עגונות' שהתקיים במרכז תקווה בבית הספר למשפטים של אוניברסיטת ניו יורק בתאריך 24 ביוני 2013, אמר הרב שלמה ריסקין: "Sympathy is a fundamental principle of *psak*" – "האהדה היא עקרון יסוד בפסק ההלכה". אמירה זו באה על רקע נושא הכנס – התמודדות עם בעיית העגונות בכלל, ובמיוחד על ידי פוסקי ההלכה בבתי הדין הרבניים.

האמנם דיין בבית הדין הרבני אמור להיות אדם האוהד את הזולת, את האישה העשוקה?

במאמר זה אציע את התכונות הנדרשות מאדם כדי שהיה ראוי לכהן כדיין, כפי שעולה ממקורותינו וכפי שנחקק בספר החוקים האזרחי של מדינת ישראל. בנוסף, אתאר את תהליך בחירת הדיינים כפי שנעשה בפועל ואת הפער בינו ובין ההלכה והחוק. נראה סביר לומר שצמצום הפער ומינוי דיינים על פי הנדרש בהלכה יסייע לפתרון בעיית העגונות בכללותה ולדורות.

א. הלכות דיינים

המקורות הראשונים למינוי דיינים נמצאים, כמובן, בתורה. לאחר קריעת ים סוף וההתארגנות הראשונית של עם ישראל במדבר סיני קיבל משה רבנו מחותנו יתרו שיעור על ייסוד מערכת משפט ובחירת דיינים. יתרו הסביר:

וְאַתָּה תֶחֱזֶה מִכָּל הָעָם אַנְשֵׁי חַיִל יִרְאֵי אֱ־לֹהִים אַנְשֵׁי אֱמֶת שֹׂנְאֵי בָצַע, וְשַׂמְתָּ עֲלֵהֶם שָׂרֵי אֲלָפִים שָׂרֵי מֵאוֹת שָׂרֵי חֲמִשִּׁים וְשָׂרֵי עֲשָׂרֹת. וְשָׁפְטוּ אֶת הָעָם בְּכָל עֵת, וְהָיָה כָּל הַדָּבָר הַגָּדֹל יָבִיאוּ אֵלֶיךָ וְכָל הַדָּבָר הַקָּטֹן יִשְׁפְּטוּ הֵם, וְהָקֵל מֵעָלֶיךָ וְנָשְׂאוּ אִתָּךְ.[1]

משה רבנו, העניו מכל אדם, הפנים את הלקח וניגש מיד לביצוע:

וַיִּשְׁמַע מֹשֶׁה לְקוֹל חֹתְנוֹ וַיַּעַשׂ כֹּל אֲשֶׁר אָמָר. וַיִּבְחַר מֹשֶׁה אַנְשֵׁי חַיִל מִכָּל יִשְׂרָאֵל וַיִּתֵּן אֹתָם רָאשִׁים עַל הָעָם, שָׂרֵי אֲלָפִים שָׂרֵי מֵאוֹת שָׂרֵי חֲמִשִּׁים וְשָׂרֵי עֲשָׂרֹת. וְשָׁפְטוּ אֶת הָעָם בְּכָל עֵת; אֶת הַדָּבָר הַקָּשֶׁה יְבִיאוּן אֶל מֹשֶׁה וְכָל הַדָּבָר הַקָּטֹן יִשְׁפּוּטוּ הֵם.[2]

בהמשך אנו עדים לכך שמשה רבנו למד היטב מיתרו את הצורך בבית דין השומר על השלום בחברה. לפני שעלה להר סיני כדי לקבל את התורה, ברגע שיא בחייו ובהיסטוריה של עם ישראל, הדברים האחרונים שהיו למשה לומר התמקדו בצורך בבית דין כדי לפסוק בריב בין אנשים:

וַיָּקָם מֹשֶׁה וִיהוֹשֻׁעַ מְשָׁרְתוֹ וַיַּעַל מֹשֶׁה אֶל הַר הָאֱ־לֹהִים. וְאֶל הַזְּקֵנִים אָמַר שְׁבוּ לָנוּ בָזֶה עַד אֲשֶׁר נָשׁוּב אֲלֵיכֶם, וְהִנֵּה אַהֲרֹן

1 שמות יח, כא-כב.
2 שם כד-כו.

> וְחוּר עִמָּכֶם מִי בַעַל דְּבָרִים יִגַּשׁ אֲלֵהֶם. וַיַּעַל מֹשֶׁה אֶל הָהָר וַיְכַס הֶעָנָן אֶת הָהָר.[3]

הנושא עלה שוב כעבור ארבעים שנה, בסוף המסע במדבר סיני. את תהליך בחירת הדיינים בעקבות עצת יתרו תיאר משה רבנו כך:

> הָבוּ לָכֶם אֲנָשִׁים חֲכָמִים וּנְבֹנִים וִידֻעִים לְשִׁבְטֵיכֶם וַאֲשִׂימֵם בְּרָאשֵׁיכֶם.[4]

המקורות הללו מהווים בסיס לפירוט של הרמב"ם את התכונות הנדרשות מאדם כדי לשמש דיין. אנו נוסיף עריכה ומספרים בתוך דברי הרמב"ם כדי להבהיר מאין הוא לומד כל תכונה ותכונה:

> בית דין של שלשה... בכל אלו הדברים צריך שיהא בכל אחד מהן שבעה דברים ואלו הן: (1) חכמה (2) וענוה (3) ויראה (4) ושנאת ממון (5) ואהבת האמת (6) ואהבת הבריות להן (7) ובעלי שם טוב. וכל אלו הדברים מפורשין הן בתורה. הרי הוא אומר: "אנשים חכמים ונבונים" – הרי בעלי חכמה (1) אמור.
> "וידועים לשבטיכם" – אלו שרוח הבריות נוחה מהם (6). ובמה יהיו אהובים לבריות? בזמן שיהיו בעלי עין טובה ונפש שפלה וחברתן טובה, ודיבורן ומשאן בנחת עם הבריות.
> ולהלן הוא אומר "אנשי חיל" – אלו שהן גבורים במצות ומדקדקים על עצמם וכובשין את יצרן, עד שלא יהא להן שום גנאי ולא שם רע (7), ויהא פרקן נאה. ובכלל אנשי חיל – שיהיה להן לב אמיץ להציל עשוק מיד עושקו כענין שנאמר "ויקם משה ויושיען".
> ומה משה רבנו עניו[5] אף כל דיין צריך להיות עניו (2).

3 שם כד, יג–טו.

4 דברים א, יג.

5 במדבר יב, ג: "וְהָאִישׁ מֹשֶׁה עָנָו מְאֹד מִכֹּל הָאָדָם אֲשֶׁר עַל פְּנֵי הָאֲדָמָה".

> יראי א־להים (3) כמשמעו.
> שונאי בצע (4) – אף ממון שלהם אינן נבהלין עליו, ולא רודפין לקבץ הממון, שכל מי שהוא "נבהל להון חסר יבואנו".[6]
> אנשי אמת (5) – שיהיו רודפין אחר הצדק מחמת עצמן בדעתן, אוהבין את האמת ושונאין את החמס ובורחין מכל מיני העול.[7]

אפשר לזהות את תכונת ה'אהדה' שעליה דיבר הרב ריסקין לעיל, בדברי הרמב"ם בתוך תובנותיו לתכונה "שרוח הבריות נוחה מהם":

> ובמה יהיו אהובים לבריות? בזמן שיהיו בעלי עין טובה ונפש שפלה וחברתן טובה...

ובהגדרת הרמב"ם ל"אנשי חיל":

> שיהיה להן לב אמיץ להציל עשוק מיד עושקו.

בשולחן ערוך פסק רבי יוסף קארו פסק כרמב"ם והביא את לשונו:

> בית דין של שלושה צריך שיהיה בכל אחד מהם ז' דברים: חכמה, ענוה, יראה, שנאת ממון, אהבת האמת, אהבת הבריות להם, בעלי שם טוב.[8]

ברם המחבר הרחיק לכת והורה את הדין לגבי אלו הממנים את הדיינים – שהרי גם נושא זה ראוי בהחלט לתשומת לב מיוחדת:

6 על פי משלי כח, כב.
7 משנה תורה, הלכות סנהדרין ב, ז.
8 שולחן ערוך, חושן משפט סימן ז סעיף יא.

> כל המעמיד דיין שאינו הגון ואינו חכם בחכמת התורה ואינו ראוי להיות דיין אף על פי שהוא כולו מחמדים ויש בו טובות אחרות הרי זה שהעמידו עובר בלא תעשה.[9]

וכן הורה ביחס להתנהגות ראויה לרבנים בדרכם להתמנות לדיינות:

> דרך חכמים הראשונים בורחים מלהתמנות ודוחקים עצמם הרבה שלא לישב בדין עד שידעו שאין שם ראוי כמוהו ושאם ימנעו עצמם מהדין תתקלקל השורה, ואף על פי כן לא היו יושבים בדין עד שהיו מכבידים עליהם העם והזקינים ומפצירים בם.[10]

ב. מן ההלכה אל החוק הישראלי

מהתורה ודרך ההלכה נעבור למציאות במדינת ישראל. על פי החוק האזרחי במדינת ישראל, לבית הדין הרבני הממלכתי סמכות שיפוטית בלעדית לגבי המעמד האישי, כלומר ענייני נישואין וגירושין, של אזרחיה ותושביה היהודים של מדינת ישראל.[11] יתר על כן, החוק הורה שנישואין וגירושין של יהודים ייערכו בישראל על פי דין תורה.[12]

בכל הרכב בבית הדין הרבני יושבים שלושה דיינים. תהליך הבחירה של אותם הדיינים מתחיל עם אלו הניגשים למועמדות לדיינות. מועמד חייב להיות בעל כושר לדיינות. באתר בתי הדין הרבניים מוסבר מי הוא האדם הכשיר לכהן כדיין:

> כשיר לכהן כדיין מי שקיבל תעודת "כושר" מטעם הרבנות הראשית לישראל. קבלת התעודה מבוססת על עמידה בבחינות ב"חושן משפט" וב"אבן העזר", מקורותיהם ומפרשיהם, ובניסוח

9 שם, סימן ח סעיף א.
10 שם, סעיף ג.
11 חוק שיפוט בתי דין רבניים (נישואין וגירושין), התשי"ג-1953, סע' 1.
12 שם, סע' 2.

פסק דין. בעל כושר לדיינות המעוניין להגיש מועמדות להתמנות לדיין בבית הדין הרבני האזורי, נדרש לפעול כדלקמן.

בעת הצורך, תפקידה של הוועדה לבחירת דיינים הוא לבחון את המועמדים לדיינות שהגישו בקשה להתמנות כדיינים ולבחור את הראויים ביותר. באתר משרד המשפטים של מדינת ישראל, תפקידה של הוועדה לבחירת דיינים מתואר כך:

הוועדה לבחירת דיינים מופקדת, בהתאם לחוק הדיינים, התשט"ו-1955, על בחירת הדיינים למערכת בתי הדין הרבניים על ערכאותיה השונות: בית הדין הרבני הגדול, המשמש בית דין לערעורים ובתי הדין הרבניים האזוריים... הליך בחירת הדיינים מוסדר, כאמור, בחוק הדיינים, התשט"ו-1955, ובכללי מינוי דיינים (סדרי העבודה של הוועדה לבחירת דיינים), התשנ"ח-1997 אשר נקבעו על ידי ועדת הבחירה...

ההרכב של הוועדה לבחירת דיינים נקבע בחוק, וכל חבריה מתמנים על פי חוק הדיינים התשט"ו-1955:[13]

(א) הוועדה תהיה של 11 חברים: שני הרבנים הראשיים לישראל; שני דיינים של בית הדין הרבני הגדול שיבחר חבר דייניו לשלוש שנים; השר וחבר אחר של הממשלה שייבחר על ידיה; שני חברי כנסת שייבחרו על ידיה בבחירה חשאית ויכהנו כל עוד הם חברי הכנסת... שני עורכי דין העובדים במקצוע, שייבחרו על ידי המועצה הארצית של לשכת עורכי הדין לשלוש שנים; טוענת רבנית העובדת במקצועה שתיבחר על ידי שר המשפטים.

13 להתייחסות החוק להתנהגות הדיין בשבתו על כס הדיינות (ולא על תהליך מינויו) ראו "כללי אתיקה לדיינים, התשס"ח-2008", אשר נחתמו על ידי הראשון לציון הרב הראשי לישראל הרב שלמה משה עמאר מתוקף תפקידו כנשיא בית הדין הרבני הגדול, בתאריך 13 אפריל 2008, ואשר מבוססים על מקורות הלכתיים.

(א1) לפחות אחד מנציגי הממשלה בוועדה, לפחות אחד מנציגי הכנסת בוועדה ולפחות אחד מנציגי לשכת עורכי הדין בוועדה יהיו נשים.[14]

ובהמשך הסעיף ישנה התייחסות להצבעת כל חבר ועדה:

6ב. חבר הוועדה יצביע על פי שיקול דעתו, ולא יהיה מחויב להחלטות הגוף שמטעמו הוא חבר בוועדה.

ראוי לציין שהרכב זה של חברי הוועדה אשר מחויב לכלול לפחות ארבע נשים, נחקק כתיקון חוק ביוני 2013.[15] יש בזה היגיון רב, במיוחד בהתחשב בעובדה שכחמישים אחוז מהאוכלוסייה הם נשים ואין להן נציגות בין הדיינים המאיישים את בתי הדין הרבניים. חברי הוועדה כוללים ארבעה שהמציאות מחייבת שהם גברים: שני הרבנים הראשיים לישראל ושני דיינים של בית הדין הרבני הגדול. מן הראוי שבמקביל יהיו ארבעה מקומות שמורים לנשים כחברות הוועדה. להבדיל מהרבנים, יתר הנציגים הם בעלי תפקיד אזרחי אשר יכולים למלאו הן איש הן אישה – חוץ מהטוענת הרבנית, המביאה את מספר הנשים החברות בוועדה לארבע.

בהקשר זה, הוועדה לבחירת דיינים מקבלת את הנחיותיה לבחירת הדיינים מספר החוקים של מדינת ישראל. "כללי מינוי דיינים" מפרטים את התכונות הנדרשות למינוי דיין הראוי לשבת בדין. מרשים מאוד שהסעיף המורה על כך בספר החוקים האזרחי פותח בציטוט מן המקורות – דהיינו מדברי הרמב"ם דלעיל. הסעיף מפרט את כל התכונות שציין הרמב"ם על פי פירוש עדכני למדינת ישראל. נביא אותן כאן כלשונן:

14 חוק הדיינים התשט"ו-1955, סע' 6.

15 ביוזמת ח"כ עליזה לביא (יש עתיד). ראו חוק הדיינים (תיקון מס' 26), התשע"ג, 2013, **רשומות**, ספר החוקים 2398, ה' בתמוז תשע"ג, 13 ביוני 2013, עמ' 83.

16. "בי"ד של שלושה... צריך שיהא בכל אחד מהם שבעה דברים ואלו הן: חכמה וענוה ויראה ושנאת ממון ואהבת האמת ואהבת הבריות להן ובעלי שם טוב". רמב"ם הל' סנהדרין, פ"ב, ה"ז.

(א) להלן התכונות העיקריות הנבדקות והנשקלות לגבי מועמד ואשר לגביהן מתבקשת גם תגובת מחווי הדעת לפי סעיף 7(5) ו־(6):

(1) ידע, מיומנות ובקיאות בהלכות חושן משפט, אבן העזר והלכות גרות, יסודיות בהכנת החומר הנדרש;

(2) כושר הבעה וניסוח בכתב ובעל־פה;

(3) יעילות וכושר ביצוע, לרבות כושר ארגון וניהול, סדר בעבודה, דייקנות, כולל עמידה בלוח זמנים, חריצות, גישה עניינית ותכליתית לעבודה, יעילות והספק בעבודה;

(4) סמכותיות וכושר לנהל דיון, כושר החלטה והכרעה, ישוב הדעת, הבחנה בין עיקר לבין טפל, התחשבות בכל הנתונים והיכולת להגיע להחלטות נכונות;

(5) מזג שיפוטי המתבטא, בין היתר, בסבלנות, בסובלנות, בפתיחות ואופי יציב, שקט נפשי, יכולת עמידה בלחצים, יכולת ליצירת קשר עם אנשים, גינוני משפט;

(6) הוגנות, יושר אינטלקטואלי, הגינות כלפי הזולת, אמות מידה מוסריות, עצמאות בחשיבה ואי תלות;

(7) חכמה ותבונה;

(8) תדמית המועמד בעיני הזולת בתחום המקצועי ובחיי היום יום;

(9) מוטיבציה;

(10) השכלה כללית או משפטית, ידע בשפות, הכרת נושא הסמכויות בין ערכאות השיפוט השונות בישראל.

(ב) תינתן עדיפות למועמד היושב בתוך עמו, המעורה בחיי החברה בישראל, כגון מי ששירת בצבא הגנה לישראל או עסק בפעילות ציבורית.

(ג) תינתן עדיפות למועמד שפרסם מאמרים הלכתיים או פסקי דין...[16]

ג. מן החוק אל תהליך מינוי הדיינים במציאות בישראל

במציאות, קשה להעריך כל מועמד אם אכן הוא בעל כל אחת מהתכונות הללו. הרי בראיון קצר לא ניתן לבדוק, לדוגמה, "כושר ארגון וניהול, סדר בעבודה, דייקנות, כולל עמידה בלוח זמנים, חריצות". אולם ישנן קני מידה אובייקטיביים שניתן לבודקם, כגון ציונים במבחנים לכושר לדיינות, "השכלה כללית או משפטית, ידע בשפות", ובוודאי אם המועמד שירת בצבא ההגנה לישראל.

הניסיון מלמד[17] שתהליך בחירת הדיינים רווי משחקי כוח וסמכות. משום מה, הנחת היסוד (או אפשר לכנותה "כלל ברזל") היא שכל רשימת מינויי דיינים חייבת להתחלק "שליש, שליש, שליש". הכוונה היא לשליש המספר הכולל לחרדים אשכנזים, שליש לחרדים ספרדים ושליש לדתיים־ציוניים (שגם הם למרבה הפלא, חייבים להתחלק חצי־חצי לאשכנזים ולספרדים). כמובן, כל זה אינו רשום בשום מקום. ברם, כיון שכל חברי הוועדה, חוץ מהטוענת הרבנית, הגיעו לתפקידם הרם דרך תהליך פוליטי, המינויים מתנהלים באמצעות משא ומתן פוליטי. ראוי להצביע על כך שבתהליך משא ומתן פוליטי, האמור להביא לבחירת הדיינים הראויים ביותר, קיימות שתי בעיות עקרוניות.

ראשית, מידת ההתאמה של כל מועמד ומועמד לישיבה על כס הדיינות אינה נבחנת על פי סעיף 16 של כללי מינוי דיינים דלעיל, על ידי כל חברי הוועדה. אלא שאיפות זרות לנושא מקבלות משקל

16 כללי מינוי דיינים (סדרי העבודה של הוועדה לבחירת דיינים), התשנ"ח-1997.

17 המחברת היא הטוענת הרבנית הראשונה שהתמנתה לחברה בוועדה לבחירת דיינים על פי החוק, על ידי שרת המשפטים דאז השרה ציפי לבני, לתקופה של שלוש שנים. ראו **רשומות**, ילקוט הפרסומים 6650, ט"ז באלול התשע"ג, 22 באוגוסט 2013, עמ' 7776.

אפילו מכריע – כגון השתייכות למגזר דתי, היכרות אישית ואפילו שלילת השקפתו הדתית של הזולת או של רבותיו.

אף אם נקבל שכורח המציאות מביא לכך שהוועדה היא גוף פוליטי, הנוסחה "שליש, שליש, שליש" אינה משקפת את החלוקה הפוליטית במדינת ישראל בכלל. היא מעניקה שני שלישים מהדיינים לחברי הוועדה החרדים, והדיינים שייבחרו יכולים להיות נעדרי "יכולת ליצירת קשר עם אנשים"[18] חילונים או זרים לציבור החרדי. דיינים אלו אינם ממלאים את התנאי המעדיף "מי ששירת בצבא הגנה לישראל". שישים ושישה אחוזים של הנבחרים לשבת בדין בבית הדין הרבני הם נציגי הציבור החרדי. כשבוחנים את כלל הציבור היהודי, בני עשרים שנה ומעלה – שהם אלו העלולים להגיע להתדיינות בבית הדין הרבני הממלכתי, אחוז החרדים (על פי הגדרה עצמית) הוא 8.6 אחוז בלבד.[19] אלו שהגדירו את עצמם כדתיים או דתיים מאוד, מהווים 13.8 אחוז מהאוכלוסייה. הציבור המסורתי (26.5%) והחילוני (47.5%) מהווים כ־64 אחוזים מהאוכלוסייה. כלומר, שני שלישים מהדיינים הם חרדים ויושבים בדין על שני שלישים מהאוכלוסייה שאין להם נציגות בחבר הדיינים כלל מפני שהם אינם נכללים בנוסחה "שליש, שליש, שליש". גם על פי ההנחה שהדיינים מהציבור הדתי־ציוני אמורים לייצג את ציבור החילונים והמסורתיים כיון שאורח חייהם דומה יותר והם שירתו יחד בצבא, מספר הדיינים המתמנים מתוך הציבור הדתי הוא שליש בלבד. זאת אומרת שלציבור הדתי, המסורתי והחילוני בישראל – המסתכם ב־72.6 אחוזים (כשלושה רבעים) מהאוכלוסייה היהודית – ישנה הזכות למנות רק שליש מהדיינים בלבד. הרוב המוחלט של הסיכויים הוא שאותו ציבור ימצא את עצמו נידון על ידי דיינים חרדים שהגיעו ישירות מבית המדרש

18 כללי מינוי דיינים (סדרי העבודה של הוועדה לבחירת דיינים), התשנ"ח-1997, סע' 16א(5).

19 הלשכה המרכזית לסטטיסטיקה, דו"ח מס' 10 יוני 2018, "הגדרה עצמית של מידת דתיות בקרב בני 20 ומעלה בסקרי הלמ"ס".

לכס הדיינות ללא התמצאות בשוק העבודה, שירות צבאי או מפגש עם נשים מחוץ למשפחתם.

יתר על כן, לא זו בלבד שנציגי כל "שליש" בוחרים את הדיינים לפי המספר המיוחס להם, חברי הוועדה החרדים פוסלים את אלו שנבחרו כחלק מהשליש הדתי־ציוני שאינם "נראים להם" על פי השקפתם. כיון שכך, הציבור הדתי והציבור החילוני והמסורתי (כאמור, מדובר בכשלושה רבעים של האוכלוסייה) אינם יכולים למנות לדיינות את המועמדים הראויים ביותר על פי השקפת החיים של הציבור הגדול הזה.

המסקנה היא שבתהליך בחירת הדיינים במדינת ישראל ישנה בעייתיות יסודית ומובנית. אף ש"כללי מינוי דיינים" מבוססים על ההלכה בכלל ובהרחבת הוראות הרמב"ם בפרט, ונכללים בספר החוקים האזרחי של מדינת ישראל – המציאות חזקה מהם. מובן שמתמנים דיינים ראויים ורגישים כשלעצמם, אבל המפתח הפוליטי אינו הדרך ההלכתית למנותם ובוודאי לא השיטה למנות את המתאימים ביותר.

ד. לסיום

בעיית העגונות פוגמת בחיים של הקהילה היהודית במשך מאות רבות של שנים. הקפדה על תהליך מינוי דיינים כפי שמופיע ברמב"ם, שתביא למינוי דיינים החשים אהדה למצוקותיהן של העומדות מולם, עשויה להקל את פתרון הבעיה. במציאות הנוכחית, דייני ישראל אינם נדרשים לפתור בלבד את הבעיה הפרטנית של כל עגונה העומדת לפניהם, אלא עליהם לטפל בבעיית העגונות בפתרונות מערכתיים מתוך ההלכה. זאת, כדי למגר כליל את בעיית העגונות. במפגש בין ההלכה והטבע האנושי, מנהיגינו – פוסקי ההלכה – חייבים להיות בראש ובראשונה "אנשי חיל", וכפירושו של הרמב"ם: "שיהיה להן לב אמיץ להציל עשוק מיד עושקו". בהיותם כאלו, בידם להעלות את קדושת המשפחה היהודית על נס, וכן יעלו מעלה מעלה את קדושת עם ישראל כולו.

אמר שלמה ראיתי דמעת העשוקים ואין להם מנחם,[20] וכל המתיר עגונה אחת בזמן כאלו בנה אחת מחרבות ירושלים העליונה.[21]

הרב שלמה ריסקין, כמו המלך שלמה, תמיד ראה וממשיך לראות את דמעת העשוקות והעשוקים. יתר על כן, הוא אכן בנה את חָרבות ירושלים בפעולותיו פורצות הדרך והמובילות שינוי. על בסיס אהדתו העמוקה – ובהיותו בעל לב אמיץ הנחוץ בימינו להציל עשוק מיד עושקו – השפעתו הביאה ותמשיך להביא למחיקת דמעת העשוקות.

20 על פי קהלת ד, א: "וְשַׁבְתִּי אֲנִי וָאֶרְאֶה אֶת כָּל הָעֲשֻׁקִים אֲשֶׁר נַעֲשִׂים תַּחַת הַשָּׁמֶשׁ וְהִנֵּה דִּמְעַת הָעֲשֻׁקִים וְאֵין לָהֶם מְנַחֵם וּמִיַּד עֹשְׁקֵיהֶם כֹּחַ וְאֵין לָהֶם מְנַחֵם".

21 **שו"ת בית חדש החדשות**, סי' סד.

דיוקן ה'יחידים' במסכת תענית בתלמוד הבבלי ובירושלמי

נתנאל לדרברג[1]

א. פתיחה

מסכת תענית עוסקת במצבי משבר של בצורת וקושי, המצריכים תיקון תעניות ותפילות ציבור לנוכח שעת חירום. הפרק הראשון עוסק בשבר בעקבות היעדר גשמים, דבר המהווה סיבה לתקן תענית ליחידים ולציבור. הפרק השלישי עוסק באירועים כדוגמת מגיפה או אויב, שבעקבותיהם הציבור מתריע ומתענה. הפרק הרביעי עוסק בין היתר בתעניות הציבור בעקבות חורבן בית המקדש ובשל סיבות נוספות.[2]

1 מאמר זה לכבודו של מורנו הרב שלמה ריסקין, מהחכמים היודעים להלך בעולמו של הבורא ולראות את היחידים שבזכותם מתקיים עולמנו ומתרווה, בברכת "עוד ינובון בשיבה דשנים ורעננים יהיו".
הסוגיה נלמדה בשנים האחרונות עם בנות מדרשת לינדנבאום-מתת ותלמידי ישיבת או"ת מטיבתא בכרמיאל, כמה מהערות הלומדות והלומדים משוקעות במאמר ותודתי נתונה להם.

2 הפרק השני מתאר את נוסח התפילה ביום הצום הציבורי, יציאה לרחובה של עיר

משניות הפרק הראשון הממוקד בתעניות בעקבות עצירת גשמים, מעוצבות כרונולוגית לפי חודשי החורף מתשרי ועד ניסן. הפרק מציע החמרה בתענית הנדרשת, ככל שהזמן עובר, החורף חולף והגשם מתמהמה. ברם תחילתו של הפרק מפתיעה מעט; המשנה הראשונה עוסקת בשגרה, בשאלה מהו המועד הנכון לציין את הגשם בתפילת הציבור בחג הסוכות: האם נכון להתחיל בהזכרת 'גבורות גשמים' בתחילתו של חג סוכות – ביום טוב הראשון, או בסופו – ביום טוב האחרון של החג.[3] רבי יהושע מצדד בהזכרה בחג האחרון ונמנע מחיוב הזכרת גשמים בתפילה במשך ימי החג עצמו, משום שעדיין אין זה זמן של גשמי ברכה.[4] רבי יהושע חושש מהזכרת גשמים מוקדמת מתחילת חג הסוכות, בעוד עם ישראל נמצא בעיצומו של חג הסוכות וגשם בחג עצמו הוא סימן לא טוב.[5] יש כאן הנחה מפתיעה ביחס לתפיסת התפילה, המתוארת כאן כדבר הפועל באופן ישיר ללא עיכוב כלשהו, עד שישנו חשש שכבר מעצם הזכרת הגשם, עוד לפני הבקשה הישירה להגעתו, הוא יגיע במלוא עוצמתו.

והזקן שדורש דברי כיבושין. הקדמת פרק ב לפרק ג הממשיך את מקרי האסון הדורשים תענית, לטובת נוסח התפילה בימים אלו, היא אולי רמז לכך שמודל התפילה לתענית נוצר בהתאמה לתענית על בצורת והורחב לאחר מכן לשאר המקרים. הבצורת דורשת פתרון יצירתי שאינו בבית המקדש שבו כבר התרחש ניסוך המים בסוכות, אלא תנועה הפוכה של יציאה לרחובה של עיר, עשייה שאינה צפויה ובכך טמון כוחה והשפעתה.

3 כבר התלמוד מנסה להבין "תנא היכא קאי..." כלשון התלמוד בריש מסכת ברכות, ומציין זיקה למשנה בברכות ה, ב ולאחר מכן למשנה בתחילת ראש השנה "ובחג נידונין על המים", ושונה: "ואיידי דתנא ובחג נידונין על המים, תנא מאימתי מזכירין גבורות גשמים", ראו בבלי ב ע"א.

4 רבי יהושע מסביר שאי אפשר להזכיר גשמים מתחילת החג, "הואיל ואין הגשמים סימן ברכה בחג". על כך עונה לו רבי אליעזר: "אף הוא אינו אומר אלא משיב הרוח מוריד הגשם בעונתו".

5 ירידת גשמים בעיצומו של החג היא סימן קללה, כתיאור המשנה בסוכה: "כל שבעת הימים אדם עושה סוכתו קבע וביתו עראי. ירדו גשמים, מאימתי מותר לפנות? משתסרח המקפה. משלו משל למה הדבר דומה, לעבד שבא למזוג כוס לרבו, ושפך לו קיתון על פניו" (סוכה ב, ט).

אמירתו של רבי יהושע אינה מובנת מאליה. הזכרת גשמים הייתה יכולה להיתפס כמעשה רצוי בעיצומם של ימי הדין על גשמי החורף הקרב. כך למשל לשון המשנה על חג הסוכות, הנתפס כיום הדין על גשמי השנה הקרבה: "**בחג נידונין על המים**".[6] בנוסף, בבית המקדש היה נהוג ניסוך המים על המזבח במשך כל חג הסוכות, כדי לעורר רחמים ולהביא גשמים בחורף בעתם. ניסוך המים – טקס מקדשי שנחוג בפומבי בכל ימי חג הסוכות בליווי שירת הלוויים, כלי נגינה וציבור רחב של עולים לרגל – החל בהבאת המים ממעיין השילוח וכלה בשפיכתם המקודשת על המזבח החיצון. טקס זה נועד לסמן תפילה, תקווה ובקשה לבואם של גשמי ברכה בחורף הקרב ובא.[7] מפתיע אפוא להיווכח שבעוד שבבית המקדש היה נהוג ניסוך מים כל ימי החג, כחלק מעבודה מקדשית לירידת הגשם, ללא חשש שמא יתחיל לרדת גשם מוקדם כבר בימי החג עצמו, באשר לתפילת הציבור חושש רבי יהושע אפילו מהזכרת המילה גשם בתפילה, בגלל הנחת היסוד שאם רק נזכיר בתפילה את גשמי החורף הקרב ובא הם עלולים להקדים ולרדת בימי החג עצמו, חשש שאינו מוזכר במתכונת כלשהי כלפי עבודת ניסוך המים.[8]

6 ראש השנה א, א.

7 ראו דרשת רבי עקיבא: "אמרה תורה הבא עומר שעורים בפסח, שהוא פרק שעורים, כדי שתתברך עליך תבואה... הבא ניסוך המים בחג כדי שיתברכו עליך גשמים" (תוספתא סוכה, סוף פרק ג). רבי עקיבא משווה בין הבאת קרבן העומר בפסח, ראשית קציר התבואה המתירה את היבול החדש, לניסוך המים בסוכות שנועד להביא גשמי ברכה בחורף הקרב ובא.

8 אפשר להשוות זאת לתפילת הכהן הגדול בכניסתו לקודש הקודשים ביום הכיפורים, המכילה גם חשש שתישמע תפילת עוברי דרכים שיבקשו לדחות את הגשמים מפני סבלם האישי. ראו משנה יומא ה, א ופירוט בתלמוד הבבלי יומא נג ע"ב. דאגתו של הכהן הגדול הנמצא לפני ולפנים, שלא תישמע תפילתו של עובר דרכים שהגשם מטרידו, שבה ומלמדת על כוחה של תפילה שאיננה נעשית במקדש ועל ידי הכהן הגדול ועם זאת היא מתקבלת.

במשניות הבאות של הפרק הראשון הדיון עובר ל'שאלת גשמים', בקשתם ולא רק הזכרת גבורות ה' בהורדתם. ביחס לתאריך שבו מתחיל הציבור לשאול גשמים בתפילתו, המשנה מביאה שתי אפשרויות:

> בשלושה במרחשוון שואלים את הגשמים; רבן גמליאל אומר, בשבעה בו, חמישה עשר יום אחר החג, כדי שיגיע האחרון שבישראל לנהר פרת.

מסקרן לראות שהנחת היסוד במשניות אלו היא שכל אזכור של גשם בתפילה עלול לעורר את ירידתו התכופה. על כן ראוי להמתין לכבודם של עולי הרגל החוזרים לבתיהם לפני תחילת בקשת הגשמים בתפילה, ורבן גמליאל במשנה מצביע על נהר פרת כמקום המרוחק שיש להמתין עד הגעת אחרון עולי הרגל אליו. הבחירה בהגעה לנהר פרת ולא בשיבת עולי הרגל לבתיהם מפתיעה, שהרי העולים אינם חוזרים לנהר עצמו אלא לבתיהם. ייתכן שציון הנהר נועד להדגיש שאין כאן רק דאגה לרווחתם של עולי הרגל המהלכים בדרכים, אלא ביטוי לפער בין חייהם של אנשי בבל, הניזונים מנהר רחב ידיים ואינם זקוקים למי גשמים, מימיהם בטוחים, ובין תושבי ארץ ישראל התלויים בגשמי ברכה. פער זה היה אמור ליצור רגישות לחסרונם של תושבי ארץ ישראל התלויים בגשמי שמיים, והנה הוא מביא לכך שדווקא בני ארץ ישראל הבטוחים בתפילתם ובקרבתם לבוראם, משהים את התפילה בדאגתם לאנשי בבל הבטוחים במימיהם, מי נהר פרת. היכולת האנושית להתפלל ולבקש גשמים מכוננת ביטחון כה רב, עד שדאגה לאנשי בבל הסמוכים על מי הנהר שלהם, גוברת על החשש מפני בצורת או מיעוט גשמי ברכה לתושבי ארץ ישראל.

ב. קריאת התלמוד הבבלי במשנת ה'יחידים'

המשניות הראשונות במסכת תענית מותירות חותם ברור שעל פיו כוח התפילה על הגשמים כה בטוח, עד שאמנם ניסוך המים במקדש נעשה בכל יום מימי חג הסוכות, אולם יש להימנע מהזכרת גשמים בתפילה

לשיטת רבי יהושע עד ליומו האחרון של החג. במקביל רבן גמליאל דוחה את התפילה על ירידת הגשמים כדי להתחשב בעולי הרגל עד הגעתם לנהר פרת. על רקע פתיחה זו המשניות בהמשך הפרק מתארות מציאות לא צפויה המצריכה היערכות ייחודית. מה עושים כאשר הגשם אינו מתחיל לרדת, אף שהציבור הרחב מזכיר גשמים בתפילתו ואף שואל ומבקש על ירידתם במשך כמה ימים רצופים.

אצטט את שתי המשניות הראשונות המתארות זאת:

ה. הגיע שבעה עשר במרחשוון ולא ירדו גשמים, התחילו היחידים מתענים. אוכלין ושותין משחשיכה, ומותרין במלאכה וברחיצה ובסיכה ובנעילת הסנדל ובתשמיש המיטה.

ה. הגיע ראש חודש כסלו ולא ירדו גשמים, בית דין גוזרין שלוש תעניות על הציבור. אוכלין ושותין משחשיכה, ומותרין במלאכה וברחיצה בסיכה ובנעילת הסנדל ובתשמיש המיטה.

המשנה מציינת את התאריך שממנו והלאה אנו מבינים שישנה בעיה חמורה, התפילה הרגילה לגשם לא נענתה ויש לפעול במתכונת אחרת. שיטת רבן גמליאל היא שבי"ז בחשוון, לאחר שעברו עשרה ימים של תפילה שמוזכרת בהם שאילת גשמים והגשם התעכב, יש להיערך לתפילות מיוחדות כדי להביא לירידת הגשמים. עובדה זו מחזקת את הנחת היסוד של המשנה – תפילה אמורה לחולל תוצאה מידית. אם אין מענה כנדרש, ניתן להבין שיש כאן בעיה עמוקה יותר, שיש להיערך להתמודדות רוחנית איתה. בעקבות המשבר בשלב הראשון נאמר "התחילו היחידים מתענים", כדי לעורר את ירידת הגשמים. לאחר מכן, מראש חודש כסלו, התעניות הופכות להיות תעניות של הציבור כולו הנקבעות בגזירת בית הדין. אם הגשם אינו מגיע במהלך חודשי החורף, התעניות הופכות להיות חמורות יותר בהלכותיהן, עד שלבסוף בחודש ניסן, במידה ולא ירדו גשמים, חוזרים היחידים להיות הכתובת לתפילה על הגשמים, בתקווה שאולי תפילתם הייחודית היא זו שתצליח להוריד גשמים כלשהם.

בשלב הראשוני, בעקבות ההבנה שיש משבר, מוטל על היחידים להתחיל בתפילה ותענית לירידת הגשמים. ניסוח המשנה עמום – מי הם אותם 'יחידים' שאמורים להתחיל את התעניות על הגשמים?

נפתח בדברי התלמוד הבבלי, שמביא כתשובה לכך את מימרת רב הונא: "מאן יחידים? אמר רב הונא: **רבנן**". מימרא קצרה זו של רב הונא מבהירה במדויק מי הם היחידים. היחידים הם רבנן, הוי אומר תלמידי חכמים. תשובה זו מתקבלת ללא עוררין בשלב זה של הסוגיה. לצידה מובאת מימרא נוספת בשמו של רב הונא, שגם תענית זו, אף שהיא של היחידים, נוהגת על פי כללי התעניות המסודרים, לא ביום המתאים באופן אישי לאותם יחידים, אלא כמקובל ביחס לתעניות הציבור, בימי שני חמישי ושני – ימי השוק המוכרים באותם ימים.[9] הדילוג כרגע על דיוקנם של היחידים המתענים והעיסוק בסוגיה בביאור המימרא השנייה, מבטא את תפיסת התלמוד שזהות היחידים ברורה; הם אינם דמויות אקראיות אלא דמויות מוכרות. הדיון החשוב הוא ההבהרה שמתכונת תעניתם איננה אישית לפי רצונם, אלא נעשית במודל הרגיל והקבוע של תעניות הציבור המובא בהמשך המשניות בפרק. הייחוד של תענית היחידים איננו במתכונת היישום, אלא בזהות הצמים – תלמידי החכמים כנציגי הציבור.

בהמשך הסוגיה חוזרת ומתייחסת בעקיפין למימרא של רב הונא, והיא מביאה שלוש ברייתות העוסקות בגדרי היחיד והתלמיד, ומונח נוסף שנכנס להבנת היחידים והוא היותם ראויים להיות פרנסים:

> תנו רבנן: אל יאמר אדם תלמיד אני, איני ראוי להיות יחיד, אלא כל תלמידי חכמים יחידים. אי זהו יחיד ואיזהו תלמיד? יחיד כל שראוי למנותו פרנס על הצבור, תלמיד כל ששואלין אותו דבר הלכה בלמודו ואומר ואפילו במסכת דכלה.

9 בנוסח המשנה בדפוס וילנא נוסף: "התחילו היחידין מתענין שלושה תעניות". התוספת שלוש תעניות אינה מצויה בדפוסים קודמים ובכתבי היד של התלמוד ואף לא בנוסח הירושלמי, וגם ניכר שהיא חסרה מצורת התנסחותו של רב הונא שאינו שונה "שלוש תעניות שאמרו" וכדומה.

תנו רבנן: לא כל הרוצה לעשות עצמו יחיד עושה, תלמיד עושה, דברי ר' מאיר. רבי יוסי אומר עושה וזכור לטוב, לפי שאין שבח הוא לו אלא צער הוא לו.

תניא אידך: לא כל הרוצה לעשות עצמו יחיד עושה, תלמיד עושה, דברי רבי שמעון בן אלעזר. רבן שמעון בן גמליאל אומר במה דברים אמורים בדבר של שבח אבל בדבר של צער עושה וזכור לטוב, שאין שבח הוא לו אלא צער הוא לו.[10]

הברייתא הראשונה מתארת מיהו יחיד ומיהו תלמיד: יחיד הוא מי שראוי להתמנות לפרנס, ותלמיד הוא בעל ידע תורני נרחב. כל תלמידי החכמים נכללים בקטגוריית היחידים של משנתנו, ואם כן כל תלמיד חכם ראוי עקרונית להתמנות לפרנס.[11] בשתי הברייתות הנוספות מובאת מחלוקת תנאים אם כל הרוצה לזהות את עצמו כיחיד רשאי לעשות זאת. מחלוקת רבי מאיר ורבי יוסי זהה בניסוחה למחלוקת של רבי שמעון בן אלעזר ורבן שמעון בן גמליאל.

המשותף לברייתות המובאות בתלמוד הבבלי הוא שייחודו של היחיד איננו בכך שהוא משמש בפועל כפרנס על הציבור, אלא שהוא מתאים וראוי לתפקיד זה. אמת המידה לבחירת היחידים שיתענו היא

10 ראו נוסח התוספתא שאינו מזהה ביניהם: "איזהו יחיד? רשב"א אומר כל הרוצה לעשות יחיד [עצמו] עושה, ת"ח אינו עושה, אא"כ מינהו ב"ד על צבור. רשב"ג אומר דבר שהוא של צער הרוצה לעשות עצמו יחיד עושה ות"ח עושה ותבא עליו ברכה, דבר שהוא של שבח לא כל הרוצה לעשות עצמו יחיד עושה ות"ח עושה, אא"כ מינהו ב"ד על הצבור" (תוספתא מגילה א, ו).

11 הראשונים מעירים על הסוגיה שלפנינו ממימרא של רבי יוחנן: "ואמר רבי יוחנן איזהו ת"ח שממנין אותו פרנס על הציבור זה ששואלין אותו דבר הלכה בכל מקום ואומר ואפי' במסכת כלה... ואמר רבי יוחנן איזהו תלמיד חכם כל ששואלין אותו הלכה בכל מקום ואומרה למאי נפקא מינה למנוייה פרנס על הציבור, אי בחדא מסכתא באתריה אי בכוליה תנויה בריש מתיבתא" (בבלי שבת קיד ע"א). אציין גם לסוגיה הדנה באדם המקדש אישה על דעת היותו תלמיד: "ע"מ שאני תלמיד אין אומרים כשמעון בן עזאי וכשמעון בן זומא אלא כל ששואלין אותו בכ"מ דבר אחד בלימודו ואומרו ואפילו במסכתא דכלה" (בבלי קידושין מט ע"ב).

בעיקר היותם תלמידי חכמים, אבל גם היותם מעורבים בענייני הציבור ובעלי יכולת לפעול בנושאים אלו.[12] תוספת זו אולי מהווה הבהרה לייחודם של 'יחידים' אלו. אין די בכך שהם תלמידי חכמים העוסקים בתורה אלא עליהם להיות גם ערניים ומעורבים בענייני הציבור כדי שתפילתם תוכל להתקבל. הברייתות מדגישות שהנכונות להיקרא יחיד לפי חלק מהדעות, היא דרגה שכל אחד מתלמידי החכמים יכול לחוש שייכות אליה ולהתחייב לה.

מעניין לציין שבהמשך הסוגיות (בדף יא ע"ב) מובאת המימרא הבאה:

> אמר רבי ירמיה בר אבא אין תענית ציבור בבבל אלא תשעה באב בלבד. אמר רבי ירמיה בר אבא אמר ריש לקיש אין תלמיד חכם רשאי לשבת בתענית מפני שממעט במלאכת שמים.

לפנינו שני היגדים: אין תעניות ציבור בקרב תושבי בבל,[13] וכן שתלמידי חכמים אינם רשאים לשבת בתענית כלל. אם נחבר זאת לזיהוי בין יחידים לתלמידי חכמים, נגלה את המעטת החשיבות שיש בתעניות של יחידים ואולי אף של ציבור בהקשר של גשמים.[14]

12 בירושלמי ברכות סוף פרק שני מובאת הלכה זו בהקשר אחר: "תני, מסתלקין לצדדין מפני יתידות דרכים... אמר רבי אבהו: מעשה ברבן גמליאל ורבי יהושע שהיו בדרך, והיו מסתלקין לצדדין מפני יתידות דרכים, וראו את רבי יהודה בן פפוס שהיה משתקע ובא כנגדן. אמר רבן גמליאל לרבי יהושע: מי הוא זה שמראה עצמו באצבע [=מתגאה]? אמר לו: יהודה בן פפוס הוא, שכל מעשיו לשום שמים. אמר לו: ולא כן תני כל דבר שהוא של שבח לא כל הרוצה לעשות עצמו יחיד עושה, תלמיד חכם עושה, אלא אם כן מינו אותו פרנס על הציבור? אמר ליה: והא תני כל דבר של צער כל הרוצה לעשות עצמו יחיד עושה, תלמיד חכם עושה, ותבוא עליו ברכה! אמר רבי זעירא: ובלחוד דלא יבזה חורנין".

13 ראוי להעיר על נוסח הירושלמי הכותב: "רבי אחא בשם רב אין תענית עכשיו... כן אמר רב כל תענית שאינה נעשית כתיקנה עליה הכתוב אומר נתנה עלי בקולה על כן שנאתיה" (ירושלמי תענית פ"ב). אין דין תענית ציבור לפי דבריו של רב, כנראה בשל חיסרון נשיא כתיאור הירושלמי קודם לכן.

14 ביטוי לשוני להבדל בין בבל לארץ ישראל ביחס לירידת הגשמים, ניכר בתפילת

ג. קריאת התלמוד הירושלמי במשנה

בתלמוד הירושלמי מובא הסבר שונה לזהותם של היחידים ולמתכונת תפילתם ותעניתם על הגשמים.[15] בתחילה הירושלמי מביא את הברייתא המזהה בין יחידים לבין פרנסים, אלא שהוא מציג זאת באופן שונה מהדרך שבה הובהר הדבר בתלמוד הבבלי:

> אילו הם היחידים? אלו שהן מתמנין פרנסין על הציבור. מכיון שהוא מתמנה פרנס על הציבור הוא מתפלל ונענה, אלא מכיון

ההודאה על הגשמים המובאת בנוסח שונה בתלמוד הבבלי ובירושלמי על ידי רב יהודה, האמורא הבבלי. בתלמוד הבבלי תענית ו ע"א הוא מציין את התפילה בניסוחה הארץ ישראלי: "אמר רבי אבהו מאימתי מברכין על הגשמים משיצא חתן לקראת כלה, מאי מברך אמר רב יהודה אמר רב מודים אנחנו לך ה' א־להינו על כל טיפה וטיפה שהורדת לנו...". רבי אבהו איש קיסריה מתאר את התרגשותו מהטיפות המרצדות בשלוליות, טיפות מלמטה הקופצות לקראת טיפות הגשם, במטפורה רגישה של קרבת חתן לכלה. רב יהודה מתאר את נוסח תפילת ההודאה והוא על כל טיפה וטיפה היורדת. הזמן לתפילת הודאה הוא גשם שוטף ואז ההודאה היא על כל טיפה וטיפה; זהו אולי ביטוי לצורך במי גשמים בארץ ישראל. בנוסח הירושלמי מביא רב יהודה תפילה אחרת בשמו של אביו רב יחזקאל הבבלי: "רב יהודה בר יחזקאל אמר: הכין הוה יחזקאל אבא מברך על ירידת גשמים יתגדל יתקדש יתברך יתרומם שמך מלכנו על כל טיפה וטיפה שאת מוריד לנו שאת ממניען זו מזו..." התפילה הבבלית בנוסחו של רב יחזקאל היא הודאה על ההפרדה בין הטיפות, "ממניען זו מזו", המונעת חורבן בתים יבולים וגנות. ההודאה איננה על מי הגשם עצמו – מים יש בנהר הסמוך – אלא על כך שהוא אינו מזיק יתר על המידה בירידתו המחולקת לטיפות טיפות. תפילה שונה מזו הנהוגה בארץ ישראל, על החיים הניתנים ליבול ולבני אדם בעקבות כל טיפה וטיפה של גשם המחיה את האדמה. שתי ההודאות השונות, שבאופן מפתיע הבבלית מופיעה בירושלמי ואילו הארץ ישראלית בתלמוד הבבלי, הן אולי שיקוף לפער ביחס לגשמים בארץ ישראל ובבבל. אכן עיון בסוגיית התלמוד בפרק הראשון בתענית, מראה כיצד התלמוד הבבלי מתרגם את ירידת הגשם לשפע של תורה היורד לעולם וליחסי מורה ותלמיד. באופן כללי סיפורי הורדת הגשמים הובאו בבבלי בפרק השלישי, וזהו עניין בפני עצמו.

15 הקדמת ביאור הבבלי במאמר לביאור הירושלמי איננה בשל קדימותו הכרונולוגית, שכן סביר להניח שההפך הוא הנכון. מגמתנו היא להרחיב בביאור הירושלמי המובן על רקע פרשנותו השונה של הבבלי.

שהוא מתמנה פרנס על הציבור ונמצא נאמן, כדיי הוא מצלייא ומתענייא.

הירושלמי שואל מי הם היחידים, ועונה שהם פרנסי הציבור. מדוע מינוי לתפקיד ציבורי הוא ערובה להצלחתם בתפילה ותענית על הגשמים? תשובת הירושלמי היא שאם אדם התמנה לאיש ציבור ופרנס ושמר על היותו אדם אמין וישר ללא מעילה בכספי הציבור, אזי הוא הראוי להתפלל על הגשמים. פרשנות זו משמעותה שייחודם של היחידים איננו היותם אנשי ציבור אלא היושרה שבהם היא המביאה לכך שתפילתם נענית. אדם שמכהן כאיש ציבור ולמרות הניסיון הקשה העומד בפניו שומר על יושרה ונקיון כפיים, ראוי להיות זה שיתפלל ותפילתו תיענה. הירושלמי איננו מזהה בין דיוקנו של היחיד להיותו תלמיד חכם או רבנן, אלא זהו אדם ישר ונדיב באופן החורג מהנורמה המקובלת.

בהמשך מביא הירושלמי שתי דוגמאות לאלו הראויים להתפלל על הגשמים, דמויות שאינן אנשי ציבור או תלמידי חכמים אלא מעלתן בישרותן:

חד בר נש הוה מפיק מעשרוי כתיקנן [אדם אחד היה מפריש מעשרות כתיקונם]

אמר לו: ר' מנא, קום אמור: 'בערתי הקדש מן הבית'.

חד בר נש אתא גבי חד מן קריבוי דר' יניי [אדם אחד בא אצל אחד מקרוביו של ר' ינאי]

אמר לו: רבי זכה עמי [רבי פרנס אותי מהצדקה].

אמר לו: ולא הוה לאביך פריטין [ולא היה לאביך מעות]? אמר לו: לא.

אמר לו: גבי אינון ומפקדין [הרי המעות מופקדות אצלי].

אמר לו: שמעית עליהון דאינון סרקין [שמעתי עליהן שהן גנובות].

אמר לו: כדיי את מצלייא ומתענייא [ראוי אתה להתפלל ולהיענות].

בתיאור הראשון מתאר ר' מנא כיצד אדם שהפריש מעשרותיו כראוי הוא הראוי להתפלל ותפילתו תתקבל.[16] תיאור זה מפתיע, שכן משתמע ממנו כי גם בזמנם של חז"ל אדם המפריש תרומות ומעשרות כתיקונם ואינו מערים בדרך כלשהי, כדי להקל עליו את ההוצאה הכספית והנתינה, הוא חידוש הראוי להערכה יתרה.[17] התפילה המוצעת עבורו בעקבות הבאת המעשרות כתיקונם, היא המשך הפסוק: "הַשְׁקִיפָה מִמְּעוֹן קָדְשְׁךָ מִן הַשָּׁמַיִם וּבָרֵךְ אֶת עַמְּךָ אֶת יִשְׂרָאֵל וְאֵת הָאֲדָמָה אֲשֶׁר נָתַתָּה לָנוּ כַּאֲשֶׁר נִשְׁבַּעְתָּ לַאֲבֹתֵינוּ אֶרֶץ זָבַת חָלָב וּדְבָשׁ". התפילה על ברכת עם ישראל המפורטת בהמשך

16 ככל הנראה הכוונה כאן למעשרות גם לעניים, וכנוסח הספרי: "ואמרת בכל לשון, לפני ה' א־להיך זה וידוי מעשר, בערתי הקודש מן הבית זה מעשר שני ונטע רבעי, וגם נתתיו ללוי זה תרומה ותרומת מעשר, לגר ליתום ולאלמנה זה מעשר עני ולקט שכחה ופיאה, אעפ"י שאין מעכבים את הוידוי" (ספרי דברים כו, יג).

17 החידוש הנעוץ במעשי אותו אדם שהפריש מעשרותיו כתיקונם, מבוסס על כך שיש בידיו אפשרות הלכתית להיפטר מחיוב המעשרות ("מותר להערים על התבואה", כלשון הרמב"ם הלכות מעשרות ג, ו), הערמה שאפשרה לרבים להיפטר מחיוב המעשרות על ידי הכנסת התבואה או הפירות לבית דרך הגגות והחלונות ולא דרך פתח הבית, כתיאור הבא: "דאמר רבי אושעיא מערים אדם על תבואתו ומכניסה במוץ שלה כדי שתהא בהמתו אוכלת ופטורה מן המעשר, אי נמי דעייל לה דרך גגות ודרך קרפיפות" (בבלי מנחות סז ע"ב, וראו גם בבלי ביצה יג ע"א ובבא מציעא פז ע"ב – פח ע"א). אם כן מוסכם על כולם שהכנסת הפירות דרך הגגות ולא דרך שער החצר פוטרת אותם ממעשרות. על כך שתופעה זו של פטור ממעשרות נעשית בפועל, ראו דבריו של רבה בר בר חנה בשם רבי יהודה מדור אושא: "אמר רבה בר בר חנה, אמר רבי יוחנן משום רבי יהודה בר אילעאי: בוא וראה, שלא כדורות הראשונים דורות האחרונים. דורות הראשונים מכניסין פירותיהן דרך טרקסמון כדי לחייבן במעשר. דורות האחרונים מכניסין פירותיהן דרך גגות ודרך קרפיפות כדי לפוטרן מן המעשר" (גיטין פא ע"א). דורות האחרונים על פי תיאורו של רבי יהודה אלו בני דורו, תקופת אושא. תיאור נוסף של הערמה ביחס למעשר שני הוא דברי המשנה עצמם: "מערימין על מעשר שני. כיצד? אומר אדם לבנו ולבתו, לעבדו ולשפחתו העברים: הילך מעות אלו, ופדה לך מעשר שני זה" (מעשר שני ד, ד). אדם הנותן את כל מעשרותיו כתיקונם ואינו מנסה להיפטר בצורה הלכתית כשרה מחובת נתינתם, הוא חידוש.

לברכת האדמה, מתפרשת כבר במשנה כבקשה לגשם שיאפשר את הברכה על פני האדמה.[18]

התיאור השני מפורט יותר והוא על אדם שנזקק לבריות מפני שלא רצה להשתמש בממון רב שירש מאביו בשל חששו שממון זה גזול ולכן ביקש צדקה למחייתו.[19] בסיפור השני מובא לראשונה ביטוי שיחזור בהמשך הסיפורים בירושלמי והוא דברי החכם המעיד בו "כדיי אתה", היינו ראוי אתה להיות זה שיתענה ויתפלל, ככל הנראה כדי שירדו גשמים. סיפור זה אינו מתאר רק אדם שמילא את חובתו ההלכתית ונתן מעשרות כנדרש, אלא יש בו ישרות שהיא מעבר לנורמה הרגילה.[20]

בהמשך מביא הירושלמי שני סיפורים מפתיעים המלמדים אותנו

18 בקשת הגשמים מפורטת כבר במשנה, ראו פרק ה במעשר שני המתאר את וידוי המעשרות בפרוטרוט, ובין היתר שונה: "'השקיפה ממעון קדשך מן השמים' עשינו מה שגזרת עלינו, אף אתה עשה מה שהבטחתנו. 'השקיפה ממעון קדשך מן השמים, וברך את עמך את ישראל' בבנים ובבנות. 'ואת האדמה אשר נתתה לנו' בטל ובמטר ובולדות בהמה. 'כאשר נשבעת לאבותינו ארץ זבת חלב ודבש' כדי שתתן טעם בפירות" (מעשר שני ה, י).

19 מצד הדין יכול היה הבן למצוא דרך להקל בשימוש בממון זה, כפי שמצינו במשנה: "הגוזל ומאכיל את בניו, והניח לפניהם, פטורין מלשלם. ואם היה דבר שיש בו אחריות, חייבין לשלם" (בבא קמא י, א). וראו לשון הירושלמי המבחין מתי מותר ומתי אסור להשתמש בממון זה: "תני הגוזל ומאכיל בניו בין גדולים בין קטנים פטורין מלשלם הניח לפניהן בין גדולים בין קטנים חייבין לשלם. סומכוס אומר גדולים חייבין קטנים פטורין. אם אמרו אין אנו יודעין אם עשה אבינו חשבון באחרונה הרי אילו פטורים. התיב ר' בא בר ממל הגע עצמך בשהניח לפניהן קרקע לא הכל מהן לומר אין אנו יודעין מה חשבון עשה אבינו באחרונה. התיב רב המנונא הגע עצמך שהיתה גזילה מפורסמת לא הכל מהן לומר אין אנו יודעין מה עשה אבינו חשבון באחרונה. התיב רב ששת אפילו קטנים נטענין להן בבית דין מה אית לך למימר. א"ר מנא תיפתר בשטענו הן אין אנו יודעין כו'. יודעין אנן דעסק אבינו עמך על הדין חושבנא ולית נן ידעין מה נפק מדינא". במקרה שלפנינו הבן רק שמע על כך שהם גנובים ולא היה לדבר פרסום, ועם זאת הוא החמיר על עצמו אף על פי שמצד הדין היה יכול להקל.

20 נציין על נוסח הבבלי בדף ז ע"ב: "אין הגשמים נעצרים אלא בעוון גזל", ובהמשך בדף ח: "אין גשמין יורדין אלא בשביל בעלי אמנה". שתי מימרות אלו משלימות

שאותם אנשים הראויים להוריד גשמים הם אינם פרנסי ציבור או תלמידי חכמים. היחידים הם דמויות רחוקות מכך, עם זאת התנאי למימוש ייחודם הוא יכולתם של חכמים לזהות אותם ולהצביע עליהם בעקבות מעשה ייחודי של נתינה ורחמים, ולהבחין שביכולתם לעורר את הרחמים העליונים ולהביא לירידת הגשמים.

הסיפור הראשון מתאר אדם שעבד בהשכרת חמורים ומספר על הנוסעת שלו, שהייתה בדרכה למכור את גופה לזנות בלית ברירה כדי לפדות את בעלה משבי. כדי להצילה ממעשה זה, שאולי עלול לעלות לה אף בחיי משפחתה והזוגיות שלה עצמה ובוודאי בכבודה, הוא מוכן למכור את מקור הפרנסה שלו, החמור, כדי לתת לה כסף לפדות את בעלה:

איתחמי לרבנן פלן חמרא יצלי ומיטרא נחת [נראה לחכמים שפלוני החמר יתפלל וירד מטר]. שלחין רבנן ואייתוניה, אמרון ליה: מה אומנך? [שלחו אליו חכמים והביאו אותו ושאלוהו: מהי אומנותך?] אמר לון: חמר אנא [חמר אני].

אמרין ליה: ומה טיבו עבדת? [ומה טוב עשית?]

אמר לון: חד זמן אוגרת חמרי לחדא איתה [יום אחד השכרתי חמורי לאישה אחת] והוות בכייה גו איסרטה [והייתה בוכה בדרכה], ואמרית לה: מה ליך [מה לך?]

אמרה לי: בעלה דהיא איתתא חביש, ואנא בעייא מיחמי מה מיעבד ומפניני׳ [בעלי חבוש בבית הסוהר ואני רוצה לראות מה לעשות בכדי לפדותו].

וזבנית חמרי ויהבית לך טימיתי׳ [מכרתי את חמורי ונתתי לה את הכסף]. ואמרית לה: הא ליך, פניי בעליך ולא תחטיי [אמרתי לה: הא לך, שחררי את בעלך ואל תחטאי].

את התמונה ואולי משקפות את דברי הירושלמי כאן על מי הוא הראוי להוריד את הגשמים.

אמרין ליה: כדיי את מצליא ומתענייא [ראוי אתה להתפלל ולהיענות].

ייחודו של סיפור זה הוא בנכונות של כל אחד להתמסר: האישה מוכנה להתמסר כדי להציל את בעלה מהשבי, גם במחיר סיכון המשך הזוגיות שלה. הירושלמי מביא את דבריה על עצמה בגוף שלישי ('אותה אישה'), כביכול היא איננה מדברת על עצמה אלא על אישה אחרת, ביטוי ספרותי המבטא היטב את כאבה על מעשיה ואולי מבטא כביכול את חוסר יכולתה להתוודות בפני עצמה על מעשיה. החמר המזהה את האישה בצרתה, אולי אפילו מזהה את צורת ההתנסחות שלה וער לכאבה ובכיה, אינו מנצל זאת בצורה כלשהי וגם אינו מתעלם מכאבה. להפך, הוא מציל אותה מירידה למקום נמוך, ומסייע לה באופן מרשים על ידי זה שהוא מוכר את חמורו, מקור פרנסתו, כדי להצילה ולאפשר לה לפדות את בעלה. החמר שהציל את אותה אישה, ודאי איננו נכלל בקטגוריה של תלמיד חכם וגם לא של פרנס ציבור. הוא ככל הנראה אדם פשוט העובד בהסעת אנשים ממקום למקום, ועם זאת בעקבות רגישותו לנוסעת והמעשה ההירואי של נתינה לזולת, הוא ראוי להתענות ולהתפלל כדי שירדו גשמים.[21]

ה"יחידים" לפי סיפורים אלו אינם יודעים כלל על היותם יחידים, אלמלא החכם שזיהה זאת. החכם שניגש אליהם מעדכן אותם שהם אלו הראויים להתענות ולהתפלל; הם לא חשבו לרגע שהם הנכללים בקטגוריית היחידים שתפילתם תישמע. מבחינה זו הירושלמי אינו מבטל את מקומו של החכם אלא מציב אותו בעמדה שונה. תפקידו של החכם הוא להיות קשוב ורגיש כדי לזהות נכונה מי הוא היחיד, מי הוא האדם שיש משהו במעשיו החורג מהמובן והמוכר. החכם איננו היחיד שמתענה ומתפלל, אלא מי שמסוגל לזהות את דיוקנו

21 נציין שגם בתלמוד הבבלי בפרק השלישי בדף כד ובדף כה ישנם סיפורים לא מעטים על חכם המתפלל ותפילתו לא נענית, ולצידו אדם אחר הצליח בתפילתו, או שחלשה דעתו ואז תפילתו התקבלה. אולם אלו סיפורים על יחידים שונים לחלוטין מתיאוריו של הירושלמי.

של היחיד הבלתי צפוי. לולא הזיהוי של החכמים הדורש מהם חמלה רגישות והקשבה יתרה לנעשה סביבם, לא היה עולה כלל על דעת אדם כלשהו, ובוודאי לא על דעתו של אותו חמר, שהוא זה היכול להתפלל ותפילתו תיענה.[22]

הסיפור הבא מהווה אולי את הדוגמה המפתיעה ביותר למורכבות דיוקנם של היחידים. מחד גיסא דמות בלתי צפויה שבזכותה ירדו גשמים, ומאידך גיסא רגישותו ויכולת הכלתו של החכם המסוגל לראות זאת ולזהות את היחיד שאינו עונה על הקטגוריות הרגילות של הצדיק. סיטואציה כזאת יכולה להתאפשר רק בעקבות גילוי רחמים מעבר לנורמה הרגילה והמצופה, שהם הם בשורש הדברים מאפשרים את גילוי הרחמים העליונים המתבטאים בירידת הגשמים, גם אם אין לכך הצדקה או סיבה מצד מעשי האדם עצמם.

הסיפור הוא על אודות פנטקקה ורבי אבהו, שניהם כנראה תושבי קיסריה, עיר רומית עם תרבות חול:

> איתחמי לרבי אבהו, פנטקקה יצלי ואתי מיטרא [נראה לרבי אבהו שפנטקקה יתפלל וירד גשם]. נחית מיטרא [ירד גשם].
> שלח ר' אבהו ואייתיה שא"ל [שלח רבי אבהו וקרא לו ושאלו למקצועו][23] חמר עבין[24] ההוא גוברא עביד בכל יום: מוגר זנייתה

22 דוגמה לכך ניתן לראות במעשה על אודות רבי תנחומא המזהה אדם הנתפס כחוטא כמי שדווקא בזכות רחמיו על גרושתו ירדו הגשמים. רבי תנחומא מזהה את היחיד ובעקבות זיהויו תפילתו של רבי תנחומא עצמו מחוללת את ירידת הגשמים. כך לפי נוסחו בבראשית רבה לג, ג. נוסח שונה שלו מובא גם במדרש ויקרא רבה לד, יד, שבו גם רבי תנחומא חושד בו בתחילה ועובר תהליך יחד עם הציבור ביחסו לאותו אדם.

23 בנוסח הירושלמי יש כאן מעט שיבוש, כנראה מחמת הדומות.

24 פרשני הירושלמי מעירים על נוסח משובש בדפוס וילנא: "שא"ל חמר עבין ההוא גברא עבד' בעוד הנוסח המתוקן בכתב יד ליידן הוא: 'אמר ליה מה אומנך, אמר ליה חמש עבירן ההוא גברא עבד..." ראו גרסת קרבן העדה ובפני משה על הסוגיה, וראו מהדורת כתב יד ליידן, **תלמוד ירושלמי**, האקדמיה ללשון עברית, תשס"א, עמ' 708.

[שוכר זונות] משפר תייטרון [מכין תפאורות] מעיל מניהון לבני [מכניס בגדיהן לבית המרחץ] מטפח ומרקד קדמיהון [מוחה כף ורוקד לפניהן] ומקיש בבבויא קדמיהון [ומקיש במצלתיים לפניהן]. אמר לו: ומה טיבו עבדת [מה טוב עשית?]. אמר לו: חד זמן הוה ההוא גברא משפט תייטרון [יום אחד הייתי מכין תפאורות]. אתא חדא איתא [באה אישה אחת] וקמת לה חורי עמודא בכיי' [ועמדה מאחורי העמוד ובכתה]. ואמרית ליה: מה ליך? ואמרה לי: בעלה דההיא איתתא חביש ואנא בעיא מיחמי מה מעביד ומפנינה וזבנת ערסי ופרוס ערסיי ויהבית לה טימיתיה [אמרתי לה: מה לך? ואמרה לי האישה: בעלי אסור בבית הסוהר, ואני רוצה לראותו, מה עלי לעשות כדי לשחררו? מכרתי מיטתי וכיסויי מיטתי ונתתי לה כסף]. ואמרית לה: הא ליך, פניי בעליך ולא תיחטיי [הא לך, פדי את בעלך ולא תחטאי].

אמר לו: כדיי את מצלייא ומתעניא [ראוי אתה להתפלל ולהיענות].

דיוקנם של היחידים בירושלמי מגיע לשיאו בתיאור דיוקנו של פנטקקה, שמתואר כמי שעובר חמש עבירות: משכיר זונות, בונה להן תיאטרון, דואג לבגדיהן, רוקד ומרקיד אותן – ממש תיאור של מועדון לילה מפוקפק, כנראה מקיסריה במאה השלישית לספירה. והנה הגיעה אל פנטקקה אישה לעבוד אצלו בזנות; הוא מזהה את המצוקה שלה ושהיא אינה רוצה באמת לעבוד בעבודה זו אלא כדי לפדות את בעלה.

בדומה לסיפור הקודם, גם כאן האישה מתארת בגוף שלישי את מעשיה, ביטוי לריחוק הפנימי שלה מאותו מעשה, שלפי הבנתה הוא היחיד היכול להציל את בעלה. פנטקקה מקשיב לה ומזהה את המצוקה, ובמקום להשתמש בה הוא יוצא מגדרו כדי להצילה, מוכר את המיטות שבהן השתמש במועדון הלילה ונותן לה כסף לפדות את בעלה מבית שביו. פנטקה, בדומה לחמר, מוכן למכור את מקור מחייתו כדי להציל את אותה אישה ממעשיה, אותה אישה שהייתה מוכנה למכור את עצמה כדי להציל את בעלה. רבי אבהו

השומע סיפור זה אומר לפנטקה: אתה הנך האדם הראוי להתפלל ולהתענות על הגשמים.[25]

המרתק בסיפור זה הוא שהגשם הגיע עוד לפני שרבי אבהו פנה ישירות לאותו פנטקה כדי לברר את זכותו הייחודית ולהבין מדוע הוא ראוי להיות היחיד ולבקשו לשאת תפילה. ברגע שראה רבי אבהו את פנטקה כמי שראוי להורדת גשמים, ברגע שהחכם היה מסוגל להתבונן אחרת על אדם המנהל מועדון לילה פעיל ועובר על עבירות חמורות מדי יום ביומו, מיד ירדו גשמים. משמעות הדבר היא שיכולתם של החכמים להסתכל ברחמנות ולהכיר בערכו של אדם שמעשיו כה רחוקים וזרים, היא זו שגם מחוללת את ירידת הגשמים. הכרה זו תובעת מהם רחמים, אהבה והכרה בזולת, שהתנהגותו חריגה ויש להכילו הרבה מעבר לתפיסתם הרגילה. אם הם מסוגלים לכך, או אז היחידים הופכים להיות באמת יחידים שבזכות מעשיהם המוערכים יורדים הגשמים.

לאור הבנה זו ניתן לראות כיצד הירושלמי מתאר את דיוקנם של היחידים במתכונת שונה מהמצופה, הן מצד זהותם של היחידים עצמם הן מצד התמורה שחכמים עוברים ביכולתם לזהות נכונה את הטוב באותם יחידים. תפקידו של החכם הוא לזהות אותם, לראות את ערך מעשיהם ולהבין שיש בהם סוד המאפשר להם להיות מורידי הגשמים; זיהוי זה איננו משני, אלא מהותי להתרחשות עצמה. היחידים עצמם אינם תלמידי חכמים או קרובים לכך וגם לא פרנסי הציבור כלל. ממילא מובן בנקל שמתכונת התענית שלהם איננה במודל הציבורי הרגיל של שני חמישי ושני וכדומה. מדובר על אנשים היכולים

25 הפרשנים התקשו בהבנת סיפורו של פנטקקה וכיצד הוא הכתובת להורדת הגשמים. ההשוואה בינו לדוגמה לסיפור תשובה של רבי אליעזר בר דורדיא 'יש קונה עולמו בשעה אחת' איננה פותרת את הקושי הזה. כמה פרשנויות ניתנו, ראו לדוגמה רבי אליהו דסלר, **מכתב מאליהו**, כרך ד עמ' 116, המתארו כצדיק נסתר; רבי חיים פלאג'י, **לחיים בירושלים**, המתקשה כיצד הוא התמנה לשליח הציבור; ופירושו של רבי יששכר תמר, שפרנסתו הייתה דחוקה, **עלי תמר**, מועד, כרך ב עמ' רצ.

להיות רחוקים ביותר מעולם של תורה ומצוות ואפילו מנורמות מוסר מקובלות, כדוגמת פנטטקה, אבל הם עשו מעשה צדקה ונתינה חריג שאינו מצופה בכלל, ומהם בפרט. בעקבות עשייתם ההירואית הם אלו היכולים לעורר חסד מהעולם העליון ולהביא לירידת הגשמים. הרחמים האנושיים פוגשים כביכול את הרחמים הא־להיים ומעוררים אותם, והתנאי להתרחשות זו הוא ההיראות שלהם על ידי חכמים.

כאן טמונה אולי הנקודה המהותית בתפיסת הירושלמי: התנאי לירידת הגשמים על ידי אותם יחידים איננו פעולתם בלבד, אלא יכולתם של חכמים לזהות נכונה שהם הם היחידים המסוגלים להוריד את הגשמים. אם אכן חכמים מזהים אותם, רואים ומפנימים את חלומם, פונים אליהם ומנסים ללמוד ממעשיהם, הרי יש לכך ערך ממשי גם אם אותם אנשים, כדוגמת פנטטקה, אינם מסוגלים או יודעים, ואולי אפילו לא צריכים, להתפלל ולצום. עצם ההכרה בהם וההתפעלות ממעשיהם הייחודיים היא המחוללת את השפעתם כיחידים המעוררת את הרחמים העליונים ואת ירידת הגשמים.

הירושלמי מביא סיפור נוסף המסיים את סדרת סיפורי היחידים המסוגלים להוריד גשמי ברכה ומציג דיוקן שונה. המשותף בינו לבין הסיפור הקודם על פנטטקה הוא העובדה שהגשמים יורדים בזכותם של אנשים שאינם חכמים או ראשי הציבור. עם זאת סיפור זה שונה מקודמיו – החכמים מגיעים לחסיד מכפר אימי וחשים בתחילה שלא בנוח עקב התנהלותו המוזרה בעיניהם. בהמשך החסיד מגיע לביתו ומתפלל עם אשתו, גשמים יורדים, ואז הוא נפנה לחכמים ובשיחה לאחר מכן אתו הם מבינים אט אט מדוע הוא זה הראוי להוריד גשמים.[26]

26 בתלמוד הבבלי מובא סיפור כמעט זהה לאחר סיפורו של חוני המעגל, המתאר את אבא חלקיה, נכדו של חוני המעגל, המוריד גשמים. עיון בסוגיות הבבלי מראה כיצד בשונה מהמשנה, חוני המעגל בתיאור הבבלי מתעכב עד שהוא מבקש על הגשם, ואף על ריבויו או על מיעוטו הוא מבקש רק בלית ברירה, וגם לבסוף כשהוא מבקש הוא כורך בבקשתו ביקורת: "רבונו של עולם! עמך ישראל שהוצאת ממצרים אינן יכולין לא ברוב טובה ולא ברוב פורענות, כעסת עליהם

נצטט תחילה את הסיפור:

איתחמי לרבנן חסידא דכפר אימי יצלי ומיטרא נחת, סלקין רבנן לגביה [נראה בחלום לרבנן שחסיד מכפר אימי יתפלל וירד מטר, הלכו רבנן אצלו]. אמרה לון בני בייתיה: בטורא הוא יתיב [אמרה להם אשתו: בהר הוא נמצא]. נפקון לגביה, אמרון ליה: אישר, ולא אגיבון [הלכו אליו, אמרו לו: שלום, ולא השיב להם]. יתב מיכול, ולא אמר לון אתון כריכין [ישב לאכול ולא אמר להם בואו סעדו]. מי עלל עבד חד מובל דקיסין, ויהב גולתה מרום מובלה [כאשר נכנס והלך לביתו נשא מטען של עצים ושם גלימתו מעל המטען]. עאל ואמר לבני בייתיה [נכנס ואמר לאשתו]: אילין רבנן הכא בעי ניצלי וייחות מיטרא, ואין אנא מצלי ומטרא נחת, גנאי הוא לון ואין לא חילול שם שמים הוא [אלו החכמים רוצים שאתפלל וירד גשם, ואם אני מתפלל וגשם יורד, גנאי הוא להם ואולי אף

אינן יכולין לעמוד, השפעת עליהם טובה אינן יכולין לעמוד, יהי רצון מלפניך שיפסקו הגשמים ויהא ריוח בעולם". הבבלי השמיט את סיפור אבן הטוען והעדיף לשלב תפילה זו לגשם רק כדי שירווח העולם ולא מעבר לכך.
בהמשך לדיוקנו של חוני המעגל כביקורתי, משלב הבבלי את הסיפור על אודות שינת שבעים שנה ביחס לחוני עצמו המתעורר בעולם של נכדיו ולומד שיש המשך בדורות הבאים וזוהי אולי התשובה העמוקה לקנאות: ייתכן שהיא צודקת אבל בזכות הדור הנוכחי יהיו הדורות הבאים. לאחר מכן מגיע מקבץ סיפורים על אודות נכדיו של חוני, והם מתוארים ברגישותם כמורידי גשמים ללא ביקורתיות.
ביטוי לפרשנות היצירתית של הבבלי ניתן לזהות בשוני בינו ובין הירושלמי המקביל, המתאר את סיפור השינה הארוך על סב סבו של חוני, ששמו היה חוני והוא ישן שבעים שנה שבין חורבן בית ראשון להקמת בית שני: "אמר רבי יודן הגר: חוני המעגל הזה הוא בן בנו של חוני המעגל. חוני המעגל היה סמוך לחורבן בית המקדש, יצא להר אצל הפועלים. עד שהוא שם ירד מטר, נכנס לו למערה. משישב, נתנמנם וישן לו. והיה שקוע בשנתו שבעים שנה עד שחרב בית המקדש, ונבנה פעם שנייה" (ירושלמי תענית פ"ג, ה"ט). בירושלמי מובן הפסוק "היינו כחולמים" על שיבת ציון, בעוד בבבלי העתקת הסיפור לחוני המעגל הישן ומתעורר לאחר שבעים שנה לבית מדרש שהתורה ואף שמו של חוני עצמו מוזכרים בו, מאפשרת העברת מסר עמוק: הידיעה שיש עולם הממשיך, מעדנת ומרככת את חריפות הביקורתיות על העולם הנוכחי.

חילול השם]. אלא אייתי אנא ואת ניסוק ונצלי [בואי אני ואת ונעלה ונתפלל לפני שיבקשו] אין נחת מיטרא אנן, אמרין לו כבר דעבדון שמייא ניסין, ואין לו אנן אמרין לון לית אנן כדיי מצליא ומתענייא [אם ירד גשם, נאמר להם שכבר נעשו ניסים, ואם לא, נאמר שאין אנו ראויים להתפלל]. וסלקין וצלין, ונחת מיטרא [ועלו והתפללו וירד גשם].

נחת לגבון אמר לון למה איטרפון רבנן להכא יומא דין [ירד אליהם, שאל: מדוע הגיעו רבנן לכאן היום?]. אמרין ליה: בעיי תצלי וייחות מיטרא [באנו לבקש ממך להתפלל וירדו גשמים].

אמר לון: ולצלותי אתון צריכין? כבר דעבדון שמייא ניסין [אמר להם ולתפילתי אתם צריכים?! כבר נעשה נס וירדו גשמים].

אמרין ליה: למה כד הויתה בטורא אמרינן לך אשיר ולא אגיבתינון? [למה כשהיינו בהר אמרנו לכם שלום ולא ענית?]

אמר לון: דהוינה עסיק בפעולותי מה הוינה מסעה דעתי מן פעולתי [שהייתי עסוק בעבודתי, מה הייתי צריך להסיח דעתי מעבודתי].

אמרו לו: ולמה כד יתבת למיכול לא אמרת לן איתון כריכין? [למה כשישבת לאכול לא הזמנת אותנו?]

אמר לון: דלא הוה גביי אלא פלחי, מה הוינא מימור לכון בחנפין [לא היה לי אלא פרוסתי, מה הייתי מזמין ומתחנף סתם].

אמרין ליה: למה כד דאתית למיעול יהבת גולתה מרום מובלה? [למה בדרך הפשלת טליתך למעלה?]

אמר לון: דלא הוות דידי שאולה הוות דניצלי בה מה הוינה מבזעא יתה [היא שאולה ולא רציתי שתיקרע בדרך].

אמרין ליה: ולמה כד הווי את באיתתך לבשה מאנין צאין וכד את עליל מן טורא היא לבשה מאנין נקיין [מדוע אשתך מלוכלכים כשהיית בהר, וכשהגעת מההר היא לבשה בגדים נקיים?]

אמר לון: כד דאנא הוי בטורא היא לבשה מאנין צאיין דלא יתן בר נש עינוי עלה וכד דאנא עליל מן טורא היא לבשה מאנין נקיין דלא ניתן עיני באיתא אוחרי [כאשר אני בהר היא לבשה

בגדים מלוכלכים כדי שלא ייתן אדם עיניו בה, כאשר אני עולה היא לובשת בגדים נקיים שלא אתן עיני באחרת].
אמרין ליה: יאות את מצלייא ומתענייא [ראוי אתה להתפלל ולהיענות].

הסיפור על החסיד מכפר אימי שונה בתוכנו מהסיפורים הקודמים. ייחודו מתבטא בהתנהלותו המשונה של החסיד – הוא אינו מסביר פנים לחכמים ואינו מציע להם לחלוק עימו את סעודתו. הוא אינו מזמין אותם להיכנס לביתו לאחר יציאת אשתו לקראתו בלבד, כביכול רק שניהם נוכחים באותה סיטואציה. התנהלותו מפתיעה מעט את החכמים, ממבט ראשוני היא הפוכה מתגובתם של החמר ופנטקה, שיצאו מגדרם וסייעו לנשים בזמן מצוקתן. בשונה מהם, החסיד מכפר אימי כלל אינו פונה לחכמים, אינו מוצאים רגישות והקשבה ביחסו אליהם, וגם כאשר הוא נכנס לביתו ועולה להתפלל עם אשתו, אין זה בעקבות בקשתם; הם נותרים וממתינים בחוץ. רק לאחר התפילה וירידת הגשמים הוא מזמין את החכמים להיכנס. בעקבות שאלותיהם הוא מסביר את פשר התנהגותו המשונה לאורך כל המפגש ביניהם, ולבסוף הם מודים שהוא אכן ראוי להתפלל ולהתענות על הגשמים.

סיפור זה מפגיש בין עולמם של החכמים ובין דיוקנו של החסיד, נושא רחב יריעה שנשתברו עליו קולמוסים רבים. לענייננו, החסיד בסיפור זה מפתיע ממבט ראשון בחוסר רגישותו והבנתו את המתרחש. הוא לכאורה חסיד אבל נראה שהוא שקוע לחלוטין בעצמו, בעבודתו ובזוגיות שלו, ואיננו מתייחס לאורחיו שנותרו מחוץ לבית.[27] ייתכן שבחירת התלמוד הירושלמי לסיים את סיפורם ודיוקנם של היחידים בסיפור זה היא בגלל הממד ההפוך הטמון בו; אין זה סיפור על דמות משולי החברה, המתגלה ברגישותה למקרי סעד ועזרה, אלא זהו חסיד

27 בעוד בתלמוד הבבלי מוזכר אבא חלקיה בסיפור המקביל כשכיר יום ולכן הוא נמנע מלשוחח עם חכמים, בסיפורו של החסיד מכפר אימי הוא עובד בעבודה ואולי בחלקה משלו, ועם זאת הוא לא רוצה להפסיק ממלאכתו.

מוכר ומפורסם. במבט ראשון הוא אינו קשור וקשוב לסובבים אותו אלא שקוע בעולמו, ועם זאת בפנימיותו הוא ועולמו שלמים, ולכן הוא יכול להיות זה המביא להורדת הגשמים, להפתעתם של אותם חכמים שאולי ציפו בתחילה שכחסיד הוא יקביל פניהם ואילו הוא מתעלם מקיומם ונוכחותם.

ד. סיכומו של דבר

התלמודים מציגים בפנינו שתי קריאות שונות בדיוקנו של היחיד המתואר במשנה, כמי שבעקבות תפילתו ותעניתו גשמים עתידים לרדת. בתלמוד הבבלי היחיד הוא דמות מתוך המערכת הרבנית עצמה, שיש לה יד ורגל בענייני העולם ומסוגלת להיות בתפקיד הפרנס. תהליכי התפילה והצום הנתבעים מהיחיד הם במתכונת של תענית ציבור רגילה בימי שני חמישי ושני. דיוקנו של היחיד בירושלמי מספר סיפור שונה, המחבר בין דמות החכם המזהה את היחיד לדיוקן היחיד הלא־צפוי. אין זו דמות מוכרת ובעלת מעמד רבני או סמכותי כלשהו אלא לעיתים משולי החברה, אולם מעשה הירואי של צדקה ונתינה, ללא אינטרס ומתוך רחמים וחמלה, הוא זה היכול לעורר רחמים בעולם העליון ולהוריד גשמים. על פי הירושלמי מוטל על חכמים להתבונן בחברה סביבם מחדש ולמצוא את היחידים, שאולי אין ציפייה כלשהי מהם ועם זאת יש לראותם ולשים אותם במרכז. יכולת זו היא המכוננת את מסוגלותם להוריד גשמים, לעיתים עוד קודם לתפילתם ותעניתם. במקביל מסיים הירושלמי את סיפורם של היחידים בדיוקנו של חסיד שאולי בתחילה מתגלה באי רגישותו לסביבה אך במבט מעמיק יותר מתגלה כוונתו ומתכונת עבודתו המאשרת את היותו זה המסוגל להתפלל ולהיות ממורידי הגשמים.

אפשרות למקור מקראי לדין הפקעת קידושין

הרב יעקב מדן

מורנו הרב שלמה ריסקין יצ"ו כתב דברים חשובים ויסודיים על הפקעת קידושין בימינו,[1] וניסה לייסד בכך מהפכה שלמה בדיני האישות היום. אני נוטה שלא להסכים עימו, ונימוקיי עימי. ספר הנכתב לכבודו של הרב אינו המקום הנכון לנימוקים אלו, וכאן אכתוב על שתי פרשיות מקראיות, שלעניות דעתי משקפות את יסוד הפקעת הקידושין שחז"ל דנו בה, אף שדין הפקעת קידושין המוכר לנו בחז"ל הוא משני הדורות האחרונים של האמוראים, מעט לפני חתימת התלמוד.

1 ראו ספרו **יד לאישה**, ישראל 2008; וכן מאמרו "הפקעת קידושין – פתרון לעגינות", **תחומין** כב (תשס"ב), עמ' 191-209.

הרב יעקב מדן

א.

פרשה אחת היא מסירת מיכל בת שאול על ידי שאול אביה לפלטי בן ליש, לאחר שהייתה נשואה לדוד מלכנו:

וְשָׁאוּל נָתַן אֶת מִיכַל בִּתּוֹ אֵשֶׁת דָּוִד לְפַלְטִי בֶן לַיִשׁ אֲשֶׁר מִגַּלִּים.[2]

איך תינתן אשת איש לאדם אחר? חז"ל בוחנים את השאלה מנקודת מבטו של שאול, שנתן אותה לפלטי בן ליש, וגם מנקודת מבטו של מקבל האישה, פלטי בן ליש.

כך מבארים חז"ל את נימוקו של שאול למעשה זה:

אמר ליה: אי בעית דאתן לך מיכל – זיל אייתי לי מאה ערלות פלשתים. אזל אייתי ליה. אמר ליה: מלוה ופרוטה אית לך גבאי. שאול סבר: מלוה ופרוטה – דעתיה אמלוה, ודוד סבר: מלוה ופרוטה – דעתיה אפרוטה. ואיבעית אימא: דכולי עלמא מלוה ופרוטה דעתיה אפרוטה, שאול סבר: לא חזו ולא מידי, ודוד סבר: חזו לכלבי ושונרי.[3]

כלומר, להלן יאמר דוד:

וַיִּשְׁלַח דָּוִד מַלְאָכִים אֶל אִישׁ בֹּשֶׁת בֶּן שָׁאוּל לֵאמֹר תְּנָה אֶת אִשְׁתִּי אֶת מִיכַל אֲשֶׁר אֵרַשְׂתִּי לִי בְּמֵאָה עָרְלוֹת פְּלִשְׁתִּים.[4]

2 שמואל א כה, מד.

3 סנהדרין יט ע"ב. בתרגום חופשי: "אמר לו: אם אתה רוצה שאתן לך את מיכל, לך הבא לי מאה עורלות פלישתים. הלך והביא לו. אמר לו שאול: מלווה ופרוטה יש לך עלי. שאול סבר: מלוה ופרוטה – דעתו על המלווה, ודוד סבר: מלווה ופרוטה – דעתו על הפרוטה. ואם תרצה אומר: לדעת כולם במלווה ופרוטה דעתו על הפרוטה. שאול סבר שהעורלות אינן ראויות לדבר, ודוד סבר שראויות להאכיל בהן כלבים וחתולים".

4 שמואל ב ג, יד.

משמע לכאורה, שכסף הקידושין שנתן דוד עבור מיכל היה עורלות הפלישתים. שאול טען שהעורלות שדוד קידש בהן את מיכל אינן שוות פרוטה, וממילא הקידושין לא חלו (או שהתכוון לקדשה בכסף ששאול היה חייב לו בעת שהבטיח להעשיר בעושר רב את מי שיכה את גלית הפלישתי. הלכתית כסף זה הוא בגדר 'מלווה', שהרי לא הגיע מעולם לידיו של דוד, וממילא אינו ראוי לקידושין). בשאלות הלכתיות אלו דנו על פי הגמרא שאול ודוד, ושאול נותר בדעתו שנישואיו של דויד היו ללא קידושין וממילא לא חלו על פי ההלכה, ולכן נתן את מיכל לפלטי בן ליש.

נראה לנו שפרשנות מעין זו תתקשה לעמוד בפשטי המקראות, ובפשטות דוד קידש את מיכל בכסף או בתכשיט ראוי ולא בעורלות הפלישתים. בדבריו שאירס אותה בעורלות פלישתים, כוונתו לומר שחירף את נפשו במלחמה כדי להשיג את מיכל, שאהבה אותו.

נראה לנו שהדרשה שבגמרא כיוונה למקום אחר, לאמירה שטענות הלכתיות פורמליות עלולות לכסות על כוונה להפקיע אישה מבעלה. הרי כך עשה גם דוד בחטאו בבת שבע, בעת שנטלה מאוריה על סמך טענה פורמלית של גט, שאליבא דאמת נכתב למטרה אחרת, של הצלת האישה מעיגון או מייבום לא רצוי.

על פי המשך הגמרא שם, גם פלטי בן ליש לא קיבל את טענתו ה"הלכתית" של שאול:

> כתיב פלטי וכתיב פלטיאל אמר רבי יוחנן: פלטי שמו, ולמה נקרא שמו פלטיאל – שפלטו אל מן העבירה, מה עשה? נעץ חרב בינו לבינה, אמר: כל העוסק בדבר זה ידקר בחרב זה. והכתיב וילך אתה אישה! – שנעשה לה כאישה. – והכתיב הלוך ובכה – על המצוה דאזיל מיניה.

פלטי, לדבריו של רבי יוחנן, אכן לא נגע במיכל משום שראה אותה כאשת איש. הגמרא שואלת, מדוע בכה אפוא בעת שהשיב את מיכל לבעלה החוקי, לדוד? ומתרצת שבכה על המצווה שהפסיד בכך שעמד בניסיון בחייו עמה במיטה אחת כשהחרב ביניהם.

גם דרשה זו קשה. כלום מוצא אבדה המשיב אותה לבעליה עשוי לבכות על כך שהמצווה כבר אינה בידו? וכלום אדם שניצל מניסיון כה קשה של חיים משותפים עם אשת איש בעל כורחו יבכה בעת שניסיון זה מסתיים?

זאת ועוד, ניתן להניח שיש קשר בין הפרידה הכפויה (והמוצדקת!) של מיכל מפלטי בן ליש וחזרתה לביתו של דוד ובין הסכסוך הקשה שפרץ בינה לדוד בעת העלאת ארון ה׳ מבית עובד אדום לעיר דוד. סופו של הסכסוך בכך שלמיכל לא היה ילד עד יום מותה. בפשטות אפשר לומר שלא מדובר כאן על עקרות, אלא על כך שדוד לא בא אליה עוד. כאמור, אפשר שיש קשר בין התקופה שהייתה אשתו של פלטי בן ליש לבין הסכסוך. כל זה רק אם נניח שהנישואין עם פלטי בן ליש היו נישואין של ממש, מיכל אהבה את פלטי כאישה האוהבת את בעלה (החדש), ולכן חשה עצמה ככפויה בחזרתה על כורחה לבית דוד. נוכל להניח שאילו חייתה עם פלטי בלא קירוב איש לאשתו, לא הייתה חשה כה מנוכרת לאחר חזרתה אל דוד. אולם עדיין מנסרת השאלה, איך תהפוך אשתו של דוד לאשת פלטי בן ליש בלא פרידה מסודרת על פי ההלכה, כלומר, בספר כריתות?!

אנו לא רואים אפשרות סבירה למהלך כזה בלא לדבר על הפקעת קידושין. ההפקעה לא נעשתה כאן מכוח ׳רבנן׳, אלא מכוחו של שאול המלך, מכוחה של מלכות. אפשר שהייתה מלווה בגיבוי רבני בן אותה תקופה, ואולי גם של סנהדרין.[5] המלך יכול היה להפקיר למפרע את כסף הקידושין, שהרי הלכה זו נלמדת מ׳עצת הזקנים והשרים׳ (ראו עזרא י, ח), שהיא כוחה של מלכות. יתר על כן, אפשר שהמלך יכול היה להפקיע גם את עצם הקידושין מכוח סמכותו, כשם שחכמים יכולים להפקיע את עצם הקידושין גם אם אינם קידושי כסף. הנימוק

5 דוד לא קיבל הכרעה זו ודרש וקיבל את מיכל בחזרה, ואף לא דרש גט מפלטי בן ליש, משום שנישואיו בטלים על פי ההלכה באשת איש. סנהדרין יכולה לגבות גם דברים שבסופו של דבר יוכרזו כבלתי חוקיים. כך לדוגמה, יואב דן את אבנר בסנהדרין למוות על הריגת עשהאל אחיו (ראו סנהדרין מט ע״א בדברי רבי יוחנן), ולמרות זאת דן אותו דוד כרוצח (ראו מלכים א ב, לב).

הפורמלי לכך בראשונים הוא אמירת המקדש בעת הקידושין 'כדת משה וישראל', ובכך תלה את הדבר בדעתם של האחראים על 'דת' זו – חכמי ישראל. אך אפשר שיש כאן יותר מכך. ההלכה מחייבת נוכחות עדים בעת מעשה הקידושין, ובלא העדים אין מעשה הקידושין חל.[6] אפשר שהעדים הם מעין נציגי הציבור כולו, המסכים לכך שאיש אוסר אישה שעד עתה הייתה מותרת לכולם, ועתה היא אסורה על כל העולם באיסור מיתה. הוא אינו יכול לעשות זאת בלא הסכמת העם. חכמים הם המייצגים את הסכמת העם, והם יכולים להפקיע אותה במקרים המיוחדים הראויים לכך. אפשר שכך ראה גם המלך את תפקידו, שהרי ליבו הוא כלב כל העם.[7]

כך עולה במידה רבה מרוח המקראות על נישואיהם של בועז ורות:

> וַיֹּאמֶר בֹּעַז לַזְּקֵנִים וְכָל הָעָם עֵדִים אַתֶּם הַיּוֹם כִּי קָנִיתִי אֶת כָּל אֲשֶׁר לֶאֱלִימֶלֶךְ וְאֵת כָּל אֲשֶׁר לְכִלְיוֹן וּמַחְלוֹן מִיַּד נָעֳמִי. וְגַם אֶת רוּת הַמֹּאֲבִיָּה אֵשֶׁת מַחְלוֹן קָנִיתִי לִי לְאִשָּׁה לְהָקִים שֵׁם הַמֵּת עַל נַחֲלָתוֹ וְלֹא יִכָּרֵת שֵׁם הַמֵּת מֵעִם אֶחָיו וּמִשַּׁעַר מְקוֹמוֹ עֵדִים אַתֶּם הַיּוֹם. וַיֹּאמְרוּ כָּל הָעָם אֲשֶׁר בַּשַּׁעַר וְהַזְּקֵנִים עֵדִים יִתֵּן ה' אֶת הָאִשָּׁה הַבָּאָה אֶל בֵּיתֶךָ כְּרָחֵל וּכְלֵאָה אֲשֶׁר בָּנוּ שְׁתֵּיהֶם אֶת בֵּית יִשְׂרָאֵל וַעֲשֵׂה חַיִל בְּאֶפְרָתָה וּקְרָא שֵׁם בְּבֵית לָחֶם. וִיהִי בֵיתְךָ כְּבֵית פֶּרֶץ אֲשֶׁר יָלְדָה תָמָר לִיהוּדָה מִן הַזֶּרַע אֲשֶׁר יִתֵּן ה' לְךָ מִן הַנַּעֲרָה הַזֹּאת.[8]

בועז העיד על נישואיו את כל אנשי בית לחם עם הזקנים, כולם היו עדים. תפקידם לא היה רק לראות את מעשה הקידושין, אלא גם להסכים

6 ראו קידושין סה ע"א-ע"ב; משנה תורה, הלכות אישות ד, ו; טור ושולחן ערוך, אבן העזר מב, ב ובנושאי הכלים, ושם **אבני מילואים** ס"ק ג.

7 ראו משנה תורה, הלכות מלכים ומלחמות ג, ו.

8 רות ד, ט-יב.

למעשה זה ולברך את בועז ואת האישה הבאה אל ביתו. העדות מזוהה במעשה עם ההסכמה, וכפי שכתבנו על משמעות עדי הקידושין.

במעשה של בועז ורות היה צורך מיוחד בהסכמה, משום שרות הייתה מואבייה, מעם שאין להביאו בקהל ה'. הצורך היה גם בגלל מטרת הנישואין, הקמת שם למתים, למשפחה שנטשה את בית לחם ואת הקהילה בשנת מצוקה, ועברה לעם אחר. קהילת בית לחם הסכימה לסלוח למשפחה ולהקים לה שם. היא הסכימה לקבל אל קהל ה' גם את רות המואבייה, מכוח הדרשה שאישה מואבייה לא נאסרה לבוא בקהל ה'. עדיין אנו רואים שלעדות הנישואין הייתה משמעות של הסכמה קהילתית למעשה.

ודאי שאין די בהחלטת המלך כדי להפקיע קידושין, כשם שאין די בהחלטת חכמים על כך. יש צורך בנימוק כבד משמעות כדי לעשות זאת. ניתן להעריך שבמקרה של מיכל היו אלו דבריה לשאול אביה על דוד לאחר שהבריחה אותו דרך החלון מעבדי שאול שבאו להמיתו:

> וַיֹּאמֶר שָׁאוּל אֶל מִיכַל לָמָּה כָּכָה רִמִּיתִנִי וַתְּשַׁלְּחִי אֶת אֹיְבִי וַיִּמָּלֵט
> וַתֹּאמֶר מִיכַל אֶל שָׁאוּל הוּא אָמַר אֵלַי שַׁלְּחִנִי לָמָה אֲמִיתֵךְ׃[9]

על פי המקראות מיכל היא שיזמה את בריחתו של דוד כדי למלט את נפשו. אך היא פחדה משאול אביה, או חשה אי נעימות כלפיו על כך שרימתה אותו, ובדתה מלבה את איומו של דוד עליה להורגה אם לא תשלח אותו. שאול חש את כל מה שהיה חש מי מאיתנו שיש לו בת נשואה. הוא חש שהשיא את בתו לאדם אלים המוכן גם להורגה, וכאביה עליו לעשות הכול כדי לנתק את בתו מחתנה האלים.

אם נתרגם תחושה זו להלכה, שאול חש שנתינת מיכל בתו לדוד היא מקח טעות שיש להפקיעו בכל דרך שההלכה מאפשרת אותה.[10]

9 שמואל א יט, יז.

10 שאול כנראה האמין שדוד מסוגל לכך. הוא האמין שדוד זומם להורגו, שהרי היה מופתע מאוד מכך שדוד לא הרגו במערה בעין גדי, ואף השביע את דוד שלא יכרית את כל משפחתו אחרי שימלוך. ראו שמואל א כד, טז–כא.

אפשרות למקור מקראי לדין הפקעת קידושין

אמנם, אין אפשרות להפקיע קידושין בטענת מקח טעות אלא כשהוסתר מום מוגדר ומוחשי של הבעל, שהיה בעת הקידושין והאישה לא ידעה עליו. גם אם נניח (וזה אינו נכון!) שדוד אכן איים באלימות על אשתו לאחר הנישואין, זהו חיסרון 'נולד', שאין אפשרות להוכיח את קיומו בעת הקידושין, וממילא טענת מקח טעות לא תפקיע את הקידושין.[11] אך הפקעת קידושין עשויה לראות בטענה על מקח טעות בשל אלימות הבעל בסיס מוסרי לשימוש משפטי פורמלי בדרך ההפקעה, ולהערכתנו כך נהג שאול כשנתן את מיכל הנשואה לדוד לפלטי בן ליש.

ב.

הפרשייה השנייה שנדון בה שונה לחלוטין מן הראשונה – נישואיה של בת פרעה (ואולי נשים נוכריות נוספות) לשלמה.

נישואין אלו נזכרו בתחילת תיאור מלכותו של שלמה:

וַיִּתְחַתֵּן שְׁלֹמֹה אֶת פַּרְעֹה מֶלֶךְ מִצְרָיִם וַיִּקַּח אֶת בַּת פַּרְעֹה וַיְבִיאֶהָ אֶל עִיר דָּוִד עַד כַּלֹּתוֹ לִבְנוֹת אֶת בֵּיתוֹ וְאֶת בֵּית ה' וְאֶת חוֹמַת יְרוּשָׁלַם סָבִיב. רַק הָעָם מְזַבְּחִים בַּבָּמוֹת כִּי לֹא נִבְנָה בַיִת לְשֵׁם ה'

11 הפוסקים שאני מכיר ראו זאת כדבר המובן מאליו, וכמעט לא דנו אלא במום שהיה בעת הקידושין. המקרה הקרוב ביותר להפקעה למפרע בקרוב ל'נולד' אחרי הנישואין הוא תשובת הרב משה פיינשטיין (**שו"ת אגרות משה** אבן העזר ד, קכא) על התרת אישה מחליצת יבם המסרב לחלוץ לה, ושלפי רקעו האישי והחברתי היה צפוי מראש שיסרב לחלוץ לה (הדיון הוא באיסור תורה, אך לא באיסור החמור של אשת איש, אלא באיסור יבמה לשוק). במקרה של אישה שנישאה לאיש שהיה ברור שזמן קצר אחרי נישואיהם יגויס למלחמה והוא עלול למות והיא תיפול לפני היבם הנ"ל והוא יעגן אותה, הרב פוסק שהנישואין הם מקח טעות ובטלים למפרע מן השעה הראשונה, משום שלא חשבה שתהיה תלויה ביבם זה, אף שידעה שבעלה עלול למות במלחמה לפני שתלד לו בן או בת. גם מקרה זה אינו 'נולד' ממש, ושוב, לא מצאנו שהרב היה מתיר כך גם איסור אשת איש גמור. עדיין הסוגיה צריכה עיון. ראו בפרשת הגט מצפת, ואכמ"ל.

עַד הַיָּמִים הָהֵם. וַיֶּאֱהַב שְׁלֹמֹה אֶת ה׳ לָלֶכֶת בְּחֻקּוֹת דָּוִד אָבִיו רַק בַּבָּמוֹת הוּא מְזַבֵּחַ וּמַקְטִיר.[12]

בפסוקים נזכרים קשרי חיתון והפועל שהתורה משתמשת בו כלפי קידושין – 'לקיחה'. אין בהם כל ביקורת על הנישואין. ההסתייגות היחידה בהן מהתנהגותו של שלמה היא העובדה שהוא מזבח בבמות (ולפני בניין המקדש היה מותר לזבוח בהן). דומה שהמקרא שופט כאן את שלמה, הנושא נשים נוכריות, לזכות, כשיטתו של רבי יוסי, שמעשיו של שלמה היו לשם שמיים:

'והמלך שלמה אהב נשים נכריות': רבי שמעון בן יוחי אמר אהב ממש לזנות... רבי יוסי אומר למושכן לדברי תורה ולקרבן תחת כנפי השכינה.[13]

אך להלן, בתיאור סוף ימי שלמה, המקרא מתייחס לנישואיו עם בת פרעה (ועם נשים אחרות) בביקורת רבה, וקרוב יותר לשיטתו של רבי שמעון בן יוחי שהובאה כאן:

וְהַמֶּלֶךְ שְׁלֹמֹה אָהַב נָשִׁים נָכְרִיּוֹת רַבּוֹת וְאֶת בַּת פַּרְעֹה מוֹאֲבִיּוֹת עַמֳּנִיּוֹת אֲדֹמִיֹּת צֵדְנִיֹּת חִתִּיֹּת. מִן הַגּוֹיִם אֲשֶׁר אָמַר ה׳ אֶל בְּנֵי יִשְׂרָאֵל לֹא תָבֹאוּ בָהֶם וְהֵם לֹא יָבֹאוּ בָכֶם אָכֵן יַטּוּ אֶת לְבַבְכֶם אַחֲרֵי אֱלֹהֵיהֶם בָּהֶם דָּבַק שְׁלֹמֹה לְאַהֲבָה. וַיְהִי לוֹ נָשִׁים שָׂרוֹת שְׁבַע מֵאוֹת וּפִלַגְשִׁים שְׁלֹשׁ מֵאוֹת וַיַּטּוּ נָשָׁיו אֶת לִבּוֹ. וַיְהִי לְעֵת זִקְנַת שְׁלֹמֹה נָשָׁיו הִטּוּ אֶת לְבָבוֹ אַחֲרֵי אֱלֹהִים אֲחֵרִים וְלֹא הָיָה לְבָבוֹ שָׁלֵם עִם ה׳ אֱ-לֹהָיו כִּלְבַב דָּוִיד אָבִיו. וַיֵּלֶךְ שְׁלֹמֹה אַחֲרֵי עַשְׁתֹּרֶת

12 מלכים א ג, א-ג.

13 ירושלמי סנהדרין פ"ב, ה"ו.

> אֱלֹהֵי צִדֹנִים וְאַחֲרֵי מִלְכֹּם שִׁקֻּץ עַמֹּנִים. וַיַּעַשׂ שְׁלֹמֹה הָרַע בְּעֵינֵי ה׳ וְלֹא מִלֵּא אַחֲרֵי ה׳ כְּדָוִד אָבִיו.[14]

הנבואה אינה מזכירה כאן נישואין ולא לקיחה. היא משתמשת בפועל ׳אהב׳, שמשמעו עשוי להיות קשר רגשי (ומיני) שאין מאחוריו מעשה נישואין, וממילא זוגיות כזאת תוגדר על פי ההלכה כזנות, וכשיטתו של רבי שמעון בן יוחי.

ההבדל בין ׳לקיחה׳, שמשמעה קניין קידושין, ובין ׳אהבה׳ במשמעות קשר זוגי בלתי חוקי, בא לידי ביטוי גם בחיי שמשון.

את האישה התמנית, אשתו הראשונה, הוא ׳לוקח׳:

> וַיַּעַל וַיַּגֵּד לְאָבִיו וּלְאִמּוֹ וַיֹּאמֶר אִשָּׁה רָאִיתִי בְתִמְנָתָה מִבְּנוֹת פְּלִשְׁתִּים וְעַתָּה קְחוּ אוֹתָהּ לִי לְאִשָּׁה. וַיֹּאמֶר לוֹ אָבִיו וְאִמּוֹ הַאֵין בִּבְנוֹת אַחֶיךָ וּבְכָל עַמִּי אִשָּׁה כִּי אַתָּה הוֹלֵךְ לָקַחַת אִשָּׁה מִפְּלִשְׁתִּים הָעֲרֵלִים וַיֹּאמֶר שִׁמְשׁוֹן אֶל אָבִיו אוֹתָהּ קַח לִי כִּי הִיא יָשְׁרָה בְעֵינָי.[15]

בשני הפסוקים נזכר פועל זה שלוש פעמים. הוא ייזכר גם בהמשך המעשה.

לעומת זאת, את דלילה הוא אינו ׳לוקח׳ אלא רק ׳אוהב׳:

> וַיְהִי אַחֲרֵי כֵן וַיֶּאֱהַב אִשָּׁה בְּנַחַל שֹׂרֵק וּשְׁמָהּ דְּלִילָה.[16]

המעיין במעשה מבחין מיד בהבדל בין שתי הנשים, ולא נאריך בו.

נשוב לשלמה. הוראת המקראות במלכים א פרק יא מצביעה בבירור על שיטתו של רב פפא ביבמות:

14 מלכים א יא, א-ו.
15 שופטים יד, ב-ג.
16 שם טז, ד.

> מתיב רב יוסף: ויתחתן שלמה את פרעה מלך מצרים! גיורי גיירה... אמר רב פפא: אנן משלמה ליקו ונתיב? שלמה לא נסיב מידי, דכתיב ביה: מן הגוים אשר אמר ה' אל בני ישראל לא תבואו בהם והם לא יבואו בכם אכן יטו את לבבכם אחרי אלהיהם בהם דבק שלמה לאהבה. אלא קשיא ויתחתן! מתוך אהבה יתירה שאהבה, מעלה עליו הכתוב כאילו נתחתן בה.[17]

לדעה הראשונה בגמרא, שלמה גייר את בת פרעה, וממילא הייתה אשתו לכל דבר ועניין. הגמרא שם דנה אם מצרית 'ראשונה' מותרת לבוא בקהל או שיש להמתין בה, כמו לגברים, עד לדור השלישי לגיור, וכנאמר בתורה: "בָּנִים אֲשֶׁר יִוָּלְדוּ לָהֶם דּוֹר שְׁלִישִׁי יָבֹא לָהֶם בִּקְהַל ה'".[18] אך לדעתו של רב פפא, בת פרעה לא התגיירה ונותרה נוכרייה. ממילא שלמה לא קידש אותה, שהרי אין קידושין תופסים בנוכרייה. הוא רק 'אהב' אותה, וכנאמר במקראות לעיל.

בחילוק הביטויים אצל שמשון התשובה היא החילוק בין האישה התמנית לדלילה. אצל שלמה נזכרו שתי התבטאויות שונות לגמרי בפרק ג ובפרק יא על בת פרעה עצמה, ואולי על נשים אחרות עמה. ובכן, האם בת פרעה התגיירה, כעולה מתיאור נישואיה לשלמה בפרק ג, ושלמה לקחה כדי לקרבה תחת כנפי השכינה, כדבריו של רבי יוסי וכעולה מן התירוץ הראשון של הגמרא ביבמות? או שמא נותרה בת פרעה נוכרייה וללא נישואין, כעולה מפרק יא וכדבריהם של רבי שמעון בן יוחי ושל רב פפא, ואהבתו אותה הייתה בגדר זנות? הייתכן שהמקרא יסתור את עצמו בשאלה כה חשובה?!

יחסיהם של שלמה ובת פרעה ידעו עליות ומורדות, וקצרה יריעתנו כאן מלדון בכך. נתרכז אפוא בשאלה ההלכתית היסודית, האם בת פרעה הייתה אשתו של שלמה או רק 'אהובתו'? האם הייתה גיורת או נוכרייה?

17 יבמות עו ע"א-ע"ב.

18 דברים כג, ט.

הרמב"ם התייחס לשאלתנו האחרונה, אך נתן לה תשובה לא ברורה:

יד. **אל יעלה על דעתך ששמשון המושיע את ישראל או שלמה מלך ישראל שנקרא ידיד ה' נשאו נשים נכריות בגיותן**, אלא סוד הדבר כך הוא, שהמצוה הנכונה כשיבא הגר או הגיורת להתגייר בודקין אחריו שמא בגלל ממון שיטול או בשביל שררה שיזכה לה או מפני הפחד בא להכנס לדת...

טו. לפיכך לא קבלו בית דין גרים כל ימי דוד ושלמה, בימי דוד שמא מן הפחד חזרו, ובימי שלמה שמא בשביל המלכות והטובה והגדולה שהיו בה ישראל חזרו, שכל החוזר מן העכו"ם בשביל דבר מהבלי העולם אינו מגירי הצדק, ואעפ"כ היו גרים הרבה מתגיירים בימי דוד ושלמה בפני הדיוטות, והיו ב"ד הגדול חוששין להם לא דוחין אותן אחר שטבלו מכל מקום ולא מקרבין אותן עד שתראה אחריתם.

טז. ולפי שגייר שלמה נשים ונשאן, וכן שמשון גייר ונשא, והדבר ידוע שלא חזרו אלו אלא בשביל דבר, ולא על פי ב"ד גיירום חשבן הכתוב כאילו הן עכו"ם ובאיסורן עומדין, ועוד שהוכיח סופן על תחלתן שהן עובדות כו"ם שלהן ובנו להן במות והעלה עליו הכתוב כאילו הוא בנאן שנאמר אז יבנה שלמה במה.

יז. גר שלא בדקו אחריו או שלא הודיעוהו המצות ועונשן ומל וטבל בפני ג' הדיוטות ה"ז גר, אפילו נודע שבשביל דבר הוא מתגייר הואיל ומל וטבל יצא מכלל העכו"ם וחוששין לו עד שיתבאר צדקותו, ואפילו חזר ועבד כו"ם הרי הוא כישראל מומר שקידושיו קידושין, ומצוה להחזיר אבדתו מאחר שטבל נעשה כישראל, **ולפיכך קיימו שמשון ושלמה נשותיהן ואף על פי שנגלה סודן.**[19]

19 משנה תורה, הלכות איסורי ביאה יג, יד-יז.

לדבריו, בית הדין חששו לגיורים אלו, לא דחו ולא קירבו, והמתינו לראות את אחריתם. אך פשר דבריו אינו ברור: "חשבן הכתוב כאילו הן עכו"ם" – מה תוכנו של 'כאילו' זה? מה משקלו של "ועוה, שהוכיח סופן על תחילתן". האם הייתה בת פרעה גיורת, לפחות בדיעבד, או שנחשבה נוכרייה עד יומה האחרון ונישואיו של שלמה אותה לא הוכרו כנישואין חוקיים?

נזכיר שוב, מן המקראות בפרק ג עולה שהנישואין הוכרו ומן המקראות בפרק יא עולה שלא הוכרו. אפשר שהתשובה לכך היא דין 'אפקעינהו רבנן לקידושי מיניה'. מלכתחילה הוכר גיורה של בת פרעה לפחות בדיעבד, ואף שלא קיבלו גרים כל ימי שלמה, הייתה סיבה מיוחדת לקבל אותה כגיורת: שלמה אהב את ה' באותם ימים וקיים את מצוותיו, וכמתואר במקראות בפרק ג שהבאנו לעיל; לנביא ולחכמים היה נראה שבת פרעה תיטמע בביתו של שלמה כיהודייה, וממילא גם נישואיהם חלים על פי ההלכה.

אך שלמה בהמשך דרכו נטה מדרך ה' בגלל נשותיו הנוכריות הרבות, וגם בת פרעה יכלה אז לשוב לגילולי בית אביה. תרבותן של הנשים הנוכריות גברה על אהבת שלמה את ה' ואת מצוותיו, ולבבו נטה מאחרי ה'. אז הפקיעו הנביא והחכמים את קידושיו, וכפי שעולה מפרק יא, שהן 'אהובותיו' בלבד. אפשר שהפקעת הקידושין כרוכה גם בהפקעת הגיור למפרע כשהתבררה דרכה של בת פרעה למפרע.

אכן, יש לדון בכך: מדברי הנביא בפרק יא על נשותיו הנוכריות של שלמה משמע שבדיעבד לא הוכר גיורן, והן נחשבו נשים נוכריות. אך מדברי הרמב"ם לעיל בסוף הלכה יז, ובעיקר אם נחבר אותם עם דבריו בתחילת הלכה יד, עולה שבדיעבד לא הופקע גיורן של נשות שלמה. בשאלה אם ניתן להפקיע גיור למפרע כשנודע שהגר אינו מתכוון ברצינות לקיים את מצוות התורה, דנו בהרחבה פוסקים בני דורנו,[20] ודייקו, בעיקר מן הרמב"ם, לכאן ולכאן. מדבריהם עולה בדרך

20 עיינו למשל במאמרו של הרב י' אריאל, "ביטול גרות למפרע", **תחומין** כ (תש"ס), עמ' 261–279; בתשובתו של הרב א' בקשי דורון אליו (באותו מאמר);

כלל (ויש בכך דעות שונות), שאילו היינו בטוחים בכך שבעת הגיור לא התכוון הגר לעבור לעבודת ה' ולקיום מצוותיו, אפשר שאין ממש בגיורו. אך אם בעת גיורו חשב לעבוד את ה' וחזר בו אחר כך ועבד עבודה זרה, אין להפקיע את גיורו, ודינו כיהודי.

מעיון בפסוקי ספר מלכים נראה ששלמה גייר את בת פרעה, ולכן בפרק ג אין עליו כל ביקורת על כך שלקחה. אין סימן ברור לכך שהיא לא התכוונה להתגייר. אפשר שהייתה נערה צעירה והלכה אחרי שלמה לכל אשר יאמר לה. אך לעת זקנת שלמה, בהיותה אישה מבוגרת ובעלת כוח והשפעה מכוחו של פרעה אביה מלך מצרים, ובעיקר לאחר שכבש את גזר, שהייתה עיר מבצר בעלת משמעות אסטרטגית ראשונה במעלה, והעניק אותה לבתו,[21] ולאחר שלשלמה היו עוד נשים רבות, וכולן באו מבית נוכרי ומתרבות של עבודה זרה, החלה בת פרעה לנהוג בעצמאות ועל פי רצונותיה שלה, וחזרה לגילולי בית אביה שעליהם גדלה. היה מקום לחוש לכך שמעולם לא התחייבה ברצינות לעקרונות התורה ולעבודת ה', אך אין בחשש זה כוח להפקיע גיור למפרע. אפשר שמשום כך לא היה מנוס לפחות מהפקעת קידושיו של שלמה עמה, ו'לקיחת' בת פרעה הפכה בפי הנביא ל'אהבת' בת פרעה. שוב, כמו בפרשייה הקודמת, הפקעת הקידושין אינה עומדת כשלעצמה, אלא כשיש לה בסיס מוסרי בהבנה שבת פרעה לא התגיירה ברצינות, אך איננו יכולים להוכיח זאת באמצעים משפטיים.

האם הפקעות הקידושין המאוחרות יותר דומות לשתי הפקעות אלו? יש פנים לכאן ולכאן, וישפוט הקורא. אך שמא ניתן ללמוד את בסיסה של תקנה מאוחרת זו משני המקומות שהבאנו במקרא, הפקעה מחמת חסרונו (כביכול!) של הבעל, והפקעה מחמת חיסרון כלשהו בחלות הקידושין מלכתחילה.

ובמאמרו של הרב ש' דיכובסקי, "ביטול גיור למפרע", **תחומין** כט (תשס"ט), עמ' 267–280, שנטה לא להפקיע גיור למפרע.

21 מלכים א ט, טז: "פַּרְעֹה מֶלֶךְ מִצְרַיִם עָלָה וַיִּלְכֹּד אֶת גֶּזֶר וַיִּשְׂרְפָהּ בָּאֵשׁ וְאֶת הַכְּנַעֲנִי הַיֹּשֵׁב בָּעִיר הָרָג וַיִּתְּנָהּ שִׁלֻּחִים לְבִתּוֹ אֵשֶׁת שְׁלֹמֹה".

ריאיון עם
משה מושקוביץ (מושקו) ז"ל
לרגל הגיעו של הרב ריסקין לגבורות[1]

מראיינים:

ינון אחימן ואביחי פואה

בטרם ראה הספר אור נפטר חברנו היקר מושקו ז"ל.
יהי זכרו ברוך

על אף שהיה נדמה לנו שיהיה לא קל לקבוע ריאיון עם מושקו (משה מושקוביץ), הסתבר שזו אחת המשימות הקלות והפשוטות ביותר. אמנם הוא מציין בימים אלו 95 חורפים, אך הוא מתנהל כאדם שנמצא ממש באמצע הקריירה המקצועית שלו, מגיע למשרדו שבישיבת הר עציון כמה ימים בשבוע ועושה זאת בשעות קבועות, מסודרות וידועות מראש. אלו המכירים אותו לא יופתעו כלל לשמוע שהוא פעיל, נמרץ, חד ומדויק ונראה לפחות עשור או שניים פחות מכפי גילו.

הגענו ביום גשום וסוער, נכנסנו למשרדי הישיבה והופנינו

1 שבט תש"ף, פברואר 2020.

למשרדו של מושקו שישב שם נינוח אך מוכוון למשימה שלשמה התכנסנו – ריאיון על הרב שלמה ריסקין, ידידו ושותפו להקמת העיר אפרת, לרגל הגיעו לגבורות באביב הקרוב. משרדו הצנוע ומאיר הפנים משקיף לעבר הרי גוש עציון ודרומה של ירושלים. לאחר שיחת חולין קצרה ומרתקת בין ראש המועצה הראשון של אפרת, הלא הוא מושקו, ובין מחליפו בתפקיד אי שם באמצע שנות השמונים וכיום מנכ"ל מוסדות "אור תורה סטון" – ינון אחימן, התחלנו לשוחח.

היכן נולד המפגש עם הרב ריסקין וכיצד נטבע המושג 'אני אהיה ראש העיר ואתה רב העיר'?

מושקו אומר שיש ויכוח אם הפגישה הראשונה הייתה מקרית לגמרי או לא, ולדעתו אין כלל שאלה. הוא מספר שבאחת הפעמים שהגיע לכנסת, ניגש אליו גרשון שפט (מראשי גוש אמונים, כיהן כחבר כנסת מטעם מפלגת התחייה; א"פ) ואמר לו שיש כאן יהודי שצריך להגיע לעין צורים. הוא שאל אותו אם הוא מוכן לקחת אותו ומושקו נענה לכך בחיוב ובשמחה.

בזמן הנסיעה מירושלים לעין צורים התעניינו השניים זה בזה והתפתחה ביניהם שיחה קולחת. הרב ריסקין שאל את מושקו למעשיו כיום, ומושקו ניסה להבין מה הן תוכניותיו של הרב ריסקין. כאשר סיפר מושקו לרב ריסקין שהוא מנסה להקים משהו מאפס באיזור גוש עציון, עיניו של הרב ריסקין אורו והוא שמח מאוד על הצעתו של מושקו שלא איחרה להגיע – להיפגש בהרי גוש עציון. כעבור זמן קצר הם נפגשו על אחד ההרים, שניהם לבד, ומושקו אמר לרב ריסקין 'כאן תקום עיר', ממש כמו שמספרים על מאיר דיזנגוף כי 'כדי להיות ראש עיריית תל אביב הוא היה צריך פשוט להקים אותה', מוסיף מושקו בחיוך. כך קמה לה תל אביב וכך דיזנגוף היה ראש העיר הראשון שלה. אבל מושקו לא הסתפק בכך והתקדם צעד נוסף: 'הלכתי צעד אחד נוסף והבטחתי לרב ריסקין שבמידה ותקום עיר ואכן אהיה הראש שלה, הוא זה שיהיה הרב שלה'.

זו הייתה היכרותם הראשונה וכך נטבע המושג האלמותי.

אמרת שהרב ריסקין אהב את הרעיון. האם זו הייתה התלהבות רגעית או משהו מעבר לכך?

'זה היה הרבה מעבר לכך', משתף אותנו מושקו, וממשיך: 'הרב ריסקין נדלק על הרעיון והאמין בו, וכדי לראות שיש בכך ממשות הוא החליט לברר עליי עם כמה אנשים, בהם כמה מידידיי הטובים ביותר – חברי משואות יצחק'. אחד מהם אמר לו שמושקו הוא בחור טוב, אחראי ומסור אבל התוכניות שלו בכל מה שקשור לאפרת הן לא רציניות. הוא חי באשליות.

'למזלי', אומר מושקו, 'הוא שאל גם את הרבנית טובה ליכטנשטיין והיא אמרה לו שמושקו זה אליהו הנביא'. עד היום הוא לא מבין מה הייתה כוונתה ומדוע היא אמרה עליו כך, אבל לפחות על הרב ריסקין זה כנראה השפיע ללכת איתו אל החלום, כך לדבריו.

מה עוד עשיתם בשלב הזה כדי לקדם את הרעיון הגדול?

'נסעתי לאמריקה וישנתי אצל משפחת ריסקין במטבח על מיטה מתקפלת. טיילתי עם הרב ריסקין באיזור, הגענו לבית הכנסת שלו והאנשים שם ביקשו לשוחח איתי שלא בנוכחותו. הם טענו בפניי שאני לוקח את רב הקהילה שלהם ושזה לא בסדר. אמרתי להם שהכול ביוזמתו ומרצונו החופשי ואין להם מה לבוא אליי בטענות. הם הודו בכך אבל טענו שלולא הצעתי לו הצעה זו, הוא לא היה עולה לישראל. אמרתי להם שהרב ריסקין אמר לי באחת משיחותינו שכל הרבנים היום באמריקה הולכים מערבה (מניו יורק לקליפורניה למשל), ושהוא הולך עוד קצת מערבה – לארץ ישראל...'.

'אבל אמרתי להם עוד משהו אחד חשוב', מרצין מושקו ומתאר את שאמר להם: 'במידה ואדם בא ואומר שהוא רוצה לעלות לארץ ישראל ולהקים כאן בארץ משהו מסוים, אתם לא יכולים למנוע זאת ממנו ומן הראוי גם שלא תעשו זאת. אתם תצטרכו למצוא מישהו במקומו לקהילה שלכם כאן. הם ענו לי שאני כנראה לא מבין עד כמה הרב ריסקין משמעותי עבורם בקהילה'.

אז בעצם דבריך לא שכנעו אותם ולא התיישבו על ליבם?
מושקו עונה בנחרצות: 'בהחלט לא, נשארנו כל צד בעמדתו. אבל חשוב להבין עד כמה הרב ריסקין היה מבחינתם ממש "מלך עליון". כל מה שהוא אמר היה סופי ומוחלט והוא פסק בכל נושא שעמד על הפרק. פסקיו התקבלו תמיד אף שנגעו לעיתים במחלוקות גדולות מאוד בין חברי הקהילה'.

האם מאותו רגע והלאה הלכתם לכל הפגישות תמיד יחד?
מושקו נזכר בערגה ומתאר: 'בהחלט. גם בחוץ לארץ וגם בארץ, אם כי בפגישות בארץ עם ראש הממשלה מנחם בגין ועם אישים נוספים בעיקר נהניתי להיעזר בעצם דמותו של הרב ריסקין ובנוכחותו הפיזית. במהלך הפגישות עצמן לא היה לרב ריסקין כל כך מה להגיד והוא גם לא דיבר הרבה, אבל דמותו הייחודית כרב אמריקאי, צעיר, פופולרי ומוכר שמבקש לעלות לארץ ולהקים כאן קהילה, סייעה לי רבות כדי להתקדם עם הרעיון'.

אז נפגשתם עם אנשי הקהילה של הרב ריסקין בארה"ב ועם אישים שונים בארץ. האם יצא לכם להגיע למקומות נוספים ברחבי העולם?
מושקו מספר שהם נסעו לדרום אפריקה ושהוא נאלץ לגייס לכך תרומה מהמועצה האיזורית שפיר ('אספנו שקל לשקל והתנאים שלנו שם היו הכי פשוטים שאפשר') ושם היה בכוונתם לגייס כסף לטובת העיר אפרת שכבר היה נראה שמתחילה לקרום עור וגידים. אבל שם, בניגוד לפגישות בארץ, מושקו מתאר שהוא היה הקישוט והרב ריסקין היה הכוכב: 'עברנו שם בין הקהילות היהודיות, אני הצגתי את הרב ריסקין והוא דרש בפניהם. הדרשות שלו היו יוצאות מן הכלל ונכנסו ללב של האנשים. כיון שהוא דרש את אותה הדרשה בכל המקומות הוא חש חוסר נעימות כלפיי שאני צריך לשמוע אותה שוב ושוב, אבל לי זה לא היה אכפת. שמחתי כל כך לראות את ההצלחה הכבירה שלו, מתאר מושקו בהתלהבות רבה'.

מה היה המסר העיקרי באותה דרשה של הרב ריסקין שאתה מתאר בהתלהבות כזאת?

כאן מושקו אינו מהסס לרגע ונראה שהוא מזדהה כל כך עם המסר, כאז כן היום: 'המסר העיקרי שהוא בא להעביר היה שצריך לעשות מעשים בעצמנו ולא רק לדבר גבוהה גבוהה או לשלוח מישהו אחר לעשות. זה הרשים אותם מאוד שהרב ריסקין בחר לעזוב את כל חיי הנוחות, השפע וההכרה הגדולה שהוא זכה להם בארה"ב ולעלות לארץ בעצמו. ואכן, בגרעין המייסד של אפרת הייתה קבוצה גדולה ואיכותית של חברים שעלו מדרום אפריקה'.

מה היו האתגרים הנוספים שעמדו בפניכם לאחר כל מסע השכנועים, המתיש אך מלבב?

'היו משברים בזמן אישורי הבנייה שהיו צריכים להינתן ולא ניתנו, ואנחנו היינו צריכים לשכנע את הממשלה לאשר לנו לבנות. במבט לאחור', מהרהר מושקו, 'לא הייתה שום אפשרות לעשות דבר כזה היום. ללכת לראש הממשלה, לשרים, להיכנס ולצאת כדבר שבשגרה, מי היה מעלה את זה על הדעת כיום? אלה היו זמנים אחרים'.

כשדוד לוי, בזמנו שר השיכון וסגן ראש הממשלה, הגיע באחת הפעמים לאפרת, הוא טפח על שכמו של מושקו ואמר לו: 'המזל שלך הוא שלא האמנו לך. אם היינו מאמינים לך – לא היינו נותנים לך', צוחק מושקו.

מהן התכונות האהובות עליך ביותר אצל הרב ריסקין?

מושקו מתרגש מעט אך אומר מיד בלי היסוס: 'ברוך אומר ועושה, ברוך גוזר ומקיים. תוכו כברו. הכנות והישרות של הרב ריסקין שלא רק מדבר ודורש מאחרים אלא בעיקר עושה ודורש מעצמו – זה משהו בלתי רגיל. הוא קיים את הבטחתו לעלות לארץ והתגבר על כל הקשיים והמכשולים שהיו בדרך וכל זה תוך נתינת דוגמה אישית מופלאה'.

לסיום, מה אתה מאחל לרב ריסקין בהגיעו לגבורות?

נדמה שמושקו שמח על השאלה ואומר: 'קודם כול, בריאות טובה יחד עם רעייתו היקרה ויקי, שסייעה לו רבות לאורך כל הדרך ובשום שכל הובילה יחד איתו דבר גדול ועצום. שנית, שיזכה לרוב נחת ושמחה לראות את הפירות של הזרעים ששתל במהלך השנים. מי ייתן ומתוך המוסדות שהוא הקים ופיתח יגדלו ויצמחו אנשים רבים וטובים שיעשו גדולות ונצורות למען עם ישראל'.

מצוות יישוב הארץ

הרב אליעזר מלמד

שאלה: האם ישנה חובה על כל יהודי בעולם לעלות לארץ ישראל?

תשובה: מצוות יישוב הארץ היא מצווה כללית המחייבת את עם ישראל כולו לרשת את הארץ, כלומר להחיל עליה את ריבונותו וליישבה באופן הטוב ביותר מכל הבחינות. שנאמר: "וְהוֹרַשְׁתֶּם אֶת הָאָרֶץ וִישַׁבְתֶּם בָּהּ כִּי לָכֶם נָתַתִּי אֶת הָאָרֶץ לָרֶשֶׁת אֹתָהּ. וְהִתְנַחַלְתֶּם אֶת הָאָרֶץ..." (במדבר לג, נג-נד). וכפי שהגדיר הרמב"ן את המצווה: "נצטווינו לרשת את הארץ אשר נתן הא-ל יתעלה לאבותינו לאברהם ליצחק וליעקב, ולא נעזבנה ביד זולתנו מן האומות או לשממה".[1]

א. מצוות הכלל תלויה בפרט

מתוך המצווה לכלל ישראל ליישב את הארץ נמשכת מצווה שמחייבת כל יחיד מישראל לגור בארץ, שכן אין אפשרות שכלל ישראל יקיים את

1 השמטות לספר המצוות, מצווה ד.

מצוות יישוב הארץ בלא שחובת המצווה תחול על כל יחיד עד שכל ישראל יֵשבו בפועל בארץ. וכן למדנו שחובת קיום המצוות התלויות בארץ הקשורות לציבור, כדוגמת חלה ותרומות ומעשרות, תלויה בכך שרוב ככל עם ישראל יושב בארצו, שנאמר: "בְּבֹאֲכֶם אֶל הָאָרֶץ אֲשֶׁר אֲנִי מֵבִיא אֶתְכֶם שָׁמָּה" (במדבר טו, יח). למדו חכמים: "בְּבֹאֲכֶם – בביאת כולכם אמרתי, ולא בביאת מקצתכם",[2] לכן כאשר עלו ישראל לארץ בימי עזרא, כיון שרק מקצתם עלו, לא התחייבו במצווה מהתורה אלא רק מדברי חכמים.[3]

במצוות שביעית ויובל לא מספיק שרוב ישראל יֵשבו בארצם, אלא צריך שגם ישבו בנחלותיהם לשבטיהם, שנאמר: "וּקְרָאתֶם דְּרוֹר בָּאָרֶץ לְכָל יֹשְׁבֶיהָ" (ויקרא כה, י) – "בזמן שיושביה כתיקונם ולא בזמן שהם מעורבים",[4] וחיוב השביעית תלוי בדין היובל.[5]

ב. שותפות היחיד במצוות הכלל

ישנן מדרגות בשותפות היחיד במצוות יישוב הארץ הכללית. כל יהודי שגר בארץ ישראל שותף במצוות יישוב הארץ מפני שעל ידי ישיבתו, אחיזתו של עם ישראל בארצו מתחזקת. ומי שהולך לגור במקומות שוממים יחסית, כנגב וכערבה, יש לו חלק גדול יותר במצוות יישוב הארץ, מפני שעל ידי ישיבתו הארץ מתיישבת ואינה נעזבת לשממה. והמתיישב באזורים שהריבונות הישראלית בהם מאוימת, כדוגמת יהודה ושומרון, מקיים בישיבתו מצווה גדולה יותר, מפני שבישיבתו יש תרומה כפולה: ראשית, בהגברת שלטון ישראל במקומות שרוצים לגזול מאיתנו; ושנית, בהפרחת השממה. וככל שמדובר ביישוב הנמצא במקום שומם יותר מיהודים, ושונאינו מתאמצים יותר לכובשו,

2 כתובות כה ע"א.

3 רמב"ם הלכות תרומות א, א-ג ושם, כו; הלכות ביכורים ה, ה; **פניני הלכה**, כשרות יב, י-יא.

4 ערכין לב ע"ב.

5 גיטין לו ע"א; **פניני הלכה**, שביעית ה, ג; יא, ה.

כך המצווה של הגרים בו גדולה יותר. וכבר אמרו חכמים (ברכות ה, א): ארץ ישראל נקנית בייסורים,[6] ולפי גודל הצער – גודל השכר.[7]

מיוחדת במינה מצוות יישוב הארץ, שבעצם זה שיהודי מתגורר במקום בעל ערך התיישבותי הוא מקיים מצווה. בשונה משאר המצוות שצריך לעשות מעשה כדי לקיימן – למשל: להניח תפילין, לתת צדקה, להתפלל – במצוות יישוב הארץ עצם המגורים הם מצווה. נמצא שכל מי שזוכה לגור בארץ ישראל, ועוד יותר ביישובי יהודה ושומרון, חיי השגרה שלו, כאכילה, שינה ואף כל נשימה ונשימה, הופכים למציאות של מצווה.

דווקא מצד כלליותה של המצווה, גם מי שעדיין לא זכה לעלות לארץ, יכול להיות שותף בקיום מצוות הכלל. כך לדוגמה, יהודי הגולה שתורמים כסף למען ההתיישבות בארץ ישראל או משתתפים בהשקעות למען פיתוח הכלכלה והמדע בארץ, שותפים למצווה זו.

ג. חובת היחיד לגור בארץ

אמנם כפי שלמדנו, נוסף על המצווה הכללית שהארץ תהיה בריבונות ישראל ורוב ככל ישראל ישבו בה, יש מצווה על כל יהודי ויהודי לגור בארץ ישראל. לפיכך, גם בזמן שהארץ תהיה כולה ביד ישראל והמוני יהודים ימלאוה, מנהר מצרים ועד נהר פרת, עדיין תהיה מצווה על כל יהודי לגור בארץ. מאידך גיסא, גם בזמן שגויים שלטו בארץ, ונראה היה לכאורה שאין סיכוי שישיבתו של אדם אחד תועיל למצווה הכללית, הייתה מצווה פרטית על כל יהודי לגור בארץ. וכפי שאמרו חכמים: "לעולם ידור אדם בארץ ישראל אפילו בעיר שרובה עובדי כוכבים ואל ידור בחוצה לארץ ואפילו בעיר שרובה ישראל, שכל הדר בארץ ישראל דומה כמי

6 ברכות ה ע"א.
7 אבות ה, כג.

שיש לו א־לוה וכל הדר בחוצה לארץ דומה כמי שאין לו א־לוה".[8] וכן נפסק להלכה.[9]

וכן למדנו, שגם בתקופה שלאחר חורבן בית המקדש השני וכישלון מרד בר כוכבא, כאשר שלטו הרומאים בארץ ביד קשה ואכזרית ורבים מבני העם עזבו את הארץ מפני הרעב והחרב, עמדת חכמים הייתה שמצווה להתאמץ להישאר בארץ. וכך מסופר:

> מעשה ברבי יהודה בן בתירא ורבי מתיא בן חרש ורבי חנניה בן אחי רבי יהושע ורבי יונתן, שהיו יוצאים לחוץ לארץ, והגיעו לפלטום. וזכרו את ארץ ישראל, זקפו עיניהם וזלגו דמעותיהם וקרעו בגדיהם. וקראו את המקרא הזה: "וִירִשְׁתֶּם אֹתָהּ וִישַׁבְתֶּם בָּהּ. וּשְׁמַרְתֶּם לַעֲשׂוֹת אֵת כָּל הַחֻקִּים וְאֶת הַמִּשְׁפָּטִים". אמרו: "ישיבת ארץ ישראל שקולה כנגד כל המצוות שבתורה", וחזרו ובאו להם לארץ ישראל.[10]

אף שכאשר היה השלטון בידי נוכרים לא זכינו לקיים את המצווה הכללית, ש"הארץ תהיה בידינו ולא ביד אומה אחרת", מכל מקום כל יהודי שהתגורר אז בארץ קיים במידה מסוימת גם את המצווה הכללית, מפני שעצם ישיבתו בארץ סייעה לשמירת הזיקה שבין ישראל לארצו למרות שנות הגלות הארוכות. נוסף על כך, ישיבתו בארץ סייעה להמשך הרחבת ההתיישבות לקראת ריבונות ישראלית. ואם עשה ופעל בצורה מכוונת למען מטרה זו, כמו שעשו תלמידי הגר"א שעלו לארץ במסירות נפש ובנו את חורבותיה כדי לקרב את הגאולה, נעשה שותף ממש במצווה הכללית.

8 כתובות קי ע"ב.

9 רמב"ם הלכות מלכים ה, יב; הלכות אישות יג, כ.

10 ספרי דברים פ.

ד. מצווה שהיא למעלה ממצוות רגילות

יש טוענים שאמנם לדעת הרמב"ן מצוות יישוב הארץ מחייבת בכל הזמנים, אולם לדעת הרמב"ם היא הייתה מחייבת רק בעבר, ולכן הרמב"ם לא מנה את מצוות יישוב הארץ כאחת מתרי"ג מצוות. אלא שהרמב"ם לא מנה את מצוות יישוב הארץ מפני שהיא חשובה יותר ממצווה רגילה, וכפי שביאר בשורש הרביעי בשורשי המצוות לספר המצוות, שאין ראוי למנות את הציוויים הכוללים כל התורה (כמבואר ב'אם הבנים שמחה' פ"ג אות ז-י).

אכן דרך מצוות רבות מאוד משתקפת המצווה הכללית של יישוב הארץ שעומדת בבסיסן. הראשונה היא מצוות העמדת המלכות שקיומה בארץ ישראל, ועניינה להעמיד שלטון שיבטא את ריבונותו של עם ישראל על ארצו ויארגן את חייו באופן המיטבי.[11] כפי שכבר הזכרנו, ביישוב הארץ והעמדת המלכות תלויה חלותן של המצוות הציבוריות התלויות בארץ, כדוגמת שביעית, יובל, תרומות ומעשרות, חלה ועוד. במצוות יישוב הארץ והעמדת המלכות תלויה כמובן מצוות בניין בית המקדש על כל מצוותיו, וכפי שאמרו חכמים: "שלוש מצוות נצטוו ישראל בכניסתן לארץ: להעמיד להם מלך, ולהכרית זרעו של עמלק, ולבנות להם בית הבחירה".[12] במצוות יישוב הארץ תלויה גם כל מערכת המצוות הקשורות לתפקיד הכהנים והלוויים והקצאת הערים להם בכל רחבי הארץ (במדבר לה). ביישוב הארץ תלויה גם כל מערכת המצוות הקשורה להעמדת המשפט על תילו, הן הקמת בית הדין הגדול השוכן ליד המקדש,[13] הן העמדת שופטים ושוטרים בכל ערי ישראל,[14] הן בסמיכת החכמים שמתקיימת בארץ בלבד, והיא הבסיס לסמכותה של מערכת המשפט.[15] גם קיום סדר החודשים והחגים תלוי

11 דברים יז, יד-כ, **העמק דבר** לנצי"ב שם; **שו"ת משפט כהן** סימן קמד.

12 סנהדרין כ ע"ב.

13 דברים יז, י; רמב"ם הלכות ממרים א, א.

14 דברים טז, יח; רמב"ם הלכות סנהדרין א, א-ד.

15 רמב"ם שם ד, ד.

במצוות יישוב הארץ, בכך שבית הדין הגדול מקדש את החודשים. כאשר בעוונותינו בטל בית הדין, החודשים מתקיימים על ידי היהודים שחיים בארץ ושומרים את הלוח העברי שנתקדש בעבר על ידי דיינים סמוכים בארץ ישראל.[16]

מעבר לכך, גם התורה והמצוות כולן נועדו לקיום בארץ, כי רק דרך קיומן בארץ מתגלה שם ה׳ בעולם. וכן למדנו בתורה ובדברי חכמים במקומות רבים, עד שאמרו שקיום המצוות בחוץ לארץ נועד כדי שנזכור לקיימן כשנחזור לארץ.[17]

ה. טענת האגרות משה על מצוות העלייה לארץ

אמנם, בשו״ת אגרות משה (אבן העזר א, קב) כתב:

> בדבר שאלתך אם יש מצוה עכשיו לדור בארץ ישראל... הנה רוב הפוסקים סברי דהוא מצוה. אבל פשוט שאין זה בזמן הזה מצוה חיובית שעל הגוף (כלומר העולה מקיים מצווה אבל אין חובה אישית לעלות). דאם כן (שהייתה חובה לעלות לארץ), היה ממילא נמצא שאסור לדור בחוץ לארץ... ולא הוזכר איסור אלא על הדר בארץ ישראל שאסור לצאת על מנת לשכון בחוץ לארץ ברמב״ם [פ״ה ממלכים ה״ט]. וגם כן הא, ודאי אינו איסור לאו (אלא מדברי חכמים). ואם היה איסור גם לאנשי חוץ לארץ, היה לו לרמב״ם לומר סתם – אסור לשכון בחו״ל אלא אם כן חזק בארץ ישראל הרעב, משמע דרק ליושבי ארץ ישראל יש איסור שאסרו חכמים, אבל מצד העשה אינה חיובית אלא כשדר שם מקיים מצוה... וכיון שאינה מצוה חיובית, יש ודאי להתחשב

16 רמב״ם הלכות קידוש החודש ה, יג; ספר המצוות מצוות עשה קנג.

17 דברים יא, לב; יב, א-ב; ירושלמי שביעית פ״ו, ה״א; קידושין א, ח; בבלי קידושין לז ע״א; ספרי דברים מג-מד.

בהחשש של הר"ח בתוס' (שסובר שאין לעלות לארץ בלא שידע) אם יוכל ליזהר במצות התלויות בארץ.[18]

כלומר לדעת הרב פיינשטיין, אסור לישראלים לרדת מהארץ, אבל אין חובה למי שגר בחוץ לארץ לעלות לארץ.

אולם עם כל הכבוד לפוסק הגדול, בעל הסברה הישרה, הרב משה פיינשטיין זצ"ל, דבריו מופרכים מכל מה שהבאתי ביחס למעמדה הבסיסי של מצוות יישוב הארץ לקיום כל התורה והמצוות. וכן מבואר ממה שהורו חכמים, ראשונים ואחרונים, שכאשר אחד מבני הזוג מבקש לעלות לארץ, השני חייב להיענות לו, ואם לא, העלייה לארץ מצדיקה גירושין.[19] אלא שבמשך שנות הגלות, בדרך כלל מגורי יהודים בארץ היו כרוכים בסכנות רבות מאשר בגולה, שכן הגויים ששלטו בארץ נטו לרדוף את היהודים שבארץ יותר מהמקובל בגולה. בתחילה בימי רומא, מפני שראו בהם איום על שלטונם, ובהמשך בימי ביזנטיון והאסלאם, כדי להוכיח שאין ליהודים זכות על ארץ ישראל. נוסף על כך, במשך הזמן הארץ הפכה לשממה וגברו מאוד קשיי הקיום מבחינה כלכלית. זאת נוסף על הקושי של כל אדם להגר לסביבה אחרת שבה החוקים, השפה ודרכי הפרנסה שונים, ובעבר קשה מאוד היה ללמוד אותם מרחוק.

כלומר, לתפיסתו של יהודי שגר בגולה, היה חשש שאם יעלה לארץ, אחד או כמה מבני משפחתו ימותו במגפה לא מוכרת, או ימותו מתזונה ירודה בעקבות קשיי הפרנסה. זו הייתה התמונה שנשקפה ליהודי הגולה, ובמצב כזה לא ניתן לקבוע הלכה מחייבת לעלות לארץ. שכן כאשר נשקפה סכנה ממשית לחיי המשפחה בעקבות רעב קשה ומשבר כלכלי עמוק ומתמשך, שאינו מאפשר לאנשים להבטיח את פרנסתם אפילו ברמה נמוכה, אף לבני הארץ הותר לרדת, וגם אז

18 **שו"ת אגרות משה**, אבן העזר א, קב.

19 רמב"ם הלכות אישות יג, כ; שולחן ערוך, אבן העזר עה, ד.

מידת חסידות היא להישאר.[20] נראה בעיניי ברור, שלא עלה על דעת חכמים שיבוא יום ויהודים יוכלו להתקיים בארץ, ויהיו שיטענו שאין בכך מצווה מחייבת, ולכן כל דיוניהם היו על מצב שבו קשה מאוד להתקיים בארץ. ואף על מצב כזה כתב רבי יהודה הלוי (כוזרי מאמר ב, אות כד) שהיה צריך להתאמץ הרבה יותר לעלות לארץ, ובלא זאת תפילותינו "כדיבור התוכי וצפצוף הזרזיר".

כיום, שניתן להתקיים בארץ, חובה גמורה על כל יהודי לעלות לארץ. העלייה צריכה להיות מתוכננת היטב, ולשם כך אפשר לדחותה בכמה שנים, אבל מעבר לכך אסור.

ו. תהליך עלייה

בחסדי ה' כיום ניתן לקיים את המצווה בשלבים, באופן שהקשיים פוחתים. בעבר הרחוק יהודי שעלה לארץ היה צריך להיפרד מכל בני משפחתו וחבריו, תוך ידיעה שמרב הסיכויים שבעולם הזה לא יזכה עוד לראותם, והצער והבכיות קרעו את הלבבות. לפני שלושה דורות, הפרידה אמנם לא הייתה לצמיתות, אבל נמשכה שנים רבות, כאשר עיקר הקשר נשמר על ידי מכתבים. לפני שני דורות כבר יכלו לדבר בטלפון אבל בלי לראות זה את זה, ורק אחת לכמה שנים היה סיכוי להיפגש. כיום בזכות ההתקדמות הטכנולוגית ניתן בקלות לדבר ולראות, וגם האפשרות לטוס מארץ לארץ ולהיפגש קרובה וקלה יחסית.

לא זו בלבד, אלא גם מי שמסיבות השמורות עימו סבור שאינו יכול לעלות ולקבוע את דירתו בארץ, יכול לכל הפחות להשתדל להימצא כמה שיותר בארץ. תחילה, בשנה או שנתיים של לימודים לאחר התיכון, ולאחר מכן, בכל הזדמנות לעלות ולבקר. ואם יוכל אף יקנה דירה בארץ. ויש לכל זה משמעות הלכתית, שכל מי שיש לו זיקה משמעותית לארץ, כגון שכבר זכה להיות שנה בארץ, או שמשך ביקוריו בארץ הצטרפו לשנה, או שקנה דירה בארץ, או שיש לו הורים

20 רמב"ם הלכות מלכים ה, ט.

או ילדים שעלו לארץ, כאשר הוא נמצא בארץ, הוא כבר נחשב כבן ארץ ישראל ועליו לקיים יום טוב אחד ולא שני ימים טובים של גלויות. באופן זה קל יותר לכל יהודי לקבוע את דירתו בארץ.[21]

ז. יציאה לטיול בחו"ל

שאלה מרכזית בהלכות יישוב הארץ היא מהו הגדר המדויק של המצווה. האם עיקרה הוא שמקום המגורים הקבוע יהיה בארץ, אבל אין חובה על יהודי לשהות בארץ בכל שעה ושעה, או שעיקר המצווה שאדם יחיה תמיד בארץ, ובכל רגע ורגע ישנה מצווה לשהות בארץ. בהגדרה הלכתית זו תלויה השאלה אם מותר לצאת מהארץ לשם טיול קצר בחוץ לארץ.

על פי התלמוד,[22] פסק הרמב"ם[23] שאסור לצאת מארץ ישראל לחוצה לארץ לעולם. אולם לצורך שלושה דברים התירו לצאת: לימוד תורה, נישואין ומסחר, ובתנאי שכאשר יסיים את ענייניו יחזור לארץ, אבל לשכון בחוץ לארץ בקביעות אסור.

לצורך טיול, כתבו כמה פוסקים שאסור לצאת לחוץ לארץ, שכן למדנו שרק לצורך גדול, כלימוד תורה, פרנסה ונישואין – התירו.[24] כך משמע מדברי מרן הרב קוק, וכן משמע מהרב גורן.[25]

אולם נראה שאם היציאה לזמן קצר, אין בה איסור, מפני שיציאה זו שונה בתכלית מהיציאה שעליה דובר בתלמוד, ברמב"ם ובפוסקים, בזמן שכל יציאה לחוץ לארץ הייתה לזמן ממושך, שכן הדרך עצמה ארכה שבועות או חודשים, וממילא מי שכבר יצא לחוץ לארץ היה יוצא לשהייה ממושכת, ואף היה חשש מסוים שלא יחזור. וכן הסיבות

21 **פניני הלכה**, מועדים ט, ח.

22 עבודה זרה יג ע"א.

23 הלכות מלכים ה, ט.

24 **שו"ת יחוה דעת** ה, נז; **שו"ת עשה לך רב** ח, מט.

25 הרב קוק – **שו"ת משפט כהן** סימן קמז; הרב גורן – **משנת המדינה**, עמ' 31, בשאלה על אילת.

שלמענן התירו חכמים לצאת מהארץ דורשות יציאה לזמן ממושך של שנה ואף יותר. שכן היוצא לשאת אישה היה צריך למצוא כלה, להתקשר עמה ולהתחתן. וכן היוצא ללמוד תורה, היה צריך לשבת לפני רבו חודשים רבים, ובדרך כלל כמה שנים. גם מי שרצה לצאת לטייל בחוץ לארץ באותם ימים, הייתה יציאתו לחודשים רבים, כשזמן החזרה לא היה ברור וגם לא הייתה ודאות שיחזור. הרי שכל ההיתר שעסקו בו חכמים נוגע ליציאה לזמן ממושך, אבל לא דיברו על יציאה לזמן קצר, כי אין חובה להיות בכל רגע ורגע בארץ ישראל. לכן אין איסור ביציאה לטיול קצר, ונראה שאף הפוסקים שאסרו לפני שלושה דורות לצאת לטיול בחו"ל, היו מתירים היום.

האם ראוי להימנע?

אמנם בכל רגע ורגע שיהודי נמצא בארץ ישראל הוא מקיים מצווה. יתר על כן, עיקר מקום קיום המצוות בארץ.[26] ומו"ר הרצי"ה מסר בשם ה'חפץ חיים' שלפי חשבונו, מצווה שמתקיימת בארץ ישראל נחשבת פי עשרים ממצווה בחו"ל, ועל כן טוב להיות תמיד בארץ.

אולם עדיין אין מעמדו של בן הארץ שיוצא לטיול בחו"ל כמעמדו של בן חו"ל, שכן למדנו שמקום המגורים הקבוע הוא החשוב, וכן נראה מלשון חכמים: "לעולם ידור אדם בארץ ישראל אפילו בעיר שרובה עובדי כוכבים... שכל הדר בארץ ישראל דומה כמי שיש לו א-לוה".[27] 'הדר' ו'ידור' מכוון לקביעת מקום מגורים ולאו דווקא לשהייה בכל רגע. לכן נראה שאם בן ארץ ישראל יוצא לחוץ לארץ למטרות חיוביות, כדי ללמוד או כדי להרחיב את עסקיו, גם כשהוא בחו"ל הוא בבחינת דר בארץ ישראל, שכל עולמו ומגמותיו קשורים בארץ ישראל, וגם יציאתו לשם מגמות אלו, ועל כן גם מעלת קיום המצוות שלו בחו"ל קרובה למעלת קיומן בארץ ישראל. וכעין מה שלמדנו לגבי הנבואה, שאינה מתגלה אלא בארץ ישראל מפני שרק

26 עיינו ספרי דברים לז; רש"י דברים יא, יח; רמב"ן ויקרא יח, כה.

27 כתובות קי ע"ב.

בה מתגלה קדושת כלל ישראל. אולם אם הנביא התחיל להתנבא בארץ יכולה נבואתו להימשך גם בזמן שהוא בחו"ל כאשר הוא מתנבא עבור ארץ ישראל.[28]

אבל היוצא לטיול סתמי, מפסיד יותר. יש להעיר עוד, שלפעמים יש בעיה חמורה יותר בטיולים בחו"ל, כאשר יוצאים למקומות שקשה לשמור בהם על אורח חיים יהודי, ומתרחקים מקיום המצוות, והנזק עלול להיות חמור מאוד.

ח. האם הייתי עומד בניסיון?

חובה להוסיף, אכן ההלכה מחייבת כל יחיד לעלות לארץ, אבל לצערי אינני יכול להתחייב שלו הייתי עומד בניסיונם של בני הגולה, הייתי מסוגל לנהוג כהלכה ולא מוצא תירוצים מפולפלים להיפטר מהחובה. זאת מפני שגם כאשר צער הפרידה אינו קשה וניתן להתקיים בארץ, חובת העלייה תובעת מהאדם לעזוב מקום מגורים מוכר, שבו הוא יודע להתבטא באופן הטוב ביותר, ובו הוא יודע כיצד לקדם את מעמדו ועסקיו, ולעבור למקום שבו יצטרך ללמוד את השפה ואת אורחות החיים השונות. לכן אני מעריך כל כך את העולים מארה"ב ומשאר ארצות הרווחה, ואת הרב שלמה ריסקין, שזכה עם חבריו, שלא היה חסר להם דבר גשמי בארה"ב, לקדש שם שמיים ברבים בעלייה לארץ החיים ובהקמת העיר אפרת, ובתרומה משמעותית להגדלת התורה והאדרתה במרחבי החיים.

ט. זיכרון לסיום

עוד לפני שזכיתי להכיר באופן אישי את הרב שלמה ריסקין, שמעתי עליו ממשפחה יקרה. כך סיפרו: בשנות השבעים היה הרב ריסקין רב

28 מועד קטן כה ע"א; איכה רבה פתיחה כד; מכילתא בא א; **כוזרי** מאמר ב, אות יד.

קהילה יוקרתית מאוד בבית כנסת במרכז מנהטן. קהילה זו הייתה בתחילה מסורתית ובזכות הרב ריסקין הפכה לקהילה אורתודוקסית. בדרשותיו המאלפות היה מושך אנשים רבים, עד כדי כך שצעירים דתיים שלא גרו במנהטן היו באים בימי חול בלילות כדי לשמוע אותו. כך עשו לעיתים גם האב והאם של אותה משפחה, בימים המרגשים שבהם נפגשו לקראת ההחלטה על חתונתם.

בכישרונו המיוחד ידע הרב ריסקין לומר דברי תורה ומוסר לאנשים מפונקים שחשבו שהכול מגיע להם, עם נטייה מרדנית שקיבלה השראה מדור ההיפים שהפגין למען עולם טוב יותר ואהבה חופשית... דוגמה קטנה, כשדרש על פרשת בראשית, על העונש שבורא העולם נתן לאדם וחווה, התחיל בגורם המרכזי לחטא – הנחש. לכאורה מי שגרם את החטא קיבל את העונש הגדול ביותר, ומהו? "עַל גְּחֹנְךָ תֵלֵךְ וְעָפָר תֹּאכַל כָּל יְמֵי חַיֶּיךָ". וכאן היה הרב שואל – איזה סוג עונש זה? וכי חסר עפר בארץ?! אם העונש היה על גחונך תלך אבל תאכל אוכל מהעצים הגבוהים, היינו מבינים את הקושי, אבל מה החיסרון באכילת עפר הארץ? הרב היה פונה לכולם ואומר בדרמטיות – כאשר יש למישהו הכול ולא חסר לו כלום, הוא לא יכול להעריך שום דבר! אין עונש חמור מזה!

בשלב מסוים הכריז הרב שהוא מקים יישוב חדש בארץ ישראל ומבקש מכל מי שיכול לעלות אתו. הוא ויתר על בית הכנסת והקהילה שבנה במו ידיו, והלך לקיים מצוות יישוב הארץ, המצווה החשובה ביותר ששקולה כנגד כל המצוות.

ועוד זיכרון: באחת התקופות הקשות בארץ, כשמחבלים טרוריסטים פוצצו אוטובוסים, ובה גם אנחנו החלטנו סוף סוף לעלות, היו לא מעט יהודים ממכרינו שחזרו לגלות ומעט מאוד היו מוכנים לעלות. הרב היה אומר: If you see Eretz Yisrael only as Disneyland, then you will come to visit but you won't visit when it is raining. But if you see Eretz Yisrael as your Motherland then you will come when mother needs you! (תרגום: אם אתה רואה את ארץ ישראל כלונה-פארק, אתה תגיע לביקור, אפילו לעיתים קרובות, אבל בשביל הכיף

ולא כשיורד גשם. אבל אם אתה רואה את ארץ ישראל כבית וכמולדת, אז דווקא כשצריכים אותך אתה תחזור הביתה). אותה משפחה חזרה הביתה וקבעה את ביתה בארץ, ובחסדי ה׳ זכו לברכה רבה הם וילדיהם בכל תחומי החיים.

איך גייר הרב סולובייצ'יק את היצירתיות?

הרב חיים נבון

א. הרב סולובייצ'יק – הוגה מודרני?

אחד מקובצי המאמרים החשובים ביותר על אודות הרב סולובייצ'יק נקרא "אמונה בזמנים משתנים". במחשבה ראשונה, קשה היה למצוא שם מתאים פחות לקובץ כזה. במחשבה שנייה, ייתכן שהשם מתאים מאוד, אם כוונתו לומר שאמנם הזמנים משתנים, אך לא האמונה, שהרי בעיני הרב סולובייצ'יק, השינויים ההיסטוריים הם בעלי משמעות זניחה באופן יחסי בעולם הדתי. לדעתו, הדברים היסודיים באמת והחשובים באמת בעולם הדתי אינם משתנים לעולם.

"אל המציאות ההיסטורית המשתנה תמיד", כתב הרב, "מחדירה הברית יסוד של התמדה או יציבות... דבר מה קבוע מוחדר אל תוך ההתרחשויות ההיסטוריות... הכלל בדבר התנועה ההיסטורית המתמדת, שכוחו יפה לגבי המציאות הסופית, מאבד את תוקפו כאשר

הוא מתייחס אל קהילת הברית".[1] ובאופן מודגש יותר: "קהילת הברית היא על־היסטורית, במובן זה שהיא מחזיקה בעמדות קבועות אל מול אירועים היסטוריים המשתנים דרך קבע".[2]

הרב האמין שהנתונים המהותיים של טבע האדם וייעודו אינם בני שינוי וחילוף. כך למשל כתב על חובתו המוסרית של האדם: "החוק המוסרי, הבלתי משתנה, מתמיד לנצח במעמדו הנשגב. הוא מחייב בכל הזמנים, מבלי להביא בחשבון את מזגו המיוחד של האדם הבודד או את הלוך רוחה של החברה".[3]

במאמר 'איש האמונה הבודד' תיאר הרב סולובייצ'יק את מערכת היחסים הסבוכה בין האדם הדתי הקלאסי, 'איש האמונה', ובין האדם המודרני, 'איש ההדר'. עוד נדון בהרחבה במהלך הרוחני שתיאר כאן הרב. לענייננו נסתפק בקביעה שאיש האמונה מתרגם את בשורת האמונה לאיש ההדר, ומראה לו במה הדת רלוונטית גם לעולם ההדר המודרני. אך הרב לימד גם כי הבשורה המתורגמת היא חסרה ולקויה, ולכן גם לא תביא מזור לאיש ההדר. והוסיף הרב וקבע:

> האדם המודרני... אינו מבחין בין הדת המתורגמת והמנוסחת בקטגוריות תרבותיות – שאינן קבועות משום שהם פותחו על ידי התודעה האנושית היוצרת – ובין ההתחייבות הטהורה לאמונה שאינה משתנית, כמו הנצח עצמו... בשורת התרבות של האמונה משתנית תדיר בחלוף העתים, עם תמורות באקלים הרוחני, תודעות במצבי רוח ערכיים ועליית צרכים חברתיים. אולם מעשה האמונה עצמו אינו משתנה...[4]

1 **אדם וביתו**, ירושלים תשס"ב, עמ' 57.

2 שם, עמ' 58.

3 **עבודה שבלב**, ירושלים תשס"ו, עמ' 56.

4 "איש האמונה הבודד", **איש האמונה**, ירושלים תשל"א, עמ' 59.

האקלים הרוחני והאופנה התרבותית משתנות ומתחלפות, אך יסודות העומק הרוחניים אינם משתנים לעולם.[5]

לאור אדישותו העקרונית למהלכי ההיסטוריה, לאור תפיסתו שחיי האמונה נצחיים וקבועים הם, מדוע נחשב הרב סולובייצ׳יק בעיני רבים להוגה מודרני מאוד, המגיב להתחדשות הזמנים? רבים ישיבו שהרב היה נושא הדגל של שילוב חכמת התורה עם חכמת העמים. אך זו ודאי אינה תובנה מודרנית במיוחד, שהרי היא אפיינה יותר מכול דווקא את הרמב״ם, איש ימי הביניים. על כך יש להוסיף שבניגוד לרמב״ם, הרב סולובייצ׳יק מעולם לא כתב על החיוניות של שילוב בין תורה לחכמה. הוא היה מופת אישי לצירוף של תורה וחכמה, אך בהחלט לא היה אידיאולוג של צירוף זה. למדתי את כל כתביו וחזרתי ושניתי ושילשתי, ומצאתי בהם רק הערה קצרה וסתומה אחת בדבר היופי שבשילוב בין הגות יהודית להגות יוונית.[6] מחייו הפרטיים של הרב עולה שאין ספק שהוא צידד בשילוב כזה. אך לאור כתביו ברור גם שהוא לא ראה בו דגל מרכזי הראוי להדגשה רעיונית ואינטלקטואלית.[7]

מדוע בכל זאת נחשב הרב להוגה מודרני? האם מדובר בתדמית גרידא, באשליה הנובעת מהברק האינטלקטואלי המסחרר של כתביו, מהיכרותו האישית העמוקה עם כל הישגי המדע המודרני? לדעתי, בהחלט לא. דומני שאת התשובה יש לחפש במקום אחר לגמרי מן המקובל.

5 עיינו בהרחבה במאמרי ״גישתו של הרב סולובייצ׳יק לתודעה ההיסטורית״, **סיני** קמא (תשס״ח), עמ׳ קסז–קפד.

6 *The Halakhic Mind*, New York 1986, p. 102.

7 D. Singer and M. Sokol, 'Joseph Soloveitchik: Lonely Man of Faith', *Modern Judaism* 2, 1982, pp. 248-249. ועיינו עוד: **ימי זיכרון**, ירושלים תשמ״ט, עמ׳ 125; הרב צ׳ שכטר, **נפש הרב**, ירושלים תשנ״ד, עמ׳ כג. השוו גם: י׳ בלידשטיין, ״עם ישראל בהגותו של הרב סולובייצ׳יק״, בתוך: **אמונה בזמנים משתנים**, ירושלים תשנ״ז, עמ׳ 151–152.

ב. חשיבותה של היצירה

הרב סולובייצ׳יק האדיר את ערך היצירה. הוא ראה את צלם הא־להים שבאדם בכוח היצירה שבו: ״דמיונו של האדם לא־להים מתבטא בשאיפתו וביכולתו של האדם להיות יוצר״.[8]

הגרי״ד ראה בפעולת היצירה משום הידמות לקב״ה:

> התורה מאריכה בפרשת מעשי בראשית כדי ללמדנו לימוד חשוב ביותר – ׳ללכת בכל דרכיו׳ – ולהורות לאדם להידמות לבוראו, ולהיות אף הוא יוצר. אל ינענע אדם בראשו לומר, שדרישה זו מהאדם היא בלתי אפשרית, מפני שאינו יכול להידמות ביצירה לבוראו, אלא לכל היותר יכול הוא אולי לסגל לעצמו משהו משאר מידותיו: חסד ורחמים וכיוצא באלו; אף על פי כן דורשת התורה מהאדם ומצווה עליו שיתאמץ במאמץ בלתי נלאה להידבק במידותיו של הקב״ה ולהיות יוצר.[9]

חז״ל לימדו אותנו שהאדם צריך להידמות לא־להיו: ״הווי דומה לו; מה הוא חנון ורחום, אף אתה היה חנון ורחום״ (שבת קלג ע״ב). לא כל תכונה של הקב״ה אנו מנסים לחקות. איש לא יאמר: מה הוא קנוא ונוקם, אף אתה היה קנוא ונוקם; או: מה הוא אין־סופי, אף אתה היה אין־סופי. בכל זאת הרב סולובייצ׳יק, במהלך נועז, הרחיב את היקף ההידמות הזאת גם אל כוח היצירה. במקום אחר אף טען שזהו המסר העיקרי של כל סיפור בריאת העולם:

> וכשהתורה האריכה בבריאת העולם וסיפרה לנו על עשיית שמים וארץ וכל צבאם, לא באה לגלות סודות קוסמוגוניים ורזי עולם מטפיזיים, אלא להורות **הלכה** למעשה... אם התורה פתחה את

8 ״איש האמונה הבודד״, עמ׳ 14.

9 ימי זיכרון, עמ׳ 86.

מגילת היצירה לפני האדם, אז הלכה אחת מוכחת ממידה זו, כי חייב הוא להתעסק ביצירה וחידוש הבריאה.[10]

הגרי״ד מדבר גם על יצירה פיזית – בניית גשרים ורכבות והתפתחות טכנולוגית, אך בעיקר על יצירה רוחנית בלימוד תורה ותיקון האישיות.[11] הערך של יצירה וחידוש נראה בעיניו ערך עילאי, כצלם א־להים שבאדם. יש ביצירה ממד של יש מאין: פיתוח של דבר שלא היה קיים לפני כן. בהקשר זה מדבר הגרי״ד על כך שהקב״ה לא סיים לגמרי את בריאת העולם, והותיר לאדם מקום ליצור ולתקן.

ג. האם העריך הרמב״ם יצירתיות?

המאמר ׳איש ההלכה׳ עוסק בתיאור דמותו רבת העוצמה של הלמדן הישיבתי, העוסק בהוויות דאביי ורבא. כל חלקו השני של המאמר מוקדש ל״כוח היוצר שבו״. בפרקים אלו הרחיב הרב סולובייצ׳יק בתיאור דמותו של איש ההלכה, הלמדן הישיבתי, כאינדיבידואליסט, היוצר בעצמו את דרכו ואינו נסחף בזרם ההמוני. הלמדן, המסור ללימוד הגמרא, ניחן באישיות חזקה ועצמאית. במוטו למאמר ׳איש ההלכה׳ קשר הרב סולובייצ׳יק דמות זו באישיותו של אביו.[12] רבים זיהו בתיאור זה גם את סבו הגדול, ר׳ חיים מבריסק, ואף את הרב סולובייצ׳יק עצמו.

הרב קשר את התפיסה היצירתית־אינדיבידואליסטית הזאת לשתי סוגיות במשנתו של הרמב״ם: הישארות הנפש והשגחה. לגבי שתי הסוגיות הללו ציין הרב סולובייצ׳יק את המתח בין תפיסת הפילוסופיה היוונית (וממשיכיה בעולם המוסלמי) ובין העמדה היהודית המקראית.

בנוגע להישארות הנפש, הפילוסוף המשפיע אבן רושד סבר שהשכל הפרטי של האינדיבידואל, שהוא מהותו, אינו זוכה לחיי נצח

10 ״איש ההלכה״, **איש ההלכה – גלוי ונסתר**, ירושלים תשנ״ב, עמ׳ 84.

11 עיינו גם: **אדם וביתו**, עמ׳ 116.

12 הרב ציטט שם את דברי חז״ל על יוסף: ״באותה שעה באתה דיוקנו של אביו ונראתה לו בחלון״ (סוטה לו ע״ב).

לאחר מותו של האדם; ועמדה זו מייצגת היטב את גישת הפילוסופיה היוונית. היהדות, לעומת זאת, מאמינה בהישארות הנפש הפרטית לאחר המוות.

בנוגע להשגחה, אריסטו ותלמידיו שללו את התפיסה של השגחה פרטית, וסברו ש"הסיבה הראשונה" – המקבילה בתמונת עולמם לא־להים – אינה מעורבת במישרין בהתרחשויות הפרטניות של עולמנו. ביהדות, לעומת זאת, האמונה בהשגחה פרטית היא "אבן פינה", כלשון הרב. א־להים אינו עוסק רק בחוקי הטבע הכלליים, אלא גם מעורב בחייו של כל יחיד. המשותף לשתי הסוגיות הוא נטייתה של הפילוסופיה היוונית אל הכללי, בעוד היהדות מעדיפה את הפרטי.[13]

לדברי הרב סולובייצ'יק, פתרונו של הרמב"ם למתח בין הגישה היהודית לגישה היוונית בנושאים אלו הוא פשוט. הרמב"ם אמר שאכן באופן טבעי האדם הוא חלק ממערכת הסיבתיות הטבעית, ובתור שכזה הוא פרט אנונימי, נעדר פרצוף, הכפוף לחוקיות כללית. אדם כזה חי לפי חוקי הטבע והנורמות החברתיות, נסחף עם הזרם, ואכן אינו ראוי להישארות נפשו הפרטית ולהשגחתו הפרטית של הקב"ה; הרי אין הוא אדם פרטי אלא אחד מההמון, תבנית כללית וחסרת זהות. אך האדם יכול להתעלות ולרומם את עצמו עד שיהיה ראוי להתייחסות פרטית־אינדיבידואלית. רק אדם שמגיע למעלה מיוחדת זוכה להשגחה פרטית. בעיני הרב סולובייצ'יק, המפתח להתפתחות זו הוא יצירה עצמית, התעלות מעל טבעו המולד של האדם ופיתוח האישיות מתוך כוונה ומודעות רוחנית.

יש לשים לב לייחודיות שבטענת הרב סולובייצ'יק. הוא טען שהמפתח לזהות אינדיבידואלית הוא יצירה עצמית:

> יסוד ההשגחה נהפך למצווה ממשית, לחובת האדם; הרי הוא חייב להרחיב את ההשגחה הפרטית החופפת עליו ולהגבירה. הכל תלוי בו ובידו. כשאדם יוצר את עצמו בתור איש הא־להים

13 איש ההלכה, עמ' 102–110.

ומפסיק את קיומו בתור איש המין, הרי הוא מקיים את המצווה הצפונה בעיקר ההשגחה.[14]

עמדות חינוכיות ופילוסופיות רבות מתארות את האינדיבידואליזם כמיצוי הכישרונות האישיים הייחודיים הגלומים בטבעו של אדם מסוים. על פי עמדה זו, כדי להפוך לאדם פרטי, לאינדיבידואל, עליי להעמיק, לחפש את הנטיות והכישרונות המיוחדים הגלומים בטבעי ולנסות לממש אותם.

הרב סולובייצ׳יק דחה גישה זו. לדעתו, האדם החושף את כישרונותיו המולדים, נכנע למעשה לטבעו ולתבניות הגלומות בו. כדי לחרוג מן התבניות הללו, האדם חייב ליצור את עצמו. כלומר, לשנות את אישיותו, לחרוג מעבר לכוחות הטבעיים הנמצאים בו. מכל כוחות הנפש, העריך הרב סולובייצ׳יק בייחוד את כוח הרצון.[15] האינדיבידואל אינו דווקא האדם הייחודי, שטבעו חריג ושונה מטבעם של אחרים, אלא האדם השולט בעצמו והמעצב את אישיותו. ייחודיות ועצמאות אין פירושן מיצוי כישרונות הקיימים מלידה, אלא כינון תכונות אופי חדשות. האדם צריך לחשוב באיזו דרך עליו לצעוד ומהן תכונות האישיות שיעזרו לו לצעוד בדרך זו; עליו לנסות להשתנות, ליצור באישיותו את התכונות הרצויות. רק אז הופך הוא מ״איש המין״ ל״איש הא־להים״.

את העמדה הזאת תלה הרב סולובייצ׳יק ברמב״ם. אני, לעומת זאת, רוצה לטעון שהרמב״ם בהחלט לא סבר כך. הרמב״ם לא כתב על יצירה ולא העריך יצירתיות. הרמב״ם היה אחד היהודים היצירתיים ביותר בהיסטוריה, אך למרבה הפרדוקס הוא עצמו לא חשב כך. הוא ראה עצמו לכל היותר כמשחזר ידע קדום.

הרמב״ם היה רציונליסט מושבע. הוא סבר שהשכל יכול לחשוף את האמת באופן ברור וחד־משמעי, ואם לא כל בני האדם מגיעים

14 איש ההלכה, עמ׳ 105.

15 איש ההלכה, עמ׳ 112.

לאותה אמת, הרי זה בגלל מכשולים חיצוניים בלבד. תפיסה זו כוללת כמה הנחות: **א.** ישנה אמת אחת מוחלטת; **ב.** אמת זו ניתנת להשגה על ידי השכל; **ג.** כל השכלים האנושיים פועלים באותה צורה, ולכן במצב אופטימלי יגיעו כולם לאותן מסקנות, היינו – לאותה אמת מוחלטת. אמנם, ישנם מכשולים רבים בדרך להשגת האמת, אך מכשולים אלו הם צדדיים בלבד מבחינה מהותית.[16]

מדברי הרמב"ם מתקבל הרושם שהוא מדרג את כל האנשים על ציר אחד בלבד של התקדמות שכלית. הוא אינו רואה הבדל איכותי בין אנשים שונים, שלכל אחד אישיות ייחודית. הוא רואה רק הבדל כמותי – עד כמה הצליח אותו אדם למצות את הפוטנציאל השכלי שלו.[17]

ביטוי מובהק לתפיסה זו נמצא בדברי הרמב"ם בהקדמתו לפירוש המשנה על אודות תופעת המחלוקת:

> אבל אמרם 'משרבו תלמידי הלל ושמאי שלא שמשו כל צרכן רבתה מחלוקת בישראל', עניין דבר זה ברור מאוד; כי שני אנשים שהם שווים בהבנה ובעיון ובידיעת הכללים שלמדים מהם, לא תהיה ביניהם מחלוקת במה שלומדים באחת המידות בשום פנים, ואם תהיה – תהיה מועטת, כמו שלא מצאנו מחלוקת בין שמאי והלל אלא בהלכות אחדות, לפי שדרכי לימודם בכל מה שהיו לומדים אותו באחת המידות היו קרובים זה לזה, וגם הכללים הנכונים שהיו אצל זה היו אצל השני.
>
> וכאשר נתמעט לימוד תלמידיהם ונחלשו אצלם דרכי הדין בהשוואה לשמאי והלל רבותיהם, נפלה מחלוקת ביניהם בשעת המשא ומתן בהרבה עניינים, לפי שכל אחד מהם דן לפי כוח שכלו ולפי הכללים הידועים לו, ואין להאשימם בכך, כי לא נוכל אנחנו

16 עיינו במורה נבוכים א, לד.

17 ראו למשל בהקדמת הרמב"ם לפירוש המשנה (מהדורת הרב שילת, עמ' נג).

להכריח שני בני אדם המתווכחים שיתווכחו לפי רמת שכלם של יהושע ופנחס.[18]

בדברי הרמב"ם כאן אפשר להבחין בכמה נקודות: **א.** מחלוקת היא דבר שלילי. האידיאל הוא שתהיה הסכמה על התשובה הנכונה;[19] **ב.** אין הכרח שתהיה מחלוקת, כי שני אנשים חכמים שמחזיקים באותם כללי ניתוח ולימוד, בהכרח – או לפחות כמעט תמיד – יגיעו למסקנה זהה;[20] **ג.** אין להאשים את תלמידי הלל ושמאי ששכחו או התבלבלו, כיון שמדובר בתוצאה טבעית של הירידה ברמה האינטלקטואלית.

אנו מתמקדים כאן בנקודה השנייה: הרמב"ם הניח שבמצב נורמלי אין שום סיבה שתהיה מחלוקת; האמת היא מוחלטת וחד־משמעית, והשכל הוא כלי שנועד לגלותה לנו ולחשפה בפנינו. הישגים אינטלקטואליים אינם דורשים יצירתיות אלא רק ריכוז. ייתכן שרלוונטית כאן גם הערתו, בשם אבן אלצאיג, שהשכלים הנשארים לאחר המוות הם "אחד במספר" (מורה נבוכים א, עד). איך שלא נבין

18 **משנה עם פירוש הרמב"ם**, ירושלים תשכ"ג, עמ' יא-יב.

19 כפועל יוצא מגישה זו השמיט הרמב"ם את כל המחלוקות מספרו "משנה תורה", בניגוד למעשהו של רבי יהודה הנשיא במשנה.

20 אמנם, ראו בהסתייגותו של שלום רוזנברג בספרו **לא בשמים היא**, אלון שבות תשנ"ז, עמ' 67. לדעתו, הרמב"ם מכיר בכך שבתחום ההלכתי אי אפשר להגיע בעזרת ההיגיון להוכחה חד־משמעית. רוזנברג מסתמך על דברי הרמב"ם בהקדמתו למשנה לפי תרגום אלחריזי; בתרגום המודרני של הרב שילת דומה שקשה להעמיד את דבריו. בכל אופן, גם רוזנברג מגיע למסקנה כי לפי הרמב"ם בדיון ההלכתי "תיתכן תשובה חד משמעית, על כל פנים חד משמעית בקירוב רב" (שם, הערה 73). ועיינו בדברי הרמב"ם במורה נבוכים א, לא-לב, שמהם עולה כי במקום שאין הוכחה לוגית חד־משמעית נפתח פתח למחלוקת ולמבוכה. והרי בהלכה בדרך כלל אין הוכחה לוגית מעין זו. אנשים חכמים, בעלי יושר אינטלקטואלי, יודו במקרה כזה שאין בידם פתרון נחרץ. אך עדיין ייתכן מקרה שבו יטענו כל החכמים שהראיות נוטות לכיוון מסוים, גם אם הוכחה נחרצת אין כאן. עיינו עוד: ח' בן־מנחם וש"ע ווזנר, **המחלוקת בהלכה** ג, ירושלים תשס"ג, עמ' 194. נעיר עוד שלדעת הרמב"ם בימים שבית הדין הגדול היה קיים היה מנגנון מוסדי שמנע קיומן של מחלוקות שלא הוכרעו (הלכות ממרים א, ד).

ביטוי זה, משתמעת מכאן שלילה של האינדיבידואליות (האישיותית והאינטלקטואלית). וכדאי להשוות לדבריו של פרופ׳ שלום רוזנברג:

> אריסטו, ובעקבותיו הפילוסופים הקלאסיים (ביניהם הרמב״ם), סברו שיש תכלית אחת לאדם, תכלית שהאנושות כולה צריכה לשאוף אליה. למשה רבנו ולר׳ זושא אותה תכלית. מכאן ששניהם נמצאים בסולם הירכי אחד, כאשר האחד נמצא בשלב גבוה יותר מאשר השני.[21]

ד. יצירתיות כערך מודרני וכערך יהודי

אם הרמב״ם לא העריך יצירתיות, מניין שאב הרב סולובייצ׳יק את הערך הזה? בנקודה הזאת, לדעתי, אפשר לזהות את הרב סולובייצ׳יק כהוגה מודרני, שהפנים ערך שהתפתח בתקופה זו בעולם הכללי. בהקשר הזה נזכיר פילוסוף אחד שהרב העריך מאוד, ותנועה רעיונית אחת שהרב שטם.

הפילוסוף המודרני עמנואל קאנט האמין שאפשר להגדיר מעשה כ״מוסרי״ רק אם נעשה מתוך מוטיבציה ברורה ומובהקת לעשות פעולה מוסרית, ולא מתוך רגש או נטיית לב. אם נתת צדקה לעני מתוך רגש של רחמנות, זה אינו מעשה מוסרי (אף אם זה המעשה הנכון לעשותו). רק צדקה שניתנה מתוך שיקול דעת חמור והכרעה חופשית של כוח הרצון שזהו המעשה הנכון, ראויה להיות מתוארת כמעשה מוסרי. האדם המוסרי מניח בצד את רגשותיו ופועל רק מתוך ידיעה ברורה מהו הדבר הנכון לעשותו. קאנט מעצים את חשיבותה המוסרית של הבחירה החופשית הרציונלית, ומבטל את משקלן המוסרי של מסורות, רגשות, נטיות וכן הלאה.

אם האדם פועל מתוך מסורת קהילתו, חינוכו, רגשותיו, נטיית

21 ש׳ רוזנברג, ״מצפון ואשמה בהגות היהודית״, בתוך: **תשובה ופסיכולוגיה**, אלון שבות תשס״א, עמ׳ 44.

לבו, חוקי הטבע, או מתוך כל עובדה אחרת, הוא איננו בן חורין אלא עבד. האדם החופשי מתמסר כליל להכרעה השקולה של הגיונו הצרוף. ישעיהו ברלין אמר שקאנט היה ״כמעט שיכור״ ממושג חירות האדם.[22] לדידו של קאנט, יש רק דרך אחת להיות חופשי: זוהי דרכו של האדם שמתוך עיונו הרציונלי מכונן את החוק המוסרי ובוחר בו.

עוד אמר ישעיהו ברלין, שכאשר קבע קאנט שהאדם עצמו מכונן את החוק המוסרי, פתח ההוגה הרציונלי והמאופק הזה תיבת פנדורה.[23] הפילוסוף השקול והדייקני הזה הפך בעל כורחו לאחד מאבותיה הרעיוניים של תנועת הרומנטיקה.[24] התנועה הזאת הייתה תגובה גרמנית, בת המאה התשע עשרה, להשכלה הרציונליסטית מתוצרת צרפת. היא הדגישה את הרגש המתפרץ, את הייחודיות האישית והלאומית, את הדם והאדמה. הרב סולובייצ׳יק היה עוין מאוד כלפי תנועת הרומנטיקה, וראה בה אחד מהכוחות הרוחניים והתרבותיים שאפשרו את עליית הנאציזם.[25]

מה לכל אלו ולהגותו הרציונליסטית של קאנט? הוא זה שקבע שהאדם לא צריך להשתלב בתוך מסכת ערכים קיימת, אלא לחוקק אותם מתוך עצמו. אכן, קאנט האמין שאותה פעולת חקיקה אוטונומית צריכה להישען על ההיגיון. אנשי התנועה הרומנטית שבאו אחריו אימצו את האמונה שהאדם צריך ליצור ולחוקק בעצמו את דרכו; אלא שהם לא השתמשו דווקא בהיגיון כמורה דרכם במשימה הנכבדה הזאת.

התנועה הרומנטית הולידה את האידיאל של האדם היוצר את עצמו, האדם המבטא מתוך מאבקים פנימיים את מהותו האמיתית. עיקר העיקרים הוא הרצון הפנימי החופשי מכל מגבלה. לא עוד נדרש האדם לנסות **לגלות** את דרך החיים האמיתית על ידי חקירה ודרישה, אלא **ליצור** אותה מתוך מכמני נפשו. מתוך כך צמחה ההאדרה של דמות האמן, שלא נתבקש עוד לחקות את הטבע, אלא נתפס כבורא,

22 י׳ ברלין, **שורשי הרומנטיקה**, תל אביב 2001, עמ׳ 93.
23 י׳ ברלין, **האנושות – בול עץ עיקש**, תל אביב תשנ״ה, עמ׳ 203.
24 **שורשי הרומנטיקה** (לעיל), עמ׳ 92.
25 **איש ההלכה**, עמ׳ 13–14.

כמחדש וכיוצר. בני תקופות קודמות בהיסטוריה לא היו מעלים על דעתם לתאר את האמן במילים הדומות לאלו של יוהאן גוטפריד הרדר – "אל בורא".[26]

בנקודה הזאת אני נזקק לתובנה סובייקטיבית אישית. אני לומד ומלמד את משנתו של הרב סולובייצ'יק במשך עשרות שנים. כתבתי עליה מאמרים וספרים. למדתי עשרות פעמים כל אחד מכתביו המרכזיים. ובכל זאת, במשך שנים רבות לא שמתי לב לתובנה שעכשיו נראית לי כה פשוטה: הרב סולובייצ'יק אימץ את ערך היצירתיות מתוך התרבות המודרנית. ולא עוד אלא שהושפע בנקודה זו מהתנועה הרומנטית, שהרב כל כך לא העריך. כאשר למדתי את דברי הרב על יצירה ויצירתיות, הדברים נראו לי משתלבים באופן פשוט וטבעי בהגותו היהודית כל כך. לא חשתי בכל צרימה או מלאכותיות בסינתזה הזאת.

איך הצליח הרב סולובייצ'יק לעשות זאת? איך הצליח לשלב בתוך עולמו התורני ערך מודרני ועכשווי כל כך, בלי שהשילוב הזה ייראה מלאכותי ומיותר? זו אינה רק שאלה של סגנון ספרותי אלא בעיקר שאלה פילוסופית. אין זאת רק שמבחינה סגנונית הצליח הרב סולובייצ'יק להסוות את ההשתלה מעיני מביטים מן החוץ. הוא הצליח גם לשכנע את איברי הגוף לקלוט את האיבר המושתל, ולא נודע כי אי פעם בא אל קרבם מבחוץ.

החידה הזאת חשובה להבנת המודרניות של הרב סולובייצ'יק. באופן כללי יותר, היא חשובה כדי להבין כיצד עלינו להתמודד עם העולם המודרני בלי לבוז לו ולערכיו, אך גם בלי להיכנע בפניהם. דומני שהמפתח לחידה הזאת נמצא במקום שבו הִרבה הרב יותר מכול לדבר בשבחיה של היצירה (אמנם, בעיקר זו הטכנולוגית־מעשית): במאמר 'איש האמונה הבודד'.

26 C. Taylor, *Sources of the Self*, Harvard 1989, pp. 374-378; י' ברלין, **האנושות – בול עץ עיקש** (לעיל), עמ' 50, 178–180; הנ"ל, **שורשי הרומנטיקה** (לעיל), עמ' 147; י' טלמון, 'הרדר והרוח הגרמנית', **אמות** ב (ו, תשכ"ד), עמ' 49–65.

איך גייר הרב סולובייצ'יק את היצירתיות?

הרב סולובייצ'יק פתח את המאמר הזה בדיון מקראי. חוקרי ביקורת המקרא עסקו הרבה בסתירות ובהבדלים בין פרק א לפרק ב בספר בראשית. שני הפרקים הללו מתארים באופן שונה מאוד את בריאת האדם ובריאת העולם. הרב סולובייצ'יק לא ניסה לתרץ את הסתירות אחת לאחת באופן נקודתי, אלא הציע מסגרת התייחסות הפותרת את הבעיה מעיקרה.

הרב סולובייצ'יק מנה ארבעה הבדלים עיקריים בין שני התיאורים של בריאת האדם (שם, עמ' 14):

א. בפרק א האדם נברא "בצלם א־להים". בפרק ב מסופר שמצד אחד גוף האדם נוצר "עפר מן האדמה", ומצד שני נופח א־להים באפיו "נשמת חיים", יסוד אשר הרב סולובייצ'יק מפרש כרוחני יותר מצלם א־להים.

ב. בפרק א – האדם מתברך ומצטווה למלא את הארץ ולכבשה. היינו, ייעוד טבעי. בפרק ב – הוא מצטווה במצוות עשה ("לעבדה ולשמרה") ובמצוות לא תעשה (אכילה מעץ הדעת). היינו, חוקים דתיים.

ג. בפרק א – זכר ונקבה נבראו יחד. בפרק ב – האישה נבראה רק לאחר שאדם וא־להים הרגישו בחסרונה.

ד. בפרק א – מוזכר רק שם א־להים. בפרק ב – מוזכר גם שם ה', "השם המפורש", הנתפס כ"שמו הפרטי" של הקב"ה, ומרמז על יחס אישי יותר בין האדם לקונו.

הרב סולובייצ'יק הסביר שהתורה רוצה להעמיד אותנו על שני פנים בקיום האנושי. הבריאה תוארה פעמיים, משתי זוויות שונות, כדי לחדד בפנינו את שני ההיבטים השונים של האופי האנושי.

האדם המתואר בפרק א הוא "איש ההדר". טיפוס אנושי זה "רוכש לו כבוד... על ידי העמדת התהילה שלו נוכח סביבתו" (שם, עמ' 16), בעיקר על ידי עשייה טכנולוגית המאפשרת שלטון (מוגבל) על הטבע. על ידי כך הוא מגשים את "צלם הא־להים" שבו (שם, עמ' 14).

צלם הא־להים הוא כשרון היצירה המעשית. איש ההדר אינו אדם תיאורטי. הנציג המובהק ביותר של אנשי ההדר הוא המדען, איש מדעי הטבע. הוא מנצל את שִׂכלו באופן מלא, אך מגמתו אינה תיאורטית גרידא; שאיפתו היא להפיק תועלת למין האנושי מן הידע שהוא צובר. אף שאיש ההדר עוסק גם ביצירות אסתטיות ומשפטיות, הנטייה המרכזית שלו היא טכנולוגית. באמצעות הטכנולוגיה הוא משיג שליטה על סביבתו, וממילא – גם "הדר". תכונתו ואישיותו של איש ההדר גלומות כבר באדם הראשון ובתיאור הבריאה; אך הוא מתגלם באופן המלא והשלם ביותר באדם המודרני:

> האדם הקדמון, שלא היה יכול ללחום במחלות ואשר נפל קרבן בהמוניו לדבר ולקדחת כשהוא מושפל וחסר אונים, לא היה יכול לדרוש לעצמו את כתר ההדר. רק האדם הבונה בתי חולים, המגלה שיטות ריפוי ומציל חיי בני אדם, מתברך במידת הכבוד. אדם שחי במאות ה־17 וה־18, שנזקק לעשות דרכו מבוסטון לניו יורק משך ימים, היה נהדר פחות מאשר האדם המודרני המנסה לכבוש את החלל, ממריא במטוס בשדה התעופה בניו יורק בחצות הלילה ולאחר כמה שעות צועד לו בניחותא ברחובותיה של לונדון.[27]

הרב סולובייצ'יק מדגיש שהאדם המודרני, היוצר, הפועל והיוזם, עושה את כל אלו "בהתאם לטבעו, שנברא ברצונו ובהשגחתו של בוראו" (שם, עמ' 18). עצם העובדה שהטבע האנושי מכוון את האדם ליצירה ולהתפתחות, היא גם ההצדקה לאדם המממש את טבעו, וגם את המשמעות הדתית הגלומה בפעולתו.

יש לשים לב כי הרב סולובייצ'יק אינו מתייחס כאן לתוצאות המעשיות של פעולותיו ויצירותיו של האדם המודרני, ולא בהן הוא רואה את עיקר חשיבותו של האתוס המודרני. כלומר: ערכו של המפעל הטכנולוגי של האדם המודרני אינו גלום בכך שהוא למשל

27 איש האמונה, עמ' 16-17.

מפיק תרופות המקילות על סבלם של חולים רבים. המוקד הוא בעצם מעמד העוצמה של המין האנושי. הרב סולובייצ׳יק מתייחס לעמידתו של האדם מול הטבע כשלעצמה: האדם המְפתח יצירות טכנולוגיות ומשתלט על הטבע, מממש בכך את טבעו האנושי (שם, עמ׳ 15), וזוכה לממש את מידת הכבוד וההדר הגלומה בו:

> האדם התרבותי השיג שלטון מוגבל על הטבע ונעשה, במובנים מסוימים, אדון לטבע, ועל ידי כך השיג גם כבוד.[28]

כאמור, הרב סולובייצ׳יק רואה בקיום המודרני הגשמה ומימוש מלא של האנושיות, וממילא גם עשיית רצון הא־להים:

> ...בעשותו את כל אלה משתדל האדם הראשון [=איש ההדר] למלא את התפקיד שהוטל עליו על ידי בוראו, אשר, בשחר יום השישי המסתורי של הבריאה, פנה אל האדם וציווהו: ׳ומלאו את הארץ וְכִבְשֻׁהָ׳... האדם החותר לעבר הכוכבים המרוחקים פועל בהתאם לטבעו שנברא ברצונו ובהשגחתו של בוראו. יש בכך משום גילוי לצייתנות ולא למרד בא־להים.[29]

לעומתו, האדם המתואר בפרק ב של ספר בראשית הוא ״איש הברית״ או ״איש האמונה״. איש הברית הוא אדם בעל רגישות רוחנית. באיש ההדר העולם מעורר שאיפה לכיבוש ולהישגים טכנולוגיים, ואילו באיש הברית העולם מעורר תמיהה מטפיזית. הוא תוהה על משמעות הקיום ותכליתו. לדעת הרב סולובייצ׳יק, התהייה הזאת מובילה את איש הברית לחפש את א־להים. זוהי ״נשמת החיים״ שניתנה באדם בפרק ב – החוויה הא־להית של איש הברית.

ההדר והברית מייצגים ״שני סוגים של פעילות יוצרת וספונטנית,

28 שם, עמ׳ 17.
29 שם, עמ׳ 18.

אשר שניהם לרצון ה'" (שם, עמ' 46). האדם נצטווה על רגישות רוחנית – וגם על כיבוש העולם. אם מבודדים את שתי הפעילויות, מובן שחיי הברית והקיום הרוחני הצרוף משמעותיים יותר מאשר חיי ההדר. לכן איש ההדר, שהוא דמות טיפולוגית המייצגת חיי הדר טהורים, תואר כטיפוס שטחי יחסית לרעהו איש הברית. אך המצב הרצוי בעיני ה' הוא של אדם אחד, החי חיי הדר וברית.

הנקודה החשובה לענייננו היא שהרב סולובייצ'יק הודה כאן שהתכונה היצירתית של איש ההדר מגיעה לידי מימוש שלם וייחודי בעידן המודרני. הדמות הזאת, על ערך היצירה המתגלם בה, אינה תופעה מודרנית מובהקת בעיניו. התכונה הזאת נמצאה כבר באדם הראשון; בעידן המודרני היא רק פרחה והודגשה, עברה מן השוליים אל המרכז. מאז ומתמיד היו גלומים באדם זרעי היצירתיות. המודרניות רק הזמינה את הזרעים הקדומים האלו לפרוח ולשגשג.

הרב סולובייצ'יק הזכיר זאת לגבי היבט מסוים של היצירתיות: היצירה הטכנולוגית, שבעזרתה כובש האדם את העולם. הרב סולובייצ'יק זיהה את הנטייה האנושית הזאת כבר בפרק א של ספר בראשית, וראה בה ערך א־להי. הוא הוסיף והסביר שהעידן המודרני הביא נטייה זו לשיא, ולכך יש יתרונות וגם חסרונות, ובמאמר 'איש האמונה הבודד' הוא התמודד עם אלו ואף עם אלו.

דומה שהמודל הזה, שהרב מזכיר במפורש לגבי מקטע מצומצם של היצירתיות האנושית, נכון גם לגבי ערך היצירה ככלל. הרב סולובייצ'יק הטמיע את הערך המודרני הזה בתוך הגותו מתוך הנחה (גלויה או סמויה, מודעת או לא מודעת) שערך היצירה האישית – ערך יהודי הוא ביסודו. העידן המודרני העצים את חשיבותה של היצירה ושל האוטונומיה האישית, אבל בזאת רק הגביר והגדיל ערך שמראש היה לו מקום בתמונת עולמנו ובחיינו. ערך היצירה והיצירתיות נקלט היטב בתוך קרקע העולם התורני, אך ורק משום שמאז ומתמיד היה גלום בה.

היכן זיהה הרב סולובייצ'יק את ערך היצירה האישית בתוך העולם היהודי? מעבר ליצירה טכנולוגית, היכן זיהה הרב את יחס

איך גייר הרב סולובייצ׳יק את היצירתיות?

הכבוד של היהדות כלפי האדם היוצר בעצמו ובעמלו האישי את עולמו הרוחני? כפי שאמרנו, הוא לא מצא ערך זה בכתביהם של הפילוסופים היהודיים בימי הביניים. אלו בדרך כלל לא העריכו במיוחד יצירתיות. נדמה לי שהרב סולובייצ׳יק מצא ערך זה קודם כול דווקא בפרקסיס של עולם הלימוד היהודי. כך פתח הרב את החלק השני במאמרו ׳איש ההלכה׳, חלק שכאמור מוקדש כולו ל״כוח היוצר שבו״:

> איש ההלכה הוא איש המתגעגע ליצירה ולחידוש. לימוד התורה – פירושו: חידושי התורה. ׳קודשא בריך הוא חדי בפלפולא דאורייתא׳ – אל תקרא פלפולא אלא חידושא.[30]

כאן הרב סולובייצ׳יק אינו מספר רק מהרהורי לבו, אלא משתף אותנו בנורמה הפשוטה והמובנת מאליה של בית אביו ושל חוגי הלמדנים הליטאיים הרבים מאוד שהיו כרוכים סביבו. לימוד התורה נתפס בחוגים אלו כפעולה אינטנסיבית של יצירה אינטלקטואלית.

האם בפועל כך היה מאז ומעולם בכל בתי המדרש? מן הסתם לאו דווקא. היו בתי מדרש שדגלו בשינון ולא ביצירה. האם בפועל הייתה אווירה יצירתית אינטנסיבית בחלק מבתי המדרש? מן הסתם בהחלט כן. זאת נדע לא רק מתוך אמירות קדומות מפורשות המתארות את לימוד התורה כעשייה יצירתית (מנחות כט ע״ב, תנא דבי אליהו זוטא פרשה ב), אלא בעיקר מתוך האווירה המשתקפת מקטעים רבים בתלמוד או בתוספות, למשל.

למען האמת, אינני חושב שהרב סולובייצ׳יק העסיק עצמו בשאלה ההיסטורית הזאת. הוא רחש אמון לבית אביו ולבית גידולו, וראה בהם ביטוי של היהדות הנאמנה. הדחף היצירתי שמצא בהם בהקשר האינטלקטואלי, שימש לו כיתד שעליה הסמיך את ערך היצירה, על ביטוייו השונים.

העובדה שהרב סולובייצ׳יק הצליח להטמיע את הדגש המודרני

30 איש ההלכה, עמ׳ 83.

על היצירתיות באופן כה מוצלח בהגותו היהודית, יכולה אולי להפיק גם משמעות רחבה יותר בנוגע להתמודדות עם המודרנה וערכיה. השילוב יכול להצליח במקום שהמודרנה מפתחת ומעמיקה ערך יהודי אותנטי, המשתקף בלימודם של יהודים ובחייהם. פתחנו מאמר זה בשאלה איך הצליח הרב סולובייצ'יק "לגייר" את ערך היצירתיות. דומני שהתשובה היא שבמשימה הזאת באמת לא היה מצליח. רצונו עלה בידו רק משום שהאמין וניסה להוכיח שערך היצירה אינו זקוק כלל לגיור.

ה. חיי הלכה כחיי יצירה[31]

את היצירה מצא הרב סולובייצ'יק לא רק בלימוד התורה ההלכתי אלא גם בשמירת ההלכה. חיי הלכה נראים לכאורה כחיים מאוד לא יצירתיים, התובעים מהאדם צייתנות בלבד. אולם הרב סולובייצ'יק ראה זאת באופן שונה לחלוטין.

בקצה האחד של הסקאלה באשר ליחס בין התורה לחיים עומד הרב קוק. לדעתו, בין התורה והחיים ישנה התאמה מלאה: הלא גם התורה וגם הטבע נחצבו ממקור אחד, ועל כן מתבקש שהתורה תתאים לחיים, והחיים יתאימו לתורה. חוקי התורה הולמים את טבעו הרוחני האמיתי של האדם:

> האדם הישר צריך להאמין בחייו, כלומר שיאמין בחיי עצמו והרגשותיו ההולכות בדרך ישרה מיסוד נפשו, שהם טובים וישרים ושהם מוליכים בדרך ישרה... האיש הישראלי מחויב להאמין,

31 הנושאים הנידונים בפרק זה מפותחים בהרחבה במאמריי "העלאת הגוף במשנתו של הרי"ד סולובייצ'יק", **סיני** קכג (תשנ"ט), עמ' פה-צ; "אחדות פלא בראשית וצו סיני – הטבע והתורה במשנתו של הרב י"ד סולובייצ'יק", **אקדמות** יב (תשס"ב), עמ' 87–110.

של

> שנשמה א־להית שרויה בקרבו, שעצמותו כולה היא אות אחת מן התורה.[32]

גם הרב קוק מכיר כמובן בצורך בהשתלמות ובשיפור עצמי. אך הוא רואה את התהליכים הללו כחשיפה של איכויות הנתונות באדם מאז ומעולם, ולא כיצירה חדשה.

בקצה השני של הסקאלה נמצא פרופ׳ ליבוביץ׳. לדעתו, אין כל זיקה בין התורה לטבע. התורה כופה על האדם מערכת הטרונומית של צווים ומכתיבה את אורח חייו. ליבוביץ׳ שולל בחריפות כל ניסיון לטעון שהתורה וחוקיה הולמים את האופי האנושי או את מערכת הערכים האנושית. הוא רואה בתורה אוסף של צווים שאין להם כל זיקה לעולם, ובקיום ההלכה מאבק אין־סופי וחסר סיכוי עם הטבע האנושי. זרותן המוחלטת של המצוות אינה מותירה כל סיכוי שאכן אי פעם יתנהל העולם על פי ההלכה.[33] יתרה מזאת: גם לו קיבלו כל בני האדם עליהם את מצוות התורה, עדיין לא היה זה ׳עולם מתוקן׳, שכן לדעת ליבוביץ׳ התורה אינה מנסה כלל לתקן את החיים, אלא רק מגבילה אותם באוסף של צווים שרירותיים.

את דעתו של הרב סולובייצ׳יק נמקם בין שתי התפיסות הללו. הרב סולובייצ׳יק שלל את התפיסה שהתורה הולמת תמיד את הטבע האנושי.[34] באין־ספור מקומות חזר הרב סולובייצ׳יק והדגיש את הקרבן שהתורה דורשת מהאדם. במאמרו המונומנטלי ׳צירוף׳[35] עמד הרב סולובייצ׳יק על הנסיגה והוויתור שנתבעים מהיהודי שומר המצוות בתחומים שונים של חייו: בתחום הגופני ובתחום הרגשי,

32 **אורות התורה**, פרק יא.

33 השוו למשל: ״המנגנון המדיני... אינו יוצר אלא מסגרת למאבק למען הדת, מאבק שהוא מטבעו נצחי, ולעולם לא יסתיים בניצחון״ (**אמונה, היסטוריה וערכים**, עמ׳ 135).

34 עם זאת, השוו לניסוחיו המפתיעים והנדירים בספר *The Emergence of Ethical Man*, Jersey City NJ 2005, pp. 56, 144, 190-191, 204.

35 **דברי הגות והערכה**, עמ׳ 239–254.

ואף בתחום האינטלקטואלי ובתחום הרוחני. בכל התחומים הללו, המקיפים את ההיבטים השונים של החיים האנושיים, האדם אינו מממש את עצמו עד קצה גבול יכולתו, וזה הקרבן שתובעת ממנו היהדות. כמובן, הדוגמה הבולטת ביותר היא בתחום הגופני, והרב סולובייצ׳יק נהג לעיתים תכופות לצטט בהקשר זה את מדרש שיר השירים רבה (ז, ג), המספר על החתן הפורש מכלתו לאחר שזו אמרה לו "כשושנה אדומה ראיתי". בנקודה זו דומה לכאורה משנתו של הרב סולובייצ׳יק למשנתו של פרופ׳ ליבוביץ׳. בכל אופן, ברור שהדגשתו של הרב סולובייצ׳יק את ההרואיות שבכיבוש היצרים הטבעיים ובריסונם כמאפיין יסודי של ההלכה, מצביעה על ההבדל המהותי בינו ובין הרב קוק, שנטה להדגיש דווקא את ההרמוניה בין חוקי התורה לטבע האנושי.[36]

כפי שציינו, השקפתו של הרב סולובייצ׳יק שונה מאוד גם מזו של ליבוביץ׳. הרב סולובייצ׳יק טען במקומות שונים שישנה זיקה הדוקה בין התורה לטבע. אמנם, לא זיקה של התאמה מוחלטת: התורה אינה מתאימה לטבע **כמות שהוא**; אך היא מתאימה לטבע **כמו שהוא צריך להיות**. לדעת הרב סולובייצ׳יק מטרתה של התורה היא תיקון העולם ושיפורו, עד שיתעלה לדרגה שהוא ראוי לה. אין הכוונה כאן להתעלות רוחנית־מיסטית פלאית אלא לשיפור החיים האנושיים ולתיקונם. הרב סולובייצ׳יק לא טוען כי התורה הולמת את עולמנו שלנו כמות שהוא. בעולם שלנו יש יותר מדי רשע וחטא מכדי שיהלום את חוקו הנצחי של האל. הוא טוען כי התורה מתייחסת לעולם, ומגמתה היא תיקונו ושיפורו, עקירת כל העוול והחטא המצויים בו.

הרב סולובייצ׳יק מוסיף ומבאר לאור תפיסה זו את משמעותה העקרונית של התורה ואת יחסה לעולם:

36 גם בהקשרים אחרים לא נטה הרב סולובייצ׳יק חיבה להרמוניה ולהתאמה המושלמת, וביכר על פניהן את המורכבות והדיאלקטיקה. עיינו למשל באיש ההלכה, עמ׳ 12, הערה 4.

יצירת העולם היא פעולה מוסרית, שמצאה את שלמותה בגילוי סיני. גישום הצו הגילויי־מוסרי מהווה פעולת יצירה. תיקון המציאות מהווה מעשה מוסרי. עובדת היש היא התגלמות הרצון המוסרי. פעולה מוסרית היא פעולה יוצרת ומחדשת. התכלית העליונה של האדם היא לחיות הוויה שלמה ומשוכללת וגם להשתתף בהעלאת מציאות הזולת... לפיכך חדורה היהדות ההלכתית אופטימיות גמורה... רעבה וצמאה היא לחיים הממשיים ולהוד יופיים... כל ההוויה היא התפרצות מוסרית של האל־סופיות, והתכלית המוסרית של האדם היא להתקיים בייחוד שבו חונן על ידי הא־להים.[37]

איך מתקנת התורה את העולם? לדעת הרב סולובייצ'יק, הקלקול והרע שבעולם הם היעדר גבולות וטשטוש תחומים: "אנדרלמוסיה וערבוביה" (איש ההלכה, עמ' 85). סמל להשפעתו של הרוע בעולם הוא מוצא בגיאות ובשפל, שבהם נדמה כאילו "האנדרלמוסיה של הכוחות הקדומים, של הכאוס והערבוביה, תאבים לשסע את הבריאה המתוקנת והמהוקצעת ולהחריבה" (שם, עמ' 86). הרע בעולם אינו כוח שטני בעל איכויות דמוניות, אלא כוחות נייטרליים שחסרים גבולות ברורים והתוויית תחומי פעולה מוגדרים. עולם מתוקן הוא עולם שבו יש גבולות ברורים ומתוחמים. אך המצב אינו כזה באופן טבעי. העולם זקוק להבדלה, לחוקיות ולסדר; ומי כחוקי ההלכה מומחה בהצבת גבולות ובהבדלת תחומים. ממילא מתבקשת מסקנתו של הרב סולובייצ'יק בסיום הקטע שצוטט כאן:

37 "וביקשתם משם", עמ' 223. קל לזהות כאן את השפעת טיעונו המפורסם של הרמב"ם: "כל מציאות היא טוב. הרעות כולן העדרים" (מורה נבוכים ג, י). ככלל, אפשר לזהות גם אצל הרמב"ם את ההתייחסות לתורה כמתקנת את העולם הטבעי וכנחוצה לו; ראו בדבריו במורה נבוכים ב, מ: "שאף על פי שהתורה אינה טבעית, יש לה נגיעה אל העניין הטבעי". אך קשה למצוא אצלו את הזיהוי של תיקון זה עם ערך היצירה, כפי שעושה הרב סולובייצ'יק.

> שכלול היצירה מתבטא, על פי השקפתו של איש ההלכה, בהתגשמות ההלכה האידיאלית בתוך העולם הריאלי.[38]

אם ניקח כדוגמה יצר אנושי כמו יצר המין, הרי הרע שבטבע מתבטא בכך שיצר זה אינו מציית לגבולות ברורים, אלא מתפרץ ועושה באישיות האנושית כרצונו. ההלכה מתקנת את אישיותו של האדם על ידי כך שהיא מגבילה את יצריו הטבעיים לתחום הראוי להם, ומשליטה אותו על כל כוחות הטבע המתרוצצים בו. כאשר היצר תָּחוּם ומוגבל בתוך תְּחוּם המיועד לו, הרי שהאישיות מתוקנת ושלמה יותר. תיקון העולם הוא בראש ובראשונה – תיקון האדם: השתלטות על האנרכיה המושלת באישיותו, הצבת גבולות וקביעת תחומים. הייעוד המתמשך של תיקון האדם והעולם נעשה על ידי קביעת גבולות תחומים; אך הוא אינו נתפס על ידי הרב סולובייצ'יק כחשיפה גרידא של פוטנציאל נתון או כפעולה טכנית של "משטרת תנועה" נפשית, אלא כפעולה הרואית של יצירה עצמית. העיצוב המחודש של גבולות האישיות הוא למעשה יצירת אדם חדש.[39]

חיי הלכה הם חיי יצירה. המרווח בין ליבוביץ' לרב קוק מאפשר לרב סולובייצ'יק להעצים את ערך היצירה. מדוע? בעולם של ליבוביץ', אין כלל חתירה לתיקון העולם או האדם. העולם הזה מנוכר לתורה, וכך יישאר. בעולם של הרב קוק, אין צורך לתיקון עולם במובן העמוק, שהרי בשורשו העולם כבר מתוקן הוא. צריך רק לגלות את שורשו העמוק של העולם בא־להות. הרב סולובייצ'יק רואה את העולם כחומר גלם לתיקון רוחני. על ידי חיי הלכה מתקן האדם את עצמו, ובזה תורם משהו לתיקונו של העולם כולו.

התורה משפרת את העולם ומתקנת את האדם. זוהי המטרה המרכזית של כל המערכת ההלכתית:

38 איש ההלכה, עמ' 90.
39 שם, עמ' 92.

בכל מגמות היהדות מתגלמת כמיהה זו ליצירה ולחידוש פני העולם. ואם אנו דנים לפעמים על מטרת המטרות של היהדות, על הטילוס (telos – תכלית) של ההלכה בכל גווניה וגילוייה, אסור לנו אז להסיח דעת מהאמור בזה, כי מחזה פלאים של יצירת עולמות הוא חזון אחרית הימים וגישום כל התקוות בעולמו של ישראל.[40]

גישום הצו הגילויי־מוסרי מהווה פעולת יצירה. תיקון המציאות מהווה מעשה מוסרי... עובדת היש היא התגלמות הרצון המוסרי. פעולה מוסרית היא פעולה יוצרת ומחדשת.[41]

בזה סטה הרב מדרכו של קאנט. בהערת שוליים חשובה העיר הרב סולובייצ׳יק כי אין לבלבל את חירותו היצירתית של איש ההלכה עם החירות היצירתית שעליה דיבר קאנט:

חירות איש ההלכה מכוונת לא כלפי חידוש החוק עצמו, כי הרי הוא נתון לו מאת הקב״ה, אלא כלפי הריאליזציה של הנורמה בעולם הממשי. חירות הנעוצה ביצירת החוק ובהחלטה המוסרית הביאה אנדרלמוסיה לעולם.[42]

חיי הלכה הם חיי יצירה, לא משום שהאדם יוצר בכוחות עצמו את צו ההלכה, אלא משום שהוא הופך בעזרתה את חייו־שלו לחיי הלכה, לחיים מתוקנים. זוהי היצירה העילאית, שהיא בעיני הרב סולובייצ׳יק ייעודו העליון של האדם.

40 שם, עמ׳ 83.

41 וביקשתם משם, עמ׳ 223.

42 איש ההלכה, עמ׳ 61, הערה 80.

"וּבָנוּ מִמְּךָ חָרְבוֹת עוֹלָם": משנתו ופועלו של הרב שלמה ריסקין כהמשך להנהגתו של רבא

אשת ההלכה מלכה פיוטרקובסקי

היה זה חורף ירושלמי קר וגשום, לפני כעשרים וחמש שנה, עת זכיתי לפגוש פנים אל פנים את כבוד הרב שלמה ריסקין, בפעם הראשונה. במהלך כמה שיחות טלפון שקדמו למפגש, ניסה הרב לשכנעני בכל דרך לעמוד בראש בית המדרש במדרשת לינדנבאום – מדרשת הנשים העירונית התורנית הראשונה בארץ. חרף כישרון השכנוע של הרב עמדתי בסירובי העיקש לקחת על עצמי תפקיד הדורש התמסרות מלאה, הכוללת השקעה של כוחות גוף, נפש ושעות רבות. סירובי נבע מסיבות שונות, אך המרכזית שבהן הייתה היותי אם צעירה לארבעה ילדים קטנים, השואפת להיות נוכחת פיזית ונפשית בתהליך גידולם, חינוכם וטיפוחם (ובע"ה, גם של הבאים אחריהם...).

הרב הבין שעליו לשנות את דרך השכנוע, וביקש להיפגש עימי. "אגיע לכל מקום שתגידי, אפילו אלייך הביתה, ובלבד שתסכימי

להקשיב לי", הבטיח. נדהמתי מהמחשבה שרב מוכר בעל מעמד מכובד וזכויות רבות, מבקש להגיע אליי – אישה צעירה בתחילת שנות השלושים לחייה, החפצה בכל מאודה לרכוש ידע תורני רחב ועמוק, אך נמצאת למעשה בתחילת דרכה כלומדת ומלמדת 'ש"ס ופוסקים'. כל זאת כדי לנסות לשכנעני לקבל עליי תפקיד חיוני מאין כמותו בעיניו, כשהוא לא חוסך מעצמו כוחות גוף, נפש, זמן וטרחה, במטרה להשיג את החשוב, הראוי והרצוי בעיניו.

חשתי מבוכה בשל מה שהיה נראה בעיניי כמחילה של הרב ריסקין על כבודו שלו, כך שמיד עלתה בזיכרוני סוגיית הגמרא המתארת את התקוממותו של רבא – מגדולי אמוראי בבל, כלפי קביעתו ההלכתית של רב יוסף – מורו ורבו: "הרב שמחל על כבודו – כבודו מחול".[1] קביעתו של רב יוסף נסמכה על הפסוק המתאר את השגחת הקב"ה על עם ישראל, בנדודים המתמשכים במדבר: "וַה' הֹלֵךְ לִפְנֵיהֶם יוֹמָם בְּעַמּוּד עָנָן לַנְחֹתָם הַדֶּרֶךְ וְלַיְלָה בְּעַמּוּד אֵשׁ לְהָאִיר לָהֶם לָלֶכֶת יוֹמָם וָלָיְלָה".[2]

אם הקב"ה מחל על כבודו ב'שרתו' את עם ישראל – סבר רב יוסף – הרי שהרב, שמעמדו ודאי מכובד פחות מזה של הקב"ה, רשאי למחול על כבודו. אולם רבא, תלמידו הקרוב של רב יוסף, התקשה לקבל את עמדתו: הרי לא ייתכן ללמוד שהרב רשאי למחול על כבודו – מהקב"ה, שעשה זאת בהעניקו ליווי תמיכה והכוונה למאמיניו, משום שכאשר מדובר בבורא עולם – העולם הוא שלו, והתורה היא שלו, ו'זכותו' להחליט כל החלטה, גם כזאת הכרוכה ב'מחילה על כבודו'. אולם כשמדובר ברב – האם התורה היא שלו, שהוא יכול למחול על כבודה?!

1 קידושין לב ע"א-ע"ב.

2 שמות יג, כא.

א. "הרב שמחל על כבודו – כבודו מחול"

להבנתו הראשונית של רבא, חובת כבוד תלמיד חכם נועדה להחצין את הכבוד שאנו רוחשים לתורה שהוא לומד. משמע, שכאשר רב מוחל על כבודו, הוא למעשה מוחל על כבוד התורה, וזה כמובן איננו ראוי. אין בגמרא כל תיאור של התייחסות רב יוסף לתמיהתו של רבא, אולם בהמשך הסוגיה מסופר: "הדר אמר רבא: **אין! תורה דיליה היא!** דכתיב [חזר בו רבא מהבנתו הראשונית ואמר: כן! התורה שלו היא! שכתוב=]: 'וּבְתוֹרָתוֹ יֶהְגֶּה יוֹמָם וָלָיְלָה'". רק לאחר זמן הבין רבא את עומק דרשתו של רב יוסף, חזר בו מביקורתו וביסס את דעתו ההלכתית של רב יוסף על דרשת הפסוק השני בספר תהילים: "ואמר רבא: **בתחילה נקראת על שמו של הקב"ה, ולבסוף נקראת על שמו**, שנאמר: '**בְּתוֹרַת ה'** חֶפְצוֹ **וּבְתוֹרָתוֹ** יֶהְגֶּה יוֹמָם וָלָיְלָה'".[3]

במחשבה שנייה הבין רבא שהכבוד הניתן לתלמיד חכם איננו כמייצג את 'תורת ה'', אלא כהוקרה על 'חפצו' להתמסר ללימודה, 'לנוע' במרחביה ו'לצלול' לעומקה, ובכך הוא הופך אותה ל'תורתו'. הענקת כבוד לתלמיד חכם היא החצנה של ההערכה העמוקה לחיבור המיוחד שיוצר הלמדן בין אישיותו, ניסיון חייו, חכמתו, רגישותו והבנתו הייחודית את תוכני לימודו ובין 'תורת ה'' שהוא לומד. על פי הבנה זו של רב יוסף, תובן מאליה חירותו להחליט שהוא מוחל על כבודו, אם רצונו בכך.

אין ספק שתיאור זה הולם את אופי ההערכה וההוקרה שזוכה להן הרב ריסקין לאורך שנים רבות, בהיותו 'מתרגם' את 'תורת ה'' שהוא לומד לתורת חיים אמיתית, המתמודדת באומץ עם אתגרי המציאות. הוא מנחיל אותה לאורך שנים רבות לבנות ובני קהילתו בארץ, לשומעי לקחו בחוץ לארץ, ובמיוחד בקהילות מסוימות בארה"ב, וכן לחניכות ולחניכים, לבוגרות ולבוגרים, של מוסדות החינוך שהנהיג בעמידתו בראש מוסדות "אור תורה סטון".

3 עבודה זרה יט ע"א.

אולם חרף ההלכה הפסוקה שרב רשאי למחול על כבודו, התקשיתי להיענות בחיוב לבקשתו של הרב ריסקין שאמסור לו את כתובתי. בשל התעקשותו אמרתי לבסוף, בשפה רפה: "אני גרה ברובע היהודי (מרחק של כעשר דקות הליכה ממגרש החניה), ולכן, באמת לא כדאי שהרב יטרח כל כך". אולם הרב ענה ללא היסוס: "אין שום בעיה, אגיע אלייך, בשמחה!".

במהלך השנים הרבות שחלפו מאותו מפגש ראשון בינינו, הבנתי שבקשתו של הרב ריסקין להגיע לביתי כדי לשכנעני למלא תפקיד חיוני, אינה מחילה על כבודו. ההפך הוא הנכון: חתירתו המתמדת להתמודדות עם משימות ציבוריות משמעותיות בעיניו, ועיקשותו לעשות ככל יכולתו על מנת שהתמודדותו תצלח – היא היא כבודו!

באותו ערב ירושלמי קר וגשום, זכיתי לארח בביתי מנהיג תורה אמיתי, איש חינוך בכל רמ"ח איבריו, החדור תחושת שליחות. כך החל מסע היכרותי עם איש חזון ומעש, ה'עוסק בצורכי ציבור באמונה' מתוך מוטיבציה להוביל במעשיו תהליכים הכרחיים להתחדשות חיי העם היהודי, בארץ ובתפוצות, שאינו חוסך מעצמו כל מאמץ, כוחות, זמן ואנרגיה, הדרושים להובלתם.

משהעמיקה היכרותנו, הבנתי שיש בפרטי פגישתנו הראשונה כדי להצביע על קווים מאפיינים מרכזיים באישיותו, בהגותו, בחזון חייו ובדרכי הפעולה שבחר הרב על מנת לממש במציאות את דרכו הייחודית. במבט לאחור, נראה שלא היה זה מקרי שדווקא סוגיית 'כבוד תלמיד חכם' עלתה למול עיניי בשיחותינו הראשונות; סוגיה שבה מתואר תהליך הלמידה שעשה רבא – מגדולי תלמידי החכמים בבבל, שיחד עם חברו ובר הפלוגתא שלו – אביי, הם 'עמוד השדרה' של התלמוד הבבלי.

נוסף על היותו תלמיד חכם עצום, עסק רבא בצורכי ציבור, בהיותו ראש ישיבה, דיין ומנהיג מופת של בנות ובני קהילתו במחוזא – עירו. לעניות דעתי, שילוב נדיר של חכמת תורה והנהגה אנושית הוא חלק מנקודות הדמיון שאני מוצאת בין שני מנהיגים אלה, ואותן אשתדל להמחיש במאמר זה.

ב. "אוקירו לנשייכו כי היכי דתתעתרו"[4]

'כבדו את נשותיכם כדי שתתעשרו' – במילים אלה הנחה רבא את קהילתו במחוזא. אמנם מטרת הנחייתו הייתה שימור, חיזוק והעמקת הקשר בין בני זוג, אולם נדמה שקריאתו יפה גם לתיאור אחד ממפעליו המרכזיים של הרב ריסקין.

כבר לפני שנים רבות הבין הרב שחפצן העמוק של הנשים בלימוד תורה הוא כן, אמיתי, ובעיקר – נובע מרצון לרכוש כלי חשוב נוסף לעבודת ה', שבכוחו לחזקה ולשבחה. זו הייתה הסיבה לכך שבמהלך שנות השמונים של המאה הקודמת פרש הרב ריסקין את חסותו על מדרשת הנשים, מייסודו של הרב חיים ברובנדר.

ומעשה שהיה כך היה: באחד מצומתי חייו זכה הרב ברובנדר להיפגש עם הרבי מלובביץ' זצ"ל, הרב מנחם מנדל שניאורסון, האדמו"ר השביעי של חסידות חב"ד. בפגישתם הורה לו האדמו"ר: "לא די בכך שאתה רק לומד תורה – עליך גם **לְלַמֵּד** תורה... עליך להקים מקום שבו יוכלו אנשים **שלא הייתה להם הזדמנות ללמוד** – לשבת וללמוד תורה".[5]

בהתאם להנחייתו של הרבי זצ"ל,[6] הקים הרב ברובנדר את 'ישיבת המבתר', וכסוג של השלמת המשימה החשובה הזאת – לאפשר למי שלא זכו עד עתה ללמוד תורה, לעשות זאת – הוא הקים מדרשה לנשים בירושלים, בשנת תשל"ו-1976.

המדרשה נקראה 'ברוריה', על שמה של ברוריה התנאית – בת ר' חנינא בן תרדיון,[7] תנא חשוב ומרכזי, מעשרת הרוגי מלכות, שמסר

4 בבא מציעא נט ע"א.

5 מתוך המאמר "כשהרבי שאל: האם חנות הירקות עדיין נמצאת שם?", באתר **בית חב"ד**.

6 בדומה לרב ברובנדר, גם הרב ריסקין יצא באמצע שנות השישים של המאה הקודמת בשליחותו החינוכית של הרבי להקים בקרב יהדות ברית המועצות מוסדות חינוך יהודיים מחתרתיים.

7 עבודה זרה יח ע"א.

נפשו על לימוד התורה, ואשת רבי מאיר[8] – מגדולי תלמידי ר' עקיבא, שמשנתו ההלכתית־מעשית מהווה את הבסיס למשנת רבי יהודה הנשיא. ברוריה הייתה תלמידת חכמים שזכתה להערכתם העמוקה של חכמי דורה[9] וחכמי הדורות הבאים.[10]

בתחילה למדו במדרשה בנות שהגיעו מחו"ל (בעיקר מארה"ב) לשנת לימודים בארץ ישראל, אולם במהלך שנות השמונים נענה הרב ברובנדר לפניית קבוצה קטנה של נשים ישראליות צעירות שומרות מצוות, ופתח עבורן מסלול ללימוד גמרא מקיף ומעמיק. בהעניקו מענה לרצונן העז של הנשים להעמיק ולהרחיב את ידיעותיהן במקורות המסורת של העם היהודי, יישם הרב ברובנדר את הנחיית רבא: "אוקירו לנשייכו" – הוקירו את נשותיכם.

אולם הדרך להשיג את ההבטחה 'כי כך תתעשרו' – נסללה בידי הרב ריסקין, בפריסתו את חסותו על המדרשה ובהכניסו אותה לרשת מוסדות "אור תורה סטון" שבהנהגתו. הרב הבין את פוטנציאל ההשפעה האדיר של נשים לומדות תורה, שבשקידתן תהפוכנה לתלמידות חכמים, השפעה שתוכר תוך שנים ספורות בתהליכים המתרחשים בתוככי החברה הציונית דתית, ובמעגלים רחבים יותר גם בחברה הישראלית.

כך התפתחו במדרשה מסלולי לימוד שונים. בחורות צעירות שעמדו לפני שירותן הלאומי או הצבאי, או לאחר שסיימוהו, זכו ללמוד תנ"ך בבקיאות ובעיון, וכן מקורות תנאיים, יסודות לימוד התלמוד, מאמרי מחשבה ואת בסיס מקורות ההלכה. מעבר ללימוד תורה לשמה – תהליך יקר ערך בפני עצמו שמעגלי השפעתו הולכים ומתרחבים – התפתחו במדרשה בשלבים מאוחרים יותר מסלולי הכשרה לנשים שהמשיכו את לימודיהן מעבר לתוכנית הבסיסית. כך נוצרה תוכנית המתמידות – שחברותיה זכו ללמוד גמרא בעיון

8 ברכות י ע"א.
9 תוספתא כלים (ב"מ) פרק א הלכה ו; תוספתא כלים (ב"ק) פרק ד הלכה יז.
10 פסחים סב ע"ב; **שו"ת בנימין זאב** סימן קיג; **שו"ת טוב עין** סימן ד, ועוד.

ובהעמקה במשך כמה שנים, התוכנית להכשרת הטוענות הרבניות בבתי הדין ועוד.

הרב ריסקין ידע שכאשר נקיים 'כבדו את נשותיכם' – כבדו את רצונן ללמוד תורה לעומק, כבדו את שאיפתן לסלול דרך נוספת בעבודת ה', כבדו את חזונן להפוך שותפות פעילות בהוויית בית המדרש, וכן כבדו את רצונן לרכוש כלים כדי ליטול חלק בשיח ההלכתי – נזכה גם בקיום ההבטחה 'כי כך תתעשרו!', נתעשר כולנו מתרומתן הייחודית של הלומדות לעיצובו של תהליך לימוד התורה ומהשפעתן הנובעת מחכמתן, רגישותן, ניסיון חייהן, תחומי לימודן ופעילותן של הלומדות, על אופיו של השיח ההלכתי. כל זאת בשל רצונן לחזק את התהליך החיוני כל כך בדורנו: "להבין ולהשכיל, לשמוע, ללמוד וללמד, לשמור ולעשות".

ג. "עושו בהדי הדדי, כי היכי דליהוי לכו שלמא במלכות"[11]

אכן, זכה עם ישראל להתעשר בבנות צעירות, המגיעות לתקופת שירותן את המדינה לאחר הקדשת חודשים ארוכים ללימוד תורה במובן הרחב של הביטוי. בנות שירות לאומי וחיילות, המקדשות שם שמיים בהתנהלותן הערכית, במסירותן למשימה שהן לקחו על עצמן, ובלימוד התורה שלהן במהלך השירות.

נוסף על כך, השיח הרוחני־הלכתי־מעשי מתעשר ממעורבותן הפעילה של הלומדות בתוכניות המיועדות למסיימות שנות השירות ובתוכנית מכון ההלכה במדרשה, ומבוגרותיה שחבשו את ספסליו בשנים עברו.

לשם המחשה, חלק מבוגרות המכון שותפות לשיח ההלכתי המבורך שמוביל ארגון 'בית הלל', הן כחברות בית המדרש ההלכתי של הארגון, המעורבות ביצירת המאמרים ההלכתיים החשובים מאין

11 בבא בתרא ט ע"א.

כמותם, הן כמשיבות לשאלות הלכתיות במדור 'משיבת נפש' באתר האינטרנט של הארגון. אין להתעלם מחלקן המשמעותי של לומדות המכון בשיח ההלכתי המתקיים ברשתות החברתיות, מעל דפי עיתוני המגזר, בפאנלים, בערבי עיון וכדומה.

אם במעגלי השפעה מוחשיים של תלמידות החכמים עסקינן, כאן המקום לתאר את תרומתן העצומה של הטוענות הרבניות בבתי הדין הרבניים, שרכשו את השכלתן ומיומנותן המקצועית בתוכנית ההכשרה שהתקיימה במדרשה. הטוענות המוכשרות (תרתי משמע) מסייעות עם כל הלב והנשמה לנשים הנאבקות על יציאתן ממערכת חיי נישואין מאמללת, תוך דבקות במשימתן המורכבת עד להשגת היעד הנכסף – שחרור האישה מכבלי נישואיה והענקת האפשרות לבניית מציאות חיים טובה יותר.

ארגון 'יד לאישה', שגם הוא חלק מרשת "אור תורה סטון", המאגד חלק מהטוענות – נשות המופת המושיטות יד מסייעת ומעניקות סיוע ותמיכה למי שמתקשה להתמודד עם מצוקות חייה – הוא עוד דרך להמחשת המלצתו של רבא לצאן מרעיתו: "במטותא מנייכו, עושו בהדי הדדי, כי היכי דליהוי לכו שלמא במלכות" – 'בבקשה מכם, עשו זה עם זה כי כך יהיה לכם שלום עם המלכות'.

רבא מדגיש בדבריו את חובת היחיד לדאוג לסיוע כספי לזולתו הנצרך לכך, אולם הרב ריסקין מרחיב במעשיו את המשמעות הטמונה בהנחייתו של רבא: פתחו מערכת של ערבות הדדית ביניכם, כך שמקבוצה של בודדים, הדואגים איש לעצמו, תהפכו לקהילה שבבסיסה ערבות הדדית אמיתית לכל אחת ואחד מחבריה, רגישות למצוקותיהם ודאגה למחסורם – כי רק בדרך זו תשיגו שלום עם המלכות.

רק קהילה השואפת להתלכד ולהפוך לגוף איתן, המחזק כל אחד מאיבריו, מבטיחה את יציבותה, כך שלא כל רוח רעה הנושבת לעברה תצליח להפילה, או חלילה לשבור את רוחה.

לעניות דעתי, תהליך מבורך זה עדיין בראשיתו ויש לצפות למעגלי השפעה נוספים של תלמידות החכמים, גם בתחומים שבהם הזכות לשמוע את קולן ולהיחשף לדעתן עדיין נדירה. כוונתי היא

למעורבותן החסרה בדיונים ובקביעת מדיניות בסוגיות חברתיות מורכבות בתוככי המגזר הדתי ומחוצה לו. סוגיות שנדרשת בהן רגישות למצוקות היחיד והיחידה וסלילת הדרך להענקת מזור, הנכחת נקודת המבט ההלכתית בסוגיות רפואה בכלל ורפואת נשים בפרט וכדומה. כמו כן, תפילתי־תקוותי לזכות בע"ה בעתיד במעורבות גבוהה יותר של חברותיי הלומדות בחיינו הציבוריים, אשר במסגרתם עולות סוגיות רחבות הדורשות הבנה רגישה של מציאות החיים המורכבת בארץ, ידע תורני רחב ומעמיק, יכולת הידברות עם קבוצות שונות באוכלוסייה ושאיפה ליצירת מרקם מאחד בין הקולות השונים הנשמעים ביחס לכל אחד מהנושאים הללו. בדומה לפעילותן של הטוענות הרבניות, יש לקוות שמעורבותן המעשית של תלמידות החכמים בסוגיות מעין אלה תשפיע לטובה ישירות ובעקיפין על חייהן של נשים רבות ושל יהודים המחויבים לתורה ומצוותיה, כמו גם אלה שאינם, אך כפופים לה מכוח חוק המדינה, כדוגמת סוגיית המעמד האישי, הנקבעת על פי החוק בהתאם להלכה.

לסיום חלק זה, יש להדגיש שעוד לא הגענו אל המנוחה ואל הנחלה. קיים מגוון רחב של משימות שיש למלאן בתחום החשוב של 'נשים לומדות, מלמדות, כותבות ודוברות הלכה'. כך למשל, ראוי ורצוי (כבר מזמן...) שמוסדות תורניים רבים, כאולפנות ומדרשות, יעמידו בראשם אישה – לכתחילה! – שאליה תוכלנה הלומדות הצעירות לשאת עיניהן, בתקווה ובידיעה שעם הרבה מאמץ, מסירות והשקעה הן תוכלנה להגיע להישגים לימודיים ואישיים דומים למנהיגה העומדת מולן.

מדרשת לינדנבאום, למשל, הייתה אמורה להיות המדרשה הראשונה שאישה תעמוד בראשה והצוות הבכיר המנהיג את המשך התהליך המבורך המתקיים בתוכה יהיה צוות נשים. תמוה שמקום המרים על נס בכל הזדמנות את קידום הנשים הלומדות, טיפוחן ופיתוחן, אינו רואה לעצמו חובה ליישם עקרונות אלה, בראש וראשונה במבנה ההירככי הקיים בו.

אולם, יש להדגיש שאין בהצבעה על השינויים החיוניים

הנדרשים במערך הלימוד וההוראה ב׳ישיבות הנשים׳, כדי להקהות את הזכויות הרבות של המובילות והמובילים אותו, התורמות והתורמים לו במוסדות "אור תורה סטון" ובמוסדות רבים נוספים ב"ה, ובהם במקום של כבוד – כבוד הרב שלמה ריסקין.

ד. "צורבא מרבנן דאיכא במתא - כל מילי דמתא עליה רמיא"[12]

נוסף על חזונו של הרב ריסקין ביחס לתהליך לימוד התורה של נשים וזכויותיו הרבות בהישגים שהניב התהליך, ראוי במאמר זה לייחד את המבט גם לדרך מנהיגותו הייחודית של הרב את צאן מרעיתו. מיום עלייתו ארצה, קביעת משכנו באפרת והתמנותו ל׳מרא דאתרא׳, מנהיג הרב ריסקין את נשות ואנשי קהילתו מתוך רגישות למצוקותיהם, אחריות למילוי צורכיהם, כיבוד רצונותיהם ושאיפותיהם, ונוסף על כל זאת – חינוך וטיפוח הדור הצעיר (המתחדש בכל עת...) בחום, באהבה, במסירות ובאכפתיות אמיתית.

הרב עוסק ׳בשפיר ובשליא׳,[13] באתגרים הנובעים ממציאות החיים, של הציבור ושל הבודדים המרכיבים אותו. בשבתו כבורר, למשל, המיישב סכסוכים בין אישיים, ללא מורא וללא משוא פנים, מתנהל הרב מתוך תודעה פנימית, שאותה היטיב רבא לתאר בתלמוד:

> אמר רבא: מריש הוה אמינא: הני בני מחוזא עירי, כולהו רחמו לי! כיון דהואי דיינא, אמינא: מינייהו סנו לי ומינייהו רחמו לי. כיון דחזאי דמאן דמיחייב ליה האידנא – קא זכי למחר, אמינא: אם מרחם – כולהו רחמו לי, אי מסנו – כולהו סנו לי.[14]

12 מועד קטן ו ע"א.

13 ברכות ד ע"א.

14 כתובות קה ע"ב.

תרגום והסבר: בהתחלה הייתי אומר (לעצמי): אלו בני מחוזא עירי – כולם אוהבים אותי! כיון שנעשיתי דיין, אמרתי (לעצמי): חלקם שונאים אותי (אלו שאני מחייבם בדין), וחלקם אוהבים אותי (היוצאים זכאים בדין). כיון שראיתי שמי שאני מחייב אותו עכשיו, אני מזכה אותו מחר – אמרתי (בליבי): אם אוהבים אותי – כולם אוהבים אותי, ואם שונאים אותי – כולם שונאים אותי.

המאירי על אתר בפירושו 'בית הבחירה' למסכת כתובות מסביר:

ותלמיד חכם שבעיר, שצרכי העיר מוטלין עליו, וכמו שאמרו במסכת מועד קטן: 'צורבא מרבנן דאיכא במתא – כל מילי דמתא, עליה רמיא' [=תלמיד חכם שנמצא בעיר (ומנהיג אותה) – כל ענייני העיר עליו מוטלים]. אף על פי שאוהבין אותו בני עירו, או ששונאין אותו – אינו נמנע מלדונם, **שאין אהבתם אותו אלא שאינו מוכיח כל כך בקושי, ובדברים המכאיבים, ומניח מקום לשלום.** ואין שנאתו אלא מצד שמחייב אי זה מהם בדינו, ומאחר שרואים שהיום מחייב פלוני ופלוני למחר – אף הם אומרים: **לא שנאה מעוררתו, אלא בנימוסיהון אינון עסקין** [=בהסדרת חייהם אנו עוסקים].

לעניות דעתי, לא יכול להיות תיאור ההולם יותר את דרכו של הרב ריסקין בהנהגתו הקהילתית. במהלך שנות היכרותי עימו נחשפתי פעמים רבות לתיאורים של נשים ואנשים המתפעלים מדרכו הייחודית ביישוב סכסוכים אישיים, בין אדם לזולתו ובין איש לאשתו, כמו גם בתהליכים שמטרתם הרגעת מתחים שנוצרו בקרב חברות וחברי הקהילות השונות באפרת. הרב קשוב לנקודת מבטם של כל אחת ואחד מהמעורבים במחלוקת, מנסה לרדת לסוף דעתם, להבין את התשתית העמוקה של חוסר ההסכמה ביניהם, ורק עם הבנת בסיס המתח שנוצר הוא מציע את הצעתו ליישוב אי ההבנה, הקונפליקט או הסכסוך שהתגלה.

בתיאור הגמרא את התנהלותו של רבא ב'סכסוך השוחטים' וב'עיבוד' האירוע לאחר מעשה בבית מדרשו, מצאתי כמה נקודות המעוררות למחשבה על דרך זו שבה מנווט הרב ריסקין את קהילתו. במהלך סוגיה שבה מתארת הגמרא את רשותם של חברי קהילה, או קבוצת בעלי מקצוע משותף לקבוע הסכמים מחייבים ביניהם ולהתנות שכל העובר על ההסכם – ייקנס, מסופר:

> הנהו בי תרי טבחי דעבדי עניינא בהדי הדדי, דכל מאן דעביד ביומא דחבריה נקרעוה למשכיה. אזל חד מנייהו עבד ביומא דחבריה, קרעו למשכיה. אתו לקמיה דרבא, חייבינהו רבא לשלומי. איתיביה רב יימר בר שלמיא לרבא: ולהסיע על קיצתם! לא אהדר ליה רבא. אמר רב פפא: שפיר עבד דלא אהדר ליה מידי, הני מילי היכא דליכא אדם חשוב, אבל היכא דאיכא אדם חשוב – לאו כל כמינייהו דמתנו.[15]

שני שוחטים עשו הסכם יחד, שכל אחד מהם ישחט רק ביום מסוים, וזה ייחשב 'היום שלו' – אבל לא ישחט ב'יום של חברו'. הוסכם ביניהם שכל העובר על ההסכם וישחט ביום של חברו – יקרעו את עור הבהמה ששחט (שאותו היו השוחטים מקבלים מבעל הבהמה והוא היה שווה ממון רב). לאחר זמן הלך אחד מהם ושחט ב'יום של חברו'. בהתאם להסכם ביניהם קרע החבר את עור הבהמה שנשחטה, כדי שלא יזכה בה השוחט שהפר את ההסכם.

באו שני השוחטים לדין לפני רבא, והוא חייב את השוחט שקרע את עור הבהמה, לשלם פיצוי לחברו ששחט לא ביומו, בניגוד להסכם.

כשנדון המקרה בבית מדרשו של רבא, שאל רב יימר בר שלמיא את רבא: הרי שנינו בסוגיה שרשאים בני העיר לתקן תקנות מחייבות ולקבוע קנס לעובר על אותן תקנות. מדוע אפוא החליט רבא לחייב

15 בבא בתרא ט ע"א.

את קורע עור הבהמה (שנשחטה על ידי השוחט שהפר את ההסכם), לפצות את אותו שוחט, והרי מפר ההסכם ידע שזה הקנס שיוטל עליו לאור התקנה שנקבעה?

הגמרא מציינת שרבא לא השיב לשאלת תלמידו. רב פפא, תלמידו המובהק, אמר שטוב עשה רבא שלא השיב לשאלה, משום שהתשובה לכאורה מובנת וברורה, בהתאם ל'אוקימתא' שהוא מעמיד, כפי שמסביר הריטב"א בחידושיו למסכת בבא בתרא:

> ואף על גב דההיא בבני העיר תניא [אף שהברייתא המאפשרת התקנת תקנות עוסקת בבני העיר], הא כל בעלי אומניות – בעניין אומנותן, כבני העיר בעסקי העיר חשיבי [הרי שההתאגדות בעלי אומנויות נחשבת כהתאגדות בני העיר, ביחס לעסקי העיר]. ואסיקנא דהני מילי דליכא [ומסיק אני שזה כאשר אין במקום] אדם חשוב, אבל **איכא** [אם יש] **אדם חשוב בעיר** – אין להם רשות לעשות שום תנאי זולתו, או מפני כבודו, או כדי שיראה שיעשו כראוי ושאין בו הפסד לבני העיר. וכי איכא אדם חשוב ולא היה עמהם – אין בגזרתם כלום ואפי' אין בו שום הפסד לבני העיר. ואי הוה אדם חשוב עמהם – תנאם קיים ואפילו יש בדבר הפסד לבני העיר, וכתב הר"ם הלוי ז"ל דאדם חשוב בזה... שהוא ממונה פרנס על הצבור.

רק כשאין מנהיג מובהק במקום רשאים בני המקום לנהוג כמתואר בסוגיה, אולם במקום שזכה להנהגת תלמיד חכם, כמו מחוזא עירו של רבא, אין בני העיר רשאים לתקן תקנות וליישמן בלא שהן תאושרנה על ידי מנהיג המקום. הציפייה מאיש תורה הרואה חובה לעצמו לשאת על כתפיו את הנהגת מקומו, היא הסתכלות על כלל צורכי המקום, על החוליות החלשות מחד גיסא ועל הכוחות החזקים שקיימים בו מאידך גיסא, ויביא בחשבון את מערך השיקולים החשובים בטרם תיכנס לתוקף תקנה שנועדה להביא לשיפור החיים במקום. כך אכן נפסק להלכה:

> רשאין אנשי אומניות לפסוק ביניהם שלא יעשה אחד, ביום שיעשה חבירו וכיוצא בזה וכל מי שיעבור על התנאי יענשו אותו כך וכך. במה דברים אמורים? – במדינה שאין בה חכם חשוב, לתקן מעשה המדינה ולהצליח דרכי יושביה, אבל **אם יש בה אדם חכם חשוב** – אין התנאי שלהן מועיל כלום, ואין יכולין לענוש ולהפסיד על מי שלא קיבל התנאי, אלא אם כן התנה עמהם ועשו מדעת החכם...[16]

תפקידו של מורה הדרך לקהילה הוא למנוע את השתלטות החזקים על החלשים, בעלי הממון על מעוטי היכולת, הרוב על המיעוט וכדומה, באופן שאיננו הגון. לכן, כל הסדר או תקנה בעיר חייבים לקבל את אישורו של החכם העומד בראשה. המתבונן על אופי הנהגתו של הרב ריסקין את חברות וחברי קהילתו, יכול להתרשם שהרב 'אימץ' את דרכו של רבא, כפי שדייק אותה רב פפא.

אולם דווקא בשל נקודות הדמיון העולות בין התייחסותו של רבא למשימות ההנהגה ובין דרכו החינוכית של הרב ריסקין, יש לתהות על רבא, שלא השיב לשאלת תלמידו.

בהתעלמותו משאלת תלמידו פעל רבא לכאורה בניגוד לקביעת הלל: "...אין בור ירא חטא, ולא עם הארץ חסיד, **ולא הביישן למד ולא הקפדן מלמד**".[17]

זאת ועוד, גם אם תלמיד שואל שאלה שהתשובה עליה פשוטה

16 משנה תורה, הלכות מכירה יד, י-יא.

17 אבות ב, ה. **רש"י**: "לא הביישן למד – אם הוא שותק שאינו שואל בהלכות ובשאר עניינים ישים ידו לפיו, כלומר לא ידע כלום".
רבנו יונה: "לא הביישן למד – מדת הבושת היא טובה בכל ענין לבד בלימוד... כי לא טובה הבושה בלימוד. וגם אין לתלמיד לומר: 'טיפש כמוני, איך אשאל דבר לפני חכם גדול בתורה ומפולפל בחכמה?! לא דעת ולא תבונה לי!' ואם כה יהיה משפטו כל הימים חכמה אליו מאין תבוא?!... נמצאת אומר שיש להן לשאול כל שאלה ולא יתבייש כדי שילמד הדברים. ולא הקפדן מלמד – אין צריך לרב שיהיה כעסן ולא רוחו קצר אך רוחב לב ומשיב לכל אדם בכל דבר שישאלו. גם כי יתקשו מלהבין תשובתו, יחזירה אליהם עד שירדו לעומקו של דבר".

ומובנת מאליה לכאורה, יכול הרב להשיב לו על שאלתו באופן ענייני ומכובד, ובכך יעניק הרב את המידע המדויק שנשזר בתשובתו גם לתלמידים נוספים שאולי אינם מבינים כדבעי את הכרעתו.

ולבסוף, אם אכן התשובה לשאלת רב יימר היא האוקימתא שהעמיד רב פפא, היוצרת אבחנה בין מקום שיש בו הנהגה ראויה למקום שלא זכה להנהגה כזו, האמנם יש בתשובה זו כדי לבייש את השואל?! האם תשובה זו אכן מובנת וברורה מאליה?!

ניתן לענות על שאלות אלה בדרכים שונות, אך יש לשים לב שבתלמוד אין כל הסבר מדוע לא השיב רבא לשאלת תלמידו. רב פפא הוא הקובע שטוב עשה רבא, והוא המסביר את המובן מאליו בעיניו. כך שניתן לשער השערות שונות ביחס לשתיקתו של רבא, החל מהאפשרות שהוא לא שמע כלל את שאלת רב יימר, עד להנחה שהוא אכן שמע את השאלה אך הייתה לו סיבה כבדת משקל שאיננה בהכרח הסיבה שהסביר רב פפא לכך שהוא לא השיב לו.

דווקא בהקשר שלנו, חרף נקודות הדמיון שתוארו בין דרכו המנהיגותית של רבא ל'אופי הנהגתו' של הרב ריסקין, חשוב להצביע על כך שבכל ההזדמנויות הרבות שבהן זכיתי ללמוד מפי הרב ריסקין (בשיעורים שלימד בביקוריו במדרשה, בשיעוריו במוסדות החינוך האחרים של הרשת, או בישיבות צוות שבהן זכינו ללמוד עמו) – בדרך כלל לא החמיץ הרב הזדמנות לדיאלוג פורה ומפרה, עם בעלות או בעלי קושיות, הערות, או התייחסויות לתוכן הדברים שלימד. כאיש חינוך אמיתי, בכל שאלה, תובנה או הרחבה של מי מהלומדות והלומדים עימו, רואה הרב אפשרות להעמקת הלימוד, להרחבתו וליצירת דרך נוספת להעניק לו משמעות קיומית.

לסיום ה'מסע' שעשינו, בהצביענו במאמר זה על קווי הדמיון והשוני בין דרך ההנהגה של רבא – גדול אמוראי בבל, ובין הרב שלמה ריסקין, דומה שאין דרך טובה יותר לתאר את דרכו של הרב ופועלו המבורך לאורך ימים ושנים, מהסברו של רבי מתתיה היצהרי (מחכמי ספרד בתחילת המאה החמש עשרה) את קביעת ר' ישמעאל במשנה: "הלומד על מנת ללמד – מספיקין בידו ללמוד וללמד. והלומד על

מנת לעשות – מספיקין בידו ללמוד וללמד לשמור ולעשות".[18] כך מסביר רבי מתתיה, בהסתמכו על דברי רבא:

> וכבר אמרו... 'מרגלא בפומיה דרבא [=שגור בפיו של רבא]: תכלית חכמה תשובה ומעשים טובים... שנאמר: 'רֵאשִׁית חָכְמָה יִרְאַת ה' שֵׂכֶל טוֹב לְכָל עֹשֵׂיהֶם תְּהִלָּתוֹ עֹמֶדֶת לָעַד'. 'לעושים' – לא נאמר, אלא ל'עֹשֵׂיהֶם' – לעושים לשמה, ולא לעושים שלא לשמה'.[19] ולזה אמר ר' ישמעאל, **שמי שלמד על מנת שילמד וירבה תלמידים ויגדיל תורה לעבודתו יתברך... – אמר שמחשבה זאת הטובה תסייעהו במלאכת שמים, שילמד בעניין שיהיה בקי ומפולפל ויזכה ללמד ולהעמיד תלמידים הרבה, והוא נקרא: 'למד תורה לשמה'. ויש מי שיש לו מעלה יותר גבוהה להיותו מתאווה לקיים המצות בידיים ולחזר אחריהם... אמר כי זכות כוונה זו יישירהו לשתי מעלות: להרבות גבולו בתלמידים, ולקיים המצות בידיו, ואפילו אותן שאינו מחוייב לחזר אחריהם.**

אשריך כבוד הרב שלמה הכהן ריסקין, שהנך זוכה להמשיך דרכם של אבותיך הכהנים: "כִּי שִׂפְתֵי כֹהֵן יִשְׁמְרוּ דַעַת וְתוֹרָה יְבַקְשׁוּ מִפִּיהוּ",[20] בהיותך לומד על מנת ללמד, מעמיד תלמידות ותלמידים הרבה, כדברי הנביא מלאכי: מאמין, חי ומקפיד לשמור ולעשות, כמי ש"תּוֹרַת אֱמֶת... בְּפִיהוּ", הפועל "בְּשָׁלוֹם וּבְמִישׁוֹר" לאורך ימים ושנים, בתחומים מגוונים ושונים למען תיקון עולם, מתוך צו פנימי עמוק: "וּבָנוּ מִמְּךָ חָרְבוֹת עוֹלָם...".[21]

יהי רצון שתזכה לחוות "אָז תִּתְעַנַּג עַל ה'", בבריאות טובה ובשמחה.

18 שם ד, ה.
19 ברכות יז ע"א.
20 מלאכי ב, ז.
21 ישעיהו נח, יב.

"חזית איש מהיר במלאכתו" – ר' חנינא מעלה אבן לירושלים

הרבנית בילי רבנשטיין (פיזם)

מדרש שיר השירים רבה נפתח ברצף של דרשות העוסקות בפסוק "חָזִיתָ אִישׁ מָהִיר בִּמְלַאכְתּוֹ" (משלי כב, כט). הדרשות מציינות דמויות שונות ומסבירות כיצד הן מבטאות באורח חייהן את דברי הכתוב. הדמויות הנדונות הן יוסף, משה, הצדיקים העוסקים במלאכת הקב"ה, ר' חנינא, ובחתימת היחידה – שלמה המלך. סדרן של הדמויות המצוינות בדרשה תמוה, שכן הן אינן מופיעות בסדר כרונולוגי. כמו כן ראוי היה להקדים את דמותו הקונקרטית של ר' חנינא לדמותם הכללית של "הצדיקים".

חתימת הדרשה בדמותו של שלמה המלך מובנת. אל דמותו של שלמה חתר הדרשן, תוך שהוא מגלגל דרשות שונות עד אליה. זאת משום ששלמה המלך הוא מחברה של מגילת שיר השירים, שבה יעסוק המדרש. שלמה המלך הוא דמות מורכבת שזכתה לביקורת לא מבוטלת בספרות חז"ל. המדרש פותח אפוא בהכשרת הדמות באמצעות הצבתה בשורה אחת עם גדולי עולם.

בין הדמויות הנדונות לאורך הדרשה בולטת בחריגותה דמותו

של ר' חנינא בן דוסא. ר' חנינא איננו דמות מקראית, בניגוד ליוסף, משה ושלמה. הדרשה עליו חריגה בין חברותיה בכך שהיא כוללת גם סיפור מעשה. במעשה זה נעסוק להלן:

ד"א: "חזית איש מהיר במלאכתו" – זה רבי חנינא,
אמרו: פעם אחת ראה אנשי עירו מעלים עולות ושלמים,
אמר: כולם מעלים שלמים לירושלים ואני איני מעלה כלום? מה אעשה?
מיד יצא למדברה של עירו, בחורבה של עירו, ומצא שם אבן אחת, יצא וסירקה וסתתה וכרכמה.
אמר: הרי עלי להעלותה לירושלים.
ביקש לשכור לו פועלים,
אמר להם: מעלים לי אתם את האבן הזאת לירושלים?
אמרו לו: תן לנו שכרנו מאה זהובים ואנו מעלים לך את אבנך לירושלים.
אמר להם: וכי מנין לי מאה זהובים או חמישים לתת לכם? ולא מצא לשעה.
מיד הלכו להם.
מיד זימן לו הקב"ה חמישה מלאכים בדמות בני אדם.
אמרו לו: רבי, תן לנו חמשה סלעים ואנו מעלים אבנך לירושלים, ובלבד שתתן ידך עימנו.
ונתן ידו עימם ונמצאו עומדין בירושלים.
בקש ליתן להם שכרם ולא מצאן.
בא המעשה ללשכת הגזית,
אמרו לו: דומה, רבינו, שמלאכי השרת העלו לך את האבן לירושלים.
מיד נתן לחכמים אותו השכר שהשכיר עם המלאכים.[1]

1 שיר השירים רבה, פרשה א, ד.

המעשה שלפנינו מתרחש לכאורה בזמן שבית המקדש קיים, שהרי הכול מעלים לירושלים עולות ושלמים. עיון מעמיק במעשה חושף כי הוא טומן בחובו רמיזות שונות לימים שלאחר החורבן. כך למשל, מיקומו של ר' חנינא ב"**חורבה** של עירו", וכן העלאת האבן לירושלים המרמזת לביטוי "בניית חורבה מחורבות ירושלים".[2] בגמרא במסכת ברכות מתואר ר' חנינא בן דוסא כתלמידו של רבן יוחנן בן זכאי,[3] ולפיכך ניתן להבין כי הוא בן דור החורבן. נתון זה הולם את הסיפור הנע על התפר שבין בניין לבין חורבן. מתאים לתלות מעשה הנוגע במעבר מ"עולם בנוי" אל "עולם חרב", בדמותו של אדם שאכן חווה בחייו מעבר קשה זה.

המסר העולה מן הסיפור ודאי מכוון אל העולם שלאחר החורבן: ר' חנינא יוצר סוג אחר של קרבן, חלופה לעולם המקדש, בדמות אבן שיגיש כשי לא-להיו. במעשהו זה הוא מלמד כי גם ללא קרבן שיוקרב על המזבח ניתן לעבוד את ה'.

גם התמונה החותמת את המעשה מרמזת לשינוי שיתחולל בעולם עם חורבן הבית: במקום להעניק את השכר למלאכים המסמלים התגלות ניסית וישירה, מעניק ר' חנינא את השכר לחכמים. בכך מרמז ר' חנינא לשינוי שיביא עימו החורבן: תנועה מבית המקדש אל בית המדרש – מהתגלות שמיימית-ניסית אל התגלות אנושית באמצעות החכמים לומדי התורה. לפנינו אפוא סיפור של הקדמת רפואה למכה: עוד טרם חרב הבית ייסד ר' חנינא אבן פינה לעבודת ה' גם ללא מקדש. אכן "איש מהיר במלאכתו".

ההקשר המקראי בספר משלי

מעשה החכמים שלפנינו, שגיבורו הוא ר' חנינא, מוסב על הכתוב "חזית איש מהיר במלאכתו". המעשה מתאר את זריזותו-מהירותו של ר' חנינא

2 ראו למשל בבלי, ברכות ו ע"ב.
3 עיינו בבלי, ברכות לד ע"ב.

במלאכת שמיים: הדבר ניכר הן ביציאתו מיד למדברה של עירו על מנת למצוא מנחה ראויה, הן בדחיפותו להעלות את קרבנו לירושלים, הן באופן הניסי של קפיצת הדרך שבעקבותיה מצא את עצמו בירושלים בן רגע. חזרתה של המילה "מיד" פעמים רבות במהלך הסיפור משדרת מהירות ותכיפות.

גם המשך הפסוק מתאים למעשה שלפנינו: הפסוק נחתם בהבטחה "לִפְנֵי מְלָכִים יִתְיַצָּב". ר' חנינא, שהזדרז להעלות את קרבנו המיוחד לבית המקדש, זכה להתייצב לפני מלכו של עולם, ואף זכה כי מלאכי השרת הם שסייעו לו במלאכתו.

מסתבר כי גם הקשרו של הפסוק בתוך הפרק בספר משלי נוגע בכמה נקודות העולות במעשה ר' חנינא:

אַל תְּהִי בְתֹקְעֵי כָף בַּעֹרְבִים מַשָּׁאוֹת.
אִם אֵין לְךָ לְשַׁלֵּם לָמָּה יִקַּח מִשְׁכָּבְךָ מִתַּחְתֶּיךָ.
אַל תַּסֵּג גְּבוּל עוֹלָם אֲשֶׁר עָשׂוּ אֲבוֹתֶיךָ.
חָזִיתָ אִישׁ מָהִיר בִּמְלַאכְתּוֹ לִפְנֵי מְלָכִים יִתְיַצָּב בַּל יִתְיַצֵּב לִפְנֵי חֲשֻׁכִּים.[4]

ראשית כול, מושך את העין הכתוב "אם אין לך לשלם" (פסוק כז) המהדהד לחלקו השני של הסיפור שבו ר' חנינא אינו יכול לעמוד בדרישת התשלום של הפועלים – "אם אין לך לשלם...".

הפסוק הקודם, פסוק כו, נראה קשור לפתיחת הסיפור: "אל תהי בתוקעי כף בעורבים משאות". רש"י על אתר מפרש "משאות" – הלוואות. לדבריו, הכתוב ממליץ שלא להיות שותף להלוואות ולערבויות. בביאורו לספר משלי מוסיף כאן הרב שטיינזלץ: "גם אם אתה מוקף באנשים שחותמים ומתחייבים, כדי להתפאר או מסיבה אחרת, אל תיכנע ללחץ החברתי. שים לב לאפשרויותיך, וזכור שאינך חייב להתחייב". זו תמונת הראי לתסכולו של ר' חנינא בתחילת

4 משלי כב, כו-כט.

המעשה: "אמר: כולם מעלים שלמים לירושלים ואני איני מעלה כלום?!". תגובתו של ר' חנינא למראה שכניו ובני עירו המעלים קרבנות לירושלים, עומדת בסתירה להוראת הכתוב. על פי האמור בפסוק, ר' חנינא, שאין לו דבר לתת למקדש, אינו אמור להתקנא בשכניו ואינו אמור להיכנע לדרישה החברתית להעלות דבר מה לירושלים כאשר אין לו דבר לתת.

לאחר שעמדנו על הפער בין פסוק כו לסיפור המעשה, ניתן לזהות פער דומה גם בפסוק כח: "אל תסג גבול עולם אשר עשו אבותיך". רש"י מפרש את הכתוב בשני פירושים, האחד בנוגע להשגת גבול פיזי – פלישה לתחומו של הזולת, והשני בנוגע להסגת גבול מבחינה רוחנית: "אל תסג אחור מנהג אבותיך" – אל תשנה ממנהג אבות, מן הגבולות שתחמו הדורות הראשונים עבור הדורות הבאים. רעיון זה עומד בסתירה לחידושו של ר' חנינא, המחדש אפשרות לעבודה אחרת, העלאת אבן למקדש, במקום העבודה שנהגו בה אבותיו, עבודת הקרבנות.

כך, מחד גיסא משתלב הפסוק היטב בהקשרו הרחב בתיאור דמותו של ר' חנינא המהיר במלאכת שמיים, אך חסר היכולת לשלם בעבורה. מאידך גיסא הסיפור כולל מעשים והתנהגויות שאינם עולים בקנה אחד עם הנחיותיהם של הכתובים שאין להתקנא בסביבה, אין להיגרר להרפתקאות כלכליות ואין לשנות ממנהגי אבות ומחוקיהם.

"אבן מאסו הבונים": מוטיב האבן הסיפור

על מנת להבין את מעשה "הסגת הגבול שגבלו ראשונים" שעשה ר' חנינא, יש לעיין במוטיב האבן ולהבינו בהקשריו הרחבים.

האבן היא אלמנט פשוט ביותר, פשוט אך יציב. לא קל להזיזה ממקומה, והראיה לכך בסיפורנו היא הצורך בשישה אנשים על מנת להעלותה לירושלים. כאשר בחר ר' חנינא להעניק למקדש במתנה דווקא אבן, הוא העלה עימו לירושלים את התקווה לקביעות ויציבות, גם בעולם שינשבו בו רוחות אחרות. את האבן לא נקל יהיה להזיז

ממקומה. היא עתידה להישאר נטועה, גם כשהמציאות מסביב תסער. מבחינה הלכתית אבן אינה מקבלת טומאה;[5] היא משמרת את מצבה הטהור גם כשסביבתה נטמאת. גם משמעות זו רלוונטית להבנה כי סיפורנו מכין את שומעיו לתקופת חורבן וריחוק מה', ונושא בכנפיו נחמה: גם בעולם שכולו טומאה, ניתן לשמר את מקומה של הטהרה. ישנם חומרים שטומאה לא תדבק בהם לעולם. נוסף על כך, עצם התמונה הריאלית של אבן המועלית לירושלים מהדהדת לתמונת בניית העיר ושיקומה מהריסותיה.

ניתוח מוטיב האבן על משמעויותיו השונות מכוון אותנו להבנה כי גם אם חידושו של ר' חנינא בדבר עבודת ה' ללא קרבן הוא חידוש, הרי זה חידוש הנחוץ לעם ישראל מבחינה קיומית. אם לא יקדים ר' חנינא רפואה למכה ויקבע כי ניתן לעמוד בקשר עם ריבונו של עולם גם ללא תלות בעבודת הקרבנות, ייוותרו חלילה בני עמו לאחר החורבן ללא כל יכולת לעבוד את ה'. כך ניתן להבין מדוע מסיג ר' חנינא גבול שגבלו אבותיו. אין זו אלא חוסר ברירה, והוא מכריע כי "עת לעשות לה' הפרו תורתך".[6]

תשתית מקראית

מעבר לאסוציאציות שמעוררת בנו תמונת האבן הפיזית, יש לתת את הדעת גם לקונוטציות המקראיות של מוטיב האבן. עלינו לזכור כי בעולמם של חז"ל התשתית המקראית היא חשובה ורבת משמעות. האבן היא מוטיב חוזר בפרשת ויצא. היא מופיעה בפרשה בשלושה הקשרים: בראשיתה כאשר יעקב מניח את ראשו על אבן ולאחר מכן הופך אותה למצבה – מזבח; בפעם השנייה מופיעה האבן הגדולה שעל הבאר בחרן שיעקב גוללה; בחתימת הפרשה מופיעה שוב אבן – גלעד, שיעקב מקים למצבה בינו ובין לבן.

פרשת ויצא היא פרשת צאתו של יעקב לגלות. האבן מהווה

5 ספרי במדבר פרשת חקת פסקא קכו; בבלי, שבת נח ע"א, ועוד.
6 תהילים קיט, קכו. וראו שימושו של הכתוב בדרשה במשנת ברכות פ"ט מ"ה.

עבורו הבטחה ליציבות וחיבור לאדמה על אף התלישות שבמצבו הנוכחי. האבן־מצבה־מזבח בפרשת גלותו של יעקב אבינו מהווה תזכורת מתמדת לבית שנעזב ולשיבה המובטחת. היא מספרת שעל אף הנדודים יש ליעקב יתד נעוצה באדמת הארץ. משמעות זו של מוטיב האבן חשובה מאוד במעשה ר' חנינא, המכין את שומעיו לחורבן וליציאה לגלות נוספת. בהעלאת האבן הוא מבטיח להם כי מעשה אבות סימן לבנים. כשם שאבינו שב מגלותו, כך עתידים גם אנחנו לשוב, וכשם שאבינו נותר מחובר לאדמתו, כך נישאר מחוברים גם אנו.

תשתית מקראית נוספת: סיפורי אברהם אבינו

עיון מעמיק מגלה כי בין השורות מבצבצת בסיפורנו גם דמותו של אברהם אבינו. ראשית, ניכר הדבר באמצעות דמותם של המלאכים הבאים לסייע לר' חנינא בעת מצוקתו. המלאכים נדמים לר' חנינא כבני אדם, פועלים פשוטים. זהו הדהוד לדרשת חז"ל על המלאכים שנדמו לאברהם כערבים ובאו אליו משום שהצטער שאינו זוכה לקיים מצוות הכנסת אורחים.[7] גם בסיפורנו נדמים המלאכים לר' חנינא כבני אדם, וגם הם מסייעים לו בעת צערו על שאינו זוכה לקיים מצווה.

דברי ר' חנינא לקבוצת הפועלים הראשונה, המסרבת בסופו של דבר להעלות עבורו את האבן, מסורבלים וזוקקים בירור. הפועלים נוקבים את שכרם: מאה זהובים. בתשובה אמר להם ר' חנינא: "וכי מנין לי מאה זהובים או חמישים לתת לכם?" מדוע ציין ר' חנינא את סכום חמישים הזהובים, שלא עלה כלל כאפשרות בדברי הפועלים? דבריו של ר' חנינא מזכירים את התמודדותו של אברהם עם הקב"ה בוויכוחו להצלת סדום: "אוּלַי יֵשׁ חֲמִשִּׁים צַדִּיקִם בְּתוֹךְ הָעִיר... אוּלַי יַחְסְרוּן חֲמִשִּׁים הַצַּדִּיקִם חֲמִשָּׁה... אוּלַי יִמָּצְאוּן שָׁם אַרְבָּעִים...".[8]

הדהוד נוסף לדמותו של אברהם הוא המספר חמש. מספר זה מופיע בסיפור כסכום הכסף שדרשו המלאכים בשכר מלאכתם, ואשר

7 ראו בראשית רבה פרשה מח, א.

8 בראשית יח, כד–כט.

אותו העניק בסופו של דבר ר' חנינא לחכמים. המספר חמש מרמז למספר חמש במלחמת המלכים שבה נחלץ אברהם להצלת לוט בן אחיו. זאת ועוד, בסיומה של מלחמה זו פגש אברהם את מלכיצדק מלך שלם, ובסיפורו של ר' חנינא ירושלים היא יעד מסעו ואליה יגיע בסופו.

ירושלים היא גם הקישור הדרמטי לדמותו של אברהם בסיפורנו. זהו המקום המשמעותי בסיפורו של ר' חנינא. אליה הוא שואף ובה יגיש את מתנתו לא־להיו. גם אברהם אבינו צעד בדרך זו; גם הוא עלה לירושלים אל הר המוריה, מקום המקדש, על מנת להקריב שם את היקר לו מכול. אברהם עלה לירושלים על מנת להעניק בה לה' את מתנתו – יצחק בנו. ר' חנינא עלה לירושלים על מנת להעניק בה את מתנתו – האבן שסיתת וכרכם.

תובנה זו מחדדת ומעמיקה את מעשהו של ר' חנינא. אברהם אבינו בסופו של דבר לא עקד את בנו בהר המוריה, אלא הקריב תמורתו איל. במעשה זה מלמד אברהם לדורות כי ניתן ליצור חלופות בתוך עולם הקרבנות: איל תמורת יצחק, קרבן בהמה תמורת קרבן אדם. נראה כי כך יש להבין גם את מעשה העלאת האבן של ר' חנינא. ר' חנינא כבן דמותו של אברהם מלמד אף הוא כי בעולם הקרבנות ישנו מקום לתמורה. אברהם העלה איל תמורת בנו, ר' חנינא מעלה אבן תמורת קרבנו. חידושו של ר' חנינא איננו חידוש הלכתי יש מאין אלא למעשה המשך דרכם של האבות. אברהם הוא שגילה כי בעולם הקרבנות תיתכן החלפה, ור' חנינא משכללה.

בתחילת הדברים תהינו כיצד מתיישבת דרישת הכתוב במשלי "אל תסג גבול עולם אשר עשו אבותיך", עם החידוש ההלכתי שחידש ר' חנינא בהביאו אבן כקרבן. הצענו כי ר' חנינא פעל בניגוד לכלל מתוך חוסר ברירה: "עת לעשות לה' הפרו תורתך". כעת נראה כי ר' חנינא איננו מפר את התורה כלל וכלל. במעשהו אין כל הסגת גבול, כי אם הליכה בדרכי אבות. זאת מתוך דיוק והבנת הגבול שגבלו ראשונים לעומקו. אברהם שמע את המלאך שקרא אליו: "אַל תִּשְׁלַח יָדְךָ אֶל הַנַּעַר

וְאַל תַּעַשׂ לוֹ מְאוּמָה".[9] הוא מאזין ומבין כי התביעה שמפנה אליו הקב"ה היא אחרת, שונה ממה ששמע כשיצא לדרך. ר' חנינא למד מאביו אברהם כי יש להאזין למציאות רוב קשב ולהיעתר לקריאה הבוקעת ממנה. כך בימים של ערב חורבן הוא מסוגל לחדש סוג נוסף של עבודת ה'; עבודה שאינה תלויה במקדש ובמזבח, ויכולה להיות צידה לדרך ארוכה ולמסע של גלות. אברהם חידש חידוש עצום בעבודת ה'. הוא לימד את בני דורו כי ניתן ורצוי לעבוד את הא־ל ללא קרבנות אדם. ר' חנינא בנו המשיך את דרכו וחידש חידוש נוסף. לשיטתו ניתן לעבוד את ה' גם ללא קרבנות כלל, ובלבד שהדבר נעשה לשם שמיים.

אבן ולא תפילה?

ביסודו של מעשה זה עומדת אם כן ההבנה כי חורבן המקדש מחייב יצירת עולם חדש בעבודת ה'. בחירתו של ר' חנינא לסתת אבן ולהביאה למקדש היא בחירה תמוהה. מעשה זה אינו נקשר עם שום פרקטיקה הלכתית מוכרת מעולמם של חכמים. ניתן היה לצפות כי יעמוד לפנינו סיפור שיעסוק באחת מן המצוות המוכרות. בייחוד מפתיעה העובדה שסיפור זה העוסק בחיים ללא מקדש, אינו מאזכר כלל את מוסד התפילה ואת המזור שהביא לעבודת ה' לאחר חורבן הבית.

ייתכן כי בחירתו של הסיפור דווקא באבן קשורה למשמעויותיה הסימבוליות של האבן, המסמלת יציבות וחיבור לארץ, כפי שתיארנו לעיל. נוסף על כך, סיתות אבן הוא פעולה פיזית, מעשית מאוד. בכך יוצר ר' חנינא חלופה לעולם עבודת המקדש שגם היא עבודה של ממש, מעשה, ולא מילים בלבד. הסיפור נוגע בריק מסוים שיצר עולם התפילה. בעולמה של התפילה, עולם של "נשלמה פרים שפתינו" – פועלות רק השפתיים. שאר חלקי הגוף מתרחקים מקונם ומתנתקים ממנו. ר' חנינא מעוניין בקשר של ידיים, קשר של עשייה. המדרש חורג ממנהגו

9 בראשית כב, יב.

המינימליסטי[10] ומאריך בתיאור יצירתה של האבן באמצעות ארבעה פעלים שונים, המודגשים באמצעות ו' החיבור החוזרת ביניהם: "יצא וסירקה וסתתה וכרכמה". בתיאור זה אנו חווים עם ר' חנינא את כל שלביה של יצירת האבן. גם המילה 'יד' חוזרת פעמים אחדות בסיפור, ומדגישה את חיבורו המעשי והפיזי של ר' חנינא ליצירה שיצר. בכך מודגש הפער בין חלופה של תפילה שבה "רק השפתיים נעות", ובין החלופה שיצר ר' חנינא עבור בני דורו: חלופה של ידיים, עבודת ה' בכל גופו.

ועדיין נותרה קושיה במקומה: מדוע מתאר הסיפור עשיית מצווה שאין לה אח ורע בעולם ההלכתי? מדוע לא יתאר הסיפור את קיומה של מצווה מוכרת?

יתכן כי בכך נתן ר' חנינא מקום בעולמן של תרי"ג מצוות ברורות וגדורות גם לממד האישי, המתנדב, הפורץ גדרות. מבחינות מסוימות ייתכן כי ר' חנינא אכן "הסיג גבול אשר עשו ראשונים", יצר מצווה חדשה יש מאין. נראה כי מגמת הסיפור היא ללמדנו כי חידוש זה לא נוצר על מנת לפרוץ את הגדר בבחינת "פורץ גדר ישכנו נחש".[11] אדרבא! ר' חנינא פרץ גדר על מנת לקיימה. הוא סירב לתחום את עשייתו לשם שמיים בד' אמות של הלכה בלבד. בהלכה שהוא מחדש, במצווה התרי"ד שלו, הוא הופך את עולם המצוות לשדה של עשייה וולנטרית, שאינה מוגבלת בשום גבול. זאת, לא על מנת להשיג גבול ולפורצו, אלא על מנת לקיימו.

"אבן מאסו הבונים הייתה לראש פינה"

נראה כי רוח הכתוב "אֶבֶן מָאֲסוּ הַבּוֹנִים הָיְתָה לְרֹאשׁ פִּנָּה",[12] מרחפת אף היא על פני הסיפור, ועל מנת לפענחו עד תום יש לעיין גם בכתוב

10 ראו: ע' רווה, "המינימליזם", **מעט מהרבה: מעשי חכמים מבנים ספרותיים ותפיסות עולם**, באר שבע תשס"ח, עמ' 25–55.

11 קהלת י, ח.

12 תהילים קיח, כב.

זה. הכתוב מתאר כיצד האבן שהייתה בזויה ונמאסת, תהפוך לאבן שהבניין כולו נשען עליה. עם חרב ובזוי[13] ועיר חרבה ובזויה עוד יקומו מאפרם. בכך נושא הסיפור תקווה גדולה בדבר עתידה של העיר החרבה. ר' חנינא יצא למדברה של עירו, לחורבה של עירו, מקומות שוממים והרוסים. דווקא שם מצא אבן ואותה העלה לירושלים. ר' חנינא רומז כי מתוך החורבה עוד עתידה לצמוח אבן הפינה.

בסיפור בולט ההכרח בעשייה אנושית על מנת להביא לטוב. ר' חנינא הוא שעיצב את האבן במו ידיו, באהבה רבה ומתוך מסירות עמוקה. המלאכים דרשו שייתן ידו עימם בהעלאת האבן לירושלים. אם לא ייתן הוא את ידו עימם, הם יסרבו להעלותה לירושלים. נראה כי במעשה זה מלמד ר' חנינא כיצד תיבנה החורבה. הוא קורא לבני דורו שלא לשבת בחיבוק ידיים ולחכות שחורבתם תיבנה עבורם. הוא מציב תביעה נוקבת לתת יד ולבנות את העיר החרבה. לא ייתכן לשיטתו לשאת תפילה חרישית. יש לקום, לסתת, לכרכם ולהפוך אבן נמאסת לראש פינה – "חזית איש מהיר במלאכתו".

13 ראו רש"י על אתר.

ברכה לרב שלמה ריסקין

השופט פרופ׳ אליקים רובינשטיין

זכות מיוחדת ומרגשת היא לברך את הרב שלמה ריסקין לאוי״ט בגבורותיו. הרב ריסקין, אין חולק, הוא דמות מיוחדת במינה. אחרי שנות הנהגה מוצלחת בקהילה משגשגת מן האורתודוכסיה המודרנית הציונית בניו יורק, שנים שבהן גם פעל למען יהודי ברית המועצות דאז, עשה מעשה שלא רבים עשו כמוהו – לא רק שעלה ארצה ב־1983, אלא היה שותף מרכזי להקמתה ולפיתוחה של עיר בישראל, לא פחות, הלא היא אפרת בגוש עציון, והנהיג אותה רוחנית כרב היישוב לאורך כל השנים. שנית, הקים רשת חינוך ציונית דתית מרשימה ומגבירת חיל, ״אור תורה סטון״, שתחת כנפיה מוסדות רבים אשר לכולם מטרה אחת – הקמת דור שישלב תורה, חיי מעשה בחברה יהודית מודרנית וחיבת הארץ.

באופן אישי הייתי במקצת על ערישת חוות הדעת המשפטיות בקשר להקמת אפרת בעת שירותי בייעוץ המשפטי למערכת הביטחון באמצע שנות השבעים למאה הקודמת, כאשר משה מושקוביץ הבלתי

נלאה "גייס" את חיים ישראלי איש משרד הביטחון הזכור לטוב לתמיכה במיזם. הרב ריסקין הביא לשם בהמשך הן יהודים מקהילתו הן אחרים, שאהבת הארץ הייתה בנשמתם. יכולתו הרב־תחומית וסגולותיו כרב ידען ופוסק הקשוב לרוח העידן מזה, כאיש חינוך מצעירותו מזה, וכמנהיג מקרב לבבות מזה – עמדו לו במפעליו.

יצחק רבין עליו השלום היה נוהג לבחון מפעלים ומעשים ב"מבחן התוצאה", כלשונו. מבחן התוצאה של הרב ריסקין מדבר בעדו, והוא – לא ייתכן חולק – יוצא דופן מכל בחינה. המביט אל אפרת הפורחת בלב גוש עציון, אינו יכול שלא לקרוא עליה את דברי הפסוק "ופחד ורחב לבבך". המכיר את הבוגרות והבוגרים של מפעלי "אור תורה סטון" אינו יכול שלא להתגאות ולומר "אשרי מי שגידל את אלה". כתביו של הרב ריסקין, דברי התורה וספרו האוטוביוגרפי, מעידים על יכולתו להכיל, להבין ולקדם כל יהודי. אנו שומעים על פעליו גם ממחותנינו, מוותיקי אפרת, משפחת שולמית ושם טוב יששכר, שבפיהם שבחי הרב ריסקין, אשר גם זכינו שבירך בעלייה לתורה את חתננו שחר יששכר לכבוד כלולותיו עם בתנו שלומית.

אאחל לרב ריסקין מקרב לב בריאות, אריכות ימים, נחת וסייעתא דשמיא להמשיך בפעלו. "עוד ינובון... דשנים ורעננים יהיו", וגבורות כפשוטן.

מפגש בין דתי מנקודת המבט של המחשבה היהודית

הרב שראל רוזנבלט

לכבוד מו"ר הרב שלמה ריסקין
שלימדני כיצד סוד העמקת השורשים בארץ ישראל
והגברת אהבת ישראל
נעוץ באהבת כל אדם באשר נברא הוא בצלמו כדמותו.

א. פרולוג

לאחר שנים כתלמיד של הרב מנחם פרומן זצ"ל ויבדל"א מו"ר הרב ריסקין, יצאתי גם אני לבדוק ברצינות את שדה הפעילות הענף של המפגשים בין דתות. מודה ומתוודה שלא תכננתי את זה, אך יד ההשגחה (בדחיפת מורי ורעי הרב שלמה וילק) הקרתה בפניי הזדמנות פז. שמתי פעמיי לכנס בין-לאומי באוניברסיטת דרו (Drew), ניו ג'רזי.

לכנס הגיעו מנהיגים דתיים וחברתיים מ'מדינות קונפליקט', כך על פי ההגדרה הרשמית של יוצרי הכנס. אכן, אנחנו נמנים בעיניהם על רשימה פחות מחמיאה לצד פקיסטן, אינדונזיה, ניגריה, מצרים ועוד. המשותף לכולם הוא שהם מזהים בדת לא רק מוקד של סכסוך ובעיות

אלא גם שפה שאפשר דרכה להביא מזור למלחמות וקונפליקטים ולסייע במניעת שפיכות דמים, כי רבה היא עד מאוד.

לפני צאתי את הארץ חזרתי ולמדתי שוב על נצרות ואסלאם, ומה סבור הרב קוק זצ"ל ומה יש לרב אשכנזי (מניטו) להוסיף בסוגיה. ניסיתי לנסח מחשבות לכל סוגיה ותשובה לכל קושיה.

הלימוד המקדים שלי והתשובות שהכנתי מראש אכן שימשו אותי נאמנה. אך גם להם הייתה מגבלה. שכן, לא הרי הנוצרי המתודיסט כחברו הקתולי ולא הרי הקתוליות האירופאית כהרי חברתה מדרום מזרח כדור הארץ. שונה הוא עד מאוד האסלאם המזרחי מזה הערבי. ככל שהתקדם הסמינר וההיכרות העמיקה, נחשפה בפניי תמונה אמיתית יותר של עמיתיי החדשים. אט אט הלכה והתגמשה הקשיחות הסטריאוטיפית על נצרות ואסלאם שעמה יצאתי למסע. אכן הנוצרים מאמינים בחטא קדמון שטבוע בכל אדם ולגביהם אין משמעות למצוות במובן היהודי, אכן גאולה נקבעת במידה רבה על פי אמונה באותו האיש – דברים שליבי היה צר מלהכיל ולקבל – אולם לא היה בהם בוז לעולם הזה ולגוף האדם; הייתה בהם אכפתיות גדולה למוסר ולדרך הישר הן במישור האישי והקהילתי הן במישור הפוליטי והעולמי, והם רואים בכך לא רק 'מוסר אנושי' אלא 'חובה דתית'.

ככל שנחשפתי לצורות שונות של אדיקות דתית ומחשבות אחרות על עשיית צדק והתארגנות קהילתית שמבקשת טוב וחסד, חשתי מחד גיסא כי שורשי אמונתי בתורת ה' ובמסורת ישראל סבא הולכים ומעמיקים, ומאידך גיסא מצאתי את ליבי מתרחב ואוהב. חשתי כי הניצוצות הקדושים אכן התפזרו גם על מי שחשבתי כי רחוק הוא ממוקד הקודש העולמי, תורת ישראל ומקום המקדש.

לאורך השנים אחר כך, כאשר התפתחתי בתחום זה וליוויתי אנשים ונשים, ובהם תלמידי חכמים, במפגשים הראשונים שלהם עם בני דתות אחרות, ראיתי כיצד צפים אצל חלקם סלידה וריחוק, אטימות אוזניים ולב. הם לא ראו בדתיות של זולתם דבר הראוי להערכה; לכל היותר חשו חמלה.

תהיה התגובה הרגשית אשר תהיה, אלו גם אלו צריכים לשאול

את השאלות המחשבתיות, התיאולוגיות, וממילא גם הרגשיות, שבהן אדון במאמר זה: כיצד להגיב ומה יש לחשוב על דתיות של אדם בעל דת אחרת? האם יש לנו מה ללמוד ממנו, או שמא עלינו לחוש שהוא רחוק מן האמת ולנסות לבקר אותו? האם דתות אחרות מתחרות זו בזו באופן מהותי או שמא יכולות הן לשכון זו לצד זו ואף לכרות ברית ביניהן? האם המשמעות של 'דת אמת' היא שהשאר הן שקר, והאם דת א־להית מוכרחת להיות אחת ויחידה? כיצד יש לחשוב ולחוש כאשר נחשפים לאופן שבו הברית החדשה ביקשה להמשיך את דבר ה' המתגלה בתנ"ך, או לסיפורי התורה ששונו ושובצו לאורך הקוראן? כיצד להתייחס לאותם מנהיגים שהזולת רואה בהם נביאים? מתוך כך, האם שיח ומפגש בין דתי הוא בכלל מיותר או שמא נאמר שהוא הכרחי?

בשאלות אלו דן המאמר שלפניכם ומבקש לתת להן מענה מנקודת מבט של מחשבה יהודית.

שאלה חשובה ומהותית שעשוי השואל לשאול היא מדוע להשתתף במפגשים עם אנשים מדתות אחרות, מה המוטיבציה ליזום כנסים כאלה ולקחת חלק פעיל בהם? לשאלה זו ראוי להקדיש מאמר שלם אך היא חורגת מגבולות הגזרה של מאמר זה. נוכל רק לומר בקצרה את הדברים הבאים.

ראשית כול, הבחירה הזו נובעת מההבנה שאנו חיים בעולם גלובלי שמפגיש רעיונות ואינטרסים כל הזמן. תנועה דתית, רוחנית או תרבותית בקצה אחד של העולם עשויה להשפיע על כולנו. המחשבה על יצירת בועה מדומיינת שתיוותר סטרילית היא כמעט בלתי אפשרית וגם לא כדאית. כמו כן, היכולת שלנו לתת מענה הולם לאתגרי השעה מול ההתפרקות בחברה פוסטמודרנית מחד גיסא ומול האלימות הדתית הגואה בכל העולם מאידך גיסא, תגדל באמצעות שיתופי פעולה בין דתות. בפרט נכון הדבר במדינת ישראל שבכוחן של שיחות מעין אלו להשפיע על הפחתת האלימות ושפיכות הדמים. אך הסיבה השורשית יותר קשורה בהבנה שהגלובליזציה שלפנינו מהווה פלטפורמה טכנולוגית ומעשית עבור מימוש חזון השלום הגדול של נביאי ישראל.

לא רק שלום על דרך השלילה, היינו שלא תהיינה עוד מלחמות, אלא במובן הפוזיטיבי: "כי ביתי בית תפילה יקרא לכל העמים"; קיום מפגש אמיתי בין אנשים, בין דתות, במאמץ משותף לקידום האדם והעולם, ויכולת להפוך את העולם שלנו להיות ראוי להשראת שכינה. הייעוד הגדול של אברהם אבינו "ונברכו בך כל משפחות האדמה" אינו רק עניין סגולי־מטפיזי אלא ברכה שעוברת בדיאלוג במפגש פנים בפנים. זאת ועוד, המפגש נותן אמון בהפריה הדדית, שבכל מפגש יש פוטנציאל של למידה, של צמיחה. עבור הרמב"ם (כפי שנראה להלן) יהיה זה הצו של שמיעת האמת ממי שאמרה; עבור הגרי"ד סולובייצ'יק תהיה זו הבנה טובה יותר כיצד להתמודד עם אתגרי השעה והדור; ואילו אצל הרב קוק תהיה זו היכולת ללמוד ולהבין טוב יותר את התפקיד של עם ישראל ואת משמעות עבודת ה' שלנו:

> מכל הזרמים הרוחניים השונים שבחללו של עולם האנושי, נמצא שורש בכנסת ישראל... ובגלל זה אי אפשר כלל שנעלים עין מכל זרם, בבואנו לברר את כח הרוחני של כנסת ישראל, "הכלה", "דכלילא מכל גוונין".[1]

הדרך לצמיחה והבנה טובה יותר של עבודת ה' של כנסת ישראל תגיע על ידי פקיחת עין והכרה ומפגש בזרמים שונים של הרוח שנמצאים בחללו של העולם האנושי, באשר הם עשויים לבטא את האמת הא־להית השלמה יותר.

לשאלות שעולות מכאן, הקושיות, הסכנות והזהירות שיש לנקוט, עלינו להקדיש, כאמור, מאמר נפרד.

מאמר זה מבקש להעמיק במשנתם של הרמב"ם והראי"ה קוק. הבחירה להתעמק בשני גדולים אלו, מעבר לסגולתם העצמית, נעשתה מפני שדומני שלשניהם השפעה מכרעת על האופן שבו רבים חושבים כיום

1 **שמונה קבצים**, קובץ א, כו.

על הסוגיה העומדת לפנינו. כהקדמה למשנתו של הראי"ה ביקשנו להזכיר בקיצור כמה מחכמי ישראל למן המאה השתים עשרה ועד למאה העשרים, כולם חולקים באופן יסודי על השקפת הרמב"ם. אין מטרת דברים חטופים אלו לפרוס באופן שיטתי את גישתם של כל חכמי ישראל, וגם לא לטעון מה חשבו רוב מניין ורוב בניין של רבותינו; המטרה היא להראות כי על אף שעמדתו של הרמב"ם בנושאים אלו נתפסת בעיני רבים כעמדה הרשמית של היהדות, כמה מחשובי הרבנים מתקופות שונות, מרקע תרבותי ומסורתי שונה ומבתי מדרש שונים לא ראו את הסוגיה הזאת עין בעין עם הרמב"ם, ובכללם, כאמור, הרב קוק. כך שאי אפשר לדבר כאן על 'מסורת' במובן החמור של המילה. עם זאת, דומני כי דווקא עובדה זו מראה יותר מכל שהלך חשיבה זה היה לא רק פשוט ואינטואיטיבי עבור אותם חכמים אלא גם המשיך בעיניהם את רוח הנביאים וחז"ל.

אידיאלית, ראוי להתחיל את המאמר בעיון במקרא ובדברי חז"ל העוסקים ביחס לדתות אחרות. כמו כן, אפשר לבחור בעוד רבים מחכמי ישראל ואף להעמיק את הדיון במשנת אלו שנידונים במהלך המאמר, אך המלאכה מרובה והיריעה קצרה מלהכיל.

בפרק החתימה ננסה לאסוף את אשר למדנו ולראות כיצד התובנות השונות משפיעות על מפגש בין דתי ועל שאלות היסוד שהוא מציב בפנינו.

ב. הרמב"ם: בין כפיפות פוליטית ודתית לחירות אינדיבידואלית

המחשבה הרווחת לפיה אין לגיטימציה לייסוד דת שאיננה דת ישראל מקורה ברמב"ם. בהלכות מלכים פורס הרמב"ם את פסיקתו ביחס למי שאינו יהודי:

> כללו של דבר אין מניחין אותן לחדש דת ולעשות מצות לעצמן מדעתן, אלא או יהיה גר צדק ויקבל כל המצות, או יעמוד בתורתו

> ולא יוסיף ולא יגרע, ואם עסק בתורה, או שבת, או חדש דבר, מכין אותו ועונשין אותו, ומודיעין אותו שהוא חייב מיתה על זה אבל אינו נהרג.[2]

עבור הרמב"ם, לגוי יש אפשרות אחת בלבד להיות חלק מהתורה – או כגוי ובתנאי שיקיים שבע מצוות בני נח, או כיהודי ובתנאי שיתגייר. המעמד של בן נח הוא מעמד אחיד לכל באי עולם. בתוך הקבוצה האוניברסלית הזאת אין אפשרות להתאגדות קהילת אנשים כ"דת" עצמאית.

מרגלא בפומייהו דאינשי פסיקתו של הרמב"ם לפיה אין כופים גוי להתגייר, ואכן כך הם דבריו, אולם לשיטתו בזמן שיד ישראל תקיפה על אומות העולם וישנה כפיפות פוליטית של הגוי תחת ישראל – אזי כן כופים אותו לקיים שבע מצוות בני נח (מלכים ח, י). אינו יהודי שמקבל על עצמו שבע מצוות בני נח נקרא "חסיד אומות העולם ויש לו חלק לעולם הבא", אך הרמב"ם מציב לכך תנאי יסודי ומעכב – קבלה מעשית זו של שבע המצוות צריכה לבוא בעקבות הפנמה עקרונית־אמונית שהסמכות למצוות אלו אינה מעלתן המוסרית ומתוך "הכרע הדעת", אלא דווקא מתוך אמונה כי הקב"ה ציווה כך באמצעות שליחו הנאמן משה רבנו (מלכים ח, יא).[3]

קביעה זו של הרמב"ם מהווה חידוש גדול בתולדות תורת ישראל

2 משנה תורה, הלכות מלכים י, ט.

3 על פי כתבי היד, נוסח הרמב"ם הוא שמי שמקבל שבע מצוות בני נח מהכרע הדעת ולא מכפיפות אמונית אינו מחכמי אומות העולם "אלא מחכמיהם", וזאת בניגוד לגרסת הדפוסים "ולא מחכמיהם". הראי"ה קוק (**אגרות הראי"ה** א, פט) מסביר כי בשיטת הרמב"ם מעלת החכם שקיבל מהכרע דעתו גדולה יותר מתואר 'חסיד אומות העולם' הנקנה על ידי כפיפות אמונית. בדרך דומה צועד גם הרב חיים דוד הלוי (**שו"ת עשה לך רב** א, נג). ברם גם לפי הבנה זו, ההערכה של הרמב"ם אליו תהיה כחכמתו של אדם פרטי וכפי שנוכיח בהמשך, אך הוא עדיין לא יכול לזכות למעמד של גר תושב. בנוסף, דתיותו של אותו אדם איננה זוכה ללגיטימציה בעיניו.

ולא מצאנו לה מקור ברור בדברי חז״ל.[4] היא חשובה מפני שהיא מלמדת אותנו שעבור הרמב״ם המעמד של ׳בן נח׳ איננו קריטריון מוסרי אלא עמדה דתית.

דומה אפוא כי כוונת הרמב״ם במושג ׳בני נח׳ אינה אוסף אינדיבידואלים שאינם יהודים החייבים ברף מוסרי בסיסי. ׳בני נח׳ זו דת, קבלה מעשית מתוך אמונה בא־להים מצַווה. זאת ועוד, דת זו מקבילה למעשה לדת ישראל. אמנם הדרישות ההלכתיות מבני נח והקריטריונים המשפטיים שלהם שונים מאלו של ישראל, אך עדיין זו דת שהיא כמין פריפריה של דת ישראל, כפופה אליה ומתווכת דרכה לא־להים. בעבור הרמב״ם, התגלות סיני יותר משהיא עניין פרטיקולרי, מסר אמוני דתי פנים־ישראלי, היא אות ומופת ברמה אוניברסלית וקהל היעד שלה הוא כל באי עולם. בכך הרמב״ם מקנה מעמד מונוליטי לדת ישראל ונבואת משה, והאפשרות להיות ׳מחסידי אומות העולם׳ היא רק כאשר יש כפיפות אמונית־עקרונית לתורת משה. מכאן מובן האיסור המוטל על בני נח לחדש דת, שכן דת אחרת משמעותה אי־כפיפות לתורת משה כמקור המחייב אותם בשבע מצוות.

במקביל לפסיקתו ההלכתית, הרמב״ם בהלכות מלכים מעניק לנו הצצה לתפיסה ההיסטוריוסופית שלו על הנצרות והאסלאם:

> אבל מחשבות בורא עולם אין כח באדם להשיגם כי לא דרכינו דרכיו ולא מחשבותינו מחשבותיו. וכל הדברים האלו של ישוע הנצרי ושל זה הישמעאלי שעמד אחריו אינן אלא לישר דרך למלך המשיח ולתקן את העולם כולו לעבוד את ה׳ ביחד. שנ׳ כי אז אהפוך אל עמים שפה ברורה לקרוא כולם בשם ה׳ ולעבדו שכם אחד.

4 הכסף משנה על הלכה זו כותב: ״נראה לי שרבינו אומר כך מסברא דנפשיה ונכוחה היא״. הרב חיים דוד הלוי מציין בתשובה הנ״ל את דברי הפרי חדש שמקורו של הרמב״ם במשנה במסכת חולין אך כותב על כך: ״יש מקום עיון רב אם אמנם זה הוא מקור הלכה זאת״.

כיצד? כבר נתמלא העולם כולו מדברי המשיח ומדברי התורה ומדברי המצוות ופשטו דברים אלו באיים רחוקים ובעמים רבים ערלי לב והם נושאים ונותנים בדברים אלו ובמצוות התורה אלו אומרים מצוות אלו אמת היו וכבר בטלו בזמן הזה ולא היו נוהגות לדורות ואלו אומרים דברים נסתרות יש בהם ואינן כפשוטן וכבר בא משיח וגלה נסתריהם.

וכשיעמוד המלך המשיח באמת ויצליח וירום וינשא מיד הם כולן חוזרין ויודעים ששקר נחלו אבותיהם ושנביאיהם ואבותיהם הטעום.[5]

הרמב"ם מבין כי ההתפשטות האדירה של הנצרות והאסלאם לכל יושבי תבל בוודאי מכוונת על ידי ההשגחה העליונה והיא מביאה תועלת רבה לעולם, שכן הם מקרבים את לב ההמון לאמונת הייחוד ולהיכרות עם תורת ישראל ומצוותיה. יחד עם זאת, יש לכך שני סייגים – הלכתי והיסטוריוסופי.

מבחינה הלכתית, העובדה שהרמב"ם רואה את הברכה שמביאות לעולם דתות מונותיאיסטיות לא־יהודיות, איננה משנה את העמדה ההלכתית העקרונית שלו לפיה הן אינן לגיטימיות.

גם מבחינת ההבנה ההיסטוריוסופית של הרמב"ם, קיומן של דתות אלו עתיד להשתנות לכשיתגלה מלך המשיח. או אז, לא זו בלבד שיפוג תוקף תפקידן וסמכותן, אלא שאז כולם יגלו כי "נביאיהם ואבותיהם הטעום". שהרי, כפי שלמדנו, נביא שאינו כפוף לנבואת משה ומחדש דת מדעתו הרי זו טעות.

אולם במשנתו של הרמב"ם יש צד נוסף ואולי הפוך ממה שראינו עד כה, והוא אוניברסלי במהותו.

בהלכות שמיטה ויובל הרמב"ם פותח פתח עבור מאן דהו מאומות העולם להגיע לשרת בקודש בבית המקדש ולזכות למעמד של כבוד:

5 הלכות מלכים יא, ד.

ולא שבט לוי בלבד אלא כל איש ואיש מכל באי העולם אשר נדבה רוחו אותו והבינו מדעו להבדל לעמוד לפני ה׳ לשרתו ולעובדו לדעה את ה׳ והלך ישר כמו שעשהו הא־להים ופרק מעל צוארו עול החשבונות הרבים אשר בקשו בני האדם הרי זה נתקדש קדש קדשים ויהיה ה׳ חלקו ונחלתו לעולם ולעולמי עולמים ויזכה לו בעה״ז דבר המספיק לו כמו שזכה לכהנים ללוים, הרי דוד ע״ה אומר ה׳ מנת חלקי וכוסי אתה תומיך גורלי.[6]

כל איש מכל באי עולם, קובע הרמב״ם, יכול ״להתקדש קדש קדשים״ ויזכה למעמד דתי וסבסוד מלא כמו שה׳ ״זכה לכהנים ללוים״. בניגוד לדיכוטומיה המצטיירת בהלכות מלכים בין עם ישראל לשאר אומות העולם, שלכל אחד תפקיד ברור ומוגדר מראש, ההלכה שלפנינו פורצת את הגבולות ומבינה שלכל אדם עלי אדמות ישנה אפשרות ״להתקדש קדש קדשים״, ולא זו אף זו להגיע לבית המקדש ולשרת בקודש ולזכות לנבואה.[7]

הביטוי בהלכה זו שמקשה מאוד על הבנתה הוא ״והבינו מדעו להיבדל לעמוד לפני ה׳״. היינו שמהלך זה עשה הגוי מהכרע הדעת. ניסוח זה סותר, לכאורה, את דברי הרמב״ם בהלכות מלכים לעיל, לפיהם הכרע הדעת של הגוי עומד בניגוד להכרעה מתוך כפיפות אמונית לתורת משה. כיצד אפוא יש להבין את היחס בין הלכות מלכים להלכות שמיטה ויובל?

דומני שיישוב שיטת הרמב״ם יעלה לנו מתוך הלכה אחת בהלכות מלכים. בתוך רצף ההלכות המורות על חובת הקבלה העקרונית־אמונית של נבואת משה ואיסור חידוש דת החל על בני נח, וכן ש״לא הנחיל התורה והמצוות אלא לישראל״, אומר הרמב״ם כך:

6 הלכות שמיטה ויובל יג, יג.

7 ראו הלכות יסודי התורה (ז, א), הקדמה לפרק חלק, איגרת תימן ועוד.

> בן נח שרצה לעשות מצוה משאר מצות התורה כדי לקבל שכר, אין מונעין אותו לעשותה כהלכתה, ואם הביא עולה מקבלין ממנו, נתן צדקה מקבלין ממנו.[8]

את האפשרות של הגוי לעשות מצוות כדי לקבל שכר, בניגוד לאיסור "לחדש דת ולעשות מצות לעצמן מדעתן", יש להבין דווקא בשל העובדה כי כאן מדובר ביוזמה אינדיבידואלית ומקומית על מנת לקבל שכר, וכדברי הרדב"ז – "כמי שאינו מצווה ועושה"; ולא מתוך ניסיון למסד חובה חברתית־כללית ולראותה בתורת חובה דתית.

לכך יש להוסיף גם את דברי הרמב"ם בהקדמתו לשמונה פרקים:

> ודע כי הדברים אשר אומר אותם באלו הפרקים, ובמה שיבוא מן הפירוש, אינם עניינים שחידשתים אני מעצמי, ולא פירושים שבדיתים, אלא הם עניינים מלוקטים מדברי החכמים, במדרשות ובתלמוד וזולתו מחיבוריהם, ומדברי הפילוסופים גם כן, הקדומים והחדשים, ומחיבורי הרבה בני אדם. ושמע האמת ממי שאמרה.[9]

כאשר הרמב"ם פוגש אדם או קורא את כתביו, הוא ניגש לכך, לצד החוש הביקורתי כמובן, באוזן קשבת ובסקרנות שמא ייקרה בפניו דבר אמת, ואין זה משנה מי הוא הדובר – גם אם מדובר בחכם מוסלמי או כל בן דת אחרת. הנה לפנינו הצהרה גלויה של הרמב"ם כי תורת הנפש וההכרה שלו (הנושאים המרכזיים של שמונה פרקים), שמשפיעה באופן מובהק על עמידתו של האדם לפני בוראו, מכילה גם את דברי החכמה של אינם יהודים. זאת מפני שלפי הרמב"ם יכולת אינטלקטואלית ורוחנית היא עניין אוניברסלי, ולכן התקרבות אל האמת איננה נחלת עם ישראל בלבד.

באופן דומה יש להבין את הפסיקה של הרמב"ם בהלכות שמיטה

8 הלכות מלכים י, י.

9 שמונה פרקים לרמב"ם, הקדמה.

ויובל. כל אדם עלי אדמות, ללא התחשבות בנתוני הרקע של חייו, יכול להכיר את האמת. פסיקה זו פותחת שני ערוצים: ערוץ לאוזניו של החכם היהודי המבקש ללמוד מכל אדם, וערוץ ההתקרבות אל הקודש כלוויים שהוקדשו להיות קודש קודשים ולשרת בקודש.

מסתמן אפוא שבמשנתו של הרמב"ם ישנו מתח מובנה בין תפיסה אוניברסלית ובין תפיסת ההתגלות של רצון ה' דרך נבואת משה. הראשונה פותחת שערים בפני כל אדם, ואילו השנייה מחלקת ומתחמת בין יהודים לאינם יהודים. שתי תפיסות אלו אינן סותרות זו את זו מפני שכל אחת פונה לספירה אחרת לחלוטין. התפיסה האוניברסלית פונה לספירה האינדיבידואלית, ואילו תפיסת ההתגלות המחייבת קשורה לספירה הפוליטית, כלומר להתאגדות דתית חברתית בדמות דת מובחנת וליומרה לדבר בשם ה' בדמות מצוות חדשות או נביאים חדשים. בתחום החובה הדתית וההתאגדות הדתית נתונה הסמכות באופן בלעדי למשה רבנו. כל מי שמתיימר להיות נביא מאומות העולם ולחדש מצוות, הרי הוא כנביא שקר. אולם הרמב"ם מציב את ההגבלה הזאת רק לרמה הציבורית. עבור הפרט, לעומת זאת, הרמב"ם מצייר אופק בלתי מוגבל כמעט של השכלת האמת והתקדשות בעבודת ה'.

דומה כי הרמב"ם מבקש מן האדם לתפוס את הדינמיקה בין הדתות, בין במפגש חי פנים אל פנים ובין דרך החשיפה לתכנים מדת אחרת, בתפיסה דיאלקטית. מחד גיסא בכל מפגש ישנה חשיפה לפילוסופיית החיים המגולמת אצל אנשים שונים ודתות שונות, היינו לעולם תוכן עשיר ומורכב של תפיסת עולם ואדם, תובנות במישור של בין אדם לחברו ובין אדם למקום, ובכל אלו לפי הרמב"ם ייתכן שמצויים 'דברי אמת' שמהם אפשר ונכון להעריך וללמוד, וייתכן שהוא בבחינת אותם אנשים אשר "נדבה רוחו אותו והבינו מדעו להבדל לעמוד לפני ה' לשרתו ולעובדו לדעה את ה'". מאידך גיסא, ישנה ההתייחסות לדת הרשמית שאליה האדם משתייך, ולפן הזה הרמב"ם מתייחס באופן ברור כטעות, שהרי יש לו לאדם לקבל את נבואת משה כיחידה המחייבת והיחידה שהוא כפוף לה. אכן הרמב"ם

מעלה את האפשרות כי לעת עתה דת זו עשויה לתרום לקידום הכרת שם ה׳ ותורתו בעולם, אולם ברמה העקרונית, אליבא דאמת, יש כאן אמונה מוטעית; לעתיד לבוא, עם בואו של המשיח, תתגלה טעות זו לעיני רבים. על המורכבות של עמדה זו הלכה למעשה במפגש חי עם בן דת אחרת נעמוד בחלק האחרון של המאמר.

ג. יחסו של הראי״ה קוק לדתות אחרות

הקדמה ראשונה: מהרמב״ם ועד לראי״ה

כפי שציינו לעיל, לשתי הקביעות של הרמב״ם – הקביעה שחסיד אומות העולם נקרא רק מי ששומר את שבע המצוות מתוך קבלת נבואת משה דווקא וכן קביעת האיסור לחדש דת – אין ביסוס ברור ויציב בדברי חז״ל. ואכן במקביל לשיטתו ישנה שיטה אחרת שהחזיקו בה רבים מגדולי ישראל, ראשונים ואחרונים. מקוצר היריעה נוכל להזכיר רק אחדים מהם ובתמצות רב.

רבי נתנאל בירב פיומי, נגיד וראש רבני תימן במאה השתים עשרה, פורס בספרו ׳גן השכלים׳[10] תפיסה אחרת באשר למשמעות של ׳דת אמת׳. לדבריו, בעולמו של הקב״ה יש מקום ליותר מדת אחת ולכן הטענה שרק דרך אחת היא האמת והיא נכונה לכל עם ולשון יסודה בטעות. לכל אחת מן הדתות תפקיד אחר בבניית ׳ארמונו של מלך׳.[11] כל דת נכונה למאמיניה כמו תרופה המתאימה אך ורק לחולה שצריך אותה. לשם כך הקב״ה שולח נביאים המתנבאים לכל אומות העולם ״לפי ששפע עולם הקדושה תמידי בלתי פוסק״.[12] לבסוף מסיק רבי

10 **גן השכלים**, פרק שישי, האגודה להצלת גנזי תימן, ירושלים תשי״ד, עמ׳ קג-קכז.

11 לדבריו, ׳בחירת ישראל׳ איננה שבחר בנו ולא באחרים, אלא שבחר בנו יותר מאחרים: ״אלא שהוא ישתבח בחרנו וכבדנו מכל העמים... וחייב אותנו חיובים גדולים שלא חייב שום אומה לפנינו ולא אחרינו כדי שירבה בכך את שכרינו״.

12 שם, עמ׳ קיד.

פיומי כי "אין לשום אדם להתנגד לשאר האומות כיון שדינם ועונשם הוא בידי זולתינו, ישתבח ויתעלה".[13]

רבי יוסף אלבו בחיבורו 'ספר העיקרים'[14] מחזיק אמנם בתפיסה ביקורתית על תנאי הסף האמוניים שיש לעמוד בהם בכדי שדת זו או אחרת תיחשב לגיטימית, אולם עמדתו העקרונית היא שכמה דתות שונות יכולות להתקיים זו לצד זו: "וזה מה שיורה שאפשר שימצאו שתי תורות א-להיות בזמן אחד לאומות מתחלפות, וכל אחת מהן מגעת המתנהגים על פיה אל ההצלחה האנושית".[15]

רבי משה דוד וואלי, חכם ומקובל איטלקי מראשי החבורה של הרמח"ל, מבקש ב'ספר הליקוטים'[16] להסביר את הפנומן הדתי בעולם מנקודת מבט קבלית-מטפיזית. הלך חשיבה זה מביא אותו מצד אחד להבחין בין הטהור לטמא, בין הקודש לחול, בין הקרוב יותר לקרוב פחות, ועם זאת להצדיק ולהסביר את הדתות האחרות מבחינה מטפיזית ומדוע הקב"ה חפץ בהן. יתרה מזאת, ההבנה בדבר השונות האונטולוגית של כל אומה מחברתה מביאה אותו למבט אחר על כתבי הקודש שלהם: "ולכן נתן בלבם שיקחו חלקם מן התורה הא-להית, שהשגיח על ידה אל כל יושבי הארץ. כי זאת התורה אשר צוה משה, על ידיה היתה ההשגחה לכולם".[17] אך טבעי הוא בעיניו, וכך הייתה מחשבת הבורא מלכתחילה, שדתות אחרות יקבלו השראה מהתנ"ך ויכתבו לאורו ספרים כפי ההתאמה הנכונה לטבעם.

הרב יהודה אלקלעי, ממבשרי הציונות במאה התשע עשרה, מנסח את גאולת ישראל ושיבתו לארצו בתוך ההקשר האוניברסלי שהוא, בעבורו, רקימת קשר של יהדות-נצרות-אסלאם. דבריו מבוססים על פרשנותו לנבואת ישעיהו על הברית המשולשת בין ישראל, מצרים

13 שם.

14 **ספר העיקרים** מאמר א, פרק כה.

15 שם.

16 **ספר הליקוטים** חלק א, מכון פתחי מגדים, ירושלים תשנ"ח, עמ' פא-צו.

17 שם, עמ' צו.

ואשור.[18] בעיניו, ברית זו היא מימוש הייעוד שניתן לאברהם אבינו להיות 'אב המון גויים'.[19]

החידוש של הרב אלקלעי הוא ששלוש הדתות הן 'דתות אברהמיות' ולכן היחס הראשוני אליהן הוא כאל שייכות משפחתית ולא כאל דתות מתחרות. עם שינוי השפה דומה כי גם הציפיות לטיב היחסים בין השלוש משתנה. הרב אלקלעי איננו מסתפק בכך שלא תהיה עינה של דת אחת צרה בחברתה, אלא הוא מצפה לברית שתיכרת בין השלוש, כמו בנבואת ישעיהו. יחס משפחתי זה משפיע בראש ובראשונה על התשתית הנפשית המטרימה את השיח האינטלקטואלי ביחס לדתות אחרות, שכן לא מדובר באדם זר או במתחרה על האמת הא-להית המונוליטית, אלא בדיאלוג עם אח ובן ברית.

בנקודה היסטורית זו מתחיל לפעול הרואה הגדול, מרן הרב קוק זצ"ל.

הקדמה שנייה: המפתח להבנת משנתו של הראי"ה בסוגייתנו

ראינו את גישת הרמב"ם שכל דת שאיננה דת ישראל היא טעות, גם אם יש בה תועלת היסטורית, ואת הגישות החולקות עליו. היכן ביניהן ממוקמת משנתו של הראי"ה?

כדי להבין היטב את משנתו של הראי"ה בסוגיה עלינו להקדים הקדמה שתכוון אותנו לקריאה מדויקת יותר בכתביו. לשם כך יש לחדד שוב את השאלה שאנחנו דנים בה. איננו שואלים כאן על יחסו של הראי"ה לדת מסוימת, אם כי נתייחס לסוגים שונים של דתות, אלא מה יחסו לקיומה של דת שאיננה דת ישראל. ההבחנה בין שתי השאלות האלה חשובה ביותר בהבנת דברי הראי"ה.

נדגים את ההבחנה הזאת בסוגיית יחסו של הראי"ה לנצרות,

18 ישעיהו יט, כד-כה.

19 "כתבי הרב אלקלעי, פתח כחודה של מחט" אות יב, בתוך: **כתבי יסוד של הציונות הדתית**, כרך א, ירושלים תש"ד, עמ' רסט.

שעליה הוא כתב יותר מעל כל דת אחרת ואותה הוא מבקר ביקורת קשה ונוקבת. על דברי הרב קוק ניתן וצריך לקיים שני דיונים נפרדים. האחד עוסק בתפיסתו של הרב קוק את הנצרות. בדיון זה, חוץ מהניסיון להבין את מה בדיוק הראי"ה מבקר ומדוע, יש לבחון גם איזה זרם בנצרות הוא הכיר ולאיזה רכיב מכלל ההיבטים המרכיבים את הדת הוא מתייחס. האם דבריו נכונים רק עבור קתוליות מסוג אחד או כולם? האם חלק מהביקורת נכונה גם עבור הנצרות הפרוטסטנטית? האם ראייתו את הנצרות כשורש לחילון ופריצת מלחמת העולם הראשונה נכונה? ומה מדבריו עוד נכונים כיום לאחר ועידת וטיקן השנייה? ועוד שאלות רבות.

הדיון השני שואל: האם הביקורת של הרב קוק על הנצרות היא רק על תוכנה או גם על עצם קיומה? או במילים אחרות, האם הרב ישלול באופן קטגורי לגיטימציה לדתות אחרות שאינן דת ישראל?

הבחנה זו בין שני הדיונים השונים חשובה. ראשית כול, מפני שערבוב בין השניים עלול להוביל למסקנה שגויה באשר ליחסו של הרב קוק לדתות אחרות. שנית, מפני שרבים שמכירים היטב את יחסו המזלזל של הראי"ה לנצרות עשויים לפתח מנגנון רגשי מזלזל ומלא בוז לכל דת ואף לחוש כך בעצמם במפגש חי עם אדם בן דת אחרת.

אך חשיבות נוספת להבחנה נוגעת בשאלה להיכן בכתבי הרב ניגש כדי ללמוד על משנתו. רוב ההתייחסויות התקיפות עד מזלזלות של הרב אל הנצרות נמצאות בכתביו לאחר עלייתו לארץ ישראל בשנת 1903, ובאופן מוגבר בשנות מלחמת העולם הראשונה ולאחריה. אולם החיבור שבו פרס הרב קוק משנה רחבה ושיטתית בשאלת הלגיטימציה לקיומן העקרוני של דתות אחרות, הוא החיבור 'לנבוכי הדור', השייך לתקופה המוקדמת של הראי"ה טרם עלייתו לארץ.[20]

הנחת היסוד של דברינו היא שגם אם הרב קוק הרבה לבקר

20 להרחבה על כתבי הרב המוקדמים והמאוחרים ועל ההבדלים ביניהם ראו: ר' בן דוד, "התגבשות משנת הגאולה של הראי"ה קוק עד שנת תרס"ו (1906)", חיבור לשם קבלת תואר דוקטור בפילוסופיה, האוניברסיטה העברית, תשע"ט.

את הנצרות ואת האלילות בחריפות שאיננה משתמעת לשני פנים, התשתית העקרונית ליחס לדתות אחרות נשמר כשהיה. מה שהשתנה בין משנתו המוקדמת של הראי"ה לזו המאוחרת הוא היחס לתוכן של הדת הנוצרית אך לא לעצם קיומה או קיומן של דתות אחרות.[21]

נוסף על האמור עד כה, ישנו רכיב נוסף ומאתגר שדורש הבהרה במשנת הראי"ה. במאמרו "למהלך האידיאות באומות העולם",[22] צייר ברוך כהנא את התפיסה ההיסטוריוסופית של הראי"ה ביחס לפנומן הדתי במהלך ההיסטוריה. תפיסת הפנומן הדתי כתהליך התפתחותי, שבה אוחז הרב קוק, מנסה להבין מדוע כל תופעה דתית הייתה נצרכת במהלך ההיסטוריה, ויחד עם זאת מדוע היא כבר 'מיותרת' בשלב מתקדם יותר של ההיסטוריה. הבנה כזאת מקדמת את הציפייה לראות השתכללות או השתנות של דתות שונות ביחס מתאים להתקדמות התוכנית ההיסטורית הגדולה.

השאלה שמעניינת אותנו בשלב הזה תהיה מה קורה, או איך נכון לחשוב ולהתייחס, כאשר נוצר פער בין התופעה הדתית כפי שהיא במציאות הממשית ובין הציפייה האפריורית של 'מהלך האידיאות'. שאלה זו חשובה מפני שהסתכלות דיאכרונית זו גורמת לאדם לראות דת מסוימת ככזאת השייכת ל'עבר' והיא ממלאת את האדם באכזבה, בבוז או ברחמים כרחם אדם על עני ואביון.

אלא, שבתוך כתבי הראי"ה, ובעיקר ב'לנבוכי הדור', ישנה הסתכלות אחרת – סינכרונית; כזו שבמקביל, או אפילו לפני כן, מנסה להתאים תופעה אנושית זו אחרת למודל מטא־היסטורי גדול. מתוך זווית זו עולה השאלה אם בנקודת הזמן הנוכחית התופעה הזאת לגיטימית, אם נוכל לתת לה 'תוקף א־להי' מנקודת מבט תורנית, אם יש בה טוב ותרומה לחברה האנושית.

לימוד כתבי הראי"ה לכל אורכם הוא כתנועת מטוטלת דיאלקטית

21 תפיסה דומה לזו נמצאת אצל א' גליל, "האמונה המושלמנית היא עולה על הנוצרית – האסלאם במשנת הראי"ה קוק", **אסיף** ו (תשע"ט), עמ' 645-655.

22 ב' כהנא, "מהלך האידיאות באומות העולם: פרק בפסיכו-היסטוריה תורנית", **אסיף** א (תשע"ד), עמ' 263-315.

בין מבט סינכרוני לדיאכרוני; הללו מזינים, מאתגרים ומתקפים איש את רעהו. ההווה עוזר להבין את ההיסטוריה, והמהלך המטא־היסטורי, שהוא אפריורי בעיקרו, מכניס תובנות חדשות לפרשנות ההווה.

עבור מפגש בין דתי וגם עבור הבנה טובה יותר של המהלך ההיסטורי במציאות ימינו, קרוב לשמונים וחמש שנה לאחר פטירת הראי"ה, חשובה עד מאוד יכולת ה'השהיה' של המבט הדיאכרוני לטובת המבט הסינכרוני. במילים אחרות, לפני שאנו כופים מודלים גדולים על מציאות משתנה באופן לא מדויק, עלינו להקשיב ולראות נכוחה את מה שעומד לנגד עינינו. לעניין זה חשובה עד מאוד ההסתכלות הסינכרונית של הרב קוק על דתות אחרות.

אם כנים הדברים, הרי שהצגת משנתו של הראי"ה ביחס לדתות אחרות מכאן ואילך תתבסס בעיקר על דבריו בחיבורו 'לנבוכי הדור'.

'הדתות הא־להיות' – שיטתו של הרב קוק

"איזוהי דת מכונה א־להית?"[23] שואל הרב קוק. בדומה לספר העיקרים, גם הרב קוק איננו מסתפק בשאלה אם דת אחרת היא בגדר עבודה זרה, אלא שבהיותה מתוקנת היא תכונה 'דת א־להית'. כאמור לעיל, קביעה שדת זו או אחרת היא 'א־להית', לא זו בלבד שתנטרל יחס שלילי כלפיה אלא אף תבנה יחס מחייב כלפיה – "חובה גמורה היא לכל המחזיקים בה... להתנהג בה ולשומרה".[24] וכן על כל אדם אשר הוא "שלם בדעת" להבין כי אנשים שאוחזים ועמלים בדת אחרת הם "עוסקים בעבודת ה' לפי ערכם". דווקא על ידי היותם אדוקים בדתם תתקרב "תכלית המוסרית היותר נשגבה ונעלה הכללית".[25]

הרב קוק מתייחס לאותם שחושבים שפועל יוצא של אמונה

23 פרק ח.

24 שני הקריטריונים שהרב קוק מציב בפרק ח הם תיקון העולם ותיקון האדם. תיקון האדם היינו שכלול החברה האנושית ועולם הטבע באופן לא אינטרסנטי ולא בדרך של רדייה ושררה אלא מתוך רצון להיטיב עם הבריות; תיקון האדם היינו הבאת בני האדם כולם למדרגת נבואה.

25 פרק ח.

באמיתתה של תורה הוא שלילת כל אפשרות של דת אחרת, ועל כך הוא אומר: "והדבר הוא ללא אמת".[26] הרב קוק סובר כי תפיסה מוטעית זו נפוצה אצל "ההמון" ואכן היא עשויה להועיל אצל מי שהם "קטני שכל" שאינם מסוגלים להבין את רוממותה של תורת ישראל בלי לשלול אחרים. יתר על כן, לטקטיקה אפולוגטית זו יש גם חסרונות משום שהעיסוק בשלילת האחר מנחיל רגשות בוז בלבבות ואלה עשויים בשלב מאוחר יותר להיות מופנים גם כנגד תורת ישראל עצמה. על כן, הראי"ה רואה את הצורך בדורו דווקא "להעמיק בערכן של אמונות אחרות על פי התורה". לא רק טקטיקה הסברתית מוצלחת לפנינו כי אם עמדה הקשורה מהותית לתפיסת אחדות הא-ל של הראי"ה: "זהו יסוד הסבלנות היוצא לא מקלות דעת לאמונה, כי אם מחכמה ומאמונה שלמה כי יד ה' בכל משלה, ושהוא נוהג בחסדו כל דור גוי ואדם יחד, כי מעשי ידיו כולם".[27]

הרב קוק חוזר שוב ושוב בחיבורו 'לנבוכי הדור' להכרה הפשוטה בעובדת השונות של בני אדם ולהבדלים בין עמים, לאומים ותרבויות. הכרה זו כה טריוויאלית עבורו עד שציפייה שתהיה דת אוניברסלית אחידה תחת הכותרת 'בני נח' נראית לו משוללת היגיון. אדרבה, אך טבעי הוא שלכל תרבות תהיה דת אחרת שמקדמת בדרכה שלה את מאמיניה למטרה אחת כללית: "ארחות המוסר והדרכים שהמדות הטובות, ששרשם הוא יראת שמים, נקנים בהם, הם מחולקים בכל אומה על פי מקריה, על פי גזעה, ארצה... ומה שמרשם הוד אור ה' וכבוד שמים באומה זו, אינו פועל על אחרת".[28] האידיאל הדתי, מטרותיו ושאיפותיו, הוא אוניברסלי אך הדרכים אליו מתפרטות כמספר העמים והתרבויות שישנם בעולם. יסוד זה כה יציב אצל הראי"ה עד שלדידו מכאן נובעת הסובלנות אפילו לעבודה זרה.

מה הן אבני היסוד המחשבתיות והתיאולוגיות המאפשרות עמדה

26 פרק ידו.

27 פרק לטו.

28 פרק ידו.

זו כלפי דתות אחרות? עיון ב׳לנבוכי הדור׳ יעלה לפחות ארבעה רכיבי יסוד: תפיסת האדם, תפיסת הא־להות המתגלה בעולם, הנביאים הקדמונים של ספר בראשית והנביאים ׳החדשים׳.

״כח האמת, שהוא הנחלה האמיתית לישראל, הוא מתגבר ועולה בהיותו מתברר שבמקורו הוא לנחלה לכל הנבראים בצלם א־להים, כי א־להים עשה את האדם ישר״.[29] בעיני הרב קוק, אדם, כל אדם, נברא בצלם א־להים, והמשמעות היא שהוא שייך לאמת א־להית, שיש לו יכולת השגת א־להות ו״שהאור השכלי הוא ניצוץ מאור הא־להי״. במקביל לכך הרב קוק אמון על תפיסה פנאנתאיסטית ולפיה ״כל פרטי הידיעות בין השכליות, בין המעשיות, בין הנבואיות, הנה כוללן כאחת התגלות אור א־להי בגוונים הנראים כמתחלפים, שאינם באמת כי אם כח אחדות אחד״.[30] כלומר, אין חלוקה דיכוטומית בין חכמה אנושית להתגלות א־להית; לכל חכמה אנושית ראוי להתייחס כאל גילוי של חכמה א־להית. על כך יש להוסיף שחרף התגלות ה׳ לאברהם, יצחק, יעקב ומשה – התגלות שמבטאת הבנה זכה יותר של הרצון הא־להי – הם אינם הנביאים הראשונים. קדמו להם מתושלח וחנוך, שם ועבר. ממילא – ובניגוד לרמב״ם – תופעות של חכמה אנושית, רוח ודתיות ממוסדת אצל אומות העולם, שאינן מתווכות בהכרח דרך תורת ישראל, אינן רק פרי ׳הכרע הדעת׳ אלא יש לראות בהן חלקים מאמת א־להית גדולה.

כהשלמת התמונה התיאולוגית מוסיף הרב קוק את דעתו ביחס לאפשרות הנבואה בקרב מנהיגי אומות העולם לאחר נתינת התורה בסיני. בקרב אומות העולם ישנם ״יחידים טהורי לב שירצו להוכיח ולהטיב דרכי עמם״[31] אשר מחפשים באמת קרבת ה׳, ועליהם קורא הרב קוק את הפסוק ״קָרוֹב ה׳ לְכָל קֹרְאָיו לְכֹל אֲשֶׁר יִקְרָאֻהוּ בֶאֱמֶת״.[32] עליהם שורה מדרגה נמוכה ממדרגות הנבואה ולכך כוונת

29 פרק לב.
30 שם.
31 פרק ידו.
32 תהילים קמה, יח.

דברי תנא דבי אליהו: "הכל לפי מעשיו רוח הקודש שורה עליו".[33] השילוב שיש למנהיגים אלו בין קרבת א־להים וניצוץ נבואי ובין היכרות מעמיקה עם האומה שהם משתייכים לה, הופכת את הדת שהם מייסדים, את המנהגים והחוקים שהם קובעים, להיות בעלי "ערך דתי שראוי להם להוקיר אותם באמת".[34] עבודה דתית זו אינה שייכת לעם ישראל, אולם בכל זאת "אנו נוכל להכירם... בתור מתקרבים לאור ה'".

כל זה מוביל את הרב קוק לומר שעלינו לצפות לכך שתהיינה מצוות רבות מתרי"ג מצוות שינהגו גם בדתות אחרות, שהרי האמת הא־להית היא אוניברסלית, ונביאים היו בעולם מראשית בריאתו, גם לפני אברהם אבינו. כזכור, הרמב"ם מבין שהוספת מצוות יתרות על שבע המצוות המחויבות לבני נח הרי היא כאיסור 'בל תוסיף'. אולם אצל הראי"ה אין כאן לא איסור ולא צרות עין, או צורך אמוני לומר שזה הבל ורעות רוח; אדרבה, תופעות מעין אלו מחזקות את האמונה שמלאה הארץ דעה את ה', וכן "שיסודה של תורה היא האנושיות הטהורה",[35] היינו שיש התאמה בין דבר ה' המתגלה בתורה ובין המחשבה האנושית של בני האדם. הרב קוק אף מרחיק לכת ומעניק פירוש חדש לדברי רשב"י: "אתם קרויין אדם ואין אומות העולם קרויין אדם".[36] את המשפט הזה, שמסמן את ההבחנה העמוקה שמבקש רשב"י לעשות בין ישראל לאומות העולם, מעמיד הרב קוק כך שהוא נאמר כל עוד אותם אנשים אינם עוסקים בתורה. אולם "בעסקם בתורה, שאז הרי הם ככהן גדול". וכשאותם גויים מתקרבים לאמונת הייחוד, הכוללת גם עניינים שבאמונות ודעות וגם הנחלת חובות של מצוות מעשיות, לפי מדרגתם, הרי הם מממשים את "ההוד של צלם א־להים אשר יצר אותו בו יוצר האדם".

33 **תנא דבי אליהו**, פרשה י.

34 פרק ידו

35 פרק לד.

36 יבמות סא ע"א.

ייחודם של ישראל וחשיבה ביקורתית על דתות אחרות

לצד הלגיטימציה, ההערכה והעין הטובה שיש לראי"ה כלפי דתות אחרות, תפיסתו ביקורתית במהותה. ביקורת זו נובעת מהבנת המשמעות של יישום אמונת הייחוד בחברה האנושית העולמית וכן מהבנת ייחודיותם של ישראל.

מתוך תפיסה פנאנתאיסטית, הראי"ה רואה את כל הגוונים השונים שבעולם האנושי כמשלימים פאזל שלם של הא־להות בעולם. ליתר דיוק, גוונים תרבותיים ואנושיים אלו הם בעלי פוטנציאל להציג תמונה שלמה. מימוש פוטנציאל זה טמון בשני רכיבים משלימים. האחד הוא דתיותם ומוסריותם של בני כל אומה – קרבתם לא־להים ולמצוותיו. הרכיב השני תלוי בקרבתם לבני האדם, היינו ביכולת שלהם לקיים יחסים מתוקנים ומדויקים של אחווה ושלום עם שאר העמים והתרבויות. אמנם תפיסתו של הרב קוק היא אורגנית – כלומר שהוא רואה את כל חלקי האנושות כמבנה אחדותי אחד – אך היא הירככית הן במובן אנכי הן במובן אופקי. במובן האנכי יש קרוב ורחוק ביחס להבנת דבר הא־להים בשלמותו; ובמובן האופקי ביחס לקרבה לנקודת מרכז אנושית. בעיני הרב קוק ייסוד מרכז בענייני דת ורוח עבור כל המין האנושי הוא הכרחי. הרב קוק מבין כמושכל ראשון שבכל חברה אנושית בכל רמה שהיא, הפרטים מתאגדים יחד בזכות נקודת מרכז שרואה את התמונה הכללית. כפי שמרכז כזה נצרך בספירה הפוליטית ברמה הלאומית בדמות פרלמנט, כך מרכז זה הכרחי בספירה הרוחנית־דתית ברמה הבין־לאומית. הצדקתו של מרכז זה נובעת מהיותו 'מומחה' לעניינים שברוח הקשורים בדבר ה' ויישומו בעולם, וממילא הוא יוכל להוות מעין 'מועצה גבוהה' לעניינים אלו, שיבקר ויברר במידת הצורך שאלות בענייני דת ורוח מסביב לעולם. נוסף על כך, היתרון של נקודת מרכז שהיא צופה ממקום גבוה מעט יותר על כל המתרחש, מה שמאפשר לה לראות את התמונה השלמה של גווני הדתיות בקרב אומות העולם ולאחד את כולם למבנה אורגני אחד שלם. במובן הזה, מרכז זה הוא ביקורתי במהותו; אל לו להניח לתרבות האנושית להיות כפי שהיא ותו לא; עליו לדאוג להתקדמות

הדתית והמוסרית של אומות העולם. מי שמתאים יותר מכול להיות המרכז הרוחני שיאחד את בני המין האנושי מבחינה רוחנית ודתית הם ישראל.

ייחודיותם של ישראל נובעת משני היבטים עיקריים הקשורים זה בזה – נבואת משה ואופיו של עם ישראל. מעמד הר סיני ונבואת משה רבנו, שזכה להתגלות הגבוהה והזכה יותר מכל הנביאים, מקנים לעם ישראל הבנה טובה יותר של דבר ה'. לכן, הגם שדברי הא־להים נמצאים במקומות שונים בעולם והם נחלתם של רבים, תורת ישראל מבטאת את קיום דבר ה' באופן השלם ביותר ולה הכוח לדייק אמונות אחרות וליצור את הקשרים בין כל דת ודת באופן נכון. ההיבט השני קשור בייחודיותם של ישראל. בתפיסתו של הראי"ה, לכל עם ולכל תרבות יש אופי ייחודי. לידתו של עם ישראל קשורה בהתגלות א־להית. הקריאה הא־להית לאברהם אבינו ולאחר מכן לכל צאצאי יעקב אבינו למרגלות הר סיני היא שהפכה את השבטים לכדי אומה. ההתגלות הא־להית יצרה את העם וממילא טבעה את אופייה של האומה.

מתוך כל זאת מובן מדוע חשוב לרב קוק לא רק לפרוס את משנתו בדבר הלגיטימיות של דתות אחרות אלא גם לנסות להגדיר את הקריטריונים שבאמצעותם בוחנים את מעלתן. לאור האמור לעיל מובן מדוע אחד הקריטריונים המובהקים שהרב קוק מסמן, נוסף על האמונה באחדות הא־ל ובמוסריותו, הוא הכרה בערכם של ישראל ושלילה של כל נוסח כזה או אחר של 'תורת החלפה'. כמו כן, הרב קוק יוצר מדרג בין דתות מונותיאיסטיות, כמו נצרות ואסלאם, ובין דתות פוליתיאיסטיות, שבעיניו עדיין אינן ראויות להיקרא 'דתות א־להיות'.

אולם על אף התפיסה ההירכית והבחינה הביקורתית של כל דת, ובפרט של דתות פוליתיאיסטיות, לרב קוק יש גם מערכת בלימה עצמית. לדידו, את הדתות השונות אין לבחון רק ביחס לקריטריונים אובייקטיביים וביחס לתורת ישראל אלא גם באופן יחסי למצב התרבותי של האנשים המחזיקים באותה דת. ייתכן מצב שבו מנהיג של דת אלילית הוא "טהור לב" שמכיר את "האור הא־להי", אך גם

מכיר את בני עמו ויודע שהדרך לקדם אותם מבחינה דתית ומוסרית לפי מצבם בהווה איננה יכולה להיות על פי אמונת הייחוד באופן פשוט, ולכן הוא מוצא דרכים מדרכים שונות לקדם אותם. דרכים אלו של עבודה זרה אסורות על עם ישראל, אך "לפי ערך נפשם הנמוכה הם, יכול להיות שמתנהגים כראוי להם". ואם אכן דתיות זו מקדמת אותם, הרי "כבר יש לאותם המנהגים ערך דתי שראוי להם להוקיר אותם באמת".[37] זאת אומרת, במקביל לאיסור עבודה זרה ולתפילה הנישאת שלוש פעמים ביום "והאלילים כרות יכרתון", הרב קוק אוחז גם באמונת השגחה "כי יד ה' בכל משלה, ושהוא נוהג בחסדו כל דור גוי ואדם יחד, כי מעשי ידיו כולם".[38] למרות האמונה שלנו בייחוד ה' ובתורתו, למרות מחויבותנו להתנגד לעבודה זרה, ולמרות העובדה שמבחינה מטא־היסטורית האנושות כולה צריכה להתקדם אל עבר היום שבו יהיה ה' אחד ושמו אחד, הראי"ה יודע להשהות במידה מסוימת את כל זה, להביט במבט סינכרוני על המצב כפי שהוא היום ולהאמין שכך הוא רצון ה', ומתוך "יסוד הסובלנות"[39] הזה לגזור הוראה מעשית: "על כן, אין להחליט על כל הדת כולה שהיא טעות ולהקלות את מחזיקיה ולבזותם".[40]

סיכום שיטת הראי"ה

לשאלה היכן ממוקמת שיטתו של הראי"ה בין שתי השיטות העיקריות שראינו עד כה, יש תשובה ברורה. הרב קוק חולק על עמדתו של הרמב"ם ונוקט כמסורת המחשבתית האלטרנטיבית. בתוך דברי הרב קוק נוכל למצוא כמעט את כל עוגני המחשבה שמצאנו בקודמיו, ונראה שהם שונים מאלו של הרמב"ם. לא זו בלבד שיש לגיטימיות לדתות ממוסדות אחרות ואין בכך כל איסור, אלא, כמו שטען רבי פיומי, זוהי גם מציאות טבעית וגם רצון א־להי וממילא אין מקום לחשיבה שיש

37 פרק ידו.

38 פרק לט.

39 שם.

40 פרק ידו.

רק דת אוניברסלית אחת בשם 'בני נח'. כדי שזה יתאפשר, הרב קוק, בדומה ל'גן השכלים', סבור כי ייתכן שהמנהיגים של אותן דתות זכו למדרגה כזאת או אחרת של נבואה ורוח הקודש. בדומה לר"י אלבו, גם הרב קוק מוכן לכנות דתות אחרות בשם 'דתות א-להיות', ושולל את העמדה לפיה 'דת אמת' פירושה מונוליטיות שאיננה מאפשרת דתות אמת אחרות, מפני שתפיסת ה'אמת' שלו היא מודולרית. שבע מצוות בני נח כחובה דתית עבור בני דת אחרת אינן הגבול המקסימלי אלא הרף המינימלי שעליו אפשר להוסיף עוד ועוד. יתרה מזאת, לאור תפיסתו של הרב קוק, שהחכמה הא-להית מתגלה בעולם הן לפני מתן תורה הן לאחריו וגם ל'הכרע הדעת' ייתכן שיש תוקף דתי, אך טבעי הוא שקבלת עול מלכות שמיים ועול מצוות בקרב הגויים לא תהיה מתווכת בהכרח דרך תורת משה.

מהו אפוא חידושו של הרב קוק? ההיבט אולי הבולט ביותר בסוגיה זו במשנת הראי"ה על פני קודמיו הוא ההיבט הריכוזי שלו שנובע מתפיסת עולם הוליסטית ואורגנית. בעוד שהרב אלקלעי הדגיש את הברית בין הדתות האברהמיות, הרב קוק שואף לברית אוניברסלית שמייצרת מעגלים קונצנטריים אשר במרכזם ניצב עם ישראל בארץ ישראל. רק מבנה כזה ישקף באופן המלא ביותר את הבנת אחדות הא-ל בעולם ואת האחווה האנושית הנגזרת מכך. מובן מדוע הרב קוק, ביתר שאת מקודמיו, מדגיש שלגיטימציה מלאה לדת אחרת תתאפשר לא רק בקבלת עיקרי אמונה ורף מוסרי בסיסי אלא בעזיבת התפיסה של שלילת ישראל או החלפתם ובקבלת היותם מרכז רוחני עבור המין האנושי. רק בדרך זו ניתן להבין את האופן הפוליטי שבו מתארגנת הספירה הדתית של העולם. מנקודת מבט ביקורתית יש שיראו בריכוזיות זו עמדת כוח או התנשאות במובנה הנמוך, אולם מנקודת מבטו של הרב קוק מבנה אורגני זה אינו עוסק בכוחניות אלא ביכולת ליצור מערכת של תקשורת דתית בין כל חלקי המין האנושי. לחידוד עמדה זו ביחס לשיח בין דתי נחזור בסוף המאמר.

ד. אפילוג

את סיכום השיטות השונות ננסה לעשות דרך טיפול בשאלות שפתחנו בהן: האם למחשבה היהודית יש עמדה באשר להיבטים שונים במפגש בין דתי, ואם כן מהי? כיצד יתייחס יהודי לזהותו הדתית ולתובנותיו של אדם מדת אחרת?

על שלוש הבחנות עיקריות עומדת שיטתו של הרמב"ם. ראשונה היא ההבחנה בין היחיד, שמסלול התקדמותו בקיום מצוות וקרבה לא־להים פתוח ללא מגבלות משמעותיות, ובין מיסוד דת ברמה חברתית רחבה ומחייבת. הבחנה שנייה היא בין פילוסופיה וחכמת חיים המצויות אצל חכמי הדת, באשר לאלו אוזנו כרויה שכן יש לשמוע את האמת ממי שאמרה, ובין ההיבט הדתי במובננו המוסדי וכתבי הקודש, שאליהם מתייחס הרמב"ם בביטול גמור. לבסוף עומדת ההבחנה בין התועלת שהביאו הנצרות והאסלאם למין האנושי מנקודת המבט של השגחת ה' בעולם, ובין התפיסה העקרונית שאליבא דאמת מדובר בדתות שהן טעות וזו תתגלה בימות המשיח.

בסיטואציה של מפגש ושיח, דיאלקטיקה משולשת זו מאתגרת, הן אינטלקטואלית הן רגשית, גם עבור היהודי וגם עבור בן שיחו. בעבור מי שאמון על שיטת הרמב"ם קשה עד מאוד להיות קשוב וסקרן מתוך רצון לשמוע את האמת ממי שאמרה, כאשר במכמני הלב מקננת לה המחשבה שדתיותו של האדם בהכרח אינה נכונה, הנביאים שהוא מאמין בהם מוליכים אותו שולל וכתבי הקודש שלו יסודם בטעות. אם נכון הדבר אצל היהודי, קל וחומר אצל זולתו שלא ישוש להפגין את חכמתו כאשר מזלזלים ומבטלים בבוז את אמונתו. זאת ועוד, בעקבות דברי הרמב"ם עולה השאלה אם נכון להציף ולספר על עמדה זו או שמא זו תובנה שיש להשהות כרגע מהשיח ולו מחמת התועלת המעשית שעשויה לצמוח: היהודי יכול ללמוד מן האמת שעשויה להיות טמונה אצל זולתו; ובפני הגוי אולי תיפתח הדרך לאמת שמחזיק היהודי; או שמא, מצד שלישי, פתיחת נושא תיאולוגי כה מובהק מסוכנת גם עבור היהודי שעלול למצוא

את עצמו מעורער באמונתו. ייתכן שמתוך הבנת הדיאלקטיקה של הרמב"ם וכן בעקבות הסכנה האמורה, תמך הרי"ד סולובייצ'יק בזמנו בדיאלוג בין דתי עם אנשי דת נוצריים רק בנושאים של אתגרי השעה והדור ולא בעניינים תיאולוגיים.[41]

ברם, מפגש ושיח בין דתי עשויים להיות שונים לחלוטין מנקודת המבט של המסורת האלטרנטיבית. אכן, גם רבי פיומי, ר"י אלבו, רמ"ד וואלי והראי"ה מבקרים תכנים של הדתות השונות והללו יכולים להתפתח לכדי שיח מעניין ואף נוקב. אולם עצם העובדה שדתיותו של הזולת לא זו בלבד שהיא לגיטימית אלא היא א־להית, שנביאיו עשויים להיות נביאי אמת או מנהיגים שזכו להשראה ממרום וכתבי הקודש שלו אף הם א־להיים, משנה לגמרי את מסגרת המפגש והדיון. ליבו של אדם יכול להיות פתוח וקשוב למלוא קומתו של הניצב מולו שכן דתיותו לא רק איננה מאיימת אלא גם עשויה לקדם ערכים ושאיפות גאוליות שהיהודי עצמו אוחז בהן. לפי תפיסתו של רבי פיומי, וגם אליבא דהרב קוק, יהודי יכול לומר את צמד המילים "הנביא מוחמד" גם אם מדרגת נבואתו לפי הראי"ה נמוכה באופן ניכר ממדרגתם של נביאי ישראל. בשיח יהודי־מוסלמי יש לאמירה זו השפעה משמעותית.

ההיחשפות לאופן שבו הברית החדשה ביקשה להמשיך את דבר ה' המתגלה בתנ"ך ולאופן שבו שונו בשיטתיות סיפורי התורה בקוראן, עשויה להיות קשה עבור היהודי המאמין. דבריהם של רבי פיומי ורמ"ד עשויים לפתוח צוהר לחשוב על התופעה הזאת באופן אחר לחלוטין: לא מתוך איום, עיוות האמת או הפרת זכויות יוצרים, אלא מתוך הבנה ששינויים אלו נעשו מתוך התאמה לסוג האנשים שספרים אלו פונים אליהם. נוסף על כך, יש בתופעה זו העצמה אמונית, שכן תורת ה' משמשת השראה עבור מיליארדים מסביב לעולם. כל זאת, כמובן, במקביל לאפשרות לבקר ואף באופן חריף את התכנים העולים מהם.

גם להשקפתו של הרב אלקלעי בדבר הברית המשולשת בין

41 עיינו במאמרו "Confrontation," *Tradition* 6:2 p. 5–9, 1964. המאמר תורגם לעברית בשם "ממעמקים", בתוך: **דברי הגות והערכה**, ירושלים תשמ"ג.

הדתות האברהמיות ישנה השפעה דרמטית על המפגש בין יהודי לנוצרי ולמוסלמי, שכן היא עשויה לשנות את התשתית הנפשית המטרימה את השיח האינטלקטואלי. הניסיון מלמד כי דווקא ויכוחים פנים משפחתיים עלולים להיות קולניים ואלימים יותר, ובכל זאת יש בהם פוטנציאל אחר. כאשר אדם מתווכח עם מישהו בידיעה כי אחיו הוא ושהייעוד שניתן להם מאת הנביא הוא כריתת ברית שתוביל לקידום העולם ולגאולתו, המוטיבציה לעצם המפגש, כמו גם מסגרת המפגש והדיאלוג, עשויות להיראות אחרת לחלוטין מאשר מפגש עם אדם זר או במסגרת דיון סכום אפס שניצחונו של אחד הוא בהכרח הפסדו של האחר.

אחד החידושים שהוסיף הרב קוק על פני קודמיו היה ביצירת המבנה האורגני של הדתות כולן שבמרכזו ישראל. לעיל הדגשנו בעיקר שתפיסה מערכתית זו הופכת את משנתו של הרב קוק ביחס לדתות אחרות לביקורתית במהותה. אולם דווקא מתוך כך תשתית השיח בין הדתות השונות, לשיטתו, היא אינטגרלית. המטרה הראשונה במעלה של בניית מערכת זו איננה מניעת עריצות אלא כדי ליצור שיח שיאפשר תיקון והתקדמות. המבנה האורגני של דתות העולם מוביל לצורך התמידי בקשר בין כל החלקים. הצד השני של החשיבה הביקורתית הוא אפוא התשתית הדיאלוגית.

אם כנים הדברים, הרי שלפי הראי"ה, מפגש ושיח בין דתי מנקודת מבט של מחשבת ישראל הם לא רק אפשריים, הם הכרחיים.

נחתום בשאלה שעומדת לפתחנו במדינת ישראל. הערבוב בין דת למדינה בחברה הישראלית ובפוליטיקה הישראלית בא לידי ביטוי גם במלחמה ארוכת השנים עם שכנינו המוסלמים ובביקורת הנמשכת ממדינות וגופים המזוהים עם הנצרות. העובדה שהרבה מהטרור בעולם בכלל ובמדינת ישראל בפרט מגיע מתוך העולם המוסלמי, גורמת לרבים לפתח סלידה ואף שנאה כלפי האסלאם ומתוך כך כלפי מוסלמים באשר הם. בעקבות נסיבות חיים נוספות, סלידה זו גולשת לכדי חשדנות ודחייה גם כלפי דתות אחרות. חלק מהסיבות אכן מובנות. אך טבעי הוא שנראה התפתחות של שפה דתית לפיה נאמנות

יהודית לתורת ישראל אמורה להביא להתנגדות לקיומן של דתות אחרות. ברם כפי שלימדנו הרב קוק, זוהי תפיסה שמתנחלת בלבבם של "ההמון" מתוך "קלות דעת לאמונה", אך היא איננה משקפת את עומק החכמה והאמונה השלמה. אכן, המציאות שאנו חיים בה מורכבת ביותר וחובה עלינו להשמיע ביקורת נוקבת כלפי הנוהגים באלימות ושפיכות דמים מתוך עמדה דתית. ברם מוכרחים אנו לשאול האם לצד התנערות מנאיביות ושמירה על ביטחון המדינה וערכי הציונות, אנחנו מסוגלים להתרומם למרום הרוח והאמונה לצעד נוסף? האם נהיה מסוגלים בתוך תנאי החיים הנוכחיים גם לקדם תשתית לשיח הבין דתי, שתוביל לא רק לחזון שמתוים הרב אלקלעי והרב קוק אלא גם תביא תועלת למצב בהווה? האם בחזון של מדינת ישראל שאנו מציירים, מנקודת מבט של מחשבה יהודית, נראה באור חיובי ואף נתמוך בחפץ לב בקידום הדתיות של האסלאם או דתות אחרות?

אני מאמין בכל ליבי שהתשובה לכל השאלות היא חיובית. שאלות אלו הן אינן פריבילגיה או בגדר רשות; הן קשורות בנשמת אפה של מהותה של כנסת ישראל וייעודו הגדול יותר של עם ישראל בעולם. ומי יודע אם לעת כזאת הגענו למלכות.

ניסוי בהנהגה רוחנית נשית: סיפורים מהשטח וחזון לעתיד[1]

הרבנית ד"ר ג'ני רוזנפלד

מאמר זה נכתב לכבוד מו"ר הרב שלמה ריסקין בהגיעו לגבורות. ההתמסרות של הרב ריסקין לקידום לימוד תורה לנשים וקידום הנהגה נשית מעשית בקהילה האורתודוקסית הוא סיפור של עשרות שנים, הכולל את הקמת מדרשת לינדנבאום, את המכון להכשרת טוענות רבניות ואחריו את "יד לאישה", ובמשך כמה שנים אף תוכנית ללימודי דיינות לנשים. כאן אספר על יוזמה אחת שהרב ריסקין הגה – מינוי רבנית, מנהיגה רוחנית, ביישוב אפרת. מלבד האג'נדה שלו לקידום נשים לומדות תורה, הרגיש הרב ריסקין במשך שנים רבות בתפקידו כמרא דאתרא באפרת שיש דברים – לרוב סביב גירושין – שצריכים אישה, רבנית, לטפל בהם באופן הטוב ביותר. בסופו של דבר, דאגתו

1 ברצוני להודות לטוענת הרבנית ד"ר רחל לבמור, מעמודי התווך באפרת, שקיבלה את פניי בחיבוק גדול ובנדיבות ונכונות תמידית לעזור לי – מהיום הראשון ועד היום האחרון, כולל דחיפה שאכתוב את המאמר הזה וכולל הערות למאמר. תודתי גם לפרופ' לין קיי על הערותיה הבונות למאמר והעידוד לכתיבתו.

לקהילתו באפרת הניעה את הרב ריסקין לחפש אישה שתשמש רבנית. תפקיד זה העניק לו נחת רוח מרובה בשנים האחרונות; הוא היה מתקשר אליי לפעמים רק כדי לומר עד כמה משמח אותו שאנשים מספרים לו על עזרתי להם כמנהיגה רוחנית.

כמי שזכתה למלא את התפקיד פורץ הדרך הזה בשליחותו של הרב ריסקין, אספר מה כלל התפקיד, וכיצד התממש הניסוי בהנהגה רוחנית נשית מנקודת מבטי. חשוב בעיניי להעלות על הכתב לא רק את ההצלחות, אלא גם את המגבלות שהיו חלק מהתפקיד ואשר הקשו על ביצועו המיטבי. מתוך הניסיון שלי בשטח אני מבקשת לשרטט גם את החזון – מה יכול להיות תפקיד כזה בעתיד, באמונה ובתפילה שתפקידים כאלו, החיוניים וטבעיים כל כך, יתרחבו בעתיד ויתעצבו בדרכים שונות.

גילוי נאות: אני כותבת דברים אלו לאחר שתפקידי באפרת הסתיים. המשרה של מנהיגה רוחנית התקיימה במשך חמש שנים בזכות המימון של מוסדות "אור תורה סטון". המקום הייחודי של הרב ריסקין בכך שכיהן גם כרב היישוב אפרת וגם כראש מוסדות "אור תורה סטון" הוא שאִפשר את מימון הפרויקט הזה. כשנה אחרי שעזב הרב ריסקין את תפקידו כראש מוסדות "אור תורה סטון", נמסרה לי ההודעה על סיום המימון לתפקידי.

רקע לבניית התפקיד ושייכותו

אחת מתוכניות הלימוד המגוונות שמתקיימות במדרשת לינדנבאום בירושלים היא תוכנית ייחודית של לימודי הלכה לנשים. במכון למנהיגות הלכתית ע"ש סוזי ברדפילד לומדות נשים לימודי הלכה אינטנסיביים במשך חמש שנים, ובסיומן הן זוכות ב"היתר הוראה", החתום בידי הרב ריסקין (כשהיה ראש מוסדות "אור תורה סטון") והרב שוקי רייך (כמי שבפועל מלמד הלכה בתוכנית). אחד האתגרים המרכזיים שעומדים בפני ראשי המכון הוא ההשמה של בוגרות התוכנית במשרות מתאימות ומשמעותיות.

במהלך לימודיי במכון הפגיש הרב שמואל קליצנר, מנהל המכון דאז, ביני ובין הרב ריסקין, במטרה ליצור עובדות בשטח. קשר טוב התפתח בינינו והרב החליט להתחיל ניסוי באפרת של הנהגה נשית הלכתית ורוחנית. הגעתי לאפרת בחודש שבט תשע"ה, בעודי לומדת במכון, כדי למלא תפקיד של "מנהיגה רוחנית".

"מנהיגה רוחנית": היום הראשון

היום הראשון שלי בעבודה, במשרד. אם לדייק, לא היה זה משרד אלא חדר ישיבות עם קיר זכוכית ענק. בהמשך התגלתה הברכה בחוסר הפרטיות: בחדר הזה ניתן להיפגש עם כל אחד בלי לחשוש לבעיה הלכתית של ייחוד. מקום נעים, אך לא שגרתי עבור משרד הרב. למעשה – שום דבר פה לא היה שגרתי.

עליתי מוקדם בבוקר על אוטובוס שייקח אותי לאפרת. האוטובוס נוסע לכיוון גוש עציון ואני מרגישה שאני יוצאת להרפתקה, יוצאת מהעיר אל מקום אחר. כעבור ארבעים וחמש דקות ירדתי מהאוטובוס בסובבת התאנה, הבטתי סביבי וראיתי ירוק אין־סופי, מקום פסטורלי, עם אוויר אחר. יצאתי לעבודה. עליתי על הר תלול מאוד, והגעתי סוף סוף למשרד עם קיר הזכוכית. אבל המסע רק התחיל.

בעודי לומדת במדרשת לינדנבאום הייתי עטופה בכותלי בית המדרש, חיה בעולם תיאורטי שמגן עלי מפני העולם האמיתי. והנה, ביומי הראשון בעבודה, נכנס זוג לא צעיר, סבא וסבתא.[2] הם רצו להתייעץ איתי לגבי בנם הבכור, שיצא מהארון לאחרונה וכרגע מתגורר עם חבר לא יהודי בדרום תל אביב. שמעתי את כאבם של הורים על ילד שאיננו הולך בדרכם. שמעתי גם הכלה, רצון לעזור, וחיפוש של הורים אחר הדרך הנכונה לבנות קשר עם בנם האהוב "באשר הוא שם". השאלה כיצד לארח את בנם ואת החבר שלו בשבת משפחתית

2 סיפורים ודוגמאות שאביא כאן עברו עיבוד ושינוי של פרטי הזיהוי כדי להגן על פרטיותם של אלו שפנו אלי.

היא טכנית אך גם מהותית, והיא לא רק שלהם אלא גם של האחים והאחיות – הרי יש להם גם בנים ובנות נשואים עם ילדים, והם (הילדים הנשואים) ממש לא רוצים לפרסם את ה"שאנדע" הזאת במשפחה, אינם רוצים שילדיהם הקטנים ייחשפו לדברים האלה סביב שולחן השבת.

אני מדברת עם ההורים, הורים שמתעקשים על האהבה לבנם למרות השינויים הגדולים שהוא עבר. בסופו של דבר, בן הוא בן. שום שינוי חיצוני או מהותי לא ישנה זאת. אומרת הגמרא: "אף על פי שחטא – ישראל הוא" (סנהדרין מד ע"א). יש מקום שאליו החטא אינו מגיע כלל, אינו נוגע – הנשמה, הנפש הישראלית. יש מקום שנשאר טהור תמיד, ולעולם יישאר כך.

אין כאן שאלה הלכתית של הומוסקסואליות והלכה – הילד לא שאל; גם ההורים כבר מתעסקים בשאלות אחרות – איך להכיל את הילד השונה, איך לאזן בין ההכלה שלו לצרכים של שאר הילדים ומשפחותיהם; איך להמשיך להיות משפחה. זיהינו את האתגרים והגענו לכמה פתרונות אפשריים, אבל העיקר כאן היה המסע. המסע מעמידה בודדת מול "בעיה" במשפחה, אל פתיחת הנושא עם רבנית. זה היה צעד אמיץ. סיפרו לי שהדבר הזה הוא סוד, לא מדובר בקרב הקהילה והחברים. עכשיו אפשר סוף סוף לדבר. מעבר להצעות פרקטיות ותובנות שיצאו מהשיחה, הרגשתי את הנשימה שהשתחררה בשיחה שאיננה מנסה להסתיר דבר.

כך, ביום הראשון שלי בעבודה, חדר הישיבות עם קיר הזכוכית הופך להיות מקום של הכלה, מקום שניתן לדבר בו על הכול ולשים את האמת על השולחן בלי להתבייש. פשרה, איזון, חשיבה על פתרונות מחוץ לקופסה. מדוע בחר הזוג הזה להתייעץ דווקא איתי, אישה צעירה בתחילת דרכה ממש, ולא עם רב מבוגר יותר, גדוש בידע ובניסיון? הם לא סיפרו לי, ומעולם לא שאלתי אותם. במשך השנים, הם חזרו אליי מדי פעם, לדבר על הבן ועל נושאים אחרים. נבנה קשר ביום הראשון שלי בעבודה, והקשר המשיך.

"מנהיגה רוחנית": העשייה בשטח

כשאני מדברת על תפקידי באפרת אני תמיד פותחת באמירה שזה היה "ניסוי" – ולשבחו של הרב ריסקין ייאמר. היה לו האומץ להתחיל בניסוי של הנהגה רוחנית נשית ביישוב שבו הוא כיהן כרב, והייתה לו גם הגמישות לא להגדיר הכול מראש. עבדתי ביישוב של למעלה מעשרת אלפים תושבים, במשרה שהוגדרה פורמלית בין שליש לחצי משרה (בפועל עבדתי יותר). היו כיוונים רבים שיכולתי לפעול בהם, והיה צורך להגדיר במה אני פועלת ובמה אינני פועלת. ועם כל זה היו גלישות בין התחומים – פעם בשבוע הבטחתי לעצמי שאני מגיעה לספרייה כדי לכתוב את הספר שעליו אני שוקדת, ועושה רק כמה טלפונים בבוקר בדרך לספרייה כדי "לסגור פינות" של העבודה באפרת; היו ימים שהגעתי לספרייה ונשארתי בחוץ כל היום עסוקה בטלפונים, עד שקלטתי שכבר הגיע הזמן לאסוף מהגן, ואת פני הספרייה לא ראיתי.

כשנכנסתי לתפקיד, גם לי לא היה מושג מה יהיה ואיך התפקיד ייראה. בתחילת דרכי נפגשתי עם מי שפנה אלי, או עם מי שהפנו אותי אליו. עם הזמן והניסיון התגבשו תחומי עשייה שאפרט בהמשך. חשוב לציין גם שאמנם בתחילת הדרך פנו אליי יותר דוברי אנגלית ויותר נשים, אך עם הזמן פנו גם דוברי עברית וגברים. במסגרת זו אי אפשר לנתח באופן סטטיסטי את הפניות בכל תחום, אבל אני מקווה בע"ה לכתוב מאמר ארוך יותר שיציג את הצמיחה במספר השאלות ובתחומי השאלות לאורך שנות עבודתי.

פגישות אחד על אחד

לב עבודתי כמנהיגה רוחנית היה בפגישות ובשיחות אישיות – עם אנשים, נשים וזוגות. את רוב מי שפגשתי, פגשתי בזמני משבר או קושי, כי מסתבר שזה הזמן שבו אנשים מחפשים הנהגה רוחנית – לקראת גירושין ולאורך תהליך הפרידה, בהתמודדויות עם מחלות נפש ובמצוקה כלכלית. זכיתי גם לפגוש את הקהילה בצמתים של שמחות – לקראת בר/בת מצווה או חתונה – אך הרבה פחות. מעבר לשאלות רוחניות

ורגשיות שצמחו מעיתות משבר, הופנו אליי גם שאלות הלכתיות נטו – על הלכות שבת ומועדי השנה, כשרות, נידה, אבלות ונושאים מזדמנים. לרוב, שאלות הלכתיות הגיעו דרך הטלפון (מסרון או ווטסאפ, בכל שעות היממה) או בדוא"ל, לפעמים אחרי שנפגשתי עם מישהו או מישהי פנים אל פנים בנושא אישי, ולפעמים מבלי שנפגשנו מעולם. לפעמים, חודשים או שנים אחרי שאלות מהסוג הזה, נפגשנו כדי לדבר על שאלות רגשיות ורוחניות יותר. לפעמים נשאלתי שאלות רגשיות, רוחניות וכבדות רק בטלפון. כשהרגשתי שהפורמט אינו מתאים, אמרתי את זה, ולרוב מי שפנה היה מוכן לשנות את הפורמט כשהסברתי שזה חשוב (למשל – לעבור ממסרונים לפגישה אישית). זכיתי לפגוש אנשים ונשים בשיחה או הודעה בודדות, וזכיתי גם לפגוש אנשים ונשים שוב ושוב ולדון עימם על שאלות הלכתיות שעולות במהלך החיים. זכיתי לבנות קשרים גם לטווח הארוך עם מי שפנה אליי.

בעוד מקומי כרבנית היה ברור בשאלות הלכתיות נטו, הוא היה עמום הרבה יותר במקרים של התייעצויות אחרות. נפגשתי לא מעט עם מי שסבל ממחלת נפש והיה גם מטופל אצל פסיכולוג, פסיכיאטר או עובד סוציאלי. בפגישות כאלה היה לי תפקיד אחר, שהגדרתי אותו לעצמי כ"הקשבה אמפתית" – אין לי תואר לטיפול בבריאות הנפש (הדוקטורט שלי הוא בספרות אנגלית), והיה לי חשוב מאוד להבהיר לפונים מה אני יכולה ומוסמכת לעשות ומה לא. עם זאת, הסכמתי להיפגש עם כל מי שרצה פעם אחת לפחות, אפילו כאשר חשבתי שאינני הכתובת.

פגישות כאלו – שבסופן הפניתי את הפונים הלאה למטפלים מקצועיים, או שהפונים כבר היו מטופלים אצל מטפלים לבריאות הנפש – לא היו לשווא. אנשים רבים אמרו לי עד כמה משמעותית הייתה להם העובדה שהכאב שלהם נשמע על ידי רבנית; הם הרגישו שהם אינם לבד וכמהו להקשבה אמפתית שלא מצאו אצל מטפלים מקצועיים. עם הזמן הפנמתי שהקשבה אמפתית גם היא עשייה חשובה, והיא עשייה שדורשת אנרגיה ופניות.

קרה לא מעט שנפגשתי עם מישהו או מישהי שבתחילת הפגישה

הביעו סקפטיות בגלל היותי אישה צעירה – איך אני ה"קטנה" אוכל לעזור באמת עם הבעיות ה"גדולות" שלהם? כיבדתי את חששותיהם וראיתי אותם כטבעיים. אבל, לרוב, מי שהתחיל כך את הפגישה סיים אותה בנימה אחרת, ובאמירה שהם הופתעו כמה באמת עוזרת ההקשבה האמפתית והעצה שהענקתי להם. היו אנשים מטופלים בתחומי בריאות הנפש שגם אמרו לי מפורשות שאני, כרבנית, עושה משהו שונה מפסיכולוג או פסיכיאטר. שם יש תחושה של עסק, עובדים על השעון, בעוד בפגישה איתי מרגישים ש"באמת" אכפת לי ממצבם. זו תחושה שניסיתי לפענח – האם זה נובע מכך שהם אינם משלמים לי? האם מפני שאצלי המרווח בין הפגישות היה גדול יותר, כך שאין תחושה שבדיוק כשהשעה מסתיימת אני עוברת למטופל הבא? האם זה עצם העובדה שאינני מטפלת אלא רבנית? ואולי שילוב קסום של כל אלו. על כל פנים, חשוב לתת את הדעת על כך שגם אחרי שאנחנו שולחים את מי מקהילתנו לטיפול, אין זה מסיר מעלינו את האחריות להמשיך להיות בעבורו כתובת לליווי רוחני, לצד הטיפול שהוא מקבל. יש לאנשים כאב עמוק, ואנחנו צריכים לטפל בו בכמה מישורים – התחום הטיפולי נחוץ, אבל התחום הרוחני נחוץ לא פחות.

זכיתי לקבל את אמונם של נשים וגברים בקהילה. בעיקר הייתי כתובת רבנית והלכתית נוספת עבור מי שלא מצא לעצמו "רב" בין הדמויות הגבריות הקיימות. אני בטוחה שבבואי לאפרת לא לקחתי ולו אדם אחד שהיה רגיל לשאול רב, אלא חלק ממי שטרם מצאו לעצמם כתובת. בתחילת הדרך לא ידעתי אם אנשים ונשים יהיו מוכנים בכלל לפנות אליי. בשלב הזה, אני יכולה להעיד שבאו וסמכו עליי בשאלות עמוקות וכבדות משקל. אפשר שגם העובדה שלא גרתי בתוך הקהילה אפשרה לחלק מהאנשים לזהות אצלי מרחב בטוח, ולשתף אותי בדברים שאולי לא היו רוצים לשתף בהם שכן או רב מקומי שהם פוגשים במכולת ובגן.

העובדה שהייתי אישה, ואישה בתפקיד פורץ דרך, בלתי ממוסד ואפילו שנוי במחלוקת, הייתה גורם שניתב במידה מסוימת את מי שהגיע אליי. לא הייתי דמות "הרב" הקונבנציונלי עם זקן ועניבה. הייתי

מאיימת הרבה פחות גם מפאת התפקיד וגם מפאת עצמי. זה אִפשר לאנשים להתייעץ איתי בנושאים שהם היו מתביישים או מהססים לשאול את הרב המקומי. הפגישות ושיחות הטלפון הראשונות שלי כללו נושאים כגון הומוסקסואליות ואיפור קבוע: נושאים שהפונים אמרו לי במפורש שרב בית הכנסת שלהם אינו יודע מהם ושהם מעדיפים שהוא גם לא ידע מהם, ולכן הם התייעצו איתי.

בעבר היה רב מקומי אחד – הרב של השטעטל – שהיה הכתובת היחידה לתושבי המקום, בין בשאלות של כשרות בין בשאלות אישיות כבדות משקל. היום המצב שונה לגמרי. אנחנו חיים בעולם מודרני, ורוב האוכלוסייה נוכחת בכמה מקומות (מקום מגורים, משפחה, עבודה, בית כנסת וכו'). אנשים יכולים לבחור כמה ובמה להיחשף במעגלים שאין ביניהם חפיפה בהכרח. יש גם תופעה נרחבת של שאלות אינטרנטיות ושאלות ל"רב גוגל", כך שבשונה מהעבר יש בחירה את מי לשאול מה, ולא כל אחד צריך לדעת עלי כל דבר. אלו עובדות שרוב האוכלוסייה יודעת אותן ומשתמשת בהן לטובתה. כל מנהיגה רוחנית חדשה נכנסת לזירה הזאת. מי שבוחר להתייעץ עם מנהיגה רוחנית ולא עם הרב המקומי ואינו מחפש תשובה באינטרנט, עושה זאת מסיבותיו שלו, ובהנחה שאין שיתופי מידע בין הגורמים השונים האלה.

אותה אישה ששאלה אותי על איפור קבוע, אמרה לי בתחילת השיחה שיש לה רב בית כנסת ואיתו היא מתייעצת בשאלות כשרות, אך היא איננה מעוניינת לשתף אותו בכך שהיא משתמשת באיפור קבוע ולכן היא בוחרת לשאול אותי – כאישה, שמבינה יותר בדברים האלה וגם אינה גרה בשכונה שלה. כמה וכמה פעמים נשאלתי שאלות מהסוג הזה, על איפור בשבת ועל לק ג'ל במקווה, בגלל היותי אישה – אף שאני לא משתמשת באיפור וגם לא בלק רגיל.

מצאתי את עצמי בתפקיד הזה במקום לימינאלי – כאישה יחסית צעירה, שאינה גרה במקום, שהתמנתה על ידי רב המקום, אך בשונה ממנו איננה מועסקת על ידי המועצה הדתית, בתפקיד חדש ולא מוגדר. הקהילה הבינה זאת, ונפתח פתח לבוא ולהתייעץ בעבור

מי שהרגיש בשולי החברה או שהיה לו נושא לא מדובר. ניתן לשאול מה היה קורה אילו הייתי מנהיגה רוחנית שעומדת במרכז, בממסד, בדיוק כמו רב. אולי עוד תהיינה מנהיגות רוחניות כאלה, אבל זה לא היה התפקיד שאני מילאתי.

תלמוד תורה בקהילה

המקום שלי כרבנית שמלמדת תורה ברבים היה ענף קריטי בעבודתי. בעוד בפגישות אחד על אחד ניתן להגיע לשיחות עומק עם מעטים, שיעורי תורה בפומבי הם הזדמנות לשיחות עומק עם הקהל הרחב. במהלך חמש השנים שעבדתי באפרת, לא הגעתי לכל בתי הכנסת – יש כיום למעלה משישים בתי כנסת ברחבי היישוב. הגעתי לחלק מבתי הכנסת בשבתות, ולרוב חזרתי שוב ושוב לבתי הכנסת שהזמינו אותי – מקומות שהיו שלמים עם העובדה שאישה דורשת או מעבירה שיעור מול גברים, ומקומות שרצו ללמוד ממני. כך נבנו לאורך השנים קשרים עמוקים יותר עם כמה קהילות, שהיו רגילות לארח אותי בשבתות, בליל הושענא רבה ובליל שבועות. העברתי שיעורים מיוחדים במרכז לקשישים, בבתים פרטיים ובבתי הספר. מסרתי גם שיעורים קבועים – בין היתר, שיעור גמרא למתחילות (רובן נשים מעל גיל חמישים). גם למדתי בחברותא עם מי שרצה – לפעמים מבוגרים לפעמים נערות.

אחד הדברים שהיה חשוב לי הוא שלא אהיה באפרת רק כדי ללמד מבוגרים, אלא גם כדי ללמד צעירים בתוך בתי הספר, ושגם ילדים יכירו אותי ואת תפקידי. יצרתי קשר כזה עם אחד מבתי הספר שהזמין אותי באופן קבוע לדבר עם הבנות בכיתות ו-ח לפני החגים, בתוכנית בת מצווה, ועל נושאים הלכתיים שהבנות רצו להתעמק בהם. התחולל שם מהלך משמעותי, שבו הבנות זכו לראות במו עיניהן הנהגה תורנית הלובשת פנים שונות – הן יכולות ללמוד מהרב ריסקין ויכולות ללמוד גם ממני. ואולי גם, דרך זה, לראות את עצמן בעתיד, כמלמדות תורה ברבים ועוסקות בהנהגה רוחנית.

צר לי שלא מימשתי את החזון הזה לגמרי, ובמיוחד שלא מצאתי

מקום בבתי הספר לבנים. זה נבע באופן חלקי מהמקום שלי בקהילה, כמי שמונתה לתפקיד באופן פרטי על ידי הרב ריסקין ולא על ידי המועצה הדתית. ארחיב על כך בהמשך.

פעמים רבות שיעוריי בבתי הכנסת הובילו לכך שאנשים שהיו בקהל פנו אליי אחר כך להתייעצות או לשאלה הלכתית. לפעמים הפנייה הייתה בנושא השיעור, ופעמים אחרות ניגשו אליי בסוף השיעור – וכאן מדובר לרוב בגברים מבוגרים – להגיד עד כמה הם מופתעים לטובה אחרי שלמדו ממני ישירות. היו גברים שסיפרו שלפני שפגשו אותי הם היו סקפטיים, ואחרי שלמדנו יחד, הם יצאו בהרגשה אחרת לגמרי. זה היה חשוב בעיניי כי רציתי להיות שם בשביל כולם – לא רק עבור נשים צעירות ופמיניסטיות. היו גם מקרים אחרים שבהם העברתי שיעור וניגש אליי מישהו בסוף השיעור – מישהו שאפילו לא הכרתי או שלא ידעתי שהכרתי – וסיפר לי שהצלתי את חייו ממש בשיחת טלפון. או מי שניגש להציג את עצמו ולומר: אני זה ששולח לך ווטסאפים בהלכות כשרות או מתקשר אלייך עם שאלות בנידה – רק כדי שאכיר אותם גם באופן אישי. בשבילי היה שם משהו מדהים – להבין עד כמה אני עוזרת לאנשים, אפילו בלי לדעת זאת, ואפילו בלי לדעת למי אני עוזרת.

בתי אבל

כשנכנסתי לתפקיד ועשיתי סבב של פגישות עם רבני הקהילות השונים באפרת, אחד מהדברים שלמדתי הוא שרבני קהילה מקבלים את מרבית השאלות ההלכתיות בנושאים של מוות ואבלות. הבנתי שביקורים בבתי האבל צריכים להיות חלק קבוע מהעבודה שלי. לא תמיד יכולתי לבקר בבית אבל – לפעמים בגלל הלו"ז שלי והעובדה שלא הייתי באפרת בכל יום, ולפעמים מפני שהם ישבו 'שבעה' במקומות רחוקים מחוץ לאפרת. למרות זאת, ביקרתי בעשרות בתי אבל במשך השנים ופגשתי אנשים רבים שלא הכרתי קודם לכן.

פעם נכנסתי לבית אבל שכל הנוכחים בו דיברו ספרדית ולא הבנתי מילה. כמה וכמה פעמים נכנסתי לבית אבל והייתי המנחמת

היחידה באותה שעה, ויצא לי ממש לשבת ולדבר עם האבל, ופעמים נכנסתי לבתי אבל כה עמוסים שרק הספקתי לנחם ולא לקיים שיחה מעבר לכך. היו בתי אבל שבאמת היו צריכים אותי ואת המידע ההלכתי שהבאתי, והיו בתי אבל שהיו מלאים ברבנים ולא היו זקוקים לי. פעמים האבלים סיפרו לי באמצע הביקור שמדובר בהתאבדות. היו בתי אבל שבהם פיתחתי קשר מתמשך עם האבלות ושימשתי עבורן כתובת לשאלות הלכתיות לאורך כל שנת האבל, והיו בתי אבל שהייתה רק שיחה משמעותית אחת ביני ובין האבלים, ובתי אבל שאפילו זה לא היה. לא הייתה לי דרך לדעת מראש לאן אני נכנסת. היו זמנים שאבלים ביקשו ממני הדרכה על השלבים הבאים באבלות, והיו גם זמנים שפנו אלי עוד לפני האבלות, כשיש הורה חולה, והיה ברור שהם הולכים לקראת אבלות בזמן הקרוב. היו אבלים שהציגו אותי ואת תפקידי לקרובי משפחה שלהם מרחבי העולם. זה גרם לי אי נוחות, כאילו אני "גונבת את ההצגה", אבל ניסיתי לזרום עם מצב הרוח והרצונות של האבלים. בסופו של דבר, היה זה צומת חשוב ומשמעותי לפגוש בו אנשים.

ניהול בית הדין לממונות

בשלב מאוחר יותר התווסף לעבודה שלי באפרת תפקיד נוסף. באפרת קיים כבר למעלה מעשרים שנה בית דין לממונות. בית הדין פעל ברמות שונות של פעילות במשך השנים, ותמיד בהתנדבות. נכנסתי לניהול בית הדין בתפקיד שהוא גם תוכני וגם לוגיסטי. הייתי כתובת לשאלות של התובעים והנתבעים בקשר לכתיבת כתב תביעה או כתב הגנה וכל שאלה אחרת. קבעתי את הרכב הדיינים ומועד הדיון, ובדיון עצמו רשמתי את הפרוטוקול וגם ישבתי יחד עם הדיינים בדיונים הפרטיים שלהם על פסק הדין. הצד הלוגיסטי כלל את האין־טייק: כל הפניות הגיעו אלי, ורק אחרי שיחה מקדימה איתי, מי שרצה וזה התאים לו ולבית הדין, מילא את הטפסים לפתיחת תיק.

לא פעם ולא פעמיים הרגשתי את החשיבות של היותי אישה בתוך המקום הגברי מאוד של בית הדין. היו מקרים שבהם אחד מבעלי

הדין היה אישה רווקה או גרושה, ואילולי שהייתי בחדר, היא הייתה אישה לבד בחדר של גברים. הצורך בנוכחות גברית ונשית בחדר אינו עניין של מה בכך; הרגשתי עד כמה קריטי עבור האישה להרגיש שהיא איננה לבד כאישה. העובדה שיש שם עוד אישה ככתובת לשאלות, דברים שהיא איננה מבינה, או חוששת לומר רק בפני גברים.

גם בדיונים הפרטיים של הדיינים הרגשתי עד כמה חשוב שאני מביאה פרספקטיבה אחרת לתוך החדר. ייאמר לזכות הדיינים, שבלי שום "חובה" להקשיב לי ואף לא לתת לי לשבת איתם, הם הזמינו אותי להקשיב לדיונים ואף ביקשו ממני לשתף את עמדתי.

העבודה בבית הדין לממונות הביאה אותי גם לעיסוק נרחב יותר בסכסוכי שכנים. לא כל סכסוך מתאים לדין תורה, ולפעמים עדיף לנסות להשכין שלום בלי לרדת לדין. לפעמים מי שפנה ביקש בעצמו שיהיה קודם ניסיון מצידי להביא לידי שלום. לכן היו מקרים שניסיתי להשכין שלום בין אנשים בסכסוך. לפעמים הייתה פגישה משותפת של שני הצדדים איתי, ולפעמים פגישות עם כל צד לבד, וניסיון שלי להביא אותם לשלום בלי לשבת יחד באותו החדר.

לפעמים גם עבדתי בשיתוף פעולה עם הרב ריסקין כדי להשכין שלום בין אנשים – בבוררות פרטית שעשינו יחד או בגישור משותף. אני זוכרת את הפעם הראשונה שעשיתי בוררות יחד עם הרב ריסקין; הוא הכניס את "הרבנית רוזנפלד" כשם של בורר, לצידו. הרגשתי שאני חלק מבניית היסטוריה. במקרים האלה הרגשתי מצד אחד את הזכות לשיתוף פעולה עם הרב ריסקין, שהוא בעל ניסיון עשיר ושאנשים מתייחסים אליו בכבוד רב, ומצד שני הרגשתי את שיתוף הפעולה הפורה שהגענו אליו בכך שבאמת פעלנו במשותף בשמיעת הצדדים ובקבלת ההחלטות. חשוב לי לשבח את הרב ריסקין גם על זה – כי בדיוק כמו שהוא היה יכול לדבר איתי, כרבנית צעירה, בגובה העיניים, למרות פער השנים והניסיון בינינו, כך הוא דיבר עם כל אחד ואחד שנפגש איתו, דיבור בין שווים, בלי אגו ומעמד. זה שיעור בהתנהגות "בין אדם לחברו" שלעולם אזכור.

לפעמים הרגשתי מתח בין תפקידי כמנהיגה רוחנית ובין תפקידי

כמנהלת בית הדין לממונות. אלו שני תפקידים שונים שלא בהכרח התאימו לאיוש בידי אותו אדם, ולפעמים הרגשתי אפילו ניגוד אינטרסים בין מה מתאים לומר למישהו ב'כובע' של מנהיגה רוחנית, ובין מה שמתאים לומר ב'כובע' של מנהלת בית הדין לממונות. היו גם הבדלים בין מי שפנה לבית הדין למי שפנה למנהיגה רוחנית. לרוב, מי שפנה לבית הדין פנה בתוקפנות, ובהרגשה שבית הדין אמור לעבוד בשבילו (אף שבית הדין פועל בהתנדבות). מי שפנה אליי כמנהיגה רוחנית, פנה באופן נעים הרבה יותר והכיר תודה על הזמן וההקשבה שהענקתי לו. ניסיתי לנווט בין התפקידים כמיטב יכולתי.

"מנהיגה רוחנית": לקחים מהניסוי וחזון לעתיד

שותפים לחזון: הקשר הקהילתי והממשלתי

אמנם טבעי שהתפקיד ימצא את ביתו במועצה הדתית, אך לא זו הייתה המציאות באפרת. לאורך שנות כהונתי בתפקיד התפתחו קשרים עם מוסדות קהילתיים רבים, ובהם המועצה הדתית באפרת, אך זה לא היה קשר פורמלי. בתחילת תפקידי היו שני דברים פרקטיים שנבעו מכך שהמשרה ממומנת באופן פרטי. הראשון היה פקפוק בשם התפקיד. כאשר ביקש הרב ריסקין לקרוא לתפקיד בשם 'מנהיגה רוחנית קהילתית', הייתה התנגדות לכך מצד הרשויות שטענו שמשרה שאיננה מגיעה מהרשויות במהותה איננה 'קהילתית' ולכן מילה זו הוסרה מתיאור התפקיד שלי. השני היה המקום הפיזי שלי – ישבתי במשרדי ההנהלה של מוסדות "אור תורה סטון" ולא במשרדי המועצה הדתית. מקום הישיבה איננו רק משהו טכני – העובדה שלא ישבתי במועצה המקומית אומרת שעובדי המועצה, שהם העובדים הקהילתיים, לא הכירו אותי באופן טבעי. לא ראינו זה את זה במסדרונות וליד מכונת הקפה, ולכן היו מעט הזדמנויות לפתח קשרים סתמיים כאלה שמובילים בסופו של דבר לשיתופי פעולה. העובדה שישבתי במשרדי "אור תורה סטון" עזרה לכל מי שפגשתי לזהות אותי עם הרב ריסקין, אבל מעבר לכך לא ניתנה לי הזדמנות לבנות קשרים שיעזרו לי לפעול בשטח.

בשלבים שונים אף התפתח לא מעט לחץ על מקום ישיבתי ומיקום משרדי, כי בסופו של דבר לא הייתי חלק מ"אור תורה סטון" ולכן היה קשה לי למצוא שם בית ואפילו משרד שאוכל לשבת בו לאורך זמן. נוסף על כך, אף שעבודת הנהגה הוא לרוב בודדת, הייתה כאן רמה נוספת של בדידות בהתייחס למקום ישיבתי והיכולת למצוא לעצמי "בית" בתוך העבודה – לא הייתי חלק ממוסדות "אור תורה סטון", וגם לא הייתי חלק מהמועצה המקומית אפרת.

עם הזמן, התרחבה הבעייתיות בכך שתפקידי לא היה בקשר פורמלי עם המוסדות הקהילתיים. דבר זה הקשה על קבלתי לתפקיד, ובסופו של דבר השפיע על יכולתי לפעול בקלות במוסדות הקהילתיים. העובדה שלא הייתי "עובדת" של המועצה הקשתה על גיוס משאבים שיעמדו לרשותי. בזמן שהייתי בתפקיד, המועצה הדתית העסיקה עובד (שעזב לאחר חודשים אחדים). כבר בשבועות הראשונים בתפקידו ארגנה לו המועצה הדתית סבב פגישות ושיעורים עם בתי הספר וכל בעלי התפקידים בקהילה, כולל הבלניות. ברוך ה' הצלחתי להיכנס לכמה בתי ספר, אבל תהליך זה היה כרוך ביגיעה ובמאמצים רבים. באותו זמן גם הייתי בקשר עם הבלנית הראשית כדי לתאם פגישה שלי ושיעור לבלניות, דבר שבסוף לא יצא לפועל כי פשוט התייאשתי מתיאומו אחרי חצי שנה של טלפונים ומסרונים לבלנית. זו הייתה החמצה, כי חלק נכבד מעבודתי היה סביב נושאי אינטימיות וטהרת המשפחה, ובאמת היה לי מה לתרום לבלניות.

זו הייתה הנקודה שבה ראיתי כמה חשוב הקשר הממסדי, ומעבר לעניין הכספי, עד כמה חשובה הרשת של המועצה למי שנכנס לתפקיד חדש וצריך את הקשרים הללו. חלק מהקשרים הצלחתי לבנות, אבל זו מעולם לא הייתה דרך סלולה או קלה, וחלק מהקשרים אכן לא נבנו. אילו פיתחה המועצה הדתית את התפקיד ומימנה אותו, אני בטוחה שעבודה רבה יותר יכולה הייתה להיעשות מול הגורמים הקהילתיים השונים – המתנ"ס, מועדוני הוותיקים, בתי הספר, שירותים חברתיים, מטה הצעירים, הבלניות ועוד. כאשר תפקיד כזה קשור למועצה, יש

למועצה אינטרס לקדם אותו, ושכל הגופים יכירו וימצאו את הדרכים לקבל משהו מ'המנהיגה הרוחנית' כמשאב.

אני חושבת גם שעיגון תפקיד מנהיגה רוחנית במועצות הדתיות יעשה משהו להשארת תפקיד כזה לטווח ארוך ולא רק לטווח קצר, כי באמת אין סיבה שעמותה תממן דבר כזה לטווח הארוך. מימון פרטי או מימון של תורם אינם דרכים להבטיח את קיום התפקיד לאורך ימים ושנים, אלא אם כן זה נבנה במבט שמכוון כלפי החשיבה לעתיד. אם הממשלה לוקחת על עצמה לדאוג שיהיה תפקיד כזה – הוא יקודם בלי הלחץ והדאגה להמשך מימון.

אולי יש משהו ללמוד ממודלים שפועלים בארצות הברית, שבהם יש כסף שמוגדר מראש כהתחלתי ומוגבל בזמן ("funding seed"), וגם הציפיות להמשכיות של הפרויקט בטווח הארוך ברורות מראש. יש מודלים שתורם פרטי או עמותה מממנים לכמה שנים, ואז בית הכנסת שנהנה מהשירות ממשיך את המימון. אבל יש גם תהליך של בניית תפקיד בהדרגה ובמגמה ליצור המשכיות לתפקיד.

החזון: מה מנהיגה רוחנית "צריכה" לעשות?

כרבנית זכיתי לפגוש אנשים ונשים במצבים קשים. בזמנים של קושי וכאב, פעמים רבות יוצא גם כוח, כזה שלא בא לידי ביטוי בשגרה כי הוא אינו נדרש. בתוך המתח של אישה שנאבקת לשמור על הלכות נידה, בתוך הקושי של זוג שנפרד ורוצה לעשות את המיטב עבור הילדים, בתוך הקרע שנוצר כשאדם מת בטרם עת – בתוך הקושי לפעמים יוצאים דברים שלא יכלו לצאת בזמנים רגילים.

ר' צדוק הכהן מלובלין כותב שהקושי והנפילה תורמים להתפתחותו של האדם הדתי – לכך הוא מביא מגוון עשיר של מקורות. "כי אשב בחושך, ה' אור לי" – רק אחרי הישיבה בחושך נפשי ורוחני, יש אפשרות לראות את האור של התורה ועבודת ה' (צדקת הצדיק יא). "כי שבע יפול צדיק וקם" – הצדיק הוא זה שעובר בחייו חטאים ונפילות (ולא רק פעם אחת!), ועדיין מצליח לקום (שם

יג). ואולי החביב ביותר, פירושו של ר' צדוק לדברי הגמרא "אין אדם עומד על דברי תורה אלא אם כן נכשל בהן" (גיטין מג ע"א), כפשוטו ממש – לא ניתן להבין את התורה בלי המכשולים והנפילות (פירוש רחוק מאוד מהקשר הדברים שם).

במהלך הרצאה שלי על תפקידי באפרת נשאלתי מדוע אינני פעילה ויזמית בבניית מסלול של התפתחות רוחנית והפצתו ביישוב? למה אני "פסיבית" ורק עוזרת למי שנמצא במצוקה? חשבתי על הדברים, על השאלה הנוקבת, והגעתי למסקנה שזו פשוט לא דרכי, אפילו מלכתחילה. כלומר, אינני מאמינה שתפקיד של מנהיג רוחני הוא לכפות את הרוחניות שלו על קהילה שלמה. הקהילה נבנית מיחידים וממשפחות שחיים את החיים שלהם, ואני מאמינה שאין דרך אחת של עבודת ה' המתאימה לכולם; עבודת ה' היא משהו שנבנה לכל אחד דרך חייו ולרוב דרך אתגרי החיים דווקא. לכן, בהיותי רבנית, אני רואה את מקומי להיות שם ברגעים של קושי ושברון לב, ולעזור למי שנמצא עמוק בתוך צרותיו לבנות את המשך החיים. לרוב, זו אינה עבודה פומבית עם הוקרה וכבוד, אלא עבודה קשה וסיזיפית המתרחשת בחדרי חדרים.

אני מאמינה בחזון של מנהיגה רוחנית שנמצאת שם בזמנים של קושי, כשנשמטת הקרקע מתחת רגלינו, שתהיה כתובת – כתובת המושרשת בידע עמוק בתורה ובהלכה, וגם ביכולת הקשבה אמפתית. ידוע שהרב ריסקין מכנה אותו החלק החמישי של השולחן ערוך – החלק של ה"common sense". לתחושתי, אם תפקיד כזה יזכה במימון ממשלתי כחלק מהמועצה הדתית, הוא יביא לאיזון הנכון בין הצד הפומבי ובין הצד הפרטי של התפקיד. בסופו של דבר, כל מקום שונה מרעהו, וגם הנשים שתאיישנה את התפקידים הללו תהיינה שונות האחת מן חברתה.

סיכום

מדובר כאן בדברים שעדיין מתהווים, היסטוריה חדשה ובשורה חדשה שהולכת ומתגשמת. כמו בהרבה דברים חדשים ופורצי דרך, התהליכים

אינם פשוטים תמיד ולא תמיד ליניאריים. לפעמים יש גם תופעה של "שני צעדים קדימה וצעד אחד (או שניים) אחורה". כרגע, בארץ, זה קורה. לפני שנה, כל מי שהאמין בהתרחשות הזאת יכול היה להצביע על שני תפקידים שהיו קיימים בשטח – התפקיד של הרבנית כרמית פיינטוך בבית כנסת הרמב"ן בירושלים, והתפקיד שלי באפרת. תפקידים שונים לגמרי בבנייתם ובמהות העבודה – האחד בתוך קהילה וסביב בית כנסת אחד, והאחר על פני יישוב שלם ולא צמוד לבית כנסת. שניהם תפקידים משמעותיים שעזרו לאנשים ונשים בקהילות שעבדנו בהן. כהונתה של הרבנית כרמית הסתיימה סביב חג הפסח תשע"ט, וכעבור חודשים אחדים, בתחילת שנת תש"ף, גם תפקידי הסתיים. תפקידים חדשים נמצאים עכשיו בהתהוות, והרבנית כרמית כבר הקימה קהילה חדשה עם בעלה הרב תני פיינטוך. אבל ברגע זה קשה להצביע על תפקידי הנהגה נוספים לנשים אורתודוקסיות שהם גם מתגומלים. אני תפילה שדבר זה ישתנה, בקרוב ובגדול. אני מקווה שהרב ריסקין, שעכשיו מגיע לגבורות ושתמיד פרץ דרך בלימוד תורה ותפקידי הנהגה לנשים, עוד יזכה לרוות נחת רוח בתחום הזה ולראות תפקידי הנהגה הלכתית ורוחנית של נשים – בדומה לזה שהוא ייסד באפרת – הולכים ומתפשטים ברחבי הארץ ובעולם.

לפנים משורת הדין

הרב שוקי רייך

לפני יותר משלושה עשורים זכיתי לשבת בצוותא ובחברותא עם הרב שלמה ריסקין. רוצה אני לכתוב את שלמדנו בפעם הראשונה שבה נפגשנו בבית בלימוד משותף של שניים, שהאחד צמח בבית מדרשו של הרב סולובייצ׳יק בארצות הברית, והאחד גדל בישיבות ארץ ישראליות.

א. מקור דין לפנים משורת הדין

שלושה פסוקים שימשו את חז״ל כדי ללמוד את דין לפנים משורת הדין.

הפסוק הראשון הוא הצעתו של יתרו למשה:

> וְהִזְהַרְתָּה אֶתְהֶם אֶת הַחֻקִּים וְאֶת הַתּוֹרֹת וְהוֹדַעְתָּ לָהֶם אֶת הַדֶּרֶךְ יֵלְכוּ בָהּ וְאֶת הַמַּעֲשֶׂה אֲשֶׁר יַעֲשׂוּן.[1]

1 שמות יח, כ.

את הפסוק הזה הגמרא דורשת:

> דתני רב יוסף: והודעת להם – זה בית חייהם, את הדרך – זו גמילות חסדים, (אשר) ילכו – זה ביקור חולים, בה – זו קבורה, ואת המעשה – זה הדין, אשר יעשון – זו לפנים משורת הדין.[2]

ובסגנון אחר במכילתא:

> ואת המעשה אשר יעשון, זה מעשה הטוב, דברי ר׳ יהושע; ר׳ אלעזר המודעי אומר... אשר יעשון, זה לפנים משורת הדין.[3]

הפסוק השני הוא דברי משה אל ישראל:

> שָׁמוֹר תִּשְׁמְרוּן אֶת מִצְוֹת ה׳ אֱ־לֹהֵיכֶם וְעֵדֹתָיו וְחֻקָּיו אֲשֶׁר צִוָּךְ. וְעָשִׂיתָ הַיָּשָׁר וְהַטּוֹב בְּעֵינֵי ה׳ לְמַעַן יִיטַב לָךְ וּבָאתָ וְיָרַשְׁתָּ אֶת הָאָרֶץ הַטֹּבָה אֲשֶׁר נִשְׁבַּע ה׳ לַאֲבֹתֶיךָ.[4]

רש״י על אתר כותב: ״הישר והטוב – זו פשרה, לפנים משורת הדין״.

הפסוק השלישי הוא עצה בספר משלי:

> לְמַעַן תֵּלֵךְ בְּדֶרֶךְ טוֹבִים וְאָרְחוֹת צַדִּיקִים תִּשְׁמֹר.[5]

וכך דרשו חז״ל: ״אמר ליה: דינא הכי? אמר ליה: אין, ׳למען תלך בדרך טובים׳״.[6]

כמה דוגמאות של פסיקת דין על פי הדרישה ללכת לפנים

2 בבא מציעא ל ע״ב.
3 מכילתא דרבי ישמעאל, יתרו, מסכתא דעמלק פרשה ב.
4 דברים ו, יז-יח.
5 משלי ב, כ.
6 בבא מציעא פג ע״א.

משורת הדין מצאנו בגמרא, ובין היתר, דינא דבר מצרא, דין גוד או אגוד, ודין תשלום שכר לפועלים אף שפטור ממנו מצד הדין.

ב. כפייה על לפנים משורת הדין

המרדכי כתב:

> כיון דחזינן דהוו כייפי להו הכי כדאיתא סוף פרק האומנין, גם אנן כייפין למיעבד לפנים משורת הדין אם היכולת בידו לעשות [הרמ"א מוסיף "שהוא עשיר"], דתני רב יוסף והודעת להם את הדרך וגו', ואמר ר' יוחנן לא נחרבה ירושלים אלא בשביל שהעמידו דבריהם על דין תורה ולא עשו לפנים משורת הדין, וכן פסק הראב"ן ואבי"ה דכייפין להו לעשות לפנים משורת הדין.[7]

לדעתו של המרדכי ניתן לכוף על לפנים משורת הדין.

אולם הרא"ש קבע להלכה דברים הפוכים:

> "אשר יעשון" לפנים משורת הדין. ולאו דכייפי' ליה דאין כופין לעשות לפנים משורת הדין.[8]

לדעת הרא"ש אין לכוף על לפנים משורת הדין מפני שעצם הכפייה יוצרת מצב שאין זה לפנים משורת הדין אלא הדין עצמו.

בבית יוסף (סימן יב) קבע ופסק:

> כתב רבינו ירוחם בשם הרא"ש אין כופין על לפנים משורת הדין ופשוט הוא בעיני. ותמהני על מה שכתב המרדכי בפרק

7 בבא מציעא רנז.

8 בבא מציעא פרק ב סימן ז.

> שני דמציעא דכייפינן למעבד לפנים משורת הדין. ומהנך עובדי דמייתי ראיה מינייהו לא נזכר בהם כפיה.[9]

אולם רבי משה איסרליש, במפה שעל השולחן, הוסיף:

> ואין בית דין יכולין לכוף ליכנס לפנים משורת הדין, אף על פי שנראה להם שהוא מן הראוי. ויש חולקים.[10]

הרמ"א הביא את שתי השיטות, מבלי להבהיר כיצד הכריע.

מאחר ששתי השיטות נמצאות יחדיו בפסק דינו של הרמ"א, מנסה ר' יהונתן אייבשיץ להשכין שלום ביניהן, וכך הוא כותב בביאור התומים על אתר:

> ובכל ראיה שמביא המרדכי [לכך שכופין] שם אין בו ראיה מכרעת שיש כח ביד ב"ד לכוף ליכנס לפנים משורת הדין... ולכן נראה ברור כי מכל הראיות שהביא מרדכי הוא רק שנאמר בו לשון חייב והוא מורה על כפייה, והיינו כפיה במילי [=בדברים]... מעתה יש לומר דגם הרא"ש מודה לזה ואין כאן מחלוקת כלל.

לעומת דעתו של האורים ותומים, פסק הב"ח הפוך:

> וכן נוהגים בכל בית דין בישראל לכוף לעשיר בדבר ראוי ונכון ואף על פי שאין הדין כך. ואפשר דהר"ר ירוחם בשם הרא"ש נמי לא קאמר אלא באינו עשיר, והיכא דאין לזה הפסד ממון אפילו באינו עשיר הוה ליה מדת סדום דזה נהנה וזה לא חסר והכל מודים דכופין, כדאיתא סוף פרק קמא דבתרא ובפרק גט פשוט. ואפשר דמכאן דקדק הר"ר ירוחם דדוקא על מדת סדום כופין

9 בית יוסף, חושן משפט יב.

10 שולחן ערוך, חושן משפט יב, ב.

אבל בדאיכא הפסד ממון אין כופין. מיהו יש לומר דאין זה אלא באינו עשיר ופוק חזי מאי עמא דבר.

דעתו של הרב סולובייצ'יק, כפי שנכתבה ברשימות שיעורים,[11] אמנם קובעת בתחילה דין כללי המחייב לפנים משורת הדין, אבל לבסוף נסוגה מכך, ובלשונו:

פשטות הגמרא מורה שלפנים משורת הדין אינו מעשה חסידות דעלמא אלא שמהווה חובה. וכן מוכרח ממה שסיים ר' יוחנן (במס' ב"מ דף ל ב) "דלא חרבה ירושלים אלא על שהעמידו דיניהם על דין תורה ולא עבדו לפנים משורת הדין", אלמא דחיוב גמור הוא וביטולו גרם את חורבן ירושלים. אמנם לפי זה עלינו להבין מהי הנפקא מינה בין חובת "דין" לבין חובת "לפנים משורת הדין", הרי כל א' וא' חייב לנהוג את עצמו לפנים משורת הדין ואי לאו הכי כלל ישראל נענש בעונשים חמורים, ואם כן מהי הנ"מ בין חיוב "לפנים משורת הדין" לבין חיוב של "דין". ואף הפוסקים (בחו"מ סי' רנ"ט בש"ך סק"ג ובקצוה"ח) תפסו שכופין על "לפנים משורת הדין" כמו שכופין על "דין", וצ"ע לפי זה מהי הנ"מ ביניהם.
ונראה שמבואר הוא לפי הרמב"ם (פי"ג מהל' רוצח הל"ד) שכתב וז"ל זה הכלל כל שאילו היתה שלו היה טוען ופורק הרי זה חייב לטעון ולפרוק בשל חבירו, ואם היה חסיד ועושה לפנים משורת הדין אפילו היה הנשיא הגדול כו' פורק וטוען עמו עכ"ל. מבואר ברמב"ם שהחיוב של לפנים משורת הדין חל רק על מי שהוא חסיד, וכמו שכתב "ואם היה חסיד פורק וטוען עמו", ודוקא חסיד חייב בלפנים משורת הדין, ואילו אנשים שאינם חסידים אינם חייבים בלפנים משורת הדין אלא לעשות דין בלבד, ולא חרבה

11 בבא קמא ק ע"א.

> ירושלים אלא בגלל החסידים שהעמידו דיניהם על דין תורה ולא עבדו לפנים משורת הדין.

לדעתו של הרב סולובייצ׳יק, דין לפנים משורת הדין נוהג דווקא בחסיד.

בחברותא שלנו דנו בכך. הבחנו שמתוך הפסוקים המהווים את המקור לדין לפנים משורת הדין, שניים מהם הם עצות: א. עצת יתרו שניתנה לפני תורה לישראל; ב. עצת שלמה, שלפי פירוש המלבי״ם היא ״הארחות הפרטיים שהולכים בהם צדיקים העושים צדק לפנים משורת הדין בענינים פרטיים לפי הענין״.

לעומת זאת, הפסוק השלישי – ועשית הישר והטוב – הוא דברי משה המצווה על רוחו ודרכו של מקיים מצוות התורה. היינו, לא רק ״שמור תשמרון את מצוות ה׳״, אלא חובה המוטלת על האדם ליצור חיות של ׳רוח הישר והטוב׳. מעבר לקיום המצוות ישנו הטוב שבקיומה של התורה, והאדם מחויב בכך.

האם זהו חיוב רגיל? לא, זה חיוב הכולל את כל התורה – לא רק שמירת מצוות אלא קיומן ברוח הישר והטוב.

מתוך כך ברורים דברי הרמ״א וגם המחבר בשולחנו, שלא ניתן לכתוב בהלכה שכופין על לפנים משורת הדין, שכן קביעה זו בהלכה הייתה מכחישה את הרעיון של לפנים משורת הדין. רק אם ייכתב שאין לכוף, יהיה שייך לכוף על כך.

את הדברים מרחיב הרמב״ן בכיוון נוסף, בהסברו ל״ועשית הישר והטוב״:

> וזה ענין גדול, לפי שאי אפשר להזכיר בתורה כל הנהגות האדם עם שכניו ורעיו וכל משאו ומתנו ותקוני הישוב והמדינות כלם, אבל אחרי שהזכיר מהם הרבה, כגון ׳לא תלך רכיל׳ (ויקרא יט, טז), ׳לא תקום ולא תטור׳ (שם יח), ׳ולא תעמוד על דם רעך׳ (שם טז), ׳לא תקלל חרש׳ (שם יד), ׳מפני שיבה תקום׳ (שם לב), וכיוצא בהן, חזר לומר בדרך כלל שיעשה הטוב והישר בכל דבר, עד שיכנס בזה הפשרה ולפנים משורת הדין, וכגון מה שהזכירו

בדינא דבר מצרא (ב"מ קח, א), ואפילו מה שאמרו (יומא פו, א) פרקו נאה ודבורו בנחת עם הבריות, עד שיקרא בכל ענין תם וישר.

ובדרך דומה כותב על הרמב"ם במגיד משנה בהלכות שכנים:

תורתנו התמימה נתנה בתיקון מידות האדם ובהנהגתו בעולם כללים באמירת קדושים תהיו, והכוונה כמו שאמרו ז"ל קדש עצמך במותר לך שלא יהא שטוף אחר התאוות, וכן אמרה ועשית הישר והטוב והכוונה שיתנהג בהנהגה טובה וישרה עם בני אדם. ולא היה מן הראוי בכל זה לצוות פרטים לפי שמצות התורה הם בכל עת ובכל זמן ובכל ענין ובהכרח חייב לעשות כן ומידות האדם והנהגתו מתחלפת לפי הזמן והאישים. והחכמים ז"ל כתבו קצת פרטים מועילים נופלים תחת כללים אלו ומהם שעשו אותם בדין גמור ומהם לכתחילה ודרך חסידות והכל מדבריהם ז"ל, ולזה אמרו חביבין דברי דודים יותר מיינה של תורה שנאמר כי טובים דודיך מיין.[12]

12 משנה תורה, הלכות שכנים יד, ה.

לשאלת ברכות על מצוות שבין אדם לחברו

אבי שגיא

א. מבוא

השאלה אם יש חובה לברך על כל מצווה "אשר קידשנו במצוותיו וציוונו", שנויה במחלוקת. כפי שהראה הרב צבי גרונר בספרו "ברכות שנשתקעו",[1] שיטת חכמי ארץ ישראל הייתה שיש לברך על כל מצווה. כך לדוגמה נקבע בתוספתא: "העושה כל המצות מברך עליהן".[2] במהלך הדיון במכלול מקורות ארץ ישראליים מסכם גרונר וכותב: "במקורות אלו משתקפת איפוא השיטה הארץ־ישראלית שמברכים על כל המצוות; אין המקורות מבדילים בין מצוה למצוה ואף אינם מגבילים את המצוות שמברכין עליהן".[3] ברם הרב גרונר מסיק כי התלמוד הבבלי מציג עמדה מורכבת יותר לברכות: "לא היו לבעלי התלמוד כללים מקובלים במסורת שעל פיה פעלו, אלא ניסו לנסח כלל על פי הנוהג".[4] למרות

1 **ברכות שנשתקעו**, ירושלים תשס"ד, עמ' מט-נא.

2 תוספתא, ברכות ו, ט.

3 גרונר, שם, עמ' נ.

4 גרונר, שם, עמ' עז-עח.

זאת ברור כי "אף שיטת הבבלי ואמוראי בבל היא שמברכים על כל המצוות". הרב גרונר מציין כי רב שרירא גאון היה הראשון שכתב במפורש "לא כל המצות אנו חייבים לברך עליהם יש מהם שחייב לברך ויש מהם שאינו חייב לברך".[5]

אין זה מענייני כאן לעסוק בתיאור וניתוח של מכלול השיטות והנוהגים הקשורים בברכות. במרוצת הדורות הציעו חכמי ישראל כללים שונים לעניין זה. המאמץ המתמשך מלמד שהעניין שנוי היה במחלוקת. במאמר זה נעקוב אחר משמעותו של מיון אחד שהוצע בספרות אחת ובהשלכותיו.

ב. ההבחנה בין סוגי המצוות: בין אדם למקום ובין אדם לחברו

הרמב"ם הציע מערכת סדורה של כללים המסדירה את מכלול השאלות בסוגיה שלפנינו. עמדת הרמב"ם, ועוד יותר הפרשנות שהוצעה לו, מציעה תפיסה מטא־הלכתית כוללת שיש לה השלכות לא רק על סוגיית חובת הברכות, אלא גם על מכלול משמעותה של מערכת החובות ההלכתיות. לענייננו חשובה קביעתו הבאה של הרמב"ם: "כל מצות עשה שבין אדם למקום... מברך עליה קודם לעשייתה".[6] על פי כללי הלוגיקה הפורמלית מתחייבת המסקנה הבאה: על מקצת מהמצוות, שאינן מצוות שבין אדם למקום, אין לברך. מהכלל שקבע הרמב"ם לא נובע בהכרח שאין לברך על כל המצוות שבין אדם לחברו, אלא על מקצת מהן בלבד. המסקנה כי לפי הרמב"ם אין מברכים על כל המצוות שבין אדם לחברו, אינה מתחייבת אפוא מהכלל שהציע.

בהתאמה למסקנה לוגית זו, קבע הרמב"ם כי יש לברך על עשיית מעקה: "אם עשה מעקה מברך בשעת עשייה אשר קדשנו

5 **אוצר הגאונים** סוכה, סימן קנז. ראו גרונר, שם, עמ' עט-קז.

6 הלכות ברכות יא, ב.

במצותיו וצונו לעשות מעקה".[7] עשיית מעקה היא מצווה שבין אדם לחברו, ותכליתה ברורה – מניעת נזק העלול להיגרם בשל היעדר מעקה. למרות זאת קבע הרמב"ם במפורש כי יש לברך עליה. מקביעת הרמב"ם אין להסיק, כפי שהסיקו כמה מחכמי ישראל, שמצוות מעקה אינה מצווה שבין אדם לחברו.[8] מסקנה זו מיוסדת על הנחת המבוקש, שלפיה לפי הרמב"ם אין כלל חובת ברכות על מצוות שבין אדם לחברו, ולפיכך מתחייבת המסקנה כי מצוות מעקה היא מצווה שבין אדם למקום. אבל, כאמור, מסקנה זו איננה מתחייבת מדברי הרמב"ם. הרב גרונר העיר בצדק: "נראה שהוא [=הרמב"ם] מזכיר מעקה רק כדוגמא למצווה שאינה חובה ואין ללמוד מכאן שהרמב"ם סבור שמצוות מעקה היא מצווה שבין אדם למקום".[9] אכן, הרמב"ם מסכם את המסורת הרווחת בתלמודים, שלפיה לפחות באופן עקרוני יש לברך על כל המצוות "אשר קידשנו במצוותיו וציוונו", שהרי החובה לקיים את המצוות מעוגנת בצו האל. עמדה דתית הלכתית עתיקת יומין זו משתקפת בדברי הרמב"ם, אף שהכיר היטב את העובדה שיש מצוות שאין מברכים עליהן. כך כתב ביחס לנטילת מים אחרונים:

> ולמה אין מברכין על נטילת ידים באחרונה, שלא חייבו בדבר הזה אלא מפני הסכנה, ודברים שהם משום סכנה אין מברכין עליהם.[10]

7 שם הלכה ח.

8 ראו לדוגמה **ערוך השולחן**, חושן משפט תכז, י; הרב פנחס זביחי, **שו"ת עטרת פז**, חלק א כרך ב, יורה דעה, הערות סימן י, הערה ד.

9 גרונר, שם, עמ' פ, הערה 6.

10 משנה תורה, הלכות ברכות יא, ד. קביעה הלכתית זו עוררה את השאלה: מדוע לפי שיטתו יש לברך על עשיית מעקה, הרי, לכאורה, גם המעקה נעשה משום סכנה? אין זה מענייני כאן ליישב סתירה זו. ברור לגמרי שהרמב"ם מנווט את דרכו בין הנוהגים בפועל לבין ההכללות ההלכתיות השונות. אכן, היו בין חכמי ההלכה שסברו כי אין מברכים על עשיית מעקה. ראו לדוגמה המאירי, מגילה כא ע"ב; **הרוקח**, סימן שסו; ועוד. לדיון בסתירה עצמה ובניסיונות לפותרה ראו לדוגמה ר' מרדכי יהודה ליב וינקלר, **שו"ת לבושי מרדכי**, אורח חיים, מהדורה קמא, סימן ג.

ההבחנה הנחרצת בין חובת הברכה ביחס לשני סוגי המצוות – מצוות שבין אדם למקום ומצוות שבין אדם לחברו – מצויה בכסף משנה. ר' יוסף קארו מצטט את דברי הרמב"ם: "וכל מצות עשה שבין אדם למקום... מברך עליה קודם לעשייתה", וכותב:

> ודקדק רבנו לכתוב שבין אדם למקום, לומר דבמצות שבין אדם לחברו כגון עשיית צדקה וכדומה, אין מברכין עליהן.[11]

ר' יוסף קארו הוא אפוא מנסח הכלל המבחין בין שני סוגי המצוות לעניין הברכות: מצוות שבין אדם למקום מחייבות ברכה, ואילו על מצוות שבין אדם לחברו אין לברך.

חידושו של כלל דיכוטומי זה אינו משקף מסורת קבועה ואחידה בקרב חכמי ישראל. היפוכו של דבר, נוכל למצוא מחלוקות בסוגיה זו אפילו בכלל המיון העקרוני המבחין לעניין הברכות בין שני סוגי המצוות: בין אדם למקום ובין אדם לחברו. אף שר' יוסף קארו מנסח את הכלל היסודי ומחילו על הרמב"ם, הוא אינו מחדש את הכלל והשלכותיו ההלכתיות. חידושו מצוי בניסיון להחיל מסורת אחת על דברי הרמב"ם עצמו.

גם אם מאמצים הבחנה זו כמכוננת הבדל לעניין הברכות, אפשר להציע מגוון הסברים להיעדר הברכה במצוות שבין אדם לחברו. ר' יצחק בן אבא מארי בספר העיטור טוען שהיעדר הברכה נעוץ בכך שמקיים המצווה תלוי בזולת. תלות זו הופכת את שאלת מימוש המצווה לקונטינגנטית, ולפיכך אין ראוי לברך על מצווה שמימושה אינו מובטח:

> זה הכלל: כל מצוה שאינה בינו לבין עצמו ותלויה באחרים, כגון צדקה והשבת אבדה והעבוט ובקור חולים ודומה להם, אין צריך לברך אף על גב דבעשייתה גמר מצוה. וכל מצוה שהיא בינו

11 כסף משנה, הלכות ברכות יא, ב.

> לבין עצמו, כגון סוכה ולולב ושופר וציצית וכל הדומה להן צריך לברך. והלכתא צריך לברך במעקה, שילוח הקן ופדיון הבן ומילה, כיון דקטן הוא כבינו לבין עצמו. ואי נמי אי לא מהלי' אבוה ולא פרקי', כיון דאיהו חייב למול ולפרו' נפשיה חייב לברך.[12]

לפי עמדה זו ההבחנה אינה מותנית במשמעות השונה של מצוות, אלא בתנאי הפורמלי היסודי – אפשרות מימושה. במצוות שבין אדם לחברו, "גמר המצווה" אינו מובטח; מאחר שהברכה נאמרת סמוך לגמר המצווה, אי אפשר לברך עליהן.

במסגרת מאמר זה אני מבקש לבחון את המגמות שמתמקדות בהבחנה האיכותית המבדילה בין סוגי המצוות ולא בהיבט הפורמלי של "גמר המצווה".

ג. מקורות ההבחנה בין שני סוגי המצוות לעניין הברכות

אף על פי שרב סעדיה גאון אינו מתפקד באופן גלוי בשיח על אודות ברכת המצוות, הוא אחד מגיבורי השיח, בזכות הבחנתו הנודעת בין מצוות שכליות למצוות שמעיות. משנת יומא (פרק ח, משנה ט) מבחינה בין עברות שבין אדם למקום ובין עברות שבין אדם לחברו, וקובעת: "עברות שבין אדם למקום יום הכפורים מכפר, עברות שבין אדם לחברו אין יום הכפורים מכפר עד שירצה את חברו". ההבחנה שמשנה זו מציעה בין סוגי המצוות היא רגע הלידה של רעיון שיגיע לשיאו במחשבה היהודית בימי הביניים, החל מרס"ג, המבחין בין מצוות שכליות לבין מצוות שמעיות.[13] חשוב לשהות ולהפנים את משמעות הבחנה חדשה זו כדי להנהיר את דברי המשנה. ההבחנה בין סוגי המצוות תתורגם בהקשר שלפנינו להבחנה בין מצוות שכליות למצוות

12 **ספר העיטור**, הלכות ציצית, עו, טור ג. ראו גם **אבודרהם**, ברכת המצות ומשפטיהם.

13 ראו רב סעדיה גאון, **הנבחר באמונות ודעות**, המאמר השלישי, פרק א, עמ' קיז-קכב.

שמעיות – מצוות שבין אדם למקום תיתפסנה כמצוות שמעיות, ואילו מצוות שבין אדם לחברו תיתפסנה כמצוות שכליות. חשוב לעמוד על משמעות הבחנת רס"ג, כדי להבין את טיב הזיהוי שנוצר בעקבותיה.

מצוות שכליות הן מצוות שהשכל מחייבן ללא צו האל. לעומת זאת, מצוות שמעיות הן מצוות:

> שאין השכל מחייב אהבתם כשלעצמם ולא הרחקתם כשלעצמם, הוסיף לנו א־להינו עליהם צווי ואזהרה להרבות שכרינו ואשרינו בהם... ועם זאת אי אפשר שלא יהיה בהן עם ההתבוננות תועליות מסוימות וטעם כל שהוא מדרך המושכל.[14]

מצוות שמעיות הן מצוות נייטרליות מבחינה רציונלית, אבל הן אינן מנוגדות לשכל.

למרות הבחנה קטגורית זו, רס"ג מציין כי יש צורך בציווי האל גם ביחס למצוות שכליות. צו זה בא להשלים את החסר בהיסק הרציונלי עצמו – המעתק מהעיקרון אל הפרט:

> ומצאתי כי צורך בני אדם לשליחים צורך הכרחי, לא בגלל המצות השמעיות בלבד להודיעם אותם, אלא בגלל המצות השכליות כי עשייתן לא תתכן אלא על ידי השליחים שיגדירו אותן לבני אדם.[15]

לפי ניתוח זה, צו האל במרחב המצוות השכליות איננו מגלה אמת רציונלית נסתרת מבני אדם, שהרי אין אמת כזאת. צו האל ממלא את החסר הרציונלי באמצעות הסדרה חוקתית. הסדרה זו אינה היסק רציונלי, אלא קונבנציה הכרחית כדי ליישם עיקרון רציונלי. גם אם

14 שם, עמ' קיט.

15 שם, פרק ב, עמ' קכב.

עיקרון ההסדרה הכרחי לצורך מילוי הפער בין העיקרון הרציונלי לפרטים, תוכן ההסדרה אינו נגזר מהשכל עצמו.

מניתוח זה ברור כי הבחנת רס"ג בין מצוות שכליות למצוות שמעיות אינה זהה להבחנה בין מצוות שבין אדם לחברו ובין מצוות שבין אדם למקום, משני היבטים: ראשית, החובה לעבוד את האל ולציית לו מסווגת על ידי רס"ג כמצווה שכלית, אף שאינה בין אדם לחברו. שנית, גם במצוות שבין אדם לחברו פרטי המצווה הם מצוות שבין אדם למקום. עם זאת ברור כי במסורת החשיבה שהשתגרה בעקבות רס"ג, מצוות שבין אדם למקום ברובן המכריע תיכללנה תחת הקטגוריה של מצוות שמעיות, ורובן המכריע של מצוות שבין אדם לחברו תסווגנה כמצוות שכליות. הבחנה קטגורית זו יושמה בשני אופנים שונים ביחס לחובת ברכת המצוות.

נוסח הברכה כולל בתוכו שני רכיבים: קדושה ("אשר קידשנו במצוותיו") וציווי ("וציוונו"). המצווה מבטאת רכיב ערכי אקסיולוגי – קדושה, ורכיב דאונטולוגי – ציווי. ההבחנה בין שני הרכיבים הללו אפשרה התפתחות של שתי אסכולות בשאלת הטעם לקביעת ר' יוסף קארו שאין לברך על מצוות שבין אדם לחברו. כפי שניווכח, מן המקורות שאדון בהם עולה בבירור העמדה שתפיסת בעל הכסף משנה היא עתיקת יומין, והוא רק השגיר אותה לתוך הקודקס הקנוני של הרמב"ם, באמצעות פירושו.

"אשר קידשנו" רק במצוות שבין אדם למקום

רבנו בחיי בן אשר כותב בספרו כד הקמח:[16]

> דבר ידוע כי קדושתן של ישראל תלויה במצוות והוא שאמרו בסיפרי והתקדשתם, זו קדושת מצוה. והמצוות האלה שנצטוינו להתקדש בהן הן המצוות המקובלות שהן הן עיקר הקדושה, והוא

16 ירושלים תש"ל, ציצית, עמ' שמז.

שרז"ל חכמי האמת תקנו לנו לברך עליהן אשר קדשנו במצותיו וצונו, ועל המצות המקובלות האלה נקראו ישראל בסיני גוי קדוש שנאמ' ואתם תהיו לי ממלכת כהנים וגוי קדוש. כי בקיום המושכלות לא יקרא העם גוי קדוש, כי גם העכו"ם, שהם גוי אובד עצות ואין בהם תבונה, הלא הם מתעסקים במקצת המצות המושכלות, וגם החכמים לא תקנו לברך על המושכלות כלל כי אין עיקר הברכה והקדושה אלא במצות המקובלות.

לפי תפיסה זו, הברכה אמורה לבטא את ההבדל המבחין בין ישראל לעמים; הבדל זה מנוסח במונח "קדושה", המבטא את ייחודו ונבדלותו של העם היהודי, המצויה בזיקה ייחודית עם האל; מצוות שבין אדם למקום מבטאות ייחודיות זו. מה שאין כן מצוות שבין אדם לחברו, שכן גם העמים "מתעסקים בקצת המצות המושכלות". רבנו בחיי אינו שולל, ואף אינו יכול לשלול, את ערכן של המצוות השכליות, אבל הן אינן יוצרות את ההבדל המיוחד המבחין בין עם ישראל לעמים.

במקום אחר, בפירושו של רבנו בחיי לתורה, הבדל זה מקבל משמעות מטפיזית ברורה:

ועוד יש במצוה הזאת סוד נפלא והוא שבה ישראל מתדמין לחיות המרכבה... והנה החכמים ז"ל המשילו את האדם בעמדו מתפלל לפני ה' יתברך לחיות הקודש, והוא שאמרו חז"ל (ברכות י ע"ב): המתפלל צריך שיכוון רגליו, שנאמר ורגליהם רגל ישרה. הביאו ראיה אל המתפלל מחיות הקודש.[17]

קדושת עם ישראל מקנה לו מעמד מטפיזי שונה בעולם ואינה רק מבדילה אותו מעמים אחרים באמצעות המערך ההלכתי־נורמטיבי. הברכה מבטאת תודעה זו.

ההבחנה בין מצוות שכליות למצוות מקובלות, הקרובה בהיבטים

17 במדבר טו, לח.

מסוימים לעמדת רס"ג,[18] משקפת תפיסת יסוד של רבנו בחיי, שנתן לה ביטוי רב ביצירתו הספרותית. כך הוא כותב בפירושו לתורה:

> המצות כולן נחלקות על שלשה חלקים: "מצות מקובלות", "ומצות מושכלות", "ומצות שאין טעמן נגלה ומבואר". מצות מקובלות הן המצות שאין אדם מוצאם בשכלו בלי קבלה כמצות התפילין והציצית והמילה והסכה והשופר והלולב וכיוצא בהן, והנה כלן הן מצות א־להיות והן הנקראות "עדות" לפי שהן עדות גמורה על הא־להות, ועדות גמורה על חדוש העולם, כמצות השבת והשמטה והיובל, ומזה יקרא החלק הזה בכתובים "עדות": "ואדברה בעדותיך" וגו', "גם עדותיך שעשועי". מצות מושכלות הן המצות שהאדם ימצאם בשכלו אלו לא נתנם התורה, כענין הגזל והאונאה והרציחה והגנבה וכיוצא בהן, ומצות הללו יקראם הכתוב "משפטים". מצות שאין טעמן נגלה ומבואר הן מצות הכלאים ובשר בחלב ושעיר המשתלח ופרה אדומה ואלה יקראם הכתוב "חקים".[19]

המצוות המקובלות הן מצוות שתוקפן הוא המסורת והן עדות לזיקה הייחודית שבין עם ישראל ובין האל. לעומת זאת, מצוות שכליות משקפות גם את התנהלותם של עמים אחרים, ולכן אי אפשר לברך עליהן "אשר קידשנו במצוותיו וציוונו"; היינו גם אם עם ישראל נצטווה, הוא אינו מקודש בהן כי מצוות אלו אינן אקסקלוסיביות לעם ישראל.

תפיסה זו חוזרת ועולה אצל חכמי ישראל במשך דורות רבים ובניסוחים שונים.[20] ברם הבחנה זו אינה פשוטה כלל ועיקר. הרב

18 אין מענייני כאן להיכנס לניתוח משנתו האתית המורכבת של רב סעדיה גאון. לעניין זה ראו א' גולדמן, **מחקרים ועיונים, הגות יהודית בעבר ובהווה**, ירושלים תשנ"ז, עמ' 23–59.

19 **רבנו בחיי**, ויקרא יט, פתיחה לפרשת חוקת. ראו גם בראשית כו, ה; דברים ז, יב. והשוו ל**כוזרי** מאמר ג, אות יא.

20 ראו לדוגמה, **שו"ת בנימין זאב**, סימן קסט; **הרוקח**, סימן שסו; רבי עקיבא איגר,

אפשטיין בערוך השולחן, דוחה טענה זו. ביקורתו מבוססת על ההבחנה בין ההיבט הדאונטולוגי – החיוב לקיום המצווה, ובין טעמה וצידוקה הערכי. גם אם למצוות יש טעם רציונלי, החובה הדתית היא שאמורה לכונן את המוטיבציה של המאמין. המאמין מקיים מצווה כדי לממש את צו האל:

ואנחנו עם בני ישראל נצטוינו על כל מצוה שכלית לבלתי עשותה מפני השכל אלא מפני צווי הקדוש ברוך הוא בתורתו הקדושה... שגם המשפטים שהם המצות השכליות תעשו מפני השמיעה, כלומר מפני שאני מצוה אתכם ולא מפני השכל.[21]

עמדתו של הרב אפשטיין מהדהדת את ההבחנה הקאנטיאנית בין מימוש הנורמה "בהתאם לחוק" ובין מימושה מתוך הכרת כבוד לחוק. רק קיום חובה מוסרית מתוך הכרה בתוקף המחייב של החוק המוסרי מקנה לה את המעמד הראוי. באופן דומה, לפי הרב אפשטיין, קיום מצווה פירושו מימושה מתוך הכרה בחובה הדתית המוטלת על המאמין, ולא על בסיס טעמים אחרים.

גם אם ההקשר הקאנטיאני חדר לעמדתו של הרב אפשטיין ועיצב את ההכרה בחובה לפעול מתוך מוטיבציה דתית, אפשר להצביע על כך שההקשר הישיר לעמדתו נובע מפרשנותו לכלל התלמודי "מצוות צריכות כוונה", בלשונו:

לפי מה דקיימא לן מצוות צריכות כוונה, יש להיזהר בכל מצווה לכוון לשם מצווה, ואין צריך לכוון לשם מצווה זו, אלא סתם לשם מצווה.[22]

גיליון שולחן ערוך, יורה דעה רמ, א; **שו"ת עטרת פז**, חלק א, כרך ב, יורה דעה, הערות סימן י, הערה ד; **תורה תמימה**, משפטים כד, יב, אות ל; **רש"ר הירש**, דברים ח, מו; ועוד.

21 **ערוך השולחן**, יורה דעה רמ, ב.

22 **ערוך השולחן**, אורח חיים ס, ח.

תפיסה בסיסית זו מחייבת התמודדות עם שאלת היסוד: מדוע אין מברכים על מצוות שכליות, והרי לשיטת בעל ערוך השולחן אין הבדל בין שני סוגי המצוות? הרב אפשטיין מציע שתי תשובות המשלימות זו את זו. ביורה דעה הוא כותב:

> דכיון דכל אום ולשון עושים אותם, נהי שעושים מפני השכל, מ"מ כיון שבעשייה שוים הם וההפרש הוא רק במחשבה שבלב, שאלו עושים מפני ציווי הקדוש ברוך הוא ואלו מפני השכל לא תקנו ברכה על זה שיאמרו אשר קדשנו במצותיו וצונו וכו'.[23]

לפי דבריו, הנורמה הרציונלית זהה, ובה כשלעצמה אין הבדל בין ישראל לעמים. ההבדל הוא בתודעת המקיימים ובעיקרון המנחה אותם: רק עם ישראל מחויב לקיים את הנורמה מתוך ההכרה בצו האל, והכרה זו היא פנימית ואינה ניכרת. גם אם לא מאמצים את עמדתו האתית של קאנט, שלפיה הערך האתי של הנורמה מותנה בתודעה המנחה את המקיים, עדיין השאלה במקומה עומדת: מאחר שתודעת האדם היא יסוד מרכזי בקיום המצווה עצמה, מדוע יש להתחשב בנראות החיצונית של המצווה? על שאלה זו משיב הרב אפשטיין במקום אחר:

> דאף על גב דהאיש הישראלי מחויב לעשות גם מצות שכליות לא מפני השכל אלא מפני צווי הקדוש ברוך הוא... מ"מ קדושת ישראל אינו ניכר כל כך בהשכליות כמו בהשמעיות... ולכן לא תקנו ברכות על מצות שכליות ודרך ארץ שיש מהם בכל אום ולשון ולא תקנו לברך אשר קדשנו במצוותיו, אם כי אינם עושים רק מפני השכל, יש בהם עשיות כאלה.[24]

23 שם, ד.
24 **ערוך השולחן**, חושן משפט תכז, י.

בניגוד לרבנו בחיי בן אשר, הרב אפשטיין מייחס חשיבות מכרעת למוטיבציה הדתית, ולפיכך ההבחנה שהעלה רבנו בחיי אינה רלוונטית לגביו; גם את המצוות השכליות יש לקיים משום שזהו צו האל. הוא מעלה את העיקרון של "קדושת ישראל" רק כמענה לבעיה שבפניה עמד; עיקרון זה אינו עמדת יסוד, ולפיכך יש מתח בין התשובה שמוצעת בחושן משפט ובין עמדתו העקרונית יותר המצויה ביורה דעה (סימן רמ, סעיפים ב–ד), שלפיה די בכך שאומות העולם וישראל מקיימים את הנורמה באופן דומה כדי לגרום לכך שאין לברך על מצוות שבין אדם לחברו.

למרות האמור יש בדברי בעל ערוך השולחן חידוש באופן השימוש ברעיון קדושת ישראל. לדעתו, רעיון קדושת ישראל מתממש רק אם קדושה זו נעשית מוכרת על ידי הזולת. הואיל וקדושת ישראל אינה ניכרת במצוות השכליות, אין לברך עליהן.

לפנינו אפוא מחלוקת עקרונית במשמעות שיש לייחס למושג "קדושת ישראל". לפי רבנו בחיי הוא מבטא עיקרון מטפיזי בלבד, ולעומת זאת אצל הרב אפשטיין העיקרון המטפיזי חייב לבוא לידי ביטוי במרחב האתי־פוליטי. אם אין הוא מתממש במרחב זה, אין לברך ברכה. בין כך ובין אחרת, הברכה משקפת את האתוס הפרטיקולרי הייחודי של עם ישראל, כעם המקיים יחס מיוחד עם א־להיו ומקודש על ידי המצוות.

בניגוד לעמדה זו, מסורת חשיבה הלכתית אחרת מתמקדת בניתוח מושג המצווה, היינו בביטוי "וציוונו".

ד. צו האל והמצווה הרציונלית

המונח "מצווה" מציין את צו האל, וליתר דיוק צו האל כפי שנקבע על ידי חכמי ההלכה המוסמכים לקבוע את צו האל. לפי המגמה הפרשנית השנייה, המונח "צו האל", היינו החקיקה הפוזיטיבית של ההלכה, מתייחס רק למערך הנורמות שבין אדם למקום. מקור תוקפן של המצוות הרציונליות אינו מעוגן בצו הפוזיטיבי של האל אלא

בהכרה הרציונלית. ביטוי ברור לעמדה זו אנו מוצאים אצל ר' אריה ליבוש בלחובר, הכותב:

> דידוע דיש מצות שמעיות ומצות שכליות. מצות שמעיות היינו מצות שאין השכל גוזר עליהם. ואלו לא נצטוונו בהם לא היינו עושים אותם. ויש מצוות שכליות דהיינו שהשכל גוזר עליהם ואפילו לא נצטוונו בהם היו ראויים לעשותם על פי השכל. ולכן נראה דאין לברך רק על מצוה שמעית, דבזה שפיר מברכים אקב"מ וצונו, כי לולא צווי השי"ת לא היינו עושים אותם. אבל במצוה שכלית שהיה ראוי לקיימה אף אם לא נצטוינו, בהם אין לברך עליהם באשר צונו.
>
> ולפי זה אתי שפיר בהרבה מצות שאין מברכין עליהם כמו מצות צדקה, הלואה לעני וגמילות חסדים ועוד הרבה מצוות כדומה להם... שאין מברכים עליהם... וכן פריקה וטעינה ועשית דין בין אדם לחברו, הוא בכלל, שהשכל נותן לגמול חסד איש עם רעהו. ובכל כיוצא באלה אין לברך אקב"ו, דאף בלא ציווי השי"ת היה ראוי לקיימם מצד השכל.[25]

לפי עמדה זו הברכה מבטאת את מודעות האדם לכך שצו האל הוא היסוד הבלעדי המכונן את החובה. ברם אם הציווי ממלא פונקציה דקלרטיבית בלבד, החוזר ומאשר את ההכרה בתקפותה של נורמה רציונלית, אי אפשר לברך "קידשנו במצוותיו וציוונו". ציווי האל חל באופן אקסקלוסיבי רק על נורמה שבלא צו פוזיטיבי אינה מחייבת. אבל מצוות רציונליות מחייבות תמיד גם בלא צו האל.

ר' יעקב שור מקיטוב מציג עמדה זו, תוך שהוא משלב בינה ובין המסורת הפרשנית הראשונה. הוא מתייחס לדברי הרמב"ם בהלכות ברכות (יא, ב), ומפרש אותם בעקבות ר' יוסף קארו:

25 **שו"ת שם אריה**, סימן א.

רק במצות שבין אדם למקום, שבהן אנו נבדלים משאר העמים יושבי תבל שייך לומר עליהן אשר קדשנו במצותיו, אבל במצות שבין אדם לחברו שנוסדו על רגש הצדק והמשפט, כמו השבת אבדה וכדומה, והוא דבר אשר הטביע הש״י בלבב כל אדם מבלי הבדל בין עם לעם וגם באומות העולם יסד ה׳ לקיים המצוות השכליות, לא שייך לומר עליהן אשר קדשנו, כי בהן אין אנו מקודשין משאר העמים.[26]

ר׳ יעקב מקיטוב סבור כי המונח קדושה המופיע בברכה חייב לבטא יסוד פרטיקולרי, המבחין בין ישראל לעמים. מצוות שבין אדם לחברו הן מצוות רציונליות. יתר על כן, בסיס החיוב ההלכתי שלהן מעוגן ברציונליות שלהן. מצוות אלה מיוסדות על ״רגש הצדק והמשפט״ שהאל טבע ״בלב כל אדם, מבלי הבדל בין עם לעם״. מאחר שבסיס החיוב הוא רציונלי, מבטא שותפות בין אנושית ואינו מייחד את ישראל, אי אפשר לומר ״אשר קידשנו במצוותיו״. ערך הפרטיקולריות היהודית, הקדושה מתממשת רק במצוות שמקור תוקפן הוא צו האל ולא שכל האדם.

לפי פרשנות זו המסגרת ההלכתית מורכבת משתי מערכות עיקריות: חיובים שמקורם הוא ציווי ההלכה וחיובים שמקורם אנושי אוטונומי. מכלול זה מחייב את נתין ההלכה במידה שווה. אבל ההבחנה בין שני סוגי החיובים משקפת את העובדה שנתין ההלכה חבר בשתי קהילות נורמטיביות: הראשונה, הקהילה האנושית האוניברסלית, שלה נורמות אוטונומיות בעלות תחולה אוניברסלית, שכן מקורן הוא בהכרתו הרציונלית של האדם. הקהילה השנייה היא הקהילה הפרטיקולרית היהודית, שלה יש נורמות ייחודיות שמקורן בציווי ההלכה בלבד. נורמות אלה אינן ניתנות להסקה מההכרה הרציונלית. ר׳ יעקב מקיטוב סבור כי רק נורמות אלה מסומנות כמצוות האל, ורק הן היוצרות את הקדושה הייחודית לעם ישראל.

26 ר׳ יעקב שור מקיטוב, **משנת יעקב**, חלק בעי חיי (במדבר טו, לח, דף פד).

ההבחנה בין שני סוגי הנורמות הולידה שתי שאלות יסודיות הנוגעות למעמד של המצוות הרציונליות: האחת, מה היחס שבין החיוב הרציונלי לחיוב הדתי? השנייה, מהי המוטיבציה האמורה להנחות את האדם בקיום מצוות אלה? במסגרת מאמר זה לא אעסוק בניסוח מכלול התשובות לשאלות אלה, ואסתפק בהצגת עמדות המניחות את קדימות החיוב הרציונלי על פני החיוב הדתי.

בשאלה הראשונה עסק בהרחבה הרב שמעון שקופ. לא אנתח כאן את מכלול עמדתו,[27] ואסתפק בקביעתו העקרונית:

> דכל דיני המשפטים של דיני ממונות בין איש לרעהו, אינם כדרך כל מצוות התורה, דכל המצוות הוא מה שהזהירה לנו תורה בעשה ולא תעשה, חיוב קיומם עלינו הוא העיקר לקיים מצות ה׳, ובדיני ממונות אינו כן, דקודם שחל עלינו מצות ה׳ לשלם או להשיב צריך שיוקדם עלינו חיוב משפטי.[28]
>
> סוג הקניינים וחוקי הבעלים בנכסים הוא דבר משפטי, גם בלא אזהרת לא תגזול... דלא יתכן בשום פנים לומר, דהעניך מה שאנו מיחסים החפץ לראובן הוא מחמת ששמעון מוזהר על פי התורה שלא לגוזלו, אלא הדבר הוא בהיפוך דאיסור הגזלה הוא לאחר החלטת העניך בחוקי גבולי הבעלים.[29]

הרב שקופ מניח כי המצווה הדתית חלה רק אחר יצירת עצם החיוב הנורמטיבי הכללי; המצווה אינה ממירה את מקור החובה הנורמטיבית אלא חלה על החיוב האוטונומי. הקביעה "פריעת בעל חוב מצווה"[30] מתפרשת על ידי הרב שקופ לא כיסוד המכונן את החיוב; היפוכו של דבר – היא חלה עליו:

27 לעניין זה ראו בספרי יהדות: **בין דת למוסר**, בני ברק 1998, עמ׳ 349-335.

28 **שערי ישר**, כרך שני עמ׳ א.

29 שם, עמ׳ ד.

30 ערכין כב ע"א.

נראה דגם פריעת בעל חוב [מצוה], הוא אחר החלטת ענין החוב על פי דין משפטי, שאם חל על ראובן חיוב תשלומים מסוג חוקי המשפט אז הוסיפה תורה אזהרה ומצוה לשמור לשלם חיובו שחייב על פי חוקי המשפט.[31]

אכן בהתאם לעמדתו העקרונית, הרב שקופ מניח את האוניברסליות של מערכת המשפט האוטונומי: "דמה שנוגע לדיני המשפטים אין חלוק נכרי מישראל... באופן דלפי זה אם לוה מנכרי... החיוב המשפטי הוא קיים ועומד כמו בישראל".[32]

עמדתו של הרב שקופ היא ביטוי למסורת שראשיתה כבר בעידן הגאונים. רבנו ניסים מקירואן כותב: "כל המצוות שהן תלויין בסברא ובאובנתא דלבא, כבר הכל מתחייבים בהן מן היום אשר ברא א־להים אדם על הארץ, עליו ועל זרעו אחריו לדורי דורים".[33] עמדה זו חוזרת ועולה, דור אחר דור, ואתמקד כאן בניתוח עמדתו של ר' יוסף ענגיל, שטיעונו חשוב לענייננו. ר' יוסף ענגיל מניח כי אי ידיעת האיסור ההלכתי כבסיס לטענת פטור, אינה חלה ביחס לאיסורים שתוקפם רציונלי, שכן מקור החיוב אינו הוראת ההלכה:

דרק לגבי איסורים שמעיים, שאינם מחויבים מן הסברא החיצונה, הוא דבעינן שידע את האיסור תורה, דאם לא כן הא הוי שוגג גמור... מה שאין כן באיסורים שכליים כרציחה וכדומה, אין צריך שידע את האיסור תורה, דבלאו הכי חשוב מזיד כיון שאיסור שכלי הוא, ואין יכול להתנצל ולומר "לא ידעתי שאסור להרוג אדם"... דהאיסור שכליי כאיסור תורה חשוב וידיעת האיסור השכליי כידיעת האזהרה הכתובה בתורה.[34]

31 שם, כרך שני, עמ' ד.

32 שם, עמ' יד–טו.

33 רבנו ניסים מקירואן, הקדמה לספר **המפתח למנעולי התלמוד**. לדיון מפורט במסורת זו ראו בספרי *יהדות:* **בין דת למוסר**.

34 **בית האוצר**, חלק ראשון, ירושלים תשס"ד, כלל קלא, עמ' 196–197.

לפי ר׳ יוסף ענגיל, האיסור הרציונלי מטיל חובה לא רק על אומות העולם אלא גם על היהודי. לפיכך אי הידיעה של איסור המשתייך לקטגוריה זו אינו פוטר מחיוב.

ר׳ יוסף ענגיל מבחין בין סברה פנימית שמופיעה אצל חכמי ישראל ובין ״סברה חיצונית״. לאחר דיון מקיף הוא מסכם וקובע:

> דאיסור מסברא [של חכמים] אינו איסור תורה... דסברת חכמת חכמים הקדושה מחייבת כך [מדרבנן] אבל איננה סברא פשוטה. ואיסור תורה הוא רק כאשר הסברא היא סברא חיצונית של כל אדם.[35]

צאו וראו: שיקול דעת רציונלי יוצר נורמה שתוקפה דאורייתא. לעומת זאת, סברת חכמים יוצרת נורמה שתוקפה דרבנן.

זאת ועוד, חובה המבוססת על רציונליות ולא מותנה בצו האל או ההלכה מחייבת באופן מתמיד, בלא תלות במצבו של הסובייקט עצמו. לפיכך, טענת אונס אינה יוצרת פטור מהחובה, ובניגוד למצוות שבין אדם למקום. ר׳ יוסף ענגיל כותב:

> דיש ב׳ מיני מצוות א׳ מצות שבין אדם למקום, ובה הסברא נותנת דאין הקב״ה בא בטרוניא עם בריותיו ומחייב אך את מי שיכול לקיים המצוה, ואנוס אינו מחויב כלל, שאין הקב״ה מבקש מהאדם רק מה שביכולתו... דכל עיקר החיוב הוא אך מצד רצונו יתברך בלבד, שרצה שנעשה הדבר ההוא, ואנחנו מחויבים לעשות רצונו יתברך ומצוותיו. על כן אנוס אין חיוב כלל, ואין בו עניין המצווה כלל, שהקב״ה רוצה רק ממי שיכול לקיים ולא ממי שאין ביכולתו לקיים
>
> ב׳ מצות שבין אדם לחבירו כמו עשיית מעקה ופריעת ב״ח וכדומה, דהוא מצד תועלת חבירו ובוודאי לא נאמר בכמו זה דאם הוא אנוס ואין יכול לעשות מעקה שאין הדבר בעצמותו

35 טענה זו נדונה בהרחבה בבית **אוצר**, שם. וראו במיוחד עמ׳ 198.

וצריך להיות, דוואי נצרך ונצרך הוא. וכן בע"ח בוודאי חייב הוא לפרוע חובו ועליו לשלם ממון חבירו אלא שאנוס הוא ואינו יכול לקיים חובו.[36]

הרב ענגיל מבחין בין נורמה שביסוסה הוא צו האל ובין נורמה שביסוסה הוא רציונלי, תועלתי. על הנורמות שבין אדם למקום חל העיקרון האתי הקלאסי: "חייב גורר יכול", ובהיעדר יכולת פוקעת החובה. עיקרון זה אינו חל על הנורמות מהסוג השני, והטעם לכך ברור: הנורמות מהסוג הראשון משקפות את רצון המחוקק הא־להי, שאיננו תובע מהאדם את שאין ביכולתו לממש. לפיכך אונס מבטל כליל את החובה הדתית. לעומת זאת חובות שבין אדם לחברו, הנושאות ערך עצמי בלתי מותנה, אינן בטלות בשל טענת אונס. אונס פוטר מענישה, כל עוד טענה זו תקפה, אבל הוא אינו משחרר את האדם מהחובה עצמה. חובות אלה מתמידות ואינן מותנות כלל בצו האל, ולפיכך גם לא בכלל "חייב גורר יכול".

רקע זה מבהיר היטב את הבסיס העקרוני של העמדה הטוענת לאי החיוב בברכות במצוות שבין אדם לחברו. גם אם לא כל המצדדים בעמדה זו ניסחו זאת בצורה מפורשת וקוהרנטית כמו המסורת שתיארתי, סביר להניח שלפחות באופן מובלע מסורת זו מצויה בתשתית הטענה כי צו האל – "וציוונו", אינו מקור החיוב של נורמה הלכתית.

השאלה השנייה, המתייחסת למוטיבציה, ראויה לתשומת לב. גם אם נניח כי מקור החיוב של מצוות שבין אדם לחברו הוא הכרתנו ותודעתנו, לא נגזרת מכך המסקנה כי המוטיבציה הצריכה להנחות את המאמין אינה תודעתו והכרתו הדתית. אף על פי שהגזירה הלוגית אינה הכרחית, נוכל למצוא ביטוי לעמדה שלפיה המוטיבציה שצריכה להניע את האדם בתחום הנורמות שבין אדם לחברו, אינה התודעה

36 אתוון דאורייתא, כלל יג.

הדתית אלא ההכרה בחוב כלפי הזולת. ביטוי ברור לעמדה זו מצוי אצל ר׳ יחיאל ויינברג, הכותב:

בפורים זה הרהרתי בקושיית האחרונים: למה אין מברכין על משלוח מנות... ועוד נ״ל שמשלוח מנות היא להרבות שלום ואהבה וריעות, כמו שכתב החתם סופר באורח חיים סי׳ קצו. והנה אף שבכל המצוות גדול המצווה ועושה (עי׳ קידושין לא, א) ומברכין וציונו – במשלוח מנות טוב שיתן מרצונו החפשי, מתוך רגש של אהבה לאחיו העברי, ואם הוא נותן רק עפ״י צווי הוא מפחית מידת האהבה. וכן הדין בצדקה, שאם הוא נותן מתוך רחמנות או מתוך אהבת ישראל טוב יותר ממי שנותן מתוך צווי וכפיה. וראה מה שכתב הרמב״ם בשמונה פרקיו (פרק ו׳) על מחלוקת הפילוסופים אם טוב יותר לעשות עפ״י צווי או עפ״י רצון פנימי והכרעת הרמב״ם בזה. ואפשר שמשום כך אין מברכין על כיבוד אב ואם.[37]

הרב ויינברג חוזר על דברים אלה באחת מתשובותיו, ומוסיף את המשפטים הבאים:

ובזה נ״ל לפשוט ספקם של האחרונים אם כופין על משלוח מנות כמו שכופין על הצדקה, שמשלוח מנות ע״י כפיה אינה כלום, ושאני צדקה, דהתם העני מבקש לחם להשביע רעבונו.[38]

הרב ויינברג מניח כי מצוות שבין אדם לחברו מניחות דיספוזיציה ייחודית כלפי הזולת, כמו רגשות אהבה, רחמים ודאגה. דיספוזיציה זו אינה מתיישבת בנקל עם קיום מצווה מתוך המוטיבציה של ציות לצו האל. בהקשר זה הוא מפנה לעמדת הרמב״ם בחיבורו ״שמונה פרקים״,

37 **שרידי אש**, מסכת מגילה סימן ט.

38 **שו״ת שרידי אש**, חלק א סימן סא.

המבחין בין שני סוגי מצוות: סוג הראשון כולל את המצוות שהן בעלות תוקף, בלא תלות בצו האל, "שאמרו עליהן החכמים עליהם השלום: 'דברים שאלמלא לא נכתבו ראוי היה לכותבן'".[39] הרמב"ם דוחה את עמדת רס"ג ומתנגד לסימונן של מצוות אלה כמצוות שכליות.[40] דחייתו מבוססת על ההבחנה של אריסטו בין "מושכלות ראשוניים", אמיתות הנתפסות במישרין על ידי השכל, ובין "מפורסמות", שביסוסן מיוסד על מידת הפרסום של הנורמות.[41] הבחנה זו מיוסדת על ההבדל בתיקוף של ההיגדים: תיקופן של המושכלות הוא אוניברסלי ואילו תיקופן של ה"מפורסמות" הוא הסכמי:

> המפורסמות הנה יש בהן חילוף ויתרון, כי יש משפטים נתפרסמו אצל אומה אחת ולא נתפרסמו אצל אומה אחרת. וכל מה שיהיה בו העניין מפורסם אצל אומות רבות תהיה האמתות בו יותר חזקה.[42]

בחיבורו הקנוני "מורה נבוכים" טוען הרמב"ם כי היגדים שכליים ממוינים על ידי הקטגוריות אמת ושקר, ואילו המפורסמות ממוינות על ידי הקטגוריות טוב ורע.[43] ניתוח זה זורה אור חדש על המיון שמציע הרמב"ם בשמונה פרקים: מצוות שאין צורך לצוות עליהן הן נורמות שהתפרסמו אצל רוב האומות ואינן ייחודיות לעם ישראל.

בניגוד להן מצויות "מצוות שמעיות", שעליהן אומר הרמב"ם: "כי לולא התורה לא היו אלה מעשים רעים... לכן אמרו [חז"ל] שצריך להמשיך ולאהוב אותם ולא לראות מניעה מהם זולת התורה".[44]

39 שמונה פרקים לרמב"ם, ירושלים תשע"א, עמ' 33. דברי חז"ל מצויים ביומא סז ע"ב ובמקבילות.
40 ראו שם.
41 **מלות ההיגיון** לרמב"ם, ירושלים תרצ"ה, עמ' 44-45.
42 רמב"ם, שם, עמ' 48.
43 ראו מורה נבוכים א, ב.
44 שמונה פרקים לרמב"ם, עמ' 34.

הרמב"ם מתייחס בהקשר זה לדברי חז"ל, כגון דברי רבן שמעון בן גמליאל הקובע: "לא יאמר אדם: אי אפשי לאכול בשר בחלב, אי אפשי ללבוש שעטנז, אי אפשי לבוא על הערוה, אלא אפשי ומה אעשה ואבי שבשמים גזר עלי".[45] הרמב"ם מפרש את דברי חז"ל בצורה רדיקלית: לפי הטקסט התלמודי אדם לא צריך **לומר "אי אפשי"**. ההיגד מתייחס אפוא לאופן הדיבור של האדם על האיסורים. הרמב"ם מפרש קביעה זו כמחייבת את האדם "להמשיך ולאהוב אותם". תיקון זה של הרמב"ם בא לבסס את המוטיבציה הדתית של האדם לקיים את האיסור כאיסור דתי. לדעתו, אין טעם לראות באיסור בתחום זה איסור דתי שתקפותו מותנית בתורה, אם האדם אינו משתוקק להיפוך האיסור. רק תשוקה זו מבטיחה את התייצבותו כמאמין, המבטא את אמונתו בשלילת התשוקה. לא די אפילו בעמדה נייטרלית; היות האדם עובד האל מבוטאת בהתגברות על התשוקה, ולפיכך התשוקה היא תנאי הכרחי לה.

מיון עקרוני זה מוביל את הרמב"ם למסקנה הבאה: בתחום הנורמות החברתיות, התשוקה להפרת הנורמה היא מגונה, והאדם השלם הוא מי שאינו משתוקק להיפוך זה. תשוקה זו הרי מלמדת כי האדם אינו אישיות נורמטיבית כלל ועיקר, ולפיכך כותב הרמב"ם כי דברי התלמוד אינם חלים עליהן כלל:

> הדברים המפורסמים בעיני אנשים כולם כמעשים רעים, כגון שפיכת דמים, גניבה, גזל אונאה... ביזוי ההורים וכיוצא באלה... אין ספק שנפש החושקת דבר ומשתוקקת אליו היא נפש פגומה, ושהנפש המעולה אינה משתוקקת כלל אל הדברים הללו ואינה מצטערת על ההימנעות מהם.[46]

45 ראו ספרא, קדושים, פרשה י פרק יא, ובמקבילות, שמונה פרקים לרמב"ם, עמ' 33.

46 שמונה פרקים לרמב"ם, עמ' 33-34.

בתחום הנורמות החברתיות, מוטיבציה דתית המשקפת את העמדה כי ללא צו האל ראוי היה לגנוב, לגזול ולהרע, היא עדות לנפש פגומה שאינה מעוצבת כנדרש, נפש שצו האל נעשה עבורה לרועץ.[47] זאת בניגוד לנורמות "השמעיות", שבהן כיבוש היצר הוא ביטוי של קבלת עול מלכות שמיים.

מכלול דיון זה היה מונח לפני הרב ויינברג. עמדתו העקרונית מתוחה בין שני קטבים: מצד אחד, הנורמה ההלכתית המחייבת קיום מצוות שבין אדם לחברו, בלא תלות במניע. מצד אחר, אימוץ עמדת הרמב"ם שאין זה ראוי כי המוטיבציה שתנחה את המאמין תהיה מוטיבציה דתית – מימוש צו האל. הפתרון שלו למתח זה מצוי בעיצוב ההלכתי עצמו: על ברכות שבין אדם לחברו אין לברך ברכה שיש בה הביטוי "וציוונו". היעדר הברכה אמור להנחות את האדם אל עבר המוטיבציה ההולמת – ההיענות לזולת ולתביעה המוסרית הנובעת ממצבו ופיתוח דיספוזיציה אתית הולמת.

ביטוי אחר לעמדה עקרונית זו הציג מו"ר הרב אריה בינה ז"ל. באחת משיחותיו, השמורות בפנקסי, שאותן נשא בישיבת נתיב מאיר, סיפר הרב בינה כי בצאתו מאחת הישיבות שנתן בה שיעור, נלווה אליו אחד התלמידים שטרח לומר לרב בינה כי הוא מלווה אותו רק כדי לקיים מצווה. על כך השיב לו הרב בינה: "אם אתה רוצה לקיים מצווה, תקיים מצוות שילוח הקן". העוקץ בעמדתו של הרב בינה נעוץ ב"מצווה" החלופית – שילוח הקן, שנהפכה לכאורה לפרדיגמה של מצווה שביחס אליה מוצגת עמדה הטוענת כי היא אינה מבוססת על רחמים. המשנה קובעת כי אסור להוסיף בתפילה את המשפט "על קן צפור יגיעו רחמיך", ואם הוסיף – "משתקין אותו".[48] לפי אחת הדעות בתלמוד הטעם לכך הוא "מפני שעושה מידותיו של הקב"ה רחמים ואינן אלא גזרות".[49] פירוש רווח לעמדה

47 השוו הרב מאיר חי עוזיאל, **דרשות עוזיאל**, מסכת אבות, ירושלים תשנ"א, עמ' 7.

48 ברכות פרק ה משנה א.

49 ברכות לג ע"ב.

זו רואה בפירוש זה ביטוי לקביעה הכללית שלפיה אין טעם למצוות מעבר לרצונו של האל.[50]

הרב בינה מפנה את האדם החפץ לקיים מצוות רק מפני שהאל ציווה, לקיים את מצוות שילוח הקן, שלפחות לפי עמדה אחת התפרשה כמצווה המגלמת את חובת הציות המוחלט לאל. בכך שם הרב בינה חיץ בין מצוות אלה ובין מצוות שבין אדם לחברו, שבהן אמור המאמין להתייצב כאדם שהמוטיבציה המניעה אותו היא מוסרית ערכית ולא דתית ציוויית. אדרבה, התייצבות דתית עלולה לפגום במימוש המצווה, שכן היא תאפשר למקיים המצווה לחמוק מחובתו להיות מופנה אל עבר הזולת במלאותו, כיש קונקרטי זה הניצב מולו כאן ועכשיו, והמחייב את ה"אני" להיענות לו.[51]

ה. פרטיקולריזם נורמטיבי ושאלת האוניברסליות

מכלול דיון זה חושף בפנינו הנחות יסוד מטא־הלכתיות המשוקעות בשיח ההלכתי עצמו. הברכה היא פעולה ריטואלית המבטאת בתמציתיות את התייצבות המאמין בעולם; בברכה מבטא המאמין את תודעתו הדתית, שלפיה הוא מחויב למצוות האל ולריבונותו המוחלטת. סימונן של מערך נורמות מקיף – מצוות שבין אדם לחברו – כמערך שבו המאמין אינו מבטא את תודעתו הדתית, עורר את שאלת המשמעות של היעדר זה. שאלה זו חריפה במיוחד, משום שגם אם מניחים שאין חובת ברכה על מצוות שבין אדם לחברו, לא נובעת המסקנה כי מכלול זה אינו בגדר מצווה. הנחת יסוד של המסורת ההלכתית מקדמת דנא היא שמצוות שבין אדם לחברו הן חלק ממארג המצוות, ויתר על כן הן תשתית ראשונית במסגרת מארג המצוות.

ראשוניות זו באה לידי ביטוי במסורת פרשנית אחת למשנה

50 לדיון בסוגיית שילוח הקן ובפרשנות המגוונת שיוחסה לעמדת התלמוד המצוטטת ראו בספרי *יהדות: בין דת למוסר*, עמ' 29-41.

51 לדיון נרחב בסוגיות אלה ראו בספרי **מול אחרים ואחרות: אתיקה של הנסיגה הפנימית**, בני ברק 2012, עמ' 15-106.

במסכת יומא, הקובעת: ״עבירות שבין אדם למקום – יום הכפורים מכפר, עבירות שבין אדם לחבירו – אין יום הכפורים מכפר, עד שירצה את חבירו״.[52] לפי מסורת פרשנית שראשיתה, כנראה, אצל ר׳ יאשיה פינטו, הכפרה של יום הכיפורים על מצוות שבין אדם למקום מותנית בתיקון שיתחולל במרחב שבין אדם לחברו; ריצוי הזולת הוא תנאי לכפרה במרחב הדתי המובהק, ובלשונו של הרב פינטו:

> שהעבירות שבין אדם למקום, יוה״כ מכפר, ובזמן שיש לו ג״כ עבירות שבין אדם לחברו, תלויה כפרת עונותיו שבין אדם למקום עד שירצה לחברו על מה שחטא עם חברו, וכיון שהוא מרצה אותו ומפייסו אז הקב״ה מתרצה לו לכפר לו על עונותיו שחטא בינו לבין הקב״ה.[53]

תפיסה זו מבטאת יחס דתי היררכי בין המצוות שבין אדם לחברו ובין המצוות שבין אדם למקום. למרות זאת אין ברכה על מצוות שבין אדם לחברו.

ראינו כי בשיח ההלכתי היעדר זה הוסבר באמצעות התייחסות לשני מונחים המופיעים בנוסח הברכה – ״קידשנו... וציוונו״. האות ו׳ מחברת בין הקדושה לציווי ובכך מבטאת את הטענה כי הקדושה והציווי כרוכים זה בזה. אבל שתי המסורות הפרשניות השונות התמקדו במונח אחד: לפי מסורת אחת, הקדושה המתממשת בציווי מתייחסת רק למצוות הדתיות. התחום האתי, המשותף לכל בני האדם, אינו יוצר את ההבדל המייחד את עם ישראל. הפרטיקולריות היהודית, המפרישה את עם ישראל משאר האומות, אינה מבטאת ניתוק מוחלט בין עם ישראל לאומות. אדרבה, פרטיקולריות מבדילה מתהווה רק על רקע של הקשר אוניברסלי יותר: עם ישראל אינו מובדל מן העמים בהקשר הנורמטיבי.

52 יומא פרק ח משנה ט.

53 פירוש **עין יעקב** של ר׳ יאשיה פינטו, יומא פה ע״ב, ד״ה עבירות שבין אדם לחברו. לדיון במכלול המקורות של מסורת זו ראו **שו״ת יחוה דעת**, חלק ה סימן מד.

לפי מסורת שנייה, היסוד המבחין בין עם ישראל לעמים הוא נורמטיבי: צו האל הפונה לעם ישראל מייחד אותו. אבל צו פוזיטיבי זה מתייחס רק לתחום הדתי. בתחום האתי צו האל מתממש בתודעתו ובהכרתו של האדם, וכך לשונו של הרב משה ישראל חזן: "שהדת האמיתית והשכל, מרועה אחד ניתנו, ולזה צריך שיהיו מוסכמים בתכלית".[54] עמדה זו מניחה אפוא את השותפות האנושית האוניברסלית בציווי הדתי, המייתרת את צו האל הפוזיטיבי.

שתי הפרשנויות צריכות להתמודד עם שאלת ההשלכות של הציווי המשותף לישראל ולאומות: האם החובה החלה על האומות זהה לחלוטין לחובה החלה על ישראל? האם אכן מקור אחד מצמיח את החובות המשותפות? דיון מפורש בסוגיה זו מצוי אצל הרמ"א, ולדעתו שאלה זו שנויה במחלוקת בתלמוד עצמו. במסכת סנהדרין (נו ע"ב) נחלקו במקור החיוב של מצוות בני נח. החולקים מסכימים כי מקור החיוב הוא הפסוק "ויצו ה' א-להים על האדם" (בראשית ב, טז). ר' יוחנן לומד מצוות דינים מהביטוי "ויצו", ואילו ר' יצחק לומד זאת מהביטוי "א-להים". הרמ"א סבור כי לפנינו מחלוקת עקרונית, שאינה רק "משמעות דרשינן", והיא חורגת מההקשר הטכני של "שבע מצוות בני נח":

> רבי יוחנן הלומד דינין מ"ויצו" סובר שבן נח אינו מצווה רק לשמור המנהג המדיני ולדון בין איש ובין גרו משפט יושר, אבל אינו בדרך דיני ישראל שמסרם לנו משה מסיני, רק הוא חוק נימוסי, ולכן לומד דינים מפסוק ויצו... כי דיני בני ישראל לחוד ודיני בני נח לחוד.
>
> ורבי יצחק רוח אחרת עמו ולומד דינים "מא-להים"... וסובר שדיני בני נח הן אותן דינים שנצטוו ישראל בסיני... והכל אחד.[55]

54 **שו"ת כרך של רומי**, סימן טו אות א.

55 **שו"ת רמ"א**, סימן י. וראו גם ר' חנוך טייטלבוים, **שו"ת יד חנוך**, סימן יב; הרב ראובן מרגליות, **מרגליות הים**, סנהדרין נו ע"ב, אותיות ט-יא, ובמקורות הנזכרים שם.

הרמ"א מניח כי ר' יוחנן ור' יצחק זיהו את הקו־אקסטנסיביות בין צווי התורה בתחום "הדינים" לצווי העמים, אבל סבור כי עובדה זו כשלעצמה איננה מלמדת על זהות מקור התוקף של הנורמות, ובכך חלוקים ר' יוחנן ור' יצחק. ר' יוחנן סבור כי המקור הנורמטיבי שונה: ישראל חייבים במצוות אלה מכוח ציווי התורה ואילו העמים מכוח חקיקתם הרציונלית, ור' יצחק סבור כי מקור אחד יש למכלול הנורמות. המצוות בתחום זה שישראל נצטוו בסיני, הן הן הדינים שנצטוו ישראל בסיני. במונחים משפטיים נוכל לנסח זאת כך: ר' יוחנן סבר שלצו האל יש מעמד מכונן (קונסטיטוטיבי) גם בתחום הנורמות שבין אדם לחברו, ואילו ר' יצחק מניח כי לצו האל יש רק מעמד דקלרטיבי; הוא אינו מכונן חיוב עצמאי.

הבחנה זו מאפשרת ניתוח עדין יותר של מעמד צו האל, או הוראות ההלכה, לפי כל אחת משתי הפרשנויות שהצגתי במאמר זה. המסורת שטוענת כי מצוות שבין אדם לחברו אינן משקפות את הקדושה המיוחדת של עם ישראל, שכן בתחום הרציונלי הוא אינו נבדל מהעמים האחרים, אינה מחויבת לטענה שלפיה תחולה שווה (קו־אקסטנסיביות) נורמטיבית מחייבת את ההנחה שמקור הנורמות זהה. מאחר שמגמה זו מתמקדת בניתוח ההבדל שבין ישראל לעמים, ההבדל אינו ניכר, גם אם נניח שהבסיס לחיוב הוא צו האל. בסופו של דבר הקו־אקסטנסיביות הפרקטית היא הבסיס להיעדר הברכה. עמדה טהרנית זו הוצגה על ידי בעל ערוך השולחן, אבל נוכל לעקוב אחר עקבותיה הגלויים או הסמויים גם אצל חכמים אחרים שאימצוה.

ברם המסורת הפרשנית החלופית מניחה כי בסיס החיוב במצוות שבין אדם לחברו הוא ההכרה האנושית האוטונומית, ולצו האל יש תפקיד דקלרטיבי בלבד. לפיכך אין לברך על מצוות אלה, שכן יש לברך רק על מצוות שבהן צו האל או הוראות ההלכה מכוננים את החיוב עצמו.

תבנית מחשבתית זו סבירה אבל אינה הכרחית, ואפשר לקרוא את שתי המסורות בצורה סכמתית פחות, מבלי ליצור את ההתאמה ששורטטה כאן. טענתי מינורית יותר, ותכליתה אחת: ניתוח השיח

ההלכתי מלמד על אפשרויות חדשות העולות בצורה גלויה או מובלעת בשיח ההלכתי. אפשרויות אלו מערערות, או למצער מאפשרות ערעור, על תבנית השיח הדיכוטומי הקלאסי המתגלם במתחים שבין ציוויי התורה לציוויי המוסר, בין פרטיקולריזם יהודי לאוניברסליזם אנושי, בין תיאולוגיה המכוננת סביב ברית סיני הייחודית לעם ישראל ובין תיאולוגיה המיוסדת על בריאת האדם, יהא שיוכו אשר יהא.

רוח נכון חדש בקרבנו: על התרומה של הרב ריסקין לחברה הישראלית

הרב יהודה שטאובר והרב ד"ר רונן בן דוד

א. הקדמה

פנים רבות לרב שלמה ריסקין. המכירים אותו, מכירים לפחות חלק מהן בעבודה מולו. ובכל זאת, פן אחד נחרט עמוק בתודעה של מי שיש לו ממשקים עם הרב ריסקין: הסיפורים. אין תחום או אירוע שלא מזכיר לרב ריסקין סיפורים אישיים שלו, חלקם הגדול במפגשים עם דמויות אחרות. חלק קטן מסיפורים אלו עלו על הכתב והתפרסמו בספר 'ציוני דרך', שבו מתוארים זיכרונותיו במעבר מארצות הברית לישראל. באחד מהם מספר הרב ריסקין כיצד מפגש עם מוכר ספרים בשכונת 'מאה שערים' הוביל אותו לתחושת בטן חזקה באשר לתפקידנו בדרך לביאת המשיח.

בשנת 1975 אירע הסיפור. הרב ריסקין, אז רב בניו יורק, נהג לרכוש ספרים בחנות במאה שערים בביקוריו בארץ. מוכר הספרים ר' שמואל היה רגיל לקמץ במילים. בכל זאת, בביקור באותה שנה הרבה

לדבר בשמחה עם הרב ריסקין. כששאל אותו לפשר הדבר, הסביר ר' שמואל שהסיבה לשמחה שלו היא שהמשיח נמצא בירושלים.

הרב ריסקין מתאר את ההתרגשות שאפפה אותו. מהחנות הוא פנה לכותל והתפלל בכוונה יתרה מנחה וערבית. שלא כמנהגו, חזר לכותל גם למחרת לתפילת שחרית. באותו יום הייתה טיסתו חזרה לניו יורק, ובכל זאת הוא עבר שוב דרך חנותו של ר' שמואל:

> אמרתי לו, "אני לא מבין. אמרת לי היום שהמשיח בירושלים. הלכתי לכותל לכל התפילות מאז הביקור שלי אצלך. חיכיתי, התבוננתי, חיפשתי: שום משיח". הוא הביט בי וחייך, ואז אמר, "ר' שלמה, ר' שלמה... אתה עושה טעות גדולה. אתה חושב שצריך לחפש את המשיח, אתה חושב שצריך לחכות למשיח. אבל זה בדיוק ההפך – המשיח מחפש אותנו, המשיח מחכה לנו".
>
> הלכתי משם רועד כולי. הרגשתי שהמשיח אכן נמצא בירושלים, אבל בנו תלוי הדבר אם יתגלה או לא יתגלה. ואני הוא חלק מאותו "אנחנו".[1]

כזה הוא הרב ריסקין. איש חזון ומעש, ובעיקר אדם מלא התרגשות. התרגשות בעבודת ה', התרגשות בלימוד התורה ובקיומה, התרגשות בעשיית הישר והטוב לקהילה המצומצמת ולחברה כולה והתרגשות יוצאת דופן באהבת האדם. מנקודת מבטו, זה אחד מכמה אירועים בודדים שממש שינו את חייו, הן בהחלטה לעלות ארצה הן בהקמת מפעל חייו כרב קהילה וכראש מוסדות "אור תורה סטון". הסיפור הזה מתכתב כפתור ופרח עם התודעה הדתית והקיומית שלו: בנו תלוי הדבר, תודעת הכלל, ו'אני' הוא חלק מאותו 'אנחנו'. תודעת הפרט והשליחות האישית, בתוך הכלל ולמענו.

1 **ציוני דרך – זכרונות וסיפורים בדרך לציון**, ידיעות ספרים 2012, עמ' 251.

ב. לב טהור ורוח נכון

פעם שמענו את הרב ריסקין מסביר את הקשר בין חלקי הפסוק בתהילים: "לֵב טָהוֹר בְּרָא לִי אֱ־לֹהִים וְרוּחַ נָכוֹן חַדֵּשׁ בְּקִרְבִּי".[2] הוא אמר שרוח של עשייה מחייבת לב טהור מאחוריה. מי שעושה – גם טועה, אבל חייבים לעשות כמה שיותר. אוי לנו אם נעשה בלי לב טהור, בלי אמונה בצדקת הדרך, בלי רצון לעשות את הטוב והישר לפני ה'. השילוב בין "וטהר לבנו" ובין "לעבדך באמת", מאפיין אותו מאוד.

הרב ריסקין פרץ וסלל נתיבים רבים ומגוונים בחברה הדתית בפרט ובחברה הישראלית בכלל. לא פעם תוך ויכוח עם כוחות אחרים שלא ראו בעין יפה את התעוזה שלו ואת התפיסה הדתית העמוקה שהוא נושא באמתחתו. ברקע פיעמה תודעה של אהבה גדולה, של לב טהור ושל מוטיבציה עמוקה להביא לגאולת האדם, העם והעולם כולו. גם בזמנים של ויכוח, הוא טורח תמיד לנסות ליצור דיאלוג אפילו עם מתנגדיו הגדולים. החיוך של 'לב טהור' לא מש משפתיו כשהוא עסוק בעשייה של 'רוח נכון חדש'.

לא מדובר בהתנהלות טכנית גרידא. הרב ריסקין נושא בשורה עמוקה מאוד ביחס למושגים שמרנות וחדשנות. מצד אחד, מסביר הרב ריסקין, השמרן מבטא עמדות שחשוב להקשיב להן. הן ביחס לתורה הן ביחס לחיים. מצד שני, התורה קוראת להתקדמות לעבר יעדים של אהבת ה' וכלל בני האדם, של "כִּי מָלְאָה הָאָרֶץ דֵּעָה אֶת ה' כַּמַּיִם לַיָּם מְכַסִּים".[3] יעד שכאשר יתגשם, יתקיימו דברי הנביא "בַּיּוֹם הַהוּא יִהְיֶה ה' אֶחָד וּשְׁמוֹ אֶחָד".[4] את ההתקדמות לקראת יעדים אלו מבטאים דווקא הקולות המודרניים הקוראים לשינוי, וגם מהם אל לנו להתעלם. איך משלבים את הקול השמרני (הדתי, אבל לא רק) עם הקול הקורא לחידוש? יש רק דרך אחת אליבא דהרב ריסקין: דיאלוג כן בין הצדדים. רק כך תהיה ההתקדמות מדודה ובתהליך ראוי, ולא

2 תהילים נא, יב.
3 ישעיהו יא, ט.
4 זכריה יד, ט.

מהירה מדי ומלווה באתגרים ובקרעים חברתיים. תפיסת עולם זו היא הבסיס להתנהלותו הכללית.

אחת הדמויות המרכזיות שהשפיעו על הרב ריסקין ועל דרכו היא הרב י"ד סולובייצ'יק זצ"ל. בכל שיחה איתו, בכל שיעור או הרצאה, שוב ושוב עולה דמותו בערגה ובעוצמה. תפיסת עולמו היסודית של הרב סולובייצ'יק היא שאין לחשוש מהסתירות שאנו חווים בחיינו. מציאות פרדוקסלית של כוחות שונים המשמשים בערבוביה (דת ומודרנה, שמרנות וחדשנות, דתיים וחילונים, יהודים וגויים, גברים ונשים) אינה מובילה לתסכול, אלא דווקא להתפתחות ולפריחה. הגוון הייחודי של חיבורים שמנסה הרב ריסקין להביא איתו נטוע עמוק בתפיסות אלה של מורו ורבו האהוב. לימוד תורה לעומק לנשים, תורת חיים שאיננה חוששת מהמדע והמודרנה אלא דווקא בונה על גבם קומה נוספת ומשמעותית ושיח בין קבוצות שונות באוכלוסייה – כל אלה נעשים בהשראת דברים שראה, שמע וספג אצל הרב סולובייצ'יק, ובסופו של דבר, טבועים בחותם הייחודי של הרב ריסקין עצמו.

ג. שלושה כובעים

הרב ריסקין, שאינו הולך במגבעת, מחזיק בעצם בשלושה כובעים: רבה של העיר אפרת מיום הקמתה, דמות ציבורית בחברה הישראלית והעולמית וראש מוסדות "אור תורה סטון". בכל אחד מאלה, ידיו רב לו. כרבה של אפרת, הוא ליווה ומלווה את התהליכים הרוחניים והדתיים בעיר מיום הקמתה. בצד זה, הרב ריסקין מעורב מאוד בסוגיות אישיות, בין אישיות וחברתיות, הרבה מעבר למה שמצופה מרב קהילה גדולה. הרב ריסקין מקפיד לפגוש את בני ובנות המצווה לשיחה אישית, וכן את הזוגות הנרשמים לנישואין באפרת. הוא מכיר היטב את בני הקהילה שלו, ולא פעם מביא קול רבני ייחודי של גישור וסיוע בעיתות משבר ושמחה. הרב ריסקין אינו מנסה להיות מורם מעם. אדרבה, הוא קרוב לבני קהילתו (ולתלמידותיו ותלמידיו) באמת ובתמים. חיוכו הרחב ומאור פניו מלווים את בנות הקהילה ובניה, מימיה הראשונים כיישוב

קטן ועד להתפתחותה ליישוב גדול ומשגשג. חכמת החיים שלו, הרצון הבלתי נגמר לסייע לכולם והמנוע הפנימי של עשיית הישר והטוב, הם התוכן העמוק של עבודת הרבנות שלו באפרת. כשם שהפך בזמנו את תפקיד רב הקהילה בניו יורק לגדול בהרבה ממה שהיה טרם זמנו, והוביל אלפים לשמוע את דבר ה׳ שבפיו, כך עשה גם באפרת ובישראל בכלל. קולו הוא קול מיוחד ומסקרן, שיש בו מנות נדיבות מתלמידיו של אהרן, האוהב את הבריות ומקרבן לתורה, כל אחת ואחד על פי דרכם האישית. הרב ריסקין, הכהן, מביא ברכה גדולה לקהילתו, ותמיד באהבה גדולה ובחיוך רחב.

ברמה הציבורית הישראלית, חותמו – חותם כהן – בא לידי ביטוי בכמה היבטים. הוא איננו מוותר על דבר ה׳ לאדם ועל התורה שבכתב ושבעל־פה, אך חותר כל העת להרחבת מעגלי שיח דיאלוגיים: בתוך החברה הדתית, בין דתיים לחילונים, בין יהודים לדתות אחרות ועוד. הוא נודע כמי שלא חשש לתבוע את זכותן של נשים ללמוד תורה לעומק, והיה לרב הראשון שמינה לצידו מנהיגה רוחנית. הוא גם לא חשש להקים מסגרות שיח עם גורמים בעולם הנוצרי אוונגליסטי (שיח שתרם בשעתו להחלטת הנשיא טראמפ להעביר את שגרירות ארה״ב לירושלים). כשם שהיה דמות מובילה ונציג חשוב של השיח האורתודוקסי כשחי בארה״ב, כך נשמע קולו הייחודי גם בחברה הישראלית.

הרב ריסקין מגדיר עצמו כאיש ימין. ארץ ישראל, על שטחיה והיושבים עליה, חשובה לו עד מאוד. הוא משמש מזה שלושים שנה כרבה של אפרת שבגוש עציון. עם זאת, כחלק מהאג׳נדה הכללית שלו, הוא מקיים כל העת שיח פתוח עם הפלסטינים תושבי האזור שבו הוא חי. הרב ריסקין מאמין שחלק מהותי ממתווה הפתרון לסכסוך הישראלי־פלסטיני קשור ביוזמות מקומיות בשטחי יהודה ושומרון. שיתופי פעולה אלה, מסביר הרב, יוכלו לקרות באמת רק כאשר ייווצר שיח של כבוד הדדי בין כל הצדדים. הוא עצמו מאמין בשיח כזה ומקדם אותו. מחוות הומניטריות רבות, הקשורות בתחומי החינוך, הרפואה והמשפחה, מובלות על ידיו מול מנהיגי היישובים הפלסטינים

באזור. שיחות עומק אסטרטגיות על אופי החיים המשותפים ואפילו דיונים על סכסוכי קרקעות – את כל אלה מוביל הרב מתוך עמדתו הקלאסית: תפיסת עולם בסיסית ברורה ודיאלוג כן ועמוק של כבוד לאחר באשר הוא. בהקשרים שונים, גם בתקשורת הפלסטינית, מרבים המנהיגים הערבים הנמצאים איתו בדיאלוג לשבח אותו ואת דרכו, כמתווה שיכול להוביל לשינוי של ממש בדעת הקהל בארץ, ישראלית ופלסטינית כאחת. התמהיל הזה, אשר במסגרתו עמדותיו הפוליטיות הימניות אינן מונעות ממנו שיח אמיץ על זכויות האדם והוא פועל כל העת לשכנות טובה מתוך כבוד הדדי עם שכניו הערבים סמוך לאפרת וגם בכלל שטחי יהודה ושומרון, הוא מהמאפיינים הגדולים של הרב ריסקין.

בה בעת, שילובים אלו גורמים למתנגדיו להציג אותו לא פעם כפתוח מדי, אולי אפילו כרפורמטור. אך מי שמכיר את הרב ריסקין מקרוב יודע עד כמה התודעה הדתית שלו עמוקה, ועד כמה אין הוא מוכן לוותר על ההלכה היהודית בדרך לתיקון עולם. וכשמדובר ברב ריסקין מדובר על כל העולם, כפשוטו. כשעלה ארצה, ביקש הרב ריסקין לאחות קרעים בין היהדות הדתית לחילונית. מהרגע הראשון היה לו ברור שהדרך לעשות זאת היא דרך התורה בשלמותה, דרך המאור שבתורה. מכאן קצרה הייתה הדרך להקמת רשת "אור תורה סטון" – הרשת הגדולה והייחודית שבמסגרת מוסדותיה, על מנהליה, אנשי ונשות הצוות שלה וכל תלמידיה ותלמידותיה הרבים, הופך חזונו של הרב ריסקין למציאות חיים שוקקת ומלאה.

ד. רשת "אור תורה סטון" – מחזון למציאות

רבים מאלה הפוגשים את הרב ריסקין מספרים בהתלהבות על המיזוג יוצא הדופן של הקשבה כנה ואמפתית למצוקת היחיד ולצרכיו של הציבור, ובה בעת אי־ויתור על שיח דתי אורתודוקסי מחויב. הרב ריסקין מאמין באמונה שלמה שדווקא תפיסה מעין זו יכולה להצעיד את עם ישראל קדימה, הן בינו לבין עצמו הן מול העולם, במציאות

בת זמננו. כמוביל רשת חינוכית שהכשירה בעשורים האחרונים אלפי דמויות חינוכיות, נשים וגברים, ניתן לראות את הפירות של גישה זו. כאשר הקים את רשת "אור תורה סטון", הכוללת מוסדות חינוך תיכוניים ועל־תיכוניים, הוא שיקע בה את ה'אני מאמין' שלו בעוצמה רבה. מוסדות "אור תורה סטון" בהנהגתו היו ועודם מוסדות פורצי דרך. אין בכך כדי לומר שמדובר במוסדות בעלי תפיסה חינוכית דתית אחת ויחידה – נהפוך הוא. יש ממבקריו של הרב ריסקין הרואים במנעד הרחב של המוסדות מעין אוסף אקלקטי שאין קשר בין חלקיו. בפועל, מדובר דווקא בקולאז' של מוסדות חינוכיים בעלי עוגן רעיוני עמוק משותף. רוחו של הרב ריסקין מרחפת מעל כולם, רוח נכון שהוא מחדש כלפי פנים וכלפי חוץ. רוח של 'שפה אחת' שבאה לידי ביטוי ב'דברים אחדים'. רוח של שילוב עמוק בין תורת ה' ותורת חז"ל, ראשונים ואחרונים, במחשבה ובהלכה, תוך הקשבה גדולה למציאות המודרנית ולרעיונות המבקשים להצעיד את העולם קדימה.

לא בכדי נבחרה בזמנו הכותרת 'תורה ותיקון עולם' לסמליל (לוגו) של הרשת. התורה היא המשקפיים והבסיס, תיקון עולם הוא היעד. כל אחד מהמוסדות מבטא זאת בדרכו הייחודית. לימים, נבחרה האמירה 'אדם תורה חיים' כקריאת הכיוון של רשת "אור תורה סטון". התורה בתווך בין האדם לחיים. לא מוותרים על התורה, וגם לא על העובדה שהאדם חווה את החיים בצורה מסוימת. למרות השוני בין המוסדות השונים ברשת וגם בין העומדות והעומדים בראשם, מכנה משותף זה מאפיין את כולם, כל אחת ואחד בדרכם הייחודית.

ה. אוטונומיה ניהולית ומוסדית כתפיסת עולם

קיימים סוגים שונים של דיאלוג. הרב ריסקין בחר שלא להסתתר מאחורי אצטלה של דיאלוג על מנת להשטיח ויכוחים והבדלים בתפיסות עולם, אלא אדרבה – לאפשר לקולות שונים ברשת לעלות בעוצמה, גם אם לא תמיד בהסכמה מלאה בין הצדדים, ממש כפי שמקובל בבתי המדרש בתולדות עם ישראל. כחלק מתפיסה זו, שיטתו של הרב ריסקין היא

למנות מנהלות ומנהלים ולאפשר להם אוטונומיה ניהולית, הן ערכית דתית הן בהתנהלות בפועל. ימי העיון של המנהלים, המתקיימים פעמים אחדות בשנה, מהווים דוגמה מצוינת להתנהלות בית מדרשית זו. הרב ריסקין מאפשר דיון פתוח, בפרט בסוגיות עכשוויות ורלוונטיות, ולא מסתפק בהשמעת קולו בלבד. נדירים מאוד הם המקרים שהוא מקבל החלטות באופן נחרץ מתוקף תפקידו כראש הרשת. באופן תדיר ניתן לראות אותו מדבר בלהט על עמדותיו, ובה בעת קשוב באמת למנהלות והמנהלים שלצידו. תחושה זו ללא ספק מחלחלת גם לצוותים החינוכיים של מוסדות הרשת. קולות שונים, שיש להם מכנה משותף המשמש בסיס לשיח רלוונטי, פנורמי ועמוק.

צמד המושגים 'העצמה' ו'האצלה' נמצא כל העת ברקע כאשר משוחחים עם הרב ריסקין. ניכר שחשוב לו שבן שיחו לא יחשוש להתווכח איתו, ועדיין יצא בתחושה של כוח ותודעת שליחות. עבורנו, כמי שמכירים אותו עשרות שנים, החוויה מול הרב ריסקין היא גם של חולם, גם של יזם וגם של מנהל בפועל. בכל שיחה איתו ניכרים שלושת ממדים אלו. חזון ומציאות מעשית הולכים תמיד יחד. מוטיבציה לדיאלוג שיש בו גובה, רוחב ועומק – כולם יופיעו יחד לעולם, ותמיד תעמוד במרכז השיחה השאלה במה מהלך כזה או אחר תורם לתיקון עולם.

ו. רשת "אור תורה סטון" כמניפה

תפיסות היסוד שתוארו כאן אינן נשארות תלושות מהמציאות או תלויות באוויר. מנהיגותו של הרב ריסקין מול מנהלות ומנהלי מוסדות הרשת, היא גם בבחינת זרקור וגם בבחינת מגדלור למוסדות השונים. הוא מעורב מאוד בנעשה במוסדות, ומפתח שיח ישיר ומשמעותי גם עם הצוותים וגם עם התלמידות והתלמידים. התפיסה הדיאלוגית שלו היא גם קריאת כיוון לכל באי המוסדות ברשת, ובצד זה הבאת אור גדול של תורה, אהבה וחיים, המהווה זרקור. הרב ריסקין מדבר רבות על מנהיגות ועל מצוינות, אך מקפיד להבדיל בין אלה ובין התנשאות. כל

מי שקשור לרשת "אור תורה סטון" מרגיש דרך קבע את הרוח הגבית שלו, הקוראת להשתדל יותר, להעז יותר ולעסוק בעשיית הישר והטוב לפרט, לכלל, לעם ולעולם.

להלן נסקור את הקטגוריות השונות של מוסדות ותכנים המהווים יחד את רשת "אור תורה סטון". נצביע על המגוון הרחב של תחומים שבהם ניכרות טביעות אצבעותיו של הרב ריסקין, בשיח הדתי, הישראלי והעולמי. ננסה להראות כיצד, ממש כמו במניפה, השורש האחד מתפרס על מוסדות שונים ובאופנים שונים, ובנוסף ממש כמו במניפה שהרפפות שלה סמוכות זו לזו, הרוח הנושבת מן הרשת משיבת נפש.

החינוך התיכוני ברשת "אור תורה סטון"

ברשת ישנם שישה מוסדות תיכוניים, ארבעה מהם בגוש עציון ובאפרת ושניים בירושלים. ההבדלים ביניהם מוכרים היטב לאוכלוסיות היעד השונות, אך בנקל ניתן לשים לב ל'אני מאמין' המשותף לכולם: שילוב ייחודי בין יחס אישי ובין הקניית תפיסת עולם דתית ערכית המבקשת להיות רלוונטית למציאות בת זמננו ותהליכים חינוכיים הקשובים למציאות החיים ומציעים 'תורת חיים' עכשווית וקיומית על אדני הדיאלוג. הרשת התחילה את דרכה מהקמת שני תיכונים, שלכל אחד מהם חותם ייחודי, וכך המשיכו הדברים לחלחל בשאר המוסדות שהוקמו על ידה. בחינוך הבנים ביקש הרב ריסקין להציע חינוך פנימייתי שבמסגרתו הקשר עם בתי התלמידים אינו מוזנח, אדרבה – השילוב בין פנימייה ובין חיים בבית ובזיקה לבית, במתכונת הזאת, הוא מחידושיו של הרב ריסקין. בעולם הבנות קרא וקורא הרב ריסקין לבנות האולפנות לשאוף להיות מובילות ומנהיגות בעולם, מתוך תפיסה דתית עמוקה של לימוד רציני, אהבת תורה ויראת שמיים, מבלי לחשוש מהבאת עצמן לידי ביטוי ומהשמעת קולן בכל תחומי החיים. במשך עשרות שנים הגיע הרב ריסקין להעביר שיחות ושיעורים בקביעות במוסדות התיכוניים. בוגרות המוסדות התיכוניים של הרשת ובוגריהם מעידים על כך שכשיצאו לחיים לא

הרגישו שהמחנכים שלהם 'חיים בסרט', כפי שהרגישו הרבה מחבריהם בוגרי החינוך הדתי.

על אחת כמה וכמה נכונים הדברים במוסדות על־תיכוניים. מתוך אותה שיטה קיומית של יצירת שיח רלוונטי ופורץ דרך – בחברה הישראלית בפרט ובעולם היהודי בכלל, מתאפיינים המוסדות והתוכניות במתווים חינוכיים תורניים ופורצי דרך כל אחד בתחומו.

בשורה לנשים המבקשות ללמוד וללמד תורה

מדרשת 'או"ת לינדנבאום ירושלים' מרכזת בתוכה כמה תוכניות לימוד לבנות ולנשים. לימוד תורה משמעותי לפני השירות (הצבאי או הלאומי), תוכנית לבנות חו"ל, תוכנית לימודים ייחודית למנהיגות הלכה ופוסקות הלכה ועוד. במשך השנים הצטרפו אליה מדרשת 'או"ת לינדנבאום לוד' ומדרשת 'או"ת לינדנבאום מתת כרמיאל'. הדגשים בלימוד ובתוכני השיעורים שונים בחלק מהמקרים, אך רוחו של הרב ריסקין, המבקש לחולל שינוי משמעותי בלימוד תורה לנשים בזמננו, מנשבת כל העת ברקע.

הרב ריסקין כותב בספרו שהדמויות שהשפיעו עליו ביותר בילדותו היו אימו, סבתו ודודתו הגדולה. הדיאלוג איתן הוביל אותו לכך שהוא נחשב "פמיניסט דתי" כלשונו. בתקופה שהיה רב צעיר בקהילה בניו יורק, הוא היה הרב האורתודוקסי הראשון שהתיר לנשים לרקוד עם ספר תורה ולקרוא בתורה בשמחת תורה, מעשה שהיה מקובל במשך דורות רבים אצל גברים בלבד. בעקבות היתר זה הוא הוקע בעוצמה רבה בעיתונות הקהילות היהודיות בניו יורק וברחבי ארה"ב, אך הוא לא שקט עד שקיבל את ברכת רבותיו למהלך, לאחר שהוכיח שאין בכך בעיה הלכתית ובעיקר יש בזה צורך במציאות המשתנה. הרב ריסקין מספר שהתחום המחקרי שבו עסק בעבודת הדוקטור, היחס לנשים וגירושין בתרבויות שונות, גרם לו להבין את הצורך בשינוי מדורג, מושכל אך ברור והחלטי בתחום היחס לנשים בעולם היהודי. עמדה זו הובילה אותו לימים לעתור לבג"ץ מהפכני (שבו זכה) מול הרבנות הראשית בישראל, שלא הסכימה לאפשר לנשים

לגשת לבחינות ההסמכה לטוענות רבניות. בהמשך הוביל הרב ריסקין את הקמת מכון 'יד לאישה', שבו מקבלות מסורבות גט סיוע משפטי בבתי המשפט ובבתי הדין הרבניים וכן סיוע רגשי תומך ואוהד. במקביל עמל הרב ריסקין לשינוי הנורמות המקובלות כיום בבתי הדין הרבניים ביחס למסורבות גט, שינוי המבוסס על ההלכה היהודית, שיאפשר מתן פתרונות מהירים ונאותים למצוקה זו.

בצד הסיוע במקרים פרטניים, הן בסוגיות קהילתיות אישיות של נשים ברחבי הארץ ובמקומות רבים בעולם הן במקרים כמו מסורבות גט, היה לרב ריסקין חשוב מאוד להוביל שינוי באופי חינוך הבנות והנשים בחינוך הדתי בכלל. במסגרת המפעל החינוכי העצום שלו בדמות רשת "אור תורה סטון", במוסדות לבנות יש אג'נדה ברורה של חינוך למנהיגות ולמצוינות לנשים בזמננו, לצד מחויבות דתית ללא פשרות. הרב ריסקין הוביל את הכנסת הלימודים לבנות בכל התחומים, לרבות לימודי גמרא, תנ"ך ומדעים ברמה גבוהה, כחלק מהותי מתפיסת עולמו היישומית. רוב מוחלט של הבוגרות משרתות את המדינה במגוון רחב של תפקידים, במסגרת השירות הלאומי והצבאי, ממשיכות ללימודים אקדמיים ונעשות דמויות משפיעות בקהילות שהן חיות בהן. קשה להאמין עד כמה חולל הרב ריסקין מהפכה של ממש בחברה הדתית וביחס החברה הישראלית אליה בתחום זה. לפני שנים, כשהאפשרות של בנות דתיות לצאת לשירות צבאי הייתה קטנה ולא מגובה כלל על ידי הממסד הדתי, הקים הרב ריסקין את המדרשה ויצר בה מסגרת של שירות צבאי לבנות דתיות לכתחילה ולא בדיעבד. כיום מדובר במדרשות גדולות שבהן לומדות נערות רבות לימודי קודש (לרבות גמרא) ברמה גבוהה, ומשרתות במגוון תפקידים בחיל המודיעין, בחיל החינוך ובמקומות אחרים בצבא. רבות מן הנערות ממשיכות לקורס קצינות.

הרב ריסקין לא הסתפק בכך. הוא הקים מכון ייחודי למנהיגות הלכתית ע"ש סוזי ברדפילד, שבו לומדות נשים בתוכנית בת כמה שנים ומוסמכות על ידי רבנים אורתודוקסיים מן השורה הראשונה לפסוק הלכה. הצורך של נשים רבות בדמויות הלכתיות נשיות הולך וגדל עם

השנים, ובוגרות המכון משתלבות בצמתים שונים וחשובים ונותנות מענה רוחני והלכתי לנשים רבות, אך מטבע הדברים לא רק להן.

תמורה בעולם הישיבות – ישיבת 'אור תורה מחנים'

הרב ריסקין מבקש להביא בשורה לשיח התורני. הדיאלוג בין האדם לחיים חייב להתבסס על אדני התורה, ותורה צריך ללמוד לפחות בשני ממדים: בבית המדרש פנימה ומבית המדרש החוצה. הוא הקים את ישיבת 'אור תורה מחנים' כישיבה גבוהה ראשונה מסוגה. מעבר ללימוד תורה בעיון ובהלכה ברמה הגבוהה ביותר, לומדים הבחורים יסודות בכלכלה ובמשפט לצד ספרות, היסטוריה, פסיכולוגיה, לימודי מגדר ולימודי תרבות. כל אלה הם חלק משמעותי מתוכנית הלימודים לכלל בחורי הישיבה. תלמידי הישיבה ובוגריה מתארים בשמחה ובעוצמה את הייחוד של דרכה, בעיקר בזיקה לחיים שאחרי הישיבה. נקודת המבט הייחודית של 'אדם תורה חיים' אצל הרב ריסקין יוצרת עוד ועוד מסגרות הנותנות מענה רלוונטי לחיי קודש וחול במסגרת אתגרי המאה העשרים ואחת. אין ספק שגם כאן מדובר במהלך יוצא דופן, אשר – כמו במוסדות פורצי דרך אחרים של הרב ריסקין – מוביל דרך חדשה של שיח דתי ערכי כלל חברתי.

הכשרתם והעצמתם של רבני קהילות בארץ ובחו"ל

בשנת 1983 קיבל הרב ריסקין החלטה משמעותית ועלה ארצה, יחד עם משפחות מבני קהילתו. קבוצה זו הייתה מן הגרעינים הראשונים של היישוב אפרת שבגוש עציון, שבו הוא משמש רב עד היום. הרב ריסקין ראה מאז ומתמיד את תפקיד הרב כתפקיד משמעותי מאוד בכל קהילה. בה בעת, הוא זיהה את התחזקות הזהות היהודית בקהילות בחו"ל שיש בהן רבנים משפיעים ורלוונטיים, ואת ההפך מזה בקהילות אחרות. זו הסיבה המרכזית לכך שהוא הקים תוכנית הכשרה ייחודית לישראלים המבקשים להיות רבנים ומחנכים בקהילות בחו"ל. 'מכון או"ת שטראוס ברן עמיאל' הכשיר מאות רבנים ומחנכים

המשמשים בהצלחה בקהילות יהודיות ברחבי העולם כולו. חלק מהותי מסוד ההצלחה, כפי שמעידים בני ובנות הקהילות השונות, הוא האופי הפתוח והקשוב של הרבנים וההיכרות שיש להם עם העולם הרחב מעבר לעיסוק באוהלה של תורה. שוב, ערכי היסוד של דיאלוג עם המציאות מבלי לוותר על תפיסות יסוד של תורה ומצוות במציאות משתנה, ואף להפך – להעצים אותם דווקא.

מעבר לכך, הקים הרב ריסקין בשנים האחרונות תוכנית להכשרת רכזי זהות יהודית, אשר עובדים בשיתופי פעולה מלאים וייחודיים עם מתנ"סים ברחבי הארץ, להבאת תוכניות מורשת יהודית באופי של שיח פתוח ועל אדני חשיבה הומניסטית בת זמננו. תוכנית 'יחד – זהות יהודית במתנסי"ם' מביאה למתנ"סים רבים ברחבי הארץ חוויה דתית משמעותית ללא תחושה של 'הדתה'. כך בחוגים קבועים וכך בחגים ובאירועים מיוחדים: תפילות בימים הנוראים, קריאת מגילה בפורים, הכנה לליל הסדר, לימוד לחג השבועות ועוד.

ז. "ואהבתם את הגר"

תחום נוסף שבו מוביל הרב ריסקין חשיבה יצירתית ומתקדמת, הוא תחום מכוני הגיור. הרב ריסקין הקים מכון לגיור שבו לומדים גויים המבקשים להתגייר. מוקד לימודם הוא עיקרי התפיסה היהודית בכלל והיהודית הדתית בפרט, לאור חזונו. מסתבר שגם בתחום זה, ההיכרות עם העולם הרחב והעמידה על עולם דתי מחויב ובלתי מתפשר יכולות ליצור איזון הרמוני שהמבקשים להתגייר מתפעלים ממנו מאוד. בוגרי המכון מתארים את האהבה הגדולה שלהם לאופי המסורת היהודית לגווניה, אשר נוצרה דווקא במסגרת ייחודית זו. מרגש ומרשים לראות את הרב ריסקין בביקוריו ברחבי העולם במסגרות השונות של יהודים ושאינם יהודים. תמיד בחיוך ובאכפתיות. הרב ריסקין תמיד נותן תחושה לבן שיחו שיש לו כל הזמן שבעולם להקשיב לו, ותמיד מנסה לסייע לכל אדם, שהרי "חביב אדם שנברא בצלם".

ח. תורה ותיקון עולם – גם מול העולם הנוצרי

הרב ריסקין מאמין כי כשם שעלינו לעסוק בחינוך יהודי שורשי כלפי פנים, עלינו להביא תפיסה זו גם בדיאלוג עם מוסלמים (כפי שתואר לעיל) ועם נוצרים. גם כאן, הוא זוכה לביקורות לא מעטות מצד גורמים אורתודוקסים מסוימים, אך אינו מוותר על ה'אני מאמין' שלו, המבוסס על ההלכה והמחשבה היהודית לדורותיה. הרב ריסקין הקים כמה מוקדי הידברות בין יהודים לנוצרים, ובעיקר המכון לדיאלוג בין נוצרים ליהודים שבמסגרתו מגיעים אלפי נוצרים מאמינים מדי שנה בשנה לישראל לשיח ערכי על עם ישראל, על ארץ ישראל, על חשיבות זכות הקיום שלנו בעולם, על הצורך ליצור מנהיגות יהודית המנהלת דיאלוג מול גורמים דתיים בעולם, מה שמוביל לעולם טוב יותר.

ט. מורשת כתובה – ספריו של הרב ריסקין

הרב ריסקין הוא איש דברים. ניכר שעמידה מול קהל, כמו גם ישיבה מול אדם פרטי, הם אזור הנוחות שלו. יש לו קסם אישי רב, וניכר שהוא אמפתי מאוד לשומעיו, גם בזמנים של חילוקי דעות. הוא מעלה בכל שבוע סרטון עם דברי תורה עדכניים לרשתות החברתיות, ונוגע בנקודות רגישות – בעדינות רבה. ובכל זאת, חשוב לרב ריסקין להעלות את מורשתו גם על הכתב. בעשור וחצי האחרונים הוא כתב למעלה מעשרה ספרים במנעד רחב של נושאים.

בשנת 2008 יצא לאור ספרו 'יד לאישה – האישה והגירושין על פי ההלכה'. בספר זה סיכם הרב ריסקין עשרות שנים של עיסוק שלו בנושא הרגיש, תוך שימת דגש על סוגיית מסורבות הגט. בניתוח הלכתי מעמיק של מקורות מהתורה, דרך דברי חז"ל והראשונים ועד לפוסקי דורנו, מציע הרב ריסקין פתרונות הלכתיים מגוונים על מנת לפתור את הבעיות השונות של מסורבות הגט. בספר זה ניתן לראות את השילוב בין היותו תלמיד חכם, בעל אוריינטציה ברורה של פסיקת הלכה, ובין הרגישות האנושית והרצון לסייע במקרים שיש בהם קושי וכאב. כאמור, שילוב זה מאפיין מאוד את הרב ריסקין ואת דרכו החינוכית.

ספרים המכילים דרשות על פרשת השבוע יוצאים בתולדות עמנו חדשות לבקרים. הרב ריסקין הוסיף עליהם את סדרת ספרי 'אור תורה' על פרשות השבוע. בכל פרשה הוא מציע כמה דברי תורה הנובעים מהתבוננות על אתגרי החיים בהווה מנקודת מבט תורנית. בספר בראשית, הנושא המאגד הוא חיים, אהבה ומשפחה. בספר שמות – חירות, התגלות וייעוד. בדבריו על ספר ויקרא עוסק הרב ריסקין בעומק ובאומץ בנושאים של הקרבה, קדושה ושתיקה, ובספרים במדבר ודברים במעברים, מחלוקות ומנהיגות. דרשותיו הייחודיות והעכשוויות על פרשות השבוע מלוות בהרחבה גם את הספר 'בין קודש למכחול – פרשנות אומנותית ופרשנות מסורתית לפרשת השבוע'. בצד אלו, ספרו 'שיח שולחן', שיש בו זמירות, תפילות וטקסים סביב השולחן ובחיק המשפחה, עולה על שולחנם של רבבות בני אדם בארץ ובעולם מדי שבת. ספריו 'Tora Lights' וגם "The New Passover Haggadah" שיצאו באנגלית, מהווים השלמה לסדרת ספרים זו העוסקת בשבת ובמועדים.

מי שמבקש להכיר יותר לעומק את הפנורמה של דמותו של הרב ריסקין, ימצא זאת בספר 'ציוני דרך – זיכרונות וסיפורים בדרך לציון'. בספר מובאים עשרות סיפורים אישיים בגוף ראשון. מרתק להכיר את מקורות היניקה וההשפעה עליו, את ההתפתחות של הקול הייחודי שלו ואת ההשמה של כל אלה במרחב הציבורי, הקהילתי והאישי.

י. הרב ריסקין: בין חלום למציאות

תיארנו בעמודים האחרונים באופן תמציתי מפעל חיים של אדם אחד, מיוחד במינו. אדם שאיננו מפסיק לחלום גם בהגיעו לגבורות ולא מפסיק לחתור באופן מעשי למימוש חלומותיו. בשנה האחרונה פרש הרב ריסקין מרוב תפקידיו בהנהגת רשת "אור תורה סטון", ומינה למחליפו את הרב ד"ר כתריאל (קנת') ברנדר. הרב ריסקין ממשיך להוות דמות משמעותית ברשת, ואף מעבר לזה בישראל ובמחוזות רבים ברחבי העולם. הוא עמל על כתיבת ספרים בימים אלו וממשיך להתוות את יסודותיה של דרך ייחודית שרואה בקשר בין התורה לתיקון עולם

מתווה מעשי ולא רק כותרת כללית – דרך שמבקשת לחבר בין האדם שנברא בצלם, על ידי התורה, לחיים מלאים יותר ומשמעותיים יותר.

אין זה סוף דבר. אדרבה, הרב ריסקין לא מפסיק לחשוב ולממש, להפתיע וליצור, ובעזרת ה' נכונו לנו עוד שנים רבות של הטבעת החותם הייחודי שלו בתחומי חיים רבים. נאחל לו בהצלחה רבה בעזרת ה', לשם ה' ובשם ה', בבריאות איתנה.

את דברינו בחרנו לסיים בציטוט מתוך דבריו של הרב ריסקין. דברים שהם בבחינת השראה כללית לכל אדם, ובוודאי לכל מי שרוצה לעסוק בחינוך. דברים העוסקים בשילוב בין קודש לחול, בין חלום למציאות ובין חזון ליישומו המעשי:

> המורשת החשובה ביותר שאני יכול להשאיר... היא: אף פעם אל תפסיקו לחלום. חלמו בהקיץ, לא רק בשנתכם. ודאגו שלחלומכם תתלווה תוכנית פעולה שתאפשר את הגשמתו. חשוב מכל, קשרו את חלומכם בחלומו של ישראל סבא, בחלומה של כנסת ישראל. עגנו אותו בהיסטוריה של עמנו הנצחי.
>
> יהי חלומכם סולם בין שמים לארץ, גשר בין רוח וחומר, חלום המקדש את כל צדדיו של העולם הגשמי שאנו חיים בו.
>
> קשרו את חלומכם לחלומו של א-להים, לחלומו הטוב על בני האדם. הושיטו יד לתקן את העולם הזה, לעשותו לעולם שכל פינה ופינה בו היא מקום ראוי לשכינה לשרות בו. אל תתפללו לה' שיקל את חייכם; התפללו אליו שייתן לכם חוסן, אומץ ואמונה להיות בידיו כלי לתיקון עולם...
>
> זכרו שלא עליכם המלאכה לגמור, אך אינכם בני חורין להיבטל ממנה. לא כל מי שחולם זוכה לראות את חלומו מתגשם, אבל אם אין לכם חלום בכלל, אין ספק שהוא לא יתגשם. ולפעמים, אם ה' ירצה באמת... ההתגשמות תהיה אולי גדולה אפילו יותר מהחלום...[5]

5 **ציוני דרך** (לעיל), עמ' 375.

משתתפים

ח"כ יולי אדלשטיין

יולי אדלשטיין הוא פוליטיקאי ישראלי, שר הבריאות לשעבר וחבר הכנסת מטעם מפלגת הליכוד. בשנים 2013–2020 כיהן כיושב הראש ה־16 של הכנסת, קודם לכן כיהן כשר לקליטת עלייה וכשר ההסברה והתפוצות בממשלות ישראל. טרם עלייתו לישראל היה מסורב עלייה ואסיר ציון בברית המועצות.

ינון אחימן

איש חינוך, ניהל את בית הספר נועם, בנים בירושלים. כיהן כראש המועצה המקומית אפרת במשך 15 שנה, וכמנכ"ל החברה לשיקום הרובע היהודי. ב־20 השנים האחרונות מכהן כמנכ"ל מוסדות "אור תורה סטון".

פרופ' בנימין איש שלום

פרופ' בנימין איש שלום הוא ממובילי חקר הרב קוק באקדמיה, לימד בחוג למחשבת ישראל באוניברסיטה העברית, באוניברסיטת בר־אילן

ובמחלקה ללימודים כלליים בטכניון; שימש כראש הקתדרה לציונות ולישראל המודרנית בישיבה־אוניברסיטה בניו יורק; מייסד ונשיא בית מורשה; יו״ר מייסד של ״נתיב – המרכז הלאומי לזהות וגיור״; זוכה פרס אביחי על מנהיגותו בקידום סובלנות ואחדות יהודית ועל תרומתו להעמקת שיח הזהות מתוך גישה פלורליסטית.

הרב יצחק צבי (השי) בילט

הרב הרשל בילט הוא רב בית הכנסת ״ישראל הצעיר״, וודמיה, ניו יורק, נשיא הסתדרות הרבנים דאמריקה לשעבר, וחבר בוועדת נשיא ארה״ב לשימור מורשת אמריקה בחו״ל.

הרב אליהו בירנבוים

הרב אליהו בירנבוים הוא ראש מכון שטראוס עמיאל וברן עמיאל מבית רשת ״אור תורה סטון״, דיין בבית הדין לגיור, חוקר קהילות ישראל ושבטים אובדים וכותב את המדורים ״יהודי עולמי״ ו״רב עולמי״ במוסף שבת, מקור ראשון.

הרבנית רננה בירנבוים

רננה בירנבוים היא מנהלת אולפן הגיור של ״אור תורה סטון״ ומנהלת את תוכנית קלאודיה כהן למחנכות במשך 20 השנה האחרונות. היא בעלת תואר שני במחשבת ישראל וספרות. לצד בעלה היא הייתה רבנית בקהילות היהודיות באורוגוואי ובטורינו, איטליה.

הרב ד״ר רונן בן דוד

הרב ד״ר רונן בן דוד הוא ראש אולפנת ׳או״ת נווה חנה׳ בגוש עציון. מלמד במכללת ׳אפרתה׳ ובמכון רוטנברג לפסיכולוגיה יהודית.

הרב פרופ׳ יהודה ברנדס

הרב פרופ׳ יהודה ברנדס הוא ראש המכללה האקדמית הרצוג. בעבר ניהל את ביה״ס התיכון ע״ש הימלפרב בירושלים, ועמד בראש בית המדרש בבית מורשה.

הרב שמעון גולן

הרב שמעון גולן, יליד שנת תש"ח, הוא בוגר ישיבה וכולל אברכים "כרם ביבנה". עסק שנים רבות בחינוך; בית הספר בקיבוץ יבנה, ישיבת בני עקיבא נתניה, ראש ישיבת נוה שמואל, ראש המדרשה לנשים אוניברסיטת בר־אילן. במקביל שימש כרב צבאי (מילואים), רב היישוב שבי שומרון וחבר לשכת הרבנות באפרת. תושב אפרת משנת תשמ"ג. נשוי ואב לעשרה ילדים.

פרופ' יונתן גרוסמן

פרופ' יונתן גרוסמן מהמחלקה לתנ"ך באוניברסיטת בר־אילן ומכללת הרצוג, חוקר בעיקר את הסיפור המקראי ואת עולם הקורבנות. בין ספריו – אסתר: מגילת סתרים, תשע"ג; רות: גשרים וגבולות, תשע"ו; גלוי ומוצפן: על כמה מדרכי העיצוב של הסיפור המקראי, תשע"ו; תורת הקורבנות: מחוות של בשר ורוח, תשפ"א; ופירוש לספר בראשית בארבעה כרכים בסדרת נועם (הוצאת ידיעות ספרים).

הרבנית חנה גודינגר (דרייפוס)

הרבנית חנה גודינגר (דרייפוס) היא ראש ישיבת דרישה בראש צורים. שימשה במשך מספר שנים ראש בית המדרש במדרשת לינדנבאום או"ת הישראלית. גרה בישוב בת עין בגוש עציון. נשואה לדוד ואמא לחמישה ילדים. בעלת תואר שני בתלמוד ובוגרת שנים ארוכות של לימוד תורה בבתי מדרש שונים.

פרופ' אביעד הכהן

פרופ' אביעד הכהן הוא נשיא המרכז האקדמי "שערי מדע ומשפט" וראש המרכז להוראת המשפט העברי ולימודו; עמית מחקר בכיר, מכון ון ליר בירושלים; בוגר ישיבות "הר עציון" ו"הכותל"; חבר הוועדה למונחי משפט, האקדמיה ללשון העברית. לצד עיסוקו האקדמי, עובד כעורך דין וייצג בעלי דין במאות תיקים בבית המשפט העליון ובבתי משפט אחרים; כתב וערך מאות ספרים ומאמרים. מספריו: *The Tears of the Oppressed – An Examination of the Agunah Problem: Background and Halakhic Sources* (New York, 2004); פרשיות ומשפטים, תשע"א; ארי בין העולמות, תשע"ח.

ד"ר שמואל ויגודה

ד"ר שמואל ויגודה הוא ראש החוג למחשבת ישראל במכללת הרצוג. בתפקידו הקודם, הוא עמד בראש אותה מכללה בין השנים 2006–1995 ובתקופה זו יזם את הקמתו של בית המדרש הגבוה לנשים במגדל עוז. הוא לימד בחוג למחשבת ישראל באוניברסיטה העברית, ובשנים האחרונות מלמד באותה אוניברסיטה בתוכנית שלוחי ציבור. ערך מספר ספרים ופרסם שורה ארוכה של מאמרים בפילוסופיה כללית ויהודית. בנוסף, הוא יועץ למערכות חינוך יהודי בארה"ב, צרפת ואיטליה. היה מנהל אקדמי של פרוייקט כתיבת תוכניות לימודים בלימודי יהודית לכלל בתי הספר היהודיים של הקהילה היהודית באיטליה.

הרב שלמה וילק

הרב שלמה וילק הוא ראש ישיבת ההסדר אור"ת מחנים ורב קהילת יעל בשכונת בקעה בירושלים. נשוי לפרופ' שושנה רבל-וילק, אב לחמישה וסב לארבע נכדות. בעל תואר שני בתלמוד, חברות בוועדת האתיקה וכן חבר בוועדת האתיקה של קופ"ח מכבי בנושא רפואת פריון של ארגון הרופאים, ויועץ לקרנות מדיה.

הרב אהד טהרלב

הרב אהד טהרלב הוא ראש התוכניות הישראליות במדרשת לינדנבאום. מוביל מזה 22 שנה את תוכנית הדס המשלבת לימוד תורה ושירות צבאי משמעותי לבנות. ממקימי ארגון רבני בית הלל, וחבר הנהלת הארגון.

הרב ד"ר בנימין לאו

הרב ד"ר בנימין לאו הוא ראש מיזם 929 - תנ"ך ביחד. לשעבר היה רב קיבוץ סעד, ראש בית המדרש לנשים בבית מורשה, וכיהן במשך 18

שנים כרב בית כנסת הרמב״ן, בירושלים. הוא פרסם למעלה מעשרה ספרים.

טוענת רבנית ד״ר רחל לבמור

ד״ר רחל לבמור היא טוענת רבנית, בעלת תואר שלישי בתלמוד ותורה שבעל פה מאוניברסיטת בר־אילן, מנהלת הפרויקט למניעת עגונות וסירוב־גט בתנועת ׳ישראל הצעיר׳ הבין־לאומית והסוכנות היהודית. ד״ר לבמור היא אחת ממחברי ה״הסכם לכבוד הדדי״ – הסכם קדם נישואין למניעת סירוב גט הנפוץ בישראל, ומחברת הספר מנעי עיניך מדמעה: הסכמי קדם־נישואין למניעת סירוב גט, הוצ׳ אריאל ומועצת רבני ישראל הצעיר, ירושלים תשס״ט–2009. ד״ר לבמור הינה הטוענת הרבנית הראשונה שמונתה לחברה בוועדה לבחירת דיינים. היא זכתה בפרס בוני ציון שנת 2016 כהכרה בפעילותה הציבורית.

נתנאל לדרברג

נתנאל לדרברג מלמד ולומד במדרשת לינדנבאום מתת ובישיבת המטיבתא בכרמיאל. כותב ועורך של ספרי הגות על החסידות החדשה, כתבי הרב שג״ר על ליקוטי מוהר״ן, מאמרים וספרים נוספים. מתגורר עם משפחתו בעיר כרמיאל בגליל.

הרב יעקב מדן

הרב יעקב מדן הוא מראשי ישיבת הר עציון, מוותיקי מלמדי המקרא בציבור שומרי המצוות הציוני וממחברי אמנת גביזון־מדן.

משה מושקוביץ ז״ל

משה מושקוביץ נולד בשנת 1925 בצ׳כוסלובקיה ועלה לארץ בילדותו. למד בבית הספר החקלאי ׳מקווה ישראל׳ וכשבגר היה ממקימי קיבוץ ׳משואות יצחק׳. בהמשך שימש כראש המועצה האיזורית שפיר והיה ממייסדי ׳מכון צומת׳ העוסק בפיתוחים טכנולוגים־הלכתיים. הוא גם הקים את עמותת ׳המנורה׳ העוסקת בהצלת בתי כנסת וספרי תורה

בתפוצות ולקח חלק במגוון פעילויות חברתיות, חינוכיות וציוניות. לאחר מלחמת ששת הימים הקים את 'אלון שבות' ואת ישיבת ההסדר השוכנת בה 'הר עציון' ובהמשך יזם את הקמתה של 'אפרתה' ובמשך 5 שנותיה הראשונות היה ראש המועצה. לאחר מכן עמד בראש עמותת 'המכללה למשפט' וייסד את עמותת 'תימרה' העוסקת בפתרונות חינוכיים לנוער בסיכון. בשנת 2008 זכה בפרס מוסקוביץ לציונות.

הרב אליעזר מלמד

הרב אליעזר מלמד הוא רב היישוב הר ברכה, זוכה פרס כץ לשנת התשע"ט, מחבר סדרת ספרי ההלכה פניני הלכה, בעל טור קבוע בשם 'רביבים' בעיתון בשבע וראש ישיבת הר ברכה.

הרב חיים נבון

הרב חיים נבון למד בישיבת הר עציון ובאוניברסיטה העברית בירושלים. כיהן במשך עשר שנים כרב קהילת השמשוני במודיעין. מלמד בישיבת הר עציון, במכללת הרצוג, במדרשת לינדנבאום ובמדרשה לבנות באוניברסיטת בר־אילן. עמית מחקר בקרן תקווה. בעל טור שבועי בעיתון מקור ראשון. פרסם עשרה ספרים בענייני יהדות ושלושה רומנים.

אביחי פואה

אביחי פואה הוא מנהל פרויקטים חינוכיים ברשת "אור תורה סטון", חינך ולימד בתיכון "אור תורה דרך אבות".

אשת ההלכה מלכה פיוטרקובסקי

מלכה פיוטרקובסקי – לומדת ומלמדת תלמוד והלכה, למעלה משלושים שנה, במסגרות מגוונות ברחבי הארץ. במהלכן, כיהנה מספר שנים כראש בית המדרש במדרשת לינדנבאום. מעורבת בסוגיות ציבוריות, שבמרכזן דילמות הלכתיות.

הרבנית בילי רבנשטיין (פיזם)

בילי רבנשטיין (פיזם) עוסקת בחינוך ובהוראת גמרא ותנ"ך במסגרות שונות. ראש בית מדרש במדרשת לינדנבאום ירושלים.

השופט פרופ' אליקים רובינשטיין

אליקים רובינשטיין הוא שופט בדימוס שכיהן כמשנה לנשיאת בית המשפט העליון, מזכיר הממשלה והיועץ המשפטי לממשלה. במאי 2004 הושבע כשופט בית המשפט העליון וכיהן בו עד יוני 2017. כיהן כיו"ר ועדת הבחירות המרכזית לכנסת ה־19.

הרב שראל רוזנבלט

הרב שראל רוזנבלט הוא ראש כולל 'תורת יוסף' בישיבת או"ת מחנים ורב בית הכנסת המרכזי רימון שבאפרת. מוסמך / תואר שני אוניברסיטת בן־גוריון במחשבת ישראל. פעיל בתחומי השיח הבין־דתי, בין היתר במסגרת המרכז לדת, תרבות וסכסוך באוניברסיטת דרו שבניו־ג'רזי (CRCC Drew University).

הרבנית ד"ר ג'ני רוזנפלד

רבנית ד"ר ג'ני רוזנפלד שמשה כמנהיגה רוחנית באפרת. היא בעלת היתר הוראה מהמכון למנהיגות הלכתית ע"ש סוזי ברדפילד במדרשת לינדנבאום, ובעלת תואר שלישי בספרות אנגלית מאוניברסיטת CUNY. היא ממחברי הספר "עת לאהוב: המדריך להעצמת הקשר האינטימי של הזוג הדתי".

הרב שוקי רייך

הרב שוקי למד בישיבת מרכז הרב ובישיבת מעלות והוא בעל כושר דיינות מטעם המכון לדיינות "שבט מחוקק". לשעבר רב היישוב אלעזר, הרב שוקי מלמד גמרא במדרשת לינדנבאום מאז 1987 ומשמש כראש המכון למנהיגות הלכתית ע"ש סוזי ברדפילד בשמונה השנים

האחרונות. בנוסף, הרב שוקי משמש כראש המכון להסמכת רבנים ע"ש יוסף וגיננדל שטראוס ומוכר בקהילות רבות בשל הידע האינציקלופדי, שנינותו ודרכו האמיצה בפסיקה ובחשיבה עצמאית על כל נושא אקטואלי.

אבי שגיא

פרופ' אבי שגיא מלמד במחלקה לפילוסופיה באוניברסיטת בר־אילן, בה ייסד וניהל שנים רבות את התוכנית ללימודי פרשנות ותרבות, לתארים מתקדמים. שגיא הוא גם עמית מחקר בכיר במכון שלום הרטמן בירושלים. הוא פירסם עשרות ספרים ומאות מאמרים בתחומי הפילוסופיה הכללית והיהודית, וזכה להכרה בין־לאומית על מכלול הישגיו. שגיא הוא בין מייסדי המחקר הפילוסופי של ההלכה – פילוסופיה של ההלכה.

הרב יהודה שטאובר

הרב יהודה שטאובר הוא סמנכ"ל חינוך ברשת "אור תורה סטון". בעבר ניהל את אולפנת "אור"ת נווה חנה".

חכמה לשלמה
מאמרים לכבוד הרב ד"ר שלמה ריסקין
מאת עמיתיו ותלמידיו הנכבדים

Ḥokhma LiShlomo
Essays in Honor of Rabbi Dr. Shlomo Riskin
by His Distinguished Colleagues and Students

אור תורה סטון OHR TORAH STONE

מגיד MAGGID

חכמה לשלמה

מאמרים לכבוד
הרב ד"ר שלמה ריסקין
מאת עמיתיו ותלמידיו הנכבדים

ḤOKHMA LISHLOMO

ESSAYS IN HONOR OF
RABBI DR. SHLOMO RISKIN
BY HIS DISTINGUISHED COLLEAGUES AND STUDENTS

Ohr Torah Stone
Maggid Books

הֲרֵינִי מְקַבֵּל עָלַי מִצְוַת עֲשֵׂה שֶׁל וְאָהַבְתָּ לְרֵעֲךָ כָּמוֹךָ

We are honored to dedicate this beautiful *sefer*, a tribute to Rabbi Shlomo Riskin, in the memory of our beloved father, Natan Meir Schulsinger, z"l, and in honor of our newborn grandson, Natan Meir Ross, his namesake.

Natan Meir Schulsinger was a hero of the Jewish people who, as a member of the "Breicha," smuggled displaced Jews from Europe to Palestine from 1945–1948. He led these Jews by foot across the Austrian-Italian Alps towards their new home. He settled in Israel after the declaration of the State and joined the Israeli navy as he continued to serve his people and build the land. Natan Meir truly loved the Land of Israel and the Jewish people, and passed this love on to his children and grandchildren. This love inspired them to make aliya and enabled Natan Meir Ross to be born a sabra, in Israel. May Natan Meir Ross continue this legacy of people like his great grandfather and Rabbi Shlomo Riskin, both of whom have done so much to bring Jews to the Land of Israel, and help complete the process of *veshavu vanim legevulam.*

Helene and Robbie Rothenberg

Contents

תוכן עניינים

Foreword

"Festschrift: a collection of writings published in honor of a scholar." How appropriate it is that over forty scholars from around the world have joined together to contribute, both in Hebrew and in English, to *Ḥokhma LiShlomo,* a scholarly tribute to Rabbi Dr. Shlomo Riskin, to celebrate his transformational leadership of global Jewry.

Beginning with his swift rise to prominence in New York as a young community rabbi, Rabbi Riskin , along with his wife Vicky, his devoted partner in of all his endeavors, turned Manhattan's Lincoln Square Synagogue into a powerhouse of vibrant Jewish communal life. His work there began the process of revolutionizing the institution of the synagogue for all of North American Jewry, modeling an entity with multiple portals of spiritual entry for communities around the world. Yet it was not long before he came to Israel, taking the helm in the burgeoning town of Efrat, which has since become one of the strongest Jewish communities in Israel. His personal community leadership has at every step of the way been guided by his

commitment to making Jewish life and practice accessible to every Jew, and to making communities responsible for providing their constituents with a true home, one that serves as both a haven – offering support, solace, and protection to those in need – and a heaven, a creative point of departure for individual and collective spiritual life to flourish.

In addition to Rabbi Riskin's personal work as a communal leader, he has proven himself over the decades to be a pioneering builder, a person with vision and dedication who is able to identify the needs of the Jewish people and who will not rest until those needs are met. He built from the ground up a wide range of institutions which serve the Jewish community both in Israel and around the world, comprising the Ohr Torah Stone network. They include multiple, highly in-demand junior high and high schools both for boys and for girls, serving a wide and diverse constituency in Gush Etzion and Jerusalem. Rabbi Riskin has made historic strides to advance women's Torah learning, establishing Jerusalem's pioneering Midreshet Lindenbaum, the first major women's *beit midrash* in Israel, along with its satellite locations in Lod and Karmiel. With its various programs for Israeli, North American, and Latin American post–high school students, Midreshet Lindenbaum was also the first institution in Israel to offer integrated Torah and IDF service for women (Hadas – Claudia Cohen Torah/Army School), as well as to train women as professional Jewish scholars and spiritual leaders (Susi Bradfield Women's Institute of Halakhic Leadership [WIHL]).

Rabbi Riskin's institution building has answered many of the most pressing issues facing Israeli and world Jewry today: strengthening Jewish identity in Israel (Yachad Program) and in communities throughout the world (Straus-Amiel and Beren-Amiel Emissary Programs); advancing interfaith relations and dialogue (Hertog Center for Jewish-Christian Understanding and Cooperation, Blickle Institute for Interfaith Dialogue); advocating for and empowering *agunot* (Yad La'isha: The Monica Dennis Goldberg Legal Aid Center and Hotline), and providing the gap-year Israel experience for young

adults with special needs (Elaine and Norm Brodsky Darkaynu Programs). Each one of these projects demonstrates Rabbi Riskin's pioneering spirit and deep sense of commitment. This tribute serves as a small token of our gratitude for his lifetime of extraordinary vision and achievement.

As someone who has attempted to continue and expand upon his legacy I can share that perhaps Rabbi Riskin's greatest quality is his uncompromising commitment to each individual, and his selfless dedication to *Klal Yisrael* and indeed, all of humanity.

I would like to thank Judy and Dr. Baruch Sterman, who paved the way for this project and agreed to serve as the editors of this amazing work. Even in the face of the COVID-19 pandemic, their energy and devotion have been the force moving this volume forward from a dream to a reality. I wish to also thank Dr. Roy Stern, Zev Weiss, Yinon Ahiman, Yehuda Shtauber, David Katz, Sima Freedman, and Yishai Hughes, who helped steward the project.

We are deeply indebted to Robbie and Helene Rothenberg, who have dedicated this collection of essays in honor of Natan Meir, one of their youngest grandchildren, named for Helene's father. The elder statesman Natan Meir Schulsinger *z"l* spent a lifetime in the service of the State of Israel, and it is thus fitting for this volume, celebrating Rabbi Riskin's work, to be dedicated in his honor. What's more, the dedication celebrates the continuation of the generations, the *shoshelet hadorot*, a value held so deeply by the Rothenbergs, and the essence of Rabbi Riskin's vision and legacy, which Robbie and Helene have been extremely involved in actualizing on a global level.

Thank you, Rabbi Riskin. You inspire us daily. May we be blessed to continue to benefit from your wisdom and clarity of vision for years to come.

Katriel (Kenneth) Brander
16 Kislev 5781

Acknowledgements

וַיְהִי בְּרֶדֶת מֹשֶׁה מֵהַר סִינַי וּשְׁנֵי לֻחֹת הָעֵדֻת בְּיַד־
מֹשֶׁה בְּרִדְתּוֹ מִן־הָהָר וּמֹשֶׁה לֹא־יָדַע כִּי קָרַן עוֹר
פָּנָיו בְּדַבְּרוֹ אִתּוֹ:
(שמות ל״ד:כ״ט)

When Moses came down from Mount Sinai with the two tablets of testimony in his hand, he was unaware that the skin of his face shone with light, because he had been speaking with God.
(Ex. 34:29)

When Moses came down from Mount Sinai bearing the tablets of the Ten Commandments, the Torah tells us that his face was radiant. Why would his countenance begin to shine just at this very moment? After all, this was not the first time Moses had spent intimate time with God, face to face as it were, and yet, after those previous encounters with the Divine, his physical appearance, as far as we know, was in no way transformed. What was different about this time?

This was the question posed by Rabbi Shlomo Riskin at one of his famous Wednesday night lectures in Lincoln Square Synagogue in New York some forty years ago. The room was packed as usual with

congregants, students, prominent professors, and rabbis who crowded into the sanctuary, and it was standing room only at these highly popular classes, known to be the pinnacle of Jewish adult education in Manhattan. This evening, Rabbi Riskin was tackling a particularly sensitive issue, one where the regnant halakha was in confrontation with the position maintained by progressive liberal society at large, and by significant voices within the Jewish community of the Upper West Side. Rabbi Riskin was, in this case, going to support what might be termed the stringent position, defending the traditional halakhic opinion, though many deemed that this stance would entail insurmountable sacrifice. That in itself is telling, as it demonstrates something that would be true throughout Rabbi Riskin's career as rabbi and *posek*, and that is that he is someone who defies categorization and cannot be pigeonholed. There are issues where he would be considered lenient, but as often as not, he will take a more stringent stance. His decisions are made on a case by case basis, determined by the law but sensitive to context and circumstance.

One must keep in mind Moses's situation, Rabbi Riskin explained to his audience. After all, the radiance emanated from Moses's face when he came down from Sinai carrying the second tablets – those that God commanded Moses to write himself after he had broken the first tablets. How many miracles accompanied the tablets. According to our tradition, they were carved through, yet the writing could be read normally on both sides, suspending natural law that would have them as a mirror-image on one side. The middles of letters that were carved along a complete periphery miraculously remained anchored in place, suspended. Upon hearing God's instruction that he replicate the tablets, Moses must surely have exclaimed, "But I am a mere human, and for me to reproduce the wonders of those first tablets is a task that I consider impossible!" And yet, forty days and forty nights later, Moses descended the mountain holding in his hands the second tablets that he had sculpted.

"When you achieve what you thought was impossible," whispered Rabbi Riskin as he leaned into the mesmerized crowd, "that's when your face shines."

Throughout Rabbi Riskin's life he has undertaken tasks, projects, and causes that others deemed impossible. That a young rabbi might transform the Lincoln Square Synagogue, an established shul in the heart of one of the most progressive of Jewish communities, into a traditional Orthodox venue, must have seemed inconceivable. And yet, Lincoln Square did indeed become one of the most prestigious Orthodox synagogues in America.

When, at the very height of his success, Rabbi Riskin and his beloved wife and constant partner Vicky, decided to leave all that behind and come to Israel on aliya, his revered teacher counseled against the move. He was told over and again that he would never be accepted in Israeli society particularly among the religious community, and would most certainly never have any real influence or impact. And yet, Rabbi Riskin's stunning achievements, as community rabbi in the town he founded, Efrat, in the vast network of schools and institutions that comprise Ohr Torah Stone that he established, in his promotion of women's issues within Israeli Orthodoxy, and even in Israeli politics, are all immensely significant on the personal, local, and national levels.

We remember, twenty-five years ago in the days of the Oslo Accords, overhearing a conversation on the hilltop of Dagan between a general in the IDF and Rabbi Riskin. The general was explaining how futile it was to demonstrate and attempt to retain that parcel of land as part of Efrat and of Israel, "Rabbi, there is no point, the maps have already been drawn and ratified." Undeterred, Rabbi Riskin maintained the fight for Dagan which was then a barren scrap of land on the outskirts of Efrat and is now a thriving community housing hundreds of young families. Once again, Rabbi Riskin achieved what others were sure was unachievable.

This book could obviously not have come into existence without first and foremost the wonderful response and eagerness to contribute of the distinguished list of authors who took out time from their very busy schedules to write and submit their articles. The outpouring of support for the project and the genuine respect and love for Rabbi Riskin was evident in every contribution. The

meticulous editing of the Hebrew essays was done under the careful eye and exacting pen of Avichai Gamdani, and we thank him for raising the level of the articles he reviewed. Thanks of course to the entire team from Ohr Torah Stone, Dr. Roy Stern, Avichay Fuah, Rabbi Yehuda Shtauber, David Katz, and Yinon Ahiman. Special thanks goes to the president of Ohr Torah Stone, Rabbi Dr. Kenneth Brander for his contributions to this work and for his guidance and support for the project from beginning to end. We are grateful to publisher Matthew Miller and the team at Maggid Books, especially Reuven Ziegler, the editorial director, as well as Caryn Meltz, Debbie Ismailoff, and Dvora Rhein.

Finally, we would like to thank Rabbi Riskin for all the years that we have been blessed to share with him. He has been and continues to be our teacher, our *posek*, our advisor, our neighbor, and our friend. Most meaningfully, we thank Rabbi Riskin for being a role model to our family and to ourselves.

May Rabbi Riskin be blessed with the words from the priestly blessing that he himself has pronounced countless times to countless individuals throughout his life: "יאר ה׳, פניו אליך". May God's countenance shine upon him, and may he enjoy many more years of good health as he continues to inspire us all to strive to achieve the impossible.

Baruch Sterman
Judy Taubes Sterman
Efrat, 5781

Teshuva in Friendship

Rabbi Saul J. Berman

This article is dedicated to the honor of my oldest friend, Rabbi Shlomo Riskin. His life embodies the actualization of a divine gift of the capacity for maintaining innumerable friendships, in each of which his loyalty and giving of himself is total.

The starting point for *teshuva* in any relationship is knowing what the responsibilities are within that particular relationship. Children and parents cannot successfully evaluate their respective successes and failures in those relationships without a clear understanding of what their legal and ethical duties are toward one another. Husbands and wives cannot determine how to improve their marriage without knowing what duties the Torah demands of each of them in the context of their marriage.

We are fortunate that these and many other relationships are substantially treated in the Torah and halakhic literature, so that the necessary evaluation can take place in the light of objective normative expectations as well as ethical guidance.

Even regarding the relationship to God Himself, it is essential to understand the rules of the relationship in order for us to engage in its proper evaluation. Precisely for this reason, the fifth blessing of the weekday *Amida*, the petition for God to aid us in our *teshuva*, is immediately preceded by the blessing in which we ask God to help us to achieve clarity in our understanding of the difference between good and evil.

However, such guidance is generally not available in regard to one critical interpersonal relationship, namely, friendship. The following paper is an attempt to outline the dimensions of the Torah's expectations concerning the relationship with friends based on normative – and occasional narrative – uses of the term *re'a* in the Torah. I believe that the Torah itself provides us with a small codex of verses related to the *re'a*, the friend, which provide the framework that otherwise appears to be absent in our tradition.

PHYSICAL WELL-BEING

The first interpersonal crime reported in the Torah is Cain's killing his brother Abel (Gen. 4:8). When the first set of commands are issued to Noah after the flood, the core element is the prohibition against homicide, in which God says explicitly that He will demand accountability even of a brother who has committed fratricide (Gen. 9:5). The universality of homicide's criminality is thus established. The sixth commandment makes only the barren declaration "Thou shalt not murder," without any reference to the identity of the victim or the relationship between them. But the Torah's subsequent elaboration of the elements of murder, distinguishing between intentional, unintentional, and totally accidental homicide, repeatedly refers to the victim as a *re'a*, a friend (Deut. 19:4–5, 11).

Why would the Torah choose to use the word *re'a* in describing victims of intentional and unintentional homicide, rather than the more common reference to *adam*, "person," as in Leviticus 24:17? For that matter, there are a number of other words as well which the Torah uses regularly and which it might have used in our passage dealing with unintentional homicide. It could have employed the

word *ish,* also meaning "person," as in Deuteronomy 19:15; or perhaps the word *amito,* meaning "fellow national," as in Leviticus 19:11; or *achiv,* which aside from its literal meaning as "brother" also has the more figurative meaning of a person in a close relationship, perhaps encompassing all fellow Jews, as in Deuteronomy 15:2. What is it about friendship that would lead the Torah to specifically use the reference to that relationship in a particular set of legal and narrative contexts? Let's start with the case of homicide.

Clearly, the Torah understood that a friend is particularly vulnerable to being the victim of violent actions by another friend. In fact, during the past five years in the United States, an average of over 16,000 homicides a year have occurred, and over 40 percent of them were committed by relatives or various categories of friends, that is, by *re'im*. No doubt it is the very complexity of the relationship of friendship, of its emotional, psychological, economic, even physical connectedness, that creates a vulnerability to the use of coercive force to which the Torah must provide a warning and corrective. When Moshe sees two Jewish people fighting, with one having raised his fist to strike the other, he simply assumes that the two are friends and calls out, "Evildoer, why would you strike your *re'a*?" (Ex. 2:13). When the Torah later codifies the liability for assault in Exodus 21:18–19, it situates the case as one involving "If persons quarrel and one strikes his friend *(re'ehu)* with a stone or a fist and he does not die...."

While the criminality of murder and of assault are unequivocally applicable according to the Torah to all individuals, the distinctive use of the term *re'a* calls upon us to recognize that there is in fact a special vulnerability to violence within the relationship between friends, and that the Torah's expectation is that friends will understand that the relationship of friendship demands a distinctive sensitivity to the physical integrity and safety of the friend.

ECONOMIC WELL-BEING

Respect for another's property is expressed powerfully in Leviticus 19:13: "You shall not oppress your friend *(re'akha)*, and shall not rob." Similarly, Deuteronomy 27:17 says, "Cursed be he who moves back

his friend's (*re'ehu*) landmark; and all the people shall say Amen." These instances are only two of the many cases in which the Torah mandates that care be taken not to damage the property of another person, not to defraud him, and not to steal his property. In the vast majority of those texts, the Torah does not identify the victim as having a special relationship to the perpetrator; in fact, their relationship is not relevant to the crimes involved. Why then in just a few of these instances does the Torah specifically refer to the victim as a *re'a*?

Another set of such cases will alert us to the underlying issue. The tenth commandment, the prohibition against coveting, uses the word *re'a* three times in each of its appearances. Thus, in Exodus 20:14 it says: "You shall not covet your friend's (*re'akha*) house, you shall not covet your friend's (*re'akha*) wife; his manservant, his maidservant, his ox, his donkey, or whatever belongs to your friend (*re'akha*). Likewise, in Deuteronomy 5:18, the word *re'akha* appears three times. Why this extraordinary emphasis on the relationship to the victim? Certainly the transgression of coveting is committed no matter who those feelings and actions are addressed to.

When Maimonides codifies this prohibition against coveting (*Mishneh Torah, Hilkhot Gezeila VaAveda* 1:9), he indicates that the prohibition is not violated simply by one's inner state of jealousy over what another person has, not even by the desire to have something like it for himself. The prohibition of coveting is transgressed only when a person desires the specific object or person currently possessed or owned by someone else, and then conspires to have it taken away from the current owner so that he can have it for himself. And it is only when he actually gains possession of the object of his desire, even legally by purchasing it for an outrageous amount of money, that the prohibition is violated. The Tosafists differ on this last element and insist that the culmination of the transgression must consist of the perpetrator's gaining possession of the desired object illegally, as by theft or robbery, thus violating two prohibitions: coveting and theft (*Tosafot*, Sanhedrin 25b, s.v. *Mei'ikara savur*). But Maimonides and the Tosafists agree that the essential element of the prohibition

against coveting resides in the inner desire to get the goods or person from another so that only the perpetrator will have them and not the original possessor.

What is the context in which such a passionate desire would arise in the perpetrator not only to have the object, but also that the other person *not* have the object? Such a circumstance is in fact most likely to arise in the context of a friendship in which one of the parties simply cannot tolerate the success of the friend and needs to displace him as the owner of that which represents his success. It is precisely for this reason that the Torah would want to alert us to this danger in the context of friendship by twice engaging in a threefold repetition of the word friend *(re'akha)* in the prohibition against coveting, and by similarly placing emphasis on the word friend *(re'akha)* in the general laws against robbery and economic oppression.

EMOTIONAL WELL-BEING

The first person in the Torah to be identified as a friend (*re'a*), was Hirah, the Adulamite friend of Judah. While Hirah is already introduced to us in Genesis 38:1, his appellation as friend of Judah *(re'ehu)* first occurs many years later, after the death of Judah's wife, the daughter of Shua, as Judah is being comforted for his loss (38:12). The Adulamite is again identified as Judah's friend (38:20), as Judah entrusts him with the sensitive mission of recovering his signet ring, cord, and staff that he had left as a deposit with Tamar in lieu of cash payment for his liaison with her, without making the event a matter of public knowledge (38:23). No doubt the Torah is suggesting that the roles of comforting and of preserving the confidentiality of personal information so as to protect the reputation of the other are particularly valuable qualities in maintaining a strong friendship. It is no accident then that the dramatic declaration on Mount Eival (Deut. 27:24), "Cursed be he who strikes his friend *(re'ehu)* in secret; and all the people shall say, 'Amen,'" is understood by the Sages as a reference to the sin of *lashon hara,* the disclosure of confidential defamatory information about another (Rashi on 27:24). No one is

more vulnerable to a talebearer than a person who shares intimate secrets about himself with a trusted friend. The magnitude of emotional injury inflicted by that betrayal of trust is deserving of one of the curses given on Mount Eival.

Indeed, this awareness of the distinctive emotional vulnerability of a friend may help us understand further the use of the word *re'akha* in the verse, "You shall not oppress (*lo taashok*) your friend (*re'akha*), and shall not rob" (Lev. 19:13). Here the term *re'akha* is used in conjunction with the sin of *oshek* because what distinguishes this biblical transgression is not just that it involves the withholding of funds which another is entitled to, but that it bears a special form of emotional assault in making the victim essentially defenseless, impotent to protect himself against the perpetrator, whose purpose may not be to steal but solely to delay payment (Bava Metzia 111a).

Perhaps the most significant form of emotional responsibility in friendship that is manifested in the Torah's occasional use of the term *re'akha* is found in Leviticus 19:16: "You shall not go around as a gossipmonger amid your people, you shall not stand idly by [the shedding of] the blood of your friend (*re'akha*)." The latter half of this verse is the Torah's formulation of the duty of rescue of life. In any situation in which a person's life is threatened and a bystander has the capacity to rescue the life with minimal threat to himself in doing so, the bystander bears, according to the Torah, a halakhic duty to engage in the rescue. Failure to do so, Maimonides maintains, is an unequivocal violation of the express biblical command of "you shall not stand idly by [the shedding of] the blood of your friend (*re'akha*)" (*Mishneh Torah, Hilkhot Rotze'aḥ UShmirat HaNefesh* 1:13–14). It appears that the core of this crime is the perpetrator's indifference to the life of the victim, that is, an absence of the emotional connection that would drive an act of rescue, that would demand that the person stand with his friend in his time of need. It is this affirmative emotional connection which would have driven Hirah the Adulamite to be with his friend Judah, to comfort him in his time of sorrow over the passing of his wife. It is precisely that

affirmative emotional connection that the psalmist understands to drive God, in His covenantal friendship with the Jewish people, to declare, "He shall call upon Me and I will answer him; I will be with him in trouble; I will save him and honor him (Ps. 91:15).

SPIRITUAL WELL-BEING

In each of the preceding three areas, physical well-being, economic well-being, and emotional well-being, the Torah forbids the direct harming of other persons no matter who they are, friend or enemy, Jew or gentile. The distinctive references to the friend, the *re'a,* in these instances serve essentially to alert us to the fact that a friend has a special vulnerability which we need to pay attention to so as not to abuse what is an essential and enriching human relationship. The situation is similar but even more stark in this fourth area of spiritual well-being. Leviticus 19:14 declares: "You shall not curse the deaf, and you shall not place a stumbling block before the blind; you shall fear your God; I am Hashem." The Sages understand the middle clause of this verse, "and you shall not place a stumbling block before the blind," to transcend the literal meaning of the text and to constitute a general prohibition against enabling another person, through words or action, to violate his halakhic and spiritual duties. Thus, the Talmud offers two illustrations of a violation of this prohibition: "extending wine to a Nazirite [to drink] or a limb torn from a living animal to a Noahite [to eat]" (Avoda Zara 6b). Here the Talmud makes clear that this prohibition against harming the spiritual well-being of persons is applicable to Jews and gentiles alike.

In one particular law, the Torah explicitly refers to an act of enticing in which it identifies the perpetrators by their relationship to the person being enticed. Deuteronomy 13:7 states, "If your brother, the son of your mother, tempts you in secret, or your son or your daughter, or the wife of your embrace, or your friend (*re'akha*) who is as your own soul, saying, 'Let us go and worship other gods,' which neither you nor your forefathers have known." The passage continues by mandating capital punishment for this crime of enticing another

to idolatry. Here the Torah recognizes unambiguously – in contrast to the prior situations by implication – that the power of friendship, like the power of family relationship, creates a distinctive form of vulnerability to persuasion in matters of spiritual life. We are forewarned that it is essential for us to be alert to that vulnerability in order to prevent both perpetrator and victim from falling into the trap of using the friendship to justify exploiting or to explain having been exploited. The particular phrase used in this passage, "your friend who is as your own soul," *re'akha asher kenafshecha,* may serve as an important transition point to a vital Torah text which provides an affirmative duty toward the *re'a.*

FRIENDSHIP AND LOVE

Probably the single best known verse in the Torah using the word *re'akha* is Leviticus 19:18: "You shall neither take revenge from nor bear a grudge against the members of your people; you shall love your friend (*re'akha*) as yourself; I am the Lord." It is not accidental that this command does not stand alone; it is the close of a lengthy passage in which we are commanded to get our conduct and our emotions under the kind of control that would allow for the development of love. In the earlier verses of this chapter we are instructed not to lie, not to engage in emotional and economic exploitation of a friend, to judge fairly, not to speak evil of another, not be indifferent to the lives of friends, to remove hatred from our hearts, to use chastisement as a medium of resolving disputes or antagonism so as not to take revenge either in action or in words. All of these are preconditions for the flourishing of love; they constitute the entire range of conditions that need to exist in the relationship between friends. When the affirmative values in the relationship reflect profound respect for the integrity and autonomy of the friend and his or her physical, economic, emotional, and spiritual well-being – when the ideal conditions of *re'ut* have been achieved – then *ahava,* true lasting love of the other as oneself, can flourish.

With this understanding of the relationship between friendship and love we can better appreciate the sixth of the seven blessings of *nissuin* composed by the Sages and recited under the *ḥuppa,* in which the newly married couple are referred to as *re'im haahuvim,* "friends who are beloved." The phrase clearly presumes that it was their relationship as friends which matured into love. Rabbi Baruch Epstein, in his work *Torah Temima,* comments on the phrase "you shall love your friend as yourself" by citing a talmudic teaching of R. Yehuda in the name of Rav that "it is forbidden (*assur*) for a man to marry a woman until he sees her (*ad sheyirenah*), lest he discover something improper about her [only after the marriage] and she become reprehensible to him – while the Torah says, 'You shall love your friend as yourself'" (Kiddushin 41a). In his commentary, Rabbi Epstein expresses astonishment that codifiers, including Maimonides and Rabbi Yosef Karo, did not expressly state that such conduct was forbidden, but treat it only as not preferred. He also substitutes the word "knowing" (*hakara*) her for "seeing her" (*sheyirenah*), suggesting that the issue is not really just seeing her, as in visual attraction, but knowing her prior to the marriage. His concern clearly is that if the preliminary qualities of friendship are not established, this substantially reduces the likelihood of being able to develop a fully loving relationship. Rabbi Epstein concludes by insisting that the constraint of marriage prior to *hakara* is in fact forbidden, upholding, as it were, the rabbinic usage of *ḥatan* and *kalla* as already *re'im haahuvim.*

With these components in mind, it is indeed possible to evaluate the need for *teshuva* regarding our relationship to friends, both within and outside of marriage.

The *Beit HaMikdash* and the Synagogue as Multipurpose Spiritual Centers[1]

Rabbi Dr. Katriel (Kenneth) Brander

If there is any institution that has both helped guarantee the immortality of the Jewish people and served as an early model for developing institutional structures to support worship in both Christianity and Islam, it is the synagogue, in Hebrew, *beit knesset,* or "house of assembly."[2] The synagogue, though, for all its utility and revolutionary importance, had roots in a prior institution: the *Beit HaMikdash* in Jerusalem. Long before any synagogue-communities would begin to dot the far corners of the globe, there was a Temple on a mount in Jerusalem with many gates into its precincts, with priests and an

1. This article is taken from research appearing in my doctoral dissertation: K. Brander, "The Temple in Jerusalem Idealized and the Historic-Synagogue-Institution: A Study in Synagogue Purposes in an American Context" (Unpublished PhD diss., Florida Atlantic University). https://tinyurl.com/brander-phd. I am grateful to Matthew Kritz Nitzanim for his help in editing this essay.
2. For further elaboration of this point, see L. Levine, *Ancient Synagogues Revealed* (Israel Exploration Society, 1981).

altar, and with an inner-sanctum, a Holy of Holies, that housed sacred texts and, more mysteriously, the Divine Presence.

Scholars dispute the moment in Jewish history when the centralized *Beit HaMikdash* found its substitutes in decentralized synagogues. Regardless, from their inception, Jews have come to synagogues to pray, to sing, to learn, to engage in social justice and activism, to deal with local, national, and international issues, and to facilitate the self-celebration, self-criticism, and self-government of their communities in a dedicated space where Jewish ideals could unfold into Jewish actions.[3] In fact, the word "synagogue" is derived from the Greek word for "assembly." The borrowed language and generic quality of the designation "house of assembly" suggest a refusal to limit synagogues to a single, even if lofty, definition or purpose.[4]

Yet these broader functions of the synagogue, those in addition to communal prayer, were no novelty; they simply continued the legacy of the *Beit HaMikdash* in Jerusalem, from where the high priest would offer his counsel;[5] from where the Israelite king would read from the Torah to an assembled nation reenacting the Mount Sinai revelation;[6] to where ordinary men and women, young and old, wise and otherwise, would pilgrimage to acknowledge the seasons of time, the remembrances of the past, and life's changes;[7] and from where the Sanhedrin, the highest court, and its ancillary courts would

3. See L. H. Schiffman, "The Ancient Synagogue and the History of Judaism," in *Sacred Realm: The Emergence of the Synagogue in the Ancient World*, ed. Steven Fine (Oxford University Press, 1996), xxvii–xxix; J. Gutmann, "The Origin of the Synagogue: The Current State of Research," in *The Synagogue: Studies in Origins, Archaeology, and Architecture*, ed. J. Gutmann (Ktav, 1974), 72–76.
4. For further development of the word "synagogue" and *beit haknesset* and its use in tannaitic literature, biblical literature, and Josephus, see S. Zeitlin, "The Origin of the Synagogue: A Study in the Development of Jewish Institutions," in Gutmann, *The Synagogue*, 14–26.
5. Maimonides, *Mishneh Torah, Hilkhot Kelei HaMikdash* 10:11–12.
6. Sota 41a.
7. Ex. 23:17; Lev. 12:6; Y. Soferim 19:11.

sit in judgment concerning matters of religion, but also regarding civil justice and matters of war and peace.[8] Synagogues could never match the *Beit HaMikdash* in its majesty, but some of the latter's sway and broad leadership did endure in them.

I will argue that these broader functions of the synagogue, those that have ensured the institution's longevity through the ages, find their roots in the *Beit HaMikdash* itself, a similarly multifaceted and multipurpose space, offering a diversity of paths to spiritual life. It is in this sense that the synagogue serves as a *mikdash me'at,*[9] a miniature *Beit HaMikdash,* in that it likewise offers multiple avenues to communal and spiritual life, ensuring that each person will have some connection to the shared spiritual home. These ports of spiritual entry, reminiscent of the multiple physical gates of the *Beit HaMikdash,* broadly include: (1) intellection, (2) life cycle events, (3) mutual aid, (4) generosity, and (5) justice. I will argue that each of these is an integral part of synagogue life, just as each gate was essential in the functioning of the *Beit HaMikdash*. Only in acknowledging and using these various gates of entry within our synagogues can we fulfill Isaiah's vision of both the *Beit HaMikdash* in Jerusalem and its satellite locations around the world: "My House shall be called a house of prayer for all peoples" (Is. 56:7).

THE FIRST GATE: INTELLECTION

An effort toward dialogue with God through prayer and study forms the substance of a religious sensibility. These contemplative activities were part of the religious experiences available in the *Beit HaMikdash,* empowering the citizen of the ancient world to feel the warm embrace of God and the community.

---

8. Mishna Sanhedrin 11:2.

9. The notion of the synagogue functioning as a *mikdash me'at* is introduced by R. Yitzḥak in Me'ila 29a, borrowing the term from Ezekiel 11:16 (where the prophet refers to God as the *mikdash me'at*). The principle is well accepted, to the point of bearing halakhic ramifications; cf. *Ravyah,* vol. 1, *Berakhot,* #12; *Rebash,* #518; *Mahari Mintz,* 7; R. Binyamin Ze'ev b. Mattahias, *Binyamin Ze'ev* #174; *Kaftor VaFerach,* ch. 51.

Yet the *Beit HaMikdash* was not just a place of ritual sacrifice and prayer; it was also a place of study. In fact, the talmudic teaching of *mikdash me'at* considers both the synagogue and the study hall the spiritual progeny of the *Beit HaMikdash*: "R. Yitzḥak stated: The synagogues and houses of study are miniature *batei mikdash*."[10] The *Beit HaMikdash* served as a central location for public Torah study, as noted in the Talmud: "They said of Rabban Yoḥanan b. Zakkai that he would sit in the shadow of the Sanctuary and expound Torah to the masses all day."[11]

Similarly, in order to ensure that the study of Torah became an integral part of the synagogue's activities, the Sages enacted laws to include the reading of the Torah on Shabbat morning,[12] on holidays,[13] on Rosh Ḥodesh,[14] and on fast days,[15] as well as on Mondays, Thursdays, and Shabbat afternoons.[16] Safrai points out that historically, these legislations, as well as the practice of reading the *Targum*, a translation and commentary on the Torah for the masses, taught the ideals of Judaism to the diverse populations served by the synagogue.[17]

Lee Levine concretizes this idea by making the following observations:

> While a plethora of activity revolved around the Synagogue in the first century, it would nevertheless seem that first and foremost the Synagogue, in its formative stages, at least, served as a place for the reading of the Torah and its study. All of our earliest sources point in this direction.... Josephus likewise

10. Megilla 29a.
11. Pesaḥim 26a.
12. *Shulḥan Arukh, Oraḥ Ḥayim* 282:1.
13. Ibid. 428, 584:2, 621:1, 659, 694.
14. Ibid. 423.
15. Ibid. 550.
16. Ibid. 135:1.
17. Z. Safrai, "The Communal Functions of the Synagogue in the Land of Israel in the Rabbinic Period," in *Ancient Synagogues: Historical Analysis and Archaeological Discovery* (New York, 1995), 181–204.

emphasizes the centrality of scripture reading and study, the practice he subscribes to the days of Moses. "He appointed the law to be the most excellent and necessary form of instruction, ordaining, that it should be heard once for all or twice or on several occasions, that every week men should desert their other occupations and assemble to listen to the Law and obtain a thorough and accurate knowledge of it."[18]

THE SECOND GATE: THE LIFE CYCLE

Days of Personal Grief and Joy

The *Beit HaMikdash,* and subsequently the synagogue, concerned itself also with special occurrences in the lives of individuals, occasions heavy with consequence and emotion, common to many an ordinary lifetime. In the Jerusalem Talmud the following passage speaks both of how the *Beit HaMikdash* incorporated such sensitivity into its structures and how synagogues carried on the practice:

> R. Eliezer b. Hyrcanus said: "Solomon saw the greatness of those who would bestow loving-kindness, and built two gates for Israel [on the eastern side of the *Beit HaMikdash*], one for grooms [and brides] and the other for mourners and excommunicated persons. On the Sabbath, the inhabitants of Jerusalem used to congregate, ascend to the *Beit HaMikdash,* and take their seats between these two gates to show kindness to these persons." Since the *Beit HaMikdash* was destroyed, it was enacted that grooms and mourners should go to the synagogue so that kindness should be shown to them.[19]

Customary expressions of condolence include language suggestive of the role of the *Beit HaMikdash* in acknowledging the grief of mourners. In the collection of customs of Rabbi Jacob ben Moses Moelin, known as the Maharil, the leader of the Jewish communities of Ger-

---

18. Levine, *Ancient Synagogues Revealed,* 4.
19. Y. Soferim 19:11; in some manuscripts it appears as 19:12.

many, Austria, and Bohemia in the late fourteenth and early fifteenth centuries, there is a discussion of the language used to extend words of comfort to a mourner in the Rhineland synagogues. The language used was "He who dwells in this home should comfort you." The Maharil points out that this is exactly the language used to comfort mourners in the *Beit HaMikdash*.[20] He therefore draws the conclusion that the reason for the shared language is that the synagogue is a miniature *Beit HaMikdash*:

> It was asked [of the Maharil], What connection does God's dwelling in the place [*Beit HaMikdash*] have to do with our synagogue, for we are told in the midrash that in the *Beit HaMikdash* there were two openings [i.e., offices], one for the groom [for the citizens of Jerusalem to extend words of congratulations] and one for the mourner [to extend words of comfort]? And he answered him that the synagogue is considered a miniature *Beit HaMikdash*.[21]

Nowadays, the Ashkenazic community formulates its greeting to mourners in the following way:

> המקום ינחם אתכם בתוך שאר אבלי ציון וירושלים
> May the Place [God] console you among the other mourners of Zion and Jerusalem.[22]

The name used to designate God in this greeting is *HaMakom*, literally "the Place." I believe this name of God used in offering consolation to the mourner is formulaically similar to the original mishnaic greeting: it suggests that the source of comfort is the God who resides in a particular place, the *Beit HaMikdash*.[23]

20. Mishna Middot 2:2.
21. *Sefer Maharil, Hilkhot Semaḥot* 14.
22. Sacks, *Koren Siddur*, "Greeting to Mourners," 323, 1059.
23. In a discussion with Professor Daniel Sperber he felt this explanation to be

THE THIRD GATE: MUTUAL AID

In the past, prior to its modernization and commercialization, traveling required more time and exposed those journeying to greater dangers along the way, making hospitality a critical communal task. For Jews, finding lodging and meals outside of their own locales proved especially difficult. Jews have long coped with these difficulties by maintaining robust traditions of mutual aid.

With the building of the *Beit HaMikdash*, Jerusalem became a national city owned by the Jewish people and not by any particular tribe.[24] Therefore, certain offerings and sacrifices could be consumed in Jerusalem instead of upon the Temple Mount.[25] According to some rabbinic authorities, residents of Jerusalem were required to open their homes, without compensation, for those on biblically mandated pilgrimages to the *Beit HaMikdash*.[26] According to others, it was the synagogues within Jerusalem that were designated as the hospitality locations for those on pilgrimage.[27]

Historically, the synagogue, too, has played a role in housing those in need of shelter and hospitality. Lee Levine writes:

> Even synagogues outside Jerusalem and throughout the Diaspora appear to have had rooms set aside for the poor, for itinerants, and for Jewish merchants.[28]

"very persuasive."

24. See Maimonides, *Mishneh Torah, Hilkhot Beit HaBeḥira* 7:14.
25. Ibid.
26. See Ex. 23:17, 34:23–24. This is referenced in Megilla 26a and Yoma 12a which forbids the citizens of Jerusalem to charge rent for guests to use their residence. Rashi on Megilla 26a and the *Chiddushei HaRitva* (Yoma 12a) limit this prohibition to charging rent during the three holidays in the year in which pilgrimage to the *Beit HaMikdash* is mandated. See also R. Moshe Sofer in his responsa *Ḥatam Sofer* (vol. 2, 234) as well as R. Avraham Karelitz , *Sefer Ḥazon Ish, Oraḥ Ḥayim, Yoma* 126:8.
27. See R. Simeon ben Zemach Duran's *Magen Avot* on Tractate Avot 5:5, s.v. *Velo amar ḥavero.*
28. Levine, *Ancient Synagogues Revealed*, 4. Similarly, Ze'ev Safrai records that synagogues from the amoraic period in Hamat Tiberias and Ein Gedi had

The famous Theodotus Inscription, found on the Ophel (at the Southern Wall excavations) in Jerusalem and dating back to the first century, is the earliest archaeological attestation for the existence of a Palestinian synagogue. There is a Greek dedicatory inscription which articulates the "mission statement" of the synagogue:

> Theodotus [...] built the synagogue for the reading of Torah and for teaching the commandments, furthermore, the hostel, and the rooms, and the water installation for lodging needy strangers.[29]

The inscription validates a number of the functions discussed already for the *Beit HaMikdash* and the synagogues that succeeded it in history. Both study and mutual aid were, without a doubt, central parts of this ancient synagogue's mission.

THE FOURTH GATE: GENEROSITY

> Jewish tradition places acts of kindness on par with the study of Torah and God-centered service. Indeed, in the *Beit HaMikdash*, a dedicated space, "the chamber of the silent," was designated to allow for giving and receiving charity anonymously.

> There were two chambers in the Sanctuary. One was called chamber of the silent, the other chamber of utensils. In the former [the chamber of the silent], devout men secretly gave charitable gifts (they deposited funds), and the poor of good

multiroom buildings, with no furniture or other equipment, next to the sanctuary. Archaeologists suggest that these buildings served as hostels; see Safrai, *Communal Functions of the Synagogue*, 198.

29. K. C. Hanson and D. E. Oakman, *Theodotus Inscription*, n.d. https://www.kchanson.com/ANCDOCS/greek/theodotus.html (accessed November 22, 2020).

> families received their sustenance there secretly (they withdrew funds).[30]

Synagogues have also served as a central address for the collection and disbursement of communal funds. Maimonides writes: "Never have I seen or heard that a community in Israel did not have a charity fund,"[31] and this practice is similarly attested to during the amoraic period.[32]

Spaces that appear to be treasury rooms were discovered at the archaeological sites of a number of ancient synagogues: Beth Alpha, Beth She'arim, Caesarea, Capernaum, Ein Gedi, Gush Halav, Hamat Tiberias, Chorazin, Meroth, Rehov, Rimmon, and Katzrin.[33] It is hypothesized that they were used to disperse charity.[34]

THE FIFTH GATE: JUSTICE

A prerequisite for an individual or a community to have a relationship with God is to be ethical and just in dealing with others. The *Beit HaMikdash* served as the center for discussions of Jewish law, the teaching and practice of which seeks to make justice permeate Jewish society, and it also functioned as the seat for authoritative judgments in accordance with the majority of sages on its several courts.[35]

As in the *Beit HaMikdash*, the synagogue too has been a location for doing justice. Rabbinic texts highlight this point:

30. Mishna Shekalim 5:6.
31. Maimonides, *Mishneh Torah, Hilkhot Mattenot Aniyim* 9:3.
32. Leviticus Rabba 32:7.
33. In Katzrin the archaeological footprint of the synagogue seems to indicate that behind the Holy Ark was a small room which seems to have been used as the Temple office – a place for the poor to withdraw funds and for members of the community to deposit their charity; this may have enabled donations to be received and given anonymously.
34. D. Urman and Paul V. M. Flesher, eds., *Ancient Synagogues: Historical Analysis and Archaeological Discovery* (Leiden, 1994), 199.
35. Mishna Sanhedrin 11:2.

> It happened that a man who had deposited a hundred dinar with Bar Telamyon went to get them back. Bar Telamyon said: "What you deposited with me I have already turned over to you." The man said: "Come [to court and] I will have you take an oath.' [...] When he came into the synagogue [to take the oath in front of the court], he said to the man whose hundred dinar were in the cane: "Take hold of this cane with your hand, and I will swear an oath to you."[36]

While the above text provides evidence of the role that synagogues have played in maintaining justice in Jewish communities, Lee I. Levine notes that the early church father John Chrysostom is recorded as rebuking a Christian for taking an individual into the synagogue for the purpose of compelling the other to take an oath. Chrysostom's version of the Christian's reply is telling: "Many had told them that oaths that were taken there [in the synagogue] were awesome."[37]

Lost and Found

Respect and concern for the personal property of others, beyond reimbursing for it and refraining from damaging or stealing it, is another important part of a developed ethical outlook. In the *Beit HaMikdash*, there was a designated location to help people reclaim lost property, and the Talmud directly connects this precedent to the later practice of doing so in synagogues.

> Our Sages taught: In former times [when the *Beit HaMikdash* stood], whoever found a lost article used to proclaim it during the three festivals and an additional seven days after the last festival, three days for going home, another three for returning, and one for announcing. After the destruction of the *Beit HaMikdash* – may it be speedily rebuilt in our own

36. *Pesikta Rabbati* 22. [Emphasis added, KB]
37. Levine, *Ancient Synagogues Revealed*, 295.

> days! — it was enacted that the proclamation should be made in the synagogues and schoolhouses.[38]

Ze'ev Safrai focuses on the synagogue as the locus for social/public policy issues with the following comment:

> In light of all that has been said, the synagogue may be defined as the true community center, encompassing nearly the entire constellation of services that existed in the Jewish community. The officials of the synagogue were counted among the *parnassim* of the town and the line between the synagogue and the communal leadership was blurred.... Indeed the synagogue and the residents of the city are one and the same.[39]

Lee Levine and Solomon Zeitlin also make this point:

> As the largest communal institution, the synagogue also functioned as a place of meeting. In a vivid description of the tensions within Tiberias in 66–67 CE over the question of whether to join the war effort against Rome, Josephus describes the various political meetings held in the local synagogue, some scheduled immediately following religious services.[40]

SYNAGOGUE IN A POST-COVID ERA

The *Beit HaMikdash* met a broad range of needs and functioned in diverse ways summarized here under the rubric of these five gates of entry. While no synagogue can approach the scope that our sacred texts describe regarding the actions performed in the *Beit HaMikdash,* all synagogues were challenged to become miniature *Batei Mikdash.* In considering institutional forms and functions, finding explicit identification with the *Beit HaMikdash* is less significant than discovering parallel structural relations and practical effects. A synagogue that

38. Bava Metzia 28b.
39. Safrai, *Communal Functions of the Synagogue,* 203.
40. Levine, *Ancient Synagogues Revealed,* 3–4.

gives space to the life of the mind, to the experience of the human life cycle, to opportunities for mutual aid, to moments for generosity, and to rational actions that support wise communal policies and justice in society at large serves as the spiritual progeny of the *Beit HaMikdash*, as a *mikdash me'at*, regardless of how self-conscious of that majestic model it remains.

My purpose is not just to share an academic analysis but to recognize and trace the struggle of synagogue-communities to create multiple opportunities for all those entering the synagogue's hallowed walls to meet with God, not only in worship, but as part of their participation, more broadly in synagogue life. To return to our metaphor: The ancient Israelite who sought out God's presence in the *Beit HaMikdash* could enter from any one of several gates before arriving at his or her destination. Our generation deserves a no less purposeful, accessible, and multidimensional synagogue experience.

The importance of recognizing this comprehensive approach to synagogue life is particularly pressing at this moment in history, and particularly fitting for this publication. Deep into the throes of the COVID-19 pandemic, we have all been witness to our tremendous need for communal life, and to the role our synagogues must play in holding us together socially and spiritually. I believe that in hindsight, the pandemic will mark the renaissance of the synagogue, led by those championing the "multiple portals" outlook rather than confining themselves to simply keeping up a daily minyan.

No one has made greater strides in bringing this model of synagogue life into the Jewish world than Rabbi Dr. Shlomo Riskin. It was he who energized the synagogue in North America. During and following his tenure there, Lincoln Square Synagogue became synonymous with the five gates of entry. It was a place of inspiring prayer and music, adult and youth education, social justice, life cycle events, and hospitality. It was his vision of vibrant Jewish communal life that can be seen to this day in the community he built from the ground up in Efrat, as well as through institutions of Ohr Torah Stone, including the training given to the Beren and Straus Amiel

shlichim, the Joseph and Gwendolyn Straus Rabbinical Seminary *musmakhim*, and the *rabbaniyot* of the Bradfield Women's Institute of Halakhic Leadership dispatched to Jewish communities around the world. Rabbi Riskin's commitment to building Jewish communal life, seeing in synagogues a wide range of opportunities for meaningful Jewish engagement, deeply reflects the vision of both the *Beit HaMikdash* and of synagogues emerging from our traditional sources. And now, more than ever before, we are called on to embrace this vision, to open more doors (and windows) into our synagogues, and thereby to engage in the ultimate redemptive task – to "rebuild the *Beit HaMikdash*."

The Death Penalty for Terrorists? A Halakhic Analysis[1]

Rabbi Dr. Shlomo Brody

In October 2018, the American Jewish community was shocked by the horrific anti-Semitic shooting that killed eleven Jews at the Tree of Life Synagogue in Pittsburgh. In its wake, Rabbi Shlomo Riskin called for the killer to receive the death penalty. "It's important that the shooter receive the death penalty. It must be clear that such anti-Semitism isn't accepted in America, and therefore it's important that the person who did it receive the death penalty. Maybe in Israel too they will learn from this and will also give the death penalty."[2] It was important, he further added, for the United States and the rest of the Western world to display strength and determination in the

1. Dedicated in honor of Rabbi Dr. Shlomo Riskin in appreciation for his constant encouragement of my rabbinic career and his massive contribution to Jewish life in Israel and around the world. This essay draws from material previously published in my columns in the *Jerusalem Post.*
2. See "Rabbi Riskin: US Jews, Move to Israel," *Arutz Sheva,* Oct. 29, 2018.

face of rising anti-Semitism, and compassion for the murderer would send the wrong message.

As a long-time admirer of Rabbi Riskin, I've always enjoyed how his stances are not predictable, which is one of the hallmarks of a nuanced and profound thinker. Accordingly, his statement led me to think anew about the prospects of utilizing capital punishment for such purposes, particularly in a world which is generally against the death penalty. In this brief essay, we'll explore halakhic attitudes toward the death penalty, with a particular focus on utilizing public executions as a means of deterrence.

DOES THE TORAH SUPPORT PUBLIC EXECUTIONS?

Among the many atrocious actions performed in recent years by terror groups like ISIS, Hamas, and other extremists, one of their more abominable acts is the public execution of "infidels," "traitors," and other sinners. The horrific scenes raise challenges for religious Jews, who might believe that a similar type of behavior is seemingly condoned in the Torah. We will argue that such a construal is inconsistent with classical Jewish law, even as it remains important to understand the interpretive process that created this civilized understanding of the texts.

The Torah seemingly mandates public executions (usually in the form of stoning by the masses) on several occasions. Take, for example, the case of a man who has willful sexual relations with an engaged woman. "You shall take the two of them out to the gate of that town and stone them to death.... Thus will you sweep away evil from your midst" (Deut. 22:24). Other crimes with similar punishments include individual idol worshippers (Deut. 17:6), those who incite to such behavior (Deut. 13:10), one who sacrifices his child (Lev. 20:2), and the wayward and rebellious son (Deut. 21:18–21). The Torah further reports that while in the desert, the Israelites stoned a blasphemer (Lev. 24:13) and a Sabbath violator who gathered wood (Num. 15:36). As we read in the latter verse, "The whole community (*eda*) took him outside the camp and stoned him to death." While

the Torah clearly points to the deterrent aims of such public executions (Deut. 21:21), some biblical commentators further argue that the public role of the community might additionally serve as a national embracement of justice. Either way, it would appear that the Torah gives the masses a prominent role in executions.

Yet as Professors Devora Steinmetz and Beth Berkowitz have documented, a close examination of rabbinic interpretations of these texts reveals that the Sages greatly minimized the role of the masses while elevating the role of a formal judiciary in this process.[3] Take, for example, the biblical story of the killing of the blasphemer and wood gatherer. According to some Sages, only the witnesses to the sin performed the execution, but not the people (*Sifrei Bemidbar* 314). According to others, this was a unique historical event in which the masses partook in the execution, yet the normative law (*ledorot*, for the generations) restricts such actions to the court. According to Rabbi Naftali Berlin, the Netziv, this meant that future executions would be done with the knowledge of the masses, but only in the presence of the court (*Emek HaNetziv, Sifrei* 49).

Similar types of interpretations were applied in the other cases as well. Regarding those who committed child sacrifices, for example, the onus of executing the villain was placed squarely on the formal judiciary, with the masses given authority to assist only if the court lacked sufficient power (*Sifra Kedoshim* 10:8). Berkowitz has aptly called this hermeneutical trend the "institutionalization" of executions. That is to say, the killing must happen within the confines of the authorized institution, namely, the court.

Yet as Rabbi Professor Yitzhak Brand has noted, this does not mean that the masses were entirely removed from the process.[4] In the

3. Devora Steinmetz, *Punishment and Freedom: The Rabbinic Construction of Criminal Law* (University of Pennsylvania Press, 2008) and Beth Berkowitz, *Execution and Invention: Death Penalty Discourse in Early Rabbinic and Christian Cultures* (Oxford University Press, 2006).
4. Yitzhak Brand, "Mishpat haEdah: Meuravut haAm baAnisha haPlilit," *Dinei Yisrael* 29 (5773), p. 25-52.

cases of the wayward son and the adulteress fiancée, the midrashim assert that the stoning is performed by agents of the court with the people on the sidelines (*Sifrei Devarim* 240). Furthermore, the court may publicize the execution in order to increase the deterrent effect. In this respect, the system of the Sages is similar to contemporary executions within many states in America, in which public representatives witness an execution to ensure proper procedure is performed, while relatives of the victims, if so desired, may witness purported justice performed through the killer's execution.

Yet within the rabbinic worldview, mass stoning will not take place. In fact, this trend of institutionalization is extended to the case of the so-called "blood redeemer," in which relatives of a victim unintentionally slain may take vengeance on the killer before he reaches a city of refuge (Num. 35). According to the Sages, the blood redeemer may not act until the killer has been convicted in court (*Sifrei Bemidbar* 160–61). Even then, the community is entrusted with helping the killer to reach the city of refuge safely. In short, attempts are made to ensure that justice, not a lynch, is executed.

How does one explain this mode of interpretation? Undoubtedly, some might assert that the Sages were morally perturbed by the prospects of such mass executions and therefore aimed to limit them. Yet I suspect that what ultimately propelled their thinking was a deep understanding that the *eda*, the nation, is represented by their national leaders and judges, who are authorized to execute justice on behalf of the people. The Sages taught that justice must indeed be performed by the people for the people, but that this is done best when performed in a civilized manner through just institutions and trained authorities, thereby preventing lynches by bloodthirsty masses.

DOES JEWISH LAW PROMOTE THE DEATH PENALTY IN A CIVIL PENAL SYSTEM?

All that being said, the Torah seems to endorse capital punishment. This is in contrast with almost every country in the Western world that has banned the use of the death penalty in its civil penal system.

Following this abolitionist trend, Pope Francis revised Catholic teaching in 2018 to assert that "the death penalty is inadmissible because it is an attack on the inviolability and dignity of the person."[5] The one prominent exception to this trend is the United States, which continues to debate the efficacy and morality of the death penalty for murderers. Supporters and abolitionists alike in the United States have pointed to the Jewish tradition in support of their positions. It therefore pays to review the evidence while focusing on the question of what authority might allow the state to execute a human being, including its own citizens.

The Bible mandates the death penalty in roughly thirty circumstances of severe spiritual and moral violations. This penalty is included in the basic principles of justice enunciated when God rebuilds the world after the great deluge. "Whoever sheds the man of blood, by man shall his blood be shed" (Gen. 9:5). One possible justification for such a harsh punishment is just deserts, as in the case of murder. "The penalty shall be life for a life, eye for an eye, tooth for a tooth." (Ex. 21:23–24). Elsewhere the Torah speaks of harsh punishments to deter others from doing similar acts and to remove the threat represented by this criminal. "Thus will you sweep out evil from your midst. Others will hear and be afraid, and such evil things will not be done again in your midst" (Deut. 19:19–20). This perspective of deterrence and prevention was adopted by medieval thinkers like Rabbi Saadia Gaon (*Emunot VeDeot* 4:2) and the unknown author of *Sefer HaḤinukh* (mitzva 34).

Yet within talmudic literature one finds severe impediments to implementing these punishments. For starters, strict evidential requirements make it difficult to convict a person of a capital crime, to the extent that a court which administered a death penalty every seven years (according to others, every seventy years) was called a "destructive tribunal" (Mishna Makkot 1:10). R. Akiva and R. Tarfon

5. Cindy Wooden, "Pope Revises Catechism to Say Death Penalty is 'Inadmissible,'" *Catholic News Service*, August 2, 2018.

even went so far as to assert that had they been on a Sanhedrin, they would have always found a way to avoid the death penalty, thereby abolishing it in practice (Makkot 7a). R. Shimon b. Gamliel retorted that such cavalier declarations would increase bloodshed by removing a major deterrence for criminals. By the time these scholars lived, in any case, the biblical death penalty was no longer administered because the Sages asserted that it could not be performed when the Sanhedrin did not sit in judgment in Jerusalem (Avoda Zara 8b). Classic norms demanded the death penalty to be administered only by the High Court, the Sanhedrin, when it sits in judgment next to a functioning Temple (*Mishneh Torah, Hilkhot Sanhedrin* 14:11). Moreover, forty years before the Temple's destruction, the Sages stopped convening to order such executions, since an increase in violence led them to conclude that the death penalty was no longer an effective deterrent (Sanhedrin 41a). Accordingly, one might conclude, as Rabbi Samson Raphael Hirsch did, that the biblical punishment became less of a practical measure and more of a moral lesson that our right to life is contingent on respecting the rights of others (commentary to Gen. 9:6).

Yet as Rabbi Professor Simcha Assaf has documented, significant literature indicates that in the medieval and early modern periods, Jewish communities occasionally executed criminals. This approach was in consonance not only with the perspective of R. Shimon b. Gamliel but also other talmudic passages which indicate that the Sages found ways to implement the death penalty even after the Temple was destroyed. [6] According to the Talmud, when judges were convinced of the guilt of an accused murderer but lacked sufficient evidentiary material under the stringent halakhic standards, they could imprison the accused and emaciate him through food deprivation (Sanhedrin 81b). Elsewhere, they reported that the Sage Shimon b. Sheta[7] ordered the execution of eighty women convicted

6. Rabbi Professor Simcha Assaf, *HaOnshin Laaḥar Ḥatimat HaTalmud* (Jerusalem, 5682).

7. Interestingly, the Talmud records elsewhere that his own son was put to death

of witchcraft (Sanhedrin 45b).[8] Such a mass execution goes against the regular protocol of not executing more than one person in a given day. His action seemingly followed the spirit of the much-discussed proclamation of R. Elazar b. Yaakov, who declared, "A judicial court may impose flagellation and pronounce capital sentences even when not warranted by the Torah – not with intention of disregarding the Torah, but rather to safeguard it" (Sanhedrin 46a). Accordingly, in cases of social exigencies, the court may administer corporal and other punishments beyond the letter of the law prescribed by the Torah.

Talmudic commentators debated the scope of these powers. Many sages in the geonic era declared that they had no legal sanction to order corporal punishments. This sentiment was shared in the fifteenth century by Rabbi Yosef ibn Habib (*Nimukei Yosef* to Rif on Sanhedrin 54b), who argued that the Talmud allowed extreme measures to be ordered by authorized judges only when the Sanhedrin was functioning. Yet the majority of medieval interpreters contended that even contemporary courts established by Jewish councils have the mandate to impose corporal punishment (*Ḥoshen Mishpat* 425). Indeed, several medieval Jewish communities occasionally applied physical penalties – including executions (Responsa of the Rashba 5:243) – on severe deviants, even as the phenomenon remained relatively infrequent. Many scholars embraced these powers as necessary for maintaining civil society (Responsa Maharam Lublin 138) and to ensure that the Jewish community could administer justice without the interference of the local gentile authorities (Responsa R. Yehudah ben HaRosh 63). Yet others continued to challenge their use,

based on false testimony, perhaps out of revenge. See Y. Sanhedrin 6:3 (23b) and Pnei Moshe there. See also Tosefta Sanhedrin 9:5, in which one sees the drama of a court recognizing the weight of its actions. For more, see Aharon Kirschenbaum, *Beit Din Makkin VeOnshin* (Jerusalem, 5773), 278.

8. In another case, R. Yehuda b. Tabai executed someone who testified falsely against another person (Makkot 5b).

especially with regard to executing fellow Jews (*Urim VeTummim, Ḥoshen Mishpat* 2:2).

The question remains what basis courts or governments, both then and now, have for such sentences in the absence of a contemporary Sanhedrin. Many have cited the biblical notion of the "king's justice" (*mishpat hamelekh*) as depicted in the book of Samuel when the Jewish people request a king. "We will be like all the nations; our king will judge us, and go out at our head and fight our battles" (I Sam. 8:20). This power, it seems, allows the king to administer justice – including the death penalty – without the confines of the strict rules of evidence required by a Sanhedrin (*Mishneh Torah, Hilkhot Melakhim* 3:10 and *Hilkhot Sanhedrin* 18:6). In fact, Rabbenu Nissim of Gerona further suggested that an alternative system was envisioned precisely because the Sanhedrin model of justice would be too cumbersome to effectively run a nation (*Drashot HaRan,* no. 11). As Rabbi J. David Bleich has noted, many rabbinic scholars have asserted that this authority would apply equally to Jewish and non-Jewish governmental powers alike.[9]

In fact, one prominent twentieth-century scholar, Rabbi Meir Simcha of Dvinsk, contended that *mishpat hamelekh* is an extension of the Noahide law (*sheva mitzvot bnei Noaḥ*) that requires the establishment of a justice system (*dinim*) for every society (*Or Sameaḥ, Melakhim* 3:10). Rabbinic literature makes clear that gentiles may be executed for violating norms established under the Noahide code. Some medieval authorities even understood this to be a mandatory punishment. Yet as Professor Arnold Enker has shown, the twelfth-century scholar Rabbi Meir Abulafia (*Yad Rama,* Sanhedrin 57a), along with several twentieth-century scholars like Rabbis Meir Don Plotzki and Yosef Henkin, asserted that civil authorities have *permission* to administer corporal punishments for such infractions but are not *required* to do so.[10]

---

9. Rabbi David Bleich, "Mishpat Mavet beDinei Noah," in *Sefer HaYovel LeRav Y. D. Soloveitchik,* vol. 1 (Jerusalem, 1984).
10. Professor Arnold Enker, *Ikarim BaMishpat HaPlili HaIvri* (Bar-Ilan University

In the contemporary era, rabbinic scholars have been divided over the utility of the death penalty. When the question emerged with the founding of the State, Chief Rabbis Yitzhak Herzog and Benzion Uziel, along with Rabbi Yechiel Michel Tukachinsky, contended that given the halakhic qualms over this practice, there was no need to introduce the death penalty, especially since the widening use of life-in-prison sentences served as a satisfactory alternative.[11] By contrast, Rabbi Moshe Feinstein, in a 1981 letter to New York governor Hugh Carey, argued that Jewish law would support the utilization of this extreme measure if it could effectively deter the rampant homicide rates and consequential cheapening of human life (*Igrot Moshe, Ḥoshen Mishpat* 2:68). This position was strongly opposed by Rabbi Ahron Soloveichik, who contended that the death penalty was an intolerably cruel punishment given that it was no more effective as a deterrent than life-in-prison.[12]

An additional consideration has been noted by Prof. Aharon Kirschenbaum, the author of the most comprehensive study of corporal punishment in Jewish legal history. Kirschenbaum has noted that medieval authorities were very wary of applying lower standards of proof to execute criminals, fearing the possibility of killing an innocent person (*Shu"t Ha-Rashba* II:290).[13] In light of the growing number of cases in which DNA evidence has proven that defendants were wrongly convicted (and even executed), and many claims that a strong racial bias tints which criminals receive the death penalty, one may certainly cast doubts whether Jewish law can tolerate death sentences when the contemporary justice process seems insufficiently sound.

Press, 2007), ch. 2.

11. See Rabbi Yitzhak Herzog, *Tehukah LeYisrael al pi HaTorah*, 52, and Rabbi Tukachinsky, *BaTzomet Torah UMedina*, vol. 1, 379.
12. See Rabbi Ahron Soloveichik, "On Noahides," *Beis Yitzhak* 19 (5747), 335–38.
13. Professor Aharon Kirschenbaum, *Beit Din Makkin VeOnshin*, 146.

SHOULD ISRAEL OR AMERICA EXECUTE CONVICTED TERRORISTS?

The question of executing terrorists, however, may be different from capital punishment in regular civil cases. This is because the nature of the crime has a political dimension and therefore may demand a more militaristic response. Frequently, moreover, we are dealing with cases in which there is no doubt about the guilt of the terrorist, thereby alleviating the concerns of wrongful conviction regularly raised within the American system. This issue has arisen in recent years in Israel when the Yisrael Beiteinu party demanded the relaxing of restrictions to allow Israeli military courts in Judea to order the executions of terrorists convicted of murder. This demand, which to-date has not been adopted, was the latest episode in many years of debate over the death penalty in Israel.

In its first years, Israeli law permitted the death penalty as part of the codes it inherited from the British Mandate. These codes allowed the death penalty not only for murder, but also for illegal possession of certain firearms and explosives, and even membership in groups in which other members were convicted of such activities. These laws were clearly remnants of rules intended by the British to suppress groups like the Etzel (*Irgun Tzeva'i Leumi*) in its rebellion against British Mandate rule over Palestine. By 1954, however, the Knesset banned the death penalty for murder, and over the years restricted it to cases of Nazi war criminals, crimes against humanity, and treason. The law was famously applied in the Adolf Eichmann trial in 1962, but otherwise has not been utilized.

Israel military courts are also authorized to administer the death penalty. In 1948, a military court wrongly executed Meir Tobianski based on circumstantial evidence in a drumhead court-martial. His exoneration one year later highlighted the severity of mistakes with capital punishment. Since then, the courts have on several occasions sentenced a terrorist or enemy to death, only to have that punishment overturned through military, political, or judicial orders. Today, in practice, military courts can sentence a murderer above the

age of eighteen to death only if the court is comprised of senior IDF judicial officials who unanimously agree to the sentence following a conviction based on bona fide evidence (i.e., besides admission of guilt). These restrictions, along with moral and political considerations, have barred the implementation of the death penalty, even in the case of brutal killings like that of the Fogel family in the settlement of Itamar in 2011 or the lynch of two soldiers in Ramallah in October 2000. Yisrael Beitenu has proposed to lower these legal barriers by only requiring a majority (as opposed to unanimous) decision and limiting the ability of the defense minister to change the sentence to life in prison.

As we previously noted, Chief Rabbis Uziel and Herzog were generally against the use of the death penalty in regular criminal cases. Years later, however, Chief Rabbis Ovadia Yosef[14] and Shlomo Goren[15] contended that it would be both permissible and appropriate to execute savage terrorists who indiscriminately kill Israelis in the context of protracted warfare. Their argument rests on the assumption that such executions would enhance state security. As Rabbi Itamar Warhaftig has argued, such a claim is dependent on the evaluation of security, political, and legal experts.[16] Additionally, some have further noted that the inevitable debates over which convicted terrorists deserve death might lead to unnecessary contentiousness at a time when we need greater unity. In short, while a strong halakhic argument can be made to permit executing terrorists, Jewish law does not require it. Instead, it mandates levelheaded strategic planning that will execute justice while enhancing our security.[17]

14. See his article in *Or HaMizraḥ* 28, 115.

15. Rabbi Shlomo Goren, *Meshiv Milḥama*, vol. 3, 322.

16. Rabbi Itamar Warhaftig, "Onesh Mavet BeYameinu," *Emunat Itecha* 112 (5756), 76–81. See also the position paper submitted to the Tzohar rabbinic group by Rabbi Yehuda Zoldan, "Onesh Mavet LaMeḥablim," (March 18, 2018), available online at https://ethics.tzohar.org.il/עונש-מוות-למחבלים .

17. For a good survey of the halakhic arguments for and against executing terrorists,

In light of these texts, we can return to the call of Rabbi Riskin for the Pittsburgh shooter to receive the death penalty. If security and political experts can compellingly argue that this action would provide a powerful statement against anti-Semitism while serving as a deterrent to future actions, then a strong case may be made for executing the murderous shooter. Otherwise, he should rot in jail for the rest of his life.

---

see the overview paper submitted to the Knesset in 2013 by Yaron Unger, "Onesh HaMavet," available online at http://www.knesset.gov.il/LegalDept/heb/docs/Survey251113.pdf.

Celebrating Visionary Leadership

Dr. Erica Brown

In a magnificent watercolor of Moses and Jethro painted toward the end of his life, James Tissot (1836–1902) captures, with the realism he was known for, the leadership huddle of a son and father-in-law surrounded by other elders. Moses is at the composition's center, his head cloaked in a white cloth. This detail provides the visual cue that he is the current leader taking advice from the wise advisors around him. Moses's hands are spread out on his thighs, a gesture of surrender to the pointed and excited recommendations of those near him. His eyes look to the ground as if he were being censured. There are eight people in the scene, all male, all sitting on or around a rug in what looks like a Bedouin tent. Only three are animated. The others are either turned away, bored, or disengaged. Leadership conversations feel terribly important to some and terribly tedious to others.

Tissot was a French portrait painter and illustrator who moved to London and anglicized his name. He also renewed his Catholic faith and, in his later years, painted over eighty biblical scenes with a deep sensitivity to sacred texts. His concern for accuracy led him

to visit the Middle East three times, a long and strenuous journey that led to greater accuracy and authenticity in the depiction of his subjects.

Looking at the painting, we find ourselves voyeurs to the scene, invited into Moses's tent and practically thrown into the center of the conversation. Readers of Exodus know the exact moment Tissot captured in chapter 18. It's not just any place in the chapter, but at the chapter's edgiest interaction, when Moses was reprimanded by his father-in-law for his poor time management and his inability to delegate. The text tells the story of this encounter:

> The next day, Moses sat as a magistrate among the people, while the people stood about Moses from morning until evening. But when Moses's father-in-law saw how much he had to do for the people, he said, "What is this thing that you are doing to the people? Why do you act alone, while all the people stand about you from morning until evening?" (18:13–14)

There is no pity here for Moses's hardship, for his aching feet and tired mind. There is no break from being the hero – first as the advocate against Pharaoh and then as the legal judge of the people. And Jethro, father-in-law that he was, did not focus on Moses's problems but on the problems he was causing. Because of his failure to delegate, Moses was burdening his people with long wait times, as Jethro pointed out twice. Nahum Sarna's reading has even more sting: "Jethro is appalled at the inefficiency of the system of justice," and although Jethro does not concern himself with the contents of the legislation, he works to help Moses create "an informed citizenry knowledgeable in the law," since "this kind of popular instruction might diminish the volume of litigation."[1] Jethro also helps Moses delegate simple and ordinary cases to others so that he can focus only on complicated matters that

1. Nahum M. Sarna, *Exploring Exodus: The Heritage of Biblical Israel* (New York: Schocken, 1986), 126.

deserve his specific attention, or, as Sarna formulates it, Moses is to become the "last resort for difficult cases."[2]

The Ibn Ezra on Exodus 18:14 highlights the "morning until evening" wait times, almost hinting that such an inconvenience might lead people in the future not to bother adjudicating their arguments at all. The *Ḥizkuni* chimes in that it was causing the people to become testy with one another. Jostling in line for a long time tries anyone's patience. The *Ḥizkuni* on the same verse does show some compassion for Moses's plight and the exhaustion of the job: "Moses was becoming more and more weary having to deal with so many disputes."

Moses has a defense for Jethro, but it's one that does not seem to impress him, and it is now that Jethro opens his heart a bit to his son-in-law's challenges:

> Moses replied to his father-in-law, "It is because the people come to me to inquire of God. When they have a dispute, it comes before me, and I decide between one person and another, and I make known the laws and teachings of God." But Moses's father-in-law said to him, "The thing you are doing is not right; you will surely wear yourself out, and these people as well. For the task is too heavy for you; you cannot do it alone. Now listen to me. I will give you counsel, and God be with you! (Ex. 18:15–19)

Jethro, who did not worship Moses's God, nevertheless makes sure to include God in his best wishes to Moses. The authors of the *The Jewish Study Bible* comment that "Jethro may be either praying or promising that if Moses follows his advice, God will grant him success" and advises him "to continue consulting God in cases without legal precedent."[3]

---

2. Ibid., 127.
3. Adele Berlin and Marc Zvi Brettler, eds., *The Jewish Study Bible* (New York: Oxford University Press, 2004), 144.

Jethro also shares, as every good consultant does, the likely outcome of this adaptive leadership change: "Make it easier for yourself by letting them share the burden with you. If you do this—and God so commands you—you will be able to handle this; and all these people too will go home unwearied" (Ex. 18:22–23).

Moses, we are told, heeds his father-in-law. Sarna observes that it is "most extraordinary that Scripture freely attributes the establishment of Israel's judicial system to the advice of a foreign priest"[4] but then cites other examples of later Israelite kings having foreigners assist in administration. Jethro's recommendations worked and then Moses "bade his father-in-law farewell, and he went his way to his own land" (Ex. 18:27). Having given effective counsel, Jethro, uninterested in staying – much like the related story in Numbers 10:29-32 of Hovav not wishing to stay with the Israelites – makes his way home. Jethro's work is done.

For many of us, the leadership lesson of delegation is what we remember most about Jethro's legacy. It is not, however, the first lesson that Jethro gives Moses, and perhaps it was not his primary teaching. Those who highlight Exodus, chapter 18, as delegation advice may be ignoring the initial role that Jethro played as an observant visitor. When Moses first welcomes Jethro into his tent, Moses shares with him all that he had been through when they last parted ways in Exodus 4:18. At that time, neither knew of the adventures ahead; Jethro left Moses with three ironic words (two in Hebrew): "Go in peace."

As this unlikely pair sit together, Moses explains all that had happened to the Israelites in the interim, a story for the ages:

> Moses then recounted to his father-in-law everything that the Lord had done to Pharaoh and to the Egyptians for Israel's sake, all the hardships that had befallen them on the way, and how the Lord had delivered them. And Jethro rejoiced over all the kindness that the Lord had shown Israel when He

---

4. Ibid.

> delivered them from the Egyptians. "Blessed be the Lord," Jethro said, "who delivered you from the Egyptians and from Pharaoh, and who delivered the people from under the hand of the Egyptians. Now I know that the Lord is greater than all gods, yes, by the result of their very schemes against [the people]."(Ex. 18:8-11)

Although Moses roused the people through the Reed Sea with his stirring song, he had not stopped to tell anyone of his own personal experience leading the people out of Egypt. He did not reflect on how he had fought his own demons of insecurity to arrive at a miracle moment. In just fifteen chapters, Moses went from a man of few words to a man capable of capturing an experience with all its miraculous, majestic resonances. Jethro is mesmerized and, as a result, he rejoices. Moses, up to this point, had not rejoiced (there is only one time when the word *simḥa*, "happiness," is used in all of the Moses narratives, and it refers to Aaron's happiness at seeing Moses in Ex. 4:14). The text gives us no indication that Moses ever paused to celebrate his own accomplishments. We understand why he did not take the time to celebrate. Three days after the "Song of the Sea," Moses was managing a bitter water supply, then a lack of bread, and then every other complaint after that until Exodus, chapter 18, when he spent all of his days responding to the needs of others.

The most important leadership contribution Jethro made was not about delegation but about celebration. And the celebration came first. It did not only involve a recitation of events. It also eventuated in sacrifices and a meal: "And Jethro, Moses's father-in-law, brought a burnt offering and sacrifices for God; and Aaron came with all the elders of Israel to partake of the meal before God with Moses's father-in-law" (Ex. 18:12). Jethro gave Moses the chance to tell the story of his salvific leadership, to praise God, to revel in the wonder of it all.

As we internalize these narratives for their leadership worth, we can understand why so many leaders take no time to celebrate their accomplishments. Keeping our minor victories to ourselves

imitates the modesty and humility that was characteristic of Moses (Num. 12:3) and should be the response of us all, to be sure, to having authority or influence. But practically speaking, there is also the constant, unending drumbeat of others' needs that prevents us from stopping and engaging in an optimistic reckoning of what we've done. Technology has also changed the way we communicate and created endless work for us. We finish a big project to face an even bigger mountain of emails we ignored while doing the work. We complete one task without relief because it frees us up for another.

As a larger overlay, we may not celebrate our successes because of the spiritually ambitious sense that whatever we do is never enough. No matter the charity, we can't stop poverty. No matter the effort and the sacrifices, we cannot mend everything that needs repair. We cannot fix every broken heart or pick up everyone who falls. We often use this large, gaping deficit to justify not celebrating at all.

It turns out that celebration is harder than it looks. It takes discipline. It's hard, counter-cultural work to stop, to manage leadership fatigue, to break bread, to discuss what we've been working on in detail, to smile about it, to feel good inside. In *Leadership on the Line: Staying Alive through the Dangers of Leading*, Martin Linsky and Ronald Heifetz point to the importance of keeping the leader's heart vulnerable:

> A sacred heart means you may feel tortured and betrayed, powerless and hopeless, and yet stay open. It's the capacity to encompass the entire range of your human experience without hardening or closing yourself. It means that even in the midst of disappointment and defeat, you remain connected to your people and to the sources of your most profound purpose.[5]

---

5. Martin Linsky and Ronald A. Heifetz, *Leadership on the Line: Staying Alive through the Dangers of Leading* (Boston: Harvard Business Review Press, 2002), 203.

If this is true during leadership challenges, we must remember that the "entire range of human experience" also includes joy.

Leadership expert Brenda Bence offers some other important reasons to celebrate, especially in a work context: It reminds you of your goals and why they were important in the first place. It motivates those with whom you work to continue delivering good results. It unifies your team. It inspires momentum and makes people remember that they are working for an organization that does good and is good. Celebrating success also helps you curb the natural impulse to focus on what's not working. It enables you to connect to those you work with and takes you away from the mundane, day-to-day tasks to renew your energy together. It also offers the chance to celebrate specific people who may need or deserve extra validation and recognition.[6] In other words, celebrating leadership successes is both for you and for others. Bence knows the difficult terrain in which most of us operate. "In our nonstop, 24-7 world, it's all too easy to place immediate focus on your next task at hand and forget to stop and reflect on what's been achieved. But if you ignore the wins of your team, you miss a vital opportunity not only to inspire your team on to even greater successes, but to strengthen your own leadership."

It is in this spirit that we honor and celebrate the lifetime achievements of Rabbi Dr. Shlomo Riskin and his beloved wife and partner in the work, Vicky. Rabbi Riskin has been my teacher, my boss, a personal mentor, and a role model of Jewish leadership for me. His indefatigable energy and sense of mission imbues all his work with a spirit of sanctity and purpose. He helped build robust communities on both sides of the Atlantic, invested deeply in making changes to the religious landscape of Modern Orthodoxy, and personally made life-changing decisions for himself and his family. Because he does not stop, we must help him pause, as Jethro did Moses, and let him reflect upon and celebrate his many, many accomplishments.

---

6. Brenda Bence, "The top 10 reasons why leaders should celebrate wins," *Reliable Plant*, accessed February 18, 2020. https://www.reliableplant.com/Read/22191/reasons-leaders-celebrate.

Dr. Erica Brown

God escorted Moses to the top of Mount Nevo to see just how far he brought his people to find home. Rabbi Riskin can stand on any one of Efrat's hills and see what he has shaped and inspired with his decades of service. With this volume, we celebrate not only what you've done, Rabbi Riskin, but who you are. We are so very grateful.

How Like a God: A Jewish Conception of Human Personhood

Rabbi Dr. Eugene Korn

What a piece of work is man! How noble in reason, how infinite in faculty; in form and moving how express and admirable; in action how like an angel; in apprehension how like a god. The beauty of the world, the paragon of animals. And yet to me, what is this quintessence of dust?

(WILLIAM SHAKESPEARE)

I first encountered Rabbi Shlomo Riskin when I was a freshman in college. (Then he was "Rabbi Steve" Riskin.) He impressed me immediately with his strong commitment to ethical values and his ability to merge a love for the Jewish people and its Torah with a universal concern for humanity. Not content to live in a Jewish spiritual ghetto, he talked frequently about the Torah's principle that all

human beings are created *betzelem Elokim*, in God's holy image, and how that idea is critical to living correctly as a Jew. Of course, as a young college student, I didn't think too deeply about the philosophical meaning of this magnificent idea, but I recognized even then that *tzelem Elokim* could form the foundation of a healthy morality that could guide my life. And Rabbi Riskin was an enormous help in this project, repeatedly demonstrating what it means to be a person who radiates a spark of the Divine.

There is no doubt that Shakespeare's musings about the extraordinary nature of the human being were influenced by the Bible, and that they express the Jewish view of human life. Millennia before the bard, King David struck the exact same chord: "What is man that You have been mindful of him, mortal man that You have taken note of him; that You have made him a little less than divine, and adorned him with glory and majesty" (Ps. 8:5–6).[1]

The biblical view of the human being as a wondrous creature with transcendent qualities is widely challenged today. There is no more blatant rejection of King David's and Shakespeare's acknowledgment of the miraculous nature of the human being than a thesis prevalent today in American academic and scientific circles, sometimes termed "neuro-existentialism." It paints an exclusively physicalist understanding of the world and human life, insisting that reality consists only of atoms, molecules, and neurons. Any nonempirical or metaphysical entities are simply fictions or irrational superstitions left over from ages past. This thesis is so extreme that it denies even the existence of the human mind. In this physicalist theory of everything, there is no mind containing ideas – there is only the brain, a

1. JPS translation. Of course, the use of the masculine noun "man" and the masculine pronoun "him" in both quotes refer to all human beings, male and female alike. This is also true for the use of the masculine form in the beginning of Genesis (1:27), as the end of the verse makes abundantly clear: "God created man (*adam*) in His image, in the image of God He created him; *male and female He created them*."

mass of gray and white matter made up of neurons, dendrites, axons, neutrophils, synapses, and the electrical impulses that energize them.

This philosophical thesis is irredeemably flawed, conflating cause and effect. Yet what is most frightening is not that its logic is unsustainable, but that its inevitable consequences are the eradication of ethics and the loss of meaning in human life. In the neuro-existentialist universe there are no moral values. The world is completely bereft of "ought," admitting only "is." Nor is there any meaning to human existence. We are mere random products of blind causality. As Neil Levy, a leading neuro-existentialist confessed, "Our birth is meaningless, from the perspective of the universe, and our death is equally meaningless." Long ago Ecclesiastes put it more succinctly: "Vanity of vanities. All is vanity."

This physicalist non-metaphysic is in fundamental opposition to Christian and Jewish understandings of persons as spiritual, transcendent beings. For all Christian theologians the human soul as an irreducible spiritual substance is the axiomatic starting point to understanding human life. This is true for rabbis and Jewish thinkers also, although they typically did not engage in sustained theological or philosophic argumentation to demonstrate this. The Jewish concept of human life is not as well known, even though its foundation is the Bible, which underpins so much of traditional Western culture.

Rabbinic reflections on the human being attest to the dual nature of the human creation. On one hand the human person is a natural being exhibiting widespread and unremarkable vitalistic forms, an animal subject to biological processes and physiological drives. In Jewish thought, however, the essence of personhood does not inhere in the biological dimension of human existence, but in an elusive and mysterious metaphysical characteristic. The Bible refers to it in its original Hebrew as *tzelem Elokim, imago Dei* in Latin. Here is the Torah's description of the unique creation of the human being:

> And God said, "Let us make man in our image, after our likeness. They shall rule the fish of the sea, the birds of the sky,

> the cattle, the whole earth, and all the creeping things that creep on earth. And God created man in His image, in the image of God He created him; male and female He created them." (Gen. 1:26–27)

While Adam and Eve are created from the dust of the earth (i.e., from material elements) like all other animals, they are also endowed with this transcendent metaphysical divine image, something that Scripture ascribes to no other being in the universe.

There is a second significant difference in the Torah between the creation of animals and the creation of human beings. While all animals are created collectively in the form of a species, "according to their kind" (*leminah/leminehu*), God creates Adam and Eve alone, as solitary individuals. Endowed with the divine image, we mirror God. Evidently, just as God is unique, each person is wholly distinct and different from all other humans. The singular *imago Dei* is thus the key to the individuality of each human person.

Yet the Written Torah provides us with precious few other indications of the nature of the divine image, and hence Scripture is of little help in clarifying what it means by this concept. This difficulty is compounded by the fact that unlike Christian doctrine, Jewish theology insists that God has no body or form whatsoever, and that the Divine is not subject to empirical events, causal or otherwise. So just what is this endowment of "the divine image" that the Torah bestows on the human person? Scripture speaks sparingly about *imago Dei*, mentioning it only twice more, in Genesis, chapters 5 and 9. More on these references later.

Since human striving pervades the Torah's drama of sacred history, Jewish theologians, rabbis, philosophers, and exegetes over the ages have reflected on the nature of *tzelem Elokim* and how it shapes human experience. Three of these interpretations shed light on the essential nature of human personhood and experience.

The twelfth-century rabbinic authority, Aristotelian philosopher, and polymath Maimonides identified *tzelem Elokim* with

rationality, more specifically the human power to conceptualize. This capability to fashion concepts enables human beings to understand the empirical world as well as to penetrate metaphysical reality. The former allows humans to build dignified lives by mastering the forces of nature and using them for human benefit and social progress.

The Bible intimates this understanding of *tzelem* at the moment of the creation of Adam and Eve in Genesis 1:26. God grants the human being dominion over "the fish of the sea, the birds of the sky, the cattle, the whole earth, and all the creeping things that creep on earth," that is, the entire mineral, vegetable, and animal universe. The development and use of the natural sciences provide humans with the increasing ability to explore, organize, and control their physical environment, whether via the discovery of fire in prehistoric times, harnessing atomic energy a few generations ago, or developing cyberscience in our day. All these have advanced our control over nature and promoted the flourishing of human life. Our conceptual powers have given rise to scientific progress, enabling human beings to live with greater dignity and majesty today than did the *Homo sapiens* living in prescientific history.

Yet for Maimonides and other Jewish rationalists, it is not natural science but the "divine science" of metaphysics that is crucial to our humanness. It is metaphysical knowledge that connects human beings to Truth, the Good, Beauty, Eternity, and ultimately to the purest and most sublime of all concepts, God. For these rationalists, just as God is omniscient, the greatest human virtue is relating to metaphysical realities through abstract cognition. Above all, God is a knower, and hence the highest expression of personhood is for human beings to become knowers of the Divine itself, to the extent humanly possible.

Closer to our times, the late nineteenth- and early twentieth-century exegete and theologian Rabbi Meir Simha HaKohen identified *tzelem Elokim* with metaphysical freedom and moral sensibility. God has gifted us with free will, the ability to rise above our biology and deterministic causes in order to make moral choices. Implicit

in this gift is our distinctly human capacity to perceive the values of good and evil, to be consciously attracted to moral goodness and justice, and to be impelled to be responsible for others (Rabbi Meir Simha HaKohen, *Meshekh Ḥokhma,* Gen. 1:26).

As per Rabbi Meir Simha's understanding of *tzelem,* just as God is moral, so do we have the capacity to be moral agents. Since God is the Creator, who implants values in the universe, who acts with justice and compassion with His[2] creatures, and whose divine infinitude is unconstrained by any physical force, we humans can mirror these divine attributes by freely acting out the ethical life. To be human is to sense "the moral law within us" (to use Kant's famous phrase), to be committed to promoting the ethical good in human affairs, and to assume responsibility for our choices and behavior. To be insensitive to the pull of these moral ideals is to have a "defective soul," i.e., to be a stunted, less human person. There is good reason why moral agency is the exclusive property of human persons: only we are endowed with *tzelem Elokim*. That metaphysical property enables us to relate to another not merely as an external phenomenon to be observed, a cognitive category to be understood, or an object of utility to be exploited, but as a fully human person similar to ourselves: a subject who possesses consciousness, feelings, intellect, intuitions, and dignity that commands respect.

While acknowledging the cognitive, utilitarian, and moral dimensions of *imago Dei,* the twentieth-century theologian Rabbi Joseph B. Soloveitchik emphasized the human personhood bestowed by *tzelem Elokim* in more personal and existential terms: it is a unique, everpresent, intimate "I" awareness and consciousness of individuality. This self-reflection is accompanied by a constant, haunting recognition of personal limitation, imperfection, failure, mortality,

---

2. Following the style of the Torah, I use the masculine pronoun "his" only as a linguistic device. In Jewish theology, God is above all gender, and imputing gender in a literal sense to the Divine would constitute heresy.

and inner contradiction, all of which generate a profound quest for ontological redemption. Human personhood is a restless affair, which is both a blessing and a curse. To be human is to be a *pour-soi* being, driven continually in a search to overcome an intuitive sense of deficiency and limit, one who is constantly disquieted by the intimation of perfection *that he is not.*

Not only *are* we imperfect, but *imago Dei* bestows upon us the *consciousness* of our imperfection: "Beloved is the human being since he is created in the (divine) image; he is beloved even more, since it is known to him that he is created in the image" (Mishna Avot 3:14). This restiveness is the reservoir from which all high culture – art, philosophy, music, theology, and literature – is drawn. We are fated to quest transcendence, connection with eternity, in order to overcome our personal insignificance and mortality. This existential drive manifests itself in the religious person as the passion for and need to relate to God, even if that numinous moment of connection is but ephemeral. For the nihilist, be he Ecclesiastes or Sartre, this restlessness yields depression, nausea, and despair; yet for the believer it offers the possibility of redemption.

My personal reflexive "I" awareness separates me from others and the environment that surrounds me. As a unique creature (Mishna Sanhedrin 4:5), my life has ontological significance. No other person can be exactly like me or contribute exactly what I can. Yet my uniqueness comes at a profound psychological cost: I am, willy-nilly, ultimately alone and fated to suffer existential loneliness. This radical aloneness is the source of the fundamental human striving for authentic relationships that touch the full depths of my being and that transcend mere efficient utilitarian cooperation. Each of us quests a soul mate, a twin spiritual traveler who understands and mirrors his deepest fears and yearnings. Yet no matter how much we succeed in forging intimate and profound relationships with others, the gap is indelible. Ultimately we remain apart and can find quieting relief only in a relationship with our primordial ontological source: God.

These interpretations of *imago Dei* and their consequent conceptions of human personhood coalesce in the ethical realm, carrying far-reaching normative implications. However we choose to define this singular metaphysical endowment that mirrors divinity, each human person remains axiologically unique and superior, a being with intrinsic dignity. If so, each person owes every other person respect deriving from his character as a singular creature. And the dignity is intrinsic; this obligation is not dependent on any external achievement or utilitarian value.

Interestingly, for the purpose of moral teaching, some early rabbis understood *tzelem Elokim* in a physical sense, associating it with the human body. On the simplest level this identification implies that assaulting, inflicting pain, humiliating, or merely causing embarrassment constitutes an attack against a person's image of God. On yet another level it ensures that each person's holiness deriving from *tzelem Elokim* is intrinsic to and inseparable from that person. Because no one can leave his body, the value accorded to each person can never be vitiated.

Another conclusion from this interpretation helps provide the answer to the question "What qualifies as a human person?" The nonphilosophic but consequential Jewish answer is: "anything born of a human mother." It seems that for Jewish philosophy and halakha, it is not *sin* that is transmitted through sex, gestation, and birth. Rather, it is its opposite: the divine image.

Each person's metaphysical property also gives his life nonquantifiable value. The Jewish concept of personhood and the ethics that flow from it insist on an absolute value distinction between material objects and quantifiable assets on one hand, and the human subject on the other. While the former can be measured in terms of economic, social, pragmatic, and political utility, the latter is immeasurable. This is why the Bible (Gen. 9) invokes *tzelem Elokim* to insist that homicide is an unpardonable crime, categorically different from the destruction or criminal abuse of objects or other forms of life. It is why the Torah insists that the punishment for murder may not be satisfied by any material ransom or forfeiture of quantified assets

(Num. 35:31). In a word, the greatest work of art cannot compare to the value of a single human life. I am fully aware of the difficulties this postulate poses for ethical decision making in the real world, as well as the paradoxical conclusions it sometimes entails. Yet this non-pragmatic approach seems to be the price we must pay for ascribing an intimation of divinity to each person.

If each human life is of immeasurable value, then it also follows that all persons are axiologically equal. The talmudic Sages indicated this essential universal equality by insisting, "Who says that your blood is redder than his? Perhaps his blood is redder than yours!" (Sanhedrin 74a).

There is a beautiful rabbinic text that expresses this truth by posing the query of the aforementioned difference between God's creation of lower animals *qua* species in contrast to the creation of the singular Adam:

> Why was Adam created alone?... So that all humanity would emanate from the same ancestor and no person could say, "My father is greater than yours." (Mishna Sanhedrin 4:5)

It is this fundamental universal human equality that underlies our moral intuition of judging human actions by the principle of justice connoted by fairness.

The universal endowment of *tzelem Elokim* also implies that in seeking both self-understanding and the ethical life, each person ties himself inexorably to all humanity. When we gaze into the face of another, we should see God's image – but also that same mysterious, metaphysical element that is part of our own personal essence. Each one of us possesses the same *imago,* and thus probing deeply into ourselves brings us toward the essential humanity of others. In coming to know another we uncover ourselves and the possibilities of existential relationship.

Another corollary is that living fully as a human person necessarily includes a communal dimension. *Tzelem Elokim* is our window to humanity at large, protecting our worldview from solipsism and

our ethics from coarse parochialism and monastic isolation, both of which drift so easily into misanthropy. *Imago* rescues us from the existential and psychological experience that seduces us into thinking that "Hell is other people." Quite the contrary: If *tzelem Elokim* is constituent of our personhood, interpersonal relations are not a curse dooming us to conflictual struggle; they are the keys to existential connection. Hell, then, is not other people but severing ourselves from others and from God. Discovering ourselves when we gaze at the face of the Other is the basis for Martin Buber's and Emmanuel Levinas's understandings of the authentic human life as the life that encounters others – an orientation built on classical Jewish philosophy and ethics.

Of course the radical postulate of creation *betzelem Elokim* raises a fundamental theological and metaphysical difficulty: How is it possible to predicate of a finite and ephemeral, frail and fallible human being, someone composed but of dust and ashes, the very same characteristics of the infinite, noncorporeal, and perfect divine Creator? And what is the nature of this astounding claim? Is it literal truth or merely poetic metaphor?

It is neither, taught the talmudic Sages. The claim is first and foremost normative. The endowment of *imago Dei* gives the human person both the power and the obligation to engage in *imitatio Dei:* Just as God is compassionate, so must we act with compassion; just as God sustains, clothes, and feeds His human creatures, so are we obligated to attend to the sick, clothe the naked, and feed the hungry; just as God loves His children, so must we love our fellow persons (Sota 14a) – to which Rabbi Soloveitchik adds, "Just as God is a Creator of worlds, so are we obligated to continue the creation of the universe through positive material acts, constructive ideas, and new conceptual understandings." *Tzelem Elokim* not only bestows upon the human person the ability to perceive the difference between brute fact and moral value; it also grants him both *the power* to imitate divinity through moral gestures, and *the ethical obligation* to do so.

There is one last profound theological, spiritual, and normative dimension to the *imago* character of human personhood. The

Bible forbids a criminal executed for a capital crime to remain hanged overnight, and biblical law requires that the corpse be buried soon after the hanging ritual. The Torah deems the violation of this prohibition and the prolonged public exposure of a hanged body to be a grievous theological offense, "an affront to God" (Deut. 21:22–23). Rabbinic literature explains the connection between desecrating the human body and affronting God by use of a parable:

> To what is this compared? There were once twin brothers who were identical in appearance. One was appointed king, while the other became a thief and was hanged. When people passed by and saw the thief hanging, they exclaimed, "The King is hanging. The King is hanging." (Midrash Tanna'im on Deut. 21:23)

Because the human person is created in God's image, whatever we do to other persons, we also do, in a normative sense, to God. *Tzelem Elokim* endows each person with divine spirituality – a little bit of God, as it were—and thus every act toward another person also reflects our treatment of the source of all humanity, God Himself. Thus every ethical act is also a profoundly theological one. If so, ethics should never be divorced from theology, nor can theology be correctly posited as contrary to ethics, Kierkegaard notwithstanding.

In rabbinic parlance, to denigrate the human person is to assault God and "drive the *Shekhina*" (God's immanent presence) from the arena of human experience. And just as important, conversely, every act of honoring another person means honoring the Divine and escorting God into the world.

This has two important implications for the nature of human experience, behavior, and self-understanding. If Aristotle's observation is correct that we human beings are social animals, then it must be that humans are fated to interact also with God, and that our quest for spiritual transcendence can somehow be partially fulfilled through our mundane engagement with our mortal peers. This is why the Talmud startled us by pronouncing that according to the Jewish

hierarchy of religious values, hospitality to strangers takes priority over communing with God (Shabbat 127a).

In sum, *tzelem Elokim* has pervasive moral consequences. Living in the image of God clearly plays out in the ethical arena where we relate to others. Yet the nature of *imago Dei* beguiles us with its elusiveness. Limiting human personhood to any rigorous finite definition inevitably leaves us wanting, as the full nature of human personhood is irreducible and mysterious. It appears that the most we can do is illuminate personhood from given multiple and partial perspectives. Human experience is cognitive and logical, but it is also visceral, existential, and contradictory. Human beings are frail and mortal, yet they contain an aspect of eternity. Each person is a moral agent, yet he or she is also capable of demonic evil. Persons are rational, yet fascinatingly unpredictable. This is why the search for the definitive definition of human personhood, while tantalizing and intoxicating, is ultimately unending – as is human experience itself, and the quest for God in whose *tzelem* each of us is made.

The crucial significance of the biblical axiom that all human beings are created in *tzelem Elokim* is neither its philosophical nor its theological explication. It is, rather, its normative implications that each person has the ability and the moral obligation to imitate God's ethical qualities. This truth is manifest most clearly by special people who exemplify God's concern and compassion by living lives committed to caring for, teaching, and helping others. Rabbi Shlomo Riskin's life has been dedicated to the God of Israel and to all God's human creatures. It is living testimony to the divinity that the Creator of heaven and earth has placed within each one of us.

Humble Heroes of Tractate Taanit

Rabbanit Sally Mayer

Whose prayer has the power to save the community from calamity? In whose merit will Hashem bring rain to break a deadly drought? These questions and others are the subtext of many stories in Tractate Taanit, the tractate that details how to pray for rain and to declare community fast days when the skies are closed and the people are hungry. There are many stories of miraculous salvation, of fervent prayers that are answered with God's kindness. Who can bring the rain? Let us paint the portraits of a number of heroes who are able to save their communities, and we will search for a common thread shared by these personalities.

ANONYMOUS VILLAGERS

The first individuals we will consider are anonymous. A plague of pestilence strikes the Babylonian town of Sura, where the great *Amora* Rav served as the head of the famed rabbinical academy (Taanit 21b). When the neighborhood of Rav is spared from the plague, the townspeople assume it is due to Rav's great merit. It is revealed to them in a dream, however, that Rav's merit is too great for this sal-

vation and that they were actually saved in the merit of a man who would regularly lend out his hoe and shovel to others who needed to prepare burial plots when their relatives passed away. The Gemara immediately relates a second, parallel story.

In Drokeret, the town of Rav Huna (student of Rav and the latter's successor as head of the Sura academy), a fire tore through the town, but Rav Huna's neighborhood was unsinged. Once again, the townspeople concluded that it was the great rabbi's merit that saved his neighbors, and again, a dream reveals that it was actually someone less well known: a woman who lent out her oven every Friday to those who could not afford firewood. It is fitting, measure for measure, that the kindness of lending out a shovel to bury a relative is what saves the neighborhood from a plague, and a woman's firing up her oven for the needy saves her town from a fire.

Why are the rabbis in the story named but the heroes who save the town are not? One reason could be to highlight that these small acts of compassion were done quietly and privately. Other than the recipients themselves, the people in the town likely were not even aware of them; their anonymity in the story reflects the modesty of the giver in each case. Or perhaps they are anonymous to encourage the reader to consider that each one of us, man or woman, could be the one who makes a difference in our town. What have we done to make our neighborhood a kinder place to live? How might we open our eyes to the suffering of our neighbors and think of what they might need even when they do not ask? Furthermore, their anonymity teaches that we have no idea who might be sitting next to us at synagogue or standing behind us in line at the supermarket. That person may be quietly performing wonderful acts of compassion and even saving the town. A multifaceted message emerges, urging us to modestly help without seeking glory, while recognizing the potential in each person around us, even those who are not in the limelight.

A CARING COUPLE

The next story concerns Abba Ḥilkiya, who was known for his excellent prayer skills (Taanit 23b). The Sages sent a pair of Sages to Abba

Ḥilkiya to ask him to pray for rain during a punishing drought. He behaves rudely to the messengers, ignoring them when they greet him as he works in a field and failing to offer the Sages refreshment upon entering his home. They notice strange behavior as well, such as the way he holds his jacket to the side as he hoists wood on his other shoulder on the way home. Before the Sages have a chance to say their piece, Abba Ḥilkiya whispers to his wife that the Sages are about to ask him to help bring the rain and suggests that he and his wife go up to the roof to pray and when their prayers are answered, to pretend that it is not to their credit. His wife agrees, they ascend to the roof, and each prays in a different corner. Clouds gather over the woman's corner, and healing rain begins to fall.

Innocently, the couple then descends to the living room, where the Sages await, and Abba Ḥilkiya asks how he can help them. The Sages explain that they came to ask for help bringing rain, whereupon their host, indicating the rain already falling, says, "*Baruch Hashem* – then you have no need for me!" The visitors, not fooled, proceed to question his enigmatic behavior. With regard to his ignoring them, he explains that as an hourly laborer, paid for every working moment, stopping to speak would be theft; his odd manner of holding the jacket was his way of protecting a borrowed article of clothing; he offered no refreshment because he had none to spare, and though he expected them to decline, he did not want to leave them feeling thankful for something he could not have offered.

Who is this unusual man for whom the rain falls? Despite his obvious poverty, he takes no liberties with the property of others, wanting nothing that is not his by right – even their gratitude. When gratitude is due him, he runs from it. This is all the more interesting, because Abba Ḥilkiya was the grandson of Ḥoni HaMe'agel, who was well known for drawing a circle around himself and swearing he would not leave until God brought rain to His suffering people. Ḥoni's action is public and bold; his grandson's approach is hidden and humble.

What about Abba Ḥilkiya's wife? The rabbis wonder why the rain clouds formed first over his wife's head. He explains that she

offers food directly to the needy, while he, who encounters them in public space, can only give them money, which they then use to buy food. He adds that while he himself prays for the death of the neighborhood bullies, his wife prays that they should repent – and they do so. His wife distinguishes herself with powerful kindness of spirit, and still we never learn her name, uniting her with the other anonymous pillars of their communities in the previous stories.

SHABBAT MITZVOT AND CHILDREN'S PRIZES

In another short set of narratives (Taanit 24a), we find that R. Yehuda HaNasi, the compiler of the Mishna, known simply as "Rebbe," for he was everyone's teacher, declares a fast for rain, but the rain does not materialize. A man named Ilfa (another version has R. Ilfi) leads the community in prayer. When he says the words *mashiv haruaḥ,* the wind blows, and when he says the words *morid hageshem,* the rain begins to fall. Such an instantaneous response to a prayer in the throes of a drought is highly unusual, and Rebbe, attempting to understand the greatness of the man before him, asks him to share his occupation. Ilfa answers that he lives in an extremely poor neighborhood where the villagers do not have wine for Kiddush and Havdala to mark the beginning and the end of Shabbat. He makes sure each week to procure wine for both blessings, and he helps others fulfill their obligation. Why does this simple man bring the rain when Rebbe's fast day declaration cannot? Perhaps it is because of his simple and pure dedication to a mitzva – and to helping his fellow townspeople fulfill it.

The second story on the page begins similarly: Rav, the great student of Rabbi Yehuda HaNasi, arrives in a famine-stricken town and declares a fast. Again, no rain falls. A man steps down to the place of the *shaliaḥ tzibbor* (representative of the community), who leads the congregation in prayer, and he too finds that as he says the prayer for wind and rain, the skies immediately respond. Impressed, Rav inquires as to his occupation. I am a teacher of small children, he replies, and I teach the children of the poor like the children of the

wealthy – anyone who cannot afford tuition, I do not charge him. Additionally, I have a fishpond in my schoolyard, and if a child does not want to study one day, I bribe him with fish and calm him down until he comes back to learn. This man is anonymous, as most others in our stories have been. He has one of the least glamorous jobs in the community, teaching the small children. With his simple kindness, treating all children equally, giving each one the opportunity to learn regardless of financial background, and understanding when their motivation is low, this man can bring the rain.

Stepping back from all of these cases – the anonymous helpful villagers, the caring couple, the man who pulls together money each week for Shabbat wine, and the simple schoolteacher – we can ask, why is it that these humble, kind people are the ones whom Hashem answers and who are able to end the punishing droughts? One possibility is that their prayers are very heartfelt. They are often not wealthy or respected, so they may understand better than the leaders the terrible challenges of a drought for the average person. Indeed, there are other indications in Tractate Taanit that it is the most heartfelt and beseeching prayers that are answered.[1] I would like to suggest another explanation, however, in light of the final story we will consider.

RABBI AKIVA: LETTING THINGS GO

Our last story involves famous rabbis who are not anonymous at all but are the leaders of the generation (Taanit 25b). In the throes of a famine, R. Eliezer, one of the greatest students of Rabban Yoḥanan b. Zakkai and a teacher of R. Akiva, comes forward and leads the prayers to beg for mercy. He says the *Amida* of twenty-four blessings, indicating that the situation was so dire that the community had arrived at the third and most severe set of fast days laid out in the

1. See Taanit 24a, about R. Naḥman when he gives up hope, and Taanit 25b, when R. Eliezer asks the people if they have prepared their graves and they suddenly begin to cry, and the rain begins to fall.

earlier sections of Tractate Taanit. Nevertheless, there is no response, and the skies remain closed. R. Akiva rises to lead the prayers, and, echoing two of our previous stories, he says, "*Mashiv haruaḥ,*" and the wind blows; he says, "*Morid hageshem,*" and the rain begins to fall. The assembled rabbis begin to murmur. We can guess they may have been saying that R. Eliezer was R. Akiva's teacher; how could the student have surpassed the teacher? A *bat kol* (heavenly voice) comes down and says, "It is not because this one is greater than that one. It is because this one is *maavir al middotav*; he does not demand his due, and this one does demand his due." What does it mean for someone to be *maavir al middotav*? This phrase refers to letting things go, forgiving slights easily, not holding a grudge. The Gemara (Rosh HaShana 17) discusses this quality in the context of Hashem's judgment during the High Holidays, and tells us, based on a reading of a verse in Micah,[2] that Hashem will forgive those who forgive others. This is in keeping with the principle that Hashem punishes and rewards measure for measure: the Egyptians drowned Jewish babies in the Nile, so their final punishment is drowning in the Reed Sea (Ex. 18:11); Miriam waited for her brother by the side of the Nile, so the Jewish people wait for her when she contracts leprosy in the desert (Sota 9b). Similarly, if we let things go with our fellow people, and show compassion, even when they do not deserve it, then Hashem will let things go with us, even when we do not merit forgiveness.

Perhaps, then, we have another answer for why these generally unknown individuals who perform simple and quiet acts of kindness are the ones who succeed in bringing the rain. Perhaps these are the people for whom Hashem is willing to give in, because they give in as well. They are kind without expecting anything in return. They seek no glory. We don't even know the names of many of them. Perhaps the community does not deserve the rain in a particular case, and the many fast days and prayers of the leadership go unanswered. But when these humble heroes confront Hashem and beg for mercy, He will not refuse them, and the community will be saved.

2. 7:18.

Rabbi Shlomo Riskin is certainly one of the humble heroes of our generation. His vision is evident as a leading figure in the Jewish community both in Israel and abroad. He has founded a thriving city in Israel where before there were merely hilltops. He established Ohr Torah Stone, whose many institutions and projects provide tremendous benefit to Torah education and specifically offer women the gift of learning Torah at the highest levels. And at the same time that he leads with wisdom and conviction, he has never forgotten to quietly care for the individuals, be they *agunot* who are suffering at the hands of their husbands, or community members in mourning, celebrating a *simḥa,* or in need of help. The Jewish people need more leaders like Rabbi Riskin. Fortunately, they are being trained at Ohr Torah Stone, creating a legacy of the spirit of leadership, coupled with kindness and humility, that will continue, *be'ezrat Hashem,* for many generations.

A Crown for All to Wear

Rabbi Lord Jonathan Sacks *zt"l*

There is an important Jewish tradition summed up in the famous Maimonidean ruling:

> With three crowns was Israel crowned – with the crown of Torah, the crown of priesthood, and the crown of kingship. The crown of priesthood was bestowed on Aaron and his descendants. The crown of kingship was conferred on David and his successors. But the crown of Torah is for all Israel. Whoever wishes, let them come and take it. Do not suppose that the other two crowns are greater than that of Torah.... The crown of Torah is greater than the other two crowns.[1]

This concept was groundbreaking for its time and had immense social and political consequences. Following this line of thought, power in the human arena is to be divided and distributed, not concentrated

1. Maimonides, *Mishneh Torah, Hilkhot Talmud Torah* 3:1.

in a single person or office. So, in the time of biblical Israel, there were kings, priests, and prophets. Kings had secular or governmental power. Priests were the leaders in the religious domain, presiding over the service in the Temple and other rites, and giving rulings on matters to do with holiness and purity. Prophets were mandated by God to be critical of the corruptions of power and to recall the people to their religious vocation whenever they drifted from it.

If we look in Deuteronomy (ch. 17), we can actually find the key source of all three roles. Initially, the most attention-catching of these three is the section on kings, for many reasons. First, this is the only command in the Torah to carry with it the explanation that this is what other people do: "When you enter the land that the Lord your God is giving you, and have taken possession of it and settled in it, should you say, 'I will set a king over me, like all the surrounding nations'" (Deut. 17:14). Normally the Torah commands the Israelites to be different. The fact that this command is an exception was enough to signal to commentators throughout the ages that there is a certain ambivalence about the idea of monarchy altogether.

Second, the passage is strikingly negative. It tells us what a king must not do, rather than what he should do. He should not "acquire many horses for himself" or "accumulate wives" or "amass large amounts of silver and gold" (17:16–17). These are the temptations of power, and as we know from the rest of Tanakh, even the greatest – King Solomon himself – was vulnerable to them.

Third, consistent with the fundamental Judaic idea that leadership is service, not dominion or power or status or superiority, the king is commanded to be humble: he must constantly read the Torah "so that he may learn to revere the Lord his God... not considering himself superior to his people" (17:19–20). It is not easy to be humble when everyone is bowing down before you and when you have the power of life and death over your subjects.

Hence the extreme variation among the commentators as to whether monarchy is a good institution or a dangerous one. Maimonides categorises the appointment of a king as an obligation, Ibn

Ezra writes that it is a permission, Abrabanel sees it as a concession, and Rabbenu Bahya holds that it is a punishment – an interpretation known, as it happens, to John Milton at one of the most volatile (and anti-monarchical) periods of English history.[2]

There is, though, one positive and exceptionally important dimension of royalty. Any king of Israel is commanded to study Torah daily:

> As he presides upon his royal throne, he must inscribe a copy of this law for himself upon a scroll in the presence of the Levitical priests. It must always be with him, and he shall read from it all the days of his life, so that he may learn to revere the Lord his God, taking care to keep all the words of this commandment and these decrees, not considering himself superior to his people, or straying from the commandments to the right or to the left. Then he and his descendants will reign long in the midst of Israel. (Deut. 17:18–20)

Later, in the book that bears his name, Moses's successor Joshua is commanded in very similar terms:

> This book of Torah must never leave your lips; contemplate it day and night, so that you will faithfully uphold all that is written within it. For then your course will succeed; then you will triumph. (Josh. 1:8)

Leaders learn. That is the principle at stake here. Yes, they have advisors, elders, counsellors, an inner court of sages and literati. And yes, biblical kings had prophets – Samuel to Saul, Nathan to David, Isaiah to Hezekiah, and so on – to bring them the word of the Lord. But those on whom the destiny of the nation turns may not delegate away the task of thinking, reading, studying, and remembering. They

2. See Eric Nelson, *The Hebrew Republic* (Harvard University Press, 2010), 41–42.

are not entitled to say: "I have affairs of state to worry about. I have no time for books." Leaders must be scholars, *bnei Torah*, "children of the book," if they are to direct and lead the people of the book.

The great statesmen of modern times understood this, at least in secular terms. Gladstone, four times Prime Minister of Britain, had a library of 32,000 books. We know – because he made a note in his diary every time he finished reading a book – that he read 22,000 of them. Assuming he did so over the course of eighty years (he lived to be eighty-eight), this meant that he read on average 275 books a year, or more than five each week for a lifetime. He also wrote many books on a wide variety of topics from politics to religion to Greek literature, and his scholarship was often impressive. For example, he was, according to Guy Deutscher in *Through the Language Glass*, the first person to realise that the ancient Greeks did not have a sense of colour and that Homer's famous phrase "the wine-dark sea" referred to texture rather than colour.

Visit David Ben-Gurion's house in Tel Aviv and you will see that, while the ground floor is spartan to the point of austerity, the first floor is a single vast library of papers, periodicals, and twenty thousand books. He had another four thousand or so in Sde Boker. Like Gladstone, Ben-Gurion was a voracious reader as well as a prolific author. Benjamin Disraeli (Gladstone's rival) was a best-selling novelist before he entered politics. Winston Churchill wrote almost fifty books and won the Nobel Prize for Literature. Reading and writing are what separate the statesman from the mere politician.

The two greatest kings of early Israel, David and Solomon, were both authors, David of Psalms, Solomon (according to tradition) of the Song of Songs, Proverbs, and Ecclesiastes. The key biblical word associated with kings is *ḥokhma*, "wisdom." Solomon in particular was known for his wisdom:

> When all of Israel heard about the case that the king had judged, they held the king in awe, for they saw that divine wisdom was within him to do justice. (I Kings 3:28)

> Solomon's wisdom surpassed the wisdom of all the peoples of the East and all the wisdom of Egypt.... People from all nations came to hear Solomon's wisdom on behalf of all the kings of the earth who had heard of his wisdom. (I Kings 5:10–14)
>
> When the Queen of Sheba saw all of Solomon's wisdom... she was left breathless. "What I heard in my land about your deeds and your wisdom was true!" she said to the king. "I never believed it until I came and saw it with my own eyes – and I was not told even the half of it! Your wisdom and wealth far exceeds the rumors I heard".... from all over the world they sought audience with Solomon to hear the wisdom that God had granted him. (I Kings 10:4–24)

We should note that *ḥokhma*, wisdom, means something slightly different from Torah, which is more commonly associated with priests and prophets than kings.

Ḥokhma includes worldly wisdom, which is a human universal rather than a special heritage of Jews and Judaism. A midrash states, "If someone says to you, 'There is wisdom among the nations of the world,' believe it. If they say, 'There is Torah among the nations of the world,' do not believe it."[3] Broadly speaking, in contemporary terms, *ḥokhma* refers to the sciences and humanities – to whatever allows us to see the universe as the work of God and the human person as the image of God. Torah is the specific moral and spiritual heritage of Israel.

The case of Solomon is particularly poignant because, for all his wisdom, he was not able to avoid the three temptations set out in Deuteronomy for a king to avoid: he did acquire great numbers of horses, he did take many wives, and he did accumulate great wealth. Wisdom without Torah is not enough to save a leader from the corruptions of power.

---

3. *Eikha Rabbati* 2:13.

Though few of us are destined to be kings, presidents, or prime ministers, there is a general principle at stake. Leaders learn. They read. They study. They take time to familiarise themselves with the world of ideas. Only thus do they gain the perspective to be able to see further and clearer than others. To be a Jewish leader means spending time to study both Torah and *ḥokhma*: *ḥokhma* to understand the world as it is, Torah to understand the world as it ought to be.

Leaders should never stop learning. That is how they grow and teach others to grow with them.

Throughout most of the biblical era, all three crowns were in operation. In addition to prophets, Israel had kings and an active priesthood serving in the Temple. The dynastic principle – leadership passing from father to son – still dominated two of the three roles. But with the destruction of the Second Temple, kingship and a functioning priesthood ceased. Leadership passed to the Sages, who saw themselves as heirs to the prophets. We see this in the famous one-sentence summary of Jewish history with which Tractate Avot begins: "Moses received the Torah from Sinai and handed it on to Joshua, who handed it on to the elders, the elders to the prophets, and the prophets to the Men of the Great Assembly" (Mishna Avot 1:1).

The Sages see themselves as heirs to the prophets rather than to the priests. At first glance, this seems odd. In biblical Israel, the priests were the primary guardians and teachers of Torah. Why did the Sages not see themselves as heirs to Aaron and the priesthood? The answer may be this: Priesthood was a dynasty. Prophetic leadership, by contrast, could never be predicted in advance. The proof was Moses. He was the very greatest of leaders. The very fact that his children did not succeed him as leaders of the people may have been an acute distress to him, but it sent an important message to the children of Israel. It taught us that anyone, by discipleship and dedication, could aspire to rabbinic leadership and the crown of Torah.

Hence, we find in the sources a paradox. On the one hand, the Torah describes itself as an inheritance: "Moses charged us with

the law, heritage (*morasha*) of Jacob's assembly" (Deut. 33:4). On the other hand, the Sages were insistent that Torah is not an inheritance: "R. Yose said: Prepare yourself to learn Torah, for it is not given to you as an inheritance (*yerusha*)" (Mishna Avot 2:12).

The simplest resolution of the contradiction is that there are two kinds of inheritance. Biblical Hebrew contains two different words for what we receive as a legacy: *yerusha/morasha* and *naḥala*. *Naḥala* is related to the word *naḥal*, "river." It signifies something passed down automatically across the generations, as river water flows downstream, easily and naturally. *Yerusha* comes from the root *yarash*, meaning "to take possession." It refers to something to which you have legitimate title, but which you need positive action to acquire.

A hereditary title, such as being a duke or an earl, is passed from father to son. So too is a family business. The difference is that the first needs no effort on the part of the heir, but the second requires hard work if the business is to continue to be worth something. Torah is like a business, not a title. It must be earned if it is to be sustained.

The Sages themselves put it more beautifully: "Moses charged us with the law, heritage (*morasha*) of Jacob's assembly – read not 'heritage' (*morasha*), but 'betrothed' (*meorasa*)" (Berakhot 57a). By a simple change in pronunciation – turning a letter *shin* (="sh") into a *sin* (="s"), "inheritance" into "betrothal" – the Rabbis signalled that, yes, there is an inheritance relationship between Torah and the Jew, but the former has to be loved if it is to be earned. You have to love Torah if you are to inherit it.

The Sages were fully aware of the social implications of R. Yose's dictum that the Torah "is not given to you as an inheritance." It meant that literacy and learning must never become the preserve of an elite:

> And why is it not usual for scholars to give birth to sons who are scholars? Yosef said: So that it should not be said that the Torah is their inheritance. (Nedarim 81a)

The Sages were constantly on their guard against exclusivist attitudes to Torah. Equality is never preserved without vigilance – and indeed there were contrary tendencies. We see this in one of the debates between the schools of Hillel and Shammai:

> "Raise up many disciples" – The school of Shammai says: A person is to teach only one who is wise, humble, of good stock, and rich.
>
> But the school of Hillel says: Everyone is to be taught. For there were many transgressors in Israel who were attracted to the study of Torah, and from them sprang righteous, pious, and worthy men. To what may it be compared? "To a woman who sets a hen to brood on eggs – out of many eggs, she may hatch only a few, but out of a few [eggs], she hatches none at all."[4]

One cannot predict who will achieve greatness. Therefore, Torah must be taught to all. A later episode illustrates the virtue of teaching everyone:

> Once Rav came to a certain place where, though he had decreed a fast [for rain], no rain fell. Eventually someone else stepped forward in front of Rav before the Ark and prayed, "Who causes the wind to blow" – and the wind blew. Then he prayed, "Who causes the rain to fall" – and the rain fell.
>
> Rav asked him: What is your occupation [i.e., what is your special virtue that causes God to answer your prayers]? He replied: I am a teacher of young children. I teach Torah to the children of the poor as well as to the children of the rich. From those who cannot afford it, I take no payment. Besides, I have a fishpond, and I offer fish to any boy who refuses to study, so that he comes to study. (Taanit 24a)

4. *Avot DeRabbi Natan*, version 2, ch. 4.

It would be wrong to suppose that these attitudes prevailed in all places at all times. No nation achieves perfection. An aptitude for learning is not equally distributed within any group. There is always a tendency for the most intelligent and scholarly to see themselves as more gifted than others and for the rich to attempt to purchase a better education for their children than the poor. Yet to an impressive – even remarkable – degree, Jews were vigilant in ensuring that no one was excluded from education and that schools and teachers were paid for by public funds. By many centuries, indeed millennia, Jews were the first to democratise education. The crown of Torah was indeed open to all.

"The Torah is their inheritance." All sons and subsequent descendants of Aaron the priest were to be Levites. For Moses, it must have been a personal tragedy to learn that neither of his sons would inherit his own role as leader of the children of Israel after him. But Moses's tragedy was Israel's consolation. The very fact that his successor was not his son, but Joshua, his disciple, meant that one form of leadership – historically and spiritually the most important of the three crowns – could be aspired to by everyone. Dignity is not a privilege of birth. Honour is not confined to those with the right parents. In the world defined and created by Torah, everyone is a potential leader. We can all earn the right to wear the crown.

Rabbi Shomo Riskin was born into the crown of priesthood. He has more than earned the crown of Torah by being a model leader – a leader who learns and teaches, who innovates and inspires. May he continue to wear the crown of Torah with honour for many years to come, and may the Jewish people continue to be the beneficiaries of his exemplary leadership.

Hearing the Great Shofar: Aliya as a Matter of Choice

Natan Sharansky and
Rachel Sharansky Danziger

Rabbi Shlomo Riskin has a knack for being ahead of his time: he became a central force in the struggle for Soviet Jewry long before it gathered steam, and moved to Israel – inspiring many of his congregants from the Lincoln Square Synagogue to follow – long before the days of Nefesh B'Nefesh. These two aspects of his activism may seem complimentary today; after all, supporting Soviet Jewry's desire to immigrate to Israel does not seem all that different from harboring, and acting upon, a similar desire. But at the time, Rabbi Riskin's aliya was both surprising and rare. A popular joke in those years defined Zionism as "Soviet Jews immigrating to Israel on American Jewish money." And indeed, while American Jewry played a crucial role in breaking down the Iron Curtain and aiding Soviet Jewry in its exodus to Israel, the overwhelming majority of the American Jews who were involved in this very struggle had no intention to immigrate themselves.

This apparent discrepancy made sense. At the time, American Jewry could justly view both Soviet Jewry and Israel as poor relatives in need of aid. Following the long tradition of mutual support that sustained world Jewry through millennia of exile, it was only natural for American Jews to do all within their power to help their brethren around the world. But helping poor relatives isn't the same as moving in with them; leaving the affluent American Jewish community behind and moving to Israel – struggling, scrappy, turbulent as it was then – was inconceivable for most American Jews.

Even then, many Israelis saw reality differently. Far from viewing themselves as poor relatives in need of aid, they saw themselves as the harbingers of the Jewish future. They strongly believed that Israel would grow to be the future center of Jewish life and the only place where Jews could truly be safe – and Jewish. They called upon world Jewry to recognize this inevitable trend and immigrate, and treated American Jewry's support for the struggle for Soviet Jewry as a cop-out – as paying others to do what they ought to have done themselves. How could American Jews support other people's aliya without taking the same step? they wondered. Were they too spoiled? Too blinded by affluence? Too lacking in vigor?

Each community saw the other through the spectacles of the story it told itself about itself and drew some unflattering conclusions, while seeing itself as the other's savior. And as reality changed around us all, the tension between these incompatible perceptions of reality evolved as well and took new forms.

Today, Israel can no longer be perceived as a poor, struggling relative. Emboldened by our strong economy and thriving culture, many Israelis are more convinced than ever that Israel is destined to be the gravitational center of the Jewish future. When we look at the alarming rate at which world Jewry assimilates, many of us become convinced that Herzl was right to believe that Jews will either immigrate to his dreamed-of Jewish state, or disappear.

Furthermore, the rising tide of anti-Semitism in the free world strengthens the long-held Israeli conviction that only Jewish

sovereignty can guarantee Jewish safety. Israel was founded by people who wished to secure a safe haven for the Jews, and whose experience led them to conclude that such safety should never depend on the goodwill of other nations. With Auschwitz and its horrors fresh in our collective memory, generations of Israeli children grew up on tales of the heroism and self-reliance of Israel's founders, peppered with tragic stories about what happened before we had a Jewish army to protect us. Even our calendar reflects this identification between Jewish sovereignty and safety: Israel commemorates its fallen soldiers a week after remembering the Holocaust, and a day before its Independence Day. The existence and sacrifices of the IDF are clearly positioned as the factor that separates us from the dark days of Auschwitz. It's no wonder, therefore, that whenever anti-Semites target Diaspora Jewry, Israeli ministers race each other to the podium to call upon our brothers and sisters in France, or America, or Germany – wherever the latest violent attack took place – to save themselves by coming home, to Israel.

But while these calls may reflect the Israeli perception of our reality, they clash with the way most American Jews perceive themselves and the risks they are facing. Take, for example, the massacre at the Tree of Life Synagogue in Pittsburgh. After a white supremacist murderer killed eleven Jews on October 27, 2018, Israeli leaders hastened to call upon our American brethren to make aliya. But while most American Jews did, in fact, feel threatened and alarmed, they did not respond by packing their suitcases. "I had spent much of my life on a holiday from history," wrote publicist and *New York Times* opinions editor Bari Weiss, who attended Tree of Life growing up and returned to her home city to cover the events that unfolded after the massacre. "And history, in a hail of bullets, had made its unequivocal return."[1] But history's return did not prompt Weiss to seek a safe haven in Israel. A self-identified Zionist and a staunch partner in the fight against Israel's delegitimization, Weiss nevertheless responded

1. Bari Weiss, *How to Fight Anti-Semitism* (Crown, 2019), 5.

by writing a book about fighting anti-Semitism that reads like a battle cry, like a call to arms in the name of Jewish resiliency, but also in the name of America's ideals of equality and freedom.

Like Weiss, most American Jews do not see themselves as dependents or as beneficiaries of a czar's goodwill. They see themselves instead as shareholders in the American dream, and as equal partners in American sovereignty. Many of them can quote the famous letter which President George Washington wrote in 1690 to the Jews of Newport, extolling the United States as a place where Jews no longer enjoyed mere tolerance – "the indulgence of one class of people that another enjoyed the exercise of their inherent natural rights" – but rather real equality. When American Jews say, "Never again," they don't usually mean – as their Israeli brethren do – that the IDF will stop the horrors of anti-Semitism from targeting us again. They trust instead in the fabric of American society and its treatment of minorities. The rise of anti-Semitism merely strengthens their resolve to protect these safeguards against those who would erode them.

In the days following the Pittsburgh massacre, Jews throughout the United States responded with renewed commitment to their American Jewish identity. They gathered in rallies with their gentile neighbors, vowing not to let one hate-filled man corrupt their America. For the people in those rallies, the idea that they should leave America due to the massacre would have seemed absurd – or downright craven. Mobilized as they were to stand up for America's ideals of equality and freedom, any call to abandon ship and immigrate was bound to appear less as an effort to save themselves and more as an offensive request to act as cowards and abandon the country they love – the country that gave their ancestors a safe haven and equal rights – to the people who would empty it from the ideals that made it great.

When Israeli leaders describe the dangers of anti-Semitism in America in terms that echo how we described anti-Semitism in the Soviet Union, and call for the same solution, American Jews

feel misunderstood – or looked down upon. Instead of bringing us closer, Israel's concern about world Jewry's welfare alienates the very people we worry about.

Rabbi Avraham Yitzchak HaKohen Kook, in his commentary on the morning prayer, wrote that God always calls upon the Jews to come home to Israel, and to freedom. However, in the prayer of *Amida,* we ask God not merely to gather the exiles, but to do so in a particular way. We ask Him to "sound upon the great shofar for our freedom and raise the banner to gather our exiles." There are many types of *shofarot* that God might sound, explained Rabbi Kook. He might use persecution and discrimination to cause us to escape to Israel, or other types of afflictions and privations. But we ask Him to sound the "great shofar" instead – to make us want to come to Israel out of love of Israel rather than due to our desire or need to leave other countries behind.

We are privileged to live at a time when most Jews, at least in the free world, do not have to come to Israel to be safe. They are not forced to make aliya due to what Rabbi Kook called the small *shofarot* of persecution and privation. Those American Jews who follow in Rabbi Riskin's footsteps and make aliya today do not do so because they must escape an intolerable reality. In fact, they often leave behind cherished institutions, beloved communities, and a lifetime of achievements. They choose to make aliya out of love instead – out of a desire to grasp what Israel can offer them, be it a stake in the Jewish future, or merely a vibrant Jewish life. They do so, in other words, because they hear the "great shofar." By speaking of their experience in terms that were formed at a different time, when aliya was usually a matter of escape and not of choice, we misrepresent both the experience of today's *olim* and what we have to offer world Jewry as well. We should not undersell ourselves and alienate our brothers and sisters by speaking of mere safety, when we can offer so much more.

It is time to change our language to reflect this new reality. Instead of speaking of safe havens, let us speak of the breadth and

depth of Jewish experience available in Israel. Instead of speaking of dangers, let us speak of the potential for creativity that can be found in the ever-evolving Jewish state. And while we're at it, let us acknowledge that much of the dynamic nature of our society stems from the diversity of our citizens, and thus speak of what new *olim* can contribute to this vibrant society – and not merely of what we can do for them. By bringing their values, their experiences, and their sensibilities with them, our brothers and sisters from the free world do more than follow the great shofar; they are reshaping the Zionist project in new and exciting ways.

At a time like this, let us leave behind the small *shofarot* and speak the language of the era we are privileged to live in. Today's *olim* follow the great shofar. Let us honor them – and respect ourselves – by speaking its language, too.

The Y Symbol: A Tribute

Rabbi Prof. Daniel Sperber

It took great courage and also faith for the heroic pioneers of the Modern Orthodox movement to make their sometimes radical halachic decisions. Undoubtedly, these moves were often accompanied by doubt and uncertainty. Is their halachic direction right or wrong? Are they leading their constituents astray or along a legitimate path? The classic rabbinic description of a great authority's self-doubt, as he sums up his life's achievements, is found in a moving passage in Berakhot 28b. The Talmud there relates that

> when Rabban Yoḥanan b. Zakkai fell sick, his disciples came to visit him. When he saw them, he began to cry. His disciples said to him, "Why are you crying?" He replied, "I am going to be led before the King of kings, The Holy One, blessed be He...and there are before me two ways, one to paradise and one to hell, and I do not know along which one I will be led. Should I not cry?" They said to him, "Our master, bless us." He replied, "May it be His will that your fear of heaven be no less than your fear of flesh and bone."

Rabban Yoḥanan b. Zakkai, it will be recalled, had made a very daring but controversial decision to abandon the besieged Jerusalem in order to save a remnant from complete destruction, and indeed was criticized by some for that act.[1]

There sometimes comes a juncture in one's life when one has to make a problematic decision as to which of two diametrically opposed directions one should take. The traditional one is the easier, while the innovatory one may be difficult, arduous, and replete with challenges. This life junction requires bold and resolute resolve.

The ancient Greek poet Hesiod already spoke of two roads of life, a short and easy one, which is that of vice, and the path of virtue, which is at first steep and rugged but becomes less hard as one approaches the top of the slope. And the Sophist Prodicus makes this same ancient comparison in the famous myth of Hercules at the crossroads.[2] One road leads to deceitful pleasures, while the other, the path of austere labors, culminates in true happiness. This conception, dramatized through the whole of antiquity,[3] inspired the Pythagoreans with the symbol of the letter *Y*, formed of a vertical spike topped by two divergent branches. The spike is the root common to all men until they reach the age when they must choose between right and wrong, the right or the left branch. The latter, say the moralists, is at first level and pleasant but leads to harsh rocks ending in a precipice over which the wretched man is hurled. The former is steep and rough, requiring a strenuous effort, but when climbed to the summit a well-deserved rest is awaiting the exhausted traveler.

This *Y* symbol was popular in antiquity and may be seen in a first-century inscription discovered in Philadelphia in Lydia.[4] It is decorated, as the epitaph shows, to be the tomb of a Pythagorean,

1. See Gittin 55b–56b, and parallels.
2. Xenophon, *Memorabilia* 2.1.21; Hesiod 287.
3. See, e.g., Bruce Lincoln, *Death, War, and Sacrifice: Studies in Ideology and Practice* (Chicago, 1991), in his brilliant chapter entitled "The Two Paths", ch. 9, pp. 119-27.
4. Brinkmann, A. "Ein Dinkmal Des Neupythagoreismus." Rheinisches Museum Für Philologie, vol. 66, 1911, pp. 616–625. See page 622 et seq.

and is divided into compartments by the moldings in the form of the letter Y. Below to the right. which is almost universally regarded as symbolizing right and good,[5] a child is seen in the care of a woman designated as Virtue (*Areté*); above, a plowman driving his plow stands for the hard and persevering labor of the good man, who still higher lies on a couch before a table like a guest at a funeral banquet, because he has obtained the reward for his honest toil. On the left side below, there is also a woman with a child, but she represents Wantonness (*Asoteia*), while above her a male figure lies indolently on a bed, and still further along, the same figure is seen falling headlong into a gulf in chastisement of his vices.[6] This Y-route was described in the sixth book of the *Aeneid,* where the dead first follow a common path, and those whose lot is as yet undetermined wait in the first abode. At the crossroad of earthly existence the choice must be made; likewise at the crossroad of the infernal regions (*triodos*) the judges of the souls are seated,[7] and they send to the right those who have merit and are worthy to enter the Elysian Fields, while the wicked are driven to the left to be plunged into Tantarus. A passage in Cicero's *Tusculanae Disputationes,*[8] directly inspired by Plato's *Phaedo,* states:

> There are two ways and two courses for souls which issue from the body. The souls which are sullied with human vice and have abandoned themselves to passions... follow a crooked path which leads them away from the dwellings of the gods; but for the souls which have kept their innocence and purity and have, while in human bodies, imitated the life of the gods, there is an easy return to the beings from whose abode they descended to the earth.

5. See, e.g., Zohar 3, 259b, and 2, 68b et alia; and cf. Margaret Stutley, *Ancient Indian Magic: An Introduction* (London, 2001), 54, 55, 98, et alia.
6. See F. Cumont, *Recherches sur le symbolisme funéraire des Romains* (Paris, 1942), 422–90, 509–10, and plate 43:3.
7. Ibid., 76.
8. J. 30. 72.

The Y symbol was also popular in the Middle Ages, as demonstrated by Erwin Panofsky, in his classic *Early Netherlandish Painting*,[9] giving a number of examples, to which we may add Geoffrey Tory, *Champ Fleury*: The Symbolic 'Y'.[10]

Earlier on we mentioned in passing the symbolism of right and left as representing good and evil, dexter and sinister.[11] This concept, referred to in the Zohar (see above), has implications in halakha and *minhag*. And though this is too broad a subject to be dealt with here, I would call attention to the rabbinic directive "May all your turnings only be to the right."[12]

So, as mentioned above, there may come a time when one is confronted by the choice of two paths, one to the right and the good, and one to the left and the iniquitous. There are not necessarily any clear signposts defining these paths. The choice is dependent upon one's moral posture and, at times, a leap of faith. Ultimately one will be judged by the results of such a decision in the future, and perhaps only by the next generation. Perhaps that is what Rabban Yoḥanan b. Zakkai's disciples were trying to indicate to him and to allay his doubts and assure him by addressing him as *amud hayemani* – the right-hand column. But I feel that the heroes of the Modern Orthodox movement, of which Rabbi Riskin is undoubtedly one of the foremost trailblazers, can cast aside their misgivings in the clear certainty that they chose the right path.

---

9. Erwin Panofsky, *Early Netherlandish Painting, Its Origin and Character* (Cambridge, Harvard University Press, 1953), Vol. 1 , p. 67 note 3 and p. 387 note 1.
10. See Andre Chastel, *The Age of Humanism: Europe 1480–1530* (London, 1962), 15. See also Cumont's *Lux Perpetua* (Paris, 1949), 278–81. The "two path" motif is also discussed in detail in Lincoln, *Death, War, and Sacrifice*, 119–27.
11. And see Panofsky, ibid., p. 417 note to p. 147 note 2.
12. Yoma 15b, 17b, 58b; Sota 15b; Zevaḥim 62b, 64b; Sukka 48b; *Shulḥan Arukh, Oraḥ Ḥayyim* 2:4, et alia.

For Honor and for Splendor

Dr. Baruch Sterman and
Judy Taubes Sterman

"Truly how splendid was the high priest"

How splendid the high priest must have looked in his priestly attire! In addition to the special clothes of the lay priest, four other regal garments were reserved for the high priest, each fashioned from the most lavish materials – fine gold, precious gems, and luxurious fabrics: the *me'il* (robe), the *ephod* (apron) the *ḥoshen* (breastplate), and the *tzitz* (diadem). These magnificent garments were on par with those worn by the greatest monarchs and elevated the semblance of the high priest to the most noble. Indeed, the Talmud (Megilla 12a) portrays Ahasuerus, emperor of the great Persian Empire, flaunting his kingdom's affluence while wearing the very clothes of the high priest!

The *me'il* of the high priest, the Torah tells us, was *klil tekhelet*, woven entirely of pure, sky blue *tekhelet* wool, so valuable that it was once worth twenty times its weight in gold.[1]

The precise design of the *me'il* is not elaborated on in the Torah, and so the commentators offer various suggestions. Rashi believed it to have had sleeves, similar to a robe. Maimonides, Ralbag, and Nahmanides saw it more as a sleeveless poncho, hanging from the shoulders of the high priest. Accepting the latter opinion, Radvaz (d. 1573) wonders why, then, since this would mean that it was a four-cornered garment, should the *me'il* have been exempted from the requirement of tzitzit. Rabbi Yaakov Tzvi Mecklenburg (d. 1865) in his *HaKetav VehaKabbala*[2] suggests that the answer is to be found in one detail that the Torah does describe regarding the *me'il*: the small golden bells which hung from its hem. These seventy-two bells chimed whenever the high priest walked, filling the *Beit HaMikdash* with a pleasant ringing sound announcing his approach: "So that the sound of it is heard when he comes into the Sanctuary before the LORD and when he goes out" (Ex. 28:35). Anyone hearing the bells would immediately be brought to lofty thoughts of God and His *Shekhina*, His Holy Presence. According to the well-known verse recited twice daily in the *Shema*, the purpose of the tzitzit is to serve as a reminder of God and His mitzvot: "And you shall look at it and recall all the commandments of the Lord and observe them" (Num. 15:39). The melody of the bells on the *me'il* served the very

1. *Tekhelet* was the sky blue dye obtained from the secretion of a sea snail, the *ḥillazon*, which lives in the Mediterranean Sea. For over thirteen hundred years since around the seventh century, the identity of the *ḥillazon* was unknown, the tradition having been lost, and the process for obtaining the dye was likewise lost to the world. Research over the past fifty years has shown conclusively that the *Murex trunculus* snail was indeed the source of the biblical blue dye. As a result, hundreds of thousands of Jews have recently begun to again wear *tekhelet* on their tzitzit. The fascinating story recounting the loss and rediscovery of *tekhelet* is told in Baruch Sterman and Judy Taubes Sterman, *The Rarest Blue* (Lyons Press, 2012).
2. *HaKetav VehaKabbala* on Exodus 28:35.

same purpose, albeit as an audial cue instead of a visual one. The addition of tzitzit strings would be redundant and therefore unnecessary in order to stir the hearts and minds of the people.

A close reading of that verse in Numbers shows that it is gazing specifically at the *petil tekhelet*, the single thread of blue, which serves as the reminder of God and His commandments. As the Midrash[3] says, "*Tekhelet* is like the sea, and the sea is like the sky, and the sky is like the heavenly throne." How *tekhelet* is actually produced, though never fully described, is alluded to in various places in the Talmud. Menaḥot (42b), for example, recounts a conversation between Abaye (who lived in the third and fourth centuries in Babylonia, far removed from the shores of the Mediterranean, home of the *ḥillazon,* the sea creature from which, as noted above, the *tekhelet* dye was derived) and R. Shmuel b. Yehuda, a *Nechuta* – who brought the Torah of *Eretz Yisrael* to Babylonia. "This *tekhelet*," asks Abaye, "how do you dye it?"

R. Shmuel b. Yehuda, in his somewhat laconic response, hints that preparing the dye bath for *tekhelet* was a long and arduous process involving removing the secretion from the *ḥillazon,* adding specific chemicals, boiling it all up, and more. Other ancient naturalists, especially Pliny the Elder,[4] along with archaeological evidence, provide a more detailed picture. The sea snails were collected in baited nets or baskets from the ocean and kept alive for long periods in pools near the shore until enough (many thousands) were collected. Their shells were then smashed and the dye glands dissected and thrown into a lead pot. Salt and wood ash were added, and the pot was heated and left to ferment for two weeks. All this was necessary in order to transform the dye into a state chemically termed "reduction," without which the dye will not adhere to the wool. If that state was not yet achieved, the dyeing would be ineffective; if left too long, however, the vat would spoil, and the dye would be ruined. Testing the vat to see if the dye was ready (termed *bedika* or *te'ima*) was therefore a crucial part of the process.

3. E.g. *Sifrei Bemidbar* 115, and many other variations.
4. See Pliny the Elder, *Natural History*, bk. 9, ch. 62.

At this point, the Jewish dyers ran into a halakhic problem. The only way to test the vat was by immersing wool in it to see if the dye adhered. According to R. Ḥanina b. Gamliel, however, dipping wool into the dye solution for testing purposes invalidates the entire vat! The Talmud's solution is to spill a small portion of the dye liquid into a disposable container (in talmudic times this was an eggshell), and to test that portion separately with a tuft of wool. The wool used for testing was burned and the remaining liquid in the container disposed of and not returned to the vat.[5]

The Talmud terms this testing *mareh sheni* – second appearance – the product of what we may call "double dipping." R. Ḥanina prohibits it, but R. Yoḥanan b. Dehavai disagrees. Taking creative linguistic license, he bases his position on the words *tolaat shani*, the term for the crimson dye also used in preparing the *bigdei kehuna*, the priestly clothes. *Shani*, meaning "red," can also be read as *sheni* – second – which implies, at least according to R. Yoḥanan b. Dehavai, that *mareh sheni* is permissible.

What might be the problem with *mareh sheni*, or double dipping? *Tosafot* and Maimonides suggest that it is an issue of intent. A dye vat into which wool was dipped with improper *kavana* – that is, with the intention of testing and not of producing *tekhelet* for ritual use – is rendered unsuitable (both for the *bigdei kehuna* as well as for the *tekhelet* of the tzitzit). Progressing logically, *Tosafot* deduce, then,

---

5. Maimonides explains this clearly (*Mishneh Torah, Hilkhot Tzitzit* 2:3):

> The blue thread of the fringes must be dyed with that express intent. If it has been dyed without this intent, it is unfit for use. If a little wool was dyed in the cauldron containing the coloring material as a test, in order to ascertain whether the color is good or not, the entire contents of the cauldron become unfit. How then is one to proceed? A small portion of the cauldron's contents should be removed into a small vessel. In this, the wool used for testing should be placed, and subsequently burnt, because it was dyed for testing purposes. The dye in the vessel used for testing is also poured away because its being used for testing has rendered it unfit to be used for dyeing the blue thread. The wool which is to serve as the blue thread is dyed in the rest of the dye which has not been spoilt.

that if one were to dip wool into a vat with all the proper intentions, the vat would remain halakhically acceptable, and so could be used again and again – "even a hundred times"[6] – so long as each time the wool is immersed, the immersion is done with the proper intent.

Rashi views the entire topic differently. According to his understanding, what is meant by the aforementioned phrase *klil tekhelet* used in the context of the *me'il* is that the full potency and strength of the *ḥillazon's* dye must be thoroughly imbued into the wool. This suggests that according to Rashi, any vat into which wool was introduced previously, for any reason, taints the vat, rendering it unacceptable for use in dyeing *tekhelet*.[7] Presumably, this is because he maintains that each act of dipping necessarily weakens the dye's potency; no more than one such act would thus be allowed. Such was the way subsequent scholars understood Rashi for generations, though to be sure, the topic was theoretical to the point of arcane. Due to a convergence of historical factors, by the sixth century CE, the identification of the *ḥillazon* had been forgotten and *tekhelet* dyeing abandoned, rendering these laws completely inapplicable. That is, until Rabbi Gershon Henokh Leiner of Radzyn (d. 1891), known as the *Baal HaTekhelet*, endeavored to bring these issues to the fore once again.

Though perhaps an unusual venture for a rebbe of a Hasidic court, the Radzyner devoted many years of his life to the quest to reestablish the mitzva of *tekhelet* for tzitzit, which had been lost to the Jewish people for thirteen hundred years.[8] He traveled across the continent from his native Poland to Naples, Italy, in search of a suitable candidate to identify as the *ḥillazon*, the sea creature men-

6. *Tosafot*, Menaḥot 42b, s.v. *Mishum shene'emar*.
7. Rashi on Menaḥot 42b, s.v. *Mishum shenemar*, and see *Tosafot*'s explanation (same s.v.) of Rashi's position.
8. "The Arab conquest of Palestine about the year 638 entailed the total destruction of the purple dye-houses administered by the imperial officials. The final extinction of *tekhelet* would also seem to have been one of the effects of the Arab conquest." Rabbi Isaac Herzog, *The Royal Purple and the Biblical Blue* (Jerusalem, 1987), 145.

tioned in the Talmud. He ultimately settled on the *Sepia officinalis,* the cuttlefish, as the authentic source of the ancient *tekhelet* dye. This he used to prepare thousands of sets of blue strings to be worn by his own Hasidim, although the Rebbe's *tekhelet* was by and large rejected by those outside his close circle.[9] Aside from the practical aspects of production, the Radzyner wrote copiously on all facets of the topic, including in-depth analyses of the halakhot and *sugyot* pertaining to *tekhelet.* With regard to the issue of *mareh sheni,* Rabbi Gershon Henokh turns the traditional understanding of Rashi on its head. He argues that when it comes to dyes, the only possible measure of quality is their appearance, that is, the intensity of their color. If Rashi is concerned about the potency of the *ḥillazon's* contribution to the dye vat, then one must gauge that potency based entirely on how the dyed wool actually looks. From his own experience with dyeing, the Radzyner was able to unequivocally state that:

> with hot dye we see empirically that the first batch (of wool) does not absorb (all the dye), and even the second and third times the wool obtains as beautiful and fast an appearance as the first time, and does not look lighter in any way. How is it possible to say then (regarding the second and third batches) that this is not *klil tekhelet*?[10]

In other words, he observed that one could dip wool into the same vat multiple times before one would discern any visible diminishing of the color. Thus, according to the Radzyner, Rashi's requirement of *klil tekhelet* could be fulfilled with double or even triple dipping.

---

9. More on the Radzyner and his quest to find the *ḥillazon* and revive the mitzva of *tekhelet* can be found in Sterman, *The Rarest Blue.* For a glimpse into the controversy that was generated surrounding Radzyner *tekhelet* within the contemporary Jewish world, see Gadi Sagiv, "Mabat Ḥadash al Pulmus HaTekhelet BaSof HaMe'a HaTesha Esreh," *Zion* 82, no. 1 (2017).
10. Ptil Tekhelet, p. 77 in the *Mishor* edition, 1990.

The Radzyner Rebbe's reasoning is certainly compelling, and to this day, the dyers of Radzyn *tekhelet*[11] follow his directive and dip multiple batches of wool into the same vat, making sure to have the proper intention (to adhere to the positions of *Tosafot* and Maimonides), until the concentration of the dye in the vat is reduced to the point where the dyed wool begins to have a faded color (at which point Rashi's concerns would then indeed become problematic).

Nearly one hundred years after Rabbi Henokh, in 1987, Rabbi Eliyahu Tavger of Jerusalem, taking advantage of recent advances in chemistry and archaeology unavailable to the Radzyner Rebbe, did his own pioneering work and established the identity of the *ḥillazon* as the *Murex trunculus* snail. His efforts led to the revival of the mitzva of *tekhelet* taking place today. Rabbi Tavger offers an alternative understanding of Rashi's position, best introduced by the following midrash (Numbers Rabba 4:13):

> Furthermore, regarding the [fabric used to cover the] Ark [when transported] it is said: *Klil tekhelet....* Why? Because it is more important than all the other vessels in the *Mishkan*. Rabbi Shimon says: There are three crowns, the crown of Torah, the crown of priesthood, and the crown of kingship... for anyone who merits to learn Torah it is as if he merits kingship and priesthood.

The midrash is playing on the word *klil,* which, as we said, can mean "thoroughly" or "entirely." It can also, however, mean "crown," as in the phrase that is said in the Shabbat morning prayers, *klil tiferet berosho natata,* "a crown of splendor You placed on his head." *Tekhelet,* luxurious to behold, valuable to own, painstaking to produce, is the perfect symbol for *malkhut,* kingship. The familiar verse in the Megilla read aloud on Purim (Est. 8:15), *UMordekhai yatza milifnei hamelekh*

11. Even though, as noted, *tekhelet* obtained from *Sepia officinalis,* the cuttlefish, was not generally accepted outside of Radzyn, it is to this day being dyed and worn by Radzyner Hasidim.

belevush malkhut, tekhelet, "And Mordekhai left the king's presence in royal robes of *tekhelet,* blue," clearly illustrates this relationship.[12] As such, everything about the preparation of *tekhelet* must conform to the highest standards, as befitting its royal stature; it must literally be fit for a king. No king would ever be served leftovers, and certainly the King of kings deserves only the prime portion. Similar to the halakha dictating the use of only the very first drop of oil from each olive for the Menora in the Temple,[13] so too, *tekhelet* dyed wool must come only from the very first dip into a freshly prepared vat; "double dipping" would be utterly inappropriate. Rabbi Tavger explains Rashi's requirement that "all the potency of the *ḥillazon* be present in the dye" as having nothing at all to do with the ultimate color of the resultant wool but rather with prestige and stature.[14]

The sense of majesty evoked by the *bigdei kehuna* is already alluded to in the Torah. Nahmanides (Ex. 28:2) writes: "These clothes were the clothes of royalty. Their likeness was worn by kings during the time of the Torah." The high priest, as representative of the kingship of Heaven, naturally wore royal garb. Nahmanides here is referring to the Torah's phrase regarding the clothes of the high priest being made *lekhavod uletifaret,* for honor and for splendor. The question we must now ask, though, is, for whose honor and for whose splendor?

Recognizing that the story of Korah's rebellion in the desert (Num. 16) follows immediately after the verses describing the commandment to place a thread of *tekhelet* on the tzitzit, the famous

---

12. In kabbalistic literature, each *sefira* (divine emanation) is associated with a color. Not surprisingly, the *sefira* of *Malkhut* is associated with *tekhelet* (see Zohar, *Pekudei,* 164 and Rabbi Moshe Cordevero, *Pardes Rimonim,* 10:4. The tenth chapter of this book is devoted to the colors of the various *sefirot* and is called "*Shaar HaGevanim,*" "The Gate of Colors."
13. See Rashi on Lev. 24:2 and Menaḥot 86a.
14. Based on this understanding, Ptil Tekhelet, the organization Rabbi Tavger cofounded, which today produces *tekhelet* for tzitzit, takes a more stringent position than that of the Radzyner and does not use the dye vat for multiple batches of wool.

midrash depicts Korah confronting Moses regarding a *tallit shekula tekhelet*, a garment made entirely out of *tekhelet*. Korah wonders why such a garment would require tzitzit. There is a certain logic to Korah's challenge. Since one strand of *tekhelet* is a sufficient reminder of God's mitzvot, then a garment which is comprised completely of *tekhelet* should certainly be exempt from the need to add an extra blue string.[15] Mixing Aggada and halakha, one cannot help but juxtapose Korah's question with that of the Radvaz mentioned previously regarding the need for tzitzit on the *me'il*. What indeed is the status of a four-cornered garment made entirely of *tekhelet* with respect to the laws of tzitzit?

Perhaps the answer to this question as well as the core argument between Moses and Korah hinges precisely on the determination of whom *lekhavod uletifaret* is referring to. There is a law regarding tzitzit that only one's own garment requires tzitzit, but a borrowed garment (*tallit sheula*) has no such obligation.[16] The egotistical and arrogant Korah desired to put on those majestic priestly clothes (as Moses later stresses in Numbers 16:10, *Uvikashtem gam kehuna*, "You seek priesthood as well") and naturally assumed that the honor afforded belonged to the one who wears the *me'il*. In Korah's view, the *me'il* in all its grandeur was the personal property of the priest, and as such would have been required to have tzitzit. Moshe, however, understood the true purpose of the *me'il*. It represents not the honor or glory of the priest, but rather the exclusive kingship of the Almighty. The *me'il* was, as it were, *mamon gavoa*, a heavenly asset, not the possession of the high priest, and therefore it would fall into the category of a borrowed garment, which would have no requirement for tzitzit.[17]

---

15. *Tanḥuma Koraḥ, siman* 2.
16. Menaḥot 44a.
17. This explanation is based in part on the *Minḥat Ḥinuch*'s answer to the Radvaz (mitzva 99), as well as on thoughts presented by Rabbi Yaakov Medan (available at: *tekhelet.com/he/medan*). The Midrash implies that it was Korah who felt the *tallit shekulo tekhelet* should be exempt from tzitzit. This can be seen as an erroneous extrapolation from the *me'il* on Korah's part. Everyone

Nahmanides continues his description of the *bigdei kehuna* as imperial garb by asserting, "And [concerning] *tekhelet*, even today, 'no man lifts his hand' to wear it except for a king of nations." This was certainly the case in the Roman Empire. The emperor Justinian records in his codex that for a layperson, even owning purple or blue shellfish-dyed fabrics was a crime tantamount to treason and punishable by death.[18] Only royalty – the emperor, his family – and members of his entourage, were permitted that honor. Perhaps the same is true with respect to God, the King of kings, and His royal entourage as well. The closest to Him, the high priest, wears a *me'il* made completely of *tekhelet*; the lay priest wears a belt, the *avnet*, woven out of *tekhelet* (though this matter is subject to some disagreement),[19] and each and every Jew proudly wears one strand of *tekhelet*. *Ve'atem tiheyu li mamlekhet kohanim vegoy kadosh*, "And you shall be unto Me a kingdom of priests and a holy nation" (Ex. 19:6). Rather than completely excluding the layperson from this elite society, the Torah thus invites each of us to join the religious aristocracy. The commandment to wear a *tekhelet* thread illustrates, in the words of Jacob Milgrom, "the epitome of the democratic thrust within Judaism which equalizes not by leveling, but by elevating: all of Israel is enjoined to become a nation of priests."[20]

One might even suggest that God Himself, as it were, wears *tekhelet*. The verse in Psalms (104:2) commonly recited before one dons his tallit each day describes God as *oteh or kasalma, noteh shamayim kayeria*, "wrapped in a robe of light, spreading the heavens

---

agrees that the *me'il* did not require tzitzit. Korah saw no difference between the high priest's *me'il* and his own tallit made entirely of *tekhelet*, and felt that his personal garment should likewise be exempted from tzitzit. Moses saw clearly that the *me'il* was entirely different, being that it was God's property, and therefore claimed that Korah's personal garment made of *tekhelet* would indeed require tzitzit.

18. *Codex Justinianeus*, book 4.40.
19. See Yoma 12a–b.
20. Jacob Milgrom, *The Tassel and the Tallith* (Judaic Studies Program, University of Cincinnati, 1981) 9.

as a curtain." God's tallit is the very sky, a beautiful, sprawling garment of pure *tekhelet*! This idea is hinted at by the Midrash (*Eikha Rabbati* 1:1 and 3:10), commenting on Isaiah (50:3): "I clothe the skies in blackness." When the Temple was destroyed, the Midrash explains, God, distraught, turned to the angels and asked them what a king of flesh and blood does when he is in mourning. They replied that he tears his royal clothes (using the word *porphyrin*, a word found in the Talmud Yerushalmi[21] as the Greek translation for *tekhelet*). In that case, says God, I too will tear My *tekhelet* garment and the heavens will be clothed in darkness. There is in fact a custom that many observe today based on this midrash, namely, to refrain from wearing a tallit on Tisha B'Av.[22]

This midrash may be alluding to a deeper mystical element at play, pointing to a subtle and profound aspect within *tekhelet* that is intimately connected to the visible presence of God's kingship in the world. The appearance of God as King and of the Jewish nation as the *Am Segula*, the Chosen People, was severely diminished at the time of the destruction of God's Temple, the *ḥurban Beit HaMikdash*. The new status, characterized by what is known as *hester panim* – God being hidden – has remained throughout the years the Jews were in exile. In this respect, *tekhelet*, at least as pertaining to its being the embodiment and symbolic representation of that kingship, likewise was therefore somehow lessened. Though the mitzva of wearing *tekhelet* on the tzitzit was still in force, and Jews continued to adhere to that practice, without the *Beit HaMikdash* (and without the *me'il* and the high priest) *tekhelet* no longer fully represented God's kingship in all its glory and splendor.[23]

One might even suggest that this idea forms the core of contention in the argument relating to the acceptability of *mareh sheni*, the dipping of multiple batches of wool into a single dye vat.

---

21. Raavyah, Berakhot Siman 25 (manuscript).
22. *Shulḥan Arukh, Oraḥ Ḥayim* 555:1 and the *Mishna Berura* there.
23. See Mordechai Faust, "*Kriat haMeil veGenizat haTekhelet* in, *Vehaya Lakhem LeTzitzit*, Ptil Tekhelet, (2013).

R. Yoḥanan b. Dehavai, who permitted the double dipping, may in principle agree that under perfect conditions, R. Ḥanina b. Gamliel's strict demand to use only the very first dip, reflecting the prestige and royal character of *tekhelet,* is indeed a worthy requirement. When, however, the appearance of God's kingship in the world is diminished (note that this argument takes place among *Tanna'im* at the turn of the first century, just a few years after the destruction of the Temple), then requiring that the dyeing process meet the highest standards of nobility makes no sense. This notion may indeed be hinted at in the scriptural source he relied upon, namely, the term *tolaat shani.* In times of *hester panim,* when God's face is hidden, the Jewish people are referred to as *tolaat Yaakov,* "the worm, Yaakov."[24] Perhaps the message R. Yoḥanan b. Dehavai is alluding to in his unusual manipulation of the phrase *tolaat shani* is that when God's presence is distant and the Jewish people are called *tolaat,* then *tekhelet* no longer represents God's kingship in its fullest sense, and therefore *mareh sheni,* which is a requirement based primarily on that very kingship, is indeed (unfortunately) permissible.

The *tekhelet* garb worn by Mordechai in the Purim story points to the royal status that he achieved. Rabbi Yoel Teitelbaum of Satmar (d. 1979) posed a question with regard to the famous poem "*Shoshanat Yaakov*" recited at the end of Megilla reading,[25] which begins, "The rose of Yaakov cheered and rejoiced when they saw Mordekhai dressed in *tekhelet.*" Why, he asked, was the happiness of the Jewish people triggered specifically by Mordekhai's dressing in *tekhelet*? Were not the Jewish people's victory over their enemies, the removal of the threat of annihilation, and Mordekhai's and Esther's rise to positions of power and influence reason enough to rejoice? He replies that all these achievements were indeed incredible and praiseworthy, but to a certain extent, they were all transient. The position of the Jews in Persia was still precarious, and as quickly as one enemy is defeated, at any moment, as we well know, another

24. Is. 41:14, and see Exodus Rabba 49:2.
25. Responsa *Divrei Yoel,* Yoreh Deah, 44:3.

can easily take its place. But the fact that Mordekhai wore garments of *tekhelet,* suggests the Satmar Rav, symbolized to the Jews that the era of *hester panim,* which commenced with the destruction of the First Temple and the exile to Babylonia, had now finally concluded. God's kingship in its full grandeur was once again reestablishing itself in the world, and the Jewish people could now begin their return to their homeland. The Satmar Rav concludes by saying that the Jews of Persia understood that they were experiencing the beginning of redemption – *atḥalta degeula* – when they saw Mordekhai's *tekhelet,* which symbolized God's holy throne and the presence of His Spirit, the *Shekhina,* in Israel.

In a conference marking one hundred years of *tekhelet* research which took place in Jerusalem in 2013, Rabbi Shlomo Riskin stirringly described how he senses that very same process unfolding in our own times:

> We live in a generation that has merited the return to our land. For more than a thousand years of exile, the recipe for making *tekhelet* was lost, and only now has been rediscovered. *Tekhelet* is *malkhut*; *tekhelet* is *kehuna.* The return of this mitzva coincides with our return to sovereignty, to *malkhut,* and to the true understanding of the Jewish people as a nation of priests, tasked to teach Torah to all of humanity. It seems to me that this can be no mere coincidence.[26]

For Rabbi Riskin, these three strands, all expressed in the renewal of the mitzva of *tekhelet* on the tzitzit – namely, the return of the Jewish people to their biblical homeland; Jewish sovereignty, which is an extension of God's kingship; and the priesthood, which he interprets today as relating to the task of spreading God's word to the nations

26. Panel discussion, "Innovation in Halakhah," Celebrating 100 Years of *Tekhelet* Research, Begin Center, Jerusalem, 2013. Video of the panel and Rabbi Riskin's remarks can be found at: tekhelet.com/video-library under the Herzog Conference tab.

of the world – are woven together to form the crux of his beliefs. Moreover, in each of these realms, Rabbi Riskin has himself made some of his most significant and lasting contributions, and this cord of three strands will not be easily broken.

May the renewal of *tekhelet* in our time indeed be the harbinger of an era of redemption, of the ingathering of the exiles and the return to the Land of Israel, and may we see the full return of God's honor and splendor to the world. In the words of the prophet (Is. 4:2): "On that day shall the plant of the Lord be with beauty and *honor*, and the fruit of the land shall be with excellence and *splendor* for the survivors of Israel."

Distinguishing between Functional and Mission-Centered Judaism

Rabbi Avi Weiss

This article is presented with deep respect, gratitude, and love for yedid nafshi Rabbi Shlomo Riskin. For me, Rav Shlomo is a rebbe-chaver to whom I have turned from the beginning of my rabbinate.

When the history of this era will be written, it will be said that Rabbi Shlomo Riskin was the rabbi's rabbi, brilliant, empathetic – one of the great visionaries of our time.

Rav Shlomo is a big thinker, raising big questions and offering courageous answers. It is in this spirit that this study deals with the importance of functional Judaism being part of a larger mission, the larger vision of our being an or lagoyim, a light unto the nations.

It must be added that while thinking on a macro level, Rav Shlomo has never forgotten the micro-importance of every individual, every person – every "soul" to him is the world. He is a jewel – a rare combination of recognizing that in the end, the mission of our people-

hood is manifested through the way we reach out to all people, dealing with their everyday issues.

My berakha, dear Shlomo, is that even as you feel a calling to do more and more and more, you will be able to step back and recognize all that you have accomplished. May you, Vicky, the children, and grandchildren be blessed with health, life, and fulfillment for many years to come.

This study attempts to distinguish between a functional and mission-centered Judaism by offering a halakhic/conceptual framework for *teshuva* – a term so popular it has become part of the non-Hebrew-language lexicon.

TESHUVA FOR THE BAD

Normatively, *teshuva* is associated with fixing mistakes. In colloquial terms, it can be called "*teshuva* for the bad." You make a mistake, and you resolve to repent and improve in the future.

This is the classic Maimonidean formulation, based on the biblical verse *vehitvadu et ḥatatam*, "and they shall confess their sins." As Maimonides writes in his *Hilkhot Teshuva*:

> If a person transgresses any of the mitzvot of the Torah… when he or she repents and returns from their sin, they must confess… as it states, "If a man or a woman commit any of the sins… they must confess the sin that they committed." (Num. 5:6–7)
>
> This is verbal confession, and this confession is an affirmative commandment.[1]

Maimonides then defines exactly how this is done. One requires *hakara* (recognition of the sin), *ḥarata* (regret), and *kabbala* (resolving not to make the same mistake again).

1. *Mishneh Torah, Hilkhot Teshuva* 1:1.

This *teshuva* can be accomplished through what can be called behavioral ethics. For Maimonides, *teshuva* is realized when one is placed in the same situation wherein one sinned, and this time holds back. He notes that even if one refrains for external reasons, let us say, he or she is no longer capable of committing the same sin, the individual is still considered a *baal teshuva*. In his words:

> If he does not repent until his or her old age, at a time when one is incapable of doing what one did before, even though this is not the highest level of repentance, he is a master of repentance. [2]

TESHUVA FOR THE GOOD

There is a different type of *teshuva*, not a *teshuva* of "fixing mistakes" but *teshuva* for good people who resolve to do even better. It's a *teshuva* in the spirit of the *Kaddish* that we say from Rosh HaShana through Yom Kippur, where we add the words *le'ela le'ela*, "above and beyond." No matter how good we are, we can reach higher and higher and do better. In this sense, it is not a *teshuva* for the bad, but "*teshuva* for the good."

This *teshuva* may be based on the position of the Smak, Rabbi Isaac Corbeil, of thirteenth-century France. For him, the source of *teshuva* is a different verse: *Veshavta ad Hashem*, "And you shall return to the Lord." As he writes:

> There is a commandment to repent, as it says, "And you shall return to the Lord your God and listen to His voice." (Deut. 30:2)[3]

This is fascinating, as the Smak, living a hundred years after Maimonides, normatively followed Maimonides's position. One wonders: If he agrees with Maimonides, why does he cite a different

2. *Mishneh Torah, Hilkhot Teshuva* 2:1.
3. Smak, commandment 53.

source? Why does he depart from Maimonides's source in *vehitvadu,* and instead use as his source *veshavta ad Hashem,* "and you shall return to the Lord"?

It can be suggested that when authorities use different sources for a mitzva, it means that they view the mitzva differently. It seems then, that the Smak's attitude toward *teshuva* is more ambitious than Maimonides's.

For Maimonides, *teshuva* has to do with a sinner who, having made a mistake, does *vidui,* confession, and resolves to fix it. Such *teshuva* can be achieved through behavioral ethics.

For the Smak, *teshuva* deals with a good person's quest to return to God, to narrow the gap between the human being and the divine – *veshavta ad Hashem.* It can be suggested that this *teshuva* is based on what has been called virtue-ethics – a deep-seated yearning to live a "goodly" and godly life. This yearning is endless; wherever one may be in life, one can always stretch higher, reaching for God – *veshavta ad Hashem.*

"Act-Morality" versus "Agent-Morality"

Perhaps the best contrast between behavioral ethics and virtue ethics emerges from the Talmud that declares:

> Our rabbis have learned: We support the gentile poor… we visit their sick… and bury their dead… because of *darkei shalom.*[4]

The behavioral approach understands *darkei shalom* in a minimalist way. Be kind to the gentiles, support them, heal them, bury them so that they will be kind to you. This will encourage paths of peace with them – *darkei shalom.* It is a utilitarian view of peace. If we are not good to the gentiles, they will not be good to us.

4. Gittin 61a.

There is another approach. Shalom is one of God's names. The Talmud could therefore be understood as stating that we reach out and do acts of kindness for the gentile, as this is *darkei Shalom* – this is the way of God. From this perspective, *darkei Shalom* is not a minimalist position, but a maximalist one. It refers to a person who internally walks in God's path, and does the right thing solely because it is the right thing to do. The late Rabbi Walter Wurzberger put it well:

> Even in situations where for a variety of reasons certain provisions of "act-morality" may not be applicable, considerations of "agent-morality" form the matrix of additional obligations.[5]

"Act-morality" centers around the way one conducts himself or herself. It is behavioral ethics. "Agent-morality" is conduct inspired by another, in this case, by God Himself. One becomes an agent of the Divine. As Rabbi Wurzberger explains: "the action patterns itself after the divine model."

> To give a specific example, the Biblical commandment prescribing alms-giving does not include an obligation to support non-Jewish poor. Yet, considerations of "agent-morality" dictate that we display compassion to all individuals regardless of their religious or ethnic background.
>
> Thus, while Jewish act-morality might contain features that differentiate between obligations toward Jews and those who are outside of the covenantal community, "agent-morality," relating as it does to the dispositions of the agent, eliminates all such differences. Insensitivity to the needs of others is no less reprehensible a trait when it is exhibited in behavior toward non-Jews than it would be toward fellow Jews.[6]

5. Rabbi Walter Wurzberger, "Darkei Shalom," *Gesher* (1978): 80–86.
6. Ibid.

In other words, "act-morality" relates to an action from which differences can emerge. "Agent-morality" relates to the actor, to the goodness of the individual. Once related to the inherent qualities of a person, there are no differences.

This is virtue ethics, or what can be called person-ethics. By imitating God's attributes, one's persona, one's personality, one's very person is transformed. This results in a deep sense of moral and ethical integrity, inspiring the individual to continue reaching for greater godliness, to do better and better, in the spirit of *veshavta ad Hashem Elokekha*. This is *teshuva* for the good.

Think of the classic great people of our time: the Rabbi Aryeh Levins, the Mother Theresas – even they do *teshuva*. But their *teshuva* is the *teshuva* of a good person who is looking to improve, who is looking to do more, who is looking to climb higher and higher, reaching for God Himself.

For me, the person who was the epitome of *teshuva* for the good was my father-in-law, Zalman Aryeh Hilsenrad. I always wondered around Rosh HaShana and Yom Kippur: he's such a *tzaddik*, what kind of *teshuva* does he do?

He wrote a book called *My Soul Thirsts*. The verse in Psalms that the title was taken from reads, *Tzama nafshi leElokim* – "My soul thirsts for God" (Psalms 42:3).

And then, in his later years, he wrote another book. We wondered what he would call it. You guessed it. The title is *My Soul Thirsts… Still*. That is the quest to be godly, *veshavta ad Hashem*. As God is infinite, so too is the search for godliness endless.

In sum, behavioral *teshuva* focuses on the act. Person-*teshuva* focuses on the actor. Behavioral *teshuva* is external. Person-*teshuva* is internal. Behavioral *teshuva* is limited to *teshuva* for the bad. Person-*teshuva* includes, and even stresses, *teshuva* for the good.

Note that in our daily *tefilla*, the prayer for *teshuva*, *hashivenu Avinu leToratekha*, comes before the prayer for forgiveness, *selaḥ lanu Avinu*. This model deals with *teshuva* for the bad. One repents and then is forgiven.

The flow of Rosh HaShana and Yom Kippur offers an additional model, the model where good people do *teshuva*. The proof supporting this thesis is that the *yemei Seliḥot*, the days of reciting *Seliḥot*, precede the *Aseret Yemei Teshuva*. In other words, one can be forgiven, one can already be good, and yet still do *teshuva*.

FROM SURVIVAL TO SUCCESS TO SIGNIFICANCE

While Maimonides outlines clear steps one takes to achieve *teshuva* for the bad, are there any steps one can take to achieve *teshuva* for the good? Specifically, how can one improve from being good to being better to being the best?

Individual

Recently I came across a wonderful teaching of Zig Ziglar, who wrote a book called *Over the Top*.[7] He talks about three levels of existence.

The first is *survival* – this is the individual who just makes it, who lives hand to mouth, by the skin of his or her teeth. Whatever the challenge, whatever the struggle, one overcomes.

Then there is the individual who leads a life of *success*. That is the person who has family, a job, and is well respected in the community.

But then there is a person who lives a life of *significance*. This is the individual who is committed to finding meaning in life by making the difference not only for himself, not only for his family, but for his people and the world.

In no small measure, "*teshuva* for the good" may be a journey of moving up the ladder of Ziglar's three *s*'s, from survival to success to significance. *Le'ela le'ela.*

It's in the *berakha* of *sheheḥeyanu* that we often recite. The word *sheheḥeyanu* deals with survival, the prayer that God has given us life.

7. Zig Ziglar, *Over the Top* (Thomas Nelson, 1997).

The next verb, *vekiyemanu*, takes it a step further. The word *kiyum* refers to essence, as it takes life to another level, the level of success.

The blessing concludes with *vehigiyanu lazman hazeh*, thanksgiving that God has helped us arrive at this ultimate moment. The word *vehigiyanu* echoes the term *lehagia,* to fully arrive. This arrival to which we all strive is the reaching of one's full personal destiny, to impact oneself, one's people, and the world. This is leading a life of significance – of *teshuva* for the good.

Communal

It was left for Rav Kook in the last *Shabbat Shuva* discourse he gave in his life to suggest that just as there is personal repentance for the good, so too is there community repentance.[8] This is the quest as reflected in the shofar, the instrument that calls for redemption.

For Rav Kook, the lowest level of the redemptive process is brought about through what he calls the *shofar katan,* the "small shofar" – even from an unkosher animal. It is through the adversary that Israel rises to defend itself. It's reactive, it's *survival.* In his words:

> There is a level of shofar called a "small shofar." This is a shofar that is impure, which one blasts without a blessing if there is no shofar which is kosher. And this is the situation when Israel's enemies come and blast the redemptive shofar in our ears. They force us to listen to the voice of the shofar that reverberates loudly. In this situation the shofar that is impure is transformed into a small shofar.[9]

But then there is the next level of national redemption, brought about through the *shofar beinoni,* the middle-level shofar, which can come

8. I am grateful to Rabbi Shlomo Kimchi of Efrat for pointing me to this *Maamarei HaReiya.* Rav Kook's last *Shabbat Shuva* discourse was given in the Hurva Synagogue in Jerusalem in 1934.
9. Adapted from *Maamarei HaReiya.*

from any kosher animal. That is the national quest for sovereignty, to build a nation like all nations, with a thriving economy, medical services, housing and transportation, all the ingredients that are needed for a state to be successful. In his words:

> And then there is a middle level of shofar, a kosher shofar [from any kosher animal] over which one makes a blessing. And this corresponds to the natural aspirations of a nation; to establish sovereignty in their land and to live freely like all other nations.[10]

The highest level for Rav Kook is that which is brought about by the *shofar gadol* – the great shofar from the *ayil,* the ram's horn – which in the time of redemption will be a call for the Jewish nation not to be like other nations, but to be an *or lagoyim,* to be a nation of *significance* that sets the standard of redeeming itself and through that redemption does its share to redeem the world. Let's look at his words:

> And then there is the highest shofar. And this is the ram's horn, over which a blessing is recited. This corresponds to the yearning whose essence is in sanctity and strong belief in God and His Torah – in the holiness of Israel to fulfill the desire of the Lord, which is the complete redemption of Israel. This is the great shofar. It is the longing of a people to be redeemed in order to fulfill its national destiny.[11]

Isn't this the story of Israel, the Jewish state? In 1948, in 1967, and in 1973 Israel was fighting for *survival.* It still is, but now has moved on to *success,* with its proliferation of high tech companies, start-up businesses, advanced medical research, energy, and more. And now Israel is moving forward even more powerfully to achieve the goal

10. Ibid.
11. Ibid.

of *significance*. The morning rays of redemption are upon us – *reishit tzmiḥat geulatenu*.

This, I believe, is the dream of Rav Kook. For him, *teshuva* is a process through which the nation, like the individual, constantly seeks to climb a communal ladder, reaching higher and higher by ascending the three *s*'s: survival, success, and significance.

As a nation we begin Yom Kippur by reciting *sheheḥeyanu vekiyemanu vehigiyanu*. And we end Yom Kippur by blasting the shofar, the *shofar gadol*, the great shofar of ultimate redemption – the ultimate hope of *teshuva* for the good. In this way, Yom Kippur is bracketed by the national quest for holiness and significance.

Rav Shlomo Riskin is the rebbe of sounding the *shofar gadol*. One could speak for days about each of his accomplishments. They vary from founding a synagogue extraordinaire, Lincoln Square Synagogue in New York, to being the first national chairman of the Student Struggle for Soviet Jewry, to establishing a network of yeshivot in Israel, Ohr Torah Stone, to being the father of one of the great cities in Israel, Efrat, where many, many thousands live (including our children and grandchildren), and which is still growing.

But foundationally, Rav Shlomo's manifold accomplishments are based on one basic common denominator – to impact Am Yisrael and the world. In the process, it is not an exaggeration to say that he has directly or indirectly inspired and shaped the lives of many, many hundreds of thousands of people and more. Rav Shlomo will go down in history as one of the great lights of our times.

In a sentence that offers a prescription to life, the psalmist, King David, the sweet singer of Israel, asks, "*Mi yaale behar Hashem*, "Who will ascend the mountain of the Lord?" (Ps. 24:3). The answer is in the question: Who will ascend? The person who ascends, climbing, reaching, dreaming, giving, giving, giving to create a loving Orthodoxy that lives and breathes the spirit of Micah the prophet, *laasot mishpat ve'ahavat ḥesed, vehatzne'a lekhet im Elokekha*, "doing justice, loving-kindness, walking humbly with the Lord."

Yedidi, yedidi Rav Shlomo, I close as I began, with the *berakha* that as you reach the glorious age of eighty, you enjoy many, many more years with Vicky and family. Let it always be *le'ela le'ela,* higher and higher and higher still.

Milev el lev, my blessings and love.

Contributors

Rabbi Saul J. Berman

Rabbi Berman earned his BA, MHL, and rabbinic ordination at Yeshiva University; he received his JD at New York University Law School, and an MA in political science at the University of California at Berkeley. He did advanced studies in *Mishpat Ivri* at Hebrew University and at Tel Aviv University. He served as a rabbi in Berkeley, California, Brookline, Massachusetts, and at Lincoln Square Synagogue, and was an activist in civil rights and for Soviet Jewry and Israel. Rabbi Berman served as chair of Jewish Studies at Stern College for Women from 1971 until 1984 and continues to serve there as a professor. Since 1990 he has also served as an adjunct professor at Columbia University Law School. From 1997 to 2007 he was the director of Edah, and was an Inaugural Tikvah Fellow at New York University Law School. He is the author of many articles and of the book *Boundaries of Loyalty: Testimony against Fellow Jews in Non-Jewish Courts.*

Rabbi Dr. Katriel (Kenneth) Brander

Rabbi Dr. Brander is president and *rosh hayeshiva* of Ohr Torah Stone (OTS). He is also the rabbi emeritus of the Boca Raton Synagogue and is credited with building key institutions to support Jewish life in the Boca region, including the Katz Yeshiva High School. He was likewise instrumental in the development of the Katz Hillel Day School, and in establishing the Hahn Judaic Campus.

Rabbi Dr. Shlomo Brody

Rabbi Dr. Brody is a dean of the Tikvah Overseas Students Institute, pens a column for the *Jerusalem Post,* and is a research fellow at Bar-Ilan University Law School. His book, *A Guide to the Complex: Contemporary Halakhic Debates* (Maggid Books), won a National Jewish Book Award.

Dr. Erica Brown

Dr. Brown is an associate professor at George Washington University and the director of its Mayberg Center for Jewish Education and Leadership. Her latest book is *The Book of Esther: Power, Fate and Fragility in Exile* (Maggid Books).

Rabbi Dr. Eugene Korn

Rabbi Dr. Korn owes a lifelong debt to Rabbi Riskin, who was his first in-depth teacher of Torah. Rabbi Korn is the former academic director of the Center for Jewish-Christian Understanding and Cooperation in Israel and codirector of its Institute for Theological Inquiry. His books include *Plowshares into Swords? Reflections on Religion and Violence* (CJCUC, 2015), *Jewish Theology and World Religions* (Littman Library of Jewish Civilization, 2012), *Covenant and Hope* (Eerdmans, 2012), *The Jewish Connection to Israel – an Introduction for Christians* (Jewish Lights, 2008), and *Two Faiths, One Covenant?* (Rowman and Littlefield, 2005). His most recent book, *To Be a Holy People: Jewish Tradition and Ethical Values* will appear in 2021. His writings have been translated into Hebrew, Italian, Spanish, and German. He resides in Jerusalem.

Rabbanit Sally Mayer

Rabbanit Mayer serves as *rosh midrasha* at Ohr Torah Stone's Midreshet Lindenbaum, as well as teaching Talmud and Halacha at the *midrasha*. She has worked as an editor for The Noé Edition Koren Talmud Bavli, served as education director at the Jewish Center on Manhattan's Upper West Side, and lectures in communities in the United States and Israel. A Midreshet Lindenbaum alumna, Rabbanit Mayer holds a BA from Stern College, an MA in Medieval Jewish History from Yeshiva University, and completed the Drisha Institute Scholars Circle Program.

Rabbi Lord Jonathan Sacks

Rabbi Lord Sacks *zt"l* was a global religious leader, philosopher, the author of more than thirty books, and moral voice for our time. He was a frequent and respected contributor to radio, television, and the press both in Britain and around the world. Rabbi Sacks held eighteen honorary degrees and had been awarded numerous prizes in recognition of his work, including the 2016 Templeton Prize. He served as chief rabbi of the United Hebrew Congregations of the Commonwealth from 1991 until 2013.

Natan Sharansky and Rachel Sharansky Danziger

Natan Sharansky is a former prisoner of Zion, chairman of the Jewish Agency (2009–18), and winner of the 2018 Israel Prize. Rachel Sharansky Danziger, his daughter, blogs and speaks about Tanakh and the art of storytelling. Both are deeply grateful to Rabbi Riskin and feel privileged to call him a family friend.

Rabbi Professor Daniel Sperber

Rabbi Prof. Sperber is the author of the eight-volume *Minhagei Yisrael* on the history of Jewish customs, as well as dozens of books and hundreds of monographs in Hebrew and English dealing with a wide range of halakhic, linguistic, and historical subjects. Most recently he published two books in English, *Rabba, Maharat, Rabbanit,*

Rebbetzin: Women with Leadership Authority According to Halachah, and *The Importance of the Community Rabbi: Leading with Compassionate Halachah.*

Dr. Baruch Sterman and Judy Taubes Sterman

Dr. Sterman, high tech entrepreneur, is cofounder of Ptil Tekhelet, where Judy Taubes Sterman serves as head of sales and distribution. They are the authors of *The Rarest Blue,* winner of the Jewish Journal Book Award.

Rabbi Avi Weiss

Rabbi Weiss is the founding rabbi of the Hebrew Institute of Riverdale – the Bayit, in the Bronx, and founder of Yeshivat Chovevei Torah and Yeshivat Maharat rabbinical schools. He is also the cofounder of the International Rabbinic Fellowship (IRF). Rav Avi followed Rabbi Shlomo as national chairman of the Student Struggle for Soviet Jewry (SSSJ) from 1982 to 1991 and subsequently served as the national president of AMCHA – the Coalition for Jewish Concerns. The author of several books, his most recent, *Journey to Open Orthodoxy,* was published last year.